La autoridad y la globalización
de la inclusión y la exclusión

| BIBLIOTECA DE FILOSOFÍA |

Títulos publicados en esta colección

Markus Gabriel *Sentido y existencia. Una ontología realista*
Bernard N. Schumacher *Muerte y mortalidad en la filosofía contemporánea*
Wilhelm G. Jacobs *Leer a Schelling*
Byung-Chul Han *Muerte y alteridad*
Dieter Thomä *Puer Robustus*
Claus Dierksmeier *Libertad cualitativa*
Byung-Chul Han *Hegel y el poder*
François Jaran *La huella del pasado*
Byung-Chul Han *Caras de la muerte*
Rafael Aragüés *Introducción a la lógica de Hegel*
César Moreno Márquez (ed.) *En torno a la inquietud*
Byung-Chul Han *El corazón de Heidegger*
Judith Shklar *Sobre la obligación política*
Alba Marín Garzón (ed.) *Platón y platonismos*
Carlos Blanco *El sentido de la libertad*

HANS LINDAHL

La autoridad y la globalización de la inclusión y la exclusión

Traducción de
Jorge C. Restrepo Ramos

herder
Pontificia Universidad Javeriana

Esta obra ha sido coeditada junto con la Pontificia Universidad Javeriana de Bogotá.

Título original: *Authority and the globalisation of inclusion and exclusion*, Cambridge University Press (2018)
Traducción: Jorge C. Restrepo Ramos
Cuidado de texto: Alejandro Merlano Aramburo

© 2021, Pontificia Universidad Javeriana, Bogotá
© 2024, Herder Editorial, S. L., Barcelona

ISBN: 978-84-254-5085-3

La reproducción total o parcial de esta obra sin el consentimiento expreso de los titulares del *Copyright* está prohibida al amparo de la legislación vigente.

Imprenta: Ulzama Digital
Depósito legal: B-21006-2023

Printed in Spain - Impreso en España

ÍNDICE

AGRADECIMIENTOS 13

AGRADECIMIENTOS A LA TRADUCCIÓN ESPAÑOLA 17

INTRODUCCIÓN 19

1. EL DERECHO Y LA GLOBALIZACIÓN DE LA INCLUSIÓN
   Y LA EXCLUSIÓN 33
   1.1. Entrando al círculo 35
   1.2. Globalización como localización 41
   1.3. Dos modos de la distinción adentro/afuera 52
   1.4. Globo y mundo: una distinción categórica 70
   1.5. Unificación y pluralización 76

2. ACCIÓN COLECTIVA Y ÓRDENES JURÍDICOS
   GLOBALES EMERGENTES 91
   2.1. Acción colectiva institucionalizada
        y autoritativamente mediada 93
   2.2. Reconsiderando la globalidad del derecho global 117
   2.3. El modelo Aciam del derecho y algunas
        características definitorias de los órdenes
        jurídicos globales emergentes 136

2.4. Tres modulaciones del concepto
de orden jurídico 154

3. Tres variaciones sobre el tema de la unificación
y la pluralización jurídicas 175
3.1. Colectivo jurídico 177
3.2. Sistema jurídico 200
3.3. Orden pragmático 240

4. Alterglobalizaciones y el nomos de la tierra.... 281
4.1. El surgimiento como una (re)toma........................... 284
4.2. ¿Cambiar el mundo sin tomar (el poder)?................ 304
4.3. La multitud 318
4.4. Los bienes comunes de la humanidad 338
4.5. Adentro y afuera del derecho
de los derechos humanos 350
4.6. Lidiando con la contingencia 378

5. Autoridad y reconocimiento recíproco 385
5.1. Introduciendo el problema del reconocimiento....... 388
5.2. La interacción conflictiva de los órdenes
jurídicos en un contexto global 396
5.3. Reconocimiento recíproco: globalización
como universalización 413
5.4. Yendo más allá del reconocimiento recíproco.......... 455

6. Reconocimiento asimétrico 475
6.1. Establecer confines 478
6.2. La política del confinamiento 502
6.3. Reconocimiento colectivo 512
6.4. Autoridad 538

7. LUCHAS POR EL RECONOCIMIENTO
EN UN CONTEXTO GLOBAL.. 569
   7.1. Negociar el conflicto entre órdenes jurídicos............ 571
   7.2. Globalizando el derecho administrativo.................. 614
   7.3. Constitución, poder constituyente
        y constitucionalismo 637

OBRAS CITADAS 685

Para Bert van Roermund,
como muestra de amistad y admiración.

AGRADECIMIENTOS

He podido contar con un apoyo intelectual y financiero muy generoso en el transcurso de la escritura de este libro, y me gustaría expresar mi aprecio a quienes me colaboraron a lo largo del camino. Mis primeras palabras de agradecimiento se dirigen al Prof. Hendrik Geyer, director del Stellenbosch Institute for Advanced Study (STIAS). Los primeros borradores de los capítulos 1, 2 y 7 de este libro fueron escritos en el STIAS, en el transcurso de dos becas de investigación de las que gocé en ese maravillosamente inspirador centro de investigación. Es este el segundo libro que escribo bajo los auspicios de las becas de investigación del STIAS y, nuevamente, estoy tremendamente agradecido por haber tenido la oportunidad de intercambiar ideas y aprender de tantos colegas de una amplia gama de disciplinas, las cuales no es corriente encontrar en los ámbitos todavía fundamentalmente unidisciplinarios de la investigación jurídica. Anhelo que algo de ese entusiasmo y de esa curiosidad intelectual que encontré en el STIAS resuene en este libro. Particularmente, y aunque su obra no se mencionará de aquí en adelante, los trabajos pioneros y críticos de André van der Walt sobre el derecho de bienes han sido una fuente de inspiración constante para mí. Su muerte priva a Sudáfrica y a sus amigos y colegas de un académico brillante, comprometido con la transformación de su país.

La autoridad y la globalización de la inclusión y la exclusión

He tenido la buena fortuna de recibir comentarios perspicaces a los borradores de los capítulos en varias conferencias, talleres y presentaciones, en el curso de los más o menos tres años durante los cuales se ha elaborado este libro. Hago referencia a estos académicos y a estos eventos en orden cronológico (y alfabético): Maurice Adams y Anne Meuwese, del Departamento de Derecho Público, Jurisprudencia e Historia Jurídica de la Escuela de Derecho de Tilburgo; Christoph Kletzer, David Nelken y Lorenzo Zucca, del King's College London; Ronaldo Porto Macedo, de la Fundação Getúlio Vargas, en São Paulo; Sharon Cowan, Luis Duarte d'Almeida, Cormac Mac Amhlaigh, Euan MacDonald, Claudio Michelon y Neil Walker, de la Universidad de Edimburgo; Michael Giudice y François Tanguay-Renaud, con ocasión de la conferencia "Legal Philosophy between State and Transnationalism", auspiciada por la Osgoode Hall Law School, el Nathanson Centre on Transnational Human Rights, Crime and Security y el Departamento de Filosofía de la Universidad de York, en Toronto; Fleur Johns, Martin Krygier, Marc de Leeuw y Miguel Vatter, durante una estancia de investigación en la University of New South Wales, en el marco de su Distinguished Visitor Programme; Jorge Fabra Zambrano, en la conferencia "Philosophical Perspectives on Global Law", organizada por la Facultad de Derecho de la Universidad de Cartagena, Colombia; Luigi Corrias, Lianne de Boer, Laura Henderson, Ester Herlin-Karnell, Olaf Tans y Bertjan Wolthuis, en un seminario del Centre for European Studies, de la Universidad Libre de Ámsterdam; Tom Poole y Mike Wilkinson, del London School of Economics and Political Science; Alberto Andronico, Daniel Augenstein, Alessio Lo Giudice, Iván Mahecha, Claudia Quelle, Chiara Raucea, Jorge Restrepo y Jingjing Wu, en un seminario de investigación de filosofía jurídica de Catania y Tilburgo; Oliver Garner, Kristina Čufar, Hans Micklitz, Dennis Patterson, Yane Svetiev y Rodrigo

Agradecimientos

Vallejo, con ocasión de la serie de seminarios "Stealth Legal Order", organizados por el Departamento de Derecho del European University Institute en Florencia; Alfred Aman, Yvonne Cripps, Inge Van der Cruysse y David Hamilton, durante el simposio especial organizado por la Escuela de Derecho Maurer, de la Universidad de Indiana, con ocasión del vigésimo quinto aniversario de la *Indiana Journal of Global Legal Studies*; Diego Pineda y Julio Sampedro, de la Universidad Javeriana, en Bogotá; Henk Botha, Louise du Toit, Chielozona Eze, Sundhya Pahuja, Kaarlo Tuori, Jacques de Ville y Minka Woermann, del STIAS; Massimo Fichera y Panu Minkkinen, con ocasión de la conferencia "'The People': Democracy, Populism and the Popular Constituent Power", organizada por la Political Constitutional Theory Network, de la Universidad de Helsinki; Thomas Bedorf y Lisa Guenther, con motivo de la conferencia "Die Phänomenologie und das Politische", organizada por la Sociedad Alemana para la Investigación Fenomenológica en la Universidad a Distancia de Hagen, y Astrid von Busekist, Amélie Férey, Maurits de Jongh y Annabelle Lever, con ocasión de un seminario en Sciences Po, París.

Además, varios académicos y amigos me han ofrecido comentarios detallados sobre uno o más capítulos de este libro y han sido de gran ayuda para esclarecer y pulir la cadena argumentativa que uso: Nehal Bhuta, Lukasz Dziedzic, Kyran Grattan, David Hernández, Agnieszka Janczuk-Gorywoda, Ernée Krijnen, Hanna Lukkari, Ferdinando Menga, Phillip Paiement, Nik Rajkovic, Bert van Roermund, Rodrigo Vallejo, Maren Wehrle y Wouter Werner.

Estoy agradecido con Morag Goodwin, directora del Comité Editorial de la Cambridge University Press Global Law Series, quien me ha dado un apoyo invaluable en el proceso de escritura de este libro; igual ha sido el caso de Finola O'Sullivan, de la Cambridge University Press, quien gentilmente accedió a prolongar el plazo de entrega del manuscrito en varias oportunidades. Me alegra saber que su apoyo no ha sido en vano. La Escuela de Derecho de Tilburgo y el Executive Board de la Universidad de Tilburgo han concedido un apoyo financiero importante, sin el cual la escritura de este libro habría tardado mucho más. Igualmente, muchas gracias a Nanda Oudejans por haber asumido una porción considerable de mis funciones docentes en este periodo.

Finalmente, deseo reconocer y agradecer a Bert van Roermund, mi predecesor en la cátedra de Filosofía Jurídica en la Universidad de Tilburgo. Su energía intelectual, perspicacia y rigor, al igual que su generosidad para compartir sus ideas conmigo y con otros colegas, son ejemplos de aquello de lo que se trata la filosofía jurídica. Las múltiples referencias a su trabajo en este libro le darán al lector una idea de cuánto he aprendido de Bert. Este libro está dedicado a él.

También me satisface reconocer el uso de material previamente publicado en este libro. Con permiso de la Oxford University Press, las secciones 4.5.5 y 6.1.3-6.1.4 incluyen extractos de Hans Lindahl, *Fault Lines of Globalization: Legal Order and the Politics of A-Legality* (Oxford: Oxford University Press, 2013), páginas 241-242 y 201-203, respectivamente. Con permiso de la Cambridge University Press, la sección 3.2.1 incluye un extracto extendido de Hans Lindahl, "ISO Standards and Authoritative Collective Action: Conceptual and Normative Issues", publicado en Panagiotis Delimatsis (ed.), *The Law, Economics and Politics of International Standardization* (Cambridge: Cambridge University Press, 2015), páginas 42-57.

AGRADECIMIENTOS A LA TRADUCCIÓN ESPAÑOLA

Estoy profundamente agradecido con Luis Fernando Cardona Suárez, decano de la Facultad de Filosofía de la Pontificia Universidad Javeriana, por haber propuesto esta traducción de *Authority and the Globalisation of Inclusion and Exclusion*. Su iniciativa surgió a partir de un ciclo de seminarios sobre la obra organizado en Bogotá en octubre de 2018 por la Facultad de Filosofía y la Facultad de Ciencias Jurídicas de la Javeriana. Agradezco igualmente a Julio Sampedro, Carolina Olarte Bácares y Liliana Sánchez Mejía por el entusiasta apoyo que brindó la Facultad de Ciencias Jurídicas al ciclo de seminarios y a esta traducción. También doy gracias a Nicolás Morales Thomas y Raimund Herder, directores de la Editorial Pontificia Universidad Javeriana y Herder, respectivamente, por su gentileza en acoger esta publicación. Finalmente, un agradecimiento especial a Jorge C. Restrepo Ramos, doctor en Filosofía del Derecho de la Universidad de Tilburgo y actualmente magistrado auxiliar de la Corte Suprema de Justicia colombiana, por su traducción tanto precisa como elegante de una obra concebida y escrita en un inglés bastante compacto.

Hans Lindahl
Tilburgo, julio de 2020

INTRODUCCIÓN

Los procesos de globalización son vividos como la globalización de la inclusión y la exclusión. Que sean vividos y experimentados de esta manera significa que no son procesos que tengan lugar en otra parte; tienen lugar aquí, localmente, y como una transformación de lo local. Esto también vale para los órdenes jurídicos globales emergentes. Tales órdenes no son algo distinto a lo que usualmente se denomina *derecho "local"*; el derecho global es derecho local, porque supone un cerramiento espacial que separa y une un adentro y un afuera. La inclusión y la exclusión de derechos y obligaciones van de la mano de la inclusión y la exclusión de los espacios de acción sobre los cuales los órdenes jurídicos globales reclaman autoridad. Como lo ha mostrado de manera cada vez más clara la resistencia prolongada y acérrima de los movimientos alter- y antiglobalización, la humanidad está adentro y afuera del derecho global.

¿Cómo es esto posible? ¿Cómo deben estructurarse los órdenes jurídicos teniendo en cuenta que, incluso si ahora podemos hablar de derecho más allá de los linderos [borders] estatales, no hay a la vista ningún orden jurídico global emergente que incluya sin excluir? Más enfáticamente: ¿es esto necesario? Sí, o por lo menos así lo sostendré de aquí en adelante. Pero, entonces, ¿puede evitarse caer en el relativismo en los asuntos globales, un relativismo que

La autoridad y la globalización de la inclusión y la exclusión

atrinchera procesos exclusivistas y tacha a los órdenes jurídicos globales emergentes de instrumentos de la inclusión imperial? ¿Es posible una política autoritativa de confines [*boundaries*] que no postule la posibilidad de realizar un orden jurídico omniinclusivo y que tampoco acepte la resignación o la parálisis política de cara a la globalización de la inclusión y la exclusión?

Estas son las preguntas apremiantes que guían este libro; preguntas que abren un amplio ámbito de indagación que encaro desde las perspectivas conceptual, empírica y normativa.

Conceptualmente, develo un modelo de derecho que muestra cómo y cuándo la inclusión y la exclusión constituyen la operación clave de la ordenación jurídica —y de la autoridad—. Lo llamo el modelo Aciam [IACA] del derecho: acción colectiva institucionalizada y autoritativamente mediada [*institutionalised and authoritatively mediated collective action*]. Sobre todo, y de cara al extendido escepticismo doctrinal sobre el concepto de *derecho global*, el modelo Aciam del derecho explica por qué podemos hablar correctamente de órdenes jurídicos globales emergentes, a la vez que rechazamos la idea de que sea posible un orden jurídico global que pudiera incluir sin excluir. Un orden global de derechos humanos exigibles y jurídicamente vinculantes, de ser alguna vez promulgado, no sería la excepción. Ningún orden jurídico global es universal o universalizable, porque la unificación y la pluralización son las dos caras del proceso único y continuo en el que los órdenes jurídicos establecen confines, trátese de órdenes globales o de otro tipo.

Empíricamente, este libro examina un puñado de órdenes normativos para establecer si pueden ser entendidos como formas de derecho global emergente. Mientras que el análisis empírico principia, en el capítulo 1, con el más obvio de los candidatos, la Organización Mundial del Comercio, los siguientes capítulos se ocupan de la nueva *lex mercatoria*, del Comité de Supervisión

Introducción

Bancaria de Basilea, de la Junta de Normas Internacionales de Contabilidad (IASB, por sus siglas en inglés), de la Clean Clothes Campaign (CCC), de la Organización Internacional de Normalización, del Codex Alimentarius, del régimen internacional de los derechos humanos, de los bienes comunes de la humanidad [*global commons*] y, quizás el lector se sorprenda, de eBay. En cada caso, mi intención es reconstruir la estructura profunda de los órdenes normativos correspondientes como variaciones del tema común de la acción colectiva institucionalizada y autoritativamente mediada. Y en cada caso mi preocupación es explorar la manera como sus confines convocan a la resistencia —tanto a la inclusión como a la exclusión— por parte de una gama de actores y movimientos tales como los zapatistas, La Vía Campesina, la Asociación de Granjeros del Estado de Karnataka (India), Occupy Wall Street y el hacktivismo.

Normativamente, la pregunta central en este libro es la cuestión de si un concepto fuerte de *autoridad* está disponible para el modelo Aciam del derecho si, como lo sostengo, las autoridades solo pueden establecer los confines de los órdenes jurídicos (globales) incluyendo y excluyendo. Rechazando tanto el universalismo como el relativismo, el libro bosqueja los contornos de un concepto alternativo de *autoridad* en un contexto global que denomino *autoaserción colectiva contenida* [*restrained collective self-assertion*]; su núcleo es una radicalización del concepto de *reconocimiento*. Siguiendo las teorías del reconocimiento recíproco, arguyo que el cuestionamiento de los confines de los órdenes jurídicos globales emergentes y las respuestas a ellos por parte de estos órdenes son luchas políticas por el reconocimiento. En contra de las teorías del reconocimiento recíproco, sostengo que el reconocimiento jurídico de una identidad/diferencia amenazada o violada por la acción conjunta tiene una estructura asimétrica que descarta poder entender una política autoritativa de los confines

La autoridad y la globalización de la inclusión y la exclusión

como un proceso que hace que los órdenes jurídicos sean cada vez más inclusivos, teniendo como idea reguladora un orden jurídico omniinclusivo. En cambio, la autoaserción colectiva contenida supone establecer los confines de los colectivos, en respuesta a su cuestionamiento, de una forma que reconozca al otro (en nosotros) como uno de nosotros *y* como otro distinto de nosotros. Esta explicación filosófica de la autoridad, un tanto abstracta, exige ser concretizada. El capítulo final del libro se toma el duro trabajo de reconstruir una gama de iniciativas institucionales para negociar las luchas por el reconocimiento como modulaciones de autoaserción colectiva contenida, incluso si tales iniciativas no pueden satisfacer los requerimientos de la ética responsiva que anima una política autoritativa de los confines. Estas modulaciones institucionales incluyen la doctrina del margen de apreciación nacional, tal como la ha desarrollado el Tribunal Europeo de Derechos Humanos; los regímenes de autonomía limitada; el principio de reconocimiento recíproco en el derecho comercial global; el principio de complementariedad en el Estatuto de Roma; el derecho administrativo global, y la iniciativa de llevar el constitucionalismo más allá del Estado.

Para poder ocuparse de estas tres finalidades, es necesario un concepto de *orden jurídico* que sea general, flexible y diferenciador. Debe ser general, a fuerza de resaltar las características básicas que identifican a los órdenes jurídicos globales emergentes como *derecho* y que estos, por lo tanto, comparten con otros órdenes jurídicos putativos. Debe ser flexible, en el sentido de ser capaz de seleccionar y acomodar lo que diferencia a los órdenes jurídicos globales emergentes de otros órdenes jurídicos. Puesto que hacer esto requiere reconsiderar qué cosas queremos denominar *orden jurídico*, nuestro concepto de *derecho* también necesita diferenciar entre derecho y otros órdenes normativos.

Introducción

Sin embargo, desde el inicio mismo, esta tarea se enfrenta a tres dificultades relacionadas entre sí. Como cada una de ellas es importante para entender y justificar el alcance y las ambiciones de este libro, es indispensable ofrecer un prolegómeno metodológico antes de empezar.

La primera dificultad concierne a la historicidad de la tarea de articular un concepto de *orden jurídico*. La dificultad que tengo en mente se refleja en los dos términos de la expresión compuesta *orden jurídico*. Por un lado, la tentativa de seleccionar lo que es propio a los órdenes *jurídicos*, en oposición a otras formas de normatividad, presupone la diferenciación de la normatividad en los ámbitos del derecho, la moral y la religión, entre otros. Solo con base en esta diferenciación, que Niklas Luhmann y otros se han ocupado de teorizar, tiene sentido llevar a cabo una investigación sobre las continuidades y discontinuidades entre el derecho estatal y los órdenes jurídicos globales emergentes.[1] Por el otro lado, elevo la pregunta sobre el *orden* jurídico desde adentro del horizonte de la experiencia de la contingencia que es característica de la modernidad occidental. Hans Blumenberg, el gran historiador de las ideas alemán, sostiene convincentemente que, en las postrimerías de la Edad Media, el refinamiento teológico del problema de la contingencia —el problema de *que* hay un mundo y de *qué* es en tanto mundo— sobrecarga la interpretación occidental que la humanidad tiene de sí misma y de su relación con el mundo, de manera tal que la solución escolástica de la conservación "transitiva" del mundo en el ser por un Dios omnipotente y arbitrario ya no es plausible o aceptable, lo que da paso a la conservación "intransitiva": la autopreservación como el principio de la racionalidad. Como resultado de esta transformación de épocas, la

1. Niklas Luhmann, *Law as a Social System*, trad. de Klaus A. Ziegert (Oxford: Oxford University Press, 2004), especialmente 230ss.

ordenación de la sociedad empieza a ser interpretada como un *auto*ordenamiento.[2] Decisivamente, el problema del *fundamento* de los órdenes jurídicos y de sus confines se vuelve urgente a la luz de la contingencia de los órdenes sociales: ¿cómo puede un orden jurídico justificar que incluya esto, a la vez que excluye aquello? La pregunta sobre la relación entre autoridad y la globalización de la inclusión y la exclusión que guía a este libro presupone este horizonte histórico, aun cuando el libro tenga como meta interrogar críticamente ciertas características de este horizonte y su manera de conceptualizar el orden (jurídico). Esta situacionalidad histórica no puede ser simplemente puesta entre paréntesis en un acto de vigilancia metodológica, sin importar cuán refinado fuere; se trata, por el contrario, de la condición de trasfondo inevitable de una indagación por el concepto de *orden jurídico* que aspira a cumplir con los desiderátums mencionados con anterioridad, especialmente el desiderátum de la generalidad. Se trata también de una situacionalidad topográfica, como Chakrabarty lo sabe de sobra, cuando anota que incluso "el pensamiento crítico [...] sigue estando relacionado a los lugares".[3] Ninguna indagación relativa al derecho global puede ser global en el sentido de estar en todas partes y en "todo momento" [*"everywhen"*].

La historicidad y la *lugareidad* [*placiality*] de una indagación por el concepto de *orden jurídico* (global) están vinculadas a un segundo problema, relacionado con el primero: no existe un criterio

---

2. Hans Blumenberg, *La legitimación de la Edad Moderna*, trad. de Pedro Madrigal (Valencia: Pre-Textos, 2008), 135-136; Hans Blumenberg, "Ordnungschwund und Selbsterhaltung: Über Weltverstehen und Weltverhalten im Werden der technische Epoche", en *Das Problem der Ordnung. Verhandlungen des VI Deutschen Kongresses für Philosophie*, ed. de H. Kuhn y F. Wiedmann (Meisenheim: Anton Hain Verlag, 1962), 37-57.

3. Dipesh Chakrabarty, *Provincializing Europe: Postcolonial Thought and Historical Difference* (Princeton, NJ: Princeton University Press, 2000), xvi.

Introducción

independiente para establecer si el modelo que va a ser bosquejado de aquí en adelante satisface los tres desiderátums indicados con anterioridad. Considérese la generalidad: no hay un rango predeterminado de órdenes normativos que valgan como órdenes jurídicos antes de ser conceptualizados como órdenes jurídicos, con respecto a los cuales la teoría jurídica tendría simplemente la tarea de escoger y reproducir en sus características constitutivas. Esta dificultad se extiende a los desiderátums segundo y tercero: diferenciar entre derecho y no-derecho no es independiente del proceso de establecer el ámbito de lo que ha de valer como derecho, y lo mismo vale para el proceso de identificar diferencias significativas entre los distintos tipos de órdenes jurídicos. Más importante aún, cualquier intento de establecer las características generales compartidas por todos los órdenes jurídicos pone en juego presuposiciones normativas que no pueden ser neutralizadas ni con la más alta destreza metodológica.[4] Así, aun cuando los desiderátums de generalidad, capacidad diferenciadora y flexibilidad no son simplemente espurios o ilusorios, nunca pueden estar completamente separados de una *política de la conceptualización*.

Quentin Skinner sostiene algo semejante cuando rechaza la asunción de que sería posible conceptualizar al Estado desde un elevado punto de vista neutral: "En la medida que la genealogía del Estado se despliega, lo que se revela es el carácter contingente e impugnable del concepto, la imposibilidad de mostrar que tiene

---

4. Ejemplo de ello es el nominalismo, en cuanto su respuesta a este problema termina reintroduciendo presuposiciones normativas implícitas en el intento mismo de ponerlas entre paréntesis, usualmente en la forma de una defensa liberal del pluralismo jurídico. Véase, por ejemplo, el intento de Tamanaha de ir más allá de un enfoque funcionalista del derecho, acogiendo un enfoque que yo considero nominalista. Brian Tamanaha, *A General Jurisprudence of Law and Society* (Oxford: Oxford University Press, 2001): 194.

alguna esencia o confines naturales".[5,6] La aserción de Skinner parece un eco apagado y sofisticado de la incisiva tesis de Carl Schmitt según la cual "todos los conceptos, ideas y palabras poseen un sentido *polémico*; se formulan con vistas a un antagonismo concreto, están vinculados a una situación concreta".[7] Comparto la convicción de los dos autores según la cual no existe una posición neutral desde la cual se pueda conceptualizar el derecho. Sin embargo, lo que resulta particularmente ilustrativo para esta nota metodológica preliminar es la razón por la cual la empresa de conceptualizar el orden jurídico no puede elevarse por encima de las refriegas.

En efecto, la inevitabilidad de una política de la conceptualización surge del hecho de que los modelos de derecho tienen una estructura representacional —o, si se quiere, interpretativa: revelan algo *como* algo—. Algunos representan el derecho *como* un sistema de reglas dadas por un soberano; otros, *como* los mandatos de la naturaleza; otros, *como* una convención, etc. Al igual que todas las explicaciones del derecho, el modelo de orden jurídico que bosquejo abre un ámbito de involucramiento práctico y de investigación teórica revelando fenómenos desde cierta óptica. No existe ninguna alternativa a esta manera de acceder conceptualmente al derecho; se trata de una implicación necesaria del

---

5. Quentin Skinner, "Una genealogía del Estado moderno", *Estudios Públicos* 118 (2010): 5-56, 7 (traducción alterada).

6. N. del T.: las traducciones de obras en inglés se traducen utilizando los términos y convenciones adoptados en Hans Lindahl, *Fallas de la globalización - Orden jurídico y política de la a-juridicidad*, trad. de Jorge Restrepo Ramos (Bogotá: Siglo del Hombre, 2018). Por ejemplo, el término *boundary* equivale siempre a "confín". Igualmente, como en este caso, se hacen las alteraciones pertinentes cuando el texto en cuestión se encuentra traducido al español.

7. Carl Schmitt, *El concepto de lo político*, trad. de Rafael Agapito (Madrid: Alianza Editorial, 2009), 60.

Introducción

hecho de que nuestro trato con la realidad es mediato o indirecto, pero el precio a pagar por esta relación mediada con el derecho es que la representación no puede abrir un ámbito de investigación sin también cerrar otras formas de acceder a él. La representación revela algo como *esto*, en vez de como *aquello*, lo que implica que no es posible incluir sin excluir cuando una gama de fenómenos son conceptualizados como derecho.

Si hablo de una política de la conceptualización con respecto a los modelos de orden jurídico es porque la marginalización que provocan nunca es meramente conceptual; también es —y quizás lo es principalmente— de naturaleza *práctica*, al prescribir ciertas maneras de lidiar con el comportamiento que ha sido excluido del ámbito del derecho. Esto es lo que William Twining ha mostrado elocuentemente cuando, al resistirse al nacionalismo metodológico que ha dado forma al positivismo durante los últimos siglos, bosqueja un concepto de *derecho* que visibiliza una plétora de candidatos al estatus de orden jurídico que han sido excluidos sistemáticamente del alcance de la teoría jurídica, lo que ha contribuido a su domesticación por la política estadocéntrica. No obstante, no en menor medida a como le ocurre al tipo restrictivo de positivismo jurídico al que Twining se opone, la teoría general del derecho de este último está determinada por presuposiciones normativas que rigen lo que él está preparado para llamar "derecho" y que responden a cierta política de la conceptualización.

No hay razón alguna para esperar que el modelo Aciam del derecho pueda liberarse de este movimiento doble de inclusión y exclusión y de su concomitante política de la conceptualización. Sostengo de aquí en adelante que el orden jurídico se representa de la mejor manera *como* un tipo de acción colectiva, pero ¿qué se elide y, quizás, qué se tergiversa cuando se construye el derecho de esa forma? Esta pregunta tiene un sabor político. Si es cierto que, como lo ha sostenido un buen número de estudiosos,

La autoridad y la globalización de la inclusión y la exclusión

el surgimiento de los órdenes jurídicos globales hace parte de la globalización del imperialismo, ¿una teoría de las globalizaciones jurídicas, cuyos contenidos han sido extraídos predominantemente de las corrientes "occidentales" del pensamiento filosófico sobre el derecho y la política, puede evitar volverse parte de ese proyecto imperial, aun cuando aspire a examinar críticamente la globalización de la inclusión y la exclusión? Más enfáticamente, en tanto que este libro sostiene que la agencia colectiva sigue siendo crucial para el concepto de *derecho* (global), surge la pregunta sobre si este no es una manifestación de la metafísica de la subjetividad (colectiva) que muchos consideran que está en el corazón del imperialismo. No puedo refutar esta objeción en esta etapa del argumento, y no sé si podré hacerlo en absoluto. En cualquier caso, una clave para lidiar con esta objeción se encuentra en quienes resisten la globalización de la inclusión y la exclusión, pues quizás sus luchas también se resisten a los modelos de orden jurídico como el mío, al igual que a los tipos de inclusión y exclusión a los que dan lugar. En el capítulo 4 examinaré algunas de estas formas de resistencia, así como sus sustentos teóricos, incluyendo los conceptos de *multitud* y de *movimientos sociales*, aun cuando no puedo hacerlo de una manera que no esté coloreada de antemano, de una u otra manera, por mi conjetura de que un orden jurídico debe ser representado como un tipo de acción colectiva.

Pero sería un error asumir que la inevitabilidad de la inclusión y la exclusión propia de la conceptualización del derecho debería llevarnos a aceptar que este no es nada más ni nada distinto a sus interpretaciones. Este punto de vista puramente constructivista es insostenible porque hay una *diferencia*, tanto conceptual como normativa, entre lo interpretado y la interpretación —entre algo y su revelación *como* algo (distinto), respectivamente—, la cual no está a disposición del teórico jurídico o de quienquiera que practique la política. En lo que concierne al derecho, esta diferencia se

Introducción

manifiesta, entre otras formas, en las dificultades con las que chocan las teorías estadocéntricas del derecho para hacer comprensibles ciertas transformaciones que, no obstante, aparecen cada vez más relevantes e importantes para la teoría y la práctica del derecho. Lo que se necesita es revisar el marco conceptual de la teoría jurídica de una manera que saque a la luz lo que es relevante e importante en la revelación de algo como derecho, especialmente como derecho global. Lo que considero importante —de hecho, de vital importancia— es un modelo que ayude a explicar por qué los órdenes jurídicos no pueden sino incluir y excluir, así como a elucidar las consecuencias normativas que de allí se siguen para una política autoritativa de los confines en un contexto global.

Estas ideas sobre la teoría jurídica como un ejercicio de representación se parecen bastante a la dinámica política de inclusión y exclusión que he anunciado como el tema de este libro. En efecto, así es. Estas sugieren que la epistemología que sustenta mi perspectiva frente al derecho global, por un lado, y la ontología de los órdenes jurídicos respaldada por el modelo Aciam del derecho, por el otro, son isomorfas. En otras palabras, existe una similitud estructural entre el proceso de conceptualizar el derecho y el modo de ser de los órdenes jurídicos en la manera como son conceptualizados en ese modelo. El *trait d'union* entre los dos ámbitos es la representación. Si la representación, como proceso cognitivo, supone revelar algo como algo, de la misma manera, como veremos en detalle, también la representación es la dinámica que conduce la ordenación jurídica como una especie de acción colectiva.

Estas consideraciones llevan a un tercer problema, el cual subyace a una postura metodológica clave que rige la totalidad de la estructura del libro. Si uno rechaza los enfoques nominalista y esencialista del concepto de *derecho*, como lo hago yo, es necesario un enfoque que se mueva de un lado al otro entre la globalidad y la juridicidad del derecho global, de manera tal que cierta precompresión de lo que ha de valer como derecho abra un ámbito de investigación para el derecho *global* y, en sentido contrario, las manifestaciones emergentes de lo global lleven a un entendimiento transformado del *derecho* del derecho global. Manteniéndonos resueltamente dentro de esta relación circular —una circularidad que no tiene que ser viciosa—, se posibilita la evaluación de la generalidad, de la capacidad diferenciadora y de la flexibilidad del concepto de *orden jurídico* que se construirá en el curso del libro, aun cuando esta circularidad no pueda llevar a un resultado concluyente. Lo que debemos hacer, formulando el punto sin un embalaje hermenéutico tan alto, es empezar por el bosquejo de un concepto preliminar de *derecho* que pueda ser modulado después de distintas maneras, o quizás incluso revisado de modo más o menos drástico, para poder dar sentido a una gama de características correspondientes a los órdenes jurídicos globales putativos.

He aquí, entonces, la manera como he estructurado el libro para lidiar con estos asuntos metodológicos. El capítulo 1 despliega una reflexión preliminar sobre lo que podría querer darse a entender con la globalidad del derecho. Apuntando a la distinción entre confines y límites, esta reflexión inaugural caracteriza dos sentidos sobre qué vale como el afuera de un orden jurídico: lo foráneo y lo extraño. Luego paso al segundo polo de la circularidad en la primera parte del capítulo 2, revelando un concepto de *derecho* que podría explicar la distinción: el orden jurídico como una acción colectiva institucionalizada y autoritativamente mediada. Tras haber bosquejado los contornos del modelo Aciam del derecho, regreso al primer polo de la circularidad, la globalidad del derecho global, en lo restante del capítulo 2 y en los capítulos 3 y 4. Partiendo del modelo Aciam del derecho, estos capítulos se aproximan a la globalización de la inclusión y la exclusión jurídica desde varias perspectivas: la fragmentación, la privatización y la compresión del espacio y el tiempo que se manifiestan en las globalizaciones

Introducción

jurídicas; el problema de la unidad que se mantiene con virulencia en los conceptos de *gobernanza global*, *redes globales* y *regímenes globales*, y la inclusión y la exclusión traídas a cuento por una colección diversa de órdenes jurídicos globales emergentes y por las globalidades jurídicas sugeridas por los movimientos de alterglobalización. El énfasis principalmente descriptivo de los capítulos 1-4 da paso a un enfoque normativo en los capítulos 5 y 6: ¿cómo lidiar con la inclusión y la exclusión en el curso de la ordenación jurídica? Esta pregunta nos devuelve del primer al segundo polo de nuestro enfoque circular: de las globalizaciones (alter)jurídicas al concepto de *derecho* que opera en el derecho global. Por medio de la clarificación de la relación entre reconocimiento y autoridad, busco revelar el importe normativo del modelo Aciam del derecho. Más precisamente, las distintas explicaciones del reconocimiento que se encuentran en pugna, referidas en los capítulos 5 y 6, ofrecen la oportunidad de reconstruir y evaluar dos formas de interpretar la autoritatividad de la política de confines, por medio de la cual los colectivos responden a retos sobre lo que estos confines incluyen y excluyen. Ciertamente, mi defensa de la autoaserción colectiva contenida bosqueja un concepto general de la autoritatividad del derecho, abstrayéndose de las especificidades de los procesos de globalización. Por lo tanto, tras haber empezado nuestra reflexión sobre el derecho global con el polo de la globalidad, parece apropiado finalizar nuestra investigación, en el capítulo 7, volviendo a ese polo. Si la autoritatividad de un orden jurídico consiste en la autoaserción colectiva contenida, ¿qué nos dice esto sobre las precondiciones institucionales de una política autoritativa de confines en un contexto *global*?

1.
EL DERECHO Y LA GLOBALIZACIÓN DE LA INCLUSIÓN Y LA EXCLUSIÓN

Como se anticipó en la introducción, hay una fuerte dependencia mutua entre los conceptos de lo global y del derecho en la expresión *derecho global*. La manera como uno se aproxime a los fenómenos agrupados bajo el nombre de *globalización* contribuye a determinar lo que uno quiera llamar un orden jurídico; en sentido contrario, lo que uno esté preparado para llamar *derecho* afectará la determinación de los fenómenos que uno interprete como globales. Una investigación sobre el derecho global —o, más adecuadamente, sobre las globalizaciones jurídicas— exige un enfoque —un método, en el sentido amplio del término que defiende la hermenéutica— que sea sensible a esta dependencia mutua, yendo de un lado al otro entre sus dos polos. El problema clave es, desde luego, cómo entrar a este "círculo" hermenéutico, por cuanto esto determinará el camino a seguir en la investigación. Este problema es particularmente urgente, porque no hay una carestía de investigaciones sobre la globalización jurídica que llevan a resultados bastante disímiles, dado que operan con interpretaciones muy diferentes de la globalidad y de la juridicidad de las globalizaciones jurídicas.

La autoridad y la globalización de la inclusión y la exclusión

No obstante, sin importar cuán diferentes puedan ser, la mayoría de las discusiones contemporáneas —quizás todas— sobre los procesos de globalización comparten una suposición común: la literatura, invariablemente, asume que, a diferencia del derecho estatal, los órdenes jurídicos globalizadores se organizan de tal manera que la distinción entre adentro y afuera pierde peso empírico y conceptual. Esta suposición constituye el punto de partida de mi propia investigación, no porque adhiera a ella, sino porque aspiro a indagarla críticamente. Un sondeo de los órdenes jurídicos globales emergentes, de los cuales la Organización Mundial del Comercio (OMC) es nuestro ejemplo central en este capítulo, sugiere que el declive de los linderos estatales va de la mano de nuevas y drásticas formas de marginalización espacial.

En vez de asumir que la distinción adentro/afuera es inadecuada si se desea entender el surgimiento de órdenes jurídicos globales, este capítulo hace una diferenciación entre linderos [*borders*] y límites [*limits*], entendidos como dos maneras diferentes en las que la distinción adentro/afuera adquiere forma espacial, arguyendo que los límites, no los linderos, son la clave para entender por qué las globalizaciones jurídicas pueden desplegarse como un proceso de inclusión y exclusión. Sugiero que un cerramiento espacial hacia un adentro limitado, de cara a un afuera marginalizado, bien podría ser un ingrediente de todos los órdenes jurídicos, sean globales o de otro tipo. Esto me permite entrar al círculo, como lo expresé atrás, de manera tal que, arrojando nueva luz sobre la dependencia mutua entre la globalidad y el derecho de los órdenes jurídicos emergentes, se pueda hacer espacio para una discusión crítica de la globalización de la inclusión y la exclusión jurídicas. La pregunta fundamental que surge es si lidiar autoritativamente con este estado de cosas presupone la posibilidad de dar lugar a un orden jurídico global que pudiera incluir sin excluir, incluso si su realización debiere ser pospuesta indefinidamente

1. El derecho y la globalización de la inclusión y la exclusión

en el tiempo histórico: un orden jurídico global con un adentro, pero sin un afuera. Esta es una pregunta apremiante, debido a las demandas que han sido elevadas (e impuestas) en relación con, por ejemplo, los regímenes globales de derechos humanos, el derecho comercial global, el constitucionalismo global y el derecho administrativo global, ámbitos del derecho que serán explorados en el transcurso de este libro.

1.1. Entrando al círculo

La finalidad de esta primera sección es introducir el problema de la espacialidad jurídica por medio de la distinción entre adentro y afuera. Como se revelará en lo que sigue, esta distinción debe ser desambiguada: hay dos maneras, no una, de contrastar un adentro con un afuera mediante una distinción propiamente espacial. A primera vista, esta es una ruta de acceso más bien inusual al problema del espacio, por cuanto los profesionales y los estudiosos del derecho suelen abordar el espacio del derecho en términos de jurisdicción, concretamente en términos del territorio dentro del cual una autoridad puede ejercer su poder en propiedad. Sin embargo, el entendimiento jurisdiccional del espacio jurídico, tal y como ha sido desarrollado por los estudios jurídicos, oculta una ambigüedad que se esconde en esta distinción, enfocando la atención doctrinal de manera exclusiva en los linderos estatales y, por ello, en la distinción entre lo nacional [domestic] y lo foráneo [foreign]. Con miras a preparar el camino para entender por qué hay un segundo sentido de la distinción entre adentro y afuera, uno que gira en torno a los límites espaciales y no a los linderos, hacemos bien en empezar con algunas observaciones preliminares y muy incompletas sobre el concepto de *jurisdicción*.

La autoridad y la globalización de la inclusión y la exclusión

Hans Kelsen nos da un buen punto de partida para nuestra indagación al recordarnos que la interpretación espacial de la jurisdicción es solo una de las especificaciones de su concepto más general, que concierne a la competencia o a la capacidad jurídica. Las normas jurídicas califican ciertos actos como condición jurídica o como consecuencia, de manera tal que un "individuo es 'capaz' de realizar dicho acto; o sea que solo él es 'competente' para realizarlo (usado el término en su sentido más amplio)".[1] En un sentido más restringido, dice Kelsen, la competencia se refiere a la capacidad jurídica para llevar a cabo ciertos actos, como ocurre con el parlamento, el cual es competente para hacer leyes, así como con un juez, que es competente para dictar sentencias. La doctrina jurídica normalmente distingue entre la jurisdicción para prescribir, para adjudicar y para imponer. Kelsen agrega seguidamente que "el concepto de *jurisdicción*, tal como se usa en la terminología jurídica inglesa, no es sino el concepto general de *competencia* aplicada a un caso especial. La jurisdicción, propiamente dicha, es la competencia de los tribunales". Pero, como lo anota, las autoridades administrativas también tienen jurisdicción en este sentido amplio del término; de hecho, los órganos del Estado —y, por extensión, el Estado al cual se imputan ciertos actos— "tienen su 'jurisdicción', es decir, la capacidad de ejecutar actos que el orden jurídico considera como de un órgano determinado y no de otro".[2]

El espacio es una de las dimensiones de este concepto general de *jurisdicción*. En este sentido restringido, la jurisdicción es el

---

1. Hans Kelsen, *Teoría general del derecho y del Estado*, trad. de Eduardo García Máynez (México: UNAM, 1995), 106. Para un riguroso estudio doctrinal de la jurisdicción en el derecho internacional, véase Cedric Ryngaert, *Jurisdiction in International Law* (Oxford: Oxford University Press, 2008).

2. Kelsen, *Teoría general del derecho y del Estado*, 107.

1. El derecho y la globalización de la inclusión y la exclusión

término técnico-jurídico que plasma la articulación del poder jurídico y el espacio, esto es, la habilitación jurídica para determinar qué comportamiento debe acontecer en un espacio determinado. En tanto el Estado ha sido el paradigma del orden jurídico, la noción de *territorialidad* ha sido determinante para la noción de *jurisdicción espacial*. En palabras de Kelsen, "se supone que es de la esencia del Estado ocupar un cierto territorio. La existencia del Estado, dice Willoughby, 'depende de la pretensión de parte del mismo de tener un territorio propio'".[3] Haciendo notar que la unidad territorial del Estado debe entenderse jurídica y no geográficamente, Kelsen también señala que sería un error asumir que la jurisdicción espacial de un Estado está circunscrita a su territorio. El derecho internacional autoriza a los Estados, por ejemplo, a vincular una sanción a los delitos cometidos en el territorio de otro Estado —jurisdicción penal extraterritorial—. Aunque ha sido la regla general, la jurisdicción territorial no agota de ninguna manera la jurisdicción espacial de los Estados. La jurisdicción universal es, desde luego, el caso extremo más representativo. Pero no debe olvidarse que el concepto y la significación práctica de la jurisdicción extraterritorial están firmemente afianzados en la territorialidad, sentido en el cual debe glosarse la observación de Willoughby. Y esta es otra manera de decir que la posibilidad de la jurisdicción *afuera* del territorio del Estado, como lo implica la noción de "extraterritorialidad", sigue dependiendo de un cerramiento espacial que da lugar a un *adentro*: la jurisdicción territorial. Esta asunción también subyace a la definición sociológica de *Estado* de Max Weber, indudablemente la definición más influyente de ese concepto: "Aquella comunidad humana que, *dentro* de un determinado territorio (el 'territorio' es elemento

---

3. Ibíd., 247 (citando a W. W. Willoughby, *Fundamental Concepts of Public Law*, 64).

distintivo), reclama (con éxito) para sí el monopolio de la violencia física legítima".[4] En pocas palabras, la distinción espacial entre adentro y afuera, en el sentido trazado por los linderos estatales, es la precondición de la jurisdicción del Estado, tanto en su forma territorial como en la extraterritorial. En un sentido importante, esta doctrina da por sentado que los linderos definen el significado mismo de un adentro y un afuera, el cual equipara a la distinción entre lo nacional y lo foráneo.

Entendido esto así, los estudiosos han anotado sin dudar que la existencia de un adentro y un afuera es constitutiva de los Estados, pero que no puede ser constitutiva de todos los órdenes jurídicos. En primer término, y este es el caso más obvio, la jurisdicción que ejercen por lo menos algunos órganos del derecho internacional, como la Corte Internacional de Justicia, se extiende a todos los Estados (y los mares) y es, en este sentido, global: tal jurisdicción no está organizada, de manera alguna, en los términos de la distinción entre territorialidad y extraterritorialidad y, en esa medida, en los de la distinción entre un adentro y un afuera. De hecho, semejante jurisdicción también comprende el derecho del espacio exterior, incluyendo el *Tratado sobre los principios que deben regir las actividades de los Estados en la exploración y utilización del espacio ultraterrestre, incluso la Luna y otros cuerpos celestes* (1967), el cual, parece ser, resalta la relevancia

---

4. Max Weber, "La política como vocación" en íd., *El político y el científico*, trad. de Francisco Rubio Llorente (Madrid: Alianza Editorial, 1979), 81-179, 93 (énfasis fuera del texto). Para una reconstrucción incisiva del marco teórico que rige nuestra concepción sobre la correlación entre derecho internacional y la forma estatal, véase Nehal Bhuta, "State Theory, State Order, State System – *Jus gentium* and the Constitution of Public Power", en *System, Order, and International Law: The Early History of International Legal Thought from Machiavelli to Hegel*, ed. de Stefan Kadelbach, Thomas Kleinlein y David Roth-Isigkeit (Oxford: Oxford University Press, 2017), 398-417.

1. El derecho y la globalización de la inclusión y la exclusión

limitada que tiene la distinción adentro/afuera en lo que respecta a la jurisdicción espacial.[5] Podría objetarse, no obstante, que, en la medida en que todos los ámbitos del derecho internacional sigan presuponiendo a los Estados y a las relaciones interestatales, la distinción adentro/afuera es una precondición de la jurisdicción espacial del derecho internacional. Pero incluso si se concediera esta objeción, somos testigos del surgimiento de un conjunto de órdenes jurídicos que demandan, o podrían llegar a demandar, validez global, a la vez que escapan de la dicotomía simple y la correlación de los Estados y el derecho internacional. Debemos ocuparnos ahora de la teorización jurídica que se ha dado a esta transformación.

En efecto, los desacuerdos entre teorías que compiten por describir la globalización ya sea como un fenómeno jurídico o como uno político revelan un acuerdo más profundo sobre su descripción negativa y, en esa medida, sobre su caracterización positiva mínima. Con independencia de las otras cosas que impliquen o logren, un espectro amplio de teorías acepta que la globalización corta la correlación fuerte que existe entre el derecho y el Estado. Más precisamente, existe un acuerdo amplio en que las relaciones sociales contemporáneas ya no pueden ser descritas de manera adecuada ni explicadas como ocurrencias dentro de —y, en cierta medida, entre— Estados soberanos. Un conjunto de teóricos sostiene que el desacoplamiento del derecho y el Estado revela que la territorialidad es una característica meramente contingente del derecho y que las globalizaciones, particularmente la globalización económica, conducen los procesos por medio de los

---

5. Préstese atención, sin embargo, a la distinción entre un espacio "interior" y uno "exterior", aunque no deseo discutir cómo este uso de la distinción podría estar relacionado con un adentro y un afuera en el sentido de la jurisdicción territorial y la extraterritorial de los Estados.

cuales el derecho se vuelve incrementalmente *desterritorializado*, o al menos eso es lo que se nos ha dicho. De común acuerdo, los órdenes jurídicos globales emergentes ponen de presente la contingencia de la distinción adentro/afuera. Más sencillamente, por demandar —o aspirar a demandar— validez mundial, los órdenes jurídicos globales serían un derecho que definitivamente corta los lazos con un espacio cerrado que separa un adentro de un afuera. Formulado positivamente, el derecho global sería el derecho que es válido en todo lugar en vez de en algún lugar. En este sentido específico, el derecho global está en un contínuum con el derecho transnacional. Si con *derecho transnacional* se quiere hacer referencia a un orden jurídico transfronterizo [*cross-border*][6] que eleva una demanda de validez, la cual es por lo menos parcialmente autónoma con respecto a la validez tanto del derecho estatal como del internacional, entonces los órdenes jurídicos globales emergentes son la forma extrema del transnacionalismo.[7]

6. N. del T.: el autor opone el concepto de *border*, que he traducido como "lindero", al de *frontier*, para el cual he reservado el término *frontera* por su similitud morfológica. En pocas ocasiones el libro emplea el término *cross-border*, el cual, de ser fiel a la convención adoptada para traducir *border*, debería traducirse con la aparatosa locución *que atraviesa linderos* o el neologismo *translinderizo*. Por lo tanto, uso el término *transfronterizo* para las instancias de *cross-border*, pese a ser ligeramente impreciso de cara a la oposición entre linderos [*borders*] y fronteras [*frontiers*]. Véase, en el mismo sentido, Lindahl, *Fallas de la globalización*, 29-30.

7. Véase Kaarlo Tuori, "Transnational Law: On Legal Hybrids and Legal Perspectivism", en *Transnational Law: Rethinking European Law and Legal Thinking*, ed. de Miguel Maduro, Kaarlo Tuori y Suvi Sankari (Cambridge: Cambridge University Press, 2014), 11-57. Para Walker, "lo que hace del derecho global un derecho, y lo que todas las formas de derecho global tienen en común, es *una adhesión práctica o un compromiso con la garantía universal, o de otro tipo global-en-general, de ciertos derechos o de ciertas dimensiones del derecho*". Véase Neil Walker, *Intimations of Global Law* (Cambridge: Cambridge

1. El derecho y la globalización de la inclusión y la exclusión

Sin embargo, la desterritorialización no puede significar, indudablemente, que sea posible la existencia de órdenes jurídicos que no tengan una inserción espacial de algún tipo, así sea simplemente porque las normas jurídicas y el orden jurídico al que pertenecen necesariamente tengan una esfera espacial de validez, como Kelsen lo ha puesto de presente.[8] De allí surge la pregunta central: ¿es posible una inserción espacial distinta a un emplazamiento que divida el espacio en un adentro y un afuera, así no fuere necesariamente en la forma de la territorialidad estatal? El problema puede formularse de forma más precisa de la siguiente manera: asumiendo que las globalizaciones pudieron haber desterritorializado el derecho, ¿significa esto también que las globalizaciones han *deslocalizado* el derecho, en el sentido fuerte de suspender la distinción entre adentro y afuera?

1.2. Globalización como localización

Empecemos examinando la muy influyente sociología de la globalización de Saskia Sassen. No se trata, de ninguna manera, de la única contribución sobre este tema, e, igualmente, su enfoque necesita ser complementado con los hallazgos de otras sociologías de la globalización en los capítulos venideros. Sin embargo, Sassen es particularmente interesante en esta etapa preliminar de nuestro argumento, pues desarrolla un análisis empíricamente

---

University Press, 2014), 15-24. Más adelante distinguiré entre órdenes jurídicos globales y derecho global, en la sección 2.1.5.

8. Hans Kelsen, *Teoría pura del derecho. Introducción a los problemas de la ciencia jurídica*, 1.ª ed., trad. de Gregorio Robles y Félix Sánchez (Madrid: Editorial Trotta, 2011), 45.

rico y conceptualmente riguroso de la espacialidad de las globalidades emergentes.

1.2.1. *Territorio, autoridad, derechos*

Sassen aborda la espacialidad de los procesos de globalización bajo el prisma de una teoría sociológica que busca explicar el paso de lo que ella denomina *ensamblajes medievales* a los *ensamblajes nacionales*, y de allí a los *ensamblajes globales*. En efecto, su preocupación metodológica fundamental es "cómo examinar las transformaciones fundacionales en el seno de los sistemas complejos y teorizar sobre ellas". Puesto que los sistemas complejos "no surgen de la nada", un problema central con el que se enfrenta la sociología de la globalización es dar sentido a las continuidades y discontinuidades que atraviesan estos tres umbrales históricos.[9] En su lectura, la continuidad a través de umbrales viene dada por tres "componentes transhistóricos" —territorio, autoridad y derechos (TAD)—,[10] los cuales también revelan cierta discontinuidad

---

9. Saskia Sassen, *Territorio, autoridad y derechos: de los ensamblajes medievales a los ensamblajes globales*, trad. de María Victoria Rodil (Buenos Aires: Katz Editores, 2010), 26. Mi lectura de la sociología de la globalización de Sassen es sumamente selectiva; no me ocupo, por ejemplo, de su discusión detallada de la ciudad global como el lugar privilegiado para las prácticas sociales típicas de la desnacionalización. También es una lectura sumamente abreviada, por cuanto no discuto en absoluto las transformaciones de las capacidades nacionales que han posibilitado e inducido el surgimiento de lugares y redes de lugares en el proceso de la desnacionalización. Mi único interés, por el momento, es explorar su tesis, según la cual los procesos de globalización toman la forma de una localización novedosa de la interacción social.

10. N. del T.: a diferencia de la versión original del texto, la traducción española de *Territory, Authority, Rights* no utiliza una sigla para referirse a estos tres componentes, sino que opta por repetir la fórmula "territorio, autoridad y derechos". Considero útil abreviar la fórmula en la sigla TAD, dado que tanto Sassen como Lindahl usan la sigla TAR con el mismo efecto. Cf. Saskia Sassen,

1. El derecho y la globalización de la inclusión y la exclusión

al asumir "contenidos, formas e interdependencias de carácter específico en cada estructura histórica".[11] Aunque están presentes en casi todas las sociedades, estos tres componentes pueden ser ensamblados de distintas maneras, lo que explica las transiciones entre épocas de una manera concreta. Sassen explica el reensamblaje histórico de los TAD en términos del surgimiento de capacidades en una lógica organizadora que son posteriormente insertadas en una nueva lógica organizadora, en la que cumplen una función diferente. Las capacidades, en la manera como Sassen usa el término, se refieren a un ámbito de acción que es abierto por el sistema en el que opera y que adquiere un significado distintivo dentro de este, pero que es multivalente porque puede adquirir un significado muy diferente cuando es apropiado por otro sistema. Por ejemplo, Sassen muestra la forma como el surgimiento del Estado de derecho como una manera de fortalecer la autoridad estatal en los TAD nacionales terminó "cambiando de carriles" con el surgimiento de los TAD globales, convirtiéndose en un vehículo para la apertura de las economías nacionales, en especial las de los países "en vías de desarrollo", a los mercados globales. En pocas palabras, "algunas de las capacidades anteriores resultan esenciales para la constitución del nuevo orden, pero eso no significa que conserven la misma valencia. Los sistemas de relaciones o lógicas organizadoras en los cuales comienzan a operar pueden ser muy diferentes".[12]

Este enfoque le permite a Sassen reconstruir el sentido general de la transformación que va de los TAD nacionales a los globales:

Territory, Authority, Rights: From Medieval to Global Assemblages (Princeton, NJ: Princeton University Press, 2006), 4.

11. Sassen, *Territorio, autoridad y derechos*, 22.
12. Ibíd., 28.

La autoridad y la globalización de la inclusión y la exclusión

En el Estado moderno, el territorio, la autoridad y los derechos evolucionan hacia lo que hoy reconocemos como un orden centrípeto donde una dimensión (la de lo nacional) absorbe en su mayor parte esos tres componentes [...]. Mientras que en el pasado la mayoría de los territorios se encontraban sujetos a múltiples sistemas de gobierno, con el Estado nacional soberano surge la autoridad exclusiva sobre un territorio determinado, territorio que, a su vez, se concibe como colindante con esa autoridad, lo que en principio asegura una dinámica semejante en otros Estados-nación. De este modo, el Estado soberano adquiere la capacidad de funcionar como el otorgante exclusivo de los derechos. Se puede afirmar entonces que la globalización actúa como un factor desestabilizador de este ensamblaje en particular. [...] Lo que antes se aglutinaba y se experimentaba como condición unitaria (el ensamblaje nacional del territorio, la autoridad y los derechos) hoy se muestra cada vez más como un conjunto de elementos separados, con distintas capacidades de desnacionalizarse.[13]

Lo que resulta específicamente interesante para nuestras preguntas es la importante corrección que la metodología de Sassen introduce en las descripciones de lo global. La mayoría de los estudios sociológicos de la globalización, asevera Sassen, se enfocan en las manifestaciones cosmopolitas de los órdenes normativos como la OMC, los mercados financieros globales y los tribunales internacionales de crímenes de guerra. Sassen reconoce la importancia de estos órdenes, que son "en gran medida [...] formaciones globales nuevas y concretas", a pesar de que su implementación

---

13. Ibíd., 25-26.

1. El derecho y la globalización de la inclusión y la exclusión

siga siendo parcialmente nacional.[14] Y, aunque Sassen no lo dice explícitamente, su carácter propiamente cosmopolita significa que se trata de órdenes normativos que, conservando su relación con lo nacional, ya no están estructurados en términos de la distinción espacial entre adentro y afuera. Sassen sostiene, sin embargo, que el énfasis exclusivo en las globalidades cosmopolitas sigue acogiendo un supuesto residual del pensamiento estadocéntrico, a saber, que "si un proceso o fenómeno social se da en una institución o en un territorio nacional [...], debe ser de carácter nacional".[15] El supuesto según el cual lo global y lo nacional son espacialidades mutuamente excluyentes pasa por alto una segunda e igualmente importante forma de globalización que Sassen denomina *desnacionalización*. De la misma forma como las globalidades cosmopolitas surgen a través del posnacionalismo, las globalidades no cosmopolitas despliegan una forma de desterritorialización; las dos formas de globalidades desmienten el supuesto de que el Estado nación es el único contenedor de los procesos sociales. Pero, a diferencia de lo que ocurre con las globalidades cosmopolitas, estos procesos,

> aunque localizados en ámbitos nacionales, o incluso subnacionales [...], forman parte de la globalización porque incorporan redes o entidades transfronterizas que conectan múltiples procesos y a actores locales o "nacionales", o bien porque se trata de cuestiones o dinámicas que se registran en un número cada vez mayor de países o ciudades.[16]

---

14. Saskia Sassen, *Una sociología de la globalización*, trad. de María Victoria Rodil (Buenos Aires: Katz Editores, 2007), 14.
15. Ibíd., 11. Véase también Saskia Sassen, "The Global Inside the National: A Research Agenda for Sociology", *Sociopedia.isa*, 2010, http://saskiasassen.com/PDFs/publications/the-global-inside-the-national.pdf
16. Sassen, *Una sociología de la globalización*, 14.

La autoridad y la globalización de la inclusión y la exclusión

En una formulación particularmente concisa, Sassen se refiere a la desnacionalización como la "localización de lo global".[17] Son ejemplos de ella "las redes transfronterizas de activistas dedicados a alguna causa local específica que también se da en escala global", "ciertos aspectos específicos de la labor de los Estados nacionales, [como] las políticas monetarias y fiscales", y

> el hecho de que los tribunales nacionales hayan comenzado a utilizar instrumentos internacionales (como las declaraciones sobre los derechos humanos, las normas ambientales internacionales o las reglas de la Organización Mundial del Comercio) para resolver cuestiones que antes habrían resuelto exclusivamente con instrumentos jurídicos nacionales.[18]

1.2.2. La localización de lo global

El punto crítico de la descripción que Sassen hace de la desnacionalización como la localización de lo global es refutar el supuesto según el cual la espacialidad de los procesos sociales se da por sentada en las lecturas cosmopolitas de la globalización. Mientras que estas asumen que la globalización debe ser vista "como una instancia superadora o neutralizadora del lugar", Sassen muestra convincentemente que las investigaciones sociológicas tienen mucho que ganar al "dispersar lo global en una serie de circuitos transfronterizos particulares que conectan localidades específicas, con lo que el concepto de lo global se torna más concreto".[19] La

---

17. Ibíd., 12.
18. Ibíd., 14-15.
19. Ibíd., 21, 24 (traducción alterada). Como Sassen lo explica en otro texto, "un énfasis en los lugares nos permite desatar el concepto de *globalización* como una función de múltiples circuitos transfronterizos especializados, en los cuales distintos tipos de lugares están localizados". Véase Saskia Sassen, "Bordering

1. El derecho y la globalización de la inclusión y la exclusión

noción de *redes de lugares* es ilustrativa, porque revela el tipo de espacialidad que surge en los procesos de globalización. En un artículo orientado específicamente a bosquejar un plan de investigación para una sociología de los lugares y los espacios de lo global, Sassen demuestra cómo la dispersión de las operaciones de las firmas multinacionales, en conjunto con la centralización de sus funciones de mando, es un ejemplo concreto y particularmente convincente de una red no cosmopolita.[20] Aunque otras globalidades no cosmopolitas obviamente juntan lugares de formas distintas a las de las multinacionales, su surgimiento como órdenes normativos también va de la mano del desarrollo de esas redes.

Hagamos una pausa para explorar en mayor detalle las concepciones de *lugar* y de *redes de lugares*, que apuntalan la tesis de Sassen de que la globalización no cosmopolita es una forma de localización. Aunque estas dos nociones estructuran la contribución de Sassen a una sociología de la espacialidad de la globalización, no son en sí mismas objeto de un examen explícito y funcionan, en cambio, como el punto de partida, dado más o menos por sentado, de las descripciones y análisis de la autora.

La insistencia de Sassen en la significación del lugar para las globalidades no cosmopolitas es importante desde nuestra perspectiva, porque el lugar trae a cuento la agencia y, con ello, un espacio de *acción*. Este punto es crucial en cuanto muchos dan por sentado que la noción de *territorialidad* recurre a la concepción moderna de *espacio*. Stuart Elden anota en este sentido que

---

Capabilities versus Borders: Implications for National Borders", *Michigan Journal of International Law* 30 (2009): 568-597, 584.

20. Saskia Sassen, "Places and Spaces of the Global: An Expanded Analytic Terrain", en *Globalization Theory: Approaches and Controversies*, ed. de David Held y Anthony McGrew (Cambridge: Polity Press, 2007), 79-105.

La autoridad y la globalización de la inclusión y la exclusión

la noción de *espacio* que surge en la revolución científica está definida por la *extensión*. El territorio puede ser entendido como la contraparte política de esta noción del cálculo espacial y puede, por lo tanto, ser concebido como la *extensión del poder del Estado*.[21]

En su caracterización de la territorialidad del Estado, Kelsen lleva esta interpretación del espacio a sus consecuencias más radicales:

El territorio del Estado es considerado generalmente como una porción definida de la superficie terrestre. Esta idea es incorrecta. El territorio del Estado, como ámbito espacial de validez del orden jurídico nacional, no es una superficie, sino un espacio de tres dimensiones. La validez, lo mismo que la eficacia del orden jurídico nacional, no solo se extienden a lo ancho y a lo largo, sino también en altura y profundidad. Por ser la Tierra un globo, la forma geométrica de ese espacio —el espacio estatal— es aproximadamente la de un cono invertido.[22]

Esta noción de *espacio* ha sido, sin dudarlo, de gran importancia para el desarrollo de la cartografía moderna, la cual, a su vez,

---

21. Stuart Elden, *The Birth of Territory* (Chicago, IL: Chicago University Press, 2013), 322. De acuerdo con Sassen, "buena parte de la ciencia social ha operado bajo el supuesto del Estado-nación como un contenedor, representando una espacio-temporalidad unificada". Véase Saskia Sassen, "Spatialities and Temporalities of the Global: Elements for a Theorization", *Public Culture* 12, n.º 1 (2000): 215-232. En general, sin embargo, la explicación histórica de Elden es ciega a la estructura reflexiva del territorio del Estado en particular y a la espacialidad jurídica en general. Véase mi reseña del libro de Elden en *Political Theory* 44, n.º 1 (2016): 144-146.
22. Kelsen, *Teoría general del derecho y del Estado*, 257.

1. El derecho y la globalización de la inclusión y la exclusión

ha contribuido decisivamente en la demarcación de los linderos de los territorios estatales. Además, esta noción sigue jugando un papel decisivo en la formación de nuestro entendimiento de la espacialidad jurídica, en la medida que la noción de *escalas del derecho* (por ejemplo, subnacional, nacional, regional, global) presupone la objetivación del espacio, que tiene sus raíces en la geometría. Sin embargo, aunque indudablemente no tiene un papel insignificante en el surgimiento de los órdenes jurídicos modernos, el espacio como extensión no determina el concepto de *lugar* que concierne a los órdenes jurídicos, sean estatales o de otra clase; lo que aquí está en juego es el concepto de *lugar* propio de un espacio de acción.

1.2.3. Redes (globales) de lugares y el espacio de acción
Pensar la espacialidad jurídica en términos de extensión se ha convertido en una característica tan arraigada del pensamiento jurídico que hacemos bien en decididamente darle la espalda al derecho y buscar otro punto de partida para describir la espacialidad de la acción.[23] Para captar lo que resulta específico del espacio de acción, permítaseme introducir la distinción entre posición y lugar.[24] Esta

---

23. Para una "historia" del rol de la cartografía y su correspondiente concepción abstracta del espacio, la cual facilitó el surgimiento de la territorialidad estatal, véase Richard T. Ford, "Law's Territory (A History of Jurisdiction)", *Michigan Law Review* 97 (1999): 843-930. Entrecomillo la palabra *historia* porque el subtítulo del artículo de Ford podría haber sido perfectamente "Una genealogía de la jurisdicción" en el sentido foucaultiano, a saber, una indagación del surgimiento de un discurso/práctica que muestra cómo y por qué este abre ciertas subjetividades y autoentendimientos, a la vez que cierra otros.

24. Aquí estoy en deuda con Martin Heidegger, *Ser y tiempo*, trad. de Jorge Eduardo Rivera C. (Santiago de Chile: Editorial Universitaria, 1997), 128. Para una distinción paralela entre *sitio* y *lugar*, véase Edward Casey, *Getting Back Into Place: For a Renewed Understanding of the Place World* (Indianápolis, IN: Indiana University Press, 1993). Una buena introducción a la concepción de

La autoridad y la globalización de la inclusión y la exclusión

distinción nos permite contrastar la especificidad de nuestra experiencia cotidiana del espacio, el cual está organizado en términos de lugares y redes de lugares, con el espacio tridimensional de la geometría, el cual está organizado en términos de posiciones y que, en estricto sentido, no puede ser experimentado como tal. En nuestros tratos cotidianos con las cosas, como cuando usamos ollas y sartenes, una estufa, un refrigerador y demás elementos mientras cocinamos, no nos relacionamos con estas cosas en cuanto cosas posicionadas en un espacio tridimensional en el cual cada posición se identifica por un conjunto único de coordenadas. Aunque ciertamente tienen una posición que puede ser medida, todas las cosas de una cocina tienen su lugar adecuado, el lugar al que pertenecen si hemos de llevar a cabo la acción de cocinar. Los lugares, correspondientemente, son el *dónde* de las cosas, pero no en el sentido de una posición aleatoria o de una posición determinada por leyes naturales. A su vez, adonde algo, alguien o un acto pertenezca depende de la actividad que estemos llevando a cabo, por ejemplo, cocinar. No es coincidencia, por lo tanto, que los lugares se manifiesten desde la perspectiva de la *primera persona* de los agentes, como lo demuestra el uso de los indiciales *acá* y *allá*, una perspectiva que debe ser asumida por quienquiera que describa lugares. En efecto, los indiciales espaciales *allá* y *acá* van de la mano de los indiciales *nosotros* y *yo* —y viceversa—.

En un sentido no menos importante, los lugares no vienen solos; aparecen a los ojos de un cocinero como una distribución interconectada —como una *unidad*— de lugares: el conjunto de ollas, sartenes, estufa, refrigerador y demás herramientas e ingredientes que necesito para cocinar, cada uno de los cuales tiene su

---

Heidegger del espacio de acción se encuentra en Hubert L. Dreyfus, *Being-in-the-World: A Commentary on Heidegger's Being and Time, Division 1* (Cambridge, MA: MIT Press, 1991), 128-140.

1. El derecho y la globalización de la inclusión y la exclusión

lugar propio en relación con el de los demás, es una cocina. Qué lugares van juntos y cómo se relacionan entre sí, de manera tal que formen una unidad de lugares, depende de la naturaleza de la actividad en cuestión. La unidad de una interconexión diferenciada de lugares es, podría decirse, una unidad *pragmática*, lo que Heidegger llama una "zona" (*Gegend*). Una cocina es una unidad espacial, en este sentido práctico de la expresión.

Volviendo al problema del cerramiento espacial, nótese que la determinación de los lugares que van juntos es otra manera de decir qué lugares están *incluidos* en la unidad espacial; asimismo, la inclusión de ciertos lugares en ciertas relaciones entre sí por parte de la actividad también implica la *exclusión* de otros lugares, los cuales no pertenecen a esa unidad. En otras palabras, un espacio pragmático es una interconexión *relativamente cerrada* de lugares. Finalmente, en tanto el proceso de cocinar siga su curso sin trabas, yo no soy explícitamente consciente del lugar en el que cada pieza del equipo se encuentra ni de la relación específica entre lugares y cosas que define a la cocina como una cocina: simplemente saco los ingredientes del refrigerador, tomo una sartén, la pongo en la estufa y demás. "Cuando no se encuentra algo en *su* lugar propio, la zona se vuelve, con frecuencia por primera vez, explícitamente asequible en cuanto tal".[25]

Ciertamente, esta descripción de la espacialidad vivida es muy parcial en cuanto se enfoca exclusivamente en la relación entre seres humanos y la manipulación de herramientas, en un sentido amplio del término. Además, no describe cómo el comportamiento humano se relaciona con los lugares jurídicos y el espacio, aun cuando ya hay cierta protonormatividad cuando se hace referencia a cosas y actos como "haciendo parte" de algún lugar. Por lo tanto, todavía tenemos mucho camino por recorrer

---

25. Heidegger, *Ser y tiempo*, 129 (traducción alterada).

antes de que una fenomenología del espacio vivido —concretamente, una fenomenología del espacio de acción— pueda proveer una elucidación plena de las nociones de *lugar* y *red de lugares*, que están presupuestas en las descripciones de las globalidades no cosmopolitas que hace Sassen. Pero sería un error poner reparos al carácter casero del ejemplo que he descrito brevemente, descartándolo como irrelevante de cara al tipo de espacialidad y espaciamiento que los procesos sociales globales presuponen. De hecho, el análisis precedente del espacio de acción nos da una explicación preliminar, pero no por ello menos fundamental, de por qué la desterritorialización no puede significar deslocalización o, en términos positivos, de por qué *las globalizaciones deben ser una manera específica de acción localizadora*. En efecto, un orden social global solo adquiere los contornos específicos y la consistencia que permiten identificarlo como tal, y que lo vuelven susceptible de ser descrito, en la medida que aparezca a los participantes y a los sociólogos que habrían de describir su comportamiento como una unidad de lugares, sin importar cuán emergente, tenue y variable sea su configuración. Sucintamente, si el derecho (global) se define como una forma específica de orden social, entonces el derecho (global) debe ser un orden espacial —o, más específicamente, espacializante— que distingue e interconecta lugares en cierto tipo de unidad: una red de lugares.

1.3. Dos modos de la distinción adentro/afuera

Recapitulemos. Los sociólogos de la globalización suelen sostener que el derecho se está volviendo incrementalmente desterritorializado y que la desterritorialización del derecho desenmascara al cerramiento espacial como una característica meramente contingente del derecho. El surgimiento de órdenes jurídicos globales,

1. El derecho y la globalización de la inclusión y la exclusión

dicen, no necesita un cerramiento que separe un adentro de un afuera; por el contrario, lo que resulta distintivo de la globalización jurídica es que reemplaza la distinción adentro/afuera. Aunque esta historia sea causa de júbilo para los defensores de la globalización y de ansiosos manoteos por parte de sus detractores, en ambos casos se trata del bajo continuo de las reflexiones sobre el derecho en un contexto global. He buscado preparar el camino para desmentir esta historia por medio de un rodeo. Concediendo que la globalización da lugar a cierta forma de desterritorialización del derecho, mi pregunta inicial fue si tal desterritorialización equivale a una deslocalización de los órdenes jurídicos globalizadores. Esta estrategia me permitió empezar a enfrentarme con la tesis de la desterritorialización en los propios términos de los sociólogos, a saber, explorando una explicación, bien documentada empíricamente, de la manera como las globalizaciones tienen lugar. Como Sassen lo revela convincentemente, las globalizaciones, en efecto, tienen lugar —literalmente—, pero, a primera vista, esta tesis deja intacta la suposición fundamental que rige las reflexiones sobre los órdenes jurídicos globales emergentes, a saber, que ya no tiene sentido conceptualizar dichos órdenes en términos de la distinción entre adentro y afuera. Ha llegado el momento de examinar este supuesto críticamente. Mi pregunta es la siguiente: si las globalizaciones son necesariamente una localización, ¿es posible en absoluto localizar o emplazar globalizaciones jurídicas si no es por medio de un cerramiento espacial emergente, a través del cual un colectivo surge en el proceso mismo de desmarcarse como un adentro de cara a un afuera?

1.3.1. La OMC y la resistencia a un mercado global

La clave para una respuesta radica en una ambigüedad oculta en la distinción entre adentro y afuera. Cuando la tesis de la desterritorialización nos dice que esta distinción pierde valor conceptual y empírico como resultado de los procesos de globalización, simplemente nos dice que la espacialidad de esos órdenes no puede ser captada en términos de la distinción entre espacios nacionales y foráneos. Esta es otra forma de aseverar que la territorialidad, en el sentido de territorialidad estatal, es una característica contingente de los órdenes jurídicos. Volveré en breve sobre esta asunción. Nótese, por el momento, que hay un segundo sentido de cerramiento estatal sobre el cual la tesis de la desterritorialización es nesciente: la localización de un colectivo —su emplazamiento— se da, así sea tenuemente, a través del cerramiento espacial que separa un adentro, que el colectivo llega a reclamar como su *propio* espacio, de un afuera, que aparece en la forma de espacios *extraños*.[26] Recuérdese el comentario de Willoughby, citado por Kelsen al principio de este capítulo, según el cual la existencia de un Estado "depende de la pretensión de parte del mismo de tener un territorio *propio*" (el énfasis es mío). Este contraste debe dejar claro que lo que está en cuestión es un sentido reflexivo de propiedad, no uno jurídico, ya sea como *dominium* o como *imperium*, los cuales son derivados de aquel sentido y lo presuponen. Por un sentido "reflexivo" de propiedad quiero significar la autorreferencia por la cual un individuo o un colectivo se refiere a sí mismo como sujeto de, entre otros, intenciones, creencias y deseos. Este sentido reflexivo de propiedad encuentra su expresión en el uso de indiciales como *mi*, *mío*, *nuestro* y *propio*, los cuales, a su vez, están cognados al uso de los indiciales *yo* y *nosotros*.

---

26. Nótese que *extraño* y *extrañeidad* no son categorías primordialmente culturales: estas expresan un modo básico de experiencia, a saber, la experiencia de lo que es ininteligible, que resalta sobre un trasfondo de lo que es familiar e inteligible. Como tal, se trata del término que contrasta con la perspectiva de la primera persona de lo que se considera que es o vale como lo "propio" de mí/nosotros.

1. El derecho y la globalización de la inclusión y la exclusión

Piénsese en la OMC, uno de los ejemplos de globalidad cosmopolita de Sassen. El lector podrá objetar que la OMC ha sido objeto de tanta atención que sería interesante ocuparse de una instancia distinta de órdenes jurídicos globales emergentes. Sin embargo, esta es precisamente la razón para discutir la OMC: nos permite concentrarnos directamente en la distinción entre lo propio y lo extraño sin tener que desgastarnos en una "cartilla" que nos introdujere a un ejemplar más arcano de las globalizaciones jurídicas. Pero el lector puede tener por seguro que una gama de otros ejemplares será abordada en su momento.

Al igual que un Estado, la OMC se configura como una unidad espacial, así sea de una manera distinta a la de aquel: específicamente, como un mercado global.

La Organización Mundial del Comercio (OMC) se ocupa de las normas mundiales por las que se rige el comercio entre las naciones. Su principal función es velar por que el comercio se realice de la manera más fluida, previsible y libre posible.[27]

Pero la unidad espacial de la OMC es irreductible a la territorialidad del Estado, aun cuando la presuponga. En efecto, la OMC se organiza como una unidad de lugares jurídicos —un mercado global— en una forma que reemplaza la distinción nacional/foráneo, que está asociada con los Estados, con los órdenes regionales como la UE o incluso con el derecho internacional clásico.[28] No

27. Página web de la OMC, https://www.wto.org/spanish/thewto_s/whatis_s/what_we_do_s.htm

28. Delimatsis describe a la OMC como "un régimen semiautónomo que promulgó sus propios procedimientos administrativos, legislativos y judiciales, por lo cual ejemplifica cierto grado de autosuficiencia. Simultáneamente, al observar sus actividades cotidianas, su estructura institucional, sus mecanismos de toma de decisiones y de resolución de conflictos entre sus miembros, la OMC

obstante, esto no significa que la OMC haya superado la distinción adentro/afuera en el segundo sentido que se refirió más atrás. En efecto, los activistas cuestionan a la OMC continuamente por ser altamente excluyente en sus operaciones, en tanto la implementación de un mercado global marginaliza a otros lugares como carentes de importancia, lugares que, sin embargo, son considerados importantes por los activistas, como lo sugieren ciertas formas de comportamiento que cuestionan los criterios normativos que rigen la manera como la OMC se organiza como un mercado global.

Un buen ejemplo de esto es la Asociación de Granjeros del Estado de Karnataka, India (KRRS, por sus siglas en hindi: Karnataka Rajya Raitha Sangha), que ha tomado acciones directas en contra de las medidas de liberalización del comercio implementadas bajo la égida de la OMC. Al movilizarse para ocupar y destruir campos de organismos genéticamente modificados (OGM) de propiedad de Monsanto, con miras a revalorizar las formas de vida de los campesinos indios, la acción directa de la KRRS sugiere los contornos de un lugar que está *afuera* de la OMC (y de India), aun cuando no lo está en el sentido de ser un lugar foráneo.[29] Por el contrario, la acción directa evoca un lugar *extraño*, un lugar que, desde la perspectiva de la KRRS, se resiste a ser integrado

---

resulta bastante similar a otras organizaciones internacionales". Panagiotis Delimatsis, "Global Trade Law and the World Trade Organization", Tilec Discussion Paper n.º 2015-010, Tilburg Law School Research Paper n.º 11/2015, http://papers.ssrn.com/sol3/papers.cfm?abstract_id=2605734. Véase también Panagiotis Delimatsis, "The Fragmentation of International Trade Law", *Journal of World Trade* 45, n.º 1 (2011): 87-116.

29. Ashlesha Khadse y Niloshree Bhattacharya, "India: A Conversation with Farmers of the KRRS", en *La Via Campesina's Open Book: Celebrating 20 Years of Struggle and Hope* (2013), https://viacampesina.org/en/wp-content/uploads/sites/2/2013/05/EN-05.pdf

1. El derecho y la globalización de la inclusión y la exclusión

normativamente en la diferenciación e interconexión de lugares que la OMC llama su *propio* espacio: un mercado global.

La KRRS es un movimiento gandhiano. Esto significa que el objetivo último de su tarea es la realización de la "República Aldea", una forma de organización social, política y económica basada en la democracia directa, en la autonomía y autosuficiencia económica y política, en la participación de todos los miembros de la comunidad en la toma de decisiones sobre los asuntos comunes que los afectan y en la creación de mecanismos de representación que aseguren que los asuntos que afectan a varias comunidades sean decididos por medio de procesos de consulta que involucren a todas las comunidades afectadas por las decisiones.[30]

Esto sugiere que, en el proceso mismo de constituirse como un colectivo, la OMC debe organizarse como un adentro, configurando el mercado global como su propio espacio y excluyendo otros tipos de lugares que considere carentes de valor, con miras a realizar su propósito: promover el comercio global libre entre sus miembros. Estos lugares marginalizados son evocados por formas de comportamiento que cuestionan, de manera más o menos radical, el hecho de que la OMC distinga e interconecte lugares dentro de la unidad de un mercado global y la manera como lo hace.[31]

En sentido inverso, la configuración del espacio como un mercado global de la OMC irrumpe en lo que la KRRS considera como su propio espacio, en su propia manera de distribuir lugares

---

30. Página web de la KRRS, http://home.iae.nl/users/lightnet/world/indianfarmer.htm. Véase también Ruth Reitan, *Global Activism* (Milton Park: Routledge, 2007), 156-159.

31. Véase Hans Lindahl, "Reply to Critics", *Ethics & Politics* 16, n.º 2 (2014): 1001-1025, 1011, www2.units.it/etica/2014_2/LINDAHL.pdf.

dentro de la unidad del espacio que llama *propio*, y lo hace poniendo en cuestión lo que la KRRS considera importante para su comunidad, a saber, las repúblicas aldea, orientadas a asegurar la soberanía alimenticia para sus miembros con base en técnicas agrícolas tradicionales. Resistirse a la mercantilización de la producción y distribución de semillas es reivindicar un espacio como propio en contra de su redefinición en una manera que es ajena —extraña— a la forma como la KRRS entiende lo que constituye a su comunidad como un lugar común.

Una variación sobre la noción de *heterotopía* de Foucault nos ayuda a aclarar lo que tengo en mente con este análisis. Mientras que las utopías, según Foucault, son lugares que no tienen un anclaje espacial real, en tanto representan a la sociedad en su forma perfeccionada, las heterotopías son

> especies de utopías efectivamente realizadas donde los emplazamientos reales, todos los demás emplazamientos reales que se pueden encontrar en el interior de la cultura, están a la vez representados, contestados e invertidos: suertes de lugares que, estando fuera de todos los lugares, son, sin embargo, efectivamente localizables.[32]

Además de las "heterotopías de crisis", en las que se asigna un lugar al paso de una etapa de la vida a otra, como el hotel de la luna de miel, Foucault se enfoca concretamente en las "heterotopías de desviación", esto es, del comportamiento desviado, de las cuales son ejemplos los hospitales psiquiátricos, las prisiones y los hogares de reposo. Volviendo a nuestro ejemplo, la ocupación y la destrucción de OGM por el KRRS dan fe de la aparición de una

---

32. Véase Michel Foucault, "Espacios otros", *Versión, Estudios de Comunicación y Política* 9 (1999): 15-26, 19.

1. El derecho y la globalización de la inclusión y la exclusión

xenotopía —un lugar extraño—, no meramente de una heterotopía. La diferencia no es nominal. Mientras que las prisiones, para Foucault, son la forma de heterotopía jurídica por excelencia, yo diría que las prisiones no son, en sí mismas, xenotopías. Aquellas evocan la desviación en la forma de la antijuridicidad, que es una forma privativa de la juridicidad, por lo que es familiar en vez de extraña. Como tales, las prisiones son plenamente parte de los tipos de lugares para los cuales los órdenes jurídicos abren campo, porque el derecho anticipa la posibilidad del comportamiento antijurídico y le da un lugar en la unidad de lugares que constituyen el orden jurídico.

1.3.2. Linderos y límites
Sería arriesgado, incluso fatuo, sacar conclusiones generales de este ejemplo único, que, además, presupone a los Estados y ciertas características del derecho internacional. De este modo, es necesario considerar otros órdenes jurídicos globales en los capítulos venideros. Sin embargo, la OMC tiene un valor *heurístico* para nuestras exploraciones ulteriores (¡y no más que eso!), porque ilustra una línea de indagación que se ha mantenido fuera del alcance de todas las sociologías de la globalización y de todas las teorías del derecho que conozco. En efecto, aunque la clásica distinción "westfaliana" entre lo nacional y lo foráneo pueda ser contingente, surge la pregunta sobre si la distinción entre espacios propios y extraños podría ser, de una u otra manera, una característica esencial de *todos* los órdenes jurídicos. Aunque ciertamente es un sinsentido entender que las globalizaciones jurídicas efectúan un cierre que distingue entre espacios nacionales y foráneos, parecería que un orden jurídico global emergente necesita cerrarse a sí mismo, diferenciando e interconectando una gama de lugares en una unidad de lugares, no importa cuán tenue y emergente, la

cual es reclamada por el grupo como su espacio propio de cara a un afuera extraño.

¿De qué manera puede hablarse de un *cerramiento espacial* con respecto a los órdenes jurídicos globales emergentes? ¿Acaso estoy fundamentando mi dicho en una metáfora, en la medida que el cerramiento espacial de un colectivo jurídico ocurre, literalmente, cuando se establecen los linderos que separan al espacio en los ámbitos de lo nacional y lo foráneo? ¿Cómo puede hablarse, por ejemplo, de un cerramiento espacial con respecto a la OMC, dado que esta demanda validez global?

Para entender por qué incluso un orden jurídico global requeriría un cerramiento espacial, quiero introducir la distinción clave entre linderos y límites. Los linderos son los confines espaciales que unen y separan lo local de lo foráneo. Los límites, en cambio, son los confines espaciales que unen y separan lo propio de lo extraño. Mientras que solo los linderos parten el espacio en lo nacional y lo foráneo, *todos* los confines espaciales de los órdenes jurídicos pueden aparecer como límites entre lo propio y lo extraño. Por ejemplo, al entrar a las propiedades de las corporaciones multinacionales para destruir OGM, la KRRS no cruza un lindero desde lo foráneo hasta lo nacional, pero sí revela un confín espacial como un límite: irrumpe en el lugar que la OMC considera propio desde un afuera extraño. La distinción entre linderos y límites revela que, *si bien lo extraño no necesita ser foráneo, lo foráneo tampoco necesita ser extraño*.[33]

Aquí está en juego una interpretación más fundamental de la distinción entre inclusión y exclusión espacial que la que ofrecen las sociologías de la globalización; ya nos encontramos con esta

---

33. Hans Lindahl, *Fallas de la globalización*, 98-107; Hans Lindahl, "A-Legality: Postnationalism and the Question of Legal Boundaries", *Modern Law Review* 73, n.º 1 (2010): 30-56.

1. El derecho y la globalización de la inclusión y la exclusión

interpretación al discutir la inclusión y la exclusión que dan lugar a una cocina como un espacio de acción. La OMC también es un espacio de acción, aun cuando sea diferente de nuestro ejemplo rutinario de la sección 1.3 en varios aspectos significativos. En cuanto espacio de acción, la OMC surge como un orden jurídico al dar lugar a un mercado global, lo que equivale a diferenciar e interconectar una gama de lugares (sus Estados miembro) en una unidad espacial. En un sentido crucial, solo esos tipos de lugares que son importantes para promover el comercio global se vuelven parte de la unidad espacial de la OMC; en otras palabras, solo los lugares que son importantes para aquello de lo que trata la OMC están *incluidos* en su jurisdicción. Concretamente, los territorios de los Estados solo están incluidos en la OMC con el propósito de regular el comercio global; para todos los demás efectos, los territorios de los miembros se mantienen inordenados por la OMC. En otras palabras, el surgimiento de la OMC se da a través de la operación doble de distinguir e interconectar lugares jurídicos de manera tal que los lugares que son identificados e interconectados entre sí como parte integral de un mercado global están determinados con base en el propósito de la OMC: promover el comercio global "libre". En un sentido no menos crucial, la OMC sostiene que el mercado global es el *espacio común* de los participantes en el comercio global, la unidad espacial que todos ellos comparten como *su propia* unidad espacial en el curso de su participación en el comercio global y cuyo sostenimiento como espacio común es su obligación. Estos participantes, desde la perspectiva de la OMC, incluyen a los granjeros indios; en pocas palabras, la OMC *incluye* a la KRRS en el mercado global.[34]

34. El Manifiesto de la Red de Resistencia Alternativa, promulgado en Buenos Aires en 1999, hace patente este punto, aun cuando no hace referencia concreta a la OMC o a la KRRS: "En nuestras sociedades, no existen los 'excluidos';

La autoridad y la globalización de la inclusión y la exclusión

En un sentido importante, sin embargo, la OMC incluye a la KRRS *mediante* su exclusión: al promover el comercio "libre" global, la OMC recurre a criterios específicos de libertad y de comercio que marginalizan otras maneras de entender la naturaleza y el propósito del intercambio. Aquí, el término *marginalización* debería ser tomado literalmente: la inclusión en la OMC desplaza otros tipos de lugares y de distribuciones interconectadas de lugares en las cuales los intercambios podrían tener lugar. Lo que parece irrelevante desde la perspectiva de la OMC es lo que resulta sumamente importante para la KRRS: esta entiende la naturaleza de la tierra y su relación con el intercambio de una manera que disputa la comunalidad [*commonality*] reclamada para el mercado global:

> En el contexto indio, la semilla ha sido un "recurso de la comunidad" abiertamente compartido y cuidadosamente reproducido, conservado y evolucionado por miles de años por parte de los granjeros [...]. La producción de semillas, en la mayoría de los casos, no era una actividad separada del cultivo, a diferencia de lo que pasa hoy, época en la que la producción de semillas se considera una actividad lucrativa especializada, en la que las semillas son tratadas como una mercancía.[35]

---

en nuestras sociedades, estamos todos incluidos de maneras diferentes, de maneras más o menos indignas y terribles, pero incluidos". Colectivo Situaciones, Asociación Madres de Plaza de Mayo, Colectivo Amauta y Malgré Tout, "Manifiesto de la Red de Resistencia Alternativa", *Difusamente's Blog*, 4 de noviembre de 2010, https://difusamente.wordpress.com/2010/11/04/manifiesto-de-la-red-de-resistencia-alternativa/

35. Indian Coordination Committee of Farmers Movement, *Handbook on Some Political Issues Surrounding Food and Agriculture in India* (2013), http://lvcsouthasia.blogspot.nl/p/blog-page.html, 70.

1. El derecho y la globalización de la inclusión y la exclusión

Su inclusión en el mercado global es su exclusión de las tierras que los granjeros indios ven como suyas y que buscan reivindicar destruyendo los campos de OGM de las compañías multinacionales. Su acción directa es la invocación de otra configuración espacial de la comunalidad de la vida colectiva y otra configuración de los derechos y obligaciones que son habituales a la vida colectiva, la cual choca con la comunalidad demandada para el mercado común de la OMC. Por lo tanto, no hay una simple oposición entre inclusión y exclusión: la KRRS está adentro *y* afuera de la OMC —y de India—.

En su importante contribución a una teoría del pluralismo jurídico global, Paul Schiff Berman concluye el análisis de lo que él llama "territorialidad soberanista" [*sovereigntist territoriality*] sosteniendo que "debemos buscar en otra parte una concepción más amplia y fluida del derecho más allá de los linderos".[36] Ciertamente, no todos los órdenes jurídicos están cerrados espacialmente, si con ello se quiere hacer referencia a un territorio confinado por linderos, pero hay razones excelentes para creer que hay una amplia gama de órdenes jurídicos globales putativos emergentes que están limitados en el espacio y, en este sentido, cerrados relativamente. La pregunta central es si *todos* los órdenes jurídicos globales imaginables están limitados en el espacio. De ser así, este segundo sentido de cerramiento sería fundamental, porque sería constitutivo para todos los órdenes jurídicos, mientras que el primero no lo sería. En cualquier caso, he aquí un primer punto decisivo para nuestras indagaciones ulteriores: al conceptualizar el cerramiento espacial y la inclusión y la exclusión espaciales, se debe prestar atención a la noción de *límite*, no a la de *lindero*.

---

36. Paul Schiff Berman, *Global Legal Pluralism: A Jurisprudence of Law beyond Borders* (Cambridge: Cambridge University Press, 2012), 127.

La autoridad y la globalización de la inclusión y la exclusión

1.3.3. *Cuatro conjeturas*

Una serie de conjeturas se sigue de esta explicación preliminar del cerramiento espacial de los órdenes jurídicos, globales o de cualquier otro tipo. No puedo hacer más, en este capítulo introductorio, que bosquejar estas conjeturas, cada una de las cuales requiere ser explicada, probada y justificada plenamente en etapas ulteriores del libro.

La primera conjetura es que, contrario a lo que suponen muchas explicaciones de la globalización, no tiene sentido distinguir entre formas literales y metafóricas de inclusión y exclusión jurídica. La implementación de un mercado global por parte de la OMC y su contestación por parte de la KRRS sugieren que las obligaciones y derechos jurídicos siempre son derechos y obligaciones más o menos *emplazados* en la medida que presuponen una referencia a la unidad *limitada* (en vez de confinada en linderos) que un colectivo llama su *propio* espacio. Aunque aún no se ha dado una justificación conceptual de esta tesis, abordar el cerramiento espacial en términos de límites en vez de linderos sugiere que los órdenes jurídicos globalizadores, no menos que los órdenes jurídicos nacionales o de cualquier otro tipo, no pueden asignar derechos y obligaciones sin emplazarlos, esto es, sin localizarlos. Es en este sentido fuerte, entonces, que las globalizaciones jurídicas siempre han de localizar las obligaciones y los derechos jurídicos.[37]

En segundo lugar, la caracterización positiva mínima de la globalización patrocinada por lo que he llamado la *tesis de la*

---

37. Nótese, volviendo a los comentarios preliminares de la sección 1.1, que esto también vale para el derecho del espacio exterior en la medida que este sea —y se vuelva cada vez más— un espacio de acción. No en menor medida que el derecho del "espacio interior", como podría llamársele, el derecho del espacio exterior está organizado en los términos de la distinción entre adentro y afuera en el sentido fuerte anotado con anterioridad. Abordar este ejemplo, sin embargo, está más allá del alcance de este libro.

1. El derecho y la globalización de la inclusión y la exclusión

desterritorialización supone que, mientras los Estados son válidos en algún lugar, los órdenes jurídicos globales son válidos en todo lugar. El lector recordará, en este contexto, que Sassen traza una distinción entre globalidades cosmopolitas y no cosmopolitas. Aquellas, que incluyen a la OMC, cortan sus lazos con el lugar, mientras que estas últimas se mantienen atadas al lugar en la forma de redes de lugares. Las ideas precedentes cuestionan esta distinción al sugerir que la tesis de Sassen sobre la estructura de las globalidades no cosmopolitas es una característica esencial de *todos* los órdenes jurídicos globales emergentes: incluso sus globalidades cosmopolitas requieren un cerramiento espacial. Ciertamente, hay órdenes jurídicos globalizadores que pretenden tener una validez sin linderos y que no se deriva, o por lo menos no simplemente, de la validez del derecho internacional. Pero el ejemplo de la OMC sugiere que, aunque carezcan de linderos, esos órdenes jurídicos están limitados espacialmente, luego están relativamente cerrados. Para ponerlo en una formulación aparentemente paradójica, un orden jurídico emergente solo puede demandar validez global si está en alguna parte en vez de en todas partes. Conjeturo que el derecho *global* debe ser emplazado si ha de ser *derecho* global. En este sentido, todo orden jurídico, sea global o de cualquier otro tipo, es vulnerable a los desafíos que vienen de *otra parte* —de una xenotopía—. Esta es la razón por la que consistentemente me refiero a las globalizaciones jurídicas y a los órdenes jurídicos globales emergentes en plural y no en singular.

Una tercera conjetura concierne a la tesis misma de la desterritorialización: "Lo que la globalización ha hecho es relajar la conexión entre territorio y comunidad".[38] De igual manera que estoy completamente de acuerdo con la idea de que la territorialización

---

38. Adeno Addis, "Community and Jurisdictional Authority", en *Beyond Territoriality: Transnational Legal Authority in an Age of Globalization*, ed. de

La autoridad y la globalización de la inclusión y la exclusión

del derecho es un fenómeno relativamente nuevo y tecnológicamente mediado, no tengo reparos en conceder que los procesos de globalización dan lugar a cierto tipo de desterritorialización del derecho, si por *territorio* se quiere decir la articulación específica de la distinción adentro/afuera que llevan a cabo los Estados. Pero si, en un sentido más fundamental, la territorialidad equivale al emplazamiento de un orden jurídico por medio de un cerramiento que incluye la interconexión diferenciada de lugares que un colectivo llama su *propio* espacio, al tiempo que excluye otras configuraciones espaciales posibles, entonces parecería que las globalizaciones jurídicas no desterritorializan el derecho. En otras palabras, la tesis según la cual la globalización es una localización nos lleva a una explicación de la *re*territorialización a que dan lugar las globalizaciones jurídicas, donde la partícula *re* se refiere a una transformación novedosa de la manera como los límites de la territorialidad son trazados, no a un regreso a la territorialidad estatal. Las luchas sobre la globalización son también siempre luchas sobre el territorio, en este sentido amplio del término. Desde esta perspectiva, las nociones de *normas no territoriales* y de *comunidades no territoriales* son autocontradictorias.[39] Es en este sentido fundamental del término que quisiera respaldar la tesis de Sassen, según la cual la territorialidad es un "componente transhistórico" de las formaciones sociales y, como tales, es una característica constitutiva de un TAD global.[40]

En cuarto lugar, y en oposición directa a la tesis de la desterritorialización en lo que concierne a la territorialidad *estatal*, es necesario considerar si los tipos de emplazamiento disponibles

---

Günther Handl, Joachim Zekoll y Peer Zumbansen (Leiden: Martinus Nijhoff Publishers, 2012), 13-33, 22.

39. Berman, *Global Legal Pluralism*, 97, 148.
40. Sassen, *Territorio, autoridad y derechos*, 23.

1. El derecho y la globalización de la inclusión y la exclusión

para los órdenes jurídicos globales emergentes siguen dependiendo del emplazamiento de los órdenes jurídicos estatales. Un análisis cuidadoso podría mostrar que la territorialidad estatal es una condición necesaria para la reterritorialización del derecho en el sentido de territorios no estatales emergentes, organizados de acuerdo con la distinción entre lo propio y lo extraño. Esto ayudaría a explicar por qué las globalizaciones no implican la senectud del Estado, sino que de hecho puede que requieran su participación activa, algo en lo que Sassen ha insistido en varias ocasiones.[41] En un sentido aún más fundamental, a pesar de que los confines de todo orden jurídico son susceptibles de ser objeto de cuestionamientos que los expongan como el límite entre lo propio y lo extraño, también puede perfectamente ser que los confines estatales (y no solo los linderos estatales) gocen de cierta prioridad, en tanto los cuestionamientos a los confines no estatales *también* suponen un cuestionamiento, directo o indirecto, a los confines estatales. Todo esto requiere un análisis más cuidadoso en una etapa ulterior de la discusión.

1.3.4. Toma de la Tierra

Por estas razones, caeríamos en un error si siguiéramos a quienes rechazan de plano y tildan de anacrónica la interpretación del *nomos* de Carl Schmitt, si no es que la califican frontalmente de ser una defensa reaccionaria y autoritaria del derecho estatal. Lo es, pero también es mucho más que eso. En sus escritos tardíos, principalmente en *El nomos de la Tierra*, Schmitt sostuvo que el derecho está enraizado en el lugar. Epigramáticamente, el derecho

---

41. Saskia Sassen, *Losing Control? Sovereignty in an Age of Globalization*, 2.ª ed. (Nueva York, NY: Columbia University Press, 2015), 23-32; Sassen, *Territorio, autoridad y derechos*, 279-305.

es "la unidad de orden y emplazamiento".[42] Esta interpretación del orden jurídico se orienta polémicamente en contra de lo que Schmitt llamó la interpretación "normativista" del concepto de *orden jurídico* defendido por Hans Kelsen, su mayor oponente intelectual, para quien el derecho en general, y el derecho estatal en particular, es una unidad de normas jurídicas. Esta interpretación normativista del orden jurídico tiene su correlato, como lo recordará el lector, en la interpretación que Kelsen hace de la territorialidad como extensión, a saber, como la figura geométrica de un cono invertido. Schmitt consideraba que este enfoque frente al derecho era sumamente reduccionista y abstracto. Aunque no lo dice expresamente, la posición de Schmitt puede ser leída como una defensa de la perspectiva de la primera persona en el espacio, que había sido puesta entre paréntesis por el normativismo kelseniano. Para recuperar el carácter concreto del orden jurídico, Schmitt recurrió a un uso antiguo del término griego *nomos*, un uso que fue olvidado cuando *nomos* empezó a significar *convención* y cuando *convención* se opuso a *naturaleza* (*physis*). Rompiendo con la lectura normativista del orden jurídico y con la tentativa de definir al derecho ya fuere como una convención (derecho positivo) o como naturaleza (derecho natural), Schmitt sostiene en *El nomos de la Tierra* y en una serie de artículos adyuvantes que hay una conexión interna entre *derecho* y *lugar*.

Schmitt no está solo, de ninguna manera, en esta tarea. También Hannah Arendt, aunque desde una perspectiva política y

---

42. "Das recht als Einheit von Ordnung und Ortung". Véase Carl Schmitt, *El nomos de la tierra en el derecho de gentes del "ius publicum europaeum"*, trad. de Dora Schilling Thon (Buenos Aires: Editorial Struhart & Cía., 1967), 21ss. (traducción alterada). La manera como Schmitt entiende el *nomos* es bastante diferente de la de Robert Cover, quien describe un *nomos* como un "universo normativo" en su muy conocido artículo "Nomos and Narrative", *Harvard Law Review* 97, n.º 4 (1983): 4-68.

1. El derecho y la globalización de la inclusión y la exclusión

filosófica harto diferente, les recuerda a sus lectores la relación elemental entre *derecho* y *lugar* que animó la concepción griega del derecho y que se pierde de vista cuando *nomos* empieza a significar *convención*:

> Estamos tan acostumbrados a entender la legislación (*Gesetz*) y el derecho, en línea con los Diez Mandamientos, como órdenes y prohibiciones, cuyo único significado es exigir obediencia, que fácilmente permitimos que el carácter originalmente espacial de la legislación sea olvidado. Toda legislación crea, primero que todo, un espacio en el que es válida, y este espacio es el mundo en el que nos podemos mover con libertad. Lo que yace afuera de este espacio carece de derecho y, propiamente hablando, no tiene mundo.[43]

Hacemos bien en mantener abierta la posibilidad de que los órdenes jurídicos globalizadores sean o aspiren a convertirse en órdenes territoriales en el sentido de un *nomos*, lo que no implica que uno tenga que aceptar la hipóstasis del espacio jurídico y de la identidad colectiva que Schmitt apoyaba cuando sostenía la existencia de una conexión interna entre el derecho y el emplazamiento. En pocas palabras, la pregunta que quiero recuperar para el pensamiento jurídico, y que suele perderse en las indagaciones sociológicas contemporáneas y sus elocuentes y extáticas disquisiciones sobre los órdenes jurídicos carentes de linderos, es si y de qué manera puede darse una relación constitutiva —así fuere transformada— entre *poder* y *lugar* en un contexto global.

---

43. Hannah Arendt, *Was ist Politik? Fragmente aus dem Nachlaß*, ed. de Ursula Ludz (Múnich: Piper, 2003), 122. Para un estudio sobre el *nomos* en Arendt y en Schmitt, véase mi artículo "Give and Take: Arendt and the *Nomos* of Political Community", *Philosophy & Social Criticism* 32, n.º 7 (2006): 881-901.

La autoridad y la globalización de la inclusión y la exclusión

Este es, a mi parecer, uno de los grandes desafíos conceptuales y normativos de una teoría de la autoridad jurídica en un contexto global, no algo que deba ser ridiculizado y descartado como una defensa de la retaguardia del nacionalismo metodológico. Volveré a esta relación en los comentarios de cierre de este capítulo.

1.4. Globo y mundo: una distinción categórica

Hay aún una quinta conjetura sobre la distinción fundamental entre adentro y afuera que merece una mención aparte. Se refiere a las nociones de *globo* y de *mundo*. La versión en inglés de la página de la OMC dedicada a explicar aquello sobre lo que la organización trata empieza de la siguiente manera: "The World Trade Organization (WTO) is the only global international organization dealing with the rules of trade between nations" ["la Organización Mundial del Comercio (OMC) es la única organización internacional global que se ocupa de las normas que rigen el comercio entre las naciones"].[44] Nótese que "global" y "mundial" funcionan de manera intercambiable en esta autodescripción. La OMC bien podría haberse denominado la Organización Global del Comercio, caso en el cual su página web podría haber dicho lo siguiente: "La Organización Global del Comercio (OGC) es la única organización internacional mundial que se ocupa de las normas que rigen el comercio entre las naciones". Lingüísticamente hablando, esto no tiene nada de malo, pues normalmente

---

44. Página web de la OMC, versión en inglés, https://www.wto.org/english/thewto_e/whatis_e/whatis_e.htm [N. del T.: se cita la versión en inglés que el texto original menciona, puesto que la traducción oficial de la página de la OMC omite la expresión *global*, sobre la cual el autor discurre en las páginas siguientes. Cf. https://www.wto.org/spanish/thewto_s/whatis_s/whatis_s.htm].

1. El derecho y la globalización de la inclusión y la exclusión

vemos y usamos estos términos como sinónimos: *derecho global* y *derecho mundial* significan lo mismo, aun cuando, en inglés, aquella expresión haya hecho carrera, mientras que esta no lo ha hecho. Martin Shapiro, por ejemplo, sostiene que "con la globalización del derecho podemos referirnos al grado en el cual la totalidad del mundo vive bajo un conjunto único de reglas".[45] Por su parte, al argüir su tesis sobre el surgimiento de un "derecho mundial", Harold J. Berman equipara fácilmente *globo*, *mundo* y *Tierra* cuando afirma que es un hecho que "el mundo ha entrado en una nueva era de interdependencia global, en la que todos los habitantes del planeta Tierra comparten un destino común".[46] Sin importar cómo queramos ver estas sinonimias, los problemas empiezan cuando *globo* y *mundo* son usados en una forma que sugiere que ciertos órdenes jurídicos están en todas partes en vez de en alguna parte, una ilusión que se desvanece rápidamente con el cuestionamiento de la KRRS a la OMC. ¿Qué nos dice esto sobre las nociones de *globo* y de *mundo*?

1.4.1. El globo como una cosa muy grande
Si se presta cuidadosa atención a la manera como las indagaciones sociológicas se refieren a la globalidad, se ve que estas construyen su espacialidad como una superficie, a saber, la totalidad de la faz de la Tierra. Ciertamente, como lo muestra la obra de Sassen, esta es una superficie organizada en términos de lugares. Pero precisamente porque se da por sentado que la distinción adentro/afuera es equivalente a la distinción entre lo nacional y lo foráneo, lo que queda cuando se levantan los linderos de los Estados es la

---

45. Martin Shapiro, "The Globalization of Law", *Indiana Journal of Global Legal Studies* 1 (1993): 37-64, 37.
46. Harold J. Berman, "World Law", *Fordham International Law Journal* 18 (1995): 1617-1622, 1621.

superficie esférica del globo. El espacio se convierte con ello en *extensión*. Correspondientemente, la interpretación del espacio que es prevalente en las concepciones estadocéntricas del derecho sigue siendo dominante en las sociologías contemporáneas y en las teorías de la globalización jurídica: si un territorio estatal se considera espacial a la manera de una extensión alinderada, los órdenes jurídicos globales son entendidos como espaciales a la manera de una extensión no alinderada. El mundo, en esta lectura, es el recipiente o contenedor de todos los órdenes jurídicos, con independencia de que abarquen la totalidad o solo una parte de su superficie. Y en tanto que el mundo es un objeto esférico —un globo—, la espacialidad de los órdenes jurídicos es interpretada en términos del mundo como una *res extensa*, una cosa extendida. La intercambiabilidad entre *globo* y *mundo* en las doctrinas contemporáneas se apoya en suponer que el mundo es una cosa extendida, así se trate de una cosa muy grande: "La *extensión* tridimensional constituye la naturaleza de la substancia corporal".[47]

La reducción del espacio a la extensión propicia se refuerza por las referencias al mapeo y al escalamiento del derecho, referencias que son una característica omnipresente de los marcos conceptuales de las sociologías de la globalización. Hay, desde luego, una relación entre los mapas y el espacio de acción: un mapa sirve como un vehículo de orientación en el espacio de los actores, pero, y esto es crucial, un mapa solo cumple esta función abstrayéndose de la perspectiva de la primera persona, en la que se orientan los actores en el espacio, y suspendiéndola.[48] Como

---

47. René Descartes, *Los principios de la filosofía*, trad. de Guillermo Quintas (Barcelona: Alianza Editorial), 53 (parte primera, 53).
48. Michel de Certeau ofrece una descripción fascinante de los itinerarios (*parcours*) que dan instrucciones detalladas a los viajeros sobre cómo ir de un lugar a otro —por ejemplo, siga el río alrededor del cañón hasta que llegue a la

1. El derecho y la globalización de la inclusión y la exclusión

lo ha anotado John Perry en un conjunto de ensayos bien argumentados sobre el problema de la indicialidad, una proposición sobre una persona en tanto situada en una posición en un mapa no puede ser transformada, por medio de una descripción más detallada de la persona y de la posición, en una proposición que incluya los indiciales *yo* y *aquí*. Para dar a entender su postura, Perry describe la experiencia de unos excursionistas en un área deshabitada que se han perdido y para quienes un mapa es un pedazo de papel con líneas y otros símbolos cartográficos. Pero entonces, tras haber mirado el pedazo de papel sin comprenderlo, uno de los excursionistas señala una posición en el mapa y dice: "¡Estamos *aquí*!". De repente, el mapa cesa de ser un revoltijo de símbolos y, una vez los excursionistas se han orientado de acuerdo con sus direcciones, se convierte en una regla para la acción: "Debemos ir *allí*".[49] No hay nada malo, desde luego, en utilizar el lenguaje de los mapas y las escalas cuando se habla de las espacialidades jurídicas; los problemas empiezan cuando este vocabulario desplaza la descripción del modo concreto de aparición del espacio jurídico, sea global o de otro tipo. Cuando esto pasa, las sociologías de la globalización objetivan el espacio y lo vuelven

---

peña grande en la curvatura del río; luego, siga el camino montaña arriba— y de su sustitución gradual por mapas modernos con el nacimiento del discurso científico moderno entre los siglos xv y xvii. Michel de Certeau, *La invención de lo cotidiano. 1 Artes de hacer*, trad. de Alejandro Pescador (México: Universidad Iberoamericana, 1996), 127ss.

49. John Perry, "El problema del indicial esencial", en *La deixis. Lecturas sobre los demostrativos y los indiciales*, ed. de Helena López Palma (Lugo: Editorial Axac, 2004), 195-212. Concedo que presento este sofisticado argumento de una manera antitécnica y drásticamente simplificada, pero esto es suficiente para mi interés presente.

La autoridad y la globalización de la inclusión y la exclusión

controlable y transparente para el observador.[50] Esta vista a vuelo de pájaro del espacio jurídico excluye la perspectiva de la primera persona de actores para quienes el espacio elude su control definitivo y su visión panorámica, porque, como lo revela la resistencia de la KRRS a la OMC, no puede haber un espacio de acción a menos que abra y cierre —incluya y excluya— posibilidades prácticas. Esto nos devuelve a la pregunta sobre la estructura del mundo presupuesta por las sociologías de la globalización. Aunque sus ricos hallazgos serán de utilidad vital en los capítulos venideros, puede decirse con seguridad, creo, que esas sociologías son prisioneras de un cartesianismo residual en su aproximación al derecho en la medida que la interpretación del espacio como extensión sigue influyendo su aproximación a los procesos de globalización. Fundir la distinción adentro/afuera con la distinción entre lo nacional y lo foráneo las lleva a entender el mundo como una cosa extensa, perdiendo con ello el acceso a la espacialidad primordial del derecho y, por consiguiente, a la mundaneidad del mundo.

1.4.2. Los mundos como horizontes de experiencia
Porque un mundo no es una cosa. Cuando las sociologías de la globalización asumen que *globo* y *mundo* son términos sinónimos, se vuelven presa de un error categorial. Uno de los logros centrales de la filosofía fenomenológica es haber mostrado que un mundo no es una cosa muy grande, ni siquiera la totalidad de todas las cosas. El mundo es un nexo de relaciones con significado *co*dadas y *pre*dadas con todas las cosas, eventos y actos que lo habitan. Las cosas, los eventos y los actos están presentes,

---

50. Esto es lo que Merleau-Ponty llama una *pensée de survol* —'pensamiento de sobrevuelo' o 'vista a vuelo de pájaro'—. Véase Maurice Merleau-Ponty, *El ojo y el espíritu*, trad. de Jorge Romero Brest (Barcelona: Editorial Paidós, 1986), 11.

1. El derecho y la globalización de la inclusión y la exclusión

esto es, aparecen *como* esto o *como* aquello (por ejemplo, algo como una franquicia o como un juzgado), sobre el trasfondo de una unidad de relaciones que solo aparece indirectamente en y a través de estas cosas, eventos y actos. En ausencia de un mundo co- y predado no sería posible que los sociólogos revelaran cierta cosa *como* el "mundo-globo", porque un mundo, en su sentido primordial, no es un mundo-globo. Hiperbólicamente, el mundo solo puede aparecer frente a un astrónomo como localizado en el universo porque el universo está "en" el mundo del astrónomo. En un sentido importante, un mundo es relativo al sujeto: es codado y predado a *nosotros*. Cuando el curso normal de una acción es interrumpido, como cuando la acción directa de la KRRS desafió la manera como la OMC organiza el comercio mundial, un mundo aparece como un nexo *limitado* de relaciones con significado: como el horizonte de nuestra experiencia intersubjetiva. Al contrario, un mundo como el horizonte co- y predado de nuestra experiencia se ilumina en la experiencia de un límite y de nuestra experiencia como algo limitado.[51]

Esto es de lo que trata la distinción adentro/afuera en su sentido fundamental. Recuérdese la distinción entre linderos y límites: mientras que los linderos unen y separan lo nacional y lo foráneo, los límites unen y separan lo propio y lo extraño. El concepto de *límite*, como lo he descrito, está vinculado a lo que Edmund Husserl llama el carácter "horizontal" del mundo, su modo de ser como un nexo dado al sujeto de relaciones pre- y

---

51. La portada del libro de Peter S. Singer *One World*, que muestra al planeta Tierra desde el espacio exterior, evoca el pensamiento de sobrevuelo en el cual el mundo sería dado directa y plenamente a la observación y hecho disponible para el control práctico. Véase Peter S. Singer, *One World: The Ethics of Globalization* (New Haven, CT: Yale University Press, 2004).

codadas con las cosas, los actos y los eventos que lo habitan.⁵² Este carácter "horizontal" de un mundo aparece, entre otras, en la experiencia del *límite* de un espacio jurídico. Por ejemplo, la acción directa de la KRRS, por medio de la cual destruyeron OGM con miras a revalorizar las formas de vida de los granjeros indios, reveló el confín que demarca la propiedad de una corporación multinacional como un límite espacial de la agencia participante en la OMC. Al entrar a una propiedad a destruir OGM, la acción de la KRRS apunta y llama la atención sobre la distribución interconectada de lugares que los participantes de la OMC han de llamar su espacio *propio*: un mercado global. Al contrario, al llevar a cabo una acción directa, la KRRS se resiste a la destrucción del mundo que quiere habitar por parte de la OMC. La acción directa de la KRRS aclara que mundos diferentes —parcialmente diferentes— se intersectan en los campos plantados con OMG; las globalizaciones jurídicas dan fe del entrelazamieno de los mundos, entendiendo *entrelazamiento* como *interferencia* y como *interconexión*.⁵³

1.5. Unificación y pluralización

Ha llegado el momento de introducir lo que es sin duda el asunto capital traído a cuento por las globalizaciones jurídicas emergentes: la unidad y la pluralidad de los órdenes jurídicos. En efecto, desde distintas perspectivas teóricas y con acentos diferentes, una

---

52. Edmund Husserl, *La crisis de las ciencias europeas y la fenomenología trascendental*, trad. de Julia V. Iribarne (Buenos Aires: Prometeo Libros, 2008), 185.

53. El hecho de que los estudios jurídicos hayan sido inmunes a la distinción entre linderos y límites es, creo yo, una instancia concreta de lo que, parafraseando a Heidegger, uno podría llamar el "olvido" del mundo que opera en los procesos de globalización y en las reflexiones académicas sobre ellos.

1. El derecho y la globalización de la inclusión y la exclusión

amplia gama de estudiosos aboga por una interpretación pluralista de los procesos de globalización.[54] Las ideas desarrolladas en este capítulo introductorio sugieren, sin embargo, que es útil considerar el problema de la unidad y la pluralidad desde otra perspectiva.

1.5.1. Reconsiderando el pluralismo jurídico

Nótese, para empezar, que no basta simplemente con oponer la unidad a la pluralidad: un orden jurídico supone una demanda de unidad, incluyendo una unidad espacial en la forma de una distribución interconectada de lugares, incluso si la unidad es meramente putativa y más o menos tenue y emergente. Esta demanda emergente de unidad es intrínseca a la idea misma de un orden jurídico y sin ella no sería posible decir, con Twining, que el pluralismo jurídico implica que "muchos órdenes normativos coexisten en el mismo tiempo-espacio".[55] En efecto, identificar una multiplicidad de órdenes jurídicos como pobladores de un "único tiempo-espacio" requiere ser capaz de individuar cada uno de estos órdenes, pero semejante individuación requiere que estos órdenes jurídicos sean organizados como unidades espaciotemporales distintas de algún tipo, incluso en aquellos casos en los que cada uno de estos órdenes es válido exactamente en la misma superficie geográfica y durante el mismo periodo de tiempo calendario que los demás.

Llevando estas ideas a un paso ulterior, el pluralismo no consiste simplemente —ni fundamentalmente— en una pluralidad de órdenes jurídicos coexistiendo en "el mismo tiempo-espacio".

---

54. Para una contribución reciente que se ocupa específicamente del pluralismo jurídico en un contexto global, véase Paul Schiff Berman, "Global Legal Pluralism", *Southern California Law Review* 80 (2007): 1155-1237.

55. William Twining, *General Jurisprudence: Understanding Law from a Global Perspective* (Cambridge: Cambridge University Press, 2009), 69.

La autoridad y la globalización de la inclusión y la exclusión

Esta expresión requiere la demarcación de un espacio geográfico, por ejemplo, un continente, y cierto periodo temporal, por ejemplo, desde el 1.º de enero de 2000 hasta el 31 de diciembre de 2000, lo que muestra que el comportamiento en ese tiempo-espacio fue regulado por una multiplicidad de órdenes jurídicos: el derecho indígena, el derecho estatal, el derecho internacional, el derecho de la OMC y demás. Este enfoque es reduccionista con respecto al espacio y el tiempo del derecho. Por un lado, el espacio se convierte en extensión, enfoque que colapsa el espacio de lugares en el espacio de posiciones, y, por el otro, el tiempo se vuelve un flujo ininterrumpido de partículas temporales que son infinitamente divisibles, enfoque que colapsa el tiempo de acción, organizado en términos de un arco temporal que abarca el pasado, el presente y el futuro de un agente, sea individual o colectivo, en la secuencia anónima de un antes y un después. En pocas palabras, este enfoque cosifica el espacio y el tiempo del derecho.

Este punto lo desarrollo con más detalle en el capítulo 2. Basta aquí decir que la vista a vuelo de pájaro del derecho es, desde luego, posible, e incluso se ha vuelto parte del sentido común para quienes están imbuidos en los logros de la tecnociencia moderna, concretamente el uso de mapas. Se ha vuelto una característica tan generalizada de nuestra forma de entender los órdenes jurídicos que nos cuesta mucho reconocer que el tiempo-espacio que corresponde a los órdenes jurídicos es, antes que nada, el tiempo y el espacio de la *acción*, no la articulación del espacio geográfico y el tiempo calendario. Este enfoque cosificador pierde de vista el asunto crucial sobre la unidad y la pluralidad en el derecho, a saber, que los órdenes jurídicos individuales son *en sí mismos* distintos tiempos-espacio —y a veces están en conflicto entre sí—, y no meramente porque podamos categorizarlos como tiempos-espacio locales, nacionales o globales. Porque en la medida que los órdenes jurídicos individuados regulen la acción de diferentes

1. El derecho y la globalización de la inclusión y la exclusión

formas, asignando lugares y tiempos apropiados para hacer ciertas cosas, también han de ordenar el espacio y el tiempo de la acción de maneras diferentes y frecuentemente conflictivas. ¿De qué manera? Si por el momento nos enfocamos en el espacio, posponiendo la discusión sobre el tiempo para el capítulo 2, entonces un orden jurídico regula la acción, como la OMC lo muestra, por medio de un cerramiento espacial que incluye esos tipos de lugares que son importantes con la vista puesta en el propósito del orden respectivo —por ejemplo, con miras a promover el comercio global "libre"—, a la vez que excluye todas las demás configuraciones posibles de espacios jurídicos como irrelevantes para su propósito. Cada uno de los confines espaciales de un orden jurídico (global) se manifiesta como un límite en el transcurso de los cuestionamientos a la demanda de comunalidad que es elevada en nombre de ese orden, como cuando la KRRS cuestiona la unidad espacial de la OMC como un mercado global por medio de la destrucción de campos de OGM con la vista puesta en reivindicar la configuración espacial (y los ritmos temporales) propia de las formas de vida de los granjeros indios.

Yo propongo que *este* tipo de cuestionamiento ilustra las manifestaciones fundamentales de la unidad y la pluralidad jurídicas que están en cuestión en las globalidades jurídicas emergentes. De manera sucinta, la pluralidad jurídica, en el sentido fuerte del término, se anuncia en la experiencia de los *límites* de un orden jurídico, una experiencia propia de las perspectivas de la primera persona de los actores en un orden jurídico y de aquellos que lo cuestionan. Experimentar los límites de un orden jurídico no es simplemente estar consciente de que hay "otras" maneras de ordenar el comportamiento, como cuando sé *in abstracto* que hay otra cantidad de órdenes jurídicos "allá afuera", sino más bien ser confrontado, *aquí*, con otra manera de ordenar el espacio que cuestiona la comunalidad de lo que yo he dado por sentado que es "nuestro" espacio. En un sentido fuerte del término, la pluralidad jurídica se manifiesta en la forma de una xenotopía, un lugar que se resiste a ser acomodado en la distribución interconectada de lugares que un colectivo llama su "propio" espacio. Las distinciones entre linderos y límites y entre globo y mundo insisten en este significado fundamental de la pluralidad jurídica, un significado que se mantiene escondido en tanto uno se mantenga cautivo de la presuposición cartesiana de que el espacio del derecho es el espacio geográfico y el tiempo del derecho es el tiempo calendario.

1.5.2. La globalización de la inclusión y la exclusión
Estas ideas tienen que ser llevadas a un nivel ulterior. En efecto, en la globalización lo que está en cuestión no es solamente la unidad y la pluralidad de los órdenes jurídicos, sino más bien los procesos de unificación y pluralización que se dan por medio de la inclusión y la exclusión. Volviendo a nuestro ejemplo, la OMC surge incluyendo, esto es, diferenciando e interconectando, todos esos tipos de lugares que son importantes para el comercio global "libre" y excluyendo, esto es, dejando como jurídicamente inordenados, todos esos lugares y configuraciones de lugares que resultan sin importancia para ese comercio. Esto equivale a decir que *las globalizaciones son un proceso continuo de unificación y pluralización*. Las juridicidades globalizadoras surgen, por un lado, por medio de la unificación de los que habían sido espacios separados en un espacio único, por ejemplo, un mercado global, y, por el otro lado, por medio de la pluralización, al marginalizar a otros órdenes jurídicos existentes o posibles que se hacen visibles cuando las xenotopías cuestionan la unidad —la comunalidad— demandada para el orden jurídico global emergente. En su sentido fundamental, la pluralización jurídica se refiere a la experiencia por medio de la cual lo que parecía ser un solo orden jurídico, ininterrumpido

1. El derecho y la globalización de la inclusión y la exclusión

en su continuidad espacial (y temporal), se escinde en diferentes órdenes, de manera tal que un orden viene a sobresalir para los agentes participantes como *extraño* de cara al orden que ellos llaman *propio*. La unidad que los participantes habían dado por sentada da lugar a una pluralidad de órdenes, lo que equivale a decir que la experiencia del límite de un orden jurídico es la experiencia de la pluralización jurídica.

Los órdenes jurídicos globalizadores siempre son vulnerables frente a esta experiencia primordial de la pluralización. En un sentido importante, no es necesariamente el caso de que los cuestionamientos a un orden jurídico global emergente busquen regresar el derecho al *statu quo* anterior al surgimiento del orden jurídico global. La KRRS, por ejemplo, ve la destrucción de OGM como parte integral de una transformación global:

> Ellos ven el movimiento como parte de un proceso muy largo de construcción de una sociedad nueva, que debe ser liderada por personas en el nivel local, pero que debe tener alcance global, y que no puede tener lugar sin la intervención activa y directa de la sociedad como un todo.[56]

Resulta significativo que la KRRS sea parte de La Vía Campesina, que se interpreta a sí misma como

> un movimiento internacional que reúne a millones de campesinos, agricultores pequeños y medianos, sin tierra, jóvenes y mujeres rurales, indígenas, migrantes y trabajadores agrícolas de todo el mundo. Construido sobre un fuerte sentido de unidad, la solidaridad entre estos grupos, que defiende la agricultura campesina

---

56. Página web de la KRRS, http://home.iae.nl/users/lightnet/world/indianfarmer.htm

La autoridad y la globalización de la inclusión y la exclusión

por la soberanía alimentaria como una forma de promover la justicia social y dignidad y se opone fuertemente a los agronegocios que destruyen las relaciones sociales y la naturaleza.[57]

La globalización de ciertos órdenes jurídicos, como la OMC, va de la mano de la globalización de la resistencia (radical, a veces desesperada) a estos órdenes. En el proceso de resistirse a la liberalización del comercio bajo la égida de la OMC, la KRRS moviliza el apoyo de otros grupos que participan en La Vía Campesina en lo que es, efectivamente, un movimiento de *alterglobalización*. Y así, la globalización jurídica como la unificación del espacio va de la mano de la globalización jurídica como la pluralización y la fragmentación de espacios: *globalizaciones*, en plural, en vez de *globalización*, en singular.

El análisis que he ofrecido de la OMC también valdría para, digamos, las emergentes *lex sportiva*, *lex digitalis*, *lex mercatoria* globales y una variedad de organizaciones de estándares globales. De hecho, también valdría para el mismo derecho internacional clásico, como lo muestra claramente la resistencia por parte de los pueblos indígenas al derecho "interno" a la autodeterminación (esto es, autodeterminación dentro y como parte de los Estados nación). Conjeturo que todos estos órdenes jurídicos suponen una unidad espacial *limitada* en el sentido de una interconexión particular de lugares que excluye a otras formas posibles de organizar lugares. Será nuestra tarea en los capítulos siguientes establecer si la noción de un espacio limitado sigue definiendo tanto a la organización de cada uno de estos órdenes jurídicos globales emergentes como a las resistencias a ellos y de qué manera lo hace.

---

57. Página web de La Vía Campesina, https://viacampesina.org/es/la-via-campesina-la-voz-las-campesinas-los-campesinos-del-mundo/

1. El derecho y la globalización de la inclusión y la exclusión

Todas las ideas hasta aquí presentadas convergen en la siguiente tesis escueta: el surgimiento de órdenes jurídicos globales es muestra, antes que nada, de *la globalización de la inclusión y la exclusión*. Esta tesis es el tema central de este libro, en sus dimensiones empírica, conceptual y normativa. Resuena con las reflexiones de Schmitt sobre el concepto de *nomos*. Este autor sostiene que el surgimiento del *ius publicum europaeum* y las transformaciones a las que este ha dado lugar dan fe de un *nomos* de la Tierra, en el cual el emplazamiento global del derecho se vuelve la expresión última de dominación. En un sentido importante, Schmitt sostiene que el surgimiento de un orden jurídico literalmente *toma* un lugar [*"takes" place*];[58] es una "toma de la tierra", según su expresión (*Landnahme*). Los órdenes jurídicos emergentes son emplazados por medio de actos que toman o capturan un lugar. El fenómeno de la captura de la tierra es solo una de sus muchas figuras contemporáneas, como también lo es el afán de capturar el Ártico. ¿Será acaso el surgimiento de órdenes jurídicos globales en nuestro contexto evidencia del surgimiento de un *nomos* de la Tierra, de un emplazamiento global del derecho como parte integral de una *captura de la Tierra*, aunque un tanto diferente de lo que Schmitt tenía en mente?

Volveré a discutir la posición de Schmitt sobre el *nomos* de la Tierra en detalle en el capítulo 4. Por el momento, es significativo que Sassen, a quien difícilmente se le puede reprochar ser una paladina del pensamiento schmittiano sobre la política y el derecho, sostenga que

---

58. N. del T.: la traducción no hace justicia al juego de palabras del texto original, según el cual el surgimiento de un orden jurídico *takes place*, esto es, "ocurre", y, además, es la toma de un lugar.

La autoridad y la globalización de la inclusión y la exclusión

en nuestra economía global enfrentamos un problema formidable: el surgimiento de nuevas lógicas de *expulsión*. Las últimas dos décadas han presenciado un fuerte crecimiento del número de personas, empresas y lugares expulsados de los órdenes sociales y económicos centrales de nuestro tiempo.[59]

Los ejemplos incluyen la expulsión de los trabajadores de escasos ingresos y de los desempleados de los programas de salud y de asistencia social; el lanzamiento de millones de pequeños granjeros de sus tierras en países pobres como resultado de la captura masiva de la Tierra por parte de corporaciones y Gobiernos ricos, y la "tierra muerta" y el "agua muerta" que surgen de la expulsión de elementos biosféricos de su espacio vital. Para Sassen, la ventaja de la noción de *expulsión* es que va "más allá de la idea más familiar de desigualdad creciente como forma de aludir a las patologías del capitalismo global de hoy".[60] La lógica de la expulsión, que Sassen describe meticulosamente en su reciente libro, marcaría la culminación de la globalización de la inclusión y la exclusión traída a cuento por el *nomos* de la Tierra capitalista. En los términos de nuestro propio ejemplo, no es difícil imaginar la manera como la mercantilización de OGM y, más generalmente, de la producción y distribución de semillas bajo los auspicios de la OMC puede llevar al empobrecimiento progresivo y, en últimas, a la expulsión de los granjeros indios de sus tierras (y de otros lugares).

Bajo estas circunstancias, una indagación de la globalidad de los órdenes jurídicos globales emergentes no necesita entender solo el *nomos* por medio del cual el capitalismo global incluye, sino también, incluso principalmente, los *a-nomoi* de la Tierra a

---

59. Saskia Sassen, *Expulsiones: brutalidad y complejidad en la economía global*, trad. de Stella Mastrangelo (Buenos Aires: Katz Editores, 2015), 11.
60. Ibíd.

1. El derecho y la globalización de la inclusión y la exclusión

que da lugar por lo que excluye, esto es, por los cuestionamientos a la globalización del capitalismo. La partícula *a* en *a-nomoi* no es meramente privativa, en el sentido de un "no-*nomos*", sino que más bien indica *otros nomoi*, otras configuraciones del emplazamiento jurídico de un grupo. Esto, me parece, es por lo menos parte de lo que debe ser abordado con un análisis concreto de las globalizaciones jurídicas como procesos de unificación y pluralización. Estoy en buena compañía en esta travesía. Sassen concluye *Expulsiones* notando que "los espacios de los expulsados claman por reconocimiento conceptual. [...]. Son, en potencia, los nuevos espacios para hacer: hacer economías locales, historias nuevas y nuevas formas de membresía".[61] Santos, por su parte, propone operar un desplazamiento "desde la ortotopía hacia la heterotopía, desde el centro hacia el margen", con miras a "experimentar con las fronteras de la sociabilidad como una forma de sociabilidad".[62] Finalmente, una indagación sobre los *a-nomoi* de la Tierra toma la invitación de Foucault de llevar a cabo un "pensamiento del afuera" (*une pensée du dehors*), una invitación que quiero aceptar por medio de una indagación que piense a través de lo que significa estar adentro y afuera del derecho global.[63]

1.5.3. Dos sentidos del derecho global

Por último, y en un sentido crucial, será nuestra tarea considerar la naturaleza *normativa* de las demandas de unidad (espacial) elevadas por los órdenes jurídicos globalizadores, así como de las contrademandas por parte de quienes los cuestionan. En efecto,

---

61. Ibíd., 249.
62. Boaventura de Sousa Santos, *Toward a New Legal Common Sense*, 2.ª ed. (Londres: Butterworths, 2002), 481.
63. Michel Foucault, *El pensamiento del afuera*, trad. de Manuel Arranz Lázaro (Valencia: Pre-Textos, 1997).

La autoridad y la globalización de la inclusión y la exclusión

las experiencias de los límites, en las cuales un mundo se anuncia a los participantes de un orden jurídico y a aquellos que lo habrían de cuestionar, son el locus existencial de una indagación sobre la importancia normativa de las globalizaciones jurídicas. Sería una abstracción sugerir que la KRRS cuestiona ciertos estándares implementados para promover el comercio global como si su acción fuera un cuestionamiento de las normas que se siguen del "Acuerdo sobre la aplicación de medidas sanitarias y fitosanitarias [MSF]" de la OMC.[64] Aunque la acción directa de la KRRS puede ciertamente ser interpretada así, la KRRS se resiste, más fundamentalmente, a la destrucción de su *mundo* por parte de la OMC.

¿Cuál es la naturaleza del cuestionamiento de la KRRS (y, más generalmente, de La Vía Campesina) a la manera como la OMC incluye y excluye? ¿El sentido normativo de su acción directa es acaso una apelación al *mundo común*, a un mundo único que ya comparten o que podrían compartir con los participantes de la OMC, en el cual todos estarían en su lugar? A la inversa, ¿cómo debería responder la OMC al cuestionamiento de la KRRS? ¿Puede y debe reconfigurar el mercado global de manera tal que le dé espacio al lugar que la KRRS llama *propio*? ¿Cuál es la naturaleza de la resistencia a la inclusión elevada por la KRRS y cómo debe responder la OMC a esta resistencia? Concretamente, ¿la autoritatividad de la respuesta de la OMC a su desafío depende de su orientación a dar lugar a un mundo común? La globalización como universalización: ¿es este el núcleo normativo de la autoridad jurídica en un contexto global que no puede ser abdicado, incluso si la lógica de la inclusión y la exclusión globales que se despliega ante nuestros ojos oculta la realización de este postulado? Nótese lo que esta pregunta implica de cara al pluralismo jurídico: ¿en qué medida

---

64. OMC, "Acuerdo sobre la aplicación de medidas sanitarias y fitosanitarias", https://www.wto.org/spanish/tratop_s/sps_s/spsagr_s.htm

1. El derecho y la globalización de la inclusión y la exclusión

es posible una defensa normativa de la pluralidad de órdenes jurídicos si estos órdenes no son vistos como particularizaciones de *un* orden jurídico omnicomprensivo, sin importar cuán "escueto" sea en contenido y alcance? ¿Es posible comprender las demandas (rivales) de autoridad de una pluralidad de órdenes jurídicos a menos que estos se vean a sí mismos y puedan ser vistos por los otros como parte de un todo más grande, esto es, como la personificación parcial, así sea imperfecta, de una aspiración al monismo jurídico?

Es en este punto de inflexión crítico que la pregunta sobre la dimensión espacial de los órdenes jurídicos globalizadores se vuelve grave y urgente, tanto conceptual como normativamente. Ya hemos escogido, en el transcurso de este capítulo, un *primer* concepto de *derecho global*, a saber, un orden jurídico que demanda validez sobre toda la faz de la Tierra, a la vez que es por lo menos parcialmente autónomo con respecto al derecho estatal o internacional. Esos órdenes jurídicos carecen de linderos, pero no de límites; están en algún lugar en vez de en todo lugar. ¿Existe un *segundo* sentido más fuerte de *derecho global*, de modo tal que el conflicto sobre y entre los órdenes jurídicos (globales) presuponga o pueda llevar a un orden jurídico *omniinclusivo*, sin importar cuán minimalista [*thin*] sea en su contenido? ¿Acaso todo conflicto que surja de —y entre— las globalizaciones jurídicas (en plural) presupone una unidad jurídica más fundamental que todas las partes buscan articular y reafirmar al abordar los conflictos? En otras palabras, ¿es el derecho global no solo un nuevo escenario de conflicto político, sino también un escenario novedoso —de hecho, el definitivo—, para la resolución de los conflictos políticos? ¿Los procesos de globalización, sin importar cuán torcidos sean, y quizás porque son torcidos, requieren que se postule la posibilidad de un *derecho más allá de los límites*?

La autoridad y la globalización de la inclusión y la exclusión

Esto no es nada distinto al problema de la *universalidad jurídica*. En últimas, la pregunta sobre las globalizaciones jurídicas es la pregunta sobre la universalización del derecho. Los candidatos a ser derecho global en el sentido fuerte de *derecho universal* serían derechos a nombre de los cuales se eleva una demanda *erga omnes*, luego se trata de un derecho que, al valer para todos, también valdría en todo lugar, en vez de solo valer en algún lugar en particular: derecho *erga loci*. Según los defensores apasionados de los regímenes de derechos humanos, estos son candidatos sólidos en este sentido.[65] ¿O, por el contrario, son todas las demandas de universalidad elevadas a nombre del derecho cuestionables, de tal manera que la distinción entre lugares propios y extraños termina siendo una característica esencial de todas las juridicidades globalizadoras, del mismo modo que lo es de cualquier otro tipo de orden jurídico?

Estas ideas nos devuelven al punto de partida de este capítulo, a saber, la distinción adentro/afuera que está en juego en el concepto de *globalización*. El surgimiento de un mundo que sustituya la distinción entre lo propio y lo extraño marcaría, en sentido estricto, la *deslocalización* del derecho: un orden jurídico que está en todo lugar en vez de en algún lugar. En el mismo sentido, marcaría la *desterritorialización* del derecho, en el sentido fundamental

---

65. En este sentido, por ejemplo, la contribución de Mireille Delmas-Marty a una teoría de las globalizaciones jurídicas echa mano de la distinción de Chevallier entre el "derecho de la globalización", esto es, el derecho conforme (principalmente) con la globalización económica, y la "globalización del derecho", a saber, la globalización del derecho basada en los derechos humanos tal como han sido establecidos en la Declaración Universal de los Derechos Humanos, incluyendo los derechos sociales, económicos y culturales. Véase Jacques Chevallier, "Mondialisation du droit ou droit de la mondialisation", en *Le droit saisi par la mondialisation*, ed. de Charles-Albert Morand (Bruselas: Editions Bruylant, 2001), 37-61, y Mireille Delmas-Marty, *Le relatif et l'universel* (París: Seuil, 2004), 41.

1. El derecho y la globalización de la inclusión y la exclusión

de *territorialidad* que se desarrolló al finalizar la sección 1.3. De acuerdo con esta reconstrucción universalista y esta defensa de la globalización jurídica emergente, la autoridad jurídica, en un sentido fuerte, sería una autoridad que, muy a pesar del punto de vista de Schmitt, habría logrado romper sus lazos con el lugar: *Ordnung ohne Ortung*. Para los universalistas, un concepto normativamente viable de *autoridad jurídica* implica que, de cara al conflicto, el objeto del proceso de creación del derecho es incluir lo que había sido excluido injustificadamente, de manera tal que las partes en conflicto puedan venir a compartir un mundo único, incluso si la realización efectiva de un mundo único deba ser pospuesta indefinidamente en el tiempo histórico. De este modo, incluso si somos testigos de una pluralidad de órdenes jurídicos, los universalistas sostienen que debe ser posible, normativamente hablando, ver a cada uno de esos órdenes jurídicos como una particularización de un orden jurídico único y omnicomprensivo. Los procesos de globalización, si han de tener sentido normativo, necesitarían desplegar una dialéctica de lo universal y lo particular. Espacialmente hablando, la realización progresiva de este orden jurídico único marcaría la realización de la utopía en la forma de una *pantopía*, esto es, un orden jurídico que es válido en todo lugar. Este orden jurídico universal tendría confines espaciales, pero no límites.

Sin embargo, la pregunta inquietante persiste: ¿acaso le hace justicia esta interpretación universalista de la normatividad de los órdenes jurídicos globales emergentes a la extrañeidad de lo extraño? ¿Puede la pluralidad política ser reducida definitivamente a un orden jurídico único, a un adentro sin afuera, sin importar cuán minimalista sea su contenido? De hecho, ¿no es eso que llamamos *minimalista* simplemente la gama de presuposiciones que parecen tan incuestionables para quienes las comparten que estos no son capaces de concebir que otros quizás no las compartan y que quizás las cuestionen por ser totalmente "densas"? He aquí, entonces, la manera como este libro propone entrar a la relación circular entre la globalidad y la juridicidad del derecho global. Con este propósito, el capítulo 1 se ha enfocado principalmente en la globalidad del derecho global. Aquí se ha sostenido que el asunto central traído a cuento por la globalidad es la distinción adentro/afuera: aunque los órdenes jurídicos que están surgiendo ante nuestra mirada no tienen linderos, los órdenes jurídicos globales putativos, como la OMC, están limitados espacialmente. Acercarse a la globalización de esta manera abre dos conjuntos amplios de preguntas que exigen nuestra atención ulterior. En primer lugar, debemos desarrollar un análisis de la manera como los órdenes jurídicos globales emergentes incluyen y excluyen, al igual que de la resistencia a la globalización de la inclusión y la exclusión por parte de los movimientos antiglobalización. Este acercamiento despliega análisis tanto empíricos como conceptuales. Este conjunto de problemas es el tema de los capítulos 2-4, conjunto que, a su vez, allana el camino para un segundo conjunto de problemas, propiamente normativo, que se abordarán en los capítulos 5-7. En efecto, la globalización de la inclusión y la exclusión lleva a la cuestión sobre la naturaleza de la autoridad jurídica y, más enfáticamente, a si la referencia a un orden jurídico omniinclusivo, existente o en tránsito de realizarse, es o no la presuposición necesaria de un sentido normativamente fuerte de la autoridad jurídica en un escenario global.

Si, como lo he sugerido desde el comienzo del capítulo, existe una dependencia mutua entre la globalidad y la juridicidad del derecho global, nos corresponde desarrollar un concepto de la juridicidad del derecho global que pueda, por lo menos, empezar a dar razón de estos dos conjuntos de problemas. Con esta mira en mente, ha llegado el momento de pasar al capítulo 2.

2.
ACCIÓN COLECTIVA Y ÓRDENES JURÍDICOS GLOBALES EMERGENTES

Las páginas venideras pasan del enfoque fundamentalmente descriptivo que se prefirió en el capítulo 1 a una investigación más austera, principalmente conceptual. En efecto, la finalidad de este capítulo es bosquejar un concepto de *derecho* que nos pueda ayudar a identificar continuidades y discontinuidades clave entre el derecho estatal y los órdenes jurídicos globales emergentes. La primera sección del capítulo devela este concepto de *derecho* que denomino *acción colectiva institucionalizada y autoritativamente mediada* (en adelante, Aciam), y el resto del capítulo da cuerpo y pone a prueba el potencial explicativo del modelo Aciam del derecho en varias direcciones. En primer lugar, se reconsidera el capítulo 1 para establecer por qué este modelo corrobora las conclusiones centrales de ese capítulo, concretamente la distinción entre linderos y límites y, por lo tanto, la distinción entre dos formas espaciales de la distinción adentro/afuera. En segundo lugar, se enriquece la explicación de la globalidad del derecho global: el modelo Aciam del derecho revela que una descripción completa de las continuidades y las discontinuidades entre el derecho estatal y los órdenes jurídicos globales emergentes debe incluir las

La autoridad y la globalización de la inclusión y la exclusión

dimensiones temporal, subjetiva y material del orden jurídico, además de su dimensión espacial. En tercer lugar, se evalúa el modelo Aciam del derecho con respecto a varias características propias de los procesos de globalización: la fragmentación, la privatización y la mercantilización de los órdenes normativos, junto con la "compresión" del espacio y el tiempo. Por último, el capítulo se enfoca en tres categorías clave del pensamiento contemporáneo sobre los órdenes normativos en un contexto global: gobernanza, red y régimen. Sostengo que cada uno de estos conceptos, de distintas pero interrelacionadas maneras, presupone, sin articularlo realmente, el problema de la *unidad* de los órdenes jurídicos globales emergentes, un problema que es central para el modelo Aciam.

El problema de la unidad es crucial para el concepto de *orden jurídico*. En contra de la opinión según la cual la articulación de un concepto de *orden jurídico* (global) es, en el mejor de los casos, interesante teóricamente y, en el peor, un ejercicio estéril o fútil, sostengo que enfocarse en el concepto de *derecho* desde la perspectiva de la unidad putativa de los órdenes jurídicos tiene un interés principalmente *práctico*: en primer lugar, entender la manera como las globalizaciones jurídicas contribuyen a la globalización de la inclusión y la exclusión y, en segundo lugar, averiguar si es posible, o quizás si existe efectivamente, un orden jurídico global emergente que pueda incluir sin excluir. En últimas, como se anotó en el capítulo 1, la finalidad de este libro es elucidar un concepto de *autoridad* en un contexto global. Mi intuición es que el problema de la globalización de la inclusión y la exclusión, términos que por ello son en los que debemos estar preparados para pensar sobre la unidad putativa de los órdenes jurídicos, pone de relieve las características fundamentales de la autoridad.

2. Acción colectiva y órdenes jurídicos globales emergentes

2.1. Acción colectiva institucionalizada y autoritativamente mediada

Como se ha anticipado hasta acá, me refiero a este concepto de *derecho* con la más bien aparatosa expresión *acción colectiva institucionalizada y autoritativamente mediada*. Los órdenes jurídicos son, de acuerdo con la interpretación que favorezco, una especie de acción colectiva. Mi estrategia será ofrecer, en el presente capítulo, el esqueleto de este modelo del derecho —para darle mayor cuerpo en los capítulos venideros—, por medio de la introducción de características adicionales o cualificando algunas de las características mencionadas con anterioridad, con base en los nuevos elementos o materiales que requieran ser explicados e integrados en el modelo. Por el momento, develo el esqueleto del modelo Aciam del derecho en tres pasos: el primero introduce el concepto de *acción colectiva*, el segundo lo suplementa con una noción funcional de *autoridad* y el tercero completa esta explicación preliminar del concepto de *derecho* arguyendo que la institucionalización de la mediación autoritativa de la acción colectiva es una característica esencial de los órdenes jurídicos. Vale la pena reiterar que este será aún un modelo abstracto e incompleto del orden jurídico que requiere desarrollos ulteriores —empíricos, conceptuales y normativos— en los capítulos venideros.

2.1.1. Cada uno de nosotros y nosotros juntos
Para empezar, quisiera volver al espacio de acción, tal como quedó bosquejado en la sección 1.2. El lector recordará que traté de ofrecer una explicación y generalización preliminar de la importante tesis de Sassen según la cual la desnacionalización equivale a la "localización de lo global", de manera tal que los órdenes normativos transfronterizos emergentes dan lugar a una "red de lugares". Debemos bosquejar un concepto de *derecho* que pueda

explicar, para empezar, esta característica crucial de las globalidades jurídicas emergentes, a la vez que dé razón de la espacialidad alinderada del derecho estatal. Concretamente, este concepto de *derecho* debe ser capaz, por lo menos, de acomodar la distinción cardinal entre linderos y límites de los órdenes jurídicos, tal como se mostró en nuestro análisis de la OMC y su desafío por parte de la KRRS.

El ejemplo ofrecido en la sección 1.2.3 de una persona cocinando en una cocina, sin importar cuán separado parezca de la esfera del derecho, dio una pista importante para un modelo del orden jurídico que explique por qué las globalizaciones jurídicas suponen el surgimiento de una unidad de lugares jurídicos, no importa cuán minimalista y frágil sea. En efecto, mostré que los distintos lugares que constituyen la cocina obtienen su significado y su unidad, por un lado, de la perspectiva de la primera persona singular de un *yo* y, por el otro, del punto de lo que la persona está haciendo: cocinar una comida. Estas dos dimensiones justificaron poder referirme a la distribución interconectada de lugares que constituye un espacio de acción como una unidad *pragmática*, esto es, una unidad desde una perspectiva centrada en el actor. Pero, puesto que este ejemplo estuvo atado a la perspectiva de un individuo, nuestro análisis no se ocupó del asunto clave traído a cuento por la OMC y su desafío por parte de la KRRS, a saber, la manera como los órdenes jurídicos estructuran el espacio en la forma de espacios *colectivos* de acción. Ahora expandiré el ámbito de esta descripción inicial del espacio de acción, pasando de la acción individual a la colectiva e indicando, luego, lo que, preliminarmente, considero que es la forma específica de la acción colectiva propia del derecho.

Un primer paso en esta empresa nos lleva de la perspectiva de la primera persona singular de un *yo* a la perspectiva de la primera persona plural de un *nosotros*, pero, en un sentido importante, es

2. Acción colectiva y órdenes jurídicos globales emergentes

necesario desambiguar el pronombre *nosotros* para poder hablar con sentido, por lo menos preliminarmente, de un orden jurídico y de los órdenes jurídicos como entes que despliegan redes de lugares. Para entender por qué debe procederse así, considérese un escenario en el que varias personas están ocupadas preparando sus cenas en una cocina grande, por ejemplo, varios estudiantes en la cocina de un dormitorio estudiantil. Ahora compáreselo con un segundo escenario en el cual un grupo de estudiantes está preparando una comida para todos sus compañeros de dormitorio. Supóngase que en las dos situaciones alguien preguntara: "¿Qué están haciendo?". En los dos casos, la respuesta podría ser: "Nosotros estamos cocinando", pero el uso de la palabra *nosotros* es bien diferente en estos dos escenarios. En el primero, *nosotros* funciona como un término *agregativo*: de un número de individuos, cada uno de ellos está cocinando, independientemente de lo que los demás estén haciendo. Margaret Gilbert hábilmente caracteriza este uso del término *nosotros* como "cada uno de nosotros" [*we each*]. En el segundo escenario, *nosotros* funciona como un término *integrativo*: un número de individuos funciona como un grupo de amigos que está llevando a cabo la acción de cocinar: "nosotros juntos" [*we together*].[1] Al actuar juntos, los miembros de un grupo toman una perspectiva de la primera persona plural: nosotros* pretendemos, creemos, actuamos, etc., como una *unidad*, aun cuando pueda no haber ninguna intención, creencia o acto por parte de un grupo sin un conjunto de intenciones, creencias o actos entrelazados por sus agentes participantes y sin

---

1. Margaret Gilbert, *On Social Facts*, 2.ª ed. (Princeton, NJ: Princeton University Press, 1992), 168. Nota importante para el lector: en adelante agregaré un asterisco a *nosotros* (nosotros*) cuando use el pronombre en el sentido técnico de la perspectiva de la primera persona plural.

La autoridad y la globalización de la inclusión y la exclusión

ningún conocimiento común entre los agentes participantes de estar actuando juntos y sobre aquello que están haciendo juntos. Para entender la diferencia entre los dos escenarios, imagínese que, en el primer caso, una de las estudiantes que estaba cocinando no hubiera notado que la salsa se estaba derramando; nadie se lo puso de presente y ella solo se dio cuenta cuando era demasiado tarde. Seguramente le dará tedio tener que empezar de nuevo, pero ella no estará en posición de reprochar a sus compañeros por no haberle advertido: ellos no tenían *obligación* de hacerlo. Ella —y solo ella— tiene la culpa de lo que pasó. En el segundo escenario, la estudiante que arruinó la salsa seguramente tendría derecho a reprender a sus compañeros por no haberle avisado. Después de todo, preparar una comida era algo que estaban haciendo *juntos*; ¿qué sentido tiene cocinar juntos si no iban a estar listos para ayudarse entre sí a lo largo del proceso? Véase aquí la estructura elemental de los derechos y los reproches entre miembros que van aparejados a la *acción colectiva*, esto es, la acción por parte de grupos sociales —"sujetos plurales", según la expresión preferida por Gilbert—.[2]

2.1.2. Acción colectiva

Esta es, ciertamente, una descripción muy rudimentaria de la acción colectiva, pero basta, al menos por el momento, para identificar varias características suyas que merecen una atención más detallada y que los órdenes jurídicos tienen en común con otros tipos de acción colectiva:

---

2. Margaret Gilbert, *A Theory of Political Obligation* (Oxford: Oxford University Press, 2006), 189ss. Véase también Margaret Gilbert, *Joint Commitment: How We Make the Social World* (Oxford: Oxford University Press, 2014).

2. Acción colectiva y órdenes jurídicos globales emergentes

[1] *Obligaciones dirigidas*. Las obligaciones y las sanciones jurídicas son una especie de obligaciones y reproches que surgen entre los agentes participantes en el curso de la acción colectiva. Gilbert se refiere a estas como obligaciones "dirigidas" o, siguiendo el vocabulario de H. L. A. Hart, obligaciones "relacionales".[3] Al caracterizar las obligaciones que surgen de la acción colectiva como obligaciones dirigidas o relacionales, Gilbert quiere decir que estas surgen *entre* los agentes participantes de los sujetos plurales y a fuerza *de* su participación en ellos. Lo mismo vale para la facultad de reprochar a quienes incumplen sus obligaciones derivadas de la acción colectiva: los agentes participantes tienen derecho a quejarse cuando otros agentes participantes no hacen su parte en la realización de la acción colectiva. La acción colectiva da lugar a expectativas mutuas sobre el comportamiento de quienes están involucrados en la acción conjunta, de manera tal que los agentes participantes esperan, o se considera que esperan, que los demás deban hacer y hagan su parte para llevar a cabo el acto conjunto. Estas expectativas mutuas o recíprocas facultan a los agentes participantes para increpar a quienes defraudan sus expectativas. Después de todo, la suya es una empresa *común*, o por lo menos eso es lo que sostiene quien reprocha a otro agente participante.

[2] *Punto*. La naturaleza y el alcance del comportamiento jurídicamente importante, al igual que los derechos y las obligaciones que corresponden a los agentes participantes, están relacionados

---

3. Gilbert, *Joint Commitment*, 40, 153-161. Gilbert recurre explícitamente a la noción de *obligaciones relacionales* presentada por H. L. A. Hart en su famoso ensayo "Are There any Natural Rights?", *Philosophical Review* 64, n.º 2 (1955): 175-191. Me abstraigo del debate que Bratman sostiene con Gilbert sobre si existen formas de agencia compartida que no supongan obligaciones mutuas y derechos; basta para mis propósitos decir que el derecho es una de las formas de agencia colectiva que efectivamente supone tales obligaciones y derechos.

con el punto de la acción conjunta: aquello *sobre* lo que nuestro acto conjunto trata/debe tratar, aquello que funciona como el foco de atención para un grupo.

Por ejemplo, la página web de la OMC interpreta que la organización está orientada a "asegurar que las corrientes comerciales [globales] circulen con la máxima facilidad, previsibilidad y libertad posible". Aunque puede tomar la forma de un propósito, el punto de la acción grupal no está limitado en ese sentido. Dice muy bien William Twining cuando anota que

> "punto" es preferible a propósito, por cuanto aquel admite la idea de prácticas sociales que surgen, se desarrollan, se arraigan o cambian en respuesta a procesos complejos de interacción que no pueden ser explicados en términos de propósitos deliberados, consensos o decisiones conscientes.[4]

Agrega Twining que *punto* se refiere "a cualquier motivo, valor o razón que pueda ser dado para explicar o justificar la práctica desde el punto de vista del actor".[5] Rechazar que la idea de *punto* quede sumida en la de *propósito* es importante para nuestra investigación, porque, aunque los Estados tienen un punto, normalmente no tienen un propósito específico, como suele pasar con otros colectivos, tales como nuestro equipo de cocina del dormitorio o los órdenes jurídicos globales emergentes, como la OMC. Sobre esto volveré en el capítulo 3.

[3] *Anidamiento*. La acción colectiva puede ser anidada en formas de acción colectiva de un nivel más elevado —y, por ello, más complejo—.

---

4. Twining, *General Jurisprudence*, 111.
5. Ibíd., 110.

2. Acción colectiva y órdenes jurídicos globales emergentes

Por ejemplo, la actividad de cocinar que llevan a cabo los estudiantes del dormitorio puede ser parte de las preparaciones para una fiesta a la que están invitados todos los estudiantes del dormitorio y en la que comer juntos es solo uno de los eventos organizados. O, si el episodio de cocinar tuvo lugar en un restaurante, esta operación podría ser anidada en una forma de acción colectiva más compleja, por ejemplo, en una corporación que es dueña de una cadena de restaurantes y que está certificada en un Estado dado. Como resultado de todo esto, el punto de la acción conjunta puede perfectamente ir desde una gama muy limitada de actividades, como las que están involucradas en el acto de cocinar una comida juntos, hasta la gama enormemente compleja y variada de actos que caen dentro del ámbito de la acción colectiva en un Estado.[6]

[4] *Espacio, tiempo, subjetividad, tipos de acto.* La acción conjunta despliega un orden tetradimensional: espacial, temporal, subjetivo y material.

Dependiendo de qué es lo que nosotros* estamos haciendo juntos, la acción colectiva selecciona e interconecta lugares (por ejemplo, los lugares que constituyen una cocina), tiempos (por ejemplo, la secuencia adecuada de acciones para cocinar una comida), sujetos (por ejemplo, los distintos tipos de personas requeridos para cocinar una comida) y tipos de acto (por ejemplo, las distintas actividades que se efectúan al cocinar). Nótese que la acción colectiva no se limita a coordinar lugares, tiempos, subjetividades y tipos de acto preexistentes; al seleccionarlos, la acción colectiva los crea como *elementos* de un orden en el proceso mismo de juntarlos en un orden único. Jurídicamente hablando,

---

6. Véase Scott Shapiro, *Legalidad*, trad. de Diego M. Papayannis y Lorena Ramírez Ludeña (Madrid: Marcial Pons, 2014), 162-163, y Michael Bratman, *Intention, Plans, and Practical Reason* (Cambridge, MA: Harvard University Press, 1987), capítulos 8 y 9.

estas cuatro dimensiones de la acción colectiva corresponden a lo que la doctrina llama *esferas de validez* espacial, temporal, subjetiva y material de las normas y los órdenes jurídicos. Al igual que otras formas de acción colectiva, el derecho regula —ordena— el comportamiento por medio del establecimiento de confines espaciales, temporales, subjetivos y materiales que determinan *quién debe hacer qué, dónde y cuándo.*[7] En lo que respecta a los órdenes jurídicos en concreto, la distinción maestra juridicidad/antijuridicidad y los ya mencionados confines cuatripartitos del comportamiento son correlativos entre sí. Los órdenes jurídicos determinan qué es jurídico y qué es antijurídico estableciendo quién debe hacer qué, dónde y cuándo. En sentido inverso, al establecer quién debe hacer qué, dónde y cuándo, los órdenes jurídicos determinan qué vale como comportamiento jurídico o antijurídico.

[5] *Inclusión y exclusión.* El punto de la acción conjunta determina qué es importante para esta y qué no lo es. Por lo tanto, el punto determina qué tipos de lugares, tiempos, subjetividades y tipos de acto están incluidos en la acción conjunta, de manera tal que toda otra combinación posible de estas cuatro dimensiones del comportamiento es marginada como carente de importancia.

La acción colectiva en general, y el derecho como una forma particular de acción colectiva, no puede *incluir* ciertos espacios, tiempos, sujetos y tipos de acto sin *excluir* también otros espacios, tiempos, etc. La acción colectiva abre una gama de poderes o posibilidades prácticas —posibilidades sobre el quién, el qué, el dónde y el cuándo de la agencia participante—, a la vez que cierra otras. En otras palabras, la acción colectiva no puede *habilitar* [*empower*] a los agentes participantes sin *deshabilitarlos*. Esto es lo que muestra la acción directa de la KRRS con respecto

---

7. Kelsen, *Teoría pura del derecho*, 45. Véase también Lindahl, *Fallas de la globalización*, 50-53.

2. Acción colectiva y órdenes jurídicos globales emergentes

a la OMC. Lo mismo se observa en el ejemplo pueril de cocinar juntos, acción colectiva que, en cuanto tal, no puede habilitar un repertorio de actos, lugares y demás sin también deshabilitar todo lo que resulta sin importancia para ella. En pocas palabras, lo que se excluye se vuelve parte del ámbito de lo *inordenado* para la acción colectiva, y no simplemente del ámbito de lo desordenado.

[6] *Transformabilidad*. La acción colectiva es transformable: las reglas que establecen quién debe hacer qué, dónde y cuándo son una *configuración por defecto* (*default-setting*) del punto de la acción conjunta.

Piénsese en las reglas que pueden surgir entre los miembros del equipo de cocina —X se encarga de las compras; Y, de picar, y Z, de freír—, las cuales pueden ser cambiadas cuando las circunstancias así lo requieran: X tomará las funciones de freír de Z, quien tiene que atender una llamada telefónica. El carácter *contextual* de la acción colectiva es crucial a este respecto: nuevas configuraciones por defecto pueden surgir, ya sea deliberada o espontáneamente, como respuesta a cambios en el contexto de la acción colectiva. Por lo tanto, el derecho consuetudinario, no menos que el estatuido, junto con sus transformaciones en el tiempo, hace parte integral de la configuración por defecto del punto de la acción colectiva. En general, hay más posibilidades prácticas para un colectivo que las que han sido realizadas en su configuración por defecto. Por esta razón, hablo de una configuración por defecto, esto es, de una configuración que puede ser transformada y que, al ser transformada, realiza otras posibilidades que no habían sido explotadas por la acción conjunta. En pocas palabras, la acción colectiva no es un orden en el sentido de un orden realizado —*ordo ordinatus*—, es un orden en el gerundio de un orden*ando*, un orden en desarrollo, un proceso —*ordo ordinans*—.

[7] *Trasfondo*. Toda acción colectiva está condicionada por un trasfondo de prácticas, capacidades y asunciones cotidianas en las

La autoridad y la globalización de la inclusión y la exclusión

que sus participantes están socialmente inmersos, aunque no son tematizadas en el curso de la acción conjunta.

No existe algo así como una acción conjunta independiente o autocontenida [*self-contained*]. Actuar juntos presupone una gama variable de prácticas, destrezas y asunciones que son compartidas por los agentes participantes en la forma de un saber-*cómo*, luego no son conocimiento común en la forma de un saber-*que* nosotros* estamos actuando juntos y qué es lo que nosotros* estamos haciendo juntos. Las tecnologías son una parte integral de este saber-cómo de trasfondo, como lo es también, más generalmente, la noción de la inserción "social" de la acción colectiva. Así, en un sentido trivial, uno debe saber cómo usar las herramientas de la cocina, tales como una estufa, una batidora o incluso una cuchara, para participar en el equipo de cocina, y uno debe saber cuánto servir en los platos si el evento ha de ser una cena y no una broma. Las diferentes modalidades de enfoques de "derecho y…" (por ejemplo, derecho y sociedad, derecho y tecnología o derecho y economía) apelan a esta característica de la acción colectiva cuando tratan de analizar los órdenes jurídicos en su contexto más amplio. Esta característica de la acción colectiva también explica por qué ningún orden jurídico, sin importar cuán "especializado" sea su vocabulario, puede operar sin la retórica y su capacidad de incrustar la acción colectiva (espacialmente) invocando "lugares comunes". En el mismo sentido, las posibilidades disponibles para los órdenes jurídicos son inseparables de las posibilidades ofrecidas por los medios —por ejemplo, la escritura, la imprenta, las redes informáticas— a través de los cuales la acción colectiva es canalizada.[8] En un sentido importante, el saber-cómo puede volverse objeto de reflexión, es decir, un saber-qué, como cuando las

---

8. Thomas Vesting, *Legal Theory and the Media of Law* (Cheltenham: Edward Elgar, 2018).

tecnologías y los medios son regulados por los colectivos a los que contribuyen o cuando las asunciones sobre la interacción económica son cuestionadas y transformadas a través de una nueva configuración de la acción conjunta.

La doctrina jurídica, más específicamente, y una cultura jurídica, más generalmente, hacen parte del trasfondo de los colectivos jurídicos que se han vuelto más o menos diferenciados con respecto a otros ámbitos de la acción colectiva, en los que el patrón reflexivo de pasar del modo de saber-cómo al de saber-qué y viceversa es ubicuo. Lo que Taylor dice de la teoría social también vale, *mutatis mutandi*, para la doctrina jurídica. En efecto, en la medida que "las prácticas que constituyen a una sociedad requieran ciertas autodescripciones [preteoréticas] por parte de los participantes", la teoría social no solo explica qué son y sobre qué deben tratar esas prácticas, sino que también es capaz de transformarlas, porque la teoría social no es independiente del objeto que busca explicar.[9] Sin embargo, el trasfondo, incluyendo la doctrina jurídica y la cultura jurídica en la que está incrustada, nunca puede aparecer de manera plenamente transparente a los participantes en la acción colectiva en el modo de un saber-qué. En últimas, la acción colectiva solo es inteligible dentro de un *mundo* (más precisamente: un mundo circundante —y, por tanto, limitado—: un *Umwelt*) que solo puede ser explicado parcialmente.[10]

---

9. Charles Taylor, "Social Theory as Practice", en íd., *Philosophical Papers* (Cambridge: Cambridge University Press, 1985), 2:91-115, 93, 101.

10. Véase el capítulo 5, "El trasfondo", en John Searle, *Intencionalidad*, trad. de Enrique Ujaldón Benítez (Madrid: Altaya, 1999); sobre el trasfondo en Heidegger, véase Dreyfus, *Being-in-the-World*.

La autoridad y la globalización de la inclusión y la exclusión

2.1.3. *Acción colectiva autoritativamente mediada*

Aunque no son, de ninguna manera, exhaustivas de la acción colectiva, estas características son comunes al derecho y a otras formas de acción colectiva. Como he intentado mostrarlo, estas características son compartidas por el episodio de la preparación de una comida en el dormitorio estudiantil y por la OMC; con independencia de sus diferencias, participar en la preparación de la comida y en el comercio mundial son instancias de acción conjunta, como se ha descrito acá. ¿Pero qué distingue a la OMC del equipo de cocina? Más generalmente: ¿cuál es la característica distintiva de los órdenes jurídicos en cuanto especies de acción colectiva?

Significativamente, lo que nosotros* debemos hacer juntos —el punto de la acción conjunta— puede en sí mismo estar abierto a discusión y ser objeto de conflicto. Por ejemplo, los miembros del equipo de cocina pueden tener opiniones divergentes sobre lo que les gustaría cocinar juntos, quién debe hacer qué, etc. A diferencia de otros grupos sociales, que pueden o no llevar a cabo una acción conjunta autoritativamente mediada, los colectivos jurídicos tienen autoridades que, actuando a nombre del grupo, *regulan* la agencia participante, por medio de una configuración por defecto de la acción conjunta, con miras a realizar el punto (transformable) de esta.

Aunque el término *regulan* tiene una gama de significados muy amplia, se lo ha asociado con la creación de reglas administrativas, por lo general técnicas, en el marco de la "gobernanza regulatoria". Uso el término en un sentido mucho más amplio, que incluye ese sentido más estricto, pero no se limita a él. Por *regular* quiero decir que una de las condiciones necesarias para la existencia de un colectivo jurídico concierne a una manera específica de lidiar con las preguntas sobre la acción colectiva y su configuración por defecto. Un colectivo jurídico necesita que las preguntas sobre el punto de la acción conjunta, es decir, las

2. Acción colectiva y órdenes jurídicos globales emergentes

preguntas sobre los derechos, obligaciones, facultades y responsabilidades que surgen a la luz de ese punto, sobre la consistencia de la agencia participativa con respecto al punto de la acción conjunta y sobre las consecuencias que se han de seguir de la inconsistencia con esas determinaciones, no sean dejadas en manos de los miembros del colectivo para que ellos las decidan por sí mismos. En un colectivo jurídico, estas y otras preguntas relacionadas, que están en la fuente del conflicto, son resueltas por autoridades que actúan a nombre del todo, de manera tal que quienes disienten o reprueban la decisión están atados a ella. Esto, porque prevenir y resolver conflictos es precisamente lo que atañe al derecho.

En pocas palabras, la regulación (en el sentido amplio del término que sugiere esta enumeración de actividades) supone la *articulación*, el *monitoreo* y el *sostenimiento* de la acción conjunta.[11] Al regular la acción grupal, las autoridades jurídicas articulan reglas generales o individuales que son la configuración por defecto del punto de la acción conjunta. *Articulación*, como la entiendo yo, no significa simplemente "derivar" una regla del punto de la acción conjunta, sino más bien darle un contenido al punto de la acción conjunta para determinarlo. Al hacer esto, las autoridades incluyen y excluyen, con lo que establecen qué es importante para la acción conjunta y qué no lo es. Además, la articulación incluye la recepción de reglas de otros órdenes jurídicos, un fenómeno

---

11. La división tripartita entre jurisdicción para prescribir, para adjudicar y para ejecutar está enraizada, aunque no se agota en él, en este concepto de *regulación*. De la misma manera como, en general, la autoridad sobre la acción colectiva supone articularla, monitorearla y sostenerla, la doctrina jurídica, en particular, distingue entre esas tres formas de jurisdicción. Y, desde luego, es aquí donde tienen lugar todas las variedades de creación y aplicación del derecho.

que también ha sido denominado *difusión, migración, transferencia* o incluso *trasplante* de reglas.[12] El concepto de *reglas*, como lo uso aquí, tiene un alcance amplio. En él se incluyen, desde luego, la legislación, los actos administrativos y las decisiones judiciales, del mismo modo que los tratados internacionales, y los principios del derecho también caben dentro de su ámbito. Estos son los ejemplos corrientes de reglas desde una perspectiva estadocéntrica del orden jurídico, pero en mi uso del concepto también se incluyen, por ejemplo, las regulaciones de gobernanza; los contratos modelo que se despliegan en ciertos sectores de la *lex mercatoria*; los estándares elaborados por organizaciones contables internacionales u organizaciones técnicas, como la International Organization for Standardization (ISO) y semejantes; las directrices de prácticas óptimas (*best practices*); los códigos de conducta, y otros casos semejantes. Nótese que esta definición de *reglas* atraviesa la distinción entre derecho *duro* y *suave*, y, más recientemente, entre modos *sólidos* y *líquidos* de autoridad.[13] Los indicadores, definidos como "una colección nominada de datos ordenados que buscan representar el pasado o el desempeño proyectado de diferentes unidades", plantean una interesante pregunta de actualidad sobre el alcance

---

12. Véase, por ejemplo, Twining, *General Jurisprudence*, 269-292, y Sujit Choudhry (ed.), *The Migration of Constitutional Ideas* (Cambridge: Cambridge University Press, 2006). Twining, Frankenberg y otros han advertido los peligros del imperialismo que está adscrito a la teoría y a la práctica de los trasplantes jurídicos. Sea esto verdad o no, lo cierto es que el concepto de *orden jurídico* debe dar razón de esta posibilidad. Véase, también, Günter Frankenberg, "Constitutional Transfer: The Ikea Theory Revisited", *International Journal of Constitutional Law* 8, n.º 3 (2010): 563-579.

13. Nico Krisch, "Authority, Solid and Liquid, in Postnational Governance", en *Authority in Transnational Legal Theory: Theorising across Disciplines*, ed. de Roger Cotterrell y Maksymilian del Mar (Cheltenham: Edward Elgar Publishing, 2016), 25-48.

2. Acción colectiva y órdenes jurídicos globales emergentes

del concepto de *regla*.[14] En cuanto los indicadores sean estándares relativos a "la manera en la que la gobernanza debe llevarse a cabo idealmente, para lograr la mejor aproximación posible a una buena sociedad o a una buena política", pueden ser interpretados como parte integral de la configuración por defecto del punto de la acción conjunta y, en ese sentido, como reglas, en el sentido amplio que he dado a esta noción en el marco del modelo Aciam del derecho.[15] Igualmente interesante resulta notar que los indicadores también son mecanismos para monitorear la acción conjunta, algo que les ofrece un carácter híbrido y, más radicalmente, pone en cuestión la distinción apresurada y tajante entre la articulación y el monitoreo de la acción conjunta.

Sea lo que fuere, y volviendo nuestra atención a este, las autoridades también monitorean, sobre la marcha, el grado en el que el comportamiento real está de acuerdo con el punto de la acción conjunta y si es necesario o no recalibrar el punto de la acción grupal de cara a un contexto cambiante.

La regulación de la acción conjunta también involucra normalmente a autoridades que sostienen la acción conjunta, es decir que no solo reprueban a los malhechores que violan sus obligaciones derivadas de la acción colectiva, sino que también toman medidas para asegurar que los agentes participantes actúen de acuerdo con la acción conjunta y su punto. Defino *sostenimiento*

---

14. Kevin E. Davis, Benedict Kingsbury y Sally Engle Merry, "Introduction: Global Governance by Indicators", en *Governance by Indicators: Global Power through Quantification and Rankings*, ed. de Kevin E. Davis et al. (Oxford: Oxford University Press, 2012), 5-28, 6. Véase también Richard Rottenburg y Sally Engle Merry, "A World of Indicators: The Making of Governmental Knowledge through Quantification", en *The World of Indicators: The Making of Governmental Knowledge through Quantification*, ed. de Richard Rottenburg et al. (Cambridge: Cambridge University Press, 2015), 1-33.

15. Davis, Kingsbury y Merry, "Introduction", 9.

de manera amplia, incluyendo en el término la coerción física, pero sin limitarse a ella. El sostenimiento abarca, en mi lectura, una amplia gama de mecanismos que las autoridades pueden imponer a quienes violan obligaciones dirigidas o relacionales, con miras a sintonizarlos con la acción colectiva y su punto. Por ejemplo, la publicación y difusión amplia de un reporte elaborado por una organización privada de normalización sobre la falta de cumplimiento de una compañía multinacional con los estándares globales aplicables a sus actividades valdría, en esta lectura, como una imposición, especialmente si el reporte puede afectar negativamente la reputación de la compañía y su éxito empresarial. Después de todo, ¿por qué la amenaza con una multa habría de ser fundamentalmente diferente de las consecuencias adversas a las finanzas de una empresa que son concomitantes a la pérdida de reputación? Tomados juntos, estos tres aspectos de la regulación de la acción conjunta configuran una identidad en el tiempo relativamente robusta de los grupos jurídicos.

2.1.4. La institucionalización de la acción colectiva autoritativamente mediada

Sin embargo, con el carácter autoritativamente mediado de la acción colectiva solo recorremos una parte del proceso de identificación de los elementos distintivos de los órdenes jurídicos en comparación con otras formas de acción colectiva. Después de todo, nuestro equipo de cocina del dormitorio podría nombrar entre sus miembros a un chef (entendido no solo como cocinero, sino también como jefe) que liderase la parada. El chef regularía la acción colectiva: daría instrucciones generales e individualizadas —articulación—, se encargaría de que todos los participantes del equipo de cocina hicieran su parte —monitoreo— y expulsaría a un estudiante que se rehusara a seguir sus instrucciones —sostenimiento—. Muchas otras formas de acción colectiva también

2. Acción colectiva y órdenes jurídicos globales emergentes

están abiertas al nombramiento de un "líder" o autoridad que se ocupase de estas tres facetas de la regulación. Por consiguiente, deben incluirse por lo menos dos características adicionales a nuestra explicación de los órdenes jurídicos. Las dos requieren una revisión considerable de las teorías que se enfocan en la acción colectiva y, principalmente, en la acción grupal que se da en escenarios pequeños y no institucionalizados, como caminar o pintar una casa juntos —la "sociabilidad modesta" [*modest sociality*], como la llama Michael Bratman—.[16] Las dos características giran en torno al carácter *institucional* del orden jurídico, según el cual los colectivos jurídicos pueden establecer relaciones impersonales, incluso anónimas, entre los participantes de la acción colectiva.

La primera característica se refiere al tipo de compromiso que se requiere para que haya acción *colectiva*. En efecto, una gama de teorías asume que la colectividad requiere que haya capacidad de respuesta mutua en las intenciones y la acción, de manera tal que cada uno de los participantes esté a tono con la intención y el comportamiento de los otros, ajustando su comportamiento en el camino y cuando fuese necesario para lograr el resultado deseado de la acción conjunta. Como lo anota acertadamente Scott Shapiro, esta forma fuerte de compromiso mutuo es deficiente en lo que él denomina "agencia compartida masivamente", en la cual por lo menos algunos participantes están alienados, marginados o son virtualmente invisibles.[17] Los participantes pueden tomar parte en la agencia compartida masivamente sin estar comprometidos con su éxito, ya sea porque no comparten las metas del

---

16. Michael Bratman, *Shared Agency: A Planning Theory of Acting Together* (Oxford: Oxford University Press, 2014), 8.

17. Scott Shapiro, "Massively Shared Agency", en *Rational and Social Agency: The Philosophy of Michael Bratman*, ed. de Manuel Vargas y Gideon Yaffe (Oxford: Oxford University Press, 2014), 257-292.

grupo o no desean (o no pueden desear) que todos los miembros tomen parte en la acción conjunta, o sencillamente porque puede que no conozcan a todos sus miembros.[18] En el evento de la cocina en el dormitorio, es plausible que todos los estudiantes del dormitorio participen, porque cada uno de ellos quiere que todos cocinen juntos y que cada uno de ellos ajuste sus acciones a las de los otros, si algo ocurre en el camino, para asegurar (dentro de límites razonables) el éxito en la preparación de la cena. En el caso de una cadena de restaurantes que es propiedad de una corporación grande, no resulta obvio que todos los empleados compartan la meta de la corporación (por ejemplo, el lucro de los accionistas con base en comidas que quizás no son de la mejor calidad) ni que estén necesariamente preparados para ajustar su comportamiento para asegurar que esta meta se logre.

Shapiro se ocupa de esta dificultad relajando los requisitos de lo que ha de valer como agencia compartida o colectiva. Para él, una condición de la agencia compartida masivamente es que la *mayoría* de los participantes actúen de acuerdo con el *plan* que ha

18. En cuanto a esta última restricción, Benedict Anderson sostiene, en un sentido semejante, que las naciones son comunidades políticas imaginadas "porque aun los miembros de la nación más pequeña no conocerán jamás a la mayoría de sus compatriotas, no los verán ni oirán siquiera hablar de ellos, pero en la mente de cada uno vive la imagen de su comunión", un fenómeno al que él también se refiere como "comunidad en el anonimato". La pregunta es, sin embargo, si la "imaginación", como la entiende Anderson, funcionará como la característica distintiva de cierto tipo de comunidad política —la nación—. Después de introducir la noción, Anderson agrega que, "de hecho, todas las comunidades mayores que las aldeas primordiales de contacto directo (y quizá incluso estas) son imaginadas". La interpolación del paréntesis es decisiva: el contacto cara a cara de las "aldeas primordiales" también es siempre una relación *mediada* por un *punto* de acción conjunta anclado narrativamente, y sin el cual una multiplicidad de individuos no podría aparecer entre sí como *miembros* de una comunidad. Véase Benedict Anderson, *Comunidades imaginadas*, trad. de Eduardo L. Suárez (México: Fondo de Cultura Económica, 1993), 23-24, 61.

2. Acción colectiva y órdenes jurídicos globales emergentes

sido trazado para ellos para realizar las metas de la acción conjunta, con independencia de que aprueben activamente esas metas, y que ellos resuelvan sus conflictos sobre la acción conjunta de manera pacífica y abierta. En las condiciones modernas de agencia compartida masivamente, observa Shapiro, el derecho estructura la interacción en la forma de "planes preempaquetados", en los cuales los participantes solo deben hacer su parte del plan en lugar de tener una elevada capacidad de respuesta a las intenciones y acciones de los demás, como lo requiere la interpretación fuerte que Bratman hace de la acción conjunta.[19] Esta interpretación de la acción colectiva tiene la ventaja de explicar por qué la agencia compartida masivamente tiene un carácter institucional: "La tarea del diseño institucional [...] es crear una práctica que sea tan densa con planes y mecanismos creadores de redes que los participantes alienados terminen actuando de la misma manera que los no alienados".[20]

Concuerdo con Shapiro en que es necesario relajar los requisitos de la acción conjunta, pero yo relajaría las condiciones estrictas de la sociabilidad modesta de una manera un tanto diferente, sosteniendo que una condición necesaria para la acción colectiva en el derecho es que la mayoría de los participantes actúen de conformidad con la *configuración por defecto* de la acción conjunta (más que con un *plan*), siempre y cuando ellos estén preparados para resolver los conflictos sobre la acción conjunta por medio de mecanismos institucionalizados de resolución de conflictos. He reemplazado *plan* por *configuración por defecto* porque aquel es innecesariamente reduccionista en la medida que excluye formas no-intencionales del punto de las configuraciones por defecto de la acción grupal. Este sentido más amplio de *punto* y de *configuración por defecto* incluye, por ejemplo, el derecho

---

19. Shapiro, "Massively Shared Agency", 280.
20. Ibíd., 282.

consuetudinario, el cual solo puede ser acomodado con dificultad en la noción de *plan*.

La segunda característica concierne a lo que Shapiro llama "relaciones de autoridad impersonal" y el surgimiento de "funciones públicas" [*offices*],[21] las cuales, explica el autor, son "posiciones de poder persistentes y relativamente estables en las que la sustitución no solo es posible sino de esperarse".[22] Sería posible imaginar que el equipo de cocina escoja a uno de los estudiantes del dormitorio para que dé instrucciones, resuelva disputas sobre cómo proceder y demás, pero ese nombramiento sería único y se haría de cara a esa persona en particular. La OMC, por el contrario, necesita depender de sus funcionarios, por ejemplo, los representantes de los Estados miembro y el secretario general, quienes ocupan posiciones temporales y pueden ser sucedidos por otros funcionarios cuando fuese apropiado. La institucionalización de la normatividad tiene, como lo ve Shapiro, dos ventajas decisivas sin las cuales la agencia compartida masivamente no sería posible. En primer lugar, las reglas proferidas por autoridades, al igual que las relaciones normativas que generan, pueden mantenerse como válidas más allá de la finalización del término de la función del individuo y los individuos que ejercen poder normativo. En segundo lugar, la existencia y el contenido normativo de las reglas proferidas por las autoridades pueden ser separados de las intenciones de estas.

Concuerdo con Shapiro en que estas dos características institucionales de la autoridad son condiciones necesarias para la existencia de un orden jurídico. En un sentido crucial, esas carac-

---

21. N. del T.: uso *funciones públicas* en reemplazo de *offices*, siguiendo la versión española de la obra principal de Shapiro. Véase Scott Shapiro, *Legalidad*, 212.

22. Shapiro, "Massively Shared Agency", 284.

2. Acción colectiva y órdenes jurídicos globales emergentes

terísticas sugieren que no basta con desambiguar a "nosotros" en "cada uno de nosotros" y "nosotros juntos", sino que también es necesario desambiguar esa situación de *estar juntos* [*togetherness*] en una manera que oponga las formas fuertes de ella que se dan en la "sociabilidad modesta" de Bratman con las formas débiles propias de la agencia compartida masivamente. En un sentido distinto al contemplado por Bratman, los órdenes jurídicos muestran una sociabilidad modesta. ¿No habría esto de valer también —y quizás especialmente— para los órdenes jurídicos globales emergentes?

Soy plenamente consciente de que el modelo Aciam del derecho es tanto abstracto como incompleto. Abstracto, porque requiere ser especificado ulteriormente si ha de ser capaz de decirnos, por ejemplo, qué es esencial al derecho estatal y de qué manera este derecho podría ser diferente de los órdenes jurídicos globales emergentes, e incompleto, porque un importante número de asuntos quedan pendientes. Por ejemplo, he introducido un concepto funcional de *autoridad* que se enfoca en lo que la autoridad jurídica *es* por medio de la explicación de lo que las autoridades jurídicas *hacen*: regular en el sentido tripartito de articular, monitorear y sostener la acción colectiva. Aún no he explorado la dimensión normativa de la autoridad que podría seguirse del modelo Aciam del derecho. He aquí otro ejemplo: no he dicho nada aún sobre el *surgimiento* del modelo Aciam, habiéndome limitado a bosquejar su estructura general. Para ocuparme de la abstracción y la incompletitud del modelo, será necesario darle más cuerpo al examinar su capacidad para identificar y explicar las características distintivas de los órdenes jurídicos globales emergentes.

Por ahora, sin embargo, y para repetir mi tesis, estas ideas preliminares pueden ser suficientes para ofrecer plausibilidad, por lo menos preliminar, a mi hipótesis de trabajo, la cual requiere demostraciones y desarrollos ulteriores en el transcurso de este libro: la mejor descripción posible de *orden jurídico* es la que lo define como acción colectiva institucionalizada y autoritativamente mediada. El modelo Aciam del derecho es amplio y espacioso, pero no es ilimitado ni difuso. Concretamente, es capaz de acomodar lo que Santos llama "interlegalidad", a saber, el hecho de que "la vida cotidiana [de los individuos y los grupos sociales] atraviesa o es interpenetrada por culturas y órdenes jurídicos distintos y muchas veces encontrados".[23] En un sentido crucial, a la luz del tema central de este libro, la característica [5] del modelo da una explicación *prima facie* de por qué los órdenes jurídicos no pueden incluir sin excluir; por lo tanto, da una explicación de por qué el surgimiento de los órdenes jurídicos globales sería lo mismo que la globalización de la inclusión y la exclusión.

2.1.5. Tres dimensiones de los órdenes jurídicos

Para iluminar las distintas facetas de la Aciam y para evitar confusiones terminológicas, quizás es útil distinguir entre tres dimensiones o facetas del orden jurídico: un colectivo jurídico, un sistema jurídico y un orden pragmático. En el uso que doy a estas expresiones, (1) un *colectivo jurídico* denota a la Aciam desde la perspectiva de la primera persona plural de un grupo. Esta expresión captura la idea de que un orden jurídico supone una unidad putativa en la forma de una multiplicidad de agentes participantes, de quienes se considera que se refieren a sí mismos como una unidad en acción. En un sentido importante, los individuos o grupos pueden ser agentes participantes en un colectivo jurídico. (2) Un *sistema jurídico* se refiere a la Aciam en los términos de la configuración por defecto del punto de la acción conjunta por un colectivo. Aquí, el orden jurídico es abordado como una unidad putativa de reglas (en un sentido muy amplio, que incluiría cualquiera de los vehículos para la regulación que se indicaron atrás,

---

23. Santos, *Toward a New Legal Common Sense*, 97.

2. Acción colectiva y órdenes jurídicos globales emergentes

tales como contratos modelo, leyes, fallos, estándares técnicos, principios y directrices políticas). La doctrina y la teoría jurídicas habitualmente se refieren a esta característica en términos de *derecho*, en oposición a *orden jurídico*, como cuando se opone el derecho global a los órdenes jurídicos globales. Por último, (3) un *orden pragmático*, en mi glosa del término, denota a la Aciam como una unidad putativa en cuanto distribución interrelacionada de lugares, tiempos, sujetos y contenidos comportamentales; este orden es correlativo, a grandes rasgos, al sistema jurídico correspondiente. Mientras que el concepto de *sistema jurídico* ve a estas tres dimensiones del orden como las "esferas de validez" de las reglas jurídicas, el concepto de *orden pragmático* toma la perspectiva de aquellos cuyo comportamiento está ordenado por el derecho a fuerza de establecer ciertos tipos de relaciones-deber ser entre lugares, sujetos, tiempos y contenidos comportamentales. El concepto también integra estos cuatro tipos de relaciones como las dimensiones de un orden único del comportamiento, de modo tal que ciertos actos por ciertos agentes están permitidos o no permitidos en ciertos momentos y en ciertos lugares. En un sentido importante, esto no necesita implicar que los confines de un orden pragmático deban estar nítidamente delineados en cada caso; basta con que los confines puedan ser determinados en casos individuales, cuando se dé la necesidad de hacerlo. Los confines jurisdiccionales fijos de los Estados son solo una de las muchas maneras como la unidad putativa de los órdenes pragmáticos puede ser organizada.

Para repetir mi opinión principal, (1)-(3) son un número de maneras de abordar el orden jurídico; cada una de ellas presenta una de las dimensiones o facetas de la unidad putativa de la Aciam. Recurriré a este tríptico en el capítulo 3, al diseccionar las distintas maneras como el problema de la unidad es pertinente para una investigación sobre los órdenes jurídicos globales emergentes.

Además, [3] el anidamiento de la acción colectiva permite desagregar estas tres dimensiones en diferentes niveles o capas de la unidad putativa. Como resultado, la articulación, el monitoreo y el sostenimiento de la acción conjunta pueden ser, en sí mismos, anidados, al igual que su cuestionamiento.[24] Por último, en el capítulo 3 volveré a explicar mi insistencia en referirme a la unidad como una unidad *putativa*.

Al tiempo que una de las virtudes del modelo Aciam del derecho es que ofrece un mecanismo para distinguir entre estos aspectos diferentes del orden jurídico, el modelo también tiene la ventaja de integrarlos en una explicación del orden jurídico que supera la unilateralidad de un buen número de teorías jurídicas. Por ejemplo, ciertas teorías positivistas del derecho, como la teoría pura del derecho de Kelsen, tienden a ver el derecho como la unidad de una multiplicidad de normas; las interpretaciones pragmáticas del derecho, por su parte, tienden a enfocarse en la noción de una práctica jurídica, y los estudios sociojurídicos recientes favorecen las investigaciones sobre la estructura espaciotemporal de los órdenes jurídicos, aunque en una manera que se abstrae de la presuposición de una perspectiva de la primera persona plural de un sujeto plural. El modelo Aciam del derecho integra cada una de estas dimensiones en una explicación comprensiva del orden jurídico (que no es

---

24. Estoy agradecido por la sesuda reseña que Tuori hizo de *Fallas de la globalización*, en la que correctamente critica la insuficiente atención que el libro presta a las reglas jurídicas como un elemento distinto de los órdenes jurídicos y, correlativamente, a las autoridades de segundo orden a quienes se ha confiado la creación y la aplicación del derecho. También tiene razón Tuori cuando nota que la a-juridicidad no tiene por qué implicar un desafío al orden jurídico como un todo, algo que mis formulaciones anteriores sugerían. He tratado de reformular el modelo Aciam del derecho de manera tal que pueda amoldarse a las dos críticas. Véase Kaarlo Tuori, "Crossing the Limits but Stuck Behind the Fault Lines?", *Transnational Legal Theory* 7, n.° 1 (2016): 133-153.

2. Acción colectiva y órdenes jurídicos globales emergentes

lo mismo que decir sincrética) y, como lo mostrarán los capítulos 5 y 6, abre un camino para abordar una interpretación fuertemente normativa de la autoridad que le permite entrar en un diálogo fructífero con las teorías normativas del derecho.

2.2. Reconsiderando la globalidad del derecho global

La doctrina metodológica central de este libro es que existe una relación circular entre la globalidad y la juridicidad del derecho global. La forma como se glosen los fenómenos globales afecta la forma como se aborde el concepto de *derecho*; la forma como se aborde el concepto de *derecho* afecta la forma como se glosen los fenómenos globales. Eso requiere, como lo anoté, un método que sea sensible a esta dependencia mutua, moviéndose entre los dos polos del derecho global. Habiendo pasado de la globalidad a la juridicidad del derecho global, nuestro método nos exige movernos, una vez más, en la dirección opuesta, volviendo a considerar la manera como el concepto de *derecho* develado en la sección 2.1 afecta la globalidad del derecho global. Se puede hablar de una relación propiamente circular entre dos términos de la expresión, porque introducir el modelo Aciam del derecho corrobora a la vez que cambia nuestro entendimiento de la globalidad del derecho global, lo que exige un enfoque más complejo que el que fue preferido en el capítulo 1.

2.2.1. Corroborando tesis precedentes sobre el derecho global
El modelo Aciam del derecho corrobora, para empezar, una de las características centrales de los procesos de globalización, a saber, el surgimiento de una pluralidad de órdenes jurídicos globales. Recuérdese la formulación de Twining del pluralismo jurídico, el

cual él vincula con la "superposición" de órdenes jurídicos: una pluralidad de órdenes jurídicos pueden ser válidos en un "único tiempo-espacio", sin relación jerárquica alguna entre ellos, porque cada uno de estos órdenes jurídicos es más o menos autónomo con respecto a los demás. Un orden jurídico indígena, un orden jurídico estatal y la *lex mercatoria* pueden, por ejemplo, superponerse en un espacio y un tiempo dados. Esta explicación de la superposición es, sin embargo, incompleta. Es importante notar que *dos* formas diferentes de espacialidad operan en el pluralismo jurídico. Por un lado, está el espacio físico compartido por los órdenes jurídicos respectivos, como cuando se dice que varios órdenes jurídicos coexisten en un área geográfica dada delineada en un mapa. Este es el sentido de espacio que Twining tiene en mente. Por el otro lado, hay diferentes espacios de acción colectiva, como lo implica la noción de una distribución interconectada de lugares. Las dos dimensiones del espacio son condición de posibilidad de la superposición de órdenes jurídicos. Si estos órdenes no comparten un espacio físico como su "sustrato" común, no puede haber superposición; tampoco puede haberla si estos órdenes no forman espacios jurídicos distintos por fuerza de distinguir e interconectar lugares de maneras diferentes en el curso de la acción orientada a realizar los puntos de los órdenes respectivos. Los confines jurídicos articulan estas dos formas de espacio, lo que explica, por un lado, por qué los cruces de confines son eventos tan normativos como físicos y, por el otro, por qué los confines pueden cambiar, autorizando o desautorizando el paso de personas y cosas, aun cuando su posicionamiento físico no cambie un ápice. El comentario acerbo de Bauman sobre las condiciones del capitalismo global ilustra esta característica de los confines jurídicos: "En la actualidad, el capital viaja liviano, con equipaje de mano, un simple portafolio, un teléfono celular y una computadora portátil". Por el contrario, el trabajo "sigue tan

2. Acción colectiva y órdenes jurídicos globales emergentes

inmovilizado como en el pasado [...], pero el lugar al que antes estaba fijado ha perdido solidez".[25]

En pocas palabras, un espacio jurídico nunca es solamente el soporte material de uno o más sistemas jurídicos, sino más bien una articulación concreta de dimensiones normativas y físicas desde la perspectiva de la primera persona plural de un nosotros*. En esta lectura, la exigencia de una regulación exclusiva de todos los aspectos del comportamiento dentro de un territorio, que ha sido el sello distintivo tradicional del derecho estatal, no es sino una variación contingente de la espacialidad jurídica: de la territorialidad, en el sentido amplio defendido por Sassen. Esto vale tanto para las comunidades sedentarias como para las nómadas, y vale tanto para el "edredón de retazos" de comunidades que fue típico de la Edad Media europea[26] como para el Estado moderno. Además, esto también explica por qué los mares y el espacio exterior son parte de la territorialidad en este sentido amplio. Aunque esta integración sea contingente a ciertos desarrollos tecnológicos, los mares y el espacio exterior pueden ser integrados en la unidad pragmática de un colectivo, trátese de un Estado o de una comunidad de Estados; estos se vuelven parte de un espacio de acción

---

25. Zygmunt Bauman, *Modernidad líquida*, trad. de Mirta Rosenberg y Jaime Arrambide Squirru (México: Fondo de Cultura Económica, 2003), 64. En otro lugar: "Si para el primer mundo, el mundo de los ricos y pudientes, el espacio ha perdido toda cualidad constrictora y puede ser atravesado en sus versiones *real* y *virtual*, para el segundo mundo, el mundo de los pobres, los 'estructuralmente redundantes', el espacio se está cerrando rápidamente". Zygmunt Bauman, "On Glocalization: Or Globalization for Some, Localization for Some Others", *Thesis Eleven* 54 (1998): 37-49, 45.

26. "El modelo dominante en la época medieval se destaca por la superposición de jurisdicciones, lo que evita que la sujeción territorial se convierta en autoridad exclusiva". Sassen, *Territorio, autoridad y derechos*, 59-60.

desde una perspectiva de la primera persona plural.[27] Por último, el modelo Aciam del derecho ofrece una justificación conceptual fuerte al bien documentado hallazgo de que el monismo que el derecho estatal demanda para sí es, históricamente hablando, la excepción; el pluralismo jurídico es la regla. Nótese que lo que resulta históricamente excepcional es la demanda que hacen los Estados de tener dominio exclusivo sobre todo el comportamiento dentro de un territorio; en realidad, esta demanda siempre ha sido cuestionada por órdenes jurídicos ubicados dentro del territorio "propio" del Estado. Los órdenes jurídicos indígenas son un ejemplo de resistencia tenaz a la inclusión dentro de las demandas monistas del derecho estatal.[28]

Estas ideas dan lugar a un tercer punto. El modelo Aciam del derecho corrobora la conjetura según la cual los linderos (estatales) y su distinción concomitante entre lugares nacionales y foráneos son una característica contingente de los órdenes jurídicos, mientras que los límites, es decir, la distinción entre lugares propios y extraños, son una característica estructural de una gama de órdenes jurídicos que demandan o pueden llegar a demandar validez global. En efecto, el concepto de Aciam no requiere, de manera alguna, que la unidad espacial esté alinderada a la manera de la territorialidad estatal, porque la Aciam organiza el espacio

---

27. En sentido inverso, los desarrollos tecnológicos son de importancia decisiva para abrir espacios como espacios de acción, es decir, como espacios que son susceptibles de territorialización, en el sentido de la regulación jurídica. Volveré sobre este rol constitutivo que tiene la tecnología frente a los órdenes jurídicos en el capítulo 3. Los mares y el espacio exterior serán mencionados brevemente en el capítulo 4, al discutir los bienes comunes de la humanidad.

28. Para un análisis y una defensa poderosa del pluralismo jurídico a la luz de la colonización a la que han sido sometidos los pueblos indígenas, véase James Tully, *Strange Multiplicities: Constitutionalism in an Age of Diversity* (Cambridge: Cambridge University Press, 1995).

2. Acción colectiva y órdenes jurídicos globales emergentes

jurídico como una unidad pragmática que puede abarcar la totalidad de la superficie de la Tierra. Volviendo a nuestro ejemplo previo, un Estado miembro de la OMC (un agente participante en la acción colectiva) puede rebajar una tarifa de importación en respuesta a un fallo del Órgano de Apelación (autoridad jurídica) de acuerdo con el cual la tarifa viola las reglas (configuración por defecto) que garantizan que el comercio global "se realice de la manera más fluida, previsible y libre posible" (punto).[29] Ahora, aunque la OMC no tiene linderos propios, no puede organizarse como un mercado global a menos que incluya una configuración de lugares que sean considerados importantes para realizar su punto, a la vez que excluya todas las demás configuraciones posibles de lugares. Lo que es excluido del comercio global como no importante se vuelve el ámbito de lo espacialmente indeterminado para la OMC, el campo de "otros" órdenes jurídicos posibles, por ejemplo, los Estados miembro cuyos territorios no sean importantes para el comercio global. Todo esto se sigue de lo dicho en la sección 2.1, sobre las características de la Aciam.

Pero el modelo Aciam del derecho tiene más que ofrecer. Como se anotó más atrás, la acción directa de la KRRS ejemplifica lo que pasa cuando "otro" espacio se vuelve un lugar "extraño" por vía de un comportamiento que, cuestionando los confines espaciales que dan forma a lo que vale como importante para la realización de un mercado global, revela estos confines como un límite. La OMC está limitada, así no esté alinderada, porque exhibe la estructura básica de la Aciam: si una demanda de *nuestro* espacio exige una inclusión que estabilice qué lugares y qué interconexión de lugares son considerados importantes para *nosotros*, entonces también exige la exclusión de lo que nosotros* consideramos

---

29. Página web de la OMC, https://www.wto.org/spanish/thewto_s/whatis_s/what_we_do_s.htm

La autoridad y la globalización de la inclusión y la exclusión

no importante, dando lugar con ello no solo a otros lugares sino también a lugares extraños: a xenotopías. En pocas palabras, la comunalidad implicada en la noción de *acción "colectiva"* en la Aciam es espacialmente *limitada*.

2.2.2. Orden pragmático

Esto es todo lo que quiero decir, por el momento, sobre la manera como el modelo Aciam del derecho corrobora el enfoque sobre la globalidad del derecho global que fue delineado en el capítulo 1. Considérese ahora cómo el modelo requiere que se complemente el énfasis en la espacialidad que se ha favorecido hasta ahora. El punto decisivo, como el lector lo habrá notado, es que los órdenes jurídicos están organizados como órdenes tetradimensionales: espaciales, temporales, subjetivos y materiales. En la medida que uno se enfoque, como lo hacen Kelsen y otros, en conceptualizar el derecho como un *sistema* jurídico, esto es, como una unidad de reglas, estas cuatro dimensiones son "esferas de validez" de las reglas. Pero desde la perspectiva de la primera persona de un agente, sea individual o colectivo, el espacio, el tiempo, la subjetividad y los tipos de acto aparecen como dimensiones de un orden en el cual uno se orienta y actúa. Que las reglas jurídicas sean "razones para la acción", como les gusta anotar a los teóricos del derecho, significa que dan los marcadores para la orientación práctica de los agentes; *las reglas establecen quién debe hacer qué, dónde y cuándo*. Los órdenes jurídicos hacen más que simplemente diferenciar e interconectar una gama de lugares-deber ser en línea con el punto de la Aciam; también diferencian e interconectan las dimensiones temporal, subjetiva y material del comportamiento en un orden único, de manera tal que ciertos actos realizados por ciertas personas están permitidos o no permitidos en ciertos momentos y en ciertos lugares. El derecho diferencia e interconecta cuatro dimensiones

2. Acción colectiva y órdenes jurídicos globales emergentes

del comportamiento —subjetividad, contenido comportamental, tiempo y espacio— y diferencia e interconecta cada una de estas dimensiones, partiéndolas en una multiplicidad interrelacionada de lugares, tiempos, sujetos y tipos de acto.[30]

Volviendo al capítulo 1, cuando la KRRS entró a las propiedades de Monsanto a destruir OGM, hizo más que simplemente cuestionar la unidad espacial de la OMC (y de India); también volvió conspicua la *temporalidad* del comercio relativo a un mercado global, al cual se resiste, evocando el ritmo temporal de sus técnicas agrícolas. En el mismo sentido, la KRRS hizo conspicuos los *tipos de subjetividades* y las *maneras de actuar* que son proporcionados por la OMC, apelando a su entendimiento de lo que es ser un granjero que trabaja la tierra.

Permítaseme hacer estas ideas más concretas con respecto al tiempo. Recuérdese la distinción, introducida en la sección 1.2, entre una posición y un lugar: aquella se refiere a un "dónde" en el sentido de las coordenadas del espacio tridimensional de la geometría, y este se refiere a un "dónde" en el que las cosas, las personas y los actos están asignados a su lugar adecuado en términos de una perspectiva de la primera persona, por ejemplo, la sartén en la despensa y el cocinero al frente de la estufa. Aunque, desde luego, es posible imaginar una cocina como un espacio geométrico tridimensional, esta representación se abstrae de su unidad espacial en un sentido pragmático. Ahora bien, en el mismo sentido que tiende a pensar el espacio como extensión, la doctrina jurídica también está inclinada a interpretar la temporalidad en términos de tiempo calendario, como cuando un estatuto estipula la fecha en la que se vuelve vinculante y, quizás, la fecha de su derogación. Kelsen nos dio un buen ejemplo de una explicación reduccionista de la espacialidad en la sección 1.1, al referirse a la territorialidad

---

30. Lindahl, *Fallas de la globalización*, 55-56.

La autoridad y la globalización de la inclusión y la exclusión

estatal como un "cono invertido", pero también es un buen ejemplo de un enfoque reduccionista de la temporalidad jurídica. Kelsen dice que el tiempo, no menos que el espacio, es un elemento del Estado, a pesar de que la doctrina solo se enfoque en aquel:

> Así como el territorio es un elemento del Estado […], el tiempo, el periodo de su existencia, es elemento del Estado solo en cuanto constituye el correspondiente ámbito temporal de validez. Ambas esferas son limitadas. Así como el Estado no es espacialmente infinito, tampoco es eterno en el tiempo […]. El momento del tiempo en que un Estado empieza a existir, esto es, en que un orden jurídico nacional comienza a ser válido, lo mismo que el lapso en que deja de tener validez, son determinados por el orden positivo internacional.[31]

Los momentos del tiempo de "nacimiento" y "muerte" del Estado, como Kelsen también lo expresa, son puntos de tiempo calendario. Pero, estrictamente hablando, la temporalidad del nacimiento y la muerte, trátese de un individuo o un colectivo, no es la temporalidad del tiempo calendario. Nacimiento y muerte se refieren a un tiempo *vivido*, al tiempo *de* un individuo o un colectivo, organizado en términos de un arco temporal que abarca un pasado, un presente y un futuro. Lo que John Perry anotó con respecto a los indiciales espaciales como "aquí" y "allá" (véase la sección 1.5) también vale para los indiciales temporales como "ahora", "mañana" y "ayer": una proposición sobre la fecha y la hora en la que ha de tener lugar una reunión con la participación de alguien no puede prescindir, por medio de una descripción más detallada de las características individualizadoras de la persona y del tiempo calendario de la reunión, de un enunciado en primera

---

31. Kelsen, *Teoría general del derecho y del Estado*, 259.

2. Acción colectiva y órdenes jurídicos globales emergentes

persona que incluya los indiciales *yo* y *ahora*.[32] Por ejemplo: "María tiene una cita con el decano el viernes en la tarde"; sin importar cuánto se especifique este enunciado en tercera persona, indicando a qué María se refiere (por ejemplo, María Velásquez, nacida en tal y tal fecha) y el momento preciso de la cita (el segundo viernes de julio de 2016, a las 3:00 p. m.), este enunciado no puede reemplazar el enunciado en primera persona de alguien que, mirando a su reloj, salta y dice: "Mi cita con el decano es ahora, debo irme".

Entonces, una distinción fundamental tiene que ser trazada entre dos modos de temporalidad que operan en el derecho, de la misma manera que una distinción fue trazada entre dos modos de espacio. Tenemos el "cuándo" del tiempo calendario, que está organizado en la forma de una secuencia de un antes y un después, de modo tal que lo que diferencia a los segundos, los minutos, las horas, etc., es solo su posición en el flujo concomitante de partículas temporales. El tiempo calendario hace posible asignar un comienzo y un final a la esfera temporal de validez de una norma jurídica o incluso de un sistema jurídico como un todo. Y también tenemos el "cuándo" de la temporalidad de primera persona de los agentes, en la que hay un orden propio para hacer cosas si, por ejemplo, uno quiere cocinar una comida: comprar, picar, mezclar, batir, freír, etc. Así, el tiempo de la acción individual está organizado como un pasado, un presente y un futuro, y lo mismo puede decirse del tiempo de un sujeto plural. Alguien le pregunta a una de las estudiantes del dormitorio: "¿Qué hacen ustedes?". Ella responde, de modo un tanto puntilloso: "Nosotros acabamos de terminar de preparar los ingredientes, y ahora estamos calentando el aceite en la sartén para que podamos, después, freír los vegetales". El modelo Aciam del derecho sugiere que los órdenes jurídicos configuran el tiempo, como el espacio, como una unidad

---

32. John Perry, "El problema del indicial esencial", 195-212.

La autoridad y la globalización de la inclusión y la exclusión

pragmática, luego sugiere que los órdenes jurídicos llevan a cabo tanto una "temporalización" como un "espaciamiento".[33]

Aunque me he enfocado en el tiempo y el espacio, no resulta difícil establecer que el surgimiento de un equipo de cocina y de la OMC también diferencia e integra una gama de subjetividades y contenidos comportamentales a la luz de los puntos de la acción conjunta respectivos, de manera tal que, además de "espaciar" y "temporalizar", podría decirse que los órdenes jurídicos también "subjetivizan" y "materializan". En suma, aunque hay diferencias significativas entre estos tipos de grupos sociales pequeños y no institucionalizados y los colectivos jurídicos, entre el equipo de cocina del dormitorio y la OMC, los dos colectivos ordenan el comportamiento estableciendo quién debe hacer qué, dónde y cuándo desde la perspectiva de la primera persona de un nosotros* en acción conjunta.

Este proceso cuatripartito de espaciar, temporalizar, subjetivizar y materializar tiene una estructura *narrativa*. En otras palabras, la representación de la unidad en el curso de la acción colectiva siempre tiene la forma de una historia, incluso cuando la representación tiene lugar por medio de la creación de derecho. En efecto, ningún orden jurídico se puede sostener a sí mismo como un proceso de creación y aplicación de reglas: todo orden jurídico requiere una narrativa sobre su surgimiento y sobre su punto, un hilo que crea/recrea la perspectiva de la primera persona plural de un nosotros*, que permite que el tiempo aparezca a los participantes como *nuestro* tiempo; el espacio, como *nuestro* espacio; las subjetividades, como *nuestras* subjetividades, y los

---

33. Para conocer las discusiones sobre estas formas distintas de tiempo y espacio, véase Paul Ricœur, *Tiempo y narración*, trad. de Agustín Neira (México: Siglo XXI, 2009), 3:783ss, y Paul Ricœur, *La memoria, la historia, el olvido*, trad. de Agustín Neira (Buenos Aires: Fondo de Cultura Económica, 2004), 189-207.

2. Acción colectiva y órdenes jurídicos globales emergentes

actos, como *nuestros* actos.[34] En este sentido, la referencia de Kelsen al "nacimiento" y la "muerte" de un Estado alude no solo al tiempo vivido, sino al tiempo en el que un arco temporal de pasado, presente y futuro aparece, como tal, a través de una historia sobre los orígenes y las vicisitudes de un colectivo. Si uno presionara a los miembros del equipo de cocina del dormitorio para que dieran una explicación o justificación de lo que están haciendo, ellos proveerían una historia, no importa cuán sucinta, que daría sentido a lo que están haciendo; la OMC ofrece los rudimentos de una historia tal en una rúbrica de su página web titulada, de manera diciente (en el sentido doble de la palabra), "Entender la OMC. Quiénes somos":

> La OMC nació como consecuencia de unas negociaciones, y todo lo que hace resulta de negociaciones [...]. Cuando los países han tenido que hacer frente a obstáculos al comercio y han querido que se reduzcan, las negociaciones han contribuido a abrir los mercados al comercio. Sin embargo, la labor de la OMC no se circunscribe a la apertura de los mercados, y en algunos casos sus normas permiten mantener obstáculos comerciales, por ejemplo

---

34. Esto requiere ampliar el alcance de las posturas de Ricœur sobre la narrativa tal como están plasmadas en su trilogía *Tiempo y narración*. Mientras que esta trilogía se enfoca principalmente en la relación entre el tiempo y el relato de historias, para darle cuerpo de manera más completa al modelo Aciam del derecho es necesario mostrar la manera como la narrativa es crucial para el surgimiento de las cuatro dimensiones de lo que he llamado *orden pragmático*. Del mismo modo, un cuestionamiento a la acción colectiva debe desplegar una contranarrativa: una narrativa sobre otro lugar y sobre otro tiempo. Para una magnífica explicación de la jerarquía entre acontecer e interpretación jurídica, véase Bert van Roermund, *Derecho, relato y realidad*, trad. de Hans Lindahl (Madrid: Tecnos, 1997).

La autoridad y la globalización de la inclusión y la exclusión

para proteger a los consumidores o para impedir la propagación de enfermedades.[35]

En pocas palabras, el carácter narrativo es común a las formas jurídicas y no jurídicas de la acción colectiva. Se trata del vehículo privilegiado para el proceso por medio del cual los individuos llegan a verse a sí mismos como miembros de un colectivo, y también es el vehículo privilegiado para un proceso de diferenciación, esto es, para el surgimiento de la diferencia, colectiva e individual, en el proceso de relatar una historia sobre nosotros "en cuanto" seres que somos sobre esto o sobre aquello. Volviendo a y modificando la tesis de Benedict Anderson, el carácter narrativo explica por qué *todos* los grupos son comunidades *imaginadas*, incluso un grupo de dos personas: imaginarse una comunidad es contar una historia que crea/recrea un colectivo al responder la siguiente pregunta: ¿sobre qué trata/debe tratar nuestra acción conjunta? Por último, el carácter narrativo que explica y justifica el surgimiento de un grupo tiene la función crucial de incrustar ese grupo en una red más amplia de relaciones sociales y significados —un *mundo*—. Las narrativas anclan a los colectivos emergentes en un mundo, el cual está a la vez presupuesto y codado con la narrativa, con la promesa de que quien realice la perspectiva de la primera persona plural, como lo manda la narrativa, también será capaz de orientarse en un mundo. Brevemente: el carácter narrativo es parte integrante de la ontología de los grupos sociales —su modo de ser—.

---

35. "Entender la OMC. Quiénes somos", https://www.wto.org/spanish/thewto_s/whatis_s/who_we_are_s.htm. El observador de la OMC sabrá que esta protonarrativa ha cambiado en el tiempo, en respuesta a la masiva oposición a la OMC, como parte integral de la tentativa de explicar y justificar aquello de lo que trata la organización de una manera que eluda o apacigüe esa oposición.

2. *Acción colectiva y órdenes jurídicos globales emergentes*

Esta forma de acercarse al orden jurídico presenta su concepto bajo una luz distinta a la preferida por Kelsen y otros teóricos del derecho que sostienen que el problema de la unidad de una multiplicidad de reglas jurídicas —el derecho como un *sistema*— es central para la teoría del derecho. Esta explicación, pese a ser correcta hasta cierto punto, es ciega ante el hecho de que la sistematicidad, sin importar cómo se la conceptualice, no agota el problema de la unidad putativa, que es, a su vez, y en un sentido importante, la pregunta sobre la manera como un orden jurídico puede manifestarse en absoluto como la perspectiva de la primera persona plural de un nosotros* y como la unidad *pragmática* con respecto al tiempo, el espacio, la subjetividad y los tipos de acto. Igualmente, ese enfoque se concentra exclusivamente en la creación y en la aplicación del derecho, en detrimento de la narrativa en la que la expedición de normas está incrustada y sin la cual la creación del derecho no sería inteligible para sus destinatarios.

Este punto no carece de importancia porque, al observar las globalidades jurídicas, los estudios doctrinales tienden a concentrarse en preguntas sobre los actores globales y sobre los tipos de instrumentos regulatorios que usan; piénsese en la cantidad extraordinaria de atención que se dedica a las distinciones entre derecho *duro* y *suave* [*"hard"* and *"soft" law*] y entre *gobierno* y *gobernanza* en los estudios contemporáneos. Hay, desde luego, razones excelentes para reflexionar sobre estas distinciones; de hecho, lo hacemos en este capítulo y lo haremos más adelante, pero el modelo Aciam del derecho nos pone en guardia en contra de reducir el carácter distintivo de los órdenes jurídicos globales emergentes a un asunto relativo a sus nuevos actores y a sus instrumentos regulatorios. Al acomodar la pregunta sobre la unidad sistémica de las reglas jurídicas, el modelo Aciam del derecho también exige que se preste atención al orden jurídico como un orden pragmático desde la perspectiva —incrustada narrativamente— de

La autoridad y la globalización de la inclusión y la exclusión

la primera persona plural de un nosotros*: como una unidad tetradimensional que aparece como tal frente a los participantes de un colectivo jurídico (y frente a otros). Esta tesis implica que el concepto de *pluralismo jurídico* debe ser revisado. Un primer paso que tendría que darse es notar que cada orden jurídico es un espacio-tiempo distinto, de modo que hay tantos espacios-tiempo como órdenes jurídicos. En esto me complace unir esfuerzos con la sociología (jurídica) y los estudios sociojurídicos, que reconocen la insuficiencia de los enfoques sobre los procesos de globalización que se centran exclusivamente en el espacio. Santos, por ejemplo, se refiere a los "espacios-tiempo".[36] En el mismo sentido, Sassen se ha ocupado de describir las "espacialidades y temporalidades" de los procesos de globalización.[37] Un tercer doctrinante destacado de la sociología de la globalización, Manuel Castells, ha descrito la conexión interna entre el espacio y el tiempo de lo global en los términos de un "espacio de los flujos" y un "tiempo atemporal".[38] Y también están los estudios clásicos de David Harvey y Paul Virilio sobre la aceleración del tiempo y la compresión del espacio.[39] Por último, en una reciente incursión en el campo de los estudios sociojurídicos, Mariana Valverde ha introducido la noción de *cronotopos* como una forma de teorizar la relación entre el tiempo y el espacio

---

36. Santos, *Toward a New Legal Common Sense*, 418.
37. Sassen, "Spatialities and Temporalities of the Global".
38. Manuel Castells, *La era de la información. Vol. 1: La sociedad red*, 6.ª ed. en español (México: Siglo XXI Editores, 2005), 409-498.
39. David Harvey, *La condición de la posmodernidad*, trad. de Martha Eguía (Buenos Aires: Amorrortu Editores, 1998), 225-356; Paul Virilio, *Velocidad y política* (Buenos Aires: La Marca Editora, 2006).

del derecho.[40] Volveré sobre estas contribuciones para examinarlas en la siguiente sección, pero, a pesar de respaldar esta visión más compleja, el modelo Aciam del derecho sostiene que tenemos que ir aún más allá: lo que está en cuestión no es simplemente una pluralidad de espacios-tiempo, sino más bien una pluralidad de órdenes pragmáticos, cada uno de los cuales articula el tiempo, el espacio, las subjetividades y los tipos de acto de una manera peculiar. Un orden jurídico dado no puede desplegar una articulación específica del tiempo y el espacio a menos que estos estén vinculados a una configuración específica de las unidades de sujetos y tipos de acto. En sentido inverso, un orden jurídico no es simplemente la interacción estereotipada entre ciertos tipos de sujetos "en" el espacio y el tiempo; el espacio y el tiempo son dimensiones integrales de un orden jurídico. Esto nos permite volver a lo que se dijo sobre el *nomos* en el capítulo 1. Schmitt llama al derecho un *nomos*, para enfatizar su carácter emplazado: una "unidad de orden y emplazamiento", en sus palabras. El modelo Aciam del derecho implica que su posición debe ser llevada a un nivel ulterior. El derecho es un *nomos* en la forma de una unidad putativa que es espacial, temporal, subjetiva y material.

2.2.3. La globalización de los órdenes pragmáticos

Nótese que, de conformidad con estas ideas preliminares sobre el pluralismo jurídico, el modelo Aciam del derecho ilumina el concepto y la estructura de la jurisdicción, brevemente discutida al comienzo del capítulo 1. Kelsen, como se anotó, explica el concepto de *jurisdicción* en términos de competencia, esto es, como la "capacidad" jurídica de hacer (u omitir) algo. Esta capacidad o habilitación toma su sentido de la estructura de la Aciam, la cual

---

40. Mariana Valverde, *Chronotopes of Law: Jurisdiction, Scale and Governance* (Milton Park: Routledge, 2015).

La autoridad y la globalización de la inclusión y la exclusión

abre una gama de posibilidades para que los individuos o grupos actúen de ciertas maneras y en ciertos tiempos y lugares, a saber, de maneras que son pertinentes para la realización del punto de la acción conjunta. Aunque la jurisdicción solo ha sido discutida en los términos de su dimensión espacial, es claro que los órdenes jurídicos organizan la jurisdicción estableciendo quién debe hacer qué, dónde y cuándo. Por ejemplo, la división de la jurisdicción de las cortes en jurisdicción personal (*ratione personae*), jurisdicción material (*ratione materiae*), jurisdicción territorial (*ratione loci*) y jurisdicción temporal (*ratione temporis*) es una de las maneras como esta estructura cuatripartita de la jurisdicción adquiere forma jurídica. En pocas palabras, *jurisdicción* es el término técnico que los abogados usan para llamar el ámbito cuatripartito de posibilidades prácticas (las "capacidades" de Kelsen) que se han puesto a disposición de los participantes en la acción conjunta desde la perspectiva de la primera persona plural de un colectivo jurídico. El concepto de *jurisdicción*, así interpretado, encaja bien con el concepto de *pluralismo jurídico*.

Crucialmente, además, la jurisdicción no puede habilitar [*empower*] sin también deshabilitar [*disempower*].[41] Las capacidades que la jurisdicción marginaliza no son simplemente el ámbito del comportamiento antijurídico (el cual no solo es posible gracias a un orden jurídico, sino que, en cierto sentido, también es acomodado por él), sino también las posibilidades prácticas que son excluidas como carentes de importancia a la luz del punto de un colectivo jurídico dado. Esto nos lleva directamente al proceso de

---

41. N. del T.: traduzco el verbo *to empower* como "habilitar" debido a que ese vocablo, al igual que "autorizar", se usa habitualmente en las traducciones de la obra de Kelsen para reemplazar tanto esa voz inglesa como la alemana *ermächtigen*. El verbo *empoderar*, pese a ser morfológicamente semejante, tiene otros significados específicos en el español usual.

2. Acción colectiva y órdenes jurídicos globales emergentes

pluralización jurídica, a saber, la pluralización que se da cuando lo que había parecido ser un orden jurídico es confrontado con la experiencia de un límite espacial —una xenotopía—, dando con ello lugar a la pluralización en la forma de un contraste entre lugares propios y extraños. El modelo Aciam del derecho enriquece esta explicación preliminar de la pluralización. Para el modelo, esto implica que un orden jurídico dado no puede crear jurisdicción, abriendo un ámbito de posibilidades prácticas para la acción colectiva, sin también cerrar otras configuraciones del espacio, el tiempo, los sujetos y las maneras de actuar. Como resultado de esto, el surgimiento de un orden jurídico global, que equivale a la *unificación* del espacio, el tiempo, la subjetividad y los tipos de acto en un orden jurídico único, va de la mano de la *pluralización* de estas cuatro dimensiones del orden jurídico. En consecuencia, aunque la sección 1.3.2 trazó la distinción entre linderos y límites espaciales, debe notarse que los órdenes jurídicos no solo están limitados en el espacio, sino también en cada una de las cuatro dimensiones que los constituyen como órdenes pragmáticos.

En el mismo sentido, había puesto de presente que la acción directa de la KRRS está, espacialmente hablando, adentro y afuera de la OMC: tiene lugar en el espacio que la OMC llama su propio espacio, pero también está afuera de él en la forma de un lugar que se resiste a ser emplazado en un mercado global espacialmente limitado. Este análisis puede extenderse a las otras tres dimensiones del orden jurídico. En efecto, su acción directa se da dentro de la temporalidad del comercio global desplegado por la OMC, a saber, como una violación de la secuencia de actos requeridos para participar en el comercio global, y hace referencia a una temporalidad de la agricultura estacional que se resiste a ser incluida en el comercio global. Del mismo modo, los granjeros que tomaron parte en la acción directa aparecen en la OMC como participantes del comercio global, pero también personifican una forma de subjetividad que se

La autoridad y la globalización de la inclusión y la exclusión

rehúsa a ser acomodada en la gama de posiciones subjetivas que la OMC vuelve disponibles. Por último, la acción directa aparece en la OMC como un acto importante para el comercio global, así sea en la forma de un acto antijurídico, a la vez que también aparece afuera del ámbito de los comportamientos que la OMC provee como posibles, en la medida que la acción sugiere un entendimiento de lo que es plantar y cultivar semillas de una manera que se resiste a su mercantilización. En resumen, se puede decir que la acción directa de la KRRS está adentro y afuera de la OMC con respecto a las cuatro dimensiones de los órdenes pragmáticos.

La acción directa de la KRRS sugiere, además, que lo que la doctrina jurídica llama *conflicto de leyes* es una aproximación reduccionista al problema del conflicto. El bien conocido informe del Grupo de Estudio de la Comisión de Derecho Internacional, "Fragmentación del derecho internacional", ofrece un buen ejemplo de lo que tengo en mente. En sus primeras dos conclusiones, el reporte sostiene:

> El derecho internacional es un sistema jurídico. Sus reglas y principios (o sea, sus normas) surten efecto en relación con otras normas y principios y deben interpretarse en el contexto de estos. En su condición de sistema jurídico, el derecho internacional no es una compilación aleatoria de esas normas. Entre ellas existen relaciones significativas [...]. En la aplicación del derecho internacional a menudo es necesario determinar la relación precisa existente entre dos o más normas y principios que son a un mismo tiempo válidos y aplicables con respecto a una situación.[42]

---

42. Comisión de Derecho Internacional (Grupo de Estudio), "Fragmentación del derecho internacional: dificultades derivadas de la diversificación y expansión del derecho internacional", A/CN.4/L.702, 18 de julio de 2006, 7-8, http://www.un.org/ga/search/view_doc.asp?symbol=A/CN.4/L.702&Lang=S

2. Acción colectiva y órdenes jurídicos globales emergentes

Estas relaciones son de interpretación o de conflicto, pues se refieren a situaciones en las que "dos normas que son ambas válidas y aplicables dan lugar a decisiones incompatibles, por lo que hay que escoger entre ellas".[43] Volviendo a las distinciones introducidas al final de la sección 2.1, mientras que el conflicto puede presentarse como un conflicto entre normas jurídicas, no debemos olvidar que este nunca es solamente —y, en ningún caso, principalmente— un conflicto entre normas dentro de un *sistema jurídico* ni entre sistemas jurídicos. Como lo muestra claramente la interferencia de la KRRS en la realización del punto de la OMC, el conflicto es entre órdenes pragmáticos (emergentes), esto es, se da sobre diferentes maneras de ordenar quién debe hacer qué, dónde y cuándo.

En suma, el modelo Aciam del derecho transforma una investigación sobre la globalidad del derecho global al sugerir que, aunque esta investigación principie como una pregunta sobre la espacialidad, esta es al tiempo, y en un sentido no menos importante, una investigación sobre las otras tres dimensiones de los órdenes jurídicos globalizantes. En otras palabras, la pregunta sobre la estructura de los órdenes jurídicos globales emergentes no es solo si y cómo tales órdenes organizan la unidad espacial de la interacción jurídica en formas que podrían ser diferentes y quizás irreductibles al derecho estatal; la pregunta también es sobre las globalidades jurídicas emergentes en cuanto unidades putativas distintivas en lo temporal, lo subjetivo y lo material. ¿Existen patrones que estructuren los espacios, los tiempos, las subjetividades y los tipos de acto de las globalizaciones jurídicas en maneras distintas a las del derecho estatal? ¿Podrían estos patrones arrojar luz sobre lo que resulta específico de la globalización de la inclusión y la exclusión?

43. Ibíd., 8.

2.3. El modelo Aciam del derecho y algunas características definitorias de los órdenes jurídicos globales emergentes

Un primer paso para responder estas preguntas consiste en examinar varias características que son atribuidas a los procesos de globalización por parte de un buen número de sociólogos: la fragmentación, la privatización, la mercantilización y la "compresión" del espacio y el tiempo. Estas características involucran, en ciertas maneras complejas, las relaciones entre el derecho y la política, el derecho y la economía, el derecho y la tecnología y, más generalmente, el derecho y la sociedad. Esto da fe del hecho de que el derecho global, como todo derecho, no existe y no puede existir aislado de la sociedad en general ni de los ámbitos de la política/moralidad, la economía y la tecnología en particular. Este punto ya fue señalado en la sección 2.1.2, donde se hizo referencia a las prácticas de trasfondo y al conocimiento práctico que condicionan la acción colectiva, pero aquí no discuto estas cuatro características en el espíritu de cualquiera de las disciplinas del tipo "el derecho y...": mi finalidad en esta sección es mucho más modesta, a saber, mostrar cómo el modelo Aciam del derecho puede acomodar estas características de modo que prepare las bases para entender las transformaciones del orden jurídico que aquellas generan.

2.3.1. Fragmentación

La primera y más visible transformación que los procesos de globalización introducen es, sin duda, la fragmentación del derecho, y no solo del derecho internacional, como parece asumirlo el reporte de la Comisión de Derecho Internacional.[44] Lo que está

---

44. Ibíd.

2. Acción colectiva y órdenes jurídicos globales emergentes

en cuestión aquí es un proceso de lo que Sassen llama el "desensamblaje" del ensamblaje estatal del territorio, la autoridad y los derechos, esto es, "una proliferación de órdenes normativos diversos, allí donde anteriormente la lógica dominante apuntaba a producir marcos nacionales unitarios en materia de marcos espaciales, temporales y normativos".[45] En un sentido importante, Sassen apunta que esta desagregación es habitualmente perseguida por los Estados, en vez de ser algo que ocurre a sus espaldas.[46] Aunque comparte el diagnóstico de Sassen en lo que respecta a la desagregación de los órdenes normativos, el modelo Aciam del derecho también muestra que una pluralización de órdenes jurídicos no es distinta de una pluralización de marcos temporales y espaciales: los órdenes normativos *son* marcos temporales y espaciales por derecho propio, incluso si no todos los marcos temporales y espaciales son marcos jurídicos. En cualquier caso, lo que resulta decisivo del proceso de fragmentación jurídica es "la multiplicación de sistemas parciales, cada uno con un conjunto limitado de normas constitutivas, lo que equivale a un tipo de sistema simple".[47] Además, es importante notar que, en línea con lo que se ha dicho con anterioridad, la fragmentación del derecho introducida por los procesos de globalización no significa que el Estado haya jamás monopolizado efectivamente la normatividad dentro de su territorio: mientras que los Estados han *demandado* exclusividad para sí mismos, esas demandas han sido continuamente desafiadas, a veces con éxito, por otros órdenes jurídicos.

Sostengo que el modelo Aciam del derecho puede dar razón tanto de la continuidad como de la discontinuidad del derecho estatal y de los órdenes jurídicos globales emergentes a lo largo de este

45. Sassen, *Territorio, autoridad y derechos*, 525 (traducción alterada).
46. Véase ibíd., 290-291.
47. Ibíd., 527.

La autoridad y la globalización de la inclusión y la exclusión

vector. Tanto la continuidad como la discontinuidad están vinculadas al *punto* de la Aciam. En lo que respecta a la continuidad, tanto los Estados como los órdenes jurídicos globales emergentes tienen un punto. Considérese, en primer lugar, al Estado. Al igual que cualquier otro colectivo, los Estados se enfrentan a cada paso con la siguiente pregunta: ¿sobre qué trata/debe tratar nuestra acción conjunta? Y esto equivale a la siguiente pregunta: ¿cuál es/debe ser el punto de nuestra acción conjunta? Sin embargo, hay una diferencia decisiva con otros colectivos jurídicos: *todos* los ámbitos de la interacción social están, al menos potencialmente, al alcance de la regulación estatal. Por un lado, esto implica que los órdenes jurídicos estatales son formas altamente complejas de acción colectiva, en la medida que suponen muchas capas de anidamiento de la acción colectiva. Por el otro lado, el punto de la acción colectiva estatal no se explica en términos de un *propósito único* que determine, de antemano, qué tipos de interacción están dentro del ámbito propio de la acción colectiva. Por el contrario, el punto de la acción estatal se explica habitualmente en términos de una gama de valores, principios y demás, los cuales, de acuerdo con la configuración por defecto de la acción colectiva, son realizados por ella. Esto no significa, sin embargo, que algún Estado efectivamente regule —o que siquiera pueda hacerlo— la totalidad del comportamiento social, ni siquiera un Estado totalitario. Adicionalmente, los derechos humanos reducen significativamente el ámbito de lo que es jurídicamente regulado por la acción colectiva en un Estado democrático, pero está función protectora de los derechos humanos (que no es, de ninguna manera, su única función) obtiene su significado de la premisa según la cual el Estado, en principio así no de hecho, regula esas esferas de la vida social que los derechos humanos declaran fuera de los límites de la regulación estatal.[48]

---

48. Véase Kelsen, *Teoría general del derecho y del Estado*, 287-288.

2. Acción colectiva y órdenes jurídicos globales emergentes

Los órdenes jurídicos globales emergentes, por el otro lado, despliegan un movimiento doble en el cual la fragmentación del derecho es correlativa a su transformación en órdenes orientados hacia asuntos específicos.[49] Esta transformación doble significa, en los términos del modelo Aciam del derecho, que estamos ante el surgimiento de formas de acción colectiva cuyo punto es un propósito especificado de manera más o menos estrecha (carácter de estar orientado a asuntos), separando progresivamente varios ámbitos del comportamiento en distintos órdenes globales, ámbitos que hasta ahora habían sido regulados por los órdenes estatales (fragmentación). Teubner y Fischer-Lescano resumen esta transformación cuando notan que los órdenes jurídicos globales "definen el alcance externo de su jurisdicción a lo largo de líneas relativas a asuntos específicos, en vez de líneas territoriales, y que demandan validez global para sí mismos".[50] Si la territorialidad del Estado tiene su correlato en la asunción de que todos los ámbitos de la vida social pueden caer, en principio, dentro de la esfera de la acción colectiva del Estado, el punto de la acción colectiva en el contexto de los órdenes jurídicos globales emergentes es "relativo a asuntos específicos" [*issue-specific*], lo que genera una unidad espacial apropiada al punto de semejante acción colectiva.

---

49. Por ejemplo, el artículo 2.1 de los Estatutos de la ISO dice lo siguiente: "El objeto de la organización será promover el desarrollo de la estandarización y de actividades relacionadas en el mundo, con miras a facilitar el intercambio internacional de bienes y servicios, y desarrollar la cooperación en las esferas de actividad intelectual, científica, tecnológica y económica". Véase ISO, "ISO Statutes" (2018), https://www.iso.org/files/live/sites/isoorg/files/archive/pdf/en/statutes.pdf

50. Andreas Fischer-Lescano y Gunter Teubner, "Regime-Collisions: The Vain Search for Legal Unity in the Fragmentation of Global Law", *Michigan Journal of International Law* 25, n.º 4 (2004), 999-1046, 1009.

La autoridad y la globalización de la inclusión y la exclusión

Hay una segunda —no menos decisiva— forma de fragmentación jurídica que lleva de los órdenes jurídicos estatales a los globales, a saber, la fragmentación de la regulación, tal como se la bosquejó en la sección 2.2.3. En un Estado, la articulación, el monitoreo y el sostenimiento del punto de la acción conjunta están concentrados en un único colectivo. Distintos funcionarios del mismo Estado toman parte y coordinan estas diferentes facetas de la regulación de la acción colectiva; esta concentración es la presuposición de la llamada *separación de poderes* en un Estado. En palabras de Kelsen, un Estado es ese tipo de sistema que se da

> en el caso de que el ordenamiento cree órganos que ejerzan sus actuaciones en la creación y ejecución de las normas que lo forman de acuerdo a criterios de funcionamiento inspirados en la división del trabajo. Se denomina *Estado* al ordenamiento jurídico que ha alcanzado cierto grado de centralización.[51]

Una variedad de órdenes jurídicos globales emergentes dan fe, en contraste, de la fragmentación de estas facetas, de las cuales una o más son "tercerizadas" [*farmed out*] a otro colectivo. En este sentido, las globalizaciones introducen una separación —o quizás deba decirse *interrelación*— de poderes mucho más radical, una en la cual una relación con otros colectivos está incorporada, institucionalmente hablando, a la relación regulatoria de un grupo dado consigo mismo. Como lo sostiene Neil Walker, un cúmulo de nuevos órdenes jurídicos despliegan "un elemento inherentemente 'relacional' en su autoentendimiento y autodefinición […], una sensación de que tanto su propósito normativo como su efectividad son dependientes del cultivo de una red de relaciones

---

51. Kelsen, *Teoría pura del derecho*, 120.

2. Acción colectiva y órdenes jurídicos globales emergentes

con otras entidades".[52] El nuevo derecho mercantil, por ejemplo, depende de los Estados para la imposición de los laudos arbitrales. Lo que resulta importante para nosotros, en este momento, es que el modelo Aciam del derecho puede acomodar tanto las formas unificadas de regulación del punto de la acción conjunta como las fragmentadas; el modelo no está atado a ninguna de estas dos modalidades. Sobre esto se volverá en los capítulos 3, 5 y 7.

2.3.2. Privatización

Aquí, nuevamente, me complace tomar como punto de partida el diagnóstico que Sassen hace de las transformaciones que van desde el ensamblaje estatal de TAD a sus ensamblajes globales. En sus palabras, "el orden institucional casi exclusivamente privado que se encuentra en formación está caracterizado por la capacidad de privatizar aquello que hasta ahora era público y de desnacionalizar a las autoridades y los programas políticos nacionales".[53] Esta transformación, en la lectura de Sassen, implica, por un lado, una nueva forma de orden normativo irreducible a la *raison d'état*, entendida como la normatividad maestra del derecho estatal, y, por el otro, la representación de elementos clave de estos órdenes normativos como parte integral de la esfera *pública*. En consecuencia, ciertas "instituciones estatales reorientan sus labores en materia de políticas o incluso los programas estatales más amplios hacia las exigencias de la economía global, aunque se las sigue calificando de nacionales".[54]

---

52. Neil Walker, "Beyond Boundary Disputes and Basic Grids: Mapping the Global Disorder of Normative Orders", *International Journal of Constitutional Law* 6 (2008): 373-396, 381.
53. Sassen, *Territorio, autoridad y derechos*, 280.
54. Ibíd.

Por su parte, Gunther Teubner conecta la privatización del derecho con la diferenciación funcional de sistemas sociales en un contexto global. Así como la regulación jurídica de la sociedad estuvo mediada por el poder político durante el periodo en el cual el Estado podía demandar plausiblemente el dominio jurídico exclusivo sobre todas las dimensiones de la vida social, la globalización marca la emancipación del derecho de la política estatal a través de la constitución de órdenes jurídicos privados que son autónomos con respecto al ámbito público de la política estatal.[55] La nueva *lex mercatoria* y el ciberderecho son, a su parecer, ejemplos espectaculares de la privatización del derecho global. "Derecho sin Estado", para citar el título de su conocido artículo, es tanto derecho sin confines, esto es, derecho sin un adentro y sin un afuera, como derecho sin política, al menos en el sentido de la política institucional del Estado. Aún más contundentemente, hay una correlación interna en esta transformación: la ausencia de confines estatales marca la ausencia de la política estatal y viceversa.

Puede mantenerse abierta, por el momento, la pregunta sobre si la interpretación que Teubner hace de la privatización, en clave de la teoría de sistemas, le hace justicia o no al concepto de *política*, sea estatal o de otro tipo; *quod non*. Nótese, además, que el uso que tanto Sassen como Teubner hacen de la distinción público/privado sigue siendo totalmente estadocéntrico; el marco conceptual que ha regido las disquisiciones sobre el derecho sigue rigiendo la manera como los sociólogos de la globalización comprenden las transformaciones que nos llevan más allá del Estado. Sobre este punto volveré más adelante. Por ahora, quiero llevar

---

55. Véase, más recientemente, Gunther Teubner, *Constitutional Fragments: Societal Constitutionalism and Globalization* (Oxford: Oxford University Press, 2012).

2. Acción colectiva y órdenes jurídicos globales emergentes

la atención del lector a las continuidades y discontinuidades que existen entre el derecho estatal y los órdenes jurídicos globales y que el modelo Aciam del derecho ilumina por lo menos de dos maneras. En primer lugar, el modelo acomoda a los actores "privados" y a los "públicos" como reguladores, en el sentido amplio de *regulación* indicado en la sección 2.1.3. En efecto, el concepto funcional de *autoridad* que se ha bosquejado hasta acá acomoda perfectamente tanto las autoridades públicas como las privadas, al igual que las combinaciones de las dos —los llamados *reguladores híbridos*—. El Consejo de Administración Forestal (FSC, por sus siglas en inglés), por ejemplo, se entiende a sí mismo como una organización con la agencia participante de reguladores y compañías reguladas cuyo punto es "promover un manejo ambientalmente apropiado, socialmente beneficioso y económicamente viable de los bosques del mundo".[56] Con este propósito, el FSC promulga estándares para la administración de bosques (articulación) que son obligatorios para las compañías madereras y papeleras que desean ser certificadas por el FSC y cuyas actividades son verificadas por cuerpos de certificación independientes acreditados por el FSC (monitoreo). Cuando una compañía no cumple los estándares que se ha comprometido a respetar, ello conlleva renunciar al derecho de usar las marcas registradas del FSC (por ejemplo, la marca de verificación distintiva y el logo en forma de árbol), lo que puede tener implicaciones negativas significativas para la venta de sus productos de papel o madera y, en consecuencia, para su rentabilidad (sostenimiento). El FSC institucionaliza su mediación autoritativa de la acción colectiva

---

56. Página web del Consejo de Administración Forestal, https://fsc.org/en/about-us

La autoridad y la globalización de la inclusión y la exclusión

por medio de reglamentos que incluyen una asamblea general y una junta directiva.⁵⁷

Esta es, desde luego, una interpretación meramente funcional de la privatización, una que no aborda las preocupaciones, compartidas por muchos, por la privatización del derecho en un contexto global. De acuerdo con esta postura, el surgimiento de órdenes jurídicos privados efectivamente lleva a que el interés público quede sumido en el interés privado, de modo que lo que interesa a todos se transforma en lo que interesa a una parte de la sociedad, usualmente a los dueños del capital. A. Claire Cutler, por ejemplo, ha denunciado incansablemente la medida en la que la privatización del derecho global, ejemplificada plenamente por el nuevo derecho mercantil, supone la captura del interés público por parte de agentes e intereses particulares. En sus palabras,

> estamos experimentando el desarrollo y la aplicación de formas jurídicas novedosas y nuevas fuentes del derecho que contribuyen notablemente a mecanismos pluralistas y privatizados de gobernanza diseñados específicamente para satisfacer las demandas de las empresas bajo las condiciones del capitalismo tardío.⁵⁸

Sassen hace eco a esta preocupación cuando nota que los agentes privados llevan a cabo actos de creación de normas orientados a crear órdenes jurídicos para gobernar el comercio global, el capital, los servicios y la información de una manera que "acaba por

---

57. Para un estudio minucioso de los estándares forestales, del aceite de palma y de la Alianza Iseal, véase Phillip Paiement, *Transnational Sustainability Laws* (Cambridge: Cambridge University Press, 2017).

58. A. Claire Cutler, *Private Power and Global Authority: Transnational Merchant Law in the Global Political Economy* (Cambridge: Cambridge University Press, 2003), 2. Véase también Santos, *Toward a New Legal Common Sense*, 208-214.

2. Acción colectiva y órdenes jurídicos globales emergentes

ocultar que, en realidad, suelen configurarse las políticas públicas en función de los objetivos correspondientes a los actores privados de la economía política global".[59] Teubner, aunque defiende la diferenciación funcional de la economía global y su emancipación de la política estatal, ha señalado su vulnerabilidad para ser capturada por intereses particulares —"corrupción", en los términos de la teoría de sistemas—.[60]

Esta es una preocupación que va al corazón del tema de este libro, a saber, la globalización de la inclusión y la exclusión. Como tal, es un asunto que merece una discusión minuciosa en los capítulos venideros. Basta decir, por el momento, que el modelo Aciam del derecho prefigura este problema de antemano. Como se anotó en la sección 2.1.2, la unidad supone una demanda de la *comunalidad* —es decir, un carácter público en un sentido mínimo, por lo menos— del punto de la acción colectiva de la manera que ha sido articulada por su configuración por defecto. ¿Pero a quién le corresponde articular el punto de la acción conjunta, quién es una parte interesada en el nuevo derecho mercantil o, si vamos al caso, en cualquiera de los otros órdenes jurídicos globales emergentes? Obviamente, estas no son preguntas a las que el modelo Aciam del derecho responda o pueda responder directamente, pero lo que quiero decir es que este modelo ofrece una interpretación del orden jurídico que hace inteligible *por qué* estas preguntas surgen en primer lugar como preguntas sobre el derecho estatal y, cada vez más urgentemente, sobre los órdenes jurídicos globales emergentes. Más generalmente, el modelo Aciam del derecho ofrece una explicación alternativa de la publicidad que no está atada al marco conceptual estadocéntrico promovido por un número importante

---

59. Sassen, *Territorio, autoridad y derechos*, 267.
60. Teubner, *Constitutional Fragments*.

de sociologías contemporáneas de la globalización. Sobre esto se dirá más en el capítulo 3.

2.3.3. Mercantilización

En un sentido muy amplio, la mercantilización que tiene lugar en el curso de los procesos de globalización se refiere al tránsito de la regulación a los precios como el factor ordenador clave de una gama amplia de ámbitos de acción social. En esa medida, la mercantilización nos lleva más allá del campo del derecho propiamente dicho, adentrándonos en el campo de la ordenación económica de la sociedad. Este tránsito se traduce, jurídicamente hablando, en la desregularización de los mercados, usualmente en nombre de la eficiencia. Como tal, esta tendencia está más allá del alcance de lo que aquí me interesa, a saber, establecer la manera como la mercantilización podría transformar la estructura de los órdenes jurídicos en un contexto global y determinar si el modelo Aciam del derecho puede explicar estas transformaciones como variaciones internas al concepto general de *orden jurídico*.

Hay por lo menos dos maneras como este tránsito resulta de interés para nuestra investigación. La primera se refiere a la mercantilización de los que tradicionalmente han sido funciones y servicios públicos. En cierta medida, esto ha llevado a la desregularización de los mercados nacionales, a la luz de los costos asociados a la regulación estatal de los mercados, especialmente en lo relativo a los costos derivados de las decisiones "políticas" sobre su operación. Pero, puesto que no existe tal cosa como un mercado "libre" que no esté regulado, la mercantilización de funciones y servicios públicos ha llevado más que nada a una *rerre*gulación que asegura las condiciones jurídicas requeridas para una economía global de mercado. Esto ha llevado a un esfuerzo concertado para establecer una armonización global de los ámbitos nucleares que se requieren para el funcionamiento de la economía

2. Acción colectiva y órdenes jurídicos globales emergentes

de mercado, a saber, "la protección de la propiedad y la ejecución de los derechos contractuales, aumentadas por el derecho societario y concursal, las regulaciones bancarias y de valores, la protección de la propiedad intelectual y el derecho de la competencia".[61]

Construida de esta manera, la mercantilización de funciones y servicios públicos nos devuelve a la fragmentación y la privatización del derecho en un contexto global. Por un lado, la armonización de diferentes ámbitos del derecho privado desde la perspectiva de una economía global de mercado tiene lugar sobre una base sectorial y, por lo tanto, es una manifestación de la fragmentación del derecho que se ha discutido hasta acá. Como tal, el modelo Aciam del derecho puede fácilmente explicar esta transformación en la medida que gira en torno al *punto* de la acción colectiva. Por el otro lado, a pesar de las proclamas sobre la neutralidad del mercado, no se requiere mucha imaginación jurídica para entender por qué la globalización de estos ámbitos medulares del derecho privado supone la globalización de la inclusión y la exclusión. Lo que está aquí en cuestión es la política sobre a quién le corresponde tomar la iniciativa sobre la configuración por defecto del punto de una comunidad global, es decir, a quién le corresponde representar la unidad putativa de la comunidad global en cuyo nombre las reglas son proferidas, monitoreadas y sostenidas. Obviamente, en cuestión no está solo *quién* hace parte de ese colectivo, sino también *qué* llega a valer como parte de la comunalidad de la acción colectiva tal y como está incorporada en su configuración por defecto. Aquí, nuevamente, el modelo Aciam del derecho no "explica" causalmente la armonización del derecho privado concomitante al surgimiento de la economía global de mercado, pero

---

61. Kerry Rittlich, "Who's Afraid of the *Critique of Adjudication?* Tracing the Discourse of Law in Development", *Cardozo Law Review* 22 (2001): 929-945. Véase también Sassen, *Territorio, autoridad y derechos*, 267-278.

La autoridad y la globalización de la inclusión y la exclusión

esta no es su tarea. Lo que hace es ofrecer un marco conceptual para entender por qué esta transformación eleva preguntas fundamentales sobre la política de la inclusión y la exclusión jurídicas, que surgen con la mercantilización en un contexto global.

Hay una segunda manera como la mercantilización es sintomática de una transformación en la estructura de los órdenes jurídicos, la cual nos lleva de regreso a una de las formas de fragmentación discutidas hasta acá, a saber, la fragmentación de las dimensiones regulatorias de la articulación, el monitoreo y el sostenimiento de la acción colectiva. En efecto, la mercantilización entra en escena por medio de la tercera de estas dimensiones. Callies y Zumbansen ofrecen una clasificación útil de las sanciones no estatales en la que distinguen entre el mecanismo de reputación, el mecanismo de exclusión y el uso de fuerza o coerción privada.[62] Aunque el modelo Aciam del derecho acomoda cada uno de estos mecanismos, el mecanismo de reputación, puesto que se desarrolla a través del mercado, es particularmente relevante para nuestra presente discusión como uno de los mecanismos de imposición *jurídica* de la acción colectiva. La pérdida del derecho a usar las marcas registradas del FSC por parte de las compañías papeleras y madereras que no cumplen con los requisitos respectivos ilustra la manera como la mercantilización transforma la estructura de la imposición jurídica, sobre el trasfondo de la continuidad proveída por el modelo Aciam del derecho.

2.3.4. La "compresión" del espacio y el tiempo

Existe un acuerdo generalizado sobre el hecho de que los desarrollos tecnológicos, especialmente el campo de las tecnologías de la información, son impulsores clave de los procesos de

---

62. Gralf-Peter Callies y Peer Zumbansen, *Rough Consensus and Running Code* (Oxford: Hart, 2012), 120.

2. Acción colectiva y órdenes jurídicos globales emergentes

globalización, y de que estos desarrollos transforman profundamente la experiencia del espacio y el tiempo en un contexto global. En este sentido, varios estudiosos han caracterizado esta transformación en términos de la "compresión" del espacio y el tiempo. En este punto, nuevamente, debe anotarse que una exploración completa de este tema fascinante excede el alcance de este libro. Tras haber señalado que las tecnologías hacen parte integral de [7], es decir, de las prácticas de trasfondo que condicionan la acción colectiva, me basta con hacer algunas observaciones generales sobre la manera como el modelo Aciam del derecho acomoda esta experiencia espaciotemporal modificada.

En cuanto al espacio, se ha dicho habitualmente que la globalización interconecta lugares que están físicamente distantes entre sí, mientras que ciertos lugares que están físicamente contiguos a esta red de lugares tienen poca o ninguna relevancia para el orden emergente. Por ejemplo, Sassen nota que las nuevas tecnologías dan lugar a una dislocación, de manera tal que los individuos y las organizaciones se conectan con otros individuos y organizaciones "ubicados en un territorio lejano, con lo cual se desestabiliza la noción de *contexto*, generalmente ligada al concepto de lo local, así como la noción de que la proximidad física constituye uno de los atributos de lo local".[63] Su ejemplo paradigmático es el surgimiento de un entramado de ciudades globales que se separan no solo de las regiones del interior de sus países, sino también de las áreas empobrecidas de esas mismas ciudades, juntando las zonas de las ciudades globales que concentran los sectores de servicios y negocios involucrados en la economía global.[64] Castells, por su

---

63. Sassen, *Una sociología de la globalización*, 33. Véase también Harvey, *La condición de la posmodernidad*, 288ss.
64. Saskia Sassen, *La ciudad global: Nueva York, Londres, Tokio* (Buenos Aires: Eudeba, 1999).

parte, habla de una nueva lógica espacial, el espacio de los flujos, que él define como "la organización material de las prácticas sociales en tiempo compartido que funcionan a través de los flujos". A su vez, los flujos son "secuencias de intercambio e interacción determinadas, repetitivas y programables entre las posiciones físicamente inconexas que mantienen los actores sociales en las estructuras económicas, políticas y simbólicas de la sociedad".[65] El autor opone esta nueva lógica espacial a la vieja lógica espacial del espacio de los lugares, donde "un lugar es una localidad cuya forma, función y significado están delimitados por las fronteras de la contigüidad física".[66]

Aunque depende, en gran medida, de los logros tecnológicos, la compresión del espacio que da lugar a las redes globales de lugares es ante todo una implicación de un proceso de *aproximarse*, como podría llamárselo: un acercamiento de lo que está lejos por medio de su inclusión en un mundo de involucramiento práctico con los otros y con las cosas.[67] Esta dinámica no es menos efectiva en el surgimiento de redes de lugares jurídicos globales que en el surgimiento de redes de ciudades globales. En efecto, la aproximación tecnológica de lugares que están físicamente distantes entre sí en un orden jurídico global presupone y es solo una de las modalidades de aproximación por medio de las cuales un colectivo se agrupa y acerca los lugares que le son importantes con respecto al punto de la acción conjunta, a la vez que empuja a esos lugares que carecen de valor para este hacia las lejanías de un afuera vacío, sea cual fuere su propincuidad. En contra de lo

---

65. Castells, *La era de la información*, 445.
66. Ibíd., 451.
67. "Aproximarse [*Entfernen*] equivale a desvanecer la lejanía —esto es, hacer desaparecer lo remoto de algo, trayéndolo cerca—". Heidegger, *Ser y tiempo*, § 23 (traducción alterada).

2. Acción colectiva y órdenes jurídicos globales emergentes

dicho por Castells, no hay ningún elemento en el concepto de *lugar*, ni siquiera con anterioridad al surgimiento de la sociedad de la información, que requiera que esté físicamente contiguo a otro lugar, y, por la misma razón, cuando Castells define el espacio de los flujos en términos de "intercambio e interacción entre las *posiciones* físicamente inconexas" (énfasis fuera del texto), habría sido mucho más adecuado hablar de *lugares* físicamente inconexos. Hacerlo, desde luego, habría revelado el carácter especioso de su distinción entre espacio de los flujos y espacio de los lugares. Ciertamente, la globalización introduce nuevos tipos y conexiones entre lugares dentro del espacio de acción, pero, en la medida que la globalización emplace nuevos espacios de acción, estos no pueden sino ser parte integral de un espacio de los lugares. El espacio de los flujos de Castells, sea lo que fuere que ello signifique, es una especie del espacio de los lugares.[68]

En consecuencia, el reverso de aproximarse a lugares (a través de la globalización de órdenes jurídicos) es un *distanciarse*; cuando se los toma juntos, aproximarse y distanciarse constituyen el logro del espaciamiento jurídico desplegado por la Aciam, del cual la globalización de espacios jurídicos no es sino una manifestación. Y esta es otra manera de decir que los órdenes jurídicos (globales emergentes) no pueden incluir una red de lugares sin excluir otros lugares y redes de lugares posibles. Distanciarse, en su sentido primordial, es la condición espacial de posibilidad del

---

68. Una pregunta aparte, que no puede abordarse en este libro, es en qué medida el uso que Castells hace de la metáfora del "flujo" enmascara los muy reales confines que canalizan y contienen información y movimiento social; es decir, los no menos reales procesos de inclusión y exclusión global a los que contribuye un buen número de órdenes jurídicos. La insistencia de Sassen, en cambio, en la importancia del lugar para una sociología de la globalización hace que su trabajo reciente, centrado en la noción de *expulsiones*, sea agudamente sensible al problema de la inclusión y la exclusión.

extrañeamiento; lo extraño es, espacialmente hablando, lo que se manifiesta a sí mismo como *distante en su proximidad*: la destrucción de la KRRS de los campos de OGM de Monsanto tiene lugar en el mercado global *y* en otra parte.[69]

Como se anotó con anterioridad, los sociólogos postulan una correlación entre el espacio y el tiempo de los procesos de globalización. Esto no debería sorprendernos, de conformidad con el modelo Aciam del derecho, el cual indica que los órdenes jurídicos, sean globales o de otro tipo, están estructurados como órdenes pragmáticos que, desde la perspectiva de un actor, aparecen como una unidad putativa de espacio, tiempo, subjetividad y tipos de acto. David Harvey, en su estudio clásico sobre la condición posmoderna, arguye que el tiempo, no menos que el espacio, es comprimido en el capitalismo tardío. Resistiéndose a la naturalización tanto del espacio como del tiempo, Harvey sostiene que estamos siendo testigos de la "aniquilación del espacio a través del tiempo" en el curso de la acumulación de capital.

> Empleo la palabra *compresión* porque, sin duda, la historia del capitalismo se ha caracterizado por una aceleración en el ritmo de la vida, con tal superación de barreras espaciales que el mundo a veces parece que se desploma sobre nosotros.[70]

Apoyándose en Harvey, Castells nota que mientras el tiempo de reloj sigue dominando las sociedades contemporáneas, la

---

69. En su famoso ensayo "El extranjero", Georg Simmel, el gran sociólogo alemán, caracterizó al extranjero como la persona que llega a una comunidad y que, a diferencia del nómada, se queda en ella de forma distante. Georg Simmel, "El extranjero", en *El extranjero: sociología del extraño*, ed. de Georg Simmel et al., trad. de Javier Eraso Ceballos (Madrid: Ediciones Sequitur, 2012), 21-26.

70. Harvey, *La condición de la posmodernidad*, 267. Véase también Virilio, *Velocidad y política*.

2. Acción colectiva y órdenes jurídicos globales emergentes

sociedad red global es testigo del surgimiento de un "tiempo atemporal", facilitado por las nuevas tecnologías de la información, de manera tal que, "por primera vez en la historia, ha surgido un mercado de capital unificado y global, que *funciona en tiempo real*".[71] La compresión del espacio, a su parecer, tiene su correlato en la simultaneidad del tiempo a través del espacio: "Dispersión y concentración espaciales simultáneas vía las tecnologías de la información".[72]

Como se indicó al inicio de esta sección, el modelo Aciam del derecho no "explica" las características específicas de la experiencia temporal propia de los procesos de globalización, concretamente, la aceleración del tiempo que ha sido posibilitada por la dupla del capitalismo global y las nuevas tecnologías de la información, pero esa no es su tarea. Más modestamente, aunque en un sentido importante, el modelo es receptivo a la forma específica de temporalidad que está en juego en la noción de *compresión* del tiempo, por cuanto en cuestión no está la "simultaneidad" del tiempo de reloj, sino más bien la simultaneidad en la forma de un *ahora*, esto es, del tiempo organizado en la forma de un arco que junta al pasado, el presente y el futuro. La aproximación de lo que está físicamente distante, en el curso de la acción colectiva, va de la mano con un presente compartido en la forma de lo que nosotros* estamos haciendo conjuntamente *ahora*, a la luz de un pasado compartido y con miras al futuro, aun cuando los agentes participantes estén ubicados en lugares físicamente remotos entre sí y, por lo tanto, quizás también en tiempos de reloj dispares. La pregunta que surge, desde luego, es cómo los procesos de globalización articulan la relación entre el pasado, el presente y el futuro en el curso de la acción colectiva, pero esta es una pregunta

71. Castells, *La era de la información*, 468.
72. Ibíd., 431.

que, como se ha anotado, no se supone que el modelo Aciam del derecho responda; su tarea es darnos un formato que nos permita *elevar* la pregunta y abordarla al ocuparnos de las especificidades de los órdenes jurídicos globalizantes, algo que pretendo llevar a cabo en el capítulo 3.

2.4. Tres modulaciones del concepto de orden jurídico

Hasta ahora he intentado mostrar cómo el modelo Aciam del derecho puede acomodar y ser consistente con características muy generales relativas a los procesos de globalización, tales como la fragmentación, la privatización y la mercantilización de los órdenes normativos, al igual que con la "compresión" del espacio y el tiempo. Me gustaría concluir este capítulo indicando la manera como el modelo puede orientar nuestras disquisiciones ulteriores sobre ejemplos específicos de órdenes jurídicos emergentes. En efecto, los estudios sobre la globalización han desarrollado análisis detallados y clasificaciones de la proliferación extraordinaria de órdenes jurídicos globales putativos emergentes cuya estructura no encaja ni en el derecho estatal ni en el internacional. Podría hablarse, por ejemplo, de organizaciones internacionales, como la OMC; mecanismos de gobernanza híbridos público-privados, como la Organización Internacional del Trabajo; redes transgubernamentales, como el Comité de Supervisión Bancaria de Basilea, la Red de Control de Delitos Financieros o la Organización Internacional de Comisiones de Valores; y regímenes regulatorios globales completamente privados, como la CCC, el FSC, la *lex digitalis* y el nuevo derecho mercantil. También se ha sugerido que este ámbito vasto de gobernanza global apunta al surgimiento de un derecho administrativo global, tomando

2. Acción colectiva y órdenes jurídicos globales emergentes

prestado el título de un artículo influyente,[73] y de regímenes globales de derechos humanos. Incluso esta visión general, drásticamente resumida, del campo vasto de investigaciones que está ante nosotros sugiere que se debe evitar apresurarse a analizar una variedad más amplia o estrecha de ejemplos. Es ciertamente necesario ocuparse de una gama de ejemplos de órdenes jurídicos globales putativos emergentes —esta es la tarea del capítulo 3—, pero primero es necesario identificar la *pregunta* que puede guiarnos al permitirnos analizar sistemáticamente estos sumamente dispares órdenes jurídicos. Esto, porque no es mi intención hacer una contribución más a la sociología de las globalizaciones jurídicas, a los estudios de relaciones internacionales o al derecho internacional. El fárrago de análisis engendrados por estas disciplinas resulta de interés acá solo en la medida que contribuyan a elucidar el concepto de *orden jurídico* en su paso de lo que Sassen llama el TAD nacional al TAD global. Si el Estado captura "los principales componentes sociales, económicos, políticos y subjetivos" en un orden único, la fragmentación del territorio, la autoridad y los derechos causada por los procesos de globalización equivale a la desagregación de "esa normatividad dominante en múltiples sistemas normativos parciales".[74] Ciertamente, los conceptos de *orden normativo*, en general, y de *orden jurídico*, en particular, que apuntalan el análisis de Sassen del paso del TAD nacional al global, se mantienen más o menos implícitos y dados por sentado en su sociología de la globalización.

---

73. Benedict Kingsbury, Nico Krisch y Richard B. Stewart, "El surgimiento del derecho administrativo global", *Revista de Derecho Público* 24 (marzo de 2010): 1-46.

74. Sassen, *Territorio, autoridad y derechos*, 30-31.

La autoridad y la globalización de la inclusión y la exclusión

Para empezar a tratar este problema, tomo como punto de partida los tres términos ubicuos que son los lentes conceptuales por medio de los cuales los estudiosos han intentado comprender las transformaciones causadas por los procesos de globalización: *gobernanza, red y régimen*. Quizás no es exagerado decir que estos tres términos son el hilo común que atraviesa la mayoría de las investigaciones contemporáneas, si no todas, sobre los procesos de globalización. El lector habrá notado que ya apelé a estos términos cuando introduje ejemplos del campo de investigación que debe ser examinado. No pretendo tomar estos términos acríticamente, usándolos en las maneras prescritas por los estudiosos de la globalización; por el contrario, deseo mantener cierta distancia con respecto a la manera como la literatura los usa. Esto, por cuanto mi intención es revelar cómo cada uno de ellos evoca, implícita o explícitamente, la cuestión de la *unidad* putativa, una pregunta que va al corazón del concepto de *orden jurídico*. En maneras un tanto diferentes pero igualmente relacionadas, me parece que los conceptos de *gobernanza, red* y *régimen* apuntan, sin aclararlo realmente, al problema de la unidad de los órdenes normativos, en general, y de los órdenes jurídicos, en particular. Me apresuro a agregar que esta sección despliega un análisis *conceptual*; determinar si los fenómenos concretos que estos conceptos supuestamente expresan suponen, en efecto, demandas de unidad, incluso si de pronto se trata de una unidad distinta a la de los órdenes jurídicos estatales, es un asunto que debe ser pospuesto hasta el capítulo 3, donde nos ocuparemos de un cúmulo de órdenes jurídicos globales putativos emergentes.

Mi insistencia en abordar la cuestión de la unidad putativa que está latente en estos tres conceptos está motivada por dos intereses. En primer lugar, este problema ofrece una posición privilegiada para considerar si el paso del TAD estatal al global implica cambios estructurales en el orden jurídico, en la manera que este

2. Acción colectiva y órdenes jurídicos globales emergentes

ha sido modelado en los términos del modelo Aciam. En segundo lugar, la cuestión de la unidad putativa nos lleva directamente a la conjetura clave del capítulo 1 y la sección 2.3: el surgimiento de órdenes jurídicos globales significa, primordialmente, la globalización de los procesos de unificación y pluralización, es decir, la globalización de la inclusión y la exclusión. Al aproximarnos a la gobernanza, la red y el régimen de una manera que le dé preferencia a la pregunta sobre la unidad putativa de los órdenes jurídicos globales emergentes, se despeja el camino para inferir la manera como estos órdenes podrían ser vehículos de nuevas formas de inclusión y exclusión. Permítaseme enfatizar una vez más que, al intentar entender cómo puede estar configurada la unidad putativa de los órdenes jurídicos globalizantes, no me interesa defender a ultranza el "monismo" del derecho estatal, al cual los defensores del pluralismo jurídico se han opuesto estridentemente. Mi preocupación es, más bien, que, al descalificar como "estadocéntrica" a la tentativa de ver a los órdenes jurídicos como demandas emergentes de unidad putativa, los pluralistas jurídicos se privan de las herramientas conceptuales que podrían ayudarlos a entender cómo y por qué las globalizaciones jurídicas podrían ser globalizaciones de la inclusión y la exclusión. Llevando esta preocupación a un nivel ulterior, la pregunta sobre la unidad putativa prepara el camino para abordar el asunto más fundamental que presenta la noción de *derecho global*, a saber, determinar si es posible o incluso si efectivamente existe un orden jurídico que tenga un adentro pero no un afuera, es decir que pueda realizar una unidad que incluya sin excluir.

2.4.1. Gobernanza

Aquí presentaré algunos comentarios muy generales sobre la distinción entre gobierno y gobernanza, comentarios que son mucho más sucintos que cualquiera de los numerosos textos dedicados al tema.[75] En el sentido más general, si la gobernanza se trata de gobernar o mandar, y en este sentido amplio se trata de regular el comportamiento, su campo de acción incluye, aunque no exclusivamente, al gobierno, el cual consiste en la regulación del comportamiento por medio de los canales tradicionales de la autoridad estatal. Más exactamente, la gobernanza ha sido descrita como "un proceso de coordinación de actores, de grupos sociales, de los cuales no todos son Estados o incluso [entes] públicos, para lograr las metas propias que son discutidas y definidas colectivamente en ambientes fragmentados e inciertos".[76] Varios aspectos de esta definición apuntan en la dirección del problema de la unidad putativa, aunque la definición no presente explícitamente el problema como tal. Antes que nada, hay una referencia diciente a las metas como "metas propias" (*buts propres*). En efecto, el adjetivo evoca a un colectivo que tiene metas cuyos miembros pueden llamar *propias* porque han sido objeto de discusión y definición colectiva.

---

75. Una selección de contribuciones notables al tema de la gobernanza global incluiría las siguientes: Friedrich Kratochwil, "Global Governance and the Emergence of a World Society", en *Varieties of World-Making: Beyond Globalization*, ed. de Nathalie Karagiannis y Peter Wagner (Liverpool: Liverpool University Press, 2007), 266-283; Craig N. Murphy, "Global Governance: Poorly Done and Poorly Understood", *International Affairs* 76, n.º 4 (2000): 789-803, y James N. Rosenau, "Governance in a New Global Order", en *Approaches to Global Governance Theory*, ed. de Martin Hewson y Timothy Sinclair (Albany, NY: State University of New York Press, 1999), 70-86; Ole Jacob Sending e Iver Neumann, "Governance to Governmentality: NGOs, States and Power", *International Studies Quarterly* 50 (2006): 651-672. Agradezco a Nikolas Rajkovic por ponerme al tanto de estas publicaciones.

76. Jacques Commaille y Bruno Jobert, *Les métamorphoses de la régulation politique* (París: LGDJ, 1998), 29, citado por François Ost y Michel van de Kerchove, *De la pyramide au réseau? Pour une théorie dialectique du droit* (Bruselas: Publications des Facultés de Saint Louis, 2002), 29.

2. Acción colectiva y órdenes jurídicos globales emergentes

Préstese atención, además, al concepto de *regulación*, que es muy cercano a lo que los estudiosos llaman *gobernanza regulatoria*. Como se anotó en la sección 2.2, el término *regulación* ha adquirido un sabor característicamente administrativo y tecnocrático. Por ejemplo, Levi-Faur define la regulación como "la juridificación burocrática *ex ante* de reglas prescriptivas y el monitoreo e imposición de estas reglas por parte de actores sociales, empresariales y políticos, sobre otros actores sociales, empresariales y políticos".[77] No es necesario, sin embargo, restringir el concepto de *regulación* a formas administrativas, principalmente tecnocráticas, de gobernanza. También hay formas de regulación que van más allá del ámbito de un concepto de *regulación* apropiado para el orden jurídico. En este contexto, Julia Black hace una útil identificación de tres definiciones de *regulación* que circulan en la literatura. De acuerdo con la tercera y más amplia de estas definiciones, la regulación incluye "todos los mecanismos de control o influencia social que afectan el comportamiento desde cualquier fuente, sea intencional o no".[78] Esta es, desde luego, una definición demasiado amplia para ayudarnos a entender lo que resulta específico del derecho. "La segunda definición mantiene al gobierno como el 'regulador', pero amplía el listado de técnicas que pueden ser descritas como 'regulación', para incluir cualquier forma de intervención estatal en la economía".[79] Esta definición es al tiempo demasiado amplia y demasiado estrecha:

---

77. David Levi-Faur, "Regulation and Regulatory Governance", en *Handbook on the Politics of Regulation*, ed. de David Levi-Faur (Cheltenham: Edward Elgar, 2011), 3-21, 6.

78. Julia Black, "Decentring Regulation: Understanding the Role of Regulation and Self-Regulation in a 'Post-Regulatory' World", *Current Legal Problems* 54 (2001): 103-146, 129.

79. Ibíd., 77.

demasiado amplia, por fuerza de comprender todas las formas de intervención estatal, y demasiado estrecha, porque solo se refiere al gobierno como regulador y a la economía como el objeto de regulación.[80] Colin Scott llega a lo que es esencial de la regulación en la primera de las definiciones de Black cuando sostiene que la regulación comprende

> cualquier proceso o conjunto de procesos por medio de los que se establecen normas, se monitorea o se hace rendir cuentas al comportamiento de los sujetos a esas normas y por el cual hay mecanismos para mantener el comportamiento de los actores regulados dentro de límites aceptables para el régimen.[81]

Así definido, el ámbito de la regulación es coextensivo con el concepto de *regulación* que concebí cuando introduje el modelo Aciam del derecho: la articulación, el monitoreo y el sostenimiento del punto de la acción conjunta. Nótese que esta definición no da por sentado que el gobierno sea el único o incluso el principal regulador, lo que abre el camino a los reguladores públicos, híbridos y puramente privados. Ciertamente, Scott se refiere a regímenes en vez de a la agencia colectiva —un asunto sobre el que volveré en un momento—, pero la definición de Scott encaja nítidamente con la noción de *gobernanza*, de acuerdo con la cual la acción de una multiplicidad de agentes está coordinada con miras a realizar las "metas propias" del colectivo. En efecto, es teniendo en cuenta el punto de la acción colectiva que tiene sentido entender que la regulación abarca las tres dimensiones mencionadas por Scott: proferir, monitorear e imponer normas, pero esto simplemente

---

80. Ibíd.
81. Colin Scott, "Analyzing Regulatory Space: Fragmented Resources and Institutional Design", *Public Law* 1 (2001): 283-305, 293.

2. Acción colectiva y órdenes jurídicos globales emergentes

significa que la regulación, en el sentido de gobernanza regulatoria, se trata de la unificación o integración del comportamiento de los actores desde la perspectiva de la primera persona plural de un nosotros*. La "posregulación", esto es, la conducción indirecta del comportamiento por medio de, por ejemplo, reglas procesales en vez de sustantivas, y la "metarregulación", esto es, la regulación de procesos regulatorios, no son una excepción a la estructura de la acción colectiva.

No resulta sorprendente, entonces, y en contraste con la que se considera que es la forma autocrática y centralizada de mandar propia de los gobiernos, que una de las formas de gobernanza regulatoria que ha atraído atención académica es la *auto*rregulación, usualmente en la forma de autorregulación privada. Aquí, de nuevo, la unidad putativa entra en escena: la noción de un sí colectivo que rige sobre sí mismo implica que una multiplicidad de actores pueden verse a sí mismos como un grupo o unidad que actúa a fuerza de proferir y acatar reglas de interés común. Si, como lo sostiene Pettit, el uso de la palabra *sí* [*self*] está reservado para los agentes que se pueden referir a sí mismos "bajo el aspecto de indiciales de la primera persona como *yo* y *mí*, *mi* y *mío*", entonces también la autorregulación colectiva, en cuanto forma de gobernanza, implica la forma de unidad en la que un número de actores se refieren a sí mismos como un nosotros* que, a través de nuestra acción conjunta, buscamos realizar nuestras "propias metas".[82]

Estas reflexiones sobre la relación entre gobernanza y unidad putativa son confirmadas si se observan las cuatro características que, de acuerdo con Dingwerth y Pattberg, identifican el concepto de *gobernanza global* como un lente teórico para aproximarse a un conjunto de fenómenos sociales contemporáneos. En primer

---

82. Philip Pettit, *A Theory of Freedom: From the Psychology to the Politics of Agency* (Cambridge: Polity Press, 2001), 116.

lugar, esta noción introduce a los actores no estatales, como las organizaciones no gubernamentales (ONG), las empresas transnacionales (ETN) y los actores científicos, como parte integral de un estudio del reglar: "La gobernanza global implica una perspectiva de múltiples actores en la política mundial".[83] Esto equivale a agrandar la gama de actores que intervienen en la gobernanza regulatoria, dejando simultáneamente intacta la presuposición de que la regulación es un proceso *integrativo*, esto es, orientado a unificar el comportamiento bajo un punto compartido de la acción colectiva. En segundo lugar, el término representa un enfoque que ve la política mundial como un "sistema multinivel" que interconecta una diversidad de procesos políticos en los niveles local, nacional, regional y global. Un sistema multinivel, como lo ha argüido Twining, se refiere a órdenes superpuestos, más que a un orden estructurado jerárquicamente. ¿Pero cómo sería posible identificar a los órdenes como superpuestos sin que cada uno de ellos eleve una demanda de unidad que lo vuelva más o menos distinto y autónomo de los demás? En tercer lugar, la gobernanza global es el referente para una aproximación teorética que reconozca la existencia de una pluralidad de formas de gobernanza que no están relacionadas jerárquicamente entre sí. Concretamente, no hay nada que se asemeje a una autoridad central en los niveles de la política internacional y transnacional, lo que conduce a procesos más o menos informales de coordinación entre actores públicos y privados. Aquí, nuevamente, los procesos más o menos informales de coordinación implican una exigencia y una demanda de unidad colectiva, aun cuando no se trata necesariamente del tipo de unidad putativa propia de los gobiernos estatales. Finalmente, la teoría de la gobernanza global reconoce y estudia "el

---

83. Klaus Dingwerth y Philipp Pattberg, "Global Governance as a Perspective on World Politics", *Global Governance* 12 (2006): 185-203, 191.

2. Acción colectiva y órdenes jurídicos globales emergentes

surgimiento de nuevas esferas de autoridad en la política mundial, con independencia de los Estados nación".[84] Si, como se anotó en la sección 2.2, la autoridad es ejercida por medio de la articulación, el monitoreo y el sostenimiento del punto de la acción colectiva, entonces no hay nada en el concepto de *autoridad* que requiera que esta deba ser restringida a los Estados.

2.4.2. Red

Procedamos ahora a examinar a fondo la segunda categoría clave mencionada más atrás, la *red*, siguiendo la inclinación de muchos estudiosos a dividir la gobernanza global en tres principios ordenadores distintos: jerarquía, red y mercado. Cada uno de estos principios es una forma de ordenar —y, en ese sentido, de regir— el comportamiento y las relaciones sociales. El artículo pionero de Walter W. Powell sobre la red de gobernanza resume las características medulares de esta tipología triple. En la medida que "los precios solos determinan la producción y el intercambio", los mercados son "una forma de organización no coercitiva, tienen efectos coordinadores, pero no integrativos".[85] En cambio, tanto la jerarquía como las redes tienen una función integrativa. Las dos integran el comportamiento social por medio de la regulación en el sentido amplio que se indicó cuando se bosquejó el modelo Aciam de la acción: articulación, monitoreo y sostenimiento de la acción conjunta. Pero hay una diferencia importante entre las dos: la jerarquía, que Powell explora con respecto a las organizaciones empresariales (pero que también es típica de la regulación estatal), supone un sistema autoritativo de orden que "divide tareas y posiciones", mientras que las redes, por su parte, no pueden contar

---

84. Ibíd., 193.
85. Walter W. Powell, "Neither Market nor Hierarchy: Network Forms of Organization", *Research in Organizational Behavior* 12 (1990): 295-336, 302.

con la asignación autoritativa de posiciones y roles. Extrapolándolo de manera adecuada, lo que Powell tiene que decir sobre las redes como una forma de ordenación económica vale para las redes regulatorias en general:

> En los modos de red de asignación de recursos, las transacciones no se dan ni a través de intercambios discretos ni por medio de órdenes administrativas, sino a través de redes de individuos comprometidos en acciones recíprocas, preferenciales y de apoyo mutuo.[86]

Enfocándose específicamente en el derecho, Ost y Van de Kerchove sostienen que la jerarquía y la red, el gobierno (estatal) y la gobernanza (global), apuntan a dos paradigmas diferentes de orden jurídico, aun cuando esta nunca desplace a aquel. Hablando en términos positivos, una red consiste

> en una "malla" o "estructura" compuesta de "elementos" o "puntos", usualmente calificados como "nodos" o "picos", relacionados entre sí por "vínculos" o "lazos", que aseguran su "interconexión" o "interacción", y las variaciones de los cuales responden a ciertas "reglas operacionales".[87]

En términos negativos, y en contraste con

> la estructura de un sistema y ciertamente de una estructura piramidal [...] o jerárquica, en una red "ningún punto está privilegiado

---

86. Ibíd., 303. Ost y Van de Kerchove ofrecen una caracterización positiva y negativa de las redes.
87. Ost y Van de Kerchove, *De la pyramide au réseau?*, 24.

2. Acción colectiva y órdenes jurídicos globales emergentes

con respecto a otro, ninguno está unívocamente subordinado al uno o al otro".[88]

Esto es lo que se supone que la referencia a la horizontalidad de las redes de gobernanza ha de generar, en contraste con las relaciones verticales de la autoridad implicadas en la jerarquía, en general, y en los gobiernos estatales, en concreto. No resulta sorprendente que esta característica de las redes jurídicas haya sido recibida con gran alborozo en las primeras etapas de las investigaciones sobre redes, aunque, en retrospectiva, el júbilo inicial se haya atemperado de cara a las desventajas correspondientes a la gobernanza de redes.[89]

Ahora bien, lo que vuelve particularmente interesantes a las redes para nuestros fines es que parecen prometer apertura, en contraste con el cerramiento propio de las formas jerárquicas de gobernanza, de las que el gobierno estatal es el caso por antonomasia. En efecto, se ha argüido que, "en contraste con la noción de un sistema, la de red no parece implicar ningún 'cerramiento', pues las redes son 'estructuras abiertas capaces de extenderse infinitamente'".[90] Parecería, por lo tanto, que no tiene mucho o ningún sentido abordar la regulación de redes en los términos de una unidad putativa, o si hay algún tipo de unidad involucrada en la regulación de redes, se trataría de una unidad recalcitrante

---

88. Ibíd.

89. Gunther Teubner, quien sin duda no es un enemigo ignaro de las redes, refiere el carácter riesgoso de las asimetrías de confianza, poder e información, además de las externalidades de las redes, como algunas de las desventajas de estas, en su excelente libro *Netzwerk als Vertragsverbund: Virtuelle Unternehmen, Franchising, Just-in-Time in Sozialwissenschaftlicher und Juristischer Sicht* (Baden-Baden: Nomos, 2004), 41-57.

90. Ost y Van de Kerchove, *De la pyramide au réseau?*, 25 (itálicas fuera del texto).

La autoridad y la globalización de la inclusión y la exclusión

al cerramiento: una unidad que incluye sin excluir. Pero esta objeción no tendría éxito. Incluso si las redes regulatorias fueran estructuras *abiertas*, serían, en cualquier caso, *estructuras*, lo que sugiere una forma de cerramiento previo que rige su apertura. Esto lo confirma la condición crucial que Ost y Van de Kerchove imponen al pasaje mencionado con anterioridad. Inmediatamente después de decir que las redes son estructuras abiertas capaces de extenderse infinitamente, estos autores agregan que las redes pueden "integrar nuevos nodos, en la medida que sean capaces de comunicarse dentro de la red; en otras palabras, que tales nodos compartan los mismos códigos de comunicación".[91] ¿Acaso esta condición sobre la necesidad de un código común no introduce efectivamente un principio de cerramiento comunicativo, tanto como un principio de apertura comunicativa, que resulta constitutivo para la posibilidad de las redes, evocando con ello una forma de unidad jurídica que se mantiene implícita y dada por sentado? En la medida que las redes tomen la forma de redes *regulatorias*, parecería que lo que está en cuestión es la unidad de la primera persona plural, presupuesta y propiciada por la articulación, el monitoreo y el sostenimiento del punto de la agencia colectiva.

En efecto, el modelo Aciam del derecho sugiere que tanto la jerarquía como la red suponen una unidad putativa en la forma de una perspectiva de la primera persona plural de la acción colectiva. En las dos, la integración social se da a través del surgimiento de una perspectiva grupal distintiva, irreductible a una simple agregación de las perspectivas de los actores individuales. Al igual que en los colectivos estructurados jerárquicamente, en la gobernanza de redes los actores participantes se refieren a sí mismos como miembros de un grupo que actúa como una

---

91. Ibíd.

2. Acción colectiva y órdenes jurídicos globales emergentes

unidad. Para ver por qué, considérese una descripción más bien franca de una red de gobernanza:

> [i] una articulación horizontal relativamente estable de actores *interdependientes* pero operacionalmente *autónomos* [ii] que interactúan a través de *negociaciones* que implican transacciones, deliberaciones y luchas de poder intensas, [iii] las cuales tienen lugar dentro de un *marco relativamente institucionalizado* de reglas, normas, conocimientos e imaginarios sociales articulados contingentemente [iv] que es *autorregulado* dentro de los límites impuestos por las agencias externas [v] y que contribuye a la producción de un *propósito público* en el sentido amplio de series de visiones, ideas, planes y regulaciones.[92]

Esta descripción de las redes de gobernanza incluye aspectos clave del concepto de *acción colectiva*, en la manera que fue bosquejado en la sección 2.2. Para empezar, no tengo problema en abandonar la suposición, formulada en [iv], según la cual una red regulatoria siempre necesita tener límites impuestos por agencias externas; no tengo problema en relajar [iv] de manera tal que pueda incluir redes regulatorias completamente privadas. Nótese, además, que la característica [iii] explica la dimensión institucional de los órdenes jurídicos de acuerdo con el modelo Aciam del derecho. Entonces, si uno se concentra en las características [i], [ii] y [v], estas muestran que una red de gobernanza está compuesta por una multiplicidad de actores participantes (los "nodos" de la

---

92. Eva Sørensen y Jacob Torfing, "The Democratic Anchorage of Governance Networks", *Scandinavian Political Studies* 28, n.º 3 (2005): 195-218, 197. Véase también R. A. W. Rhodes, *Understanding Governance: Policy Networks, Governance, Reflexivity and Accountability* (Buckingham: Open University Press, 1997), 53.

red), que profieren reglas conjuntamente (en un sentido muy amplio del término *regla*), con miras a realizar el punto de la acción colectiva. Es perfectamente correcto, en consecuencia, decir que los "nodos" de la red de gobernanza toman la perspectiva de la primera persona plural de un nosotros* juntos —un nosotros* en red, podría decirse—. Volviendo a la importante condición de Ost y Van de Kerchove con respecto a la apertura de las redes, la integración de "nuevos nodos" (actores) en una red regulatoria supone que los nodos compartan el mismo "código de comunicación" (punto de la acción conjunta). No puede haber apertura de la red sin un cerramiento concomitante; no puede haber inclusión en una red regulatoria sin exclusión de participación en ella.

2.4.3. Régimen

Para concluir nuestra sinopsis, considérese la noción de *régimen*, concretamente la de *régimen global*, que es la tercera categoría clave con la que los estudiosos han intentado conceptualizar las transformaciones que llevan del TAD estatal al global. La noción evoca la idea de orden normativo, aunque de una manera difusa que sugiere algo distinto al tipo de orden jurídico asociado con el derecho estatal, manteniendo, convenientemente, cierta oscuridad sobre lo que le resulta específico. A pesar de su carácter difuso —o, quizás, por razón de él—, la noción ha hecho carrera extraordinariamente, como de ello dan fe algunos de los distintos ámbitos a los que ha sido aplicada: los regímenes internacionales, concretamente los regímenes especiales y (en algunos casos) autónomos [*self-contained*]; los regímenes regulatorios; los regímenes globales; los regímenes privados. También ha sido un lugar privilegiado de la extendida y amarga guerra de trincheras entre el derecho internacional y la teoría de las relaciones internacionales. Mientras que los juristas internacionalistas arguyen consistentemente que los regímenes especiales están incrustados en el derecho internacional

2. Acción colectiva y órdenes jurídicos globales emergentes

general, los teóricos de las relaciones internacionales apelan a la noción de *régimen* como una manera de introducir la normatividad en sus análisis sin tener que tomar la perspectiva interna de los juristas internacionalistas.[93] Adicionalmente, así como el análisis teórico temprano se concentró en el concepto de *régimen* como tal, el debate ya ha pasado a asuntos tales como los conflictos y la constitucionalización de los regímenes.[94]

No me interesa extenderme en este amplio debate ni revivificar la teoría del régimen para dar aún otra nueva definición o clasificación de los regímenes que pudiera zanjar el asunto de una vez por todas. Igualmente, por el momento pongo entre paréntesis varias preocupaciones profundas sobre el tipo de poder tecnocrático y gerencial —incluso hegemónico— que está vinculado a los regímenes regulatorios globales, posponiendo una discusión más completa sobre estos asuntos hasta el momento en el que podamos desarrollar un concepto normativo de *autoridad* en un contexto global.[95] Lo que me interesa, por el momento, es identificar y

---

93. James Crawford y Penelope Nevill, "Relations between International Courts and Tribunals: The 'Regime Problem'", en *Regime Interaction in International Law*, ed. de Margaret A. Young (Cambridge: Cambridge University Press, 2012), 235-260, 258; Bruno Simma y Dirk Pulkowski, "Of Planets and the Universe: Self-Contained Regimes in International Law", *European Journal of International Law* 17, n.º 3 (2006): 483-529.

94. Para visiones diametralmente opuestas sobre el conflicto de regímenes, véase Dirk Pulkowski, *The Law and Politics of International Regime Conflict* (Oxford: Oxford University Press, 2014), y Andreas Fischer-Lescano y Gunther Teubner, "Regime Collisions: The Vain Search for Legal Unity in the Fragmentation of Global Law". Sobre la constitucionalización de regímenes, véase Teubner, *Constitutional Fragments*.

95. Véase, por ejemplo, Martti Koskenniemi, "Miserable Comforters: International Relations as New Natural Law", *European Journal of International Relations* 15, n.º 3 (2003): 395-422, y Martti Koskenniemi, "Hegemonic Regimes", en

discutir la presuposición más o menos inarticulada que yace detrás de estos distintos debates y definiciones.

Considérese, en este sentido, un puñado de definiciones del término. La de Stephen D. Krasner es el *locus classicus* de las definiciones de *régimen* en las relaciones internacionales, a saber, los "principios, normas, reglas y procedimientos de toma de decisiones, alrededor de los cuales convergen las expectativas de los actores en un área-asunto".[96] El informe del Grupo de Estudio de la Comisión de Derecho Internacional sobre la "Fragmentación del derecho internacional" ofrece, entre otras cosas, una definición expansiva del concepto de *régimen especial*:

> En ocasiones, ámbitos enteros de especialización funcional [...] se describen como autónomos (ya sea que se use o no esa palabra), en el sentido de que se considera que se deben aplicar normas y técnicas especiales de interpretación y administración. [En este sentido,] ámbitos tales como el "derecho relativo a los derechos humanos", la "normativa de la OMC", el "derecho europeo" o "de la Unión Europea", el "derecho humanitario", el "derecho del espacio", entre otros, a menudo se identifican como "especiales", en el sentido de que se presume que las normas generales del derecho internacional se modifican, o inclusive se excluyen, en su administración.[97]

Regime Interaction in International Law, ed. de Margaret A. Young (Cambridge: Cambridge University Press, 2012), 305-324.

96. Stephen D. Krasner, "Structural Causes and Regime Consequences: Regimes as Intervening Variables", *International Organization* 36, n.° 2 (1982): 185-205, 185.

97. Comisión de Derecho Internacional (Grupo de Estudio), "Fragmentación del derecho internacional: dificultades derivadas de la diversificación y expansión del derecho internacional", elaboración de Martti Koskenniemi, A/

2. Acción colectiva y órdenes jurídicos globales emergentes

Margaret A. Young postula una definición híbrida de *regímenes* que combina aspectos de derecho internacional, de derecho transnacional y de las relaciones internacionales: "Los regímenes son conjuntos de normas, procedimientos de toma de decisiones y organizaciones que se fusionan alrededor de áreas de asuntos funcionales y están dominados por modos particulares de comportamiento, presuposiciones y sesgos".[98] Colin Scott ha definido a los regímenes como "la gama de políticas, instituciones y actores que moldean los resultados en un ámbito político".[99] Sean cuales fueren las diferencias entre estas definiciones, todas son tentativas de dar un nombre a los órdenes normativos que demandan por lo menos cierta medida de autonomía para sí mismos de cara al derecho estatal e internacional y que, se considera, divergen significativamente de la estructura de este en cuanto órdenes jurídicos. Y, por último, Fischer-Lescano y Teubner ven a un régimen como "una unión de reglas que establecen derechos, deberes y poderes particulares y reglas relativas a la administración de esas reglas, incluyendo reglas particulares para reaccionar ante las infracciones".[100]

Un examen cuidadoso de estas definiciones muestra claramente que, directa o indirectamente, cada una de ellas evoca el problema de la *unidad* de los regímenes. Algunas de estas definiciones

---

CN.4/L.682, 13 de abril de 2006, 76 (parágrafo 129), http://daccess-ods.un.org/access.nsf/Get?Open&DS=A/CN.4/L.682&Lang=S

98. Margaret A. Young, "Introduction: The Productive Friction between Regimes", en *Regime Interaction in International Law*, ed. de Margaret A. Young (Cambridge: Cambridge University Press, 2012), 1-19, 11.

99. Colin Scott, "Regulating Global Regimes", en *Handbook on the Politics of Regulation*, ed. de David Levi-Faur (Cheltenham: Edward Elgar, 2011), 563-575, 563.

100. Fischer-Lescano y Teubner, "Regime Collisions: The Vain Search for Legal Unity in the Fragmentation of Global Law", 1013.

apuntan más bien explícitamente a este problema, como es el caso de la de Krasner, cuando habla de la "convergencia" de expectativas; la de Young, cuando se refiere a los regímenes como "conjuntos" de normas de cierto tipo; la de Scott, quien anota que los regímenes implican una "gama" de políticas, instituciones, etc.; la de Fischer-Lescano y Teubner, cuando hablan de la "unión" de reglas y procedimientos relacionados. Otras definiciones evocan el problema de la unidad indirectamente, como ocurre en la noción de un régimen "especial". Nótese, además, que el problema de la unidad no está menos presente cuando los estudiosos se refieren a los regímenes como "mecanismos" o "mecanismos normativos" [*normative arrangements*] en vez de "regímenes".[101]

Ya se ha dicho lo suficiente sobre la gobernanza, la red y el régimen. El núcleo de mi argumento debe haber quedado claro: cada una de estas nociones presupone, sin aclararla, la unidad putativa de los órdenes normativos como la constante que cruza el umbral entre el TAD estatal y el global. Esto no equivale a decir que el tipo de unidad putativa relevante para el derecho estatal sea idéntico al de los órdenes jurídicos globales emergentes, pero hay buenas razones para creer que sería prematuro desechar una investigación sobre las demandas de unidad elevadas a nombre de estos como un intento desesperado de la retaguardia de perseverar, pase lo que pase, en el pensamiento jurídico estadocéntrico. Aquí, al igual que en muchos otros ámbitos, la supuesta audacia de tirar por la borda un concepto clave, tildándolo de anacrónico, termina fortificando el marco conceptual que supuestamente se ha dejado atrás. La gobernanza, la red y el régimen, los conceptos que supuestamente nos van a llevar más allá del pensamiento

---

101. "Los regímenes internacionales son mecanismos institucionalizados en distintas áreas de asuntos que poseen sus propias normas y procedimientos". Pulkowski, *The Law and Politics of International Regime Conflict*, ix.

2. Acción colectiva y órdenes jurídicos globales emergentes

jurídico estadocéntrico (porque estos conceptos, presuntamente, acaban con la necesidad de los confines jurídicos, sean espaciales o de otro tipo), sugieren que una indagación sobre los órdenes jurídicos globales emergentes debe primero permitirse ser guiada por la pregunta sobre la unidad putativa. Esto, porque, al seguir la manera como los órdenes jurídicos globales emergentes se configuran a sí mismos como unidades putativas, sin importar cuán diferentes sean de los Estados, se prepara el terreno para entender la forma como esos órdenes contribuyen a la globalización de la inclusión y la exclusión. Y esto, a su vez, nos permite encarar directamente una explicación normativamente robusta de la autoritatividad de una política autoritativa de los confines. Pero ya nos estamos precipitando demasiado.

3.

TRES VARIACIONES SOBRE EL TEMA DE LA UNIFICACIÓN Y LA PLURALIZACIÓN JURÍDICAS

El capítulo 1 nos dio una explicación preliminar del derecho global en cuanto *global*. Posteriormente, el capítulo 2 bosquejó un modelo esqueleto del derecho global en cuanto *derecho*, corroborando provisionalmente su capacidad para ayudarnos a entender ciertas características de los procesos de globalización jurídica. En línea con la doctrina metodológica general de este libro, que nos impone movernos entre los dos términos de la expresión, debemos ahora llevar a cabo un análisis más minucioso y comprensivo de la globalidad del derecho global. La clave de este nuevo paso es la unidad putativa de los órdenes jurídicos. En efecto, la sección final del capítulo 2 sugirió que el problema de la unidad es tan constitutivo de los órdenes jurídicos en un contexto global como lo es del derecho estadocéntrico.

Al dejarnos ser guiados por este problema, el modelo Aciam del derecho identifica tres maneras diferentes, pero interconectadas estructuralmente, de explorar cómo un orden jurídico global emergente se organiza como una unidad putativa, donde *putativa* significa, en una primera aproximación, una unidad que es tanto demandada como cuestionable. En efecto, el modelo Aciam del derecho sugiere que hay tres maneras interrelacionadas en las cuales el surgimiento de órdenes jurídicos globales equivale a un proceso de unificación jurídica —y de pluralización jurídica—. En cuestión están las dimensiones del orden jurídico, tal como fueron esbozadas en la sección 2.1.5. La primera faceta del tríptico concierne a lo que he llamado *colectividad jurídica*: ¿el derecho en un contexto global todavía requiere la referencia a la perspectiva de la primera persona plural de un agente grupal, cuyos miembros, se considera, actúan como una unidad? La segunda atañe a los *sistemas jurídicos*: ¿las condiciones que hicieron posible que Kelsen, Hart y sus epígonos postularan que un orden jurídico es una unidad de reglas jurídicas (en un sentido amplio) también valen a la luz de las transformaciones que llevan del gobierno estatal a la gobernanza global? Finalmente, un tercer sentido en el que el problema de la unidad está en juego en las globalizaciones jurídicas se refiere al derecho como un *orden pragmático*. Enfocándonos principalmente en los confines espaciales, elevo dos preguntas: por un lado, ¿tiene sentido describir los órdenes jurídicos globalizantes como órdenes que trazan confines espaciales en una manera que distingue y une lugares dentro de una unidad espacial? Por el otro lado, si los límites presuponen que los participantes identifiquen un orden jurídico y sus confines como propios, es decir, si se da el surgimiento de una perspectiva de la primera persona plural más o menos robusta, ¿en qué medida los órdenes jurídicos globales emergentes están *limitados* en el espacio?

Este conjunto de preguntas es una plantilla conveniente para introducir y auscultar un número de órdenes jurídicos globalizantes y para darle más cuerpo al modelo Aciam del derecho. Ciertamente, los ejemplos discutidos en este capítulo no agotan este campo, pero dan crédito a la tesis general de este libro de que el derecho global es derecho local y excluye en el proceso de incluir.

3. Tres variaciones sobre el tema de la unificación

3.1. Colectivo jurídico

La pregunta sobre la unidad putativa de los órdenes jurídicos globales emergentes concierne, para empezar, a la perspectiva de la primera persona plural de un nosotros* en acción conjunta. Como se anotó en la sección 2.1.1, la acción colectiva no es meramente la agregación de actos de agentes individuales —"cada uno de nosotros"—; se considera que los participantes en un grupo actúan como una *unidad*, de manera tal que se sostiene que todos los elementos de una serie de intervenciones son intervenciones de los participantes, es decir que es el grupo como un todo el que actúa a través de estos participantes, sin importar si estos participantes son individuos o grupos compuestos, a su vez, por individuos o (sub)grupos —nosotros* juntos—. ¿Existe una mutación en esta forma de unidad putativa en el paso del gobierno estatal a la gobernanza global? Más enfáticamente: ¿la perspectiva de la primera persona plural de la agencia colectiva es *en absoluto* una característica esencial de los órdenes jurídicos globales emergentes?

Un examen más detallado de esta pregunta sugiere que no es suficiente desambiguar el pronombre *nosotros* en las dos formas propuestas por Gilbert: "cada uno de nosotros" y "nosotros juntos". En un artículo importante, Bert van Roermund arguye persuasivamente que es necesario diferenciar varias posiciones de nosotros*, distintas pero interrelacionadas, que operan en la agencia colectiva,[1] y esto equivale a desambiguar una referencia a la unidad colectiva, en singular, que resulta demasiado grande. En las páginas siguientes me apoyo, en líneas generales, en el análisis

---

1. Bert van Roermund, "First-Person Plural Legislature: Political Reflexivity and Representation", *Philosophical Explorations* 6, n.º 3 (2003): 235-252. Van Roermund distingue cuatro posiciones de "nosotros": "nosotros vocero", "nosotros que intenciona", "nosotros que actúa" y "nosotros en juego".

La autoridad y la globalización de la inclusión y la exclusión

de Van Roermund, tomando de él tanto como resulte necesario para mis propósitos. Divido la acción colectiva en tres posiciones de nosotros*: nosotros* vocero, nosotros* en juego y nosotros* autor. La primera de estas posiciones se refiere a esos individuos que hablan/actúan a nombre de un colectivo. Incluye a aquellos que participan en actividades regulativas, en el sentido amplio del que se habló en la sección 2.1.3. También incluye, en mi lectura, a los estudios jurídicos que llevan a cabo actividades doctrinales de conformidad con la regulación. Por último, el nosotros* vocero también comprende a quienes participan en representaciones narrativas de la colectividad. De distintas maneras, estos "voceros" participan en la *representación* de un colectivo. La segunda posición se refiere al grupo en aras del cual se profiere la regulación de la acción colectiva. La tercera, por último, se refiere a un grupo en cuanto autor de la regulación. Esta distinción triple me permite sondear continuidades y discontinuidades significativas entre las perspectivas de la primera persona plural que están disponibles para los Estados y las que están disponibles para los órdenes jurídicos globales emergentes. Así, por ejemplo, no es necesario que el grupo que esté en juego en una regulación también se vea a sí mismo como su autor.

En un sentido importante, al hablar de las continuidades y discontinuidades entre dos tipos de orden jurídico, me refiero, en lo que respecta a los Estados, a un concepto de tipo ideal en el sentido weberiano, esto es, a un concepto formado por elementos y características efectivamente dadas en los fenómenos, pero los cuales no se supone que figuren uno a uno en ningún espécimen estatal particular. Esta advertencia metodológica es importante, particularmente porque no hay un desarrollo lineal que lleve del TAD nacional al global: si los órdenes jurídicos globales emergentes siguen siendo parasitarios del derecho estatal, igualmente los procesos de globalización transforman significativamente la que

3. Tres variaciones sobre el tema de la unificación

ha sido la unidad tradicional del derecho estatal, en vez de necesariamente anunciar su declive.

3.1.1. Nosotros* vocero

Empecemos por describir la posición del nosotros* vocero. Para esto, me limito a discutir en serie tres instancias de una auténtica mescolanza de redes de gobernanza. Tales redes no son solo una característica generalizada de la gobernanza global, sino que también son presentadas por diversos estudiosos como si fueran totalmente diferentes del régimen jerárquico propio del derecho estatal.

El primer ejemplo, el Comité de Supervisión Bancaria de Basilea (BCBS, por sus siglas en inglés), ilustra lo que Keohane y Nye llaman "formas de cooperación *transgubernamentales*", a saber, "conjuntos de interacciones directas entre subunidades de diferentes gobiernos que no son controladas o dirigidas de cerca por parte de los políticos del gabinete o por los jefes ejecutivos de esos gobiernos" y a las cuales Slaughter se refiere como "redes gubernamentales".[2] La membresía, las actividades y la estructura operacional del BCBS están establecidas en una "Carta estatutaria" bastante detallada. Entre sus miembros se encuentran organizaciones con autoridad de supervisión bancaria directa y bancos centrales. De acuerdo con su carta, el BCBS actúa como

> el principal organismo normativo internacional para la regulación prudencial de los bancos y constituye un foro de cooperación en materia de supervisión bancaria. Su mandato es mejorar la

---

2. Robert O. Keohane y Joseph S. Nye, "Transgovernmental Relations and International Organizations", *World Politics* 27, n.º 1 (1974): 39-62; Anne-Marie Slaughter, *A New World Order* (Princeton, NJ: Princeton University Press, 2004).

regulación, la supervisión y las prácticas bancarias en todo el mundo con el fin de afianzar la estabilidad financiera.³

Para ello, el BCBS expide normas [*standards*], directrices y buenas prácticas; aunque sus normas no son jurídicamente vinculantes por derecho propio, el BCBS espera su "plena aplicación" por parte de los miembros y sus bancos con actividad internacional. La aplicación se garantiza por medio de los procedimientos de creación normativa de cada jurisdicción. El Grupo de Gobernadores y Autoridades de Supervisión (GHOS, por sus siglas en inglés) de los Estados respectivos ejerce vigilancia para asegurar que el BCBS opere de conformidad con su mandato. Aunque el GHOS ha sido mandado por los Estados para que ejerza vigilancia, no opera con amplia independencia de las autoridades estatales mandantes. Significativamente, la sección (a) del artículo 5 de la carta dice que "los miembros del BCBS se comprometen a [...] trabajar de forma conjunta para cumplir el mandato del BCBS". La invocación del Comité de Basilea como un nosotros* en red aparece explícita, por ejemplo, en los discursos de sus presidentes. En un discurso reciente sobre la labor política actual y venidera del comité, el presidente en ejercicio se refirió, entre otras cosas, a "nuestra labor política", y sostuvo que "estamos conduciendo una revisión 'estratégica' del marco capital" de los bancos.⁴

Mi segundo ejemplo viene del ámbito de las redes de gobernanza privadas, aunque con cierto tipo de veeduría estatal: la Junta de Normas Internacionales de Contabilidad (IASB, por sus siglas en inglés). La IASB opera bajo la égida de la Fundación de Estándares

---

3. BCBS, "Carta estatutaria" (2013), https://www.bis.org/bcbs/charter_es.pdf

4. "Remarks by Mr Stefan Ingves, Chairman of the Basel Committee on Banking Supervision and Governor of the Sveriges Riksbank", https://www.bis.org/speeches/sp150518.htm

3. Tres variaciones sobre el tema de la unificación

Internacionales de Reportes Financieros (IFRSF, por sus siglas en inglés), cuya constitución fue expedida en 2000 (actualizada por última vez en 2018) y determina, entre otras cosas, la membresía, las actividades y la estructura de la IASB.[5] La misión de la IASB, como parte de la IFRSF, es "desarrollar un conjunto único de estándares de contabilidad de alta calidad, comprensibles, vinculantes y aceptados globalmente —las NIIF [Normas Internacionales de Información Financiera]— y promover y facilitar la adopción de los estándares".[6] Tal y como ocurre con el BCBS, la autodescripción de la IASB invoca la perspectiva de la primera persona plural de un nosotros* en red.

La Fundación IFRS® es una organización internacional sin ánimo de lucro, responsable de desarrollar un conjunto único de estándares globales de contabilidad de alta calidad, conocidos como las normas NIIF. Nuestra misión es desarrollar estándares que ofrezcan transparencia, responsabilidad y eficiencia a los mercados financieros alrededor del mundo. Nuestro trabajo sirve al interés público al fomentar la confianza, el crecimiento y la estabilidad financiera a largo plazo en la economía global.[7]

Nos resta un tercer ejemplo: la Clean Clothes Campaign (CCC). La CCC, de carácter autorregulativo, no es objeto de veeduría por parte de ninguna agencia pública e ilustra, en este sentido,

---

5. IFRSF, "Constitution" (2018), https://www.ifrs.org/-/media/feature/about-us/legal-and-governance/constitution-docs/ifrs-foundation-constitution-2018.pdf?la=en

6. "Our Mission Statement", https://www.ifrs.org/about-us/who-we-are/#about-us

7. Página web de la IASB, http://www.ifrs.org/About-us/Pages/IFRS-Foundation-and-IASB.aspx

La autoridad y la globalización de la inclusión y la exclusión

a una red de gobernanza global completamente privada. La CCC se describe a sí misma como

> una alianza de organizaciones de 16 países europeos. Entre sus miembros se cuentan sindicatos y ONG, cubriendo un amplio espectro de perspectivas e intereses, tales como los derechos de las mujeres, la defensa del consumidor y la reducción de la pobreza.[8]

Para ello, cuenta con un ensamble de más de 200 organizaciones y sindicatos en países productores de confecciones que contribuyen a la identificación de problemas y objetivos locales y al desarrollo de las metas generales de la red. La misión de la CCC, tal como aparece formulada en su reporte anual de 2012, es "mejorar las condiciones laborales y apoyar el fortalecimiento de los trabajadores en la industria global de confecciones. El fin último es terminar la opresión, la explotación y el abuso de los trabajadores (en su mayoría mujeres) de este sector".[9] Para alcanzar este fin, la CCC profirió el Código de Prácticas Laborales para la Industria de la Confección Incluyendo la Ropa Deportiva (*Code of Labour Practices for the Apparel Industry Including Sportswear*) en 1998, basado en principios medulares de la Organización Internacional del Trabajo, los cuales la CCC espera que sean

> adoptados e implementados por las compañías, las asociaciones industriales y las organizaciones de empleadores. El código, que es una declaración de estándares mínimos con respecto a las prácticas laborales, debe ser acompañado por el compromiso

---

8. Página web de la CCC, https://cleanclothes.org/about/who-we-are
9. CCC, *Annual Report 2012* (Ámsterdam: CCC, 2013), http://www.cleanclothes.org/about/annual-reports/2012-annual-report/

3. Tres variaciones sobre el tema de la unificación

de las compañías que lo adopten de tomar acciones positivas para su aplicación.[10]

Concretamente, se espera que las compañías que lo adopten impongan su aplicación a sus contratistas, subcontratistas, proveedores y licenciatarios. El código establece mecanismos para monitorear, acreditar y certificar a las compañías que lo han adoptado. Organizacionalmente, la CCC se enorgullece de tener una estructura no jerárquica, en la cual todos los miembros del equipo están involucrados en la toma colectiva de decisiones. De conformidad con los estatutos y las disposiciones de la CCC, hay una junta que, entre otras cosas, supervisa la situación financiera y las actividades de los Secretariados Internacional y Neerlandés. En pocas palabras, aunque la CCC se describe a sí misma como una "organización en red consistente en una coalición de redes europeas y una red asociada internacional fuerte",[11] sus participantes se ven a sí mismos como un colectivo, como un agente grupal cuyos miembros actúan juntos para realizar su punto: "Nosotros educamos y movilizamos a los consumidores, a los grupos de presión y a los gobiernos, y ofrecemos apoyo directo solidario a los trabajadores en su lucha por sus derechos y sus demandas de mejores condiciones laborales".[12]

Estos tres ejemplos apuntan, por lo menos, a una continuidad mínima entre el gobierno estatal y la gobernanza por redes globales. En pocas palabras, los dos suponen una unidad putativa en la forma de lo que ha de considerarse como la perspectiva de

---

10. CCC, *Code of Labour Practices for the Apparel Industry Including Sportswear* (1998), https://cleanclothes.org/resources/publications/clean-clothes-campaign-model-code-of-conduct

11. CCC, *Annual Report 2012*, 19.

12. "Who We Are", http://www.cleanclothes.org/about/who-we-are

La autoridad y la globalización de la inclusión y la exclusión

la primera persona plural de un agente colectivo dedicado a la acción regulatoria (en el sentido amplio de *regulación* presentado en la sección 2.1.3). En los dos, la integración social se da por medio del surgimiento de una perspectiva grupal distintiva que es irreductible a una simple agregación de perspectivas de actores individuales. Al igual que en el gobierno estatal, en la red de gobernanza los actores que participan en la regulación se refieren a sí mismos, o se considera que lo hacen, como actores que actúan conjuntamente, esto es, como miembros de una *unidad*. Nótese que, en cada uno de los tres ejemplos precedentes, la referencia a un nosotros* concierne, primordialmente, a la red de participantes que articulan conjuntamente la configuración por defecto del punto de la acción conjunta. Aunque puede que se den prolongadas y amargas negociaciones en el proceso de proferir reglas, hay aquí, sin embargo, una forma fuerte de unidad colectiva: se considera que el grupo, como *un todo*, está estableciendo reglas generales, incluso si esto supone una decisión mayoritaria (calificada). En esta medida, las redes de gobernanza global se asemejan al gobierno estatal, por ejemplo, en la forma de acción colectiva que realizan los miembros de un cuerpo legislativo.

3.1.2. Nosotros en juego*
Sería un error, sin embargo, asumir que en estos y otros ejemplos el único referente del nosotros*, como una unidad putativa, es el grupo de hacedores de reglas. Aquí, nuevamente, hay una continuidad entre el gobierno estatal y la gobernanza global: al igual que un cuerpo legislativo en un Estado, el BCBS, la IASB y la CCC sostienen que, en cuanto redes de gobernanza, actúan a nombre de una comunidad más amplia. Al referirse a sí mismos como un nosotros* que profiere reglas, tanto el cuerpo legislativo estatal como la red de gobernanza global sostienen que actúan como los

3. Tres variaciones sobre el tema de la unificación

voceros de un nosotros* en cuyo interés crean reglas —el nosotros* en juego en la legislación, en términos de Van Roermund—. Como se discutió con relación a cada una de estas tres redes de gobernanza global, tomar la perspectiva del nosotros* vocero supone la declaración del punto de la acción conjunta por parte de un colectivo y, con ello, pone en juego a un colectivo más amplio. Pero a diferencia del cuerpo legislativo en un Estado, en cada uno de estos tres casos el nosotros* del nosotros* en red se refiere, explícita o implícitamente, a la comunidad *global* de aquellos a quienes se considera que tienen un interés en el ámbito del comportamiento regulado por una red de gobernanza. Por ejemplo, el artículo 5 de la "Carta estatutaria" del BCBS establece que sus miembros "se comprometen a [...] trabajar en aras de la estabilidad financiera mundial y no solo de los intereses nacionales, así como participar en la labor y la toma de decisiones del BCBS". A su vez, la sección 24 de la Constitución de la IFRSF declara que "se exigirá a los miembros de la IASB que se comprometan formalmente a actuar en interés público en todos los asuntos". Y, por último, la CCC entiende que su misión "mejora las condiciones laborales y apoya el fortalecimiento de los trabajadores en las industrias de la confección y de la ropa deportiva". En un sentido importante, esta comunidad global no se limita a los trabajadores de las industrias de la confección y de la ropa deportiva; la comunidad también incluye a las compañías de los emplean. Al comprometerse con el código laboral, estas compañías indican que también están interesadas en las relaciones industriales no explotadoras. En esta medida, por lo tanto, la CCC asegura proferir reglas en interés de una comunidad global tomada como un *todo*.

¿Basta esto, sin embargo, para hablar de la perspectiva de la primera persona plural de un colectivo global? En otras palabras, ¿basta la interconexión entre las dos posiciones —nosotros* como

La autoridad y la globalización de la inclusión y la exclusión

vocero y nosotros* como la totalidad de las partes interesadas— para que surja la agencia *colectiva*?

Sí, si en la explicación de la perspectiva de la primera persona plural en un contexto global se incorpora lo que Shapiro denomina "agencia compartida masivamente".

Recuérdese la idea básica tal como fue explicada en la sección 2.1.4: a diferencia de los agentes grupales pequeños, como un dueto o un equipo estudiantil de cocina, los órdenes jurídicos modernos se componen habitualmente de un número muy alto de individuos, la mayoría de los cuales no se conocen entre sí ni son conscientes de quiénes son o pueden volverse participantes. Además, en los grupos grandes muchos participantes pueden estar o volverse alienados de la acción conjunta: no están comprometidos con su éxito y no tomarán parte en las formas fuertes de capacidad de respuesta mutua orientadas a asegurarlo, que son características de lo que Bratman llama "sociabilidad modesta". Bajo estas condiciones, les corresponde a las autoridades comprometidas articular la configuración por defecto de la acción conjunta de manera tal que, en líneas generales, incluso los participantes alienados puedan contribuir a realizar su punto.

> El hecho de que haya actividades que pueden usualmente estructurarse de manera tal que los participantes logren intencionalmente metas que no son *sus* metas da razón del carácter generalizado de la agencia compartida masivamente en el mundo que nos rodea.[13]

Por ejemplo, en el caso del BCBS, los bancos activos internacionalmente (y sus Estados correspondientes) han opuesto una resistencia importante a los estándares orientados al fortalecimiento de

---

13. Shapiro, "Massively Shared Agency", 282.

3. Tres variaciones sobre el tema de la unificación

los coeficientes de adecuación de capital; sin embargo, aquellos se adhieren, en líneas generales, a los estándares establecidos por el BCBS. Volviendo a nuestro interrogante, existe una perspectiva de la primera persona plural de la agencia colectiva siempre y cuando la mayoría de los participantes estén preparados para desempeñar su papel en la configuración por defecto de la acción conjunta que es articulada, monitoreada y sostenida por autoridades comprometidas con su éxito. Esto vale para los Estados en la misma medida que para los colectivos globales; los dos son manifestaciones de agencia compartida masivamente. Particularmente, como lo muestran los tres ejemplos de redes de gobernanza global referidos con anterioridad, se está frente a un grupo de participantes comprometidos que regulan el punto de la acción conjunta de los participantes en un grupo global en cuyo interés la red de gobernanza asegura actuar.

Una conclusión importante se sigue de esto. En la medida que cada una de las redes de gobernanza mencionadas con anterioridad asegure actuar en nombre de un colectivo global en cuanto unidad de interés y, por lo tanto, no meramente como la agregación de intereses de una gama de agentes, cada una de esas redes reclama cierta *autonomía* para sí y para el colectivo global que regula, aun cuando, como ocurre con el BCBS y la IASB, la veeduría pública esté canalizada principalmente a través de los Estados.[14]

---

14. Se ha hecho notar que el BCBS, la Organización Internacional de Comisiones de Valores (OICV) y la Asociación Internacional de Supervisores de Seguros (IAIS, por sus siglas en inglés) "son atractivos para los reguladores nacionales, no solo porque resultan útiles para resolver problemas regulatorios internacionales, sino también porque sirven como medio para incrementar la autonomía doméstica de los reguladores. Así, las organizaciones regulatorias financieras internacionales representan un medio cada vez más importante para la regulación internacional que opera libre de la vigilancia local". David Zaring, "International Law by Other Means: The Twilight Existence of International

La autoridad y la globalización de la inclusión y la exclusión

Este punto nos devuelve al principio del capítulo 1, en el que busqué hacer una caracterización preliminar del derecho global. En los términos que lo describí, el derecho global supone una demanda —o la aspiración a una demanda— de validez global y de cierta autonomía con respecto al derecho estatal (e internacional). Ahora puede aclararse en qué sentido mínimo los órdenes globales son autónomos. En efecto, la perspectiva de la primera persona plural de un colectivo global tiene dos caras correlativas: por un lado, una demanda de autonomía regulatoria de cara a los Estados por parte de una red de gobernanza; por el otro, la presuposición de un nosotros* global, con un interés distinto e irreductible al de los colectivos estatales, el cual la red asegura representar. Si, en líneas generales, los destinatarios de la regulación de una red de gobernanza global actúan de conformidad con sus reglas, se puede aseverar que ha surgido un *sí* colectivo —el sello distintivo de la unidad colectiva— y, con él, la autonomía como *autogobierno colectivo*. Nótese que este sentido mínimo de la autonomía es genérico: vale para *todos* los colectivos jurídicos, no solo para los colectivos globales. Concretamente, también vale para los Estados, los cuales son autónomos en la medida que un grupo de funcionarios comprometidos articulen, monitoreen y sostengan el punto de la acción conjunta por parte del colectivo en cuyo interés ejecutan, de manera más o menos exitosa, la acción regulatoria.

Sostengo que la glosa precedente a la acción colectiva es fundamental para los órdenes jurídicos: es la raíz común de las formas de colectividad teocrática, autocrática y democrática, entre otras. Esto, por cuanto en cada una de estas tres formas políticas hay una demanda de representar a un grupo que está "en juego" en la regulación proferida por el "vocero". Ciertamente, las dos

---

Financial Regulatory Organizations", *Texas International Law Journal* 33 (1998): 281-330, 312.

3. Tres variaciones sobre el tema de la unificación

posiciones de nosotros* discutidas hasta acá —nosotros* como vocero y nosotros* como el grupo que está en juego en la regulación— dejan sin resolver la pregunta sobre si y de qué manera los agentes que se consideran parte del nosotros* en juego en el modelo Aciam llegan a verse a sí mismos como tales, esto es, si y cómo se *identifican* con el orden jurídico como su propio orden jurídico. Pero ese es un problema que se tratará en una etapa ulterior. Por el momento, es importante notar que estas —y solo estas— dos posiciones de nosotros* son constitutivas de la unidad putativa colectiva. Sostengo que es esta concepción medular de la autonomía la que es constitutiva, entre otras cosas, de la *autodeterminación* colectiva bajo el derecho internacional, a saber, el derecho de los pueblos a decidir sobre su propio destino en el orden internacional. En un sentido crucial, el concepto de *autodeterminación* bajo el derecho internacional no implica la autonomía *democrática*.[15] Se asume de manera demasiado fácil, especialmente por parte del liberalismo político, que hay una equivalencia entre la autodeterminación colectiva y la democracia. Esta equivalencia es lo mismo que colapsar la posición del nosotros* en juego y la del nosotros* autor en una sola.

3.1.3. Nosotros* autor

Este último comentario sobre la autonomía como autogobierno colectivo nos alerta sobre un asunto ulterior que es central para buena parte del debate contemporáneo sobre la gobernanza global: el nosotros* que habla y el nosotros* que está en juego en la regulación no agotan el rango posible de posiciones de nosotros*

---

15. Véase Daniel Thürer y Thomas Burri, "Self-Determination", en *Max Planck Encyclopedia of International Law*, ed. de Rüdiger Wolfrum, http://opil.ouplaw.com/view/10.1093/law:epil/9780199231690/law-9780199231690-e873?rskey=G318wS&result=1403&prd=EPIL

involucradas en la perspectiva de la primera persona plural de un nosotros* en la acción regulativa. En lo que concierne a la democracia, también tenemos el nosotros* que Van Roermund, siguiendo a Hobbes, llama el "autor" o "sujeto" de la regulación. En otras palabras, lo que está en cuestión es quién autoriza al nosotros* vocero para proferir la configuración por defecto del punto de la acción conjunta y, con ello, establecer quién y qué vale como (parte de) el nosotros* en juego en la regulación.

En un Estado democrático, esa fuente es "el pueblo", el cual se considera que es el autor de las reglas que lo gobiernan. La formulación canónica del pueblo como autor de reglas es, desde luego, "nosotros, el pueblo, ordenamos por medio de la presente...", en los preámbulos de las constituciones. Este es el colectivo que profiere reglas, aun cuando actúe por medio de sus voceros, por ejemplo, una asamblea constituyente. Nótese que, en cuanto autor de la regulación democrática, se considera que el pueblo actúa como una *unidad* y no meramente como un agregado de ciudadanos. Esta es la implicación que se sigue de la idea de que nosotros* juntos —esto es, como un todo— proferimos legislación (por medio de nuestros representantes). Esto es así porque la referencia a las mayorías y a las minorías en los procesos de toma de decisión, sean electorales o legislativos, presupone a un *todo* del cual se considera que la mayoría y la minoría hacen parte. Del mismo modo, en la medida que los individuos se identifiquen a sí mismos como ciudadanos que participan en el proceso de legislar juntos, también pueden atribuirse la legislación a sí mismos, viéndola como si fuera proferida por su *propio* colectivo, incluso si esos individuos defienden una visión minoritaria sobre lo que trata/debe tratar su acción conjunta.

Ahora bien, la posición de nosotros* del autor es problemática con respecto a las demandas de autonomía colectiva que están disponibles para la perspectiva de la primera persona plural en la

3. Tres variaciones sobre el tema de la unificación

gobernanza por redes globales. No basta para un sentido democrático fuerte de autonomía que una red de gobernanza profiera reglas a nombre de un nosotros* global, grupo *en aras del cual* se establecerían las reglas. La colectividad democrática también requiere que, en líneas generales, los miembros de este grupo puedan verse a sí mismos como *siendo autores* de lo que su acción grupal trata/debe tratar (y de su configuración por defecto). Esto requiere, a su vez, que tales miembros puedan ver una red de gobernanza global como si esta fuera autorizada por ellos para actuar en su interés articulando, monitoreando y sosteniendo el punto de su acción conjunta.

Típicamente, las redes de gobernanza global tratan de justificar el hecho de estar autorizadas llevando a cabo, entre otras cosas, procedimientos de notificación y comentarios en una o más etapas del proceso de toma de decisiones.[16] Sin embargo, y así se ha sugerido en repetidas ocasiones, los hallazgos de tales procesos de consulta no suelen ser vinculantes para las redes de gobernanza. Además, aunque los participantes en las redes de gobernanza global puedan haber sido nombrados por funcionarios estatales con un mandato democrático directo o indirecto, aquellos no son nombrados por los miembros del colectivo *global* en cuyo interés aseguran estar creando reglas. Esto resulta patente en casos como el del BCBS, que nominalmente solo crea reglas aplicables a los Estados participantes, pero efectivamente crea reglas que son vinculantes para todos los Estados si es que estos desean ser parte de la comunidad financiera global. En pocas palabras, las protestas sobre la falta de responsabilidad y transparencia de la gobernanza global por redes son, en últimas, quejas sobre la

---

16. Por ejemplo, la IASB usualmente publica un "borrador de exposición" y un "documento de discusión para comentario público" cuando prepara los Estándares Internacionales de Reportes Financieros.

ausencia de vías institucionales robustas por medio de las cuales las demandas de las redes de actuar a nombre de un nosotros* global, como unidad autora e interesada, pudieran ser elevadas y cuestionadas. Tomando prestado el vocabulario de Claude Lefort, la gobernanza por redes globales carece generalmente de una puesta en escena institucionalizada, una *mise-en-scène*, de manera tal que las posiciones de nosotros* autor e interesado pudieran ser visibilizadas a los participantes en la acción colectiva y a los demás como el lugar de la unidad y de su ausencia.[17]

A falta de esta armazón institucional, la gobernanza por redes tiende a amplificar e intensificar la alienación como característica propia de la agencia compartida masivamente en un contexto global. Este problema es exacerbado por el carácter altamente técnico de las medidas regulatorias proferidas por una gama amplia de redes de gobernanza global, de las cuales son ejemplo los estándares expedidos por el BCBS y la IASB, de manera tal que el problema no es simplemente que los participantes en la acción conjunta no se atribuyan a sí mismos las metas de la regulación como *sus* metas, como lo expresa Shapiro, sino que tampoco entienden cuáles son las *metas* que la gobernanza global supuestamente busca alcanzar. En ausencia de las condiciones institucionales y sustantivas que permitirían que los individuos se identificaran con el punto de la acción conjunta y sus configuraciones por defecto, la unidad colectiva putativa de un nosotros* global en acción conjunta que está disponible para la gobernanza por redes globales tiende a tomar la forma paradójica de una *agencia alienada masivamente*.

Claramente, este fenómeno no se limita a la gobernanza por redes globales, como lo evidencia la resistencia de la KRRS a la OMC. El capítulo 4 se ocupa de una gama de movimientos alterglobalización

---

17. Claude Lefort, *Democracy and Political Theory*, trad. de David Macey (Oxford: Polity Press, 1988), 218-219.

3. Tres variaciones sobre el tema de la unificación

que, como la KRRS, se resisten a ser incluidos en los órdenes jurídicos globales emergentes. Todos estos ejemplos ilustran un punto más general: lo que está en cuestión en la posición de nosotros* autor de la agencia colectiva es un sentido de *propiedad*, del que se sigue la autoidentificación de los individuos y grupos "en juego" en la regulación como miembros del orden jurídico respectivo. A su vez, un sentido de propiedad y autoidentificación apunta al problema del *autorreconocimiento* de estos individuos y grupos como miembros de un colectivo que actúa como una unidad. Se puede decir, sin temor a equivocarse, que una amplia variedad de órdenes jurídicos globales emergentes no ha generado las condiciones por medio de las cuales a quienes se considera que están en juego en la regulación global pueden reconocer al orden jurídico como suyo. La resistencia a estos órdenes por parte de los movimientos alter- y antiglobalización toma la forma de una demanda de reconocimiento colectivo de una identidad/diferencia amenazada o violada por los procesos de globalización.

3.1.4. La representación de la unidad colectiva

El reconocimiento colectivo será explorado en detalle en los capítulos 5-7. Por el momento, estas consideraciones preliminares sobre las tres posiciones de nosotros* de la acción colectiva apuntan a un problema fundamental que se mantuvo en reserva cuando se introdujo el modelo Aciam del derecho en la sección 2.2. El lector recordará que discutí siete características propias de la acción colectiva en general: [1] obligaciones dirigidas; [2] punto; [3] anidamiento; [4] espacio, tiempo, subjetividad y tipos de acto; [5] inclusión y exclusión; [6] transformabilidad; [7] trasfondo. Estas siete características eran todo lo que resultaba necesario para explicar los análisis preliminares de la OMC, en el capítulo 1, y ciertos aspectos importantes de las globalizaciones jurídicas, en el capítulo 2. El lector también recordará que propuse dar cuerpo a esta explicación preliminar del orden jurídico a lo largo de la exposición, introduciendo características adicionales con base en los nuevos elementos y materiales que requirieran análisis y explicación. La discusión de las tres posiciones de nosotros* —nosotros* como vocero, nosotros* como la totalidad de las partes interesadas y nosotros* como autor— requiere que el modelo Aciam del derecho sea suplementado con una octava característica de suma importancia: la estructura representacional de la agencia grupal. Explico esta característica así:

[8] *Representación.* La unidad de un colectivo es una unidad representada.

Aunque los colectivos son irreducibles a la suma de sus agentes participantes, no existen independientemente de estos; los colectivos tienen intenciones, creen y actúan a través de sus participantes. Algunas implicaciones se siguen de esto: los actos colectivos son actos *imputados* o *adscritos* al colectivo como sus actos, por parte ya sea de los participantes o de terceros. En otras palabras, que un colectivo tenga intenciones, crea o actúe significa que alguien *considera* que un colectivo tiene intenciones, cree o actúa. La imputación de actos a un colectivo va de la mano con la representación de este. Un colectivo, esto es, la unidad implicada en nosotros* juntos, siempre es una *unidad representada*, una unidad que solo se da indirectamente (*como* esto o *como* aquello), sin importar que el colectivo tenga dos, dos mil millones o más participantes. Para decirlo con Van Fraassen, quien se basa en el trabajo pionero de Nelson Goodman, *Lenguajes del arte*, la representación es indisolublemente la representación *de* (algo) y la representación *como* (esto o aquello).[18]

---

18. Los fenomenólogos reconocerán inmediatamente la proximidad de esta explicación de la representación con la noción de *intencionalidad* de Husserl y con la conceptualización del entendimiento y la interpretación de Heidegger.

3. Tres variaciones sobre el tema de la unificación

Esto acarrea una consecuencia importante para la representación como fenómeno institucional. En efecto, la bien conocida distinción entre democracia directa e indirecta, entre democracia participativa y representativa, es especiosa: *la participación es una forma de representación* en el sentido doble de representación de un colectivo y de su representación como esta o aquella unidad. Las llamadas democracias "desde abajo" y "desde arriba" son, las dos, formas de democracia representativa. Institucionalmente hablando, los parlamentos son una de las maneras posibles de poner en escena la representación, pero de ninguna manera la única. Podría tener sentido oponer formas "débiles" a las formas "fuertes" de democracia, pero no por medio de alinear a aquellas con la democracia representativa y a estas con la participativa.[19] También podría tener sentido contrastar formas de democracia en las que los partidos políticos ocupan un rol central con aquellas en las que los concejos de trabajadores son clave para el autogobierno económico colectivo, pero es una confusión caracterizar el conflicto entre los dos tipos diciendo que "lo que se ponía en juego era el problema de la representación frente a la acción y la participación".[20] Y aunque uno se sentiría tentado a multiplicar y diversificar los caminos institucionales para la deliberación democrática, es equivocado contrastar el supuesto carácter inmediato del principio de soberanía popular, en la que una "decisión fundada y vinculante acerca de políticas y leyes" es el resultado de la

---

Véase Bas C. van Fraassen, *Scientific Representation: Paradoxes of Perspective* (Oxford: Clarendon Press, 2008), especialmente el capítulo 1.

19. Benjamin Barber, *Strong Democracy: Participatory Politics for a New Age* (Berkeley, CA: University of California Press, 1984), 139-162. Véase también Lani Guinier, "Beyond Electocracy: Rethinking the Political Representative as Powerful Stranger", *Modern Law Review* 71 (2008): 1-35.

20. Hannah Arendt, *Sobre la revolución*, trad. de Pedro Bravo (Madrid: Alianza Editorial, 2006), 378.

La autoridad y la globalización de la inclusión y la exclusión

deliberación "cara a cara" por la "totalidad de los ciudadanos", con el carácter indirecto del "principio parlamentario, conforme al que se establecen cuerpos representativos encargados de deliberar y tomar acuerdos".[21] La representación tiene lugar en todas esas situaciones en las que lo que está en cuestión es la configuración por defecto de la acción conjunta.

Los colectivos son puestos en marcha por actos de representación que, por definición, no han sido y no pueden ser autorizados por adelantado por el colectivo que es representado; como tal, los actos de representación siempre son *prematuros* y dependientes del seguimiento que le den aquellos a quienes se dirigen.[22] Como resultado, los actos representacionales siempre son *cuestionables* y, por lo tanto, anulables. La cuestionabilidad de las demandas de unidad implica que un colectivo nunca es plenamente una unidad, luego nunca es plenamente idéntico a sí mismo. En el proceso de incluir a quienes han de verse a sí mismos como un sí colectivo y

---

21. Jürgen Habermas, *Facticidad y validez*, trad. de Manuel Jiménez Redondo (Madrid: Editorial Trotta, 2005), 238-239. No puede haber una "totalidad de los ciudadanos" (*Gesamtheit von Staatsbürgern*) que puedan deliberar entre ellos sin un cerramiento previo que tenga la forma de un acto representacional que incluya y excluya. No existe, por lo tanto, ninguna cosa semejante a una "interacción directa y simple" entre los ciudadanos (ibíd.).

22. Esta tesis es la médula de una bien establecida crítica de todas las variaciones de la teoría del contrato social, incluyendo la teoría discursiva del derecho de Jürgen Habermas. Bernhard Waldenfels ofrece quizás la formulación más incisiva de esta crítica: "Un 'nosotros' no puede decir 'nosotros' […]. Un grupo político solo encuentra su voz por medio de voceros, que hablan en su nombre y lo representan *como un todo*". Bernhard Waldenfels, *Verfremdung der Moderne: Phänomenologische Grenzgänge* (Essen: Wallstein Verlag, 2001), 140. Esta tesis vale, por lo demás, para *todos* los colectivos, incluso para aquellos que se componen de dos personas. Para un análisis particularmente convincente, véase Van Roermund, *Derecho, relato y realidad*, 126ss.

3. Tres variaciones sobre el tema de la unificación

de excluir al resto como otro-que-sí, la representación trae al ruedo al otro-que-sí de la identidad colectiva: "no en nuestro nombre".

Además, la re-presentación no solo significa la presentación indirecta (por medio de una configuración por defecto del punto de la acción conjunta) de una unidad colectiva que es necesariamente ausente, sino también la presentación de una unidad colectiva ausente *nuevamente*, en la que "nuevamente" significa tanto "de nuevo" como "de otra manera".[23] Como resultado de esto, la acción colectiva es una forma de ordenación social por medio de la cual la identificación de sí colectiva va de la mano de la diferenciación de sí colectiva. Por un lado, quien profiere reglas demanda reafirmar la identidad del colectivo, de manera tal que los destinatarios de esas reglas se pueden reconocer a sí mismos como un grupo y lo que son/deben ser como grupo. Por el otro lado, y en el proceso mismo de reconocer y reafirmar la identidad colectiva, el proferimiento de reglas en un contexto cambiante le da un contenido diferente a la pregunta sobre qué tratamos/debemos tratar como colectivo. Más enfáticamente, no existe una identidad que no sea un proceso de *identificación* ni diferencia que no sea un proceso de *diferenciación*. Este proceso de identificación y diferenciación, que es, por lo tanto, de unificación y pluralización, tiene lugar en cada acto que participa en la acción colectiva y no solamente en los actos fundacionales

---

23. En un breve y brillante ensayo, Jorge Luis Borges ilustra la manera como la diferencia infiltra la identidad en el curso de la repetición. El autor se refiere a un escritor francés ficticio, Pierre Menard, quien habría escrito un texto en el siglo XX que es, palabra por palabra, igual al *Don Quijote* de Cervantes, mostrando cómo, por mucho que lo intente, Menard está escribiendo un libro completamente diferente al de Cervantes. Véase Jorge Luis Borges, "Pierre Menard, autor del Quijote", en íd., *Ficciones* (Bogotá: Editorial Oveja Negra, 1984), 39-50.

La autoridad y la globalización de la inclusión y la exclusión

de un colectivo.²⁴ Como resultado de esto, la integración de una multiplicidad de individuos en un colectivo va de la mano con su desintegración: nosotros* juntos nunca se libera completamente de "cada uno de nosotros".²⁵

Por este conjunto de razones, la unidad colectiva es una unidad *putativa*. Paradójicamente, la mejor manera de formular la agencia de la colectividad es en la forma pasiva, que es preferible a la forma activa, favorecida por la gramática inglesa: en vez de "the collective enacted rules", resulta mejor decir "rules that are deemed to be enacted by the collective (as a unity)", es decir, "reglas que se considera que han sido proferidas por el colectivo (como una unidad)".²⁶ A pesar de que habitualmente recurriré, en lo que resta del libro, a formas activas de verbos al referirme a la *acción* colectiva, el lector debe tener presente que estas son una abreviatura de la forma pasiva del verbo: aseverar que un colectivo actúa es decir que un acto está adscrito a un colectivo (por sus participantes, sean o no autoridades, y por terceros). Como consecuencia, referirse a la perspectiva de la primera persona plural de un nosotros* no es lo mismo que asumir que todos los participantes en la acción colectiva se identifican con esa perspectiva de la primera persona o con la configuración por defecto de ella que

---

24. Estas ideas encajan bien con la "teoría de la recepción" en los estudios literarios, que llama la atención sobre la manera como los lectores no se limitan a "aceptar" un texto, sino que lo interpretan activamente —y en ocasiones se oponen a él— desde su trasfondo y sus experiencias. Véase, entre otros, Hans-Robert Jauss, *Toward an Aesthetic of Reception*, trad. de Timothy Bahti (Minneapolis, MN: University of Minnesota Press, 1982).

25. Agradezco a Ferdinando Menga por esta formulación.

26. N. del T.: la oposición entre las formas activa y pasiva no es traducible al español, debido a que en este idioma siempre es necesaria una forma pasiva para traducir "the collective enacted rules", de modo que no hay un contraste relevante entre las dos postulaciones.

3. Tres variaciones sobre el tema de la unificación

ha sido establecida por las autoridades. Muchos, quizás incluso la mayoría, pueden estar alienados o alienarse de esa perspectiva, ya sea siguiéndole la corriente por el momento o tomando medidas activas para resistirse a ella de una u otra manera. El orden jurídico, en esta lectura, es esa forma de acción colectiva que lidia con los efectos desintegrativos de la representación por parte de autoridades institucionalizadoras que articulan, monitorean e imponen la integración en la perspectiva de la primera persona plural que la representación misma proporciona.

Estas implicaciones de la estructura representacional de la acción colectiva pueden resumirse en tres tesis fundamentales:

[T1] *Unidad putativa.* La unidad de un grupo social es siempre y solamente una unidad putativa.
[T2] *Unificación.* No hay unidad colectiva en sentido estricto; tan solo hay un proceso de unificación.
[T3] *Pluralización.* El proceso representacional de la unificación colectiva también es, y de manera necesaria, un proceso de pluralización.

Estas tres tesis tienen nuestra atención sostenida a lo largo del libro. Basta notar, por el momento, que no hay nada en la pregunta sobre la unidad putativa de los colectivos que la condene apriorísticamente a inaugurar un ejercicio de hipóstasis; todo lo contrario: estos comentarios sobre la estructura representacional de la agencia colectiva sugieren que, institucionalmente hablando, el problema es otro. ¿Bajo qué condiciones la propiedad conjunta de la acción y de su cuestionamiento es posible cuando los destinatarios de la regulación no pueden hacerse con las vías institucionales, electorales o de otro tipo, de la representación colectiva disponible para los Estados (democráticos)?

La autoridad y la globalización de la inclusión y la exclusión

Muy difícilmente puede sobreestimarse la importancia de este problema. La representación de un colectivo supone la demanda doble de *que* hay un colectivo (su existencia) y *sobre lo que* él trata/debe tratar (el punto de su existencia). Y esta es otra forma de decir que quien toma la posición del nosotros* vocero para representar a un colectivo, indicando sobre qué trata/debe tratar su acción conjunta, lleva a cabo un acto de inclusión y exclusión, identificando al colectivo en su condición de estar orientado a realizar *este* punto de la acción conjunta (en lugar de *aquel*) y seleccionando lo que resulta importante con miras a realizar el punto de la acción conjunta, de modo tal que lo que cae más allá del ámbito de esta se considera que carece de importancia.

En cualquier caso, estas consideraciones demuestran que no es posible contener el concepto de *autoridad* dentro del terreno de un enfoque estrictamente funcional (la articulación, el monitoreo y la imposición del punto de la acción conjunta), como lo he hecho hasta acá. Aunque acertamos al empezar con estas tres dimensiones funcionales de la autoridad, el problema de la unidad colectiva también es, en la gobernanza por redes globales no menos que en los Estados y en un sentido igualmente importante, un problema de carácter normativo. Se trata, en pocas palabras, del problema de las demandas de comunalidad y reciprocidad que se enfrentan a cuestionamientos, un asunto que se discutirá en su debido momento.

3.2. Sistema jurídico

La discusión adelantada hasta aquí se ha enfocado en la primera manera como los órdenes jurídicos reclaman su unidad: la perspectiva grupal de una multiplicidad de participantes, trátese de individuos o de subgrupos, a quienes, a pesar de sus diferencias,

3. Tres variaciones sobre el tema de la unificación

se considera que actúan como una unidad. Paso ahora a la segunda dimensión de la unidad putativa que exige el modelo Aciam del derecho, a saber, un orden jurídico como la unidad de una multiplicidad de reglas: un *sistema jurídico*, de conformidad con la nomenclatura propuesta en la sección 2.1.5. Resulta tentador apelar a las teorías jurídicas que se ocupan de este asunto, pero resulta más provechoso abordar la sistematicidad de las reglas en los términos del modelo Aciam del derecho, refiriéndonos a tales teorías solo cuando ello resulte útil para entender lo que resulta distintivo de la sistematicidad de las reglas en el marco del modelo.

3.2.1. Coherencia punto-configuración por defecto

Si se sigue este orden de ideas, la sistematicidad putativa de un orden jurídico gira, para empezar, en torno a la relación entre el punto de la acción conjunta y su configuración por defecto. Recuérdese la característica [2] del modelo Aciam del derecho: la acción colectiva tiene un punto. El punto es el foco de atención desde el cual una multiplicidad de individuos pueden entenderse a sí mismos como participando en un colectivo, aun cuando el colectivo tenga intenciones, crea y actúe a través de sus miembros. Además, la acción colectiva permite el anidamiento [3]. La acción colectiva puede diseccionarse en unidades constituyentes de la acción colectiva, cada una de ellas con su propio punto, de manera tal que la realización de estos es requerida para la realización del punto de aquella. Volviendo a nuestro grupo de estudiantes del dormitorio, cocinar una comida juntos es una acción que se da en una gama de actos (colectivos) concatenados. Por ejemplo, algunos estudiantes pelan y otros pican juntos; otro estudiante combina los ingredientes que fueron picados y pelados, y otro fríe los ingredientes mezclados. Por último, y esta es la característica [6] del modelo Aciam del derecho, el punto de la acción conjunta es articulado a través de una configuración por

La autoridad y la globalización de la inclusión y la exclusión

defecto transformable, esto es, las reglas que explican la manera como la acción colectiva debe ser organizada. En este sentido, la chef podría haber dado instrucciones sobre cómo ella quiere que los ingredientes sean pelados y picados, sobre cómo han de ser mezclados y sobre cuánto tiempo han de ser freídos, etc. A menos que las cosas cambien en el camino, este es el conjunto de instrucciones que la chef estima adecuadas para lograr la tarea en cuestión: preparar un plato dado. Si uno combina [3] y [6], la configuración por defecto de la acción colectiva también puede ser anidada. Por ejemplo, mezclar los ingredientes adecuadamente está supeditado a seguir las reglas sobre pelar y picar, y cocinar un plato juntos está supeditado a seguir las reglas sobre mezclar y freír. La complejidad de la acción colectiva anidada tiene su correlato en la "estratificación" [*layering*] de las reglas que componen su configuración por defecto.

Por lo tanto, el modelo Aciam del derecho tiene cierta semejanza con la famosa descripción de Kelsen de un sistema jurídico como una *Stufenbau*, como una estructura jerárquica de normas.[27] Pero el lector notará mi cautela cuando digo "cierta semejanza". Esto es así porque la noción de una configuración por defecto estratificada de la acción colectiva abre un enfoque a la unidad putativa de una multiplicidad de reglas que difiere, en varios sentidos importantes, del enfoque que Kelsen tiene sobre la sistematicidad. Para Kelsen, la sistematicidad del derecho radica en que cualquier norma jurídica dada, para ser tal, debe derivarse de una norma de un nivel superior, por ejemplo, una decisión judicial de una ley, una ley de la constitución y así sucesivamente, llegando, finalmente, hasta una norma fundamental. El modelo Aciam del derecho interpreta la sistematicidad putativa de un orden jurídico en términos de lo que yo denominaría *coherencia punto-*

---

27. Kelsen, *Teoría pura del derecho*, 90.

3. Tres variaciones sobre el tema de la unificación

configuración por defecto (point–default setting coherence). Esta formulación es más apropiada que la coherencia medios-fines porque, como se anotó en la sección 2.1.2, el punto de la acción colectiva incluye los medios y los fines, pero no se agota en ellos. El punto es aquello sobre lo que trata la acción colectiva; aunque el requisito de coherencia implica que la configuración por defecto debe ser conducente a la realización del punto de la acción conjunta, esto puede —más no debe necesariamente— tomar la forma de una coherencia medios-fines.

Esta advertencia es de considerable importancia para nuestro análisis. En efecto, mientras que los denominados *órdenes jurídicos funcionales* están organizados en términos de coherencia medios-fines, no puede decirse lo mismo de otros órdenes jurídicos, entre los cuales podría decirse que el Estado es ejemplar. Ciertamente, la coherencia medios-fines afecta lo que la sección 2.3.1 describió como el movimiento doble por medio del cual la fragmentación del derecho va de la mano con su orientación a asuntos específicos. Las redes de gobernanza global, la ISO y el Codex Alimentarius son buenos ejemplos de esta tendencia, al igual que la *lex digitalis*, la *lex sportiva* y la *lex mercatoria*, por no mencionar a la OMC. A diferencia de tales órdenes, la ausencia de un fin específico o meta a realizarse por parte de un Estado explica por qué este puede reclamar jurisdicción sustantiva universal para sí, al igual que por qué el anidamiento de la acción colectiva en los órdenes estatales no está estructurado en los términos de una cadena ininterrumpida de medios-fines en la que el fin de la acción colectiva anidada es un medio para el fin de la acción colectiva anidante, y así sucesivamente hasta un fin "último". Aunque la coherencia de la acción colectiva anidada en un orden estatal puede perfectamente ser funcional en el sentido anteriormente descrito, los fines de semejante acción colectiva parcial son coherentes con la acción colectiva estatal en cuanto sean conducentes a realizar

La autoridad y la globalización de la inclusión y la exclusión

aquello sobre lo que se considera que el Estado trata, lo cual no es un fin o meta específica o especificable.[28]

En lo que sigue me concentraré en la coherencia medios-fines, en tanto me interesa establecer la manera como el modelo Aciam del derecho podría clarificar la coherencia sistemática de los órdenes jurídicos funcionales en un escenario global. Aunque no sería difícil mostrar cómo este enfoque es pertinente a la gama de redes de gobernanza global exploradas en la sección 3.1, resulta recomendable ampliar la gama de ejemplos a los que se puede aplicar el modelo Aciam del derecho. Por lo tanto, permítaseme poner a prueba estas consideraciones preliminares con referencia a la International Organization for Standardization (ISO), explorando la forma como sus actividades de establecimiento de estándares podrían ilustrar al orden jurídico, en cuanto sistema, como la unidad putativa de una configuración por defecto estratificada del

---

28. La bien conocida distinción que hace Dworkin entre principios y directrices políticas es una de las maneras como los órdenes jurídicos le dan forma a esta interpretación más amplia de la coherencia sistemática. Una directriz política, para Dworkin, es ese "tipo de estándar que propone un objetivo que ha de ser alcanzado; generalmente, una mejora en algún rasgo económico, político o social de la comunidad"; un principio, por el contrario, es "un estándar que ha de ser observado, no porque favorezca o asegure una situación económica, política o social que se considera deseable, sino porque es una exigencia de la justicia, la equidad o alguna otra dimensión de la moralidad". Por regla general, los órdenes jurídicos funcionales están orientados por directrices políticas, mientras que los órdenes jurídicos estatales están orientados por principios o, en cualquier caso, dependen en gran medida de principios cuando establecen la configuración por defecto del punto de la acción colectiva. Véase Ronald Dworkin, *Los derechos en serio*, trad. de Marta Guastavino (Barcelona: Ariel, 1984), 72. Agradezco a Kaarlo Tuori por haber llamado mi atención sobre esta distinción como una manera de iluminar diferentes aspectos del punto de la acción colectiva. Véase Tuori, "Crossing the Limits but Stuck behind the Fault Lines?", 141.

3. Tres variaciones sobre el tema de la unificación

punto de la acción conjunta.[29] En un sentido importante, presento el establecimiento de estándares por parte de la ISO de una manera que resalte la complejidad de la coherencia medios-fines: *tanto los medios como los fines* de la acción colectiva están siempre en cuestión cuando se trata de asegurar la coherencia sistemática.

La ISO es una organización no gubernamental independiente compuesta por organismos nacionales de estandarización. Los estándares proferidos por la ISO articulan su punto, formulado de la siguiente manera en el artículo 2.1 de sus estatutos:

> El objeto de la Organización será promover el desarrollo de la estandarización y de actividades relacionadas en el mundo, con miras a facilitar el intercambio internacional de bienes y servicios, y desarrollar la cooperación en las esferas de actividad intelectual, científica, tecnológica y económica.[30]

Nótese, para empezar, que los estándares son el resultado de un conjunto de actos entrelazados de varios agentes participantes (un comité técnico, un grupo de expertos y los miembros de la ISO, entre otros), que están todos orientados a producir un estándar en el transcurso de un procedimiento intrincado y, en ocasiones, repetitivo. El entrelazamiento de los actos de los agentes participantes les permite decir si se logra un consenso al final del procedimiento, "nosotros* hemos desarrollado un estándar".

---

29. Me baso aquí en mi artículo "ISO Standards and Authoritative Collective Action: Conceptual and Normative Issues", en *The Law, Economics and Politics of International Standardization*, ed. de Panagiotis Delimatsis (Cambridge: Cambridge University Press, 2015), 42-57. Véase también Panagiotis Delimatsis, "Global Standard-Setting 2.0: How the WTO Spotlights ISO and Impacts the Transnational Standard-Setting Process", *Duke Journal of Comparative and International Law* 28, n.º 2 (2018): 101-154.

30. Véase ISO, "ISO Statutes", www.iso.org/iso/statutes.pdf

La autoridad y la globalización de la inclusión y la exclusión

Véase aquí un ejemplo de un grupo regulatorio tomando una posición de nosotros* vocero.

En un sentido importante, los actos individuales de los actores participantes, en el transcurso del desarrollo de un estándar internacional, son parte integral de la acción conjunta en la medida que comparten un punto, a saber, establecer una regla general que "provea requisitos, especificaciones, directrices o características que puedan ser usados consistentemente para garantizar que los materiales, productos, procesos y servicios sean adecuados a su propósito".[31] Nótese que la definición de *estándar* promovida por la ISO implica que su desarrollo depende del *propósito* de los materiales, productos, procesos y servicios. Claramente, sin embargo, el propósito satisfecho por un estándar no está establecido de antemano de manera que la tarea de la estandarización fuera meramente establecer las condiciones que deben cumplirse con miras a asegurar que el producto sea "adecuado" a su propósito. Los estándares también establecen, explícita o implícitamente, qué propósitos son "adecuados" para un producto, servicio, material o proceso. Desarrollar un estándar es, *eo ipso*, establecer tanto un fin como los medios adecuados para lograrlo.

Aunque esta estructura híbrida de la estandarización en cuanto acto de establecimiento de medios y fines también vale para los estándares nacionales, el punto de los estándares desarrollados por la ISO es, como se determina en el artículo 2.1 de los estatutos de la ISO, "facilitar el intercambio internacional de bienes y servicios, y desarrollar la cooperación en las esferas de actividad intelectual, científica, tecnológica y económica". Esta formulación supone un desplazamiento de la perspectiva de la primera persona plural desde la que tiene lugar la estandarización:

---

31. "ISO Standards are Internationally Agreed by Experts", www.iso.org/iso/home/standards.htm

3. Tres variaciones sobre el tema de la unificación

ya no se trata solamente de la perspectiva de un Estado, sino, más bien, de la de la comunidad global, con respecto a la cual se han de establecer los medios y los fines de los estándares. En el curso del proferimiento de estándares internacionales, la ISO reclama actuar a nombre de un colectivo global que tiene un interés en su establecimiento de estándares: el nosotros* en juego en la regulación. No obstante, en el proceso mismo de reclamar un alcance global para sus estándares, la referencia de la ISO al "*intercambio de bienes y servicios*" encuadra la discusión sobre fines y medios de los estándares en los términos del *comercio*. Aun cuando lo hace implícitamente, también encuadra la discusión sobre quién es, por lo menos en una primera instancia, una parte interesada en el desarrollo de tales estándares, a saber, aquellos que toman parte en los intercambios, concretamente los *comerciantes*. En efecto, la ISO va más allá cuando sostiene, al referirse a los "beneficios" de sus estándares, que estos

> aseguran que los productos sean seguros, confiables y de buena calidad. Para las empresas, son herramientas estratégicas que reducen costos al minimizar desperdicios y errores, incrementando la productividad. Los estándares ayudan a las compañías a acceder a nuevos mercados, a nivelar las condiciones para los países en vías de desarrollo y a facilitar el comercio global libre y justo.[32]

Este pasaje revela, inadvertidamente, las ambigüedades con las que se enfrenta la estandarización internacional. En respuesta a la crítica según la cual la ISO da primacía a las empresas como las partes principalmente interesadas en el establecimiento de estándares, la declaración ISO/IEC (International Electrotechnical Commission) sobre la participación de los consumidores reconoce que

---

32. Ibíd.

"resulta esencial que los representantes de los consumidores participen en el proceso de desarrollar los estándares" para productos y servicios, especialmente cuando han de ser usados por los consumidores.[33] Luego agrega que los organismos nacionales

> deben ofrecer orientación y entrenamiento en materia de procesos de estandarización y sesiones informativas sobre asuntos técnicos a los representantes de los consumidores, con miras a que su contribución sea efectiva y esté basada en un conocimiento de posibilidades reales.[34]

Ciertamente, una representación bien informada es de gran importancia para que las contribuciones de los consumidores sean efectivas, pero el enfoque sobre la estandarización centrado en la experticia tiende a restringir el ámbito de lo que vale como una "posibilidad real" con respecto a los *propósitos* que han de ser satisfechos por los estándares, en la medida que se asume que estos propósitos están dados de antemano y que, como tales, están fuera de discusión. Esto, a su vez, es de una importancia considerable con respecto a la selección de los representantes de los consumidores: existe el riesgo no menos real de que únicamente los grupos y los representantes de los consumidores que estén preparados para participar en el proceso de estandarización de modos que sean "efectivos" y susceptibles de volverse "posibilidades reales", según la determinación de los expertos, obtengan financiamiento y apoyo por parte de los organismos nacionales. Incluso si fuera correcto el diagnóstico de ausencia de pericia técnica entre los grupos de consumidores, enmarcar su participación en términos

---

33. ISO e IEC, "ISO/IEC Statement on Consumer Participation in Standardization Work" (2001), www.iso.org/iso/copolcoparticipation_2001.pdf
34. Ibíd., 3.

3. Tres variaciones sobre el tema de la unificación

de pericia técnica mejorada, en lugar de hacerlo en términos de la relación medios-fines como un todo, tiende a atrincherar un enfoque a los estándares centrado en los medios y a restarle importancia política a la estandarización, esto es, al *punto* al que ha de atender.[35] Más precisamente, este enmarcamiento técnico es en sí mismo político de cabo a rabo: de la misma manera que en derecho privado se da lo que Duncan Kennedy llama una "política del tecnicismo contractual", con relación a la ISO y a otros organismos de estandarización se da lo que podría denominarse una "política del tecnicismo de los estándares".[36]

Más generalmente, el análisis del establecimiento de estándares por la ISO revela que el punto de los órdenes jurídicos globales emergentes tiende a enfocarse en los medios adecuados para realizar un fin que se asume que está más o menos fijado y dado de antemano, que no evoca problemas relativos al balance de principios en conflicto del mismo modo que ocurre en el derecho estatal. No es una coincidencia, por lo tanto, que la pericia probada en el ámbito regulatorio sea habitualmente decisiva para poder participar en la gobernanza global y que un debate sobre el impacto más amplio de la regulación en la sociedad global esté mucho más allá del alcance de la articulación del punto de la acción colectiva que llevan a cabo los grupos regulatorios.[37] En

---

35. Para un análisis bien documentado de la dimensión política del establecimiento de estándares por parte de los reguladores globales, concretamente de la IASB, la ISO y la IEC, desde la perspectiva de la "complementariedad institucional", véase Tim Büthe y Walter Mattli, *The New Global Rulers: The Privatization of Regulation in the World Economy* (Princeton, NJ: Princeton University Press, 2011).

36. Duncan Kennedy, "The Political Stakes in 'Merely Technical' Issues of Contract Law", *European Review of Private Law* 19, n.° 1 (2001): 7-28.

37. Por ejemplo, el artículo 25 de la constitución de la IFRSF estipula que "las cualificaciones principales para ser miembro de la IASB serán la competencia

La autoridad y la globalización de la inclusión y la exclusión

contra de esta interpretación reduccionista de la racionalidad de la acción colectiva, las reflexiones precedentes muestran que el desarrollo de estándares enfrenta a la ISO con una pregunta práctica fundamental —de hecho, *política*—: ¿sobre qué trata/debe tratar nuestra acción colectiva?

Ciertamente, sería reduccionista limitarse a calificar la estandarización como un proceso político orientado a establecer los fines que han de ser satisfechos por los productos, los servicios y demás; la estandarización tiene una dimensión irreductiblemente *técnica*, esto es, una dimensión relativa a los medios adecuados para lograr un fin. Mi argumento no es en contra de las consideraciones técnicas en la estandarización; al contrario, lo que arguyo es que sería igual de reduccionista ignorar la dimensión *política* de la estandarización. Más exactamente, lo que está en cuestión es el punto perseguido por la colectividad y que la define *como* un colectivo. En esta medida, respaldo el diagnóstico temprano de Habermas según el cual "el núcleo ideológico de la conciencia [tecnológica] es la eliminación de la diferencia entre práctica y técnica".[38]

Estas consideraciones y preocupaciones valen tanto para la OMC como para la ISO. En efecto, el éxito extraordinario de la ISO como el proveedor líder de estándares internacionales está

---

profesional y la experiencia práctica. Los Consejeros escogerán a los miembros de la IASB de manera consistente con los Criterios para los miembros de la IASB establecidos en el Anexo de la Constitución, de manera que comprenda a un grupo de personas que representen, dentro de ese grupo, la mejor combinación disponible de pericia técnica y diversidad de negocios internacionales y experiencias de mercado, con miras a contribuir al desarrollo de estándares globales de reportes financieros".

38. Jürgen Habermas, "Ciencia y técnica como 'ideología'", en íd., *Ciencia y técnica como "ideología"*, trad. de Manuel Jiménez Redondo (Madrid: Tecnos, 1984), 99.

3. Tres variaciones sobre el tema de la unificación

vinculado al artículo 2.4 del Acuerdo sobre Obstáculos Técnicos al Comercio (OTC) de la OMC:

> Cuando sean necesarios reglamentos técnicos y existan normas internacionales pertinentes o sea inminente su formulación definitiva, los Miembros utilizarán esas normas internacionales, o sus elementos pertinentes, como base de sus reglamentos técnicos, salvo en el caso de que esas normas internacionales o esos elementos pertinentes sean un medio ineficaz o inapropiado para el logro de los objetivos legítimos perseguidos, por ejemplo a causa de factores climáticos o geográficos fundamentales o problemas tecnológicos fundamentales.

De conformidad con esto, los estándares proferidos por la ISO y otras agencias internacionales de establecimiento de estándares se vuelven parte de la configuración por defecto estratificada del punto de la acción colectiva de la OMC y adquieren un carácter vinculante presunto para sus Estados miembro.[39] Aquí surge nuevamente la pregunta: ¿qué enfoques a los medios y los fines deben mantenerse invisibles, o son silenciados, cuando la OMC da por sentado que tener en cuenta y balancear los intereses de las compañías con los de los consumidores, y de los países

---

39. El análisis de toda esta sección también vale para los estándares internacionales de seguridad alimentaria del Codex Alimentarius. Estos estándares, al igual que los de la ISO, tienen un carácter vinculante presunto para la OMC en sus Acuerdos sobre la Aplicación de Medidas Sanitarias y Fitosanitarias y sobre Obstáculos Técnicos al Comercio. Véase la página web del Codex Alimentarius: http://www.fao.org/fao-who-codexalimentarius/es/. Para un análisis de los asuntos de gobernanza traídos a colación por el Codex, véase Michael A. Livermore, "Authority and Legitimacy in Global Governance: Deliberation, Institutional Differentiation, and the Codex Alimentarius", *New York University Law Review* 81 (2006): 766-801.

La autoridad y la globalización de la inclusión y la exclusión

desarrollados con los de los países en vías de desarrollo, es lo que está en juego en el sentido más fundamental en el establecimiento de estándares conducentes al comercio global "libre" y "competitivo"? Esta pregunta parece especialmente pertinente a la luz de los estudios que revelan el sesgo a favor de los productores del derecho de la OMC y el impacto de su lógica funcional en los derechos humanos.[40]

Sin importar cuán exiguo sea, este análisis de los estándares internacionales basta para arrojar luz sobre la sistematicidad de los órdenes jurídicos: su proferimiento exige una relación coherente entre el punto y la configuración por defecto estratificada de la acción colectiva, aunque la armonización del uno con la otra dependa del contexto. A pesar de que me he enfocado en la relación entre la configuración por defecto y el punto de la acción conjunta como un todo, debe anotarse que la coherencia también vale para la relación entre los distintos estratos de reglas dentro de la configuración por defecto de la acción colectiva. No menos importante es anotar que, al igual que la unidad de una perspectiva de la primera persona plural, la unidad de una multiplicidad de reglas es *putativa*: la relación entre el punto de la acción conjunta y su configuración por defecto estratificada, al igual que la relación entre los estratos de reglas que la comprenden, son eminentemente cuestionables. Esto implica que, en sentido estricto, no existe la unidad de una multiplicidad de reglas. Establecer la configuración por defecto del punto de la acción conjunta es *unificar* las reglas en un sistema, un proceso que va de la mano con la *pluralización* de las reglas, entendiendo por ello el surgimiento

---

40. Véase, entre otros, Sheldon Leader, "Trade and Human Rights II", en *The World Trade Organization: Legal, Economic and Political Analysis*, ed. de Patrick Macrory, Arthur Edmond Appleton y Michael C. Plummer (Dordrecht: Springer, 2005), 2:663-696.

3. Tres variaciones sobre el tema de la unificación

de otras lecturas de lo que vale como el punto y la configuración por defecto de la acción colectiva.

Esta exploración de la ISO (y de la OMC), pese a ser incompleta, sugiere que la coherencia es una característica clave de lo que constituye a una multiplicidad de reglas como una unidad putativa —como un *sistema jurídico*—. En este sentido, el análisis de la coherencia que he estado exponiendo puede generalizarse más allá de los detalles específicos de la ISO y de otras formas de gobernanza global, razón por la cual, como se anotó al comienzo de esta subsección, prefiero hablar de *coherencia punto-configuración por defecto*. Crucialmente, la coherencia de la acción colectiva anidada y de su correlato, una configuración por defecto estratificada del punto de la acción colectiva, afecta la racionalidad que puede predicarse de la acción colectiva. En efecto, hay una dimensión *instrumental* de la racionalidad de la acción colectiva: la acción colectiva anidada es un medio para realizar una acción colectiva de orden superior, donde mi uso del término *medio* supone su conducencia para la realización del punto de la acción colectiva de orden superior. En este sentido específico, el modelo Aciam del derecho respalda la tesis del positivismo jurídico según la cual las normas jurídicas son, como lo dice Shapiro, "instrumentos universales": "Del mismo modo que no hay fines específicos que las intenciones deben satisfacer, no hay metas sustantivas o valores que las normas jurídicas han de alcanzar o realizar".[41]

Aunque existe una *dimensión* irrefragablemente instrumental de la coherencia punto-configuración por defecto y, con ella, de la sistematicidad de los órdenes jurídicos, esto no implica someter

---

41. Shapiro, *Legalidad*, 220. En el mismo sentido, Kelsen asevera que "el derecho no se caracteriza por la finalidad sino por ser un medio específico [...], un aparato coactivo cuyo valor depende de la finalidad trascendente al derecho mismo y de la cual este constituye un medio". Kelsen, *Teoría pura del derecho*, 62.

La autoridad y la globalización de la inclusión y la exclusión

el modelo Aciam del derecho a un modelo instrumental de la racionalidad. Dos características ulteriores y generales de la acción colectiva explican por qué.

Está, por un lado, la opacidad parcial de la acción conjunta, cuyo punto nunca puede articularse plenamente: los agentes participantes nunca tienen ni pueden tener un entendimiento pleno de lo que están haciendo o deben hacer juntos. Así, en un sentido trivial, podría ocurrir que el equipo de cocina del dormitorio no hubiera anticipado que cocinar juntos iba a implicar trapear un gran charco de aceite de oliva que se formó cuando una de las sartenes cayó al piso. En lo que concierne a la ISO, ha quedado claro retrospectivamente que los estándares deben ser "adecuados" para promover el comercio global y también para ocuparse de asuntos como la justicia social y el medio ambiente. En el mismo sentido, pasando a la OMC, ha quedado claro retrospectivamente, a la luz del artículo 2.4 del Acuerdo OTC, que es necesario sentar criterios procedimentales para el proferimiento de estándares internacionales por parte de entidades creadoras de estándares como la ISO, si estos estándares han de funcionar autoritativamente como la "base" para estándares técnicos nacionales.[42] Como consecuencia, el punto de la acción colectiva, tal y como está articulado por medio de su configuración por defecto, es provisional y abierto a revisiones de mayor o menor alcance, de maneras que en muchas ocasiones no pueden haber sido previstas por los participantes, de cara a nuevos contextos de la acción colectiva.

---

42. Órgano de Apelación de la OMC, *Comunidades europeas – Denominación comercial de sardinas*, WT/DS231/AB/R, 26 de septiembre de 2002, https://www.wto.org/spanish/tratop_s/dispu_s/cases_s/ds231_s.htm; Órgano de Apelación de la OMC, *Estados Unidos – Medidas relativas a la importación, comercialización y venta de atún y productos de atún*, WT/DS381/AB/R, 16 de mayo de 2012, https://www.wto.org/spanish/tratop_s/dispu_s/cases_s/ds381_s.htm

3. Tres variaciones sobre el tema de la unificación

Y está, por el otro lado, la racionalidad híbrida de la acción colectiva. La opacidad parcial de la acción conjunta excluye que la racionalidad propia de la acción colectiva sea únicamente instrumental: también está necesariamente orientada hacia el *punto* de la acción colectiva.[43] Modificar la configuración por defecto del punto de la acción conjunta también es siempre, en mayor o menor medida, articular su punto de una nueva manera. Si le corresponde o no a un estudiante que ha dejado caer un sartén con aceite trapear el desorden, o si más bien debe hacerlo otro de los estudiantes que está menos ocupado con tareas de cocina, no es solo una pregunta sobre los medios; también es una pregunta sobre qué es cocinar juntos. De la misma manera, una decisión de la ISO sobre la "adecuación" de los estándares, así como una de la OMC sobre qué medios se requieren para realizar el comercio libre, es siempre, en mayor o menor medida, una decisión sobre la manera como el comercio podría valer como una realización de un bien global. En consecuencia, la pregunta práctica que confronta a los colectivos sobre qué hacer es una pregunta *contextual* sobre medios y fines que requiere una respuesta *contextual* que identifique y una medios y fines. Los estándares ilustran la estructura general del racionamiento práctico, que siempre es una forma recursiva de racionamiento práctico, en la que la configuración por defecto de la acción conjunta es evaluada en los términos de su punto, a la vez que el punto de la acción y su configuración por defecto son calibrados en los términos de su contexto. Por consiguiente, esta pregunta práctica tiene una dimensión cognitiva y una normativa que solo pueden ser separadas a través de una abstracción: "¿Sobre qué debe tratar nuestra acción conjunta?". También es siempre la pregunta "¿sobre qué trata nuestra acción conjunta?", y viceversa. Por esta razón, como el lector lo habrá notado, presento

---

43. Aquí difiero de Shapiro; véase *Legalidad*, 220.

consistentemente la pregunta sobre el punto de la siguiente manera: ¿sobre qué trata/debe tratar nuestra acción conjunta?

Concluyo este análisis de la coherencia medios-fines como una dimensión de la sistematicidad de los órdenes jurídicos con dos comentarios. El primero tiene que ver con la autoridad. Del mismo modo que resultó imposible contener el concepto de *autoridad* dentro de los confines de una caracterización funcional al hablar de las tres posiciones de nosotros* de la perspectiva de la primera persona plural de un colectivo, ahora pasa lo mismo al explorar la unidad putativa de una multiplicidad de reglas. La racionalidad híbrida del establecimiento de estándares —de hecho, de la articulación del punto de la acción conjunta en general— implica que la autoridad necesariamente combina dimensiones cognitivas y normativas.[44] Por un lado, un enfoque puramente normativo de la autoridad es incapaz de explicar el rol *positivo* que la pericia juega en el aseguramiento de la autoritatividad de la gobernanza global, lo que no equivale a decir que la pericia agota la dimensión cognitiva de la autoridad. Concretamente, las lecturas estrictamente normativas tienden a repudiar la pericia como parte integral de una concepción instrumental de la autoridad.[45] Por

---

44. Debe dejarse abierta la pregunta sobre si el contraste que tempranamente hizo Habermas entre la tecnología y la práctica y su contraste posterior entre acción "estratégica" y "comunicativa" son capaces de dar razón del carácter híbrido de la autoridad que surge de estas consideraciones.

45. Significativamente, los movimientos alterglobalización también son confrontados con este problema. Como lo anota Pleyers, "los activistas de la alterglobalización se han rebelado en contra de la 'dominación por parte de los expertos internacionales' por ser antidemocrática, y han denunciado la delegación de las decisiones en las áreas de la economía política y el comercio a los expertos que trabajan en instituciones internacionales —pero, a la vez, ellos mismos se ven forzados a confiar en expertos—". Retar el monopolio de la pericia tecnológica, jurídica y económica es crucial para el éxito de los movimientos alterglobalización. Además, como lo muestra Pleyers, encontrar un

3. Tres variaciones sobre el tema de la unificación

el otro lado, un enfoque estrictamente cognitivo de la autoridad pierde de vista la demanda de *comunalidad* que es intrínseca al proceso de articular, monitorear y sostener el punto de la acción colectiva: nosotros* *juntos*.

Así las cosas, pese a tomar como punto de partida un concepto funcional de *autoridad*, el modelo Aciam del derecho va más allá de él, juntando la racionalidad híbrida de la regulación con la perspectiva de la primera persona plural de un nosotros* en acción conjunta. La articulación contextual de la configuración por defecto y del punto de la acción colectiva es la articulación de lo que se considera que nosotros* vemos como aquello sobre lo cual trata/debe tratar nuestra acción conjunta. Nuevamente: una investigación sobre la autoridad, entendida como la articulación coherente y contextualmente anclada del punto y de la configuración por defecto de la acción conjunta, es una investigación, de una parte, sobre la manera como el nosotros* vocero asegura articular el punto de la acción conjunta como el punto compartido por el nosotros* en juego y, de otra parte, sobre la manera como los destinatarios de una multiplicidad de reglas pueden llegar a reconocer o identificarse con estas reglas como la articulación de aquello sobre lo que *su* acción colectiva trata. Hay, por lo tanto, una conexión interna entre la unidad putativa de una perspectiva de la primera persona plural y la unidad putativa de una multiplicidad de reglas; es por esto que he presentado estas dos unidades como dos dimensiones o facetas del orden jurídico, en singular.

---

equilibrio entre participación y pericia en la definición de los fines y la acción colectiva no es menos precario en los movimientos alterglobalización que en los procesos de globalización a los que aquellos se resisten. Véase Geoffrey Pleyers, *Alter-Globalization: Becoming Actors in the Global Age* (Cambridge: Polity Press, 2010), 123-126.

La autoridad y la globalización de la inclusión y la exclusión

Estas consideraciones sobre la autoridad tienen efectos sobre mi segundo comentario, que concierne a la inclusión y la exclusión. Como ha quedado claro, el desarrollo de un estándar (internacional) es inevitablemente un acto de inclusión y exclusión: a menos que haya una determinación mínima de qué propósitos han de ser satisfechos por los productos, materiales, servicios y procesos, la estandarización carece de punto y de sentido,[46] pero incluir los propósitos que los productos y demás deben satisfacer supone excluir otros propósitos posibles que aquellos podrían lograr. Aunque [6] la transformabilidad del modelo Aciam permite redefinir los términos de la inclusión y la exclusión colectiva, la coherencia punto-configuración por defecto implica que la sistematicidad —la unidad putativa de una multiplicidad de reglas jurídicas— solo puede predicarse de un orden jurídico si este no solo incluye, sino que también excluye. El debate relativo a asegurar una relación coherente entre el punto y su configuración por defecto estratificada es, necesariamente, un debate contextual que busca excluir no menos que incluir. La coherencia sistemática de un orden jurídico es, necesariamente, una coherencia confinada, pero el carácter confinado de la coherencia punto-configuración por defecto también garantiza que se trata de una coherencia *putativa*.[47]

---

46. N. del T.: en el original se lee que la estandarización sería, en tales circunstancias, *"literally pointless"*. Literalmente, esta expresión se puede traducir como "sin punto" y, figurativamente, como "inútil" o "sin sentido". La insistencia del autor en que tal estandarización carecería de punto literalmente juega con este doble significado, que no tiene par en español.

47. Sería posible reconstruir estas ideas, aunque con algunas diferencias importantes, en los términos de la famosa discusión de Gustav Radbruch sobre los tres elementos de la idea del derecho —justicia, finalidad y seguridad jurídica— y las antinomias que surgen entre estos. Tal reconstrucción, sin embargo, está más

3. Tres variaciones sobre el tema de la unificación

3.2.2. Coherencia funcional

La demanda de coherencia punto-configuración por defecto es una característica clave de la demanda de unidad putativa elevada por los órdenes jurídicos en cuanto unidades de reglas; esto es, si se quiere, la dimensión sustantiva de la sistematicidad jurídica, pero esta característica no agota su alcance. Hay también una segunda característica clave que se sigue de lo que se ha dicho con respecto a la posición del nosotros* vocero. Cada uno de los ejemplos presentados con anterioridad en este capítulo da por sentado que hay un grupo que, asegurando representar a un colectivo más amplio de partes interesadas, profiere reglas en calidad de configuración por defecto del punto de la acción del colectivo más amplio. Tal es el caso del BCBS, la IASB, la CCC, la ISO, la OMC y (aunque a él nos referimos tangencialmente) el Codex Alimentarius. Pero el proferimiento de reglas solo es parte del ámbito más amplio de la regulación, que comprende la articulación, el monitoreo y el sostenimiento de la acción conjunta. La posición del nosotros* vocero, como se la ha interpretado a través del prisma del modelo Aciam del derecho, abarca esas tres dimensiones de la regulación. Así, la unidad putativa de la posición del nosotros* vocero tiene su correlato en la regulación coherente, lo que significa que, en líneas generales, las tres funciones regulatorias están sintonizadas entre sí en una manera conducente a la acción conjunta por parte del nosotros* en juego en la regulación. Por consiguiente, la coherencia punto-configuración por defecto va de la mano con lo que llamo *coherencia funcional*. Un orden jurídico es coherente funcionalmente en la medida que los oficiales a quienes se ha confiado la articulación, el monitoreo y el sostenimiento de la acción conjunta sean mutuamente receptivos entre

---

allá del alcance de este libro. Véase Gustav Radbruch, *Filosofía del derecho*, trad. de José Medina Echavarría (Madrid: Editorial Reus, 2007), 143-151.

sí de una manera que preserve la coherencia punto-configuración por defecto de un colectivo a través del tiempo.[48] El calificador *en la medida* es importante porque, como lo han argüido perspicazmente Culver y Giudice en su crítica a lo que llaman *explicaciones "transcendentales" de la validez sistemática*, "el grado efectivo de unidad de los funcionarios y su sistema jurídico está supeditado a la práctica y a la aceptación efectiva, no a su presunción".[49]

Considérese, en primer lugar, la coherencia funcional en el derecho estatal o, más exactamente, el derecho estatal en la formación de tipo ideal propia de lo que Sassen llama "TAD nacional". Se considera que los funcionarios a quienes se ha confiado el ejercicio de funciones regulatorias hacen parte del mismo orden jurídico. Ciertamente, la división tripartita entre las ramas legislativa, ejecutiva y judicial del poder no tiene correspondencia plena con la partición funcional tripartita de la regulación. Sin embargo, la división de poderes presupone la unidad más fundamental del poder estatal, a saber, que la articulación, el monitoreo y el sostenimiento de la acción conjunta son manifestaciones diferentes de la regulación ejercida por los funcionarios que pertenecen a *un* colectivo estatal. En pocas palabras, la diferenciación triple de las funciones regulatorias es fundamental para la arquitectura institucional del

---

48. Esta característica de la unidad del regulador resuena con la interpretación de Shapiro de la unidad del derecho, de acuerdo con la cual "la *unidad* de un conjunto de normas se deriva así […] porque son producto de la actividad de *un grupo* que comparte un plan y que trabaja en conjunto planificando para una comunidad". Shapiro, *Legalidad*, 259-260.

49. Keith Culver y Michael Giudice, "Claims to Authority, Legal Systems, and Dynamic Social Phenomena", en *Authority in Transnational Legal Theory: Theorising across Disciplines*, ed. de Roger Cotterrell y Maksymilian del Mar (Cheltenham: Edward Elgar Publishing, 2016), 49-74, 66. Partiendo (con beneficio de inventario) del trabajo de Matthew Adler, Culver y Giudice, defienden, además, una "visión relativa a los grupos" que ilustre la práctica y la aceptación efectiva requerida para la existencia de un orden jurídico. Ibíd., 67.

3. Tres variaciones sobre el tema de la unificación

modelo Aciam, pero no así la división de poderes. Los Estados autocráticos y teocráticos, por ejemplo, organizan estas funciones de manera considerablemente diferente a la correspondiente a la división tripartita de poderes de los Estados democráticos, pero, en todos los casos, los funcionarios han de actuar conjuntamente: deben sintonizar la coherencia punto-configuración por defecto del colectivo estatal. Por esta razón, la estructura ideal del derecho estatal en el TAD nacional encarna una *diferenciación* funcional, mas no, propiamente hablando, una fragmentación funcional.

Como se anticipó en la sección 2.3.1, una variedad de órdenes jurídicos globales emergentes transforma este modelo ideal del derecho estatal, de manera tal que las tres funciones regulatorias son dispersadas entre distintos colectivos. En consecuencia, el TAD global desplaza la naturaleza de la pregunta sobre la coherencia funcional: se vuelve una pregunta sobre la coherencia a la luz de la *fragmentación* funcional. Lo que Stewart llama "administración distribuida" es parte de este proceso de fragmentación, pero bajo ninguna circunstancia lo agota.[50] Aunque es decisivo para entender la estructura regulatoria de los órdenes jurídicos globalizantes, este desplazamiento también modifica la regulación estatal en el contexto del TAD global, en la medida que la globalización propicia la fragmentación funcional de un amplio espectro de ámbitos del derecho estatal.

Pospongo la discusión sobre las implicaciones que la fragmentación funcional tiene sobre el derecho estatal hasta la sección 3.3.3. Por el momento, permítaseme considerar la fragmentación

---

50. "Los reguladores globales dependen de distintas instituciones y entidades que implementan sus normas, decisiones y políticas. Estos organismos forman la *administración distribuida* de los regímenes regulatorios globales". Véase Richard B. Stewart, "Remedying Disregard in Global Regulatory Governance: Accountability, Participation and Responsiveness", *The American Journal of International Law* 108, n.º 2 (2014): 211-270, 217.

La autoridad y la globalización de la inclusión y la exclusión

funcional en los órdenes jurídicos globales emergentes. Por ejemplo, aunque el BCBS articula estándares (y guías y prácticas adecuadas) para los bancos internacionalmente activos y monitorea su cumplimiento, le corresponde a cada Estado miembro transformar estos estándares en legislación y hacerlos efectivos frente a los bancos registrados en su jurisdicción. La CCC también depende de la fragmentación de estas tres funciones. A pesar de que la CCC ha proferido el Código de Prácticas Laborales para la Industria de la Confección (articulación), una organización independiente monitorea que las empresas cumplan con el código. A su vez, cuando una empresa se ha comprometido a cumplir el código, es responsable del monitoreo frente a sus contratistas, subcontratistas, distribuidores y licenciatarios, para lo cual puede recurrir a la fuerza de la jurisdicción estatal en contra de esos participantes de la "cadena" productiva que incumplen sus obligaciones contractuales de conformidad con el código (sostenimiento). La CCC, por su parte, puede sostener la acción de las firmas participantes exigiéndoles que rindan cuentas con reportes públicos y suspendiendo o cancelando su certificación, con los correspondientes daño reputacional y la disminución de ingresos generados por mecanismos del mercado. Esto sugiere que los consumidores se vuelven parte integral del sostenimiento del código. Pasando a un tercer ejemplo, la ISO articula estándares que valen como la configuración por defecto de productos que se estiman adecuados para el comercio global "libre" y "competitivo". También monitorea estos estándares por medio de procedimientos de revisión orientados a verificar su pertinencia para realizar los fines para los que fueron diseñados. La ISO comparte esta función de monitoreo con la OMC, la cual ya ha establecido criterios procedimentales que deben cumplir la ISO, el Codex Alimentarius y otros organismos semejantes en el momento de expedir estándares que la OMC aplica y sostiene por medio de sus mecanismos de resolución de conflictos.

3. Tres variaciones sobre el tema de la unificación

En pocas palabras, el modelo Aciam del derecho acomoda maneras variopintas de articular, monitorear y sostener la acción conjunta de los órdenes jurídicos globales emergentes. La pregunta que surge ahora es la siguiente: ¿de qué manera esta fragmentación funcional afecta su coherencia funcional?

Aunque esta pregunta podría abordarse por medio de un examen de cualquiera o de varios de los ejemplos discutidos en las secciones precedentes —el BCBS, la IASB, la CCC, la ISO, la OMC o el Codex Alimentarius—, consideremos ahora un ejemplar más difícil de fragmentación funcional, a saber, el nuevo derecho mercantil. Esquivaré el debate agrio relativo al estatus del nuevo derecho mercantil, prefiriendo en cambio enfocarme en la "premisa básica", como la llama Berger, según la cual "la comunidad internacional de comerciantes crea su propio derecho por medio de procesos 'autónomos' y descentralizados de creación de normas".[51] Mi finalidad no es ponerme de antemano del lado de los paladines de la nueva *lex mercatoria*; el punto es, más bien, que únicamente *esta* lectura del nuevo derecho mercantil es interesante para una investigación sobre los órdenes jurídicos globales emergentes. En efecto, tiene razón Berger cuando dice que asimilar la nueva *lex mercatoria* a un conjunto de reglas o principios o a la totalidad de usos del mundo del comercio es perfectamente compatible con la nacionalización del derecho mercantil de manera tal que los distintos poderes judiciales nacionales apliquen esas reglas y costumbres desde una multitud de perspectivas nacionales de la primera persona. Si el nuevo derecho mercantil ha de ser

---

51. Véase Klaus Peter Berger, *The Creeping Codification of the New* Lex Mercatoria, 2.ª ed. (Alphen aan den Rijn: Kluwer Law International, 2010), 58. La primera parte del libro de Berger ofrece un examen extenso del debate doctrinal; véase también Ursula Stein, *Lex Mercatoria: Realität und Theorie* (Fráncfort: Vittorio Klostermann, 1995), 179-247.

interesante para nuestra investigación, tiene que serlo en el sentido fuerte que Berger, remontándose a las contribuciones pioneras de Goldman, caracteriza de la siguiente manera: "Un sistema jurídico independiente supranacional, 'tercero' entre el derecho nacional y el derecho internacional [público], un sistema jurídico que es creado y desarrollado por las fuerzas creadoras de normas de la comunidad internacional de los negocios".[52] En efecto, no es exagerado decir que los participantes en la creación del nuevo derecho mercantil se entienden a sí mismos como agentes involucrados en la *unificación global* de este. En un sentido negativo, la unificación significa la desnacionalización de los contratos comerciales transfronterizos. En un sentido positivo, la unificación significa la creación de un cuerpo de reglas único y abarcador que tiene aspiraciones de validez global y que, a diferencia del derecho comercial estadocéntrico, aspira a satisfacer las necesidades de la comunidad mercante global. En palabras de Schmitthoff, uno de los fundadores del movimiento unificador, "estamos [creando las condiciones para] el primer derecho común del mundo".[53]

Dos tipos de reguladores tienen un papel peculiar en el nuevo derecho mercantil: las "agencias formuladoras", como las llama Berger, y los árbitros comerciales internacionales. Aquellas incluyen a organizaciones como el Instituto Internacional para la Unificación del Derecho Privado (Unidroit),[54] la Comisión de las Naciones Unidas para el Derecho Mercantil Internacional

---

52. Berger, *The Creeping Codification of the New* Lex Mercatoria, 64. Véase Berthold Goldman, "Frontières du droit et *lex mercatoria*", *Archives de Philosophie du Droit* 13 (1964): 177-192.

53. Clive M. Schmitthoff, "International Business Law: A New Law Merchant", *Current Law and Social Problems* 2 (1961): 129-153, 152-153.

54. Unidroit: https://www.unidroit.org/

3. Tres variaciones sobre el tema de la unificación

(CNUDMI)⁵⁵ y la Cámara de Comercio Internacional (ICC, por sus siglas en inglés).⁵⁶ Estas y otras organizaciones semejantes están entregadas a los procesos en curso de redacción y formulación de reglas generales orientadas a unificar el comercio mundial. Así, por ejemplo, el Unidroit publicó recientemente la versión 2010 de sus Principios de Contratos Comerciales Internacionales, cuyo objetivo es "establecer un conjunto balanceado de reglas diseñado para ser usado alrededor del mundo, con independencia de las tradiciones jurídicas y las condiciones económicas y políticas de los países en los que han de ser aplicadas".⁵⁷ Además de reglas que son en principio aplicables a todo el espectro del comercio mundial, existen agencias formuladoras para sectores específicos del comercio mundial, como el Comité Marítimo Internacional (CMI), que profiere reglas sectoriales orientadas a unificar el derecho marítimo;⁵⁸ y la Federación Internacional de Ingenieros Consultores (Fidic), que publica, entre otras cosas, minutas contractuales internacionales estándar que son consistentes con su punto, a saber, "[posibilitar] el desarrollo de un mundo sostenible como la voz global reconocida de la industria de la consultoría ingenieril".⁵⁹

Los árbitros comerciales internacionales son el segundo tipo peculiar de reguladores del nuevo derecho mercantil. Entre los facilitadores de árbitros más significativos se cuentan la ICC, la Asociación Americana de Arbitraje y la Corte de Arbitraje Internacional de Londres. En las últimas décadas, el arbitraje internacional se ha consolidado como el mecanismo líder de resolución

---

55. CNUDMI: https://uncitral.un.org/es
56. ICC: http://www.iccspain.org/
57. Unidroit, "Unidroit Principles" (2016), xxiii, https://www.unidroit.org/english/principles/contracts/principles2016/principles2016-e.pdf
58. CMI: https://comitemaritime.org/
59. Fidic: http://fidic.org/about-fidic

La autoridad y la globalización de la inclusión y la exclusión

de conflictos en el comercio global. En la toma de decisiones sobre los conflictos contractuales elevados ante ellos, los tribunales arbitrales aplican el nuevo derecho mercantil cuando las partes del contrato lo han incorporado en una cláusula de selección del derecho aplicable, cuando el derecho nacional lo permite en la legislación sobre arbitraje comercial internacional e incluso en algunos casos en los que las partes no han recurrido en su contrato a una cláusula de selección del derecho aplicable. Hoy en día es ampliamente aceptado que, en reconocimiento del principio de autonomía de las partes, los laudos que aplican la nueva *lex mercatoria* no pueden ser dejados de lado por las cortes nacionales, por esa sola razón, cuando las partes lo han invocado en una cláusula de selección del derecho aplicable. Sería un error, sin embargo, asumir que, por un lado, las agencias formuladoras crean reglas generales del nuevo derecho mercantil y, por el otro, que los tribunales de arbitraje solo aplican estas reglas; en la toma de decisiones sobre los casos que se les presentan, estos tribunales también contribuyen a crear y desarrollar reglas generales de la *lex mercatoria*, especialmente a la luz del incremento de la publicación de laudos, sobre lo cual volveré a continuación. Además, aunque provienen de un organismo judicial nacional o internacional, los laudos son ejecutables bajo la égida de los regímenes nacionales e internacionales, concretamente la Convención sobre el Reconocimiento y la Ejecución de las Sentencias Arbitrales Extranjeras de Nueva York de 1958.

Esta es, debe admitirse, la más somera de las referencias a un ámbito jurídico tan vasto y complejo, pero basta para abordar la pregunta sobre la coherencia funcional y, más generalmente, sobre el estatus de la *lex mercatoria* como un orden jurídico global emergente en el contexto del modelo Aciam del derecho.

Nótese, en primer lugar, las posiciones del nosotros* vocero y el nosotros* en juego. Las agencias formuladoras se ven a sí mismas como grupos que profieren reglas a nombre de la comunidad

3. Tres variaciones sobre el tema de la unificación

empresarial internacional como un todo o de uno de sus sectores. Así, por ejemplo, en la introducción a la versión de 1994 de sus Principios, el Consejo de Gobernadores del Unidroit se entiende a sí mismo como un vocero "de las comunidades empresariales y jurídicas internacionales", a quienes "ofrece" "reglas generales para los contratos comerciales internacionales". El punto de los principios, y efectivamente del Unidroit como un colectivo creador de normas, es "proveer un sistema de reglas especialmente diseñadas para satisfacer las necesidades de las transacciones comerciales internacionales".[60] En lo que concierne a un ejemplo de un colectivo sectorial, la página web del CMI asevera, de conformidad con el artículo 1 de su constitución, que es "una organización internacional no gubernamental sin ánimo de lucro establecida en Amberes en 1897, cuyo objeto es contribuir por todos los medios y actividades apropiados a la unificación del derecho marítimo en todos sus aspectos". Aunque los tribunales de arbitraje fallan laudos arbitrales entre partes contratantes, en el curso tanto de aplicar como de crear la *lex mercatoria* efectivamente actúan como voceros de la comunidad más amplia que se considera que está en juego en las decisiones de los casos individuales: la comunidad de aquellos que toman parte en el comercio transfronterizo en cualquier parte del mundo. Un pasaje de un fallo por parte de la Corte de Casación de Italia revela claramente la relación representacional entre el arbitraje y la comunidad empresarial global y, más generalmente, entre las posiciones del nosotros* vocero y del nosotros* en juego, aun cuando la califique como una relación "informal".

Tras haber reconocido explícitamente la existencia de una *lex mercatoria* que es vinculante para la comunidad empresarial transnacional, la corte agrega que

---

60. "Unidroit Principles 2010", xxiii, 1 (Preamble), https://www.unidroit.org/instruments/commercial-contracts/unidroit-principles-2010

La autoridad y la globalización de la inclusión y la exclusión

el derecho mercantil se origina cuando la convicción común de la existencia de valores comunes vinculantes toma forma y cuando la gente que tiene esa convicción común coordina su comportamiento sobre la base de reglas comunes (formando de esta manera una *societas* mercantil). En semejante *societas* —que no tiene una organización estable— el derecho se aplica informalmente; incluso cuando es aplicado por una organización, como los órganos de arbitraje, el derecho mercantil, aunque se vuelve más consistente, no cambia su naturaleza.[61]

Considérense ahora las tres funciones reguladoras. Lo primero que llama la atención es la fuerte fragmentación funcional de la *lex mercatoria*. Para empezar, tanto las agencias formuladoras (generales y sectoriales) como los tribunales de arbitraje articulan y monitorean la configuración por defecto de la acción conjunta por parte de la comunidad empresarial global. Las introducciones a los Principios Unidroit de 2004 y 2010 indican explícitamente, por ejemplo, que estas reafirmaciones de los Principios de 1994 son el resultado de la actividad de "monitoreo" de la organización. Y en el curso de aplicar/crear reglas generales en el momento de tomar decisiones sobre contratos individuales, los tribunales de arbitraje también contribuyen a articular y monitorear la configuración por defecto de la acción conjunta por parte de la comunidad empresarial. Por último, hay un espectro de mecanismos disponibles para sostener la acción conjunta por parte del nosotros* en juego. El más obvio de ellos es la ejecución de los laudos por parte de las cortes nacionales, pero otros mecanismos incluyen

---

61. Sentencia del 8 de febrero de 1982, Cass. 1982, Foro It. I, 2285, traducida y citada por Francesco Galgano, "The New *Lex Mercatoria*", *Annual Survey of International & Comparative Law* 2, n.º 1 (1995): 99-110, 109, n.º 18.

3. Tres variaciones sobre el tema de la unificación

las "listas negras" y el retiro de los derechos de membresía de las asociaciones de comercio.

¿Estas funciones se despliegan *coherentemente*? ¿Puede hablarse de *coherencia funcional* con respecto a la *lex mercatoria* y, en ese sentido, con respecto a la unidad putativa de una multiplicidad de reglas?

Esta pregunta es imperiosa por tres razones relacionadas. La primera es la ausencia de un sistema organizado de jurisdicción arbitral: además de haber un espectro amplio de tribunales permanentes de arbitraje que no están coordinados institucionalmente entre sí, muchos otros tribunales de arbitraje, quizás la mayoría, son acordados *ad hoc* para decidir sobre casos específicos y proferir laudos que, en su mayor parte, se mantienen confidenciales. La segunda razón es que, en principio, los laudos no pueden ser apelados, de manera que, en fuerte contraste con el derecho estatal, ningún tribunal superior asegura la aplicación uniforme de las reglas del nuevo derecho mercantil. Además, ningún funcionario de mayor nivel asegura la consistencia entre las agencias formuladoras y la ejecución (y el descarte) de los laudos por parte de las cortes nacionales. La tercera razón concierne a las tensiones entre, por un lado, la articulación y el monitoreo del nuevo derecho mercantil y, por el otro, su ejecución por parte de los órdenes jurídicos estatales, a la luz de consideraciones de política pública.[62] En pocas palabras, no existe ningún mecanismo institucional que

---

62. "El objeto de un régimen arbitral moderno y progresivo es minimizar la interferencia judicial en el proceso arbitral. Pero un sistema judicial nacional es el medio por medio del cual cualquier comunidad política implementa sus reglas en el contexto de las disputas privadas. Si esas disputas son sacadas del sistema judicial y mandadas a las cortes que no interfieran con el proceso o los resultados a menos que se den desviaciones fundamentales del debido proceso, ¿cómo podría asegurar la comunidad política la adhesión al derecho privado y público aplicable?". Donald Francis Donovan, "International Commercial

pueda asegurar la coherencia de la *lex mercatoria* de cara a su fuerte fragmentación funcional.

Sin embargo, los reguladores han encontrado una alternativa a las garantías verticales para garantizar la coherencia funcional de la *lex mercatoria*. En efecto, aunque muchos laudos —probablemente la mayoría— son confidenciales, la iniciativa de publicar los laudos dictados por los tribunales permanentes de arbitraje, como los proferidos en el marco de la Corte Internacional de Arbitraje de la ICC, posibilita que esos laudos funcionen como precedentes para las nuevas decisiones, de ahí que se posibilite una forma horizontal de interacción bastante similar al *stare decisis* del *common law*. Como lo dice Berger,

> la creciente referencia mutua de los tribunales internacionales de arbitraje, el análisis crítico y la aceptación, modificación o rechazo de ideas, instituciones o valores jurídicos [...] está llevando gradualmente a la coordinación de esos principios, reglas y nociones jurídicas que forman la base de la [nueva *lex mercatoria*].[63]

Y, en un sentido importante, hay evidencia empírica considerable que sugiere que las cortes nacionales solo excepcionalmente invocan consideraciones de política pública nacional para dejar a un lado laudos arbitrales proferidos por los tribunales internacionales

---

Arbitration and Public Policy", *New York University Journal of International Law and Politics* 27 (1995): 645-657, 649.

63. Berger, *The Creeping Codification of the New* Lex Mercatoria, 98. Véase también Gunther Teubner, "Global Bukowina: Legal Pluralism in the World Society", en *Global Law without a State*, ed. de Gunther Teubner (Dartmouth: Aldershot, 1997), 3-28, 20; Alec Stone Sweet, "The New *Lex Mercatoria* and Transnational Governance", *Journal of European Public Policy* 13, n.º 5 (2006): 627-646, y Ralf Michaels, "The True *Lex Mercatoria*: Law beyond the State", *Indiana Journal of Global Legal Studies* 14, n.º 2 (2007): 447-468.

3. Tres variaciones sobre el tema de la unificación

de arbitraje, notablemente como resultado de legislaciones nacionales orientadas a asegurar una relación colaborativa, en vez de competitiva, entre el arbitraje comercial internacional y los sistemas judiciales nacionales. Pero dado que una porción muy significativa de los laudos arbitrales es confidencial, es más seguro ser cauteloso y concluir que somos testigos de una regulación que quizás se está volviendo más o menos coherente a través de las tres funciones de articular, monitorear y sostener el comercio por parte de la comunidad empresarial global, a pesar de la fuerte fragmentación institucional de estas funciones. Estamos aquí ante aun otra instancia de dos tesis con las que nos habíamos encontrado más atrás en este capítulo: en sentido estricto, no hay tal cosa como una unidad de las reglas jurídicas, no hay un sistema jurídico en la forma de un *ordo ordinatus*. Lo que tenemos es un proceso en desarrollo de hacer coherente las tres funciones regulatorias: asegurar la coherencia funcional es parte integral del nuevo derecho mercantil como un *ordo ordinans*.[64]

Todo esto sugiere que la *lex mercatoria* podría perfectamente convertirse en un orden jurídico global *emergente*, de conformidad con el modelo Aciam del derecho, incluso si el número de casos decididos bajo su égida sigue siendo modesto: frente a una

---

[64]. En palabras de Schill, "entender el arbitraje como un sistema de esta manera significa entender la importancia y poder de los árbitros. Ellos son el centro que puede forjar al arbitraje internacional en un sistema o disolverlo en una fragmentación infinita. De manera similar a como lo son las cortes en el contexto nacional, los árbitros como grupo son la institución clave para el surgimiento, la persistencia, la transformación y, por lo tanto, la existencia del arbitraje internacional como un sistema". Stephan W. Schill, "International Arbitrators as System-Builders", *Proceedings of the American Society of International Law* 106 (2012): 295-297, 295. Véase también Hugh Collins, "Flipping Wreck: Lex Mercatoria on the Shoals of Ius Cogens", en *Contract Governance: Dimensions in Law and Interdisciplinary Research*, ed. de Stefan Grundmann, Florian Möslein y Karl Riesenhuber (Oxford: Oxford University Press, 2015), 383-406.

gama de casos, la *lex mercatoria* ha empezado a demandar validez global y cierta autonomía regulatoria para sí de cara a los derechos nacional e internacional. En lo que respecta a la validez global, y a pesar de las referencias doctrinales y jurisprudenciales al comercio y a los contratos comerciales "internacionales" o "transnacionales", lo que está realmente en juego, como se dijo atrás, es la comunidad empresarial *global*, una comunidad que se considera por sus voceros como tenedora de intereses y necesidades irreductibles a los de las comunidades empresariales que operan dentro de las ataduras de los colectivos estatales. Tal es, en efecto, el punto y la razón de ser de la unificación del comercio transfronterizo.

Esto tiene efectos en el concepto de *autonomía regulatoria*. Sostengo que la *lex mercatoria*, en lo que respecta a los laudos que son publicados y que aplican reglas de las agencias formuladoras, puede haber llegado al umbral del autogobierno colectivo en el sentido fundamental (pero estrecho) propuesto por el modelo Aciam del derecho: un grupo comprometido de funcionarios que es más o menos exitoso en la articulación, el monitoreo y el sostenimiento del punto de la acción conjunta del colectivo en cuyo interés aseguran llevar a cabo la acción regulatoria. Pero acepto la advertencia que Culver y Giudice hacen sobre un "concepto de trascendencia" del orden jurídico que sea ajeno a la práctica y la aceptación social efectivas: "Donde haya prácticas oficiales o institucionales del tipo adecuado, puede decirse que un sistema jurídico que demanda autoridad existe".[65] En cualquier caso, sin importar si se ha llegado a ese umbral o no, es decir, si se está preparado o no para caracterizar a la *lex mercatoria* como un orden jurídico, sostengo que el modelo Aciam del derecho prueba su

---

65. Culver y Giudice, "Claims to Authority, Legal Systems, and Dynamic Social Phenomena", 72.

3. Tres variaciones sobre el tema de la unificación

temple al ayudar a elucidar qué hay de por medio en el surgimiento de un orden jurídico global.

Una vez más, dos anotaciones de cierre: la primera, sobre la autoridad y, la segunda, sobre la inclusión y la exclusión. Lo que resulta particularmente difícil en el caso de la *lex mercatoria* como orden jurídico global emergente es, de acuerdo con muchos estudiosos, su carácter plenamente "privado". El correlato a la crítica de un *contrat sans loi* podría ser formulado así: *legislateurs sans autorisation*. Aunque esta crítica es elevada habitualmente desde la perspectiva de las preocupaciones sobre la responsabilidad de las agencias formuladoras y los tribunales de arbitraje frente a todos aquellos que podrían verse afectados por el nuevo derecho mercantil, esta crítica en realidad va más al fondo, trayendo a cuento el problema de la representación con respecto a quienes las agencias formuladoras y los tribunales de arbitraje aseguran representar. Por definición, las agencias formuladoras y los tribunales de arbitraje no pueden haber sido autorizados de antemano por la comunidad empresarial global para que articulen y monitoreen la acción conjunta en su interés. Como se dijo más atrás, al introducir [8] representación, las demandas que hace un nosotros* vocero de representar a un nosotros* en juego siempre son *prematuras* y dependientes de la adopción que los destinatarios hagan de estas demandas representacionales. En su defensa, Berger, un fiero defensor de la autonomía del nuevo derecho mercantil, está plenamente consciente de este problema:

> Los instrumentos redactados y adoptados por estas [agencias formuladoras] no asumen automáticamente la calidad de "derecho" dentro del contexto [del nuevo derecho mercantil]. Más bien, este derecho es creado a través de la práctica contractual de la comunidad internacional de comerciantes y de la jurisprudencia del arbitraje internacional. Esto significa que las reglas y

principios contenidos en el texto de tales instrumentos deben pasar el examen de la práctica comercial internacional y del arbitraje internacional para poder ser reconocidos como parte [del nuevo derecho mercantil].⁶⁶

En ausencia de una autorización *ex ante* para regular en pro del interés del nosotros* en juego en la *lex mercatoria*, la comunidad empresarial global autoriza a las agencias formuladoras y a sus reglas *ex post* si las partes de los contratos comerciales internacionales incluyen al nuevo derecho mercantil regularmente en sus cláusulas de selección del derecho aplicable y si recurren al arbitraje internacional en caso de disputas. En esta medida, el modelo Aciam del derecho da sustancia a la tesis de Berger, según la cual "la comunidad internacional de comerciantes crea su *propio* derecho por medio de procedimientos 'autónomos' y descentralizados de creación de normas" (itálicas fuera del texto).

La tesis de Berger es tanto normativa como conceptual. Apela implícitamente a la bien conocida asunción de que la autonomía privada es la forma más democrática de regulación porque, a diferencia de la regulación "desde arriba" del derecho estatal, su enfoque "desde abajo" asegura que los destinatarios de la regulación también la profieran colectivamente: nosotros* autor.

¿Pero es esto así de simple? La incisiva advertencia de Kelsen sobre la naturaleza ideológica de la distinción entre derecho público y privado no pierde nada de su relevancia cuando la autorregulación "privada" se vuelve global. En contra de la neutralización y la despolitización del derecho privado y de la autonomía privada en el marco del derecho estatal, Kelsen les recuerda a sus lectores que los derechos subjetivos son derechos políticos en la

---

66. Berger, *The Creeping Codification of the New* Lex Mercatoria, 92.

3. Tres variaciones sobre el tema de la unificación

misma medida que lo son los que convencionalmente son entendidos como derechos civiles y políticos, y agrega que

> la diferencia básica que se establece entre la esfera jurídica pública —esto es, política— y la esfera jurídica privada —esto es, apolítica— tiene el cometido de dificultar la comprensión de un hecho, consistente en que el derecho "privado" generado en los contratos es un escenario del poder político en medida no menor que el derecho público creado por la actividad legislativa y administrativa [...]; lo que se denomina *derecho privado* constituye la forma jurídica especial de producción y distribución de bienes característica del orden económico capitalista; por tanto, se trata de una función eminentemente política.[67]

Lo que se pone en peligro o incluso se pierde en la noción de *autonomía privada* es la referencia controversial a la comunalidad o publicidad que está en el "auto" de la autonomía. De la misma manera que ocurre con el "auto" del autogobierno colectivo de la legislación estatal, el "auto" de la autonomía privada se refiere a la relación reflexiva por medio de la cual se considera que una multiplicidad de actores se ven y se refieren a sí mismos como un grupo cuyos miembros profieren reglas conjuntamente en su interés común. En consecuencia, hay una demanda cuestionable de comunalidad, de publicidad, que está ínsita en las nociones de *identidad colectiva* y de *autoridad*.

---

67. Kelsen, *Teoría pura del derecho*, 117. Las consideraciones que siguen sobre lo público y lo privado se basan en mi artículo "One Pillar: Legal Authority and a Social License to Operate in a Global Context", en Symposium on Global Human Rights and the Boundaries of Statehood, ed. de Daniel Augenstein y Hans Lindahl, *Indiana Journal of Global Legal Studies* 23, n.º 1 (2016): 201-224.

La autoridad y la globalización de la inclusión y la exclusión

El nuevo derecho mercantil ilustra la cuestionabilidad de la demanda de comunalidad que es intrínseca a la autoridad. En la medida que el punto del nuevo derecho mercantil sea facilitar el comercio y la movilidad global del capital, su calificación como una forma de autonomía privada

> oscurece su naturaleza política y sus funciones distributivas en la determinación en la atribución de los riesgos de las transacciones comerciales internacionales, en la regulación de los términos de la competencia comercial y del acceso al mercado y en la ejecución de acuerdos.[68]

En cambio, lo que vuelve autoritativa a la autonomía privada en el derecho estatal es que las reglas proferidas por una comunidad mercantil pueden ser vistas, no importa cuán provisional o defendiblemente, como una concretización del bien común del colectivo más grande del que aquella hace parte. En consecuencia, las normas comerciales proferidas por actores privados pueden ser vistas como normas *propias* del colectivo estatal, como normas que este ha autorizado, y los actos de creación normativa de los comerciantes pueden ser vistos como actos autorizados de creación normativa. Bajo esta perspectiva, la autonomía privada en el marco del derecho estatal tiene como premisa la institucionalización de la tesis según la cual *la distinción entre lo público y lo privado es, en sí misma, pública*. Como resultado, la decisión de glosar las relaciones económicas como relaciones privadas es una decisión política sobre lo que ha de valer como el bien público, es decir, no es más que una configuración por defecto de la acción colectiva que puede ser revisada e incluso revertida. A su manera, el modelo Aciam del derecho respalda la crítica que Pašukanis

---

68. Cutler, *Private Power and Global Authority*, 35.

3. Tres variaciones sobre el tema de la unificación

hace de la separación entre las relaciones económicas y las políticas que acoge una doctrina jurídica servil al capitalismo.[69] La tesis según la cual la distinción entre lo público y lo privado es en sí misma pública es ocultada cuando, reiterando la formulación de Schmitthoff, se da por sentado que unificar el derecho comercial significa proferir "el primer derecho común del mundo".

Estas anotaciones sobre la autoridad nos llevan al problema de la inclusión y la exclusión. Para este problema resulta esencial la unificación del derecho comercial. Cuando se la contrasta con la nacionalización del derecho comercial y con la arbitrariedad y las ineficiencias a las cuales dio lugar en lo que concierne al comercio transfronterizo, la emergencia de un orden único y desnacionalizado de derecho comercial global puede aparecer frente a los comerciantes como emancipatoria, como la "universalización" de un ámbito jurídico que lo libera de los efectos excluyentes de los Estados alinderados. En su aspiración de dar lugar a un orden jurídico global, el proceso de unificación que guía al nuevo derecho mercantil es, en sus intenciones, completamente *inclusivo*. Es un heraldo privilegiado, en su inclusividad, del clamor de Berman, citado en la sección 1.3.2, por "una concepción más amplia y fluida del derecho más allá de los linderos".[70] Luego debe concederse sin reservas a Goldman, Schmitthof y a todos sus demás defensores que el norte de la *lex mercatoria* es asegurar la inclusividad de las relaciones comerciales a nivel mundial: unificación como inclusión.

Es posible preguntarse, sin embargo, si la unificación "artera" del derecho comercial global es meramente un proceso de inclusión que pone fin a los efectos excluyentes de los linderos estatales. ¿Podría ser acaso que la inclusividad del nuevo derecho

---

69. Véase Evgeny Pašukanis, *Teoría general del derecho y marxismo*, trad. de Virgilio Zapatero (Barcelona: Editorial Labor, 1976).

70. Berman, *Global Legal Pluralism*, 127.

La autoridad y la globalización de la inclusión y la exclusión

mercantil sea el vehículo de nuevas formas de exclusión? El régimen internacional de inversiones es un ejemplo particularmente saliente, como lo demuestran Cutler y otros. Permítaseme referirme a otra de varias preocupaciones sobre la demanda de comunalidad del nuevo derecho comercial, la cual ha sido documentada con menos detalles. Después de haber puesto de presente que la mayoría de los árbitros comerciales internacionales son de países de Europa occidental y de Norteamérica, donde también están las sedes de los principales tribunales permanentes de arbitraje, Samson L. Sempasa anota que

> los abogados africanos rechazan la premisa conceptual de una *lex mercatoria* porque sus puntos de vista nunca fueron tenidos en cuenta en el desarrollo de la *communis opinio doctorum* sobre la cual se dice que se predica una *lex mercatoria*.[71]

Y en una referencia formulada cortésmente a la línea punteada que va desde el colonialismo hasta el comercio actual de los Estados africanos con las compañías multinacionales, Sempasa les recuerda a sus lectores que

> los principios comunes que se dice que constituyen la *lex mercatoria* fueron en sí mismos desarrollados en gran parte en un momento del tiempo en el que las relaciones comerciales con los africanos se llevaban a cabo principalmente en beneficio de los europeos, en el contexto de una estructura política colonial. El africano no podía tomar parte de esas relaciones. Los abogados africanos no comparten necesariamente esos principios

---

71. Samson L. Sempasa, "Obstacles to International Commercial Arbitration in African Countries", *International and Comparative Law Quarterly* 41 (1992): 387-413, 410.

3. Tres variaciones sobre el tema de la unificación

en todos sus puntos. En consecuencia, ellos consideran injusto que los árbitros escogidos o seleccionados para decidir sobre sus disputas con las compañías multinacionales escojan la *lex mercatoria* como la fuente de las reglas a ser aplicadas en un caso que ellos creen que claramente requiere la aplicación de las leyes del Estado africano.[72]

La unificación como inclusión va de la mano de la unificación como exclusión. La *lex mercatoria* vence los efectos excluyentes de los linderos estatales, incluyendo lo que estos excluyen. A la vez que aspira a convertirse en un derecho más allá de los linderos (Berman), el nuevo derecho mercantil sigue siendo un derecho dentro de límites. El precio que hay que pagar por la afirmación de Berger de que "la comunidad internacional de comerciantes crea su *propio* derecho" es el surgimiento de un cuestionamiento fuerte —en ocasiones radical— del derecho mercantil por parte de formas de sociabilidad que se rehúsan a ser asimiladas en el orden jurídico globalizante que los comerciantes llamarían *propio*.[73] En pocas palabras, y volviendo a la tercera de las tesis expuestas con anterioridad en este capítulo, el nuevo derecho mercantil es uno de los escenarios privilegiados del proceso de dos caras por medio del cual la unificación global va de la mano con la pluralización global.

---

72. Ibíd., 410.

73. Para un ejemplo de cuestionamiento radical de la *lex constructionis*, la cual es uno de los sectores del nuevo derecho mercantil, véase el caso de los u'wa, un pueblo indígena en Colombia. Véase Lindahl, *Fallas de la globalización*, 136-148.

3.3. Orden pragmático

Tras haber examinado el orden jurídico como un agente grupal y como un sistema jurídico, podemos explorar ahora la tercera faceta del tríptico: el orden pragmático. Esta tercera faceta surge a la vista cuando, en vez de ver el orden jurídico solo como una unidad putativa de reglas, uno también aborda el derecho desde la perspectiva de sus destinatarios, para quienes las reglas jurídicas constituyen señales con las cuales se pueden orientar en el espacio, el tiempo, la subjetividad y los tipos de acto.

Esta es la menos directa de las tres facetas del orden jurídico en lo que respecta al modelo Aciam del derecho, luego vale la pena abordarla con mayor profundidad que las otras dos. Recuérdense las características [2] y [4] de la acción colectiva tal y como fueron expuestas en la sección 2.1.2: la acción colectiva tiene un punto sobre la base del cual establece, en cuanto forma de ordenación social, quién debe hacer qué, dónde y cuándo. La doctrina jurídica recurre a esta característica general de la acción colectiva al abordar estas cuatro dimensiones en términos de jurisdicción, a saber, jurisdicción *ratione personae*, *ratione materiae*, *ratione loci* y *temporis*. Esta interpretación doctrinal de la jurisdicción, sin embargo, se restringe habitualmente a los creadores de reglas, en particular a los órganos judiciales. Kelsen generaliza esta interpretación cuando sostiene que el espacio, el tiempo, la subjetividad y los contenidos comportamentales se refieren a las "esferas de validez" de las normas jurídicas. Las normas jurídicas, tanto las generales como las individuales, establecen el quién, el qué y el cuándo de *todo* comportamiento jurídicamente pertinente, y no solo del relativo a los órganos judiciales.

Toda la importancia de la explicación de Kelsen de las esferas de validez de las normas jurídicas se hace patente cuando se las incorpora en la perspectiva de la primera persona plural de los

3. Tres variaciones sobre el tema de la unificación

participantes en la acción conjunta, es decir, en una perspectiva orientada al agente. Esto es, precisamente, lo que buscaba mostrar el ejemplo rutinario del equipo de cocina. Si un orden, tomando prestada la formulación kantiana, es la unidad de una multiplicidad, entonces el problema del orden jurídico no es simplemente un problema sobre la unidad de una multiplicidad de reglas, como Kelsen y muchos otros lo dan por sentado. También se trata, en un sentido no menos importante, de una pregunta sobre la manera como un orden puede presentarse ante los agentes como una unidad putativa con respecto a cada una de las cuatro dimensiones del comportamiento regulado por el derecho. En esta lectura, un orden jurídico establece ciertos tipos de relaciones normativas entre lugares, entre sujetos, entre tiempos y entre contenidos comportamentales. También fusiona a estos cuatro tipos de relaciones en las dimensiones de un único orden de comportamiento, de manera tal que ciertos actos ejecutados por ciertas personas son permitidos o rechazados en ciertos tiempos y en ciertos lugares desde la perspectiva de un agente grupal. Esto es lo que el modelo Aciam del derecho llama un *orden pragmático*, el cual busqué ilustrar con los análisis de la OMC y su cuestionamiento por parte de la KRRS en los capítulos 1 y 2.[74] Por lo tanto, la pregunta sobre la unidad putativa de un sistema jurídico —¿bajo qué condiciones una multiplicidad de reglas puede aparecer como una unidad?— debe ser suplementada con la pregunta sobre la unidad de las dimensiones del comportamiento reguladas por ese sistema —¿bajo qué condiciones un orden jurídico aparece como una unidad espacial, temporal, subjetiva y material ante aquellos cuyo comportamiento regula?—.

Permítaseme insertar algunas cualificaciones sobre esta interpretación del derecho como un orden pragmático para evitar posibles malentendidos. En primer lugar, esta explicación de un

---

74. Ibíd., 49-107, para una presentación más detallada de estas ideas.

La autoridad y la globalización de la inclusión y la exclusión

orden pragmático abarca los dos términos de la oposición entre colectivos "sedentarios" y "nómadas". En otro lugar he mostrado cómo las comunidades nómadas y las corporaciones multinacionales se constituyen como órdenes pragmáticos, aun cuanto se trate de órdenes pragmáticos que no están territorialmente fijados a la manera de un Estado.[75] No sería difícil, llevando estas ideas un paso más allá, mostrar cómo las "jurisdicciones móviles" de la FIFA durante las copas mundiales encajan en este concepto de *orden pragmático* defendido por el modelo Aciam del derecho. Este concepto, en segundo lugar, también trasciende la distinción entre confines "claros" y "difusos". Twining y Cotterrell han sostenido que la teoría jurídica debe superar la asunción de que los órdenes jurídicos se caracterizan por confines jurisdiccionales "claros", para dar cuenta de una variedad de órdenes jurídicos emergentes no estatales.[76] Por supuesto, pero esto no significa nada distinto a que diferentes tipos de acción colectiva requieren diferentes maneras de trazar sus confines (espaciales), los cuales tienen la forma y el nivel de precisión requeridos por su punto. Aunque los linderos estatales pueden ser precisos (o imprecisos) de acuerdo con criterios cartográficos, estos criterios pueden ser irremediablemente inadecuados para determinar los confines espaciales de otro tipo de colectivo jurídico, por ejemplo, un pueblo nómada. En tercer lugar, no es necesario que la unidad putativa tetradimensional de un orden pragmático deba haber sido demarcada de antemano y con total claridad para todos los agentes; aunque para

---

75. Ibíd., 109-118, 131-136.

76. Twining, *General Jurisprudence*, 20; Roger Cotterrell, "Transnational Legal Authority: A Socio-Legal Perspective", en *Authority in Transnational Legal Theory: Theorising across Disciplines*, ed. de Roger Cotterrell y Maksymilian del Mar (Cheltenham: Edward Elgar Publishing, 2016), 253-279, 273. Véase también Roger Cotterrell, "Transnational Communities and the Concept of Law", *Ratio Juris* 21, n.º 1 (2008): 1-18.

3. Tres variaciones sobre el tema de la unificación

el surgimiento de un orden pragmático se requiere un mínimo de orientación espacial, temporal, subjetiva y objetiva, basta que la pregunta sobre quién debe hacer qué, dónde y cuándo pueda ser determinada cuando surja la necesidad de hacerlo. Esto es, desde luego, una implicación de la tesis de que [6] los órdenes jurídicos son un *ordo ordinans*, no un *ordo ordinatus*.

Pero el modelo Aciam del derecho insiste en que la articulación, el monitoreo y el sostenimiento de la acción colectiva como una unidad putativa pragmática es parte integral del orden jurídico.[77] Esta tesis fuerte es ilustrada en la sección 3.3, al reconstruir las topografías del BCBS, de la CCC, de la *lex constructionis* y de eBay. En beneficio de un concepto de *autoridad* que lidie frontalmente con la globalización de la inclusión y la exclusión y que, por lo tanto, acepte el sentido fuerte de *pluralismo* defendido en este libro, el modelo Aciam del derecho no hace ninguna concesión a las teorías del pluralismo jurídico que nos quieren hacer creer que es posible un orden jurídico sin una demanda autoritativa de una perspectiva de la primera persona plural y, correlativamente a ello, de una unidad putativa de un sistema jurídico y de un orden pragmático putativo.

Nótese cómo el orden pragmático nos regresa a la primera de estas tres facetas. En efecto, el análisis del modelo Aciam del

---

77. Aunque no sostengo este punto en este libro, respetuosamente afirmo que, desde el momento en el que uno sostiene, con Cotterrell, que las redes comunales "buscan y requieren regulación colectiva para expresar y sostener los vínculos de la comunidad que les dan cierta estabilidad", se despliegan las tres dimensiones de la unidad putativa del orden jurídico: una colectividad, un sistema jurídico y un orden pragmático. En lo que concierne a la tercera de estas dimensiones, asumir que los órdenes pragmáticos deben tomar la forma de jurisdicciones "fijadas" y "claramente delineadas" es precisamente reafirmar las ideas jurídicas estadocéntricas a las que Cotterrell se opone. Véase Cotterrell, "Transnational Legal Authority", 273-274.

derecho empezó con una explicación de la perspectiva de la primera persona plural, distinguiendo tres posiciones de nosotros*; luego escrutó la sistematicidad del orden jurídico, dividiéndola en dos formas de coherencia; ahora está listo para examinar el derecho como un orden pragmático putativo, que aparece como tal desde la perspectiva de la primera persona plural de un nosotros*. Las tres facetas del orden jurídico pueden vincularse como sigue: tomar la perspectiva de un colectivo jurídico es orientarse en el espacio, el tiempo, la subjetividad y los contenidos comportamentales en la manera prescrita por las reglas que articulan el punto de la acción conjunta. Esta sola oración es, de hecho, una formulación muy resumida del modelo Aciam del derecho que apoya, entre otras cosas, la descripción de la OMC y de su cuestionamiento por la KRRS hecha en los capítulos 1 y 2.

En consecuencia, este modelo del derecho da pie a un enfoque de los órdenes jurídicos, en general, y de los órdenes jurídicos globales emergentes, en particular, que ha estado en general fuera del alcance de otras empresas teóricas. Esto es así porque generalmente se asume que los tipos de preguntas asociadas al orden pragmático están más allá del alcance de una investigación sobre la estructura del orden jurídico como tal. Concretamente, el modelo Aciam del derecho reconoce que la contraparte pragmática de la "esfera espacial de validez" de un sistema jurídico y de las reglas que lo componen es una *topografía jurídica* por medio de la cual un colectivo estructura un espacio como una unidad putativa de lugares —por ejemplo, como un mercado global, en el caso de la OMC—. Normalmente, estas preguntas eran pasadas rápidamente a los sociólogos del derecho o a los teóricos sociojurídicos. En contra de esta lectura reduccionista del ámbito de una teoría del orden jurídico, ver al derecho como un orden pragmático nos permite discutir la distinción capital entre los

3. Tres variaciones sobre el tema de la unificación

linderos y los límites de los órdenes jurídicos, una distinción que está en el núcleo de la que a mi parecer es la pregunta conceptual y normativa central sobre la globalidad del derecho global: ¿es posible, o acaso existe ya, un orden jurídico global emergente que tenga un adentro pero no un afuera?

Nos queda mucho por recorrer antes de que esta pregunta pueda ser respondida sin ambages. Como preparación para hacerlo, hay dos preguntas interrelacionadas que requieren nuestra atención y que están orientadas a inquirir en qué medida las globalizaciones jurídicas son órdenes pragmáticos. La primera se refiere a los *confines*: ¿están los órdenes jurídicos globales estructurados de tal manera que necesariamente posean confines espaciales, temporales, subjetivos y materiales? La segunda atañe a los *límites*: ¿despliegan los órdenes jurídicos globales emergentes una perspectiva de la primera persona plural lo suficientemente robusta como para que sus confines puedan aparecer, al ser cuestionados, como los límites de lo que vale como "nuestro *propio*" orden jurídico? Estos son dos aspectos del problema de la unidad putativa de los órdenes pragmáticos: los confines separan y conectan elementos en un todo; los límites le hablan a este todo desde la perspectiva de un sí colectivo que se yergue en contraste al otro-que-sí.

En los dos casos, un análisis amplio y exhaustivo de los distintos ejemplares de globalizaciones jurídicas excede el alcance de lo que puede lograrse en esta sección; basta con escoger algunos ejemplos de órdenes jurídicos globales emergentes, al menos uno de los cuales —el ciberderecho— parece ofrecer un desafío serio a la implicación del modelo Aciam del derecho de que los órdenes jurídicos requieren confines y, por lo tanto, límites. Adicionalmente, restringiré el análisis a los confines *espaciales*, es decir, a las topografías de los órdenes jurídicos globales emergentes.

3.3.1. Tres topografías jurídicas globales emergentes

Mientras que los órdenes jurídicos sin linderos son concebibles, en la sección 1.3.3 se conjeturó que los órdenes jurídicos requieren confines espaciales que establezcan *dónde* cierto comportamiento debe tener lugar —literalmente—. Además, en la medida que los confines espaciales unen y diferencian, la espacialidad de los órdenes jurídicos implica una unidad de (por lo menos) dos lugares. Esta conjetura debe ahora ponerse a prueba: ¿los confines que distinguen y juntan lugares en una unidad espacial son una característica necesaria de los órdenes jurídicos globales emergentes?

Permítaseme empezar con una determinación negativa de la unidad espacial que los órdenes jurídicos globales emergentes comparten con los órdenes jurídicos estatales (en la formación de tipo ideal del TAD nacional). En efecto, el territorio de un Estado puede comprender áreas geográficamente discontinuas. Kelsen nota que,

> algunas veces, a uno y el mismo Estado pertenecen partes del espacio que no tienen contigüidad física [...]. Al territorio de un Estado pertenecen sus colonias [...] y también las llamadas *"enclosures"* (territorios enclavados), que se encuentran totalmente rodeadas por el territorio de otro Estado.[78]

Ceuta y Melilla, los enclaves de España en el territorio marroquí, son buenos ejemplos de este último caso. ¿Qué, si no es la geografía, determina la unidad putativa de un espacio jurídico? Kelsen responde que si las áreas geográficamente discontinuas "aun así forman un todo unitario, un único territorio estatal, esto solo es así porque son la esfera territorial de validez de un único orden

---

78. Kelsen, *Teoría general del derecho y del Estado*, 247.

3. Tres variaciones sobre el tema de la unificación

jurídico".[79] En los términos del modelo Aciam del derecho, esta característica importante puede explicarse así: la unidad espacial de los órdenes jurídicos estatales es *pragmática* en vez de geográfica, porque, en consonancia con el concepto de *acción colectiva*, para que un grupo de individuos hagan algo juntos, deben diferenciar e interconectar lugares en una unidad, con independencia de dónde estén ubicados esos lugares geográficamente hablando. En otras palabras, que los confines espaciales separen y unan lugares no implica que tales lugares deban *colindar físicamente*.

El modelo Aciam del derecho anticipa que esta ordenación pragmática del espacio por medio de la acción colectiva vale para los órdenes jurídicos globales emergentes en la misma medida que para el derecho estatal. Considérese, en primer lugar, al Comité de Supervisión Bancaria de Basilea. Recuérdese que su punto, tal y como está establecido en su "Carta estatutaria", es "mejorar la regulación, la supervisión y las prácticas bancarias en todo el mundo con el fin de afianzar la estabilidad financiera". El BCBS profiere estándares que son subsecuentemente transpuestos por los Estados miembro en la legislación nacional que es directamente vinculante para los bancos internacionalmente activos registrados en esos Estados. Con *Basilea III*, un conjunto reciente de estándares proferidos como respuesta a la crisis financiera de 2007, el BCBS busca "reforzar las normas internacionales de capital y liquidez con el fin de promover un sector bancario más resistente".[80] Con este propósito, el BCBS profirió reglas que elevan la calidad, la

---

79. Hans Kelsen, *Allgemeine Staatslehre*, reimp. (Viena: Österreichische Staatsdruckerei, 1993), 138. Para una discusión extensa de la teoría de la territorialidad de Kelsen, véase Hans Lindahl, "Inside and Outside the EU's 'Area of Freedom, Security and Justice': Reflexive Identity and the Unity of Legal Space", *Archiv für Rechts- und Sozialphilosophie* 90, n.º 4 (2004): 478-497.

80. BCBS, *Basilea III: Marco regulador global para reforzar los bancos y sistemas bancarios* (Basilea: BCBS, 2010), https://www.bis.org/publ/bcbs189_es.pdf

consistencia y la transparencia de la base de capital de los bancos, mejoran su cobertura del riesgo y refuerzan su base de liquidez, entre otras cosas. *Basilea III* y sus predecesores, *Basilea I* y *Basilea II*, dejan claro que el BCBS busca harmonizar las reglas que rigen estos aspectos y otros que les son conexos de los bancos internacionalmente activos. En respuesta a la "interconexión [global] de las instituciones financieras", la armonización de las reglas bancarias interconecta los territorios de los países miembro en una unidad espacial de un orden jurídico global, de manera tal que los linderos de sus Estados miembro funcionan como confines espaciales que separan y unen a estos territorios en un todo, con independencia de que todos los países miembro sean geográficamente contiguos entre sí. Esto es así porque lo que está en cuestión es la unificación pragmática del espacio, a saber, la juntura de lugares hasta el momento fragmentados en un espacio de acción único, sin el cual los bancos no pueden interactuar entre sí y con sus clientes de una manera que asegure el "crecimiento económico [global] sostenible".[81] Esta unificación abre una posibilidad ulterior, a saber, trazar *nuevos* confines espaciales dentro de la unidad espacial unificada de este orden jurídico global emergente, estableciendo un *dónde* del comportamiento que es irreductible a los territorios de los países miembro, aun cuando este espacio unificado presuponga tales territorios.

No es difícil constatar la manera como esta brevísima reconstrucción de la topografía jurídica del BCBS podría extenderse a la ISO, al Codex Alimentarius y a una gama de otras redes regulatorias globales. En cada caso, los órdenes jurídicos globales emergentes dependen de la territorialidad estatal, a la vez que dan lugar a una nueva unidad espacial que unifica los territorios de los Estados participantes desde la perspectiva de un punto de la

---

81. Ibíd., 1.

3. Tres variaciones sobre el tema de la unificación

acción conjunta orientada a ciertos problemas. En el mismo sentido, cada una de estas redes regulatorias globales se corresponde con el modelo Aciam del derecho.

Así las cosas, resulta útil, a la hora de buscar un contraejemplo, considerar a la CCC y su Código de Prácticas Laborales para la Industria de la Confección Incluyendo la Ropa Deportiva. La CCC, como se anotó más atrás, es una red regulatoria privada sin veeduría pública cuyo fin es terminar "la opresión, la explotación y el abuso de los trabajadores" de este sector manufacturero, a la vez que provee "información acertada a los consumidores sobre las condiciones laborales bajo las cuales son hechas las prendas y la ropa deportiva que compran".[82] Recuérdese la idea fundamental: las compañías aceptan el código voluntariamente, pero también se comprometen a asegurar que todos los participantes de su cadena de suministro, sin importar en qué lugar del mundo se encuentren, satisfagan los estándares mínimos de la OIT que están plasmados en el código: "El código vincula a todas las compañías [comprometidas], contratistas, subcontratistas, distribuidores y licenciatarios alrededor del mundo". Estas cadenas de suministro son lo que me gustaría llamar *cadenas-lugar* (*place-chains*): las compañías comprometidas y sus contratistas, subcontratistas, distribuidores y licenciatarios asociados alrededor del mundo están unificados en interconexiones diferenciadas de lugares de trabajo —que incluyen hogares, en el caso de quienes trabajan desde sus hogares—, que establecen *dónde* debe tener lugar el comportamiento.[83] No

---

82. CCC, *Code of Labour Practices for the Apparel Industry including Sportswear*, 1.
83. Significativamente, el código no incluye a los lugares donde se *vende al por menor* en el lugar-cadena, aunque debió haberlo hecho, presuntamente porque la CCC da por sentado que "la opresión, la explotación y el abuso de los trabajadores" no tiene lugar en el Norte global, donde los productos son

La autoridad y la globalización de la inclusión y la exclusión

se requiere nada que asemeje la contigüidad física entre los participantes en la cadena de suministro en tanto la unidad espacial de la CCC es pragmática y no geográfica. Al igual que el BCBS, la unidad espacial provocada por la actividad regulatoria de la CCC depende de la territorialidad estatal: los confines espaciales que delimitan los distintos lugares de trabajo en la cadena de suministro son confines trazados sobre la base del derecho de bienes de los Estados. Sin embargo, al igual que el BCBS, la unificación de lugares de trabajo en una unidad espacial abre la posibilidad de trazar confines espaciales nuevos dentro de esta unidad espacial emergente, en una manera que es irreductible a los confines de la territorialidad estatal. Por ejemplo, los participantes en la cadena de suministro deben cooperar en la implementación y el monitoreo del código permitiendo "el acceso necesario a monitores independientes" a todos los lugares de trabajo y dando espacio, literalmente, para que los monitores acreditados "entrevisten a los trabajadores confidencialmente".[84] En pocas palabras, aunque difiere significativamente de la topografía jurídica de los Estados y de otros órdenes jurídicos globales emergentes, la topografía de las cadenas de suministro reguladas por la CCC y su código se aferra a la estructura básica de la espacialidad jurídica en la manera que ha sido conceptualizada por el modelo Aciam del derecho.

Considérese, en tercer lugar, la *lex constructionis*, una forma sectorial del nuevo derecho mercantil.[85] Aunque los proyectos de

---

vendidos (y el código fue proferido). Agradezco a Phillip Paiement por haberme puesto de presente este punto.

84. CCC, *Code of Labour Practices for the Apparel Industry including Sportswear*, 14-15.

85. Para una introducción general a la *lex constructionis*, véase Charles Molineaux, "Moving towards a Construction *Lex Mercatoria* – A *Lex Constructionis*", *Journal of International Arbitration* 14, n.º 1 (1997): 55-66.

3. Tres variaciones sobre el tema de la unificación

construcción han sido regidos tradicionalmente por el derecho del lugar en el que se ejecutan, las obras de construcción se han vuelto cada vez más internacionales, con un gran énfasis en los proyectos de infraestructura —aeropuertos, puentes, represas hidroeléctricas, acueductos, estaciones depuradoras de aguas residuales, entre otros— en los países en vías de desarrollo. Como respuesta a esta situación, ha surgido una *lex mercatoria* para los proyectos internacionales de construcción, tal y como ha sido formulada principalmente en un contrato modelo de la Federación Internacional de Ingenieros Consultores (Fidic) conocido como el Libro Rojo. Significativamente, el Banco Mundial ha ordenado el uso del Libro Rojo en sus regulaciones de adquisiciones, las cuales son parte integral de los préstamos del banco con sus prestatarios, lo que efectivamente hace del Libro Rojo el estándar global para tales proyectos de construcción. Como regla general, los conflictos que surgen de la *lex constructionis* son llevados al arbitraje internacional. Topográficamente hablando, este contrato regula derechos y obligaciones de las partes relacionadas con el "Emplazamiento" [*Site*], que la versión de 2010 del Libro Rojo define como

> los lugares en donde las Obras Permanentes han de ser ejecutadas, incluyendo almacenaje y áreas de trabajo, y a los cuales deben entregarse la Planta y Materiales, al igual que todo otro lugar que se especifique en el Contrato que haga parte del Emplazamiento.

El Libro Rojo conecta los lugares que componen al emplazamiento mismo con una variedad de otros lugares, incluyendo los "alrededores" del emplazamiento, los cuales se considera que deben haber sido inspeccionados y examinados por el contratista, y la sede del tribunal de arbitraje. El Libro Rojo también se refiere al "País", interpretado como "el país en el cual está ubicado el

Emplazamiento (o la mayor parte de él) donde las Obras Permanentes habrán de ejecutarse".[86]

En pocas palabras, el Libro Rojo de la Fidic diferencia e integra una gama amplia de lugares en una unidad espacial, pero en cuanto unidad espacial estandarizada cuya normatividad depende de un modelo contractual para el cual se demanda validez global. Así, mientras que un país dado puede tener uno o más emplazamientos bajo construcción, lo que vuelve a estos emplazamientos los lugares jurídicos que son es un contrato transnacional, no simplemente el derecho del país en cuestión. En este sentido, la *lex constructionis* depende de la territorialidad estatal a la vez que engendra una unidad espacial putativa que es irreductible a la unidad espacial del Estado en el cual el contrato respectivo está siendo ejecutado. Como lo anticipó el modelo Aciam del derecho, la unidad espacial de la *lex constructionis* es pragmática en vez de geográfica, porque puede involucrar la interconexión de lugares que están físicamente distantes entre sí.

3.3.2. ¿Dónde está el ciberderecho?
Cada uno de estos ejemplos otorga credibilidad a la conjetura del comienzo de este libro según la cual los órdenes jurídicos, globales o de otro tipo, tienen que tener confines espaciales, aun cuando las globalizaciones den lugar a topografías jurídicas que son significativamente diferentes de la territorialidad alinderada de los Estados bajo el TAD nacional. En el mismo sentido, los ejemplos confirman la conjetura de que mientras la territorialidad alinderada de los Estados es históricamente contingente, todos los órdenes jurídicos, globales o de otro tipo, están organizados como una unidad espacial limitada, es decir, como una *territorialidad*

---

86. Fidic, *Conditions of Contract for Construction for Building and Engineering Works Designed by the Employer* (2010), 4-5.

3. Tres variaciones sobre el tema de la unificación

limitada. Sin embargo, ¿esta conjetura también vale para lo que de manera más bien vaga se llama *ciberderecho*? ¿No será el ciberderecho la manifestación inaugural de un derecho que está más allá no solo de los linderos, sino también de los confines espaciales?

Antes de empezar, ofrezco dos anotaciones preliminares para indicar la manera como abordaré esta pregunta. Para empezar, es necesario desambiguar el término, discerniendo dos sentidos de ciber*derecho*: código y normas, *lex informatica* y *lex digitalis*. Joel R. Reidenber arguyó en un artículo pionero que,

> para los entornos de redes digitales y para la Sociedad de la Información, el derecho y la regulación gubernamental no son la única fuente de creación de normas. Las capacidades tecnológicas y las elecciones de diseños de los sistemas imponen reglas a los participantes. La creación y la implementación de políticas de información están incrustadas en los diseños y estándares de redes, al igual que en las configuraciones de los sistemas [...]; el conjunto de reglas para los flujos de información que imponen la tecnología y las redes de comunicaciones forma una "Lex Informatica" que los formuladores de políticas deben entender, reconocer conscientemente y alentar.[87]

Lawrence Lessig popularizó esta postura con el término *código*. Mientras que la regulación jurídica establece lo que los participantes deben hacer, luego demanda una imposición *ex post*, el código determina *ex ante* qué posibilidades de comunicación y acción están disponibles para los participantes en internet, de manera tal que ellos no pueden sino usarlo de conformidad con

---

87. Joel R. Reidenberg, "Lex Informatica: The Formulation of Information Policy Rules through Technology", *Texas Law Review* 76, n.º 3 (1998): 553-593, 554-555.

La autoridad y la globalización de la inclusión y la exclusión

el código. En adelante me enfocaré más en las normas que en el código, es decir, en la *lex digitalis* más que en la *lex informatica*.[88]

En segundo lugar, tengo poco o nada que decir sobre las formas de *lex digitalis* en las que los Estados han reivindicado exitosamente su jurisdicción sobre el internet. Como es bien sabido, las innovaciones tecnológicas que dieron lugar a las comunicaciones en línea llevaron a que muchos proclamaran que el internet no podría ser regulado por los Estados porque se había vuelto plenamente deslocalizado.[89] No obstante, la misma tecnología que era supuestamente la némesis de los "gigantes agotados de carne y acero" fue redirigida para permitir que ciertos Estados protegieran valores locales.[90] Lessing explica con destreza la naturaleza de este proceso. La movida de traspasar el ciberespacio no regulado al ámbito de la regulación jurídica supone cambios tecnológicos que posibilitan establecer "quién hizo qué, dónde", en sus términos. Las arquitecturas de identidad y autenticación establecen el *quién* del comportamiento; las arquitecturas para determinar el contenido de los paquetes de información en internet escogen el *qué* del comportamiento; y los dispositivos de zonificación que rastrean las direcciones IP permiten ubicar el comportamiento, identificando *dónde* tiene lugar.[91] Y aunque Lessig no menciona la cuarta dimensión del orden, no existe dificultad alguna para

---

88. Lawrence Lessig, *Code: Version 2.0* (Nueva York, NY: Basic Books, 2006). No resulta sorprendente que la preocupación persistente de Lessig sea politizar el código e incluirlo en el ámbito de la regulación jurídica.

89. Véase, entre otros, David R. Johnson y David Post, "Law and Borders: The Rise of Law in Cyberspace", *Stanford Law Review* 48 (1995): 1367-1402, y David G. Post, "Governing Cyberspace", *Wayne Law Review* 43 (1996): 155-171.

90. John Perry Barlow, "A Declaration of the Independence of Cyberspace", https://projects.eff.org/~barlow/Declaration-Final.html

91. Véase Lessig, *Code: Version 2.0*, 38-60, y Lawrence Lessig, "The Zones of Cyberspace", *Stanford Law Review* 48 (1996): 1403-1411.

3. Tres variaciones sobre el tema de la unificación

identificar el *cuándo* del comportamiento. En pocas palabras, los desarrollos tecnológicos que supuestamente hacían que internet fuera imposible de regular fueron empleados para regularlo, diseccionando la comunicación en línea en las cuatro dimensiones del orden jurídico: quién debe hacer qué, dónde y cuándo. Estas formas de la *lex digitalis* están firmemente ancladas en la territorialidad estatal, incluyendo todas las variaciones de su aplicación extraterritorial; se trata de formas de ciberderecho que son ejemplo de derechos espacialmente confinados. A mi parecer, estos órdenes no constituyen un desafío serio a la tesis de que el ciberderecho requiere confines espaciales y, en consecuencia, unidad espacial (en este caso, la unidad espacial del derecho estatal, la cual puede incluir la aplicación extraterritorial de sus reglas).

En vez de eso, estudiaré con detenimiento una segunda forma de ciberderecho, una que un grupo de académicos considera que desafía radicalmente la tesis según la cual hay una conexión necesaria entre orden jurídico y lugar: los órdenes jurídicos privados comerciales de internet. Thomas Schultz arguye con respecto a esto que

> las comunidades no nacionales engendran sus propios sistemas jurídicos por medio de la construcción de esferas casi autocontenidas de normatividad, adoptando sus propias reglas, aplicándolas en sus propios foros de resolución de conflictos y asegurando la implementación de sus propios mecanismos de imposición.[92]

Un ejemplo sería eBay; otro, la Corporación de Internet para la Asignación de Nombres y Números (Icann, por sus siglas en

---

92. Thomas Schultz, "Carving up the Internet: Jurisdiction, Legal Orders, and the Private/Public International Law Interface", *European Journal of International Law* 19, n.º 4 (2008): 799-839, 831.

inglés).⁹³ Schultz y otros ven estos casos como órdenes jurídicos más o menos autónomos, porque suponen un colectivo que profiere y revisa una serie de reglas que rigen ciertos tipos de comportamiento, como la venta de bienes o el registro y venta de dominios, a la vez que establecen mecanismos en línea de resolución de conflictos (ODR, por sus siglas en inglés) que aplican esas reglas de manera más o menos independiente de las reglas nacionales aplicables y que recurren a mecanismos alternativos de imposición forzosa, como los sistemas de gestión de reputación, las exclusiones de los mercados, los sellos de confianza, los mecanismos de seguros para las transacciones y demás. Todo esto encaja bien con el modelo Aciam del derecho, de no ser por una diferencia decisiva, o por lo menos eso pareciera:

> La proximidad geográfica [da paso a las] comunidades deslocalizadas basadas en comunicaciones electrónicas, [de modo que] lo que vincula a los miembros de tales comunidades entre sí ya no es el carácter local de su presencia, sino los "lazos selectivos" que los miembros deciden establecer, los cuales son habitualmente afinidades, intereses y metas comunes.⁹⁴

Esta caracterización es particularmente interesante para nuestra investigación porque los órdenes jurídicos privados comerciales en internet parecen ofrecer la confirmación más certera posible de la tesis según la cual los procesos de globalización permiten pasar de formas territoriales a formas personales de autoridad y jurisdicción. Al igual que el TAD medieval, pese a tratarse de un

---

93. Callies y Zumbansen, *Rough Consensus and Running Code*, 154ss; Andreas Fischer-Lescano y Lars Viellechner, "Globaler Rechtspluralismus", *Aus Politik und Zeitgeschichte* (2010), 34.
94. Schultz, "Carving up the Internet", 832.

3. Tres variaciones sobre el tema de la unificación

contexto radicalmente transformado, el TAD global parece desatar la relación entre gobernante y gobernado de su emplazamiento territorial, de manera tal que la autoridad y la jurisdicción se vuelven, una vez más, de carácter personal.

En la sección 2.3.4 se dio una respuesta inicial a esta tesis fuerte, al discutir la compresión del espacio y el tiempo como características clave de los procesos de globalización: *contra* Castells, se mostró que el concepto de *lugar* no necesita proximidad geográfica. La aproximación tecnológica de lugares (y agentes) que están físicamente distantes los unos de los otros en un orden jurídico globalizante presupone y no es sino una de las modalidades de la aproximación por medio de las cuales un colectivo junta y acerca los lugares (y agentes) que son importantes con respecto al punto de la acción conjunta, a la vez que empuja hacia un afuera vacío a los lugares (y agentes) que no son importantes con respecto a él, sea cual sea su proximidad física. En consecuencia, el modelo Aciam del derecho sugiere que no puede haber "lazos selectivos" entre los miembros de las cibercomunidades, como lo dice Schultz, en ausencia de una selección *espacial* por medio de confines que emplacen a los órdenes jurídicos.

Pero esta respuesta podría estar perdiendo de vista algo importante. En efecto, le doy una importancia especial a ejemplos como eBay y la Icann porque nos permiten rectificar la que sería, de lo contrario, una lectura reduccionista de la tecnología que se seguiría de mi objeción a Castells, según la cual el lugar y una unidad de lugares no implican propincuidad física. Este argumento trata a la tecnología como un "medio" para acercar lo que nos es remoto, pero la tecnología es mucho más que eso: abre nuevas posibilidades conceptuales y prácticas, tanto individuales como colectivas, y genera con ello nuevas maneras de evadir la sujeción del derecho sobre el comportamiento y de estructurar el espacio de los órdenes jurídicos.⁹⁵ En otras palabras, las transformaciones tecnológicas son más que una de las muchas "circunstancias" de las globalizaciones jurídicas, uno de los factores externos que llevan al surgimiento de órdenes jurídicos globales pero que dejarían inalterada su estructura espacial con respecto al derecho estatal e internacional. De las tecnologías de la información puede decirse que son una dimensión integral del derecho a fuerza de su capacidad de transformar su estructura como un orden pragmático. Es esta dimensión positiva de la tecnología, propiamente *constitutiva*, la que quiero explorar, así sea brevemente: ¿la tecnología de la información pone fin a la necesidad de confines espaciales y, por lo tanto, de una unidad espacial? ¿Los confines espaciales se han vuelto ajenos a las cibercomunidades como eBay y la Icann, de manera que inauguran una forma de globalización jurídica que prescinde de la unidad espacial propia de una explicación del orden jurídico centrada en el actor?

Me enfocaré en eBay, el modelo por excelencia del "comercio electrónico b2c", esto es, transacciones conducidas a través de internet entre negocios y consumidores, aunque fácilmente podría hacerse un análisis comparable de la Icann.⁹⁶ En cualquier caso, las formas de comercio como eBay son usualmente llamadas

---

95. Para una discusión perspicaz sobre las dificultades que el derecho internacional enfrenta para controlar las investigaciones criminales transfronterizas, a la luz de los desarrollos tecnológicos relativos a la nube, véase Bert-Jaap Koops y Morag Goodwin, "Cyberspace, the Cloud, and Cross-Border Criminal Investigation: The Limits and Possibilities of International Law", *Tilburg Law School Research Paper* 5 (2016), http://papers.ssrn.com/sol3/papers.cfm?abstract_id=2698263

96. Para una discusión de la Icann, véase, entre otros, Laurence R. Helfer y Graeme B. Donwoodie, "Designing Non-National Systems: The Case of the Uniform Domain Name Dispute Resolution Policy", *William and Mary Law Review* 43 (2001): 141-274.

3. Tres variaciones sobre el tema de la unificación

plataformas de comercio [marketplace] "virtuales" o "en línea". eBay se promociona a sí misma como

> una plataforma de comercio electrónico que permite a los usuarios ofrecer, vender y comprar casi todo tipo de artículos en una variedad de formatos de precios y ubicaciones. El contrato de venta se establece directamente entre el vendedor y el comprador. No somos un subastador tradicional.[97]

Las condiciones de uso incluyen una serie de condiciones muy elaboradas (entre las que se cuenta una gama de transacciones prohibidas) para vendedores y compradores, algunas de las cuales hacen referencia a la legislación nacional, pero también muchas otras son específicas de eBay. Los miembros que se registran con una dirección de correo electrónico y un número de teléfono se vuelven parte de la "comunidad de eBay", después de lo cual pueden tomar parte en transacciones que recurren a mecanismos seguros de pago, incluyendo tarjetas de crédito y PayPal, y a estructuras de transporte confiables para la entrega de bienes.[98]

El argumento esgrimido por los defensores de la naturaleza deslocalizada de eBay y de otras formas similares de comercio electrónico b2c es, en pocas palabras, que, aunque las transacciones tengan lugar entre individuos que deben estar identificados y ser localizables en el mundo "físico", su ubicación y la transferencia física de dineros y bienes de un lugar a otro que se requiere para completar la transacción son inmateriales para el

---

97. "Condiciones de uso de eBay", https://www.ebay.com/pages/co/help/policies/user-agreement.html

98. Para una discusión interesante sobre PayPal como sistema de pagos en línea, véase Agnieszka Janczuk-Gorywoda, "Online Platforms as Providers of Transnational Payment Law", *European Review of Private Law* 2 (2016): 223-252.

mundo "virtual" de la comunidad en línea de eBay. La jurisdicción prescriptiva, adjudicativa y ejecutiva de eBay no depende, de ninguna manera relevante, de confines espaciales ni, *a fortiori*, de la unidad de una multiplicidad de lugares. "Esas comunidades [virtuales] ya no están basadas en la proximidad, sino que son sujetocéntricas. Sus confines ya no dependen del territorio, sino de actividades específicas".[99]

Podría replicarse que esta tesis es demasiado fuerte. En efecto, la política de uso de eBay estipula que las transacciones que usan la plataforma en línea deben ajustarse a la legislación nacional; en el caso de transacciones internacionales (que constituyen solo una fracción del volumen total de las transacciones de eBay), "los vendedores y compradores son responsables de cumplir con todas las leyes y normas aplicables a la compraventa internacional y al envío internacional de artículos".[100] Los defensores de la naturaleza deslocalizada de eBay responden rápidamente que, aunque los poderes judiciales nacionales han tomado medidas para invalidar transacciones hechas en eBay en casos en los que las condiciones de uso contrariaban la legislación nacional, la gran mayoría de los conflictos originados en transacciones que usan la plataforma virtual son resueltos usando el mecanismo ODR de eBay. Por lo tanto, los vendedores y compradores de todo el mundo renuncian efectivamente a su legislación local a favor del orden jurídico deslocalizado de la comunidad virtual de eBay. En la medida que eBay y la Icann han ganado un nivel elevado de autonomía efectiva

---

99. Thomas Schultz, "Private Legal Systems: What Cyberspace Might Teach Legal Theorists", *Yale Journal of Law & Technology* 10 (2007): 151-193, 191.

100. Véase las "Condiciones de uso de eBay" y Joachim Zekoll, "Jurisdiction in Cyberspace", en *Beyond Territoriality: Transnational Legal Authority in an Age of Globalization*, ed. de Günther Handl, Joachim Zekoll y Peer Zumbansen (Leiden: Martinus Nijhoff Publishers, 2012), 341-369.

3. Tres variaciones sobre el tema de la unificación

con respecto al derecho estatal, parecería que las nociones de *confines* espaciales y de *unidad* espacial han perdido fuerza empírica y conceptual. A primera vista, eBay y la Icann desmienten el modelo Aciam del derecho: los dos casos ilustran órdenes jurídicos globalizantes que no están ni en todas partes ni en alguna parte, sino en *ninguna parte. Quod erat demonstrandum* —o eso parece—.

No obstante, este argumento solo es convincente si no se acepta de antemano la asunción según la cual la tecnología electrónica introduce una distinción categorial entre un mundo "físico" y uno "virtual", una distinción también llamada *dicotomía digital*. "El punto de partida de esta forma de pensar es que las transacciones o las conexiones en línea son ontológicamente diferentes de las interacciones en el 'mundo real'".[101] Esta asunción de la dicotomía digital se replica en la dicotomía entre órdenes jurídicos locales y deslocalizados, pero la asunción es falsa: hay *un* mundo, no dos. La ubicuidad de la asunción parte de un entendimiento distorsionado de la relación entre tecnología y mundo, porque la tecnología no crea un mundo "virtual" diferente y paralelo que, de alguna manera, necesita conectarse a un mundo "físico", como la legendaria glándula pituitaria que, según Descartes, unía al cuerpo y la mente. La distinción entre mundo "real" y "virtual" es, de hecho, una permutación reciente de la distinción cuerpo/mente, que ha plagado al pensamiento y al autoentendimiento occidentales desde Descartes. Al contrario, la tecnología transforma el único mundo en el que vivimos, abriendo posibilidades prácticas y conceptuales novedosas para que los agentes actúen con los demás y con las cosas. Este mundo está, desde el comienzo, mediado tecnológicamente. La mediación digital solo es una entre la miríada de

---

101. Kevin D. Werbach, "The Song Remains the Same: What Cyberlaw Might Teach the Next Internet Economy", *Florida Law Review* 69 (2017): 887-957, 945.

La autoridad y la globalización de la inclusión y la exclusión

maneras como la tecnología, desde tiempos inmemoriales, nos da acceso al mundo (lo que no equivale a decir que todas las relaciones mediadas hacia el mundo sean tecnológicas). Como lo formula Don Ihde, "que uno encarne su praxis *a través* de la tecnología es, en últimas, una relación *existencial* con el mundo. Es algo que los humanos siempre han [...] hecho".[102] La distinción entre el comportamiento conectado y desconectado no equivale a la distinción entre el mundo real, "de piedra", y el mundo efímero y virtual del internet. Estar desconectado y estar conectado son simplemente dos modalidades de nuestro ser en —mejor: *hacia*— el mundo. Werbach entiende esto siempre y cuando se elimine la palabra *físico* de su afirmación: "El internet cambia la manera como los servicios son prestados, aun cuando estos servicios ocurran completamente en el mundo físico".[103] De una manera no totalmente diferente a la

---

102. Don Ihde, *Technology and the Lifeworld: From Garden to Earth* (Bloomington, IN: Indiana University Press, 1990), 72. Véase Thomas Vesting, *Die Medien des Rechts: Computernetzwerke* (Gotinga: Velbrück, 2015), para un estudio rico, inspirado fenomenológicamente, de las redes computacionales como un medio que, lejos de ser un mero reproductor de las posibilidades jurídicas existentes, habilita el surgimiento de un derecho global fragmentado.

103. Werbach, "The Song Remains the Same", 946; cf. Ihde, *Technology and the Lifeworld*, 59. Esta idea sería el punto de partida para un abordaje fresco al debate sobre la metáfora según la cual "el ciberespacio es un lugar". Este debate gira en torno a las implicaciones conceptuales y normativas del hecho de que los procesos de comunicación en y sobre internet dependen del lenguaje de los agentes que se relacionan con otros y con cosas en un espacio de acción. Véase Dan Hunter, "Cyberspace as Place and the Tragedy of the Digital Anticommons", *California Law Review* 91, n.º 2 (2003): 439-519, y Mark A. Lemley, "Place and Cyberspace", *California Law Review* 91, n.º 2 (2003): 521-542. Bethlehem ha planteado una propuesta interesante sobre la manera como el derecho internacional podría lidiar con situaciones en las que es imposible identificar el lugar donde está localizado un paquete de información en el ciberespacio, a saber, la "jurisdicción considerada" [*deemed jurisdiction*], de conformidad con la cual, "para ciertas formas dadas de conducta, se considerará que la

3. Tres variaciones sobre el tema de la unificación

famosa descripción que hace Merleau-Ponty de cómo un bastón, la menos pretenciosa de las tecnologías, extiende el alcance y las posibilidades prácticas disponibles para la existencia corporalizada de una persona ciega, el internet extiende nuestra orientación corporal hacia el mundo, permitiéndonos traer *aquí* lo que estaba en algún lugar más allá de nuestra vista.[104]

Asúmase que todos los órdenes jurídicos nacionales del mundo desistieran de imponer restricciones a las políticas de uso de eBay, de manera tal que eBay cercenare cualquier dependencia que hubiera podido tener de la territorialidad estatal en lo relativo a sus condiciones de compraventa. Como resultado de esto, los conflictos potenciales entre el derecho nacional y el de eBay se habrían desarmado completamente, permitiéndole a eBay decir con éxito que se trata de un orden jurídico global. En tal caso, yo solo podría y debería recurrir a las condiciones de uso de eBay para cualquier tipo de transacción por internet que quisiera realizar, en cualquier parte del mundo (aunque incluso en este escenario hipotético el derecho de eBay seguiría dependiendo del derecho estatal y de sus confines, por ejemplo, en lo que concierne a las direcciones personales de las personas, los pagos por tarjeta de crédito y los servicios de entrega de bienes). Supongamos que me entero de que un libro raro ha sido puesto en las listas de eBay. Prendo mi computador y escribo el nombre del dominio, eBay.com. Por no ser un miembro de la comunidad de eBay, me registro, indicando mi dirección de

---

jurisdicción está en cabeza de x o y o z, o alguna configuración de todos ellos". Esto es equivalente a la medida provisional de asignar una ubicación a ciertos eventos para volverlos jurídicamente regulables. Véase Daniel Bethlehem, "The End of Geography: The Changing Nature of the International System and the Challenge to International Law", *European Journal of International Law* 25, n.º 1 (2014): 9-24, 22.

104. Maurice Merleau-Ponty, *Fenomenología de la percepción*, trad. de Jem Canaes (Barcelona: Planeta-Agostini, 1993), 160.

La autoridad y la globalización de la inclusión y la exclusión

correo electrónico, mi nombre y apellido y mi número de teléfono. Una vez me he registrado, tengo acceso a los listados y encuentro la entrada del libro, que incluye el nombre del vendedor y las ubicaciones del libro y el vendedor —los dos ubicados en algún lugar del otro lado del mundo (desde donde estoy ubicado)—. El vendedor y yo llegamos a un acuerdo sobre el precio, tras lo cual le pago con mi tarjeta de crédito y recibo una confirmación, poco tiempo después, sobre el inminente envío del libro.

¿Está esta transacción más allá de los confines jurídicos y más allá de la unidad espacial como una interconexión distribuida de lugares jurídicos? No. Hay por lo menos dos *lugares jurídicos* de conformidad con el derecho de eBay: el lugar-vendedor y el lugar-comprador. Tienen confines espaciales que son tan "exactos" como lo requiere la naturaleza de la transacción, incluyendo el pago y el envío, por ejemplo, las direcciones de residencia. Y estos dos lugares jurídicos, aunque distintos, están vinculados en una unidad espacial (fugaz), gracias a la acción conjunta ejecutada bajo las condiciones de uso de eBay. O supóngase que el libro es un regalo para un amigo: entonces tres lugares jurídicos son juntados en una unidad espacial: lugar-comprador, lugar-vendedor y lugar-entrega. Podría también ocurrir que compro el libro para mi amigo en un lugar distinto a mi residencia y que esto pudiera tener alguna consecuencia, según el derecho de eBay, sobre la validez de la transacción. En tal caso, la acción colectiva bajo el derecho de eBay ligaría cuatro lugares jurídicos en vez de dos o tres. Aquí, nuevamente, y de la manera como ocurre con el BCBS, la CCC y la *lex constructionis*, hay confines jurídicos; aquí, nuevamente, hay una unidad espacial pragmática en vez de geográfica.

Ciertamente, el internet abre nuevas maneras de trazar los confines y de interconectar lugares en la unidad espacial de un orden jurídico, a la vez que cierra otras. Toma parte de una característica general de la estructura mediadora de las tecnologías, a saber, que,

3. Tres variaciones sobre el tema de la unificación

"por cada transformación reveladora, ocurre simultáneamente una transformación ocultadora del mundo que se da a través de una transformación tecnológica".[105] Más generalmente, el internet pone en cuestión la asunción de que existe una correlación directa y transparente entre normas jurídicas y realidad. En efecto, la tecnología media la relación entre normas jurídicas, en cuanto "esquemas de interpretación" (Kelsen), y la realidad que revelan, de una manera que transforma esta correlación. El papel de la tecnología en el derecho no es neutral, como acertadamente sostiene Mireille Hildebrandt: "[La tecnología] funciona como un mediador que [...] es capaz de transformar a sus creadores, a sus destinatarios, a sus usuarios y a la fábrica de máquinas humanas que los une".[106]

Todo esto debería darse por sentado y es de suma importancia para entender cómo las tecnologías posibilitan y están inscritas en el surgimiento de los órdenes jurídicos globales. Pero el derecho de eBay no puede ser derecho a menos que ordene el espacio por medio del trazado de confines que unen y separan. Y esta es otra forma de decir que eBay debe estar *en alguna parte*, en vez de en ninguna parte, si es que ha de ser un orden jurídico, global o de otro tipo. Volviendo a Schultz, no hay "lazos [personales] selectivos" (por ejemplo, lazos entre compradores y vendedores)

---

105. Ihde, *Technology and the Lifeworld*, 49 (énfasis del original removido).

106. Mireille Hildebrandt, *Smart Technologies and the End(s) of Law* (Cheltenham: Edward Elgar, 2015), 161. Fleur Johns explora, en este sentido, las transformaciones de la territorialidad que se han operado en el derecho internacional por la compilación de grandes bases de datos, describiendo y conceptualizando lo que ella llama la "datificación" del territorio y la "territorialización" de los datos. Los análisis de Johns son, por lo que veo, consistentes con la distinción entre la territorialidad alinderada de los Estados y la territorialidad limitada de los órdenes jurídicos globales emergentes. Véase Fleur Johns, "Data, Detection and the Redistribution of the Sensible in International Law", *American Journal of International Law* 111, n.º 1 (2017): 57-103.

en ausencia de una selección de lugares. Esta afirmación es afín a la fenomenología, la cual insiste en la importancia constitutiva de la corporalización para la experiencia humana, donde *experiencia* denota una relación mediada por la realidad, ya sea teórica o práctica. En la medida que el derecho (global) pretenda regular a agentes corporalizados, los agentes que no están meramente *en* el espacio, sino que deben relacionarse prácticamente *con* el espacio, esto es, con el espacio como un espacio de acción, el derecho (global) seguirá teniendo un lugar.

En el mismo sentido, eBay revela que no puede haber autoridad personal y jurisdicción que no sea también territorial, en el sentido amplio que he defendido en este libro. Hay una correlación interna entre jurisdicción personal y espacial, porque el derecho no puede regular el comportamiento si no es a través del establecimiento de quién debe hacer qué, dónde y cuándo. El ciberderecho es una variante del modelo Aciam del derecho inspirado en la fenomenología, no una excepción. Nos ofrece una justificación fuerte, en lo que concierne a los órdenes jurídicos, de la tesis de Sassen según la cual "lo global se materializa *por necesidad* en lugares específicos".[107]

Para redondear, permítaseme hacer dos acotaciones: la primera, sobre la autoridad y, la segunda, sobre la inclusión y la exclusión. Cada uno de los análisis precedentes de los órdenes jurídicos globales emergentes mostró que el problema de la autoridad no podría contenerse dentro del cinto de un enfoque puramente funcional centrado en la articulación, el monitoreo y el sostenimiento de la acción colectiva. Lo mismo pasa con eBay y sus condiciones

---

107. Saskia Sassen, "The Global City: Introducing a Concept", *Brown Journal of World Affairs* 11, n.º 2 (2005): 25-43, 32 (itálicas fuera del texto). Del mismo modo, esta tesis justifica por qué, como ella lo señala, la globalización origina una "red de lugares", esto es, la unidad pragmática de una multiplicidad de lugares.

3. Tres variaciones sobre el tema de la unificación

de uso. El asunto central aquí es, nuevamente, la articulación, el monitoreo y el sostenimiento de la comunalidad presupuesta en el nosotros* *juntos*. Por un lado, como lo reconocen explícitamente las condiciones de uso de eBay, las transacciones que recurren a esa plataforma comercial deben adherirse al derecho nacional aplicable, el cual a su vez demanda ser la expresión autoritativa de las condiciones de un contrato válido de compraventa que los miembros de un colectivo estatal consideran comunalmente como tales. Por el otro lado, e incluso si los usuarios de eBay recurren a su mecanismo ODR para resolver conflictos, dejando así de lado al derecho nacional, es significativo que eBay actualiza regularmente sus condiciones de uso con base en consultas hechas a ciertos usuarios seleccionados, lo que equivale al acuerdo de otorgar representación al nosotros* en juego en la articulación y el monitoreo de lo que es común a la acción colectiva bajo el derecho de eBay, incluso si tal representación no es una forma suficientemente democrática de representación de autor.

En este sentido, la pregunta más fundamental es si y de qué manera eBay podría crear las condiciones para un sentido de autonomía fuerte y democrático, dado que eBay no cuenta con el tipo de vías democráticas que están a disposición del derecho estatal territorialmente alinderado. ¿Acaso "el consenso aproximado y el código operativo" [*rough consensus and running code*] del Grupo de Trabajo de Ingeniería de Internet (IETF, por sus siglas en inglés) ofrecen una alternativa viable a la toma de decisiones autoritativa que se usa en los Estados democráticos?[108]

---

108. El IETF describe su misión así: "Hacer que el internet funcione mejor, produciendo documentos técnicos relevantes de alta calidad, que influencien la manera como la gente diseña, usa y administra el internet", concretamente creando estándares de internet. Los estándares son adoptados en un procedimiento por medio del cual un grupos de trabajo publica solicitudes de comentarios a las especificaciones que ha bosquejado. Cualquier persona que sea

La autoridad y la globalización de la inclusión y la exclusión

Aunque relevante para el caso de eBay, esta pregunta ilustra un problema general cuyo alcance incluye una gama amplia de órdenes jurídicos globales emergentes. Este problema será discutido cuando los capítulos ulteriores delineen una interpretación normativamente robusta de la autoridad.

Nos queda el problema de la inclusión y la exclusión. Para empezar, los tribunales nacionales —siendo los alemanes, quizás, los más pugnaces— han sostenido que las condiciones de uso de eBay consideran que ciertos valores son importantes para las transacciones que regulan, excluyendo a otros que son preferidos nacionalmente.[109] La comunalidad de los intereses que eBay demanda

---

técnicamente competente con respecto al estándar a ser adoptado puede hacer comentarios en un proceso iterativo que termina con un "consenso aproximado", "que significa que una gran mayoría de las personas a quienes les importa están de acuerdo. El método exacto de determinar el consenso aproximado varía de Grupo de Trabajo a Grupo de Trabajo [...]. Le corresponde al presidente decidir cuándo el Grupo de Trabajo ha llegado a un consenso aproximado". A su vez, el "código operativo" se refiere a un programa que ha obtenido aceptación amplia en la práctica. Véase www.ietf.org/about/mission y www.ietf.org/tao.html#getting.things.done. Callies y Zumbansen han explorado la posibilidad de generalizar este procedimiento de toma de decisiones en su libro *Rough Consensus and Running Code*.

109. Otras controversias sobre eBay no han necesariamente llegado a los estrados, pero apuntan en la misma dirección. Así, por ejemplo, en una controversia reminiscente del famoso caso francés de Yahoo! sobre parafernalia nazi, eBay sacó de sus listas a un juego de mesa de *Dad's Army* que se vendía en Droitwich, Worcestershire, arguyendo que contenía esvásticas, las cuales, en su calidad de accesorios nazis, infringían la política de eBay sobre material ofensivo. Tras haber recibido prensa negativa por parte de los tabloides británicos, eBay permitió que el potencial vendedor volviera a ofrecer el juego, siempre y cuando removiera las esvásticas de la caja. De cualquier modo, eBay estaba monitoreando e imponiendo la configuración por defecto de la acción conjunta bajo su política de uso de una manera que supuso inclusión y exclusión —de intereses y lugares—. Véase Richard Palmer, "Dad's Army Board Game Banned 'for Being Racist'", *Express*, 29 de enero de 2010, https://www.express.co.uk/news

3. Tres variaciones sobre el tema de la unificación

para sus políticas de uso es una comunalidad *limitada*, como es de esperarse según el modelo Aciam del derecho. Se objetará, sin embargo, que este es un sentido "metafórico" de inclusión y exclusión, no uno "literal", pero la objeción es errada: la inclusión en las transacciones y la exclusión de ellas, de conformidad con eBay, también son, y necesariamente, espaciales. He aquí una confirmación de la primera de las conjeturas adelantadas en la sección 1.3.3: estipular las condiciones que deben cumplirse para la compraventa de bienes en internet es indicar *dónde* un comprador puede comprar y *dónde* un vendedor puede vender, a saber, los lugares donde esas condiciones se cumplen, incluso si el *dónde* no está establecido de antemano y puede ser, en principio, cualquier lugar del mundo. No hay "acceso" a eBay que no sea un acceso *espacial* en el sentido de una acción conjunta que interconecta lugares acercando lo que está lejos: bienes y precio. eBay tiene su propia topografía jurídica, así sea una topografía muy diferente a la del BCBS, la CCC y la *lex constructionis*.

Estas consideraciones valen para el internet en general. El cerramiento progresivo del acceso al ciberespacio después de sus vertiginosos primeros años, en los que parecía que se trataba de un ámbito accesible para todos y en todas partes, ha generado una oposición iracunda, principalmente por parte del hacktivismo y sus ataques de denegación de servicio. eBay, y más exactamente PayPal, que en esa época era la plataforma de pagos de eBay, fue víctima de esos ataques. Cuando PayPal congeló la cuenta de WikiLeaks, alegando una infracción de sus condiciones de servicio después de la publicación que allí se hizo de documentos sensibles

/uk/154777/Dad-s-Army-board-game-banned-for-being-racist. Sobre esta y muchas más controversias, incluyendo el hacktivismo, véase la entrada de Wikipedia en inglés "Criticism of eBay", https://en.wikipedia.org/wiki/Criticism _of_eBay#cite_note-58

La autoridad y la globalización de la inclusión y la exclusión

del Gobierno estadounidense, la página web de PayPal fue objeto de ataques directos de denegación de servicio (DDOS, por sus siglas en inglés) por parte de un grupo que se hacía llamar Operation Payback. El grupo reivindicó sus ataques DDOS sosteniendo que, "en estos tiempos modernos, el acceso a internet se está volviendo rápidamente un derecho humano fundamental [...]. Al igual que cualquier derecho humano fundamental, creemos que está mal infringirlo".[110] El problema es, desde luego, que lo que vale como la infracción de un derecho humano fundamental no es independiente del *alcance* de esos derechos, derechos cuya extensión es el objeto de regulación y limitación. Aunque sin referirse a este incidente específico, Lovink describe las intenciones del ciberactivismo como sigue: "Emplear la libertad del internet en contra tanto de la dominación corporativa como del control estatal".[111] Para responder a preguntas como qué debe considerarse que encaja en la libertad de expresión, un colectivo mundial de internet debe proferir reglas que pongan al frente ciertas posibilidades prácticas a la vez que empujen otras posibilidades al trasfondo, esto es, que incluyan y excluyan por medio de establecer quién debe hacer qué, dónde y cuándo. Resistirse a la apropiación corporativa y estatal del internet no equivale a liberarlo del cerramiento (espacial), sino, más bien, a cerrarlo de otra manera. Lo que hemos aprendido de otros órdenes jurídicos globales

---

110. Daniel Tencer, "Hackers Take Down Website of Bank that Froze Wikileaks Funds", *Raw Story*, 6 de diciembre de 2010, www.rawstory.com/2010/12/hackers-website-bank-froze-wikileaks-funds/

111. Geert Lovink, *Dark Fiber: Tracking Critical Internet Culture* (Cambridge, MA: MIT Press, 2002), 43.

3. Tres variaciones sobre el tema de la unificación

emergentes también vale para el ciberderecho en todas sus versiones: la unificación del derecho va de la mano de su pluralización.[112]

3.3.3. Los límites de los órdenes jurídicos globales emergentes

Las secciones 3.3.1 y 3.3.2 delinearon cuatro topografías de los órdenes jurídicos globales emergentes, demostrando cómo cada uno de estos órdenes, aunque de diferentes maneras, se organiza a sí mismo como la unidad putativa de una multiplicidad de lugares jurídicos. Estas secciones mostraron que las globalizaciones jurídicas solo pueden encaminarse más allá de los linderos por medio del establecimiento de nuevos confines espaciales, con lo cual se organizan como unidades putativas de lugares. Y aunque no he discutido las otras dimensiones de los órdenes pragmáticos, no sería difícil revelar cómo cada una de las unidades espaciales putativas discutidas con anterioridad no es sino una de las dimensiones en las que el espacio, el tiempo, las subjetividades y los tipos de acto aparecen como un orden pragmático. Pero incluso si se da por sentado que los órdenes jurídicos globales emergentes deben trazar confines espaciales si han de ser órdenes jurídicos, ¿tales órdenes involucran una perspectiva de la primera persona plural de un agente colectivo lo suficientemente robusta, de manera tal que sus confines espaciales pueden aparecer, al ser cuestionados, como los *límites* de lo que se considera que es nuestro *propio* orden jurídico? Más enfáticamente: ¿los órdenes jurídicos globales emergentes pueden ser descritos adecuadamente como órdenes *pragmáticos*? Si la primera pregunta aborda la unidad espacial en términos de confines que unen y separan lugares en un todo, esta segunda

---

112. Ilustro la forma como la tentativa de asesinar a Kurt Westergaard, el caricaturista que satirizó al profeta Mahoma, expone el cerramiento espacial de la supuesta apertura global de una interpretación ciberlibertaria de la libertad de expresión en Lindahl, *Fallas de la globalización*, 155-157.

La autoridad y la globalización de la inclusión y la exclusión

pregunta se enfoca en la unidad espacial en términos de los límites que unen y separan a un orden pragmático de sus xenotopías.

Esta segunda pregunta nos devuelve a nuestro punto de partida con relación a la unidad putativa de los órdenes jurídicos: la agencia colectiva. Recuérdese la idea básica delineada en la sección 3.1: no basta con diseccionar al nosotros en "cada uno de nosotros" y "nosotros juntos"; con base en la posición de Van Roermund, procedí a desambiguar "nosotros juntos" —la formulación paradigmática de Gilbert de la perspectiva de la primera persona plural— distinguiendo tres posiciones de nosotros* —nosotros* vocero, nosotros* en juego y nosotros* autor— desplegadas por la acción colectiva. Partiendo de esta distinción triple, sostuve que la correlación entre la primera y la segunda posición de nosotros*, y *solo* esa correlación, es constitutiva para el modelo Aciam. Solo bajo la condición de que haya un grupo comprometido que demande regular la acción colectiva en el interés de una comunidad más amplia a la que se considera que está en juego en tal acción, y solo si esta demanda representacional puede contar, en líneas generales, con la adopción por parte de sus destinatarios, ha surgido la perspectiva de la primera persona plural de un colectivo jurídico, es decir, una demanda de autogobierno colectivo —de autonomía—. Este sentido minimalista de autogobierno colectivo es consistente con lo que Shapiro llama "agencia compartida masivamente". A diferencia de las formas fuertes de acción colectiva, en las que todos los participantes están preparados para ayudarse entre sí en la realización del punto de la acción conjunta, la agencia compartida masivamente institucionaliza autoridades que establecen una configuración por defecto detallada de la acción conjunta, anticipando la posibilidad de que haya participantes alienados que no comparten los fines de la agencia colectiva.

Así, incluso si los órdenes jurídicos emergentes dan lugar a una alienación —incluso a una *agencia alienada masivamente*,

3. Tres variaciones sobre el tema de la unificación

como la he denominado—, son órdenes pragmáticos en la medida que las autoridades no solo establecen los confines tetradimensionales de la acción colectiva, sino que también aseguran hacerlo, con éxito, desde la perspectiva de la primera persona plural de aquellos a quienes se considera que están en juego en la acción conjunta: esta es *nuestra (propia)* manera de determinar quién debe hacer qué, dónde y cuándo. Al incluir lo que se considera importante para la acción conjunta y excluir todo lo demás como no importante, el modelo Aciam supone una forma reflexiva de propiedad por medio de la cual lo que vale como "lo que nos es propio" se diferencia de y se prefiere de lo que es otro-que-sí. En lo que concierne al espacio, el carácter pragmático de un orden jurídico gira en torno a la existencia de confines que separen y unan lugares-deber ser en un sentido reflexivo de la espacialidad: las autoridades sostienen que este es *nuestro* espacio, significando con ello un espacio *común*, el espacio que nosotros, el colectivo en juego, compartimos en el curso de actuar juntos y el cual las autoridades tienen la tarea de articular, monitorear y sostener.

En esta medida, entonces, hay una continuidad y una discontinuidad entre el derecho estatal y los órdenes jurídicos globales emergentes. Ciertamente, estos no tienen la territorialidad alinderada de los Estados, pero comparten con los Estados el sentido más amplio de *territorialidad* al que me referí en la tercera de las conjeturas delineadas en la sección 1.3.3 y que es ilustrado, entre otras, por las topografías jurídicas del BCBS, la CCC, la *lex constructionis* e eBay. Al emplazarse a sí mismos, los órdenes jurídicos globales emergentes *re*territorializan el derecho en el proceso mismo de desterritorializarlo: seleccionan y conectan una gama de lugares en un espacio común de nuevas maneras. Esta idea, que se sigue del modelo Aciam del derecho, confirma la tesis de Sassen de que la territorialidad es una característica "transhistórica" de las formaciones sociales.

La autoridad y la globalización de la inclusión y la exclusión

Ahora bien, es esta demanda de comunalidad (espacial) la que la representación de la agencia colectiva vuelve ineluctablemente vulnerable a formas de cuestionamiento en las que los confines (espaciales) aparecen como los *límites* de la acción colectiva. La experiencia de un límite es la experiencia de un *afuera* de la acción colectiva, un afuera en la forma de una gama de posibilidades prácticas que han sido marginalizadas de lo que se considera común a nosotros, pero que demandan que deben ser realizadas como la expresión de la comunalidad. La experiencia de los límites de la acción colectiva es la experiencia de un desafío a la diferenciación preferencial entre lo que se considera que es lo nuestro y lo que es otra cosa que lo nuestro; es la experiencia del contraste entre lo familiar y lo extraño, en la que la extrañeidad concierne a una forma de alienación recalcitrante a ser acomodada en la agencia compartida masivamente o incluso en la agencia alienada masivamente. La manifestación espacial de esta forma fuerte de lo ajeno es una xenotopía.

Un ejemplo de cómo las xenotopías irrumpen en los órdenes jurídicos globales emergentes es, a mi parecer, el ataque DDOS a la página web de PayPal por parte de Operation Payback. El grupo cuestiona la comunalidad de la unidad espacial demandada por la comunidad de eBay, revelándola como limitada porque excluye ciertas posibilidades prácticas que el grupo considera importantes para la cibercomunidad en general. Su ataque DDOS provino de un entramado de lugares-hacker que no tienen lugar en la distribución de lugares que el derecho de eBay proporciona, desafiando los confines espaciales que constituyen a esta como un espacio común al suspender, por un tiempo, la posibilidad misma de trazar la distinción entre lugares-compradores y lugares-vendedores en este orden jurídico global emergente.

¿Pero su ataque DDOS fue un cuestionamiento *normativo* a eBay, un acto que evoca otro entendimiento de lo que hace del

3. Tres variaciones sobre el tema de la unificación

ciberespacio un lugar *común*? ¿O su acto fue simplemente malicioso o incluso criminal? ¿Su ataque llega a eBay desde una xenotopía o está simplemente fuera de lugar por ser antijurídico? En este contexto, Peter Ludlow, un filósofo del lenguaje, describe la "guerra léxica" que se ha desatado con ocasión del término *hacktivismo*. Si,

> en el sentido más simple y amplio, un hacktivista es alguien que usa la tecnología de hackear para efectuar un cambio social —dice Ludlow—, el conflicto ahora es entre aquellos que quieren cambiar el significado de la palabra para denotar actividades inmorales y siniestras y quienes quieren defender el entendimiento más amplio e inclusivo de hacktivista.[113]

La guerra léxica sobre el hacktivismo es sintomática de una pregunta más general que va al corazón de una investigación sobre la autoridad y su relación con la inclusión y la exclusión. Porque no hay una posición independiente, una mirada a vuelo de pájaro, que permita establecer si un acto es simplemente (anti)jurídico o si también eleva un cuestionamiento normativo que las autoridades deben acatar cambiando los confines de la comunalidad presupuesta en el nosotros* juntos. En el transcurso de articular, monitorear y sostener los *confines* espaciales, temporales, subjetivos y materiales de los órdenes jurídicos, globales o de otro tipo, las autoridades establecen, indirectamente, los *límites* de la comunalidad. En otras palabras, al establecer confines, las autoridades establecen los límites de lo que ha de valer como importante para un colectivo y, como tal, digno de ser calificado como comportamiento jurídico o antijurídico.

---

113. Peter Ludlow, "What is a Hacktivist?", *New York Times*, 13 de enero de 2013, http://opinionator.blogs.nytimes.com/2013/01/13/what-is-a-hacktivist/

La autoridad y la globalización de la inclusión y la exclusión

El lector habrá notado que concluí cada una de las secciones precedentes con comentarios sobre la autoridad y la inclusión/exclusión, y que lo he vuelto a hacer en esta sección. No se trata de una coincidencia; como ya debe haber quedado claro, hay una conexión interna entre los dos asuntos. La pregunta práctica que confronta a los colectivos —¿sobre qué trata/debe tratar nuestra acción conjunta?— es una pregunta sobre los límites de la comunalidad y, por lo tanto, sobre la inclusión y la exclusión. Y esto no es nada distinto a la pregunta sobre el concepto de *autoridad* apropiado para el modelo Aciam. Si la autoridad articula, monitorea y sostiene los confines espaciales, temporales, subjetivos y materiales que constituyen la configuración por defecto de la acción conjunta, lo que en últimas está en cuestión en esta interpretación funcional de la autoridad es cómo sentar el límite entre el sí colectivo y el otro-que-sí en respuesta al comportamiento cuyo significado normativo y fáctico no es simplemente lo que las autoridades ven en él ni tampoco es plenamente independiente de ello.

Pero las páginas precedentes también sugieren que los problemas de la autoridad y la inclusión/exclusión en un contexto globalizante son más complejos de lo que parecen. Esto es así porque estos dos problemas son ahora inseparables de la pregunta relativa a la *relación* entre el derecho estatal y los órdenes jurídicos globales emergentes. En efecto, no existe un desarrollo lineal simple que parta del derecho estatal hacia los órdenes jurídicos globales emergentes, como si estos hubieran "sustituido" a aquellos. El lector habrá notado que ninguno de los órdenes jurídicos globales emergentes que se han explorado hasta ahora es completamente "independiente": cada uno de ellos depende, en mayor o menor medida, de los confines trazados en el derecho estatal. Incluso el más "etéreo" de estos órdenes —eBay— necesita al derecho estatal para definir qué vale, en cada transacción, como lugares-vendedores y lugares-compradores. Como tal, el orden pragmático de los

3. Tres variaciones sobre el tema de la unificación

órdenes jurídicos globales emergentes sigue siendo parasítico del orden pragmático de los Estados. Esto implica que la resistencia a los órdenes jurídicos globales emergentes también es, e incluso lo es principalmente, una resistencia a los confines del derecho estatal, como ocurre cuando la KRRS destruyó los campos de OGM en India.

Esta relación de dependencia entre órdenes pragmáticos tiene su correlato en una relación de dependencia entre las correspondientes perspectivas de la primera persona plural. Esto es así porque, como se ha notado hasta acá, los órdenes jurídicos globales emergentes son órdenes pragmáticos en la medida que las autoridades demandan *exitosamente* que establecen confines desde la perspectiva de la primera persona plural de aquellos a quienes se considera que están en juego en la acción conjunta. ¿Pero cuál es el origen de este "éxito", especialmente de cara al hecho de que los órdenes jurídicos globales emergentes habitualmente dan lugar a una agencia *alienada* masivamente?

Parte de la respuesta seguramente gira en torno al hecho de que la dependencia de los confines estatales va de la mano con la posibilidad de la imposición forzosa estatal de los confines de los órdenes jurídicos globales emergentes. Pero, en un sentido más fundamental, la lealtad de una gama de órdenes jurídicos globalizantes requiere la lealtad al derecho estatal del cual dependen aquellos. Como lo nota Sassen, la globalización no evoluciona simplemente por medio de la reducción de la autoridad de los Estados; "también consiste en producir nuevos tipos de labor estatal (como reglamentos, normas legislativas, resoluciones judiciales y decretos ejecutivos) que deriven en una nueva clase de 'juridicidad'".[114] En los términos del modelo Aciam del derecho, el éxito que los nosotros* voceros puedan tener en sacar adelante las perspectivas de la primera persona plural global de un nosotros*

---

114. Sassen, *Territorio, autoridad y derechos*, 290.

en juego global sigue siendo más o menos parasítico, en un buen número de casos, de la identificación continuada de los destinatarios de la regulación global con el derecho *estatal*, que prevalece sobre la identificación con una perspectiva de la primera persona global. eBay es un ejemplo excelente de este fenómeno. Dado el carácter transitorio que las transacciones tienen para los usuarios, incluso si usan eBay regularmente, es de esperarse que haya poca identificación por parte de los usuarios con una comunidad global de eBay. Sin embargo, como resultado de la fragmentación funcional de la autoridad a través de los órdenes jurídicos, los Estados ceden cada vez más ante los órdenes jurídicos la articulación de sus confines de maneras que muchos ciudadanos, quizás la mayoría, no pueden reconocerlos como los confines de *su* Estado. La alienación masiva generada por la globalización de la inclusión y la exclusión toca a los Estados tanto —y quizás más— como a los órdenes jurídicos nuevos a los que la globalización da origen. La globalización de la sociedad ha sido celebrada a menudo por dar origen a múltiples identidades, en contraste con la identidad única vinculada con la ciudadanía de un Estado; estas celebraciones olvidan mencionar el surgimiento de múltiples alienaciones desatado por los procesos de globalización.

Aquí, nuevamente, la pregunta sobre la autoridad salta a la vista: ¿bajo qué condiciones los individuos pueden identificarse con un orden jurídico como *su propio* orden jurídico? Esta pregunta es especialmente pertinente porque, en el proceso mismo de prestar su autoridad a la agencia alienada masivamente, el Estado se convierte en blanco de una presión cada vez mayor: los confines del derecho estatal son impuestos en nombre de una comunidad global putativa que introduce formas nuevas y masivas de inclusión y exclusión. Para hacer entender esto, parece apropiado citar el diagnóstico desolador que hace Stewart del estado de cosas actual en la gobernanza regulatoria global:

3. Tres variaciones sobre el tema de la unificación

Una miríada de organismos regulatorios globales especializados y fragmentados ejerce un poder y una influencia cada vez mayores. Al tomar decisiones, debido a factores estructurales profundos, estas autoridades orientadas a misiones tienden a dar sistemáticamente mayor importancia a los intereses y preocupaciones de ciertos actores, especialmente los Estados poderosos y los actores económicos bien organizados, y menos importancia a los intereses y preocupaciones, habitualmente periféricos, de grupos organizados de manera más débil y con menos poder y a individuos vulnerables. El patrón general de la regulación global refleja un prejuicio similar [...]. Como resultado de estos dos tipos de desconsideración, los actores dominantes en la gobernanza regulatoria global tienen beneficios desproporcionados provenientes de la cooperación internacional, mientras que los grupos más débiles sufren privaciones y daños serios.[115]

Volveremos a tratar estos asuntos mucho más a fondo en los capítulos 5-7. En efecto, entiendo que lo que Stewart llama "desconsideración" equivale a la falta de reconocimiento generalizada de individuos y grupos asociados con lo que he llamado *agencia alienada masivamente* en un contexto global. Esta falta de reconocimiento alimenta la resistencia por parte de los grupos alter- y antiglobalización, que toman la forma de demandas por reconocimiento de identidades/diferencias amenazadas por los órdenes jurídicos globales emergentes. En cualquier caso, por el momento, estos asuntos resaltan una característica fundamental del TAD global que frena toda explicación lineal simple de las continuidades y discontinuidades entre épocas con respecto a la autoridad y la inclusión/exclusión. Si, por un lado, los órdenes jurídicos globales

---

115. Stewart, "Remedying Disregard in Global Regulatory Governance", 211.

emergentes siguen siendo parasíticos del derecho estatal, por el otro, las globalizaciones jurídicas transforman profundamente el derecho estatal. Más enfáticamente: si el surgimiento de órdenes jurídicos globales sigue dependiendo de las estructuras de autoridad propias de los Estados, la globalización de la autoridad está erosionando esas estructuras, luego erosiona la lealtad a los Estados que posibilita las globalizaciones jurídicas en primer lugar. Aquí, creo, está la raíz de muchas manifestaciones contemporáneas de lo que se ha llamado *populismo*.

Véase el *parcours* de este capítulo. La trayectoria que va desde cada una de las tres dimensiones de la unidad jurídica putativa —agencia colectiva, sistema jurídico y orden pragmático— nos llevó desde la dimensión superficial de una caracterización funcional de la autoridad hasta la que considero que es su dimensión profunda: establecer el límite de lo que ha de valer como lo nuestro propio en respuesta al desafío de lo extraño que se encuentra adentro y afuera de un orden jurídico. Por esta razón, la pregunta sobre si un orden jurídico global es alcanzable, un orden que pudiera unificar sin pluralizar, que pudiera volverse un adentro sin un afuera, es la pregunta sobre la naturaleza de la autoridad en un contexto global —y viceversa—.

4.

ALTERGLOBALIZACIONES Y EL NOMOS DE LA TIERRA

El segundo "Encuentro por la humanidad y contra el neoliberalismo", el cual sucedió después de un encuentro inicial organizado por los zapatistas en la selva Lacandona de Chiapas, tuvo lugar en España, en 1997, bajo el lema "Por un mundo donde quepan todos los mundos".[1] Esta formulación es una versión refinada del eslogan característico de los zapatistas, acuñado por el subcomandante Marcos: "El mundo que queremos es uno donde quepan muchos mundos".[2] En términos prácticos y teóricos, la primera de estas formulaciones es la más exigente, porque sugiere que la apuesta de los movimientos alterglobalización es ir más allá de la globalización de la inclusión y la exclusión, hacia un mundo que tendría un adentro pero no un afuera. Esta aspiración de lograr un mundo omniinclusivo es la que deseo someter a

---

1. Véase Notes from Nowhere (ed.), *We are Everywhere: The Irresistible Rise of Global Anticapitalism* (Londres: Verso, 2003), 74.

2. Ejército Zapatista de Liberación Nacional (EZLN), "Cuarta Declaración de la Selva Lacandona", *Enlace Zapatista*, 1.º de enero de 1996, http://enlacezapatista.ezln.org.mx/1996/01/01/cuarta-declaracion-de-la-selva-lacandona/

examen ahora. Así como los capítulos 1-3 se ocuparon de explicar e ilustrar la estructura y los límites de una gama de órdenes jurídicos globales emergentes, este capítulo toma la perspectiva de la resistencia a las globalizaciones jurídicas. En el sentido más amplio, las "contraglobalizaciones" incluyen a los movimientos anti- y alterglobalización. Mientras que aquellos consideran que están protegiendo lo local *en contra* de lo global, estos buscan reconfigurar lo local *y* lo global, principalmente —pero no únicamente— como respuesta a la globalización del capitalismo. Este capítulo se ocupa principalmente de las alterglobalizaciones, para establecer si ofrecen una esperanza a las formas de globalización jurídicas que podrían evitar la globalización de la inclusión y la exclusión jurídicas. Así, las páginas siguientes privilegian un enfoque más bien estrecho sobre un ámbito de investigación enorme. Aunque me baso en una gama de testimonios del activismo global y en conceptualizaciones de teóricos comprometidos con la alterglobalización, mi lectura de estos materiales está guiada únicamente por el intento de entender la manera como la alterglobalización podría arrojar luz sobre el problema de la inclusión y la exclusión jurídicas en un contexto global.

El capítulo aborda esta pregunta general desde tres perspectivas. La primera es *genética*: ¿cuál es la naturaleza del surgimiento tanto de los órdenes jurídicos globales como de las alterglobalizaciones? Concretamente, ¿las alterglobalizaciones dan luz a formas de surgimiento que no requieren un cerramiento en el sentido de los límites? Este enfoque genético se concentra en la noción de *nomos* de Carl Schmitt, que introduje brevemente en la sección 1.3.4. En el capítulo 6 volveré sobre este tema para criticar la interpretación schmittiana de *nomos*, arguyendo que esta ofrece una glosa reduccionista del surgimiento de los órdenes jurídicos globales. Sin embargo, por el momento uso su exposición para desenmascarar lo que, *parcialmente*, está en juego en

4. Alterglobalizaciones y el nomos de la tierra

el surgimiento de las alterglobalizaciones jurídicas, de la manera como han sido caracterizadas, entre otros, por John Holloway, un teórico político cuyo trabajo ha inspirado a muchos activistas de la alterglobalización. La segunda perspectiva es *estructural*: ¿existen formas de acción colectiva que pudieran fundamentar un orden jurídico que incluyera sin excluir? Este enfoque se ocupa de la noción de *multitud*, la cual ha tenido un éxito preternatural en la jerga de la alterglobalización junto a sus nociones asociadas de *red* y *movimiento*. Enfocándome principalmente en la contribución de Michael Hardt y Antonio Negri a la teoría de la multitud, me pregunto si estas variaciones sobre el tema de la acción colectiva sugieren una forma de derecho que pudiera superar la distinción adentro/afuera. La tercera perspectiva es *sustantiva*; me ocupo aquí de dos ámbitos de investigación particularmente promisorios, a saber, los bienes comunes de la humanidad [*global commons*] y los derechos humanos. Por un lado, los movimientos alterglobalización han rechazado vigorosamente el cerramiento capitalista de los bienes comunes de la humanidad. Ahondando en las contribuciones sobre los bienes comunes de la humanidad que han hecho Boaventura de Sousa Santos, Garret Hardin, Elinor Ostrom y George Monbiot, me pregunto si dichos bienes pueden existir sin regulación. Si no es así, ¿pueden estos ser objeto de una regulación en ausencia de un cerramiento, así no sea necesariamente una encerrona capitalista? Por el otro lado, los movimientos alterglobalización han intentado frenar la globalización capitalista exigiendo el proferimiento de un régimen global de derechos humanos. De ser proferido dicho régimen, ¿tendría un adentro pero no un afuera (en el sentido de un límite)? Esta parte final del capítulo reflexiona sobre las contribuciones de Thomas Buergenthal, Makau wa Mutua, Raimon Panikkar, David Kinley y Jürgen Habermas.

Muestro que las alterglobalizaciones jurídicas, al igual que los órdenes jurídicos globales emergentes explorados en el capítulo 3, no pueden sino surgir a través de actos representacionales que incluyan y excluyan. Esta conclusión, sin embargo, no equivale a una defensa de un concepto profundamente relativista de *autoridad* ni de uno que justifique la inclusión y la exclusión provocadas por la globalización del capitalismo. Por el contrario, exponer la lógica representacional de la inclusión y la exclusión que opera en el surgimiento de los órdenes jurídicos, sean globales o de otro tipo, prepara el terreno para introducir lo que denomino *reconocimiento asimétrico*, el cual es, a mi parecer, el núcleo de un concepto robusto de *autoridad* en un contexto global. Los capítulos 6 y 7 aseveran que el reconocimiento asimétrico lidia mejor que las teorías del reconocimiento recíproco con los orígenes irreductiblemente contingentes de cualquier orden jurídico global imaginable. Concretamente, sostengo que el reconocimiento asimétrico ofrece una mejor explicación de una política de los confines, que es sensible a la tensión irreductible que existe entre pluralidad y unidad en el corazón de una teoría de la autoridad en un contexto global. Pero no nos adelantemos.

4.1. El surgimiento como una (re)toma

Los capítulos precedentes se han referido continuamente a los órdenes jurídicos globales emergentes, aunque para enfocarse, en un movimiento que va de un lado al otro, en la globalidad y la juridicidad del derecho global. Este es el momento propicio para considerar más de cerca lo que se quiere decir con la noción de *emergencia* o *surgimiento*. ¿Cuál es la naturaleza de la incepción de los órdenes jurídicos y de qué manera esto puede ayudarnos a

4. Alterglobalizaciones y el nomos de la tierra

entender por qué el surgimiento de los órdenes jurídicos globales produce contraglobalizaciones?

4.1.1. Toma y retoma

El autoproclamado "Primer asalto" [*Opening Salvo*] del libro *We Are Everywhere: The Irresistible Rise of Global Anticapitalism* [Estamos en todas partes: el ascenso irresistible del anticapitalismo global] nos ofrece, creo, una clave inicial y significativa para responder esta pregunta. Al introducir las contribuciones al libro, Notes from Nowhere [Notas desde ninguna Parte], su colectivo editorial llama la atención del lector sobre la cronología histórica del libro:

> Decidimos empezar con los zapatistas, en cuanto vemos su levantamiento del 1.º de enero [de 1994] como el anuncio de una nueva era de movimientos de resistencia, y cerramos el círculo terminando con su retoma de San Cristóbal de las Casas el 1.º de enero de 2003.[3]

Por medio de la retoma de San Cristóbal, los zapatistas reclaman lo que les ha sido quitado a ellos y a muchos otros por parte de la globalización del capitalismo. Como se lo describe desde la perspectiva y las experiencias de aquellos que se resisten a él, el surgimiento de la globalización capitalista es, en su sentido más elemental (y en el más fundamental), una *toma* de lo que no se ha dado libremente: una apropiación que desposee. En respuesta a esta toma, el surgimiento del anticapitalismo global es, en un sentido no menos elemental, una *retoma*, una reapropiación o reposesión de lo que es nuestro, que supone la retoma del lugar como un escape del espacio en el que se ha incluido a quienes resisten. De

---

[3]. Notes from Nowhere, *We are Everywhere*, 14-15.

hecho, la reapropiación del lugar de los zapatistas empezó antes: estas fueron las palabras de apertura del subcomandante Marcos en el "Primer encuentro intercontinental por la humanidad y en contra del neoliberalismo", llevado a cabo en la selva Lacandona el 3 de agosto de 1996: "Bienvenidos a la Realidad Zapatista. Bienvenidos a este territorio en lucha por la humanidad. Bienvenidos a este territorio en rebeldía contra el neoliberalismo".[4]

Que los zapatistas retomen el lugar en su resistencia a la globalización del capitalismo no es casualidad. He aquí otros ejemplos, algunos de ellos seleccionados de *We Are Everywhere*. Occupy Wall Street se tomó el Zuccotti Park en Nueva York, rebautizándolo sin demora como Liberty Square, una movida que fue interpretada como una "recuperación del espacio público".[5] La KRRS ocupó campos de OGM de propiedad de Monsanto y los destruyó en un esfuerzo por recuperar su tierra y su forma de vida de la mercantilización del cultivo y el intercambio de semillas, visto con buenos ojos por la OMC. Invocando el artículo 184 de la constitución brasilera, relativo a la función social de la propiedad, el Movimento dos Trabalhadores Rurais sem Terra (MST) ocupa sistemáticamente latifundios en Brasil, reclamando un lugar como propio en respuesta a su marginalización por parte de la sociedad. El MST coordina sus actividades con otros grupos, como la KRRS, que pertenecen a La Vía Campesina, cuyo eslogan es "Globalicemos la lucha, globalicemos la esperanza".[6] El movimiento

---

4. Ibíd., 34. Cf. EZLN, "Segunda Declaración de La Realidad por la Humanidad y contra el Neoliberalismo", *Enlace Zapatista*, 3 de agosto de 1996, http://enlacezapatista.ezln.org.mx/1996/08/03/segunda-declaracion-de-la-realidad-por-la-humanidad-y-contra-el-neoliberalismo/

5. Jules Boykoff, "Occupy Wall Street: Reclaiming Public Space, Reclaiming Dignity", *Common Dreams*, 12 de octubre de 2011, www.commondreams.org/views/2011/10/12/occupy-wall-street-reclaiming-public-space-reclaiming-dignity

6. Página web de La Vía Campesina, https://viacampesina.org/es

4. Alterglobalizaciones y el nomos de la tierra

Reclaim the Streets (RTS) se originó en Londres en contra de la construcción de la variante M11; en julio de 1996 se tomaron una autopista, la M41, para hacer una gran fiesta callejera que incluyó tres toneladas de arena para hacer una playa para que jugaran los niños. En un sentido importante, la ocupación de las calles funciona como una *pars pro toto* de la ocupación en la propaganda política del RTS:

> ¿No serían mejores las calles sin carros? No si son remplazadas por pasajes para el consumo de peatones o por "villas" comerciales protegidas del mal clima [...]. La lucha por espacios sin automóviles no se puede separar de la lucha en contra del capitalismo global.[7]

En respuesta a la construcción, financiada por el Banco Mundial, de la represa Pak Mun en Tailandia, los aldeanos que fueron expulsados de esa área han intentado recuperar sus hogares y sustentos bajo los auspicios del movimiento Assembly of the Poor (AOP), llevando a cabo ocupaciones de la represa y estableciendo la Villa Duradera n.º 1 en el Río Mun en sus alrededores. La AOP se unió a las redes de la Acción Global de los Pueblos, La Vía Campesina e International Rivers, lo que dio como resultado que la AOP coordinara su resistencia a la represa Pak Mun con otras causas, como la lucha contra la construcción de represas en el valle del Narmada por el Narmada Bachao Andolan (Movimiento para Salvar al Río Narmada).[8] Los residentes de Cochabamba, en

---

7. Notes from Nowhere, *We Are Everywhere*, 50.

8. Pel Melgram, "Claims to Globalization: Thailand's Assembly of the Poor and Multilevel Resistance to Capitalist Development", *Resistance Studies Magazine* n.º 2 (2008): 5-22. Véase también las páginas de internet sobre el movimiento Narmada de International Rivers: www.internationalrivers.org

Bolivia, ocuparon la plaza principal de la ciudad y bloquearon las autopistas que iban hacia la ciudad, en múltiples ocasiones, como respuesta a la privatización del servicio de agua de la ciudad en beneficio de Aguas del Tunari, una subsidiaria de Bechtel, tras un préstamo del Banco Mundial. El grito de guerra de la ocupación era "El agua es nuestra, ¡carajo!". La resistencia a la privatización del servicio de agua de Cochabamba fue después llevada a las calles de Washington, en manifestaciones en contra del Banco Mundial.[9]

Los ejemplos podrían multiplicarse, pero estos bastan por el momento. Todos sugieren que la resistencia a la globalización del capitalismo busca reclamar el lugar, insinuando un nosotros* que está *en otra parte* —una xenotopía— en vez de *en todas partes*. En cada caso, "los participantes buscan reclamar el territorio de una manera que construya relaciones sociales que no estén sujetas a la mercantilización".[10] Estos ejemplos también sugieren que la resistencia a la globalización habitualmente orienta su foco de atención en contra de la manera como los *Estados* vuelven operativos los procesos de globalización. Esto no debe sorprendernos. La gama de órdenes jurídicos globales emergentes discutidos en el capítulo 3 muestra que, en cada caso, estos siguen dependiendo de los confines estatales, incluyendo los confines de unidades subnacionales, como los municipios, incluso cuando se usan estos confines para configurar nuevos lugares y nuevas unidades de lugares.

/campaigns/pak-mun-dam-0, y sobre Lokashakti: http://lokashakti.org/encyclopedia/groups/143-narmado-bachao-andolan

9. Notes from Nowhere, *We Are Everywhere*, 266. Para una discusión extensa sobre las "guerras por el agua" en Bolivia y su relación con el Consenso de Washington por parte del corresponsal de *Time* y ABC *News* en Bolivia, véase Jean Friedman-Rudovsky, "Return to Cochabamba: Eight Years Later, the Bolivian Water War Continues", *Earth Island Journal* (2008).

10. Marina Sitrin y Dario Azzellini, *They Can't Represent Us! Reinventing Democracy from Greece to Occupy* (Londres: Verso, 2014), 37.

4. Alterglobalizaciones y el nomos de la tierra

En este sentido, Luis Eslava muestra cómo Bogotá es un ejemplo del proceso de gobernanza "indirecta", por medio de la cual las ciudades del tercer mundo se vuelven el epicentro de las estrategias de desarrollo desplegadas por la gobernanza global. El autor nota que,

> aunque se han hecho porosos para los flujos financieros y culturales, el territorio y sus límites siguen estando así en el centro del orden global y, de hecho, se han repotenciado como resultado de la atención actual a lo local.[11]

Del mismo modo, sin embargo, este y los otros ejemplos referidos más atrás sugieren que la retoma del lugar nunca se trata únicamente de recuperar un lugar estatal, es decir, del regreso a un *statu quo ex ante*. Debido a que el Estado se ha vuelto un agente clave en los procesos de globalización, no existe un regreso a un lugar original desde el cual los individuos han sido marginalizados: la oposición a la globalización del capitalismo da origen a configuraciones transfronterizas de xenotopías. En un análisis perspicaz de la resistencia por parte de los barrios ilegales en la periferia de Bogotá, Eslava revela cómo "la localización de lo internacional genera al mismo tiempo vías para que los residentes de la periferia realicen una reapropiación estratégica de la idea de convertir las jurisdicciones locales —y sus barrios— en el centro del mundo". La declaración "Aquí estamos y aquí nos quedamos", escrita sobre una pared de un proyecto de rehabilitación de infraestructura en Bogotá, reconfigura la ubicación de un barrio periférico de una manera que demuestra "el compromiso de su comunidad con

---

11. Luis Eslava, *Espacio local, vida global – La operación cotidiana del derecho internacional y el desarrollo*, trad. de Carlos Francisco Morales de Setién Ravina (Bogotá: Universidad Externado de Colombia, 2018), 426.

reclamar un lugar en el mundo para ellos".[12] Llevando esta tesis un paso más allá, la resistencia a los procesos de globalización también es muchas veces —incluso habitualmente— *indirecta*: apunta a la manera como los Estados reconfiguran sus territorios en el proceso de incitar la globalización, pero también de adaptarse a ella.

En pocas palabras, retomar el lugar equivale al surgimiento de nuevas estructuras de localidad. Ashwin Desai, un intelectual público sudafricano, sostiene esto en una entrevista sobre las luchas y las estrategias de resistencia de los pobres en los *townships* de Sudáfrica en contra del gobierno *posapartheid* del Congreso Nacional Africano (ANC, por sus siglas en inglés). En contraste con las "marchas en Seattle y Génova, que se dirigen a ese nivel más macrofinanciero y a los sistemas", Desai nota que la resistencia en Sudáfrica es un

> tipo de lucha más gutural, de barricadas, por simplemente tratar de defender lo que tienes. Pero al hacer eso estás vinculando prácticamente todo [...]. No se trata de que estés construyendo algo nuevo en una comunidad aislada. La gente tiene una resonancia de lo que pasa en otros lugares, pero los objetos de su ira son locales.[13]

---

12. Ibíd., 466. Nótese que el indicial *aquí* se usa de una manera que indica un lugar que está adentro y también afuera del territorio colombiano, y, más ampliamente, adentro y afuera de la globalidad divisada por la gobernanza global contemporánea. Evans sostiene algo relacionado, arguyendo que las luchas locales globalizan como una manera de fortalecer lo local. Véase Peter Evans, "Fighting Marginalization with Transnational Networks: Counter-Hegemonic Globalization", *Contemporary Sociology* 29, n.º 1 (2000): 230-241. Debe notarse, sin embargo, que tanto Eslava como Evans contrastan lo global con lo local, en vez de entender lo global como una forma de lo local.

13. Notes from Nowhere, *We Are Everywhere*, 492.

4. Alterglobalizaciones y el nomos de la tierra

¿La noción de *surgimiento* como una retoma del lugar es apta para describir la resistencia a las formas de órdenes jurídicos globales que dependen del internet y que tienen una relación relativamente tenue con la territorialidad estatal? Como se discutió en la sección 3.3.3, la Operation Payback, el grupo hacktivista que dirigió un ataque DDOS en contra de PayPal, que en su momento era la plataforma de pago de eBay, pretendía recuperar el internet de su cerramiento por parte de los que, a su parecer, eran un conjunto de intereses privados: "El acceso a internet se está volviendo rápidamente un derecho humano fundamental [...]. Al igual que cualquier derecho humano fundamental, creemos que está mal infringirlo". El ataque DDOS de los hacktivistas retomó, efectivamente, los lugares de los compradores y los vendedores al negarles la posibilidad de efectuar transacciones por medio de eBay, con independencia de dónde estuvieran ubicados en el mundo. En el lapso que duró el ataque, eBay no pudo ubicar transacciones y dejó de operar como un orden jurídico.

4.1.2. Tomar, dividir, cultivar

Aquí está, entonces, la clave proveída por Notes from Nowhere: el "surgimiento" tiene dos significados básicos, una toma y una retoma del lugar. El libro editado por Notes from Nowhere fue publicado en 2003. Exactamente cincuenta años antes, en 1953, Carl Schmitt publicó un ensayo llamado "Nehmen/Teilen/Weiden", cuya mejor traducción podría ser "Tomar/dividir/cultivar".[14] Lo

---

14. Carl Schmitt, "Appropriation/Distribution/Production: Toward a Proper Formulation of Basic Questions of Any Social and Economic Order (1953)", *Telos* 95 (1993): 52-64. La versión inglesa traduce el verbo alemán *teilen* como *distribute*, que, en alemán, corresponde a *verteilen*. Aunque sigo la traducción en términos generales, una traducción más fiel sería "dividir" o "división". La ambigüedad del verbo francés *partager*, que significa tanto "dividir" como "compartir", quizás refleja mejor lo que Schmitt tiene en mente con *teilen*.

que le interesa a Schmitt en este ensayo es teorizar sobre el surgimiento y la estructura básica de los órdenes sociales. La palabra alemana para el verbo *tomar* es *nehmen*, que Schmitt vincula con los términos griegos *nemein* y *nomos*. Caracterizar el derecho como un *nomos* es decir que consiste en la unidad de orden y emplazamiento (*Einheit von Ordnung und Ortung*) y el resultado de una toma: un tener lugar.[15] Aunque las formas contemporáneas del capitalismo global no entran en el ámbito de los análisis de Schmitt, el autor seguramente habría aprobado que se caracterizara su surgimiento como una toma, y la resistencia a las globalizaciones, como una retoma. La globalización capitalista es, para Schmitt y para Notes from Nowhere, un *nomos* de la Tierra (en mayúscula): una toma por medio del emplazamiento de un orden planetario que incluye y excluye. El surgimiento de los órdenes jurídicos globales es parte integral de una captura de tierra (en sentido amplio) en escala planetaria: una captura de la Tierra. Como se anticipó en la sección 1.5.2, el diagnóstico de Schmitt encuentra un apoyo fuerte en Sassen, quien difícilmente es una socióloga de la globalización obstinada o reaccionaria. La tesis central de *Expulsiones*, el reciente libro de Sassen, es que los procesos de globalización alimentados por el capitalismo "equivalen a un proceso de selección salvaje", en el que *selección* significa una separación que incluye y excluye.[16] En el mismo sentido, Bauman, en un libro más vehemente, pero con menos investigación empírica, arguye que la globalización capitalista equivale a una toma en la forma de una "expropiación"

---

15. N. del T.: la traducción no hace justicia al juego de palabras del texto original, según el cual el resultado de la toma es una "ocurrencia", "a taking place", y es, además, la toma de un lugar.

16. Sassen, *Expulsiones*, 14.

4. Alterglobalizaciones y el nomos de la tierra

del Estado.[17] Harvey, por su parte, describe la globalización del capitalismo en términos de una "acumulación por desposesión".[18] No me interesa la cuestión relativa a si el análisis etimológico de *nomos* es espurio. Tampoco quiero decir que Schmitt comparte una posición política común con Sassen, Bauman o Harvey. Además, en el capítulo 6 desarrollo una crítica profunda a la concepción que Schmitt tiene de *nomos*, mostrando por qué es muy reduccionista en su explicación del surgimiento de los órdenes jurídicos globales. Sin embargo, me interesa, por el momento, explorar su tesis conceptual sobre el *nomos* tal y como es. En efecto, esa tesis captura una característica constitutiva del surgimiento de los órdenes jurídicos globales que no puede ser simplemente desechada como especiosa ni como cínica. Schmitt sostiene, específicamente, que el *nomos*, en sus sentidos triples y secuenciales de tomar, dividir y producir, es la clave de la génesis y la estructura de los órdenes sociales. El uso que Schmitt hace de este término está orientado polémicamente en contra del olvido de los orígenes de los órdenes sociales. El autor apunta que la teorización social usualmente parte de un orden que ya está constituido. Como resultado de eso, "la época de la constitución [de un orden] se olvida rápidamente o, más bien, es arrastrada al ámbito del subconsciente. La *situation étable* de lo constituido domina todos los hábitos, incluidos los hábitos lingüísticos y del pensamiento".[19] Hobbes es evidencia de este estado de cosas, o

---

17. Zygmunt Bauman, *La globalización – Consecuencias humanas*, trad. de Daniel Zadunaisky (México: Fondo de Cultura Económica, 2010), 88-93.

18. David Harvey, *El nuevo imperialismo*, trad. de Juan Mari Madariaga (Madrid: Ediciones Akal, 2004), 111-140.

19. Carl Schmitt, "Nomos – Nahme – Name (1959)", en íd., *Staat, Großraum, Nomos: Arbeiten aus den Jahren 1916-1969* (Berlín: Duncker & Humblot, 1995), 573-591, 577.

al menos eso sostiene Schmitt, cuando hace que el orden social empiece con una *divisio primaeva*, una división primaria que separa lo mío de lo tuyo, con lo que da lugar al derecho y la justicia: "Bien lo sabían los antiguos, que llamaban Νόμος (es decir, *distribución*) a lo llamado *ley* por nosotros, y que definieron la justicia por la acción de *distribuir* a cada hombre lo suyo".[20] Esto es el *nomos* como distribución, "la acción y el proceso de división y distribución —un *Ur-teil* [literalmente: división prístina] y su resultado—".[21] En este, su segundo significado, *nomos* es el derecho en el sentido general de la titularidad que uno tiene sobre cierta porción de bienes y, en un sentido más general, sobre lo que sea que un colectivo pueda repartir a sus miembros: *suum cuique tribuere*. A su vez, la distribución de bienes llamada *derecho* es la precondición para el tercer sentido de *nomos*: *weiden*, que significa, literalmente, *pasturaje*. "Este es el trabajo productivo que ocurre normalmente con la propiedad. El derecho conmutativo a comprar y vender en el mercado presupone la propiedad al igual que la producción derivada de la división prístina".[22] Lo mismo vale, agregaría, para comprar y vender en un mercado global.

Pero estos dos sentidos de *nomos* presuponen un sentido previo del término, el primer acto inaugural del orden social: una toma o apropiación con base en la cual la distribución y la producción pueden tener lugar. "En todas las etapas de la vida social, en todo orden económico, en todo periodo de la historia del derecho hasta la fecha, las cosas han sido, de alguna manera, tomadas, distribuidas y producidas".[23] La precedencia del primer sentido

---

20. Thomas Hobbes, *Leviatán*, trad. de Antonio Escohotado (Madrid: Editora Nacional, 1980), 332.
21. Schmitt, "Appropriation/Distribution/Production", 54.
22. Ibíd., 55.
23. Ibíd., 57.

4. Alterglobalizaciones y el nomos de la tierra

de *nomos* es cronológica en la misma medida que es conceptual, pero las disciplinas que se ocupan de los órdenes sociales, como la doctrina jurídica y la economía, encubren la precedencia de la toma, sin la cual no podría surgir ningún orden jurídico. Por ejemplo, dice Schmitt, cuando el marxismo revolucionario presenta la pregunta social como un problema de (re)distribución y producción, calla el hecho de que la expropiación revolucionaria —"la apropiación de la totalidad de los medios de producción"— precede a las fases segunda y tercera de *nomos*: "La gran apropiación moderna de la industria (*Industrie-Nahme*)".[24] En el comienzo de un orden social, y *en su calidad* de comienzo, hay una toma. En la última nota a pie de página de su ensayo, Schmitt dice sus últimas palabras sobre la necesidad y prioridad de la toma sobre la distribución y la producción. Su argumento es una réplica a Alexandre Kojève, quien había objetado que el diagnóstico de Marx de una forma de "capitalismo tomador" depredador habría sido desplazado por un "capitalismo dadivoso". Schmitt desvirtúa la objeción: "Ningún hombre puede dar sin haber tomado de alguien. Solo un Dios, que crea el mundo desde la nada, puede dar sin tomar, e incluso Él solo puede hacerlo dentro del marco de este mundo creado de la nada".[25]

En un sentido importante, Schmitt vincula explícitamente el tomar con el imperialismo. Joseph Chamberlain, dice, presentó al imperialismo como la solución a la cuestión social en Europa. "En ese momento, esto significaba un programa de expansión colonial y la precedencia de una toma sobre la distribución y la

---

24. Ibíd., 62.
25. Carl Schmitt, "Nehmen/Teilen/Weiden", en íd., *Verfassungsrechtliche Aufsätze aus den Jahren 1924-1954* (Berlín: Duncker & Humblot, 1958), 489-504, 504 (esta última nota, desafortunadamente, fue omitida en la traducción al inglés).

producción".²⁶ Schmitt arguye mordazmente, en contra de la que a su parecer es la autocomplacencia moral de las críticas marxistas al imperialismo capitalista, que, "si la esencia del imperialismo yace en la precedencia de una toma sobre la distribución, entonces una doctrina como la de la expropiación de los expropiadores es, obviamente, el imperialismo más fuerte, porque es el más moderno".²⁷ Si se me permite hacer que esta tesis sea incluso un poco más punzante: incluso si el derecho, en una lectura neomarxista, pudiera operar como una fuerza emancipatoria poderosa en la sociedad, Schmitt expone que la praxis emancipatoria comienza con una toma; en últimas, con una toma de lugar. Llevada a sus últimas consecuencias, la tesis de Schmitt es que el *nomos*, en el sentido triple de tomar, distribuir y producir, es aquello en lo que consiste la praxis emancipatoria. Quizás la confirmación más explícita de esta tesis la encontramos en dos activistas destacados de los movimientos alterglobalización: "La recuperación es una manifestación de esta nueva manera como los movimientos [globales] están mirando al poder y a la autonomía: tomar de nuevo lo que es nuestro".²⁸ *Nomos*: una toma que retoma.

Esta tesis incisiva eleva dos preguntas urgentes, cada una de las cuales sugiere la manera como nuestros análisis anteriores de los órdenes jurídicos globales emergentes pueden ser integrados en el debate contemporáneo más amplio sobre los procesos de globalización y contribuir a él. La primera concierne a la relación que existe entre tomar y el imperialismo, un concepto y un problema que yace en el trasfondo de buena parte del pensamiento crítico sobre la globalización. Sería útil, en este punto, ocuparnos en mayor

---

26. Schmitt, "Appropriation/Distribution/Production", 58 (traducción alterada).
27. Ibíd., 63.
28. Sitrin y Azzellini, *They Can't Represent Us!*, 11.

4. Alterglobalizaciones y el nomos de la tierra

extensión con este difícil tema, para poder captar la importancia del vínculo que Schmitt postula entre la toma y el imperialismo.

En términos que, inquietantemente, resultan reminiscentes de la tesis de Schmitt sobre un *nomos* de la Tierra, Edward W. Said les recuerda a sus lectores que "todo lo que tiene que ver con la historia humana está enraizado en la tierra", lo que implica que, "así como ninguno de nosotros está afuera o más allá de la sujeción geográfica, ninguno de nosotros se encuentra completamente libre del combate por la geografía".[29] Es como si fueran necesarias prácticas de resistencia y rebelión, como aquellas aducidas al comienzo de esta sección, para hacer manifiesto este carácter enraizado en la Tierra, el cual es expurgado u olvidado cuando una toma de lugar primordial ya ha ocurrido, no menos que cuando un emplazamiento marca la incepción de órdenes jurídicos globales que supuestamente han superado los cerramientos espaciales. Partiendo de este punto, Said define el imperialismo como "la práctica, la teoría y las actitudes de un centro metropolitano dominante que rige un territorio distante"; a su vez, define al "'colonialismo', que es casi siempre consecuencia del imperialismo, como la implantación de asentamientos en territorios distantes".[30] Como él lo describe, el imperialismo es un proyecto expansivo de dominación —política, económica y cultural—.

La distinción entre imperialismo y colonialismo aclara por qué haber echado para atrás el colonialismo, después de la Segunda Guerra Mundial, de ninguna manera anunció el fin del imperialismo. Bhupinder S. Chimni ofrece un diagnóstico particularmente crudo de nuestra situación actual:

---

29. Edward W. Said, *Cultura e imperialismo*, trad. de Nora Catelli (Barcelona: Editorial Anagrama, 2004), 40.

30. Ibíd., 43.

La autoridad y la globalización de la inclusión y la exclusión

Una red de [instituciones internacionales] económicas, sociales y políticas se ha establecido o reposicionado, a iniciativa del primer mundo, y juntas constituyen un *Estado global naciente*, cuya función es hacer realidad los intereses del capital transnacional y de los Estados poderosos en el sistema internacional, en detrimento de los Estados y pueblos del tercer mundo. A la cambiante formación del Estado global podría, por lo tanto, describírsela como dotada de un carácter *imperial*.[31]

Estas instituciones —entre las que se incluirían varios órdenes jurídicos emergentes discutidos en el capítulo 3, como la OMC, el BCBS, la IASB, el Codex Alimentarius, la *lex mercatoria* y la ISO— tienen como tarea proferir "estándares globales uniformes" para facilitar la acumulación de capital en una escala global. En términos de Schmitt, el proferimiento de tales estándares es *nomos* como distribución, lo que sienta un marco jurídico para el *nomos* como producción, a saber, el comercio global y la acumulación. En un sentido no menos importante, el *nomos* como una toma imperial reverbera, discreta pero inequívocamente, en la referencia que hace Chimni a la "iniciativa" del primer mundo de establecer o reposicionar una gama de instituciones internacionales, una referencia que ha repasado luego cuando nota que "una característica principal del proceso contemporáneo de globalización es que el espacio económico soberano del tercer mundo está siendo *separado* y dado a las instituciones internacionales".[32]

Chimni no está solo en su diagnóstico: una gama de académicos que hacen parte de las aproximaciones al derecho interna-

---

31. Bhupinder S. Chimni, "International Institutions Today: An Imperial Global State in the Making", *European Journal of International Law* 15, n.º 1 (2004): 1-37, 1-2.

32. Ibíd., 6 (itálicas fuera del texto).

4. Alterglobalizaciones y el nomos de la tierra

cional desde el tercer mundo (TWAIL, por sus siglas en inglés) han denunciado insistentemente el que a su parecer es el imperialismo intrínseco a los procesos contemporáneos de globalización tal y como se han estructurado a través del derecho internacional. Estos académicos comparten la convicción de que, en las palabras de amonestación de Makau wa Mutua, el derecho internacional, tal y como es hoy en día, es

> un sistema depredador que legitima, reproduce y mantiene el saqueo y la subordinación del tercer mundo a Occidente [...]. La construcción y la universalización del derecho internacional fueron esenciales para la expansión imperial que subordinó a los pueblos y sociedades no europeos a la conquista y dominación europea.[33]

En un sentido importante, los estudiosos de las TWAIL arguyen que la subordinación imperial de los pueblos colonizados supuso una "misión civilizadora [...] animada por la pregunta sobre la 'diferencia cultural'".[34]

Así como los estudiosos de las TWAIL usualmente ponen en primer plano la experiencia de la diferencia cultural en su tratamiento de la toma imperial, otros autores resaltan el rol del capitalismo. Arendt nota, por ejemplo, que

> el imperialismo nació cuando la clase dominante en la producción capitalista se alzó contra las limitaciones nacionales a su expansión económica. La burguesía recurrió a la política por

---

33. Makau wa Mutua, "What is TWAIL?", *Proceedings of the American Society of International Law* (2000): 31-38, 31.

34. Anthony Anghie, *Imperialism, Sovereignty and the Making of International Law* (Cambridge: Cambridge University Press, 2007), 3.

La autoridad y la globalización de la inclusión y la exclusión

necesidad económica; porque no deseaba renunciar al sistema capitalista, cuya ley inherente es el constante crecimiento económico, tuvo que imponer esta ley a los gobiernos nacionales y proclamar que la expansión era el definitivo objetivo político de la política exterior.[35]

La explicación de los orígenes del imperialismo es compartida por un buen número de teóricos marxistas y neomarxistas. David Harvey, por ejemplo, sostiene que la ola de privatizaciones desatada por la globalización capitalista es la forma contemporánea de "acumulación por desposesión" que alimenta al imperialismo.[36] En cualquier caso, al distinguir la política de la economía, la explicación del imperialismo de Arendt sugiere un correctivo consecuencial a la tesis de Schmitt según la cual la toma es la esencia del imperialismo. Esto, porque, al aceptar que no puede haber imperialismo sin una toma de lugar, no toda toma de lugar tiene que ser por naturaleza expansiva, es decir, imperialista.

Las dos lecturas de las fuerzas que han impulsado el imperialismo —colonialismo y capitalismo— asumen que el imperialismo se origina en Occidente —en Europa—. En *Empire*, Hardt y Negri arguyen que las formas contemporáneas de dominación global no pueden seguir siendo entendidas de esta manera. "Los confines definidos por el sistema moderno de Estados-nación fueron fundamentales para el colonialismo y la expansión económica europeos […]. El imperialismo fue realmente una extensión de la soberanía de los Estados-nación europeos más allá de sus propios

---

35. Hannah Arendt, *Los orígenes del totalitarismo*, trad. de Guillermo Solana (México: Taurus, 2004), 184.

36. Harvey, *El nuevo imperialismo*, 111-140; David Harvey, *Spaces of Global Capitalism: Towards a Theory of Uneven Geographical Development* (Londres: Verso, 2006), 69-116.

4. Alterglobalizaciones y el nomos de la tierra

confines". El imperio, dicen, es muestra de una forma completamente novedosa de dominación.

En contraste con el imperialismo, el Imperio no establece ningún centro de poder territorial y no depende de confines o barreras fijas. Es un aparato de dominio *descentrado* y *desterritorializador* que progresivamente incorpora todo el terreno global dentro de sus fronteras abiertas y expansivas.[37]

Aquí, nuevamente, al igual que en las dos lecturas anteriores del imperialismo, el *nomos* como una toma tiene prioridad: "El imperio [...] *incorpora* la totalidad del terreno global". Pero, mientras que el imperialismo se orientaba a la expansión de la producción y el intercambio capitalistas, el imperio se orienta a lo que Hardt y Negri, siguiendo a Foucault, llaman "biopolítica". El *nomos* como toma y como distribución llega a su completitud posmoderna en la producción, entendida como "la producción de la vida social misma" en todas sus facetas y dimensiones.[38]

En pocas palabras, ocúpense o no de la obra de Schmitt, cada una de estas tres interpretaciones —imperialismo y el encuentro colonial; imperialismo como la globalización del capitalismo europeo; y el paso del imperialismo al imperio— reconoce que los procesos de globalización contemporáneos despliegan un *nomos* de la Tierra en cada uno de los tres sentidos indicados por Schmitt: tomar, distribuir, producir. En el mismo sentido, cada una de estas

---

37. Michael Hardt y Antonio Negri, *Empire* (Cambridge, MA: Harvard University Press, 2000), xii.

38. Ibíd., xiii. Para un estudio reciente sobre la recepción de la noción de Foucault de la biopolítica por Negri, Agamben y Esposito, entre otros, véase Miguel Vatter, *The Republic of the Living: Biopolitics and the Critique of Civil Society* (Nueva York, NY: Fordham University Press, 2014).

posiciones puede ser entendida como un respaldo a la tesis según la cual la resistencia contemporánea a los procesos de globalización tiene la forma de una retoma que desharía el *nomos* de la Tierra aún imperante, aunque con nuevas vestimentas y a través de órdenes jurídicos novedosos, algunos de los cuales ya han sido discutidos en este libro, tales como la OMC y la *lex mercatoria*.

4.1.3. Dos preguntas

Pero la tesis de Schmitt sobre la relación entre imperialismo y toma es más profunda que esto, dando lugar a una primera pregunta, a la que doy la mayor importancia: si el imperialismo es un proyecto expansivo de dominación, ¿es el surgimiento de un orden jurídico global *necesariamente* imperialista, sea cual fuere su punto? Esta pregunta parece ser la más importante de cara a los derechos humanos, los cuales son, para muchos, la esperanza jurídica más poderosa para una alterglobalización que pudiera contrarrestar los efectos excluyentes de la globalización del capitalismo. He aquí la lacerante pregunta de Schmitt: ¿el surgimiento de un orden global de derechos humanos puede comenzar de alguna forma que no sea una apropiación que lo convierta en un proyecto imperial? ¿La promesa de "universalización" por medio del derecho es ya una forma de imperialismo, concretamente cuando toma la forma de un régimen global de derechos humanos que necesariamente debe *tomar* un lugar si, algún día, hubiera de valer en todo lugar y para todos?

Una segunda pregunta concierne a la naturaleza de la resistencia a los procesos de globalización, una buena parte de la cual no se opone a globalización como tal, sino a su forma capitalista, una sutileza hábilmente contenida en el término francés *altermondialisation* y por el lema del Foro Social Mundial: "Otro mundo es posible". En efecto, aunque se dirigía en contra del marxismo, la incisiva tesis de Schmitt sobre la expropiación de los expropiadores

4. Alterglobalizaciones y el nomos de la tierra

parece tocar el núcleo de lo que trata la revolución global en contra del capitalismo, a saber, reclamar lo que ha sido tomado de los marginalizados. En concreto, la *re*toma de San Cristóbal de las Casas supone una *toma*. Para ponerlo en los términos de Notes from Nowhere, "la política de la autonomía nos anima a presionar y tomar, a rechazar, a estar preparados para luchar y para escapar, salir". Y agregan: "Salir también es tomar, tomarnos y ponernos afuera del contexto dentro del cual estamos atrapados, es escoger de otra manera, reinventar nuestras circunstancias y decidir qué debemos, o necesitamos, hacer".[39] ¿Pueden tener éxito los esfuerzos por abolir el capitalismo global en el nombre (y en pro) de la humanidad si no es por medio de una apropiación del lugar, dando pie con ello a un imperialismo latente "que con un cambio sorpresivo siempre puede tornarse de nuevo virulento"?[40] ¿O acaso la resistencia terca, a veces desesperada, a la globalización motivada por el capitalismo presagia una forma de surgimiento que podría liberar al derecho de tener que excluir si ha de incluir? Concretamente, ¿el "nosotros" de "nosotros estamos en todas partes" sugiere formas de un orden jurídico que permitiría una apertura sin cerramiento para un nosotros* que estaría, auténticamente, *en todas partes* en vez de en alguna parte?

Mirando el asunto más de cerca, estas dos preguntas son sencillamente dos modulaciones distintas de la pregunta única que guía todo este libro: ¿las (alter)globalizaciones pueden significar algo distinto a la globalización de la inclusión y la exclusión? Esta pregunta es particularmente urgente, pues, incluso si Schmitt tiene razón en su tesis conceptual sobre el *nomos* (algo que aún debe determinarse en lo que resta de este capítulo), no veo por qué es

---

39. Notes from Nowhere, *We Are Everywhere*, 119.
40. Schmitt, "Appropriation/Distribution/Production", 63 (traducción alterada).

necesario adherir a la conclusión normativa que él extrae de esa tesis: "La apropiación de la tierra es siempre el *título jurídico último* detrás de toda división y distribución ulteriores y, por lo tanto, de toda producción ulterior".[41] Este problema volverá a ocuparnos en el capítulo 6, en el contexto de demostrar por qué la toma de lugar que pone a andar a un colectivo supone la demanda de retomar una unidad espacial original a la cual no hay acceso directo y que hace que todas las pretensiones de ser un título jurídico último sean, irreductiblemente, problemáticas.

4.2. ¿Cambiar el mundo sin tomar (el poder)?

El libro *Cambiar el mundo sin tomar el poder* de John Holloway, publicado por primera vez en 2002, se ha convertido en una de las fuentes principales de inspiración para una variedad de movimientos alterglobalización. El título evoca el llamado que el subcomandante Marcos hace para democratizar a México sin tomar el poder. Ni el título del libro ni su contenido tienen a Schmitt en mente, pero el libro puede ser leído como una crítica extendida de la tesis de Schmitt sobre el *nomos* de la Tierra. Mientras que Holloway ciertamente reconocería que el *nomos* capitalista empieza como una toma, la totalidad del libro es una defensa vehemente del punto de vista según el cual la resistencia puede y debe rehusarse a responder al capitalismo global con una nueva toma. Las invitaciones de los movimientos alterglobalización a "retomar" aquello que ha sido objeto de despojo delatan la naturaleza de la resistencia radical o usan el término de una manera que muestra una semejanza meramente nominal con el sentido de *toma* que es invocado por el *nomos* de la Tierra de Schmitt. El íncipit de otro

---

41. Ibíd., 56 (el énfasis es mío).

4. Alterglobalizaciones y el nomos de la tierra

mundo no es una toma, sino un grito; un grito, dice Holloway, de tristeza, de horror, de ira, de rechazo: "Solo podemos comenzar desde donde estamos, desde donde estamos y no queremos estar, desde donde gritamos".[42] No hay escasez de gritos: el "¡Ya basta!" de los zapatistas y de otros movimientos alterglobalización latinoamericanos; "Kifaya!" ("¡Suficiente!"), el nombre no oficial del Movimiento Egipcio para el Cambio; "¡Democracia real ya!", el eslogan del Movimiento de los Indignados español que surgió en 2011; "We are the 99 %!" ("¡Somos el 99 %!"), acuñado por Occupy Wall Street; "¡Que se vayan todos!", el grito de batalla de los piquetes durante la revuelta popular argentina de diciembre de 2001. Holloway agrega: "Nuestro grito es [...] un rechazo a aceptar el cerramiento".[43] Este rechazo solo puede empezar con un hacer —una praxis— orientado a "cambiar el mundo sin tomar el poder (o, incluso, en otra cosa cualquiera)".[44]

4.2.1. Democracia versus representación

Holloway no es, ciertamente, el único teórico de los movimientos alterglobalización, pero su formulación incisiva sugiere que los movimientos alterglobalización intentan hacer un llamado a los colectivos que podrían escapar de la lógica del surgimiento como una toma y de su respectiva lógica de la inclusión y la exclusión. En contra del cerramiento del *nomos* de la Tierra del capitalismo,

---

42. John Holloway, *Cambiar el mundo sin tomar el poder – El significado de la revolución hoy* (Valencia: Vadell Hermanos Editores, 2005), 18. Esto me recuerda la tesis de Ricœur según la cual "debe reconocerse indudablemente que primero somos sensibles a la injusticia [más que a la justicia]: '¡Injusto!', '¡qué injusticia!', nos gritamos a nosotros mismos". Véase Paul Ricœur, *Autour du politique* (París: Seuil, 1999), 177. Véase también Miguel Benasayag y Diego Sztulwark, *Du contre-pouvoir* (París: La Decouverte, 2003), 57-72.

43. Ibíd., 20 (traducción alterada).

44. Ibíd., 51.

La autoridad y la globalización de la inclusión y la exclusión

el "alter" de la alterglobalización aspira a una praxis emancipatoria que despliegue "un movimiento en contra de los límites, de la contención, del cerramiento".[45] En la medida que pueda superar el cerramiento, una praxis emancipatoria podría hacer justicia a la "globalización" de la alterglobalización. El grito de rechazo inaugura una salida de las globalizaciones capitalistas, una defección de su cerramiento y una entrada a la apertura de un mundo que tiene un adentro pero no un afuera. Virno lo expresa muy bien así:

> Nada es menos pasivo que una fuga, un éxodo. La defección modifica las condiciones en las que la protesta tiene lugar antes que presuponerlas como un horizonte inamovible [...]; altera las reglas de juego y hace enloquecer la brújula del adversario.[46]

Defeccionar del juego de poder, del poder como *potestas*, como "poder sobre" otros, significa, en palabras de Hardt y Negri, convocar "un nuevo mundo, un mundo que no tiene exterior. Solo conoce un interior, una participación vital en el conjunto de estructuras sociales, sin posibilidad de trascenderlas".[47]

Esta es la tesis fuerte a la que debemos prestar ahora nuestra atención: ¿el grito que gira de la resistencia a lo existente al cambio prefigura un mundo radicalmente abierto, un mundo que falsea la tesis del modelo Aciam del derecho según la cual no puede haber inclusión sin exclusión?

La cita de Hardt y Negri apunta de manera oblicua a lo que ellos y Holloway, entre otros, consideran que es la clave para

---

45. Ibíd., 49 (traducción alterada).

46. Paolo Virno, *Gramática de la multitud: para un análisis de las formas de vida contemporáneas*, trad. de Adriana Gómez, Juan Domingo Estop y Miguel Santucho (Madrid: Traficantes de Sueños, 2003), 72.

47. Hardt y Negri, *Empire*, 357.

4. Alterglobalizaciones y el nomos de la tierra

superar el capitalismo global: sustituir la representación por la participación. Para una gama amplia de movimientos y teóricos de la alterglobalización, la contradicción entre representación y democracia, que podría permanecer de manera más o menos latente en la época del TAD nacional, se pone a plena vista con los procesos de globalización. Nuestra situación política actual "está marcada por un rechazo global cada vez mayor a la democracia representativa y, simultáneamente, por un agrupamiento masivo de gente que no está previamente organizada, usando formas directamente democráticas para empezar a reinventar formas de estar juntos".[48] Según la sindicación, la democracia representativa es la forma política como la globalización del capitalismo puede florecer. Ciertamente, el paso consistente en separar el ámbito público de la democracia representativa del ámbito privado de las relaciones económicas es el eje de la "democracia de mercado", propia del capitalismo. Los teóricos de la alterglobalización ven a la representación, generalmente, como el eslabón primero y decisivo de una cadena de conceptos que subyace a las globalizaciones capitalistas: tomar, exclusión, heteronomía, "poder-sobre", monismo, trascendencia. La participación, por el contrario, es el eslabón primero y decisivo de la cadena de conceptos que los teóricos y los activistas consideran que es el pilar de un modelo de democracia apropiado para la alterglobalización: dar, inclusión, autonomía, "poder-hacer", pluralismo, inmanencia. La tesis de apertura de lo que, para muchos, es uno de los manifiestos fundacionales de los movimientos alterglobalización captura el

---

48. Sitrin y Azzellini, *They Can't Represent Us!*, 6. Sitrin y Azzellini agregan que la horizontalidad es una palabra "que encapsula las ideas sobre las cuales se fundamentan muchas de las relaciones sociales en los nuevos movimientos globales [...]. Es una relación social dinámica que representa un quiebre con la lógica de la representación y con las maneras verticales de organizarse". Ibíd., 17.

corazón de la crítica: "Todo lo directamente experimentado se ha convertido en una representación".[49]

He aquí, entonces, el *dossier* en contra de la representación, ensamblado en la forma de un sorites: la representación empieza con el acto de tomar poder por medio del cual alguien demanda ser capaz de gobernar en nombre de otros. Al tomar el poder, la representación crea una escisión entre quienes gobiernan y quienes son gobernados, lo que rompe la identidad democrática entre gobernantes y gobernados. Una vez se rompe la identidad democrática, se traiciona la libertad como *auto*gobierno colectivo, haciendo pasar la heteronomía por autonomía. A su vez, la heteronomía implica que alguien ejerce el poder *sobre* los ciudadanos. La representación es el ámbito del "poder-sobre" otros —autoridad—. "Estos otros carecen de poder (o aparentemente no lo tienen); estamos privados de nuestra capacidad para realizar nuestros propios proyectos, ya que pasamos nuestros días realizando los proyectos de aquellos que ejercen el poder-sobre".[50] En lugar de ser el poder que nosotros* ejercemos y compartimos entre nosotros, el "poder-sobre" requiere estar afuera de nuestra vida social —trascenderla—, en un ámbito político separado, desconectado de las relaciones y los procesos económicos. Para justificar un lugar para ellos afuera de las relaciones sociales que regulan, los representantes deben asegurar que ejercen el poder en nombre de todos, en nombre del pueblo como una unidad, pero quienes son representados son extraordinariamente heterogéneos, de manera tal que la unidad solo es posible a expensas de la exclusión, sacrificando con ello la diversidad a favor de la uniformidad; *ergo*, el monismo reina triunfante en la representación.

---

49. Guy Debord, *La sociedad del espectáculo*, trad. de José Luis Pardo (Valencia: Pre-Textos, 2008), 37.

50. Holloway, *Cambiar el mundo*, 53.

4. Alterglobalizaciones y el nomos de la tierra

Me concentraré, en lo que resta de esta sección, en el primer eslabón del sorites: la representación es una toma que incluye y excluye. El sorites sugiere que la viabilidad de un *nomos* capitalista de la Tierra —en el sentido triple de tomar, distribuir y producir— depende de la política por medio de la representación. No debe resultar sorprendente, por lo tanto, que el surgimiento de cada uno de los órdenes jurídicos globales discutidos en el capítulo 3 pueda ser apreciado a través de un acto representacional que toma (el poder). Y si cada uno de estos órdenes jurídicos ejemplifica la estructura general del derecho como acción colectiva institucionalizada y autoritativamente mediada (Aciam), entonces la representación como una toma ya está incorporada en este modelo del derecho. Desde la perspectiva de los movimientos alterglobalización, el modelo Aciam del derecho simplemente reconstruye las condiciones que rigen el surgimiento de órdenes jurídicos bajo el capitalismo global —y nada más—.

Este diagnóstico no es completamente desacertado. El lector recordará que la representación es una característica clave del modelo Aciam. La interpretación de la representación que se ha privilegiado hasta aquí sugiere, efectivamente, que una toma contribuye a poner a andar a los órdenes jurídicos. He aquí por qué. Por un lado, se anotó que un colectivo debe actuar por medio de sus participantes, de manera tal que cualquier acto participante dado es imputado o atribuido a un colectivo como parte integral de "nuestra" acción; de hecho, un acto se vuelve un acto participante por medio de su imputación o atribución a un colectivo. Esto implica que la unidad putativa presupuesta en nosotros* juntos siempre y necesariamente es una unidad *representada*, una unidad putativa invocada por quienquiera que tome la posición de lo que Van Roermund llama *la posición del nosotros* vocero*. Por el otro lado, que la acción colectiva tenga una estructura representacional significa que algunos deben adjudicarse la iniciativa de decir "nosotros" en nombre de un nosotros*. La iniciativa para representar a un colectivo debe ser *capturada* o *tomada* [*seized*], incluso en aquellos casos en los que es exitosa, porque solo *après coup* pueden los destinatarios de la iniciativa identificarse a sí mismos, por el momento, como miembros del colectivo. Ahora bien, tomar la iniciativa es articular aquello sobre lo que trata/debe tratar nuestra acción colectiva, incluyendo y excluyendo con ello posibilidades prácticas sobre lo que ha de valer como una acción que nosotros* podríamos llamar *nuestra*. Nótese la ambigüedad: puesto que un nosotros* no puede decir "nosotros", el colectivo en cuyo nombre alguien habla por primera vez y actúa no puede haber autorizado la iniciativa de antemano. En consecuencia, la iniciativa de incluir y excluir *habilita* el surgimiento de los colectivos —es una entrega—. Pero capturar la iniciativa también es una toma, como resultado de la cual la representación *inhabilita* a la colectividad. La representación presentifica y *des*presentifica a la colectividad.[51] Llamar la atención sobre el momento de captura inherente a la representación es insistir en que la violencia, aunque se trate de violencia productiva (pero nunca solamente productiva), está instalada necesariamente en todos los órdenes jurídicos.

4.2.2. *El Foro Social Mundial (*FSM*): la participación es representación*

En esta medida, el modelo Aciam del derecho puede ser visto, efectivamente, como una reconstrucción de una de las condiciones que rigen el surgimiento de los órdenes jurídicos bajo el capitalismo global, pero —y esto es decisivo— no solo de estos órdenes. La implicación del modelo es que una toma contribuye al surgimiento de *todos* los colectivos. La oposición entre representación y parti-

---

51. Introduzco estos neologismos como términos técnicos para enfatizar las funciones habilitante e inhabilitante de la representación.

4. Alterglobalizaciones y el nomos de la tierra

cipación es especiosa. El punto no es meramente que la democracia representativa sola sea "insuficiente" y necesite ser complementada con la participación, ni siquiera que la participación sea una forma de representación. El punto es, primordialmente, que todas las formas de participación dependen de un acto de representación que no es participativo, pero que echa a andar la participación.

Considérese el FSM. De acuerdo con el sexto principio de su carta,

> las reuniones del Foro Social Mundial no deliberan en nombre del Foro Social Mundial en cuanto entidad. A nadie se le permite expresar, en nombre del Foro, en cualquiera de sus ediciones, posiciones que fueran atribuidas a todos sus participantes.[52]

Por medio de la proscripción de la representación, la carta busca fomentar la participación como la condición necesaria para un "espacio abierto de encuentro" para reflexionar sobre las alterglobalizaciones. ¿Pero qué hay del FSM y su carta? ¿Cómo surgen? El preámbulo de la carta dice lo siguiente:

> El Comité de entidades brasileñas que concibió y organizó el primer Foro Social Mundial, celebrado en Porto Alegre, 25-30 de enero de 2001, considera necesario y legítimo, después de evaluar los resultados de este Foro y las expectativas por él creadas, establecer una Carta de Principios para guiar esta iniciativa. Los principios contenidos en la Carta deben ser respetados por todos los que quieran participar en este proceso y organizar nuevas ediciones del Foro Social Mundial, consolidan decisiones que

---

52. Véase la página web del Foro Social Mundial 2016 de Montreal, https://fsm2016.org/es/sinformer/a-propos-du-forum-social-mondial/ (traducción alterada).

La autoridad y la globalización de la inclusión y la exclusión

rigen la ejecución del Foro de Porto Alegre y aseguraron su éxito y amplían su alcance mediante el establecimiento de directrices derivadas de la lógica de estas decisiones. (Traducción alterada)

El "comité" al que se hace referencia asegura ser el portavoz —el nosotros* vocero— de un nosotros* más abarcador, caracterizado por el primer principio como los

> grupos y movimientos de la sociedad civil que se oponen al neoliberalismo y al dominio del mundo por el capital o por cualquier forma de imperialismo, y que están comprometidos con la construcción de una sociedad planetaria orientada hacia una relación fecunda entre los seres humanos y de estos con la Tierra.

Llámese a este el *punto* del FSM. El FSM empieza con el acto representacional de un comité que toma la iniciativa de hablar y actuar en nombre de un nosotros* en juego. Toma la iniciativa de organizar un evento en nombre de todos aquellos a quienes se considera que están en juego en la superación de la globalización capitalista. También toma la iniciativa de proferir un conjunto de principios considerados "necesarios y legítimos" para estructurar ediciones ulteriores del FSM. Llámese a la carta la *configuración por defecto* del punto del FSM.

Nótese, además, que, como lo dice el preámbulo, los principios "consolidan decisiones que rigen la ejecución del Foro de Porto Alegre y aseguraron su éxito". ¿Quién tomó las decisiones sobre el contenido y el número mismo de principios y no meramente sobre el *sí* o el *no* referente a su aceptación? En realidad, diecinueve intelectuales y activistas de los movimientos alterglobalización,

4. Alterglobalizaciones y el nomos de la tierra

la mayoría de los cuales era de Europa, redactaron la carta sin consultarles a los demás participantes.[53]

Más generalmente, el preámbulo aclara que el propósito de "guiar esta iniciativa" estaría en peligro en ausencia de una decisión sobre los principios que rigen el FSM. El principio sexto enlaza la prohibición de la representación con la prohibición de la toma de decisiones por parte de los participantes en el FSM:

> Los participantes no deben ser llamados a tomar decisiones [...] sobre declaraciones o propuestas de acción que involucran a todos o la mayoría y que pretenden ser puestas en el Foro como Foro. De este modo, él no constituye una instancia de poder a ser disputada por los participantes de sus reuniones.

Al proscribir la representación y las decisiones, el principio sexto de la carta ofrece el respaldo más fuerte que se puede dar a la participación como alternativa a la representación y a la toma de decisiones, pero la carta también revela que la participación depende de un acto representacional previo que decide en nombre de todos que no habrá representación ni decisiones.

Hay una penúltima línea de defensa disponible: incluso si el FSM empieza con un acto representacional que le da inicio, este no es una toma que incluye y excluye. Tal y como está formulado en el primero de los principios, "el Foro Social Mundial es un espacio abierto de encuentro para intensificar la reflexión, el debate democrático de ideas, elaborar propuestas, el libre intercambio de experiencias y la articulación de acciones eficaces". Incluso si la representación y la toma de decisiones fueran necesarias para echar a andar al FSM y para asegurar su continuidad en el tiempo, la representación y la toma de decisiones se autodestruyen, por

---

53. Pleyers, *Alter-Globalization*, 216, 149-152.

decirlo de alguna manera; la primera representación y la primera decisión son también las últimas, vetando con ello la inclusión y la exclusión del FSM de una vez por todas.

¿De veras? El primer principio muestra que el FSM es un "espacio abierto de encuentro" con un *punto*, a saber, la oposición "al neoliberalismo y al dominio del mundo por el capital o por cualquier forma de imperialismo" y el compromiso "con la construcción de una sociedad planetaria orientada hacia una relación fecunda entre los seres humanos y de estos con la Tierra". La inclusividad de los actos representacionales que pone en marcha al FSM va de la mano con la exclusión de aquellos que no están dispuestos a comprometerse con su punto en la manera que lo decidió el comité organizador. Esta no es una prestidigitación conceptual: el FSM es confrontado continuamente con la pregunta sobre sus confines, sobre qué grupos e individuos pueden participar en sus actividades. El FSM solo puede ser un "espacio abierto de encuentro" si el cerramiento es un ingrediente *constitutivo* de la apertura, aun cuando no agote aquello en lo que consiste la apertura. Las preguntas sobre cómo establecer los confines del cerramiento surgen en su flanco "derecho", a saber, cuán lejos se puede ir en la admisión de grupos capitalistas o incluso fascistas, y también surgen en su flanco "izquierdo", como quedó demostrado por el eslogan de Resistencia Mumbai 2004, un foro paralelo al FSM realizado en Bombay: "De 'otro mundo es posible' a 'un mundo por ganar'".[54]

El último bastión sale a la defensa: incluso si el FSM es echado a andar con un acto representacional que toma por medio de incluir y excluir, su existencia continuada no requiere el ejercicio de la autoridad —"poder-sobre", en términos de Holloway—.

---

54. World People's Resistance Movement, "A Report from Mumbai Resistance 2004 and the World Social Forum", 14 de marzo de 2004, https://revcom.us/a/1232/awtwns-mumbai.htm

4. Alterglobalizaciones y el nomos de la tierra

Pero esto es una insinceridad. No es posible asegurar la existencia continuada del FSM como un "espacio abierto de encuentro" para la resistencia y el ofrecimiento de alternativas al capitalismo global sin tener que trazar la línea en alguna parte con respecto a lo que cuenta como resistencia y a lo que cuenta como alternativa, es decir, sin determinar a quién se le permite —autoriza— entrar al "espacio abierto de encuentro".[55] Al hacerlo, los representantes del FSM despliegan el concepto funcional de *autoridad* develado en la sección 2.1.3: la articulación, el monitoreo y el sostenimiento de la acción conjunta. La tesis apodíctica de Hardt y Negri es cualquier cosa menos convincente: "Lo que significa para nosotros la consigna 'otro mundo es posible' es que la soberanía y la autoridad deben ser destruidas".[56] Si el poder es en últimas un "concepto de *confines*", porque el poder consiste en establecer los confines que habilitan e inhabilitan la acción, que presentifican y despresentifican la unidad de un colectivo, entonces negar que el FSM requiere la mediación autoritativa de la acción colectiva por medio de actos representacionales subordina el autogobierno colectivo a lo que Schmitt llama "actos apócrifos de soberanía".[57]

---

55. Nótese que el FSM es exactamente eso: un lugar vinculado a cierta interpretación de la temporalidad, la subjetividad y los contenidos comportamentales de la alterglobalización —un orden pragmático, en los términos del modelo Aciam del derecho—.

56. Michael Hardt y Antonio Negri, *Multitud: guerra y democracia en la era del Imperio*, trad. de Juan Antonio Bravo (Barcelona: Debate, 2004), 401.

57. Carl Schmitt, *Teoría de la constitución*, trad. de Francisco Ayala (Madrid: Alianza Editorial, 1996), 158. Una discusión crítica análoga más temprana de la crítica de la representación de Hardt y Negri se encuentra en Bert van Roermund, "Constituerende macht, soevereiniteit en representatie", *Tijdschrift voor Filosofie* 64, n.º 3 (2002): 509-532. Véase también Chantal Mouffe, *En torno a lo político*, trad. de Soledad Laclau (México: Fondo de Cultura Económica, 2007), 121-122.

La autoridad y la globalización de la inclusión y la exclusión

Así las cosas, me inclino a ver en el FSM una prefiguración de un *nomos* alternativo de la Tierra. Esto es así porque el FSM surge por medio de una toma que es una toma de un *lugar*. Más generalmente, como ha sido anotado, "los 'nuevos' movimientos globales son reconocidos por ocupar el espacio público, pero la idea no es solo tomarlo, sino también hacerlo útil". Lugares tan distantes entre sí como la plaza Tahrir (El Cairo), la plaza Sintagma (Atenas), el Zuccotti Park (Nueva York) y la Puerta del Sol (Madrid) exhiben todos el mismo patrón: una toma que organiza (distribuye) una gama de elementos, incluyendo "librerías libres, guarderías y servicios de salud, comida, asistencia jurídica, medios de comunicación y arte" (producción).[58] Véase en el *nomos* la toma, la distribución y la producción del proyecto de la génesis de las xenotopías de la alterglobalización. O, volviendo a un giro acuñado en la sección 1.5.2, la ocupación de espacios públicos por parte de los nuevos movimientos globales es muestra del surgimiento del *a-nomoi* de la Tierra.

4.2.3. Tres tesis sobre el surgimiento de los órdenes jurídicos (globales)

Debo admitir que me he enfocado en un único ejemplo, el FSM, para refutar la forma como los movimientos alterglobalización podrían criticar el concepto de *surgimiento* propio del modelo Aciam del derecho. Continuaré la indagación sobre el potencial explicativo del modelo en la siguiente sección al pasar de un examen genético de la alterglobalización a uno estructural. Por el momento, quiero quedarme con la naturaleza del surgimiento que sostiene el modelo Aciam del derecho y que, como lo sostengo, es constitutivo de la emergencia de *toda* acción colectiva: (1) alguien debe decir "nosotros" en nombre de un nosotros*; (2) estos

---

58. Sitrin y Azzellini, *They Can't Represent Us!*, 25, 10.

4. Alterglobalizaciones y el nomos de la tierra

decir y hacer son una toma en el sentido de una iniciativa que incluye y excluye. La dinámica representacional que opera en el surgimiento de la acción colectiva sugiere que los movimientos alterglobalización, de la misma manera que lo hacen los órdenes jurídicos globales emergentes a los que aquellos se resisten, ilustran las tres tesis planteadas en la sección 3.1.4:

> [T1] *Unidad putativa.* La unidad de un grupo social es siempre y solamente una unidad presupuesta.
> [T2] *Unificación.* No hay unidad colectiva en sentido estricto; tan solo hay un proceso de unificación.
> [T3] *Pluralización.* El proceso representacional de la unificación colectiva también es, y de manera necesaria, un proceso de pluralización.

Aseverar la validez continuada de estas tres tesis no es minimizar el reto del capitalismo global a la sociedad contemporánea. Hoy en día el grito no es menos desgarrador de lo que era antes, pero, si las consideraciones precedentes tienen sentido (y deseo suspender el juicio sobre este punto hasta el final del capítulo), no hay razón para concluir que la praxis emancipatoria basada en la participación podría evitar una toma que incluya y excluya. No debería sorprender que, pasados solo cinco años desde la publicación de *Cambiar el mundo sin tomar el poder*, otros teóricos líderes de la alterglobalización le respondieran a Holloway con un libro llamado *Take the Power to Change the World* [Tomar el poder para cambiar el mundo].[59]

---

59. Phil Hearse (ed.), *Take the Power to Change the World: Globalisation and the Debate on Power* (Londres: Socialist Revolution, 2007).

4.3. La multitud

Mi meta en este capítulo es explorar si la teoría y la práctica de los movimientos alterglobalización explican cómo podría ser posible un orden jurídico que tuviera un adentro pero no un afuera. La primera aproximación a esta pregunta fue *genética*, pues giró en torno a la pregunta sobre el *surgimiento* de la acción colectiva. En las secciones 4.1 y 4.2 argüí que la dinámica representacional que opera en el surgimiento de los movimientos alterglobalización despliega una toma que incluye y excluye. Podemos pasar ahora a una segunda aproximación, la cual es de naturaleza *estructural*. La pregunta que me hago es la siguiente: ¿existen formas de acción colectiva propias de las alterglobalizaciones que no requieren un cerramiento y que podrían dar lugar a un enfoque alternativo sobre los órdenes jurídicos, sean globales o de otro tipo?

La clave de esta segunda aproximación es, nuevamente, el problema de la unidad colectiva. El lector recordará la decisión conceptual estratégica que rige los capítulos precedentes de este libro: hay una distinción fundamental entre dos usos del pronombre *nosotros*: "cada uno de nosotros" y "nosotros juntos" (Gilbert). Mientras que aquel es agregativo, este es integrativo. El primero denota una multiplicidad de agentes; el segundo, un agente grupal que actúa como una *unidad* pese a estar compuesto por dos participantes, por lo menos. Tras trazar esa distinción, sostuve que un orden jurídico es una especie de agencia grupal que supone la institucionalización y la mediación autoritativa de la acción colectiva —Aciam—. Si se acepta esta línea de razonamiento, debe aceptarse que la inclusión y la exclusión son características esenciales de los órdenes jurídicos, globales o de otro tipo.

¿Pero debemos aceptar esto? ¿Existen acaso formas intermedias de acción colectiva que son irreducibles al uso agregativo del pronombre *nosotros*, del tipo "cada uno de nosotros", pero que

4. Alterglobalizaciones y el nomos de la tierra

no despliegan la forma fuerte de integración por medio de la cual una pluralidad de participantes, autoritativamente mediada, actúa como una *unidad*? Si semejantes formas intermedias de acción colectiva existen, ¿cómo se presentan? ¿Será que apuntan a la posibilidad de órdenes jurídicos que no necesitarían incluir y excluir?

Aquí, nuevamente, la investigación sobre los órdenes jurídicos globales emergentes encuentra un interlocutor tenaz en la teoría y la práctica de la alterglobalización. Su apelativo: la multitud; su adversario: Hobbes. El apelativo y el adversario se unen en la siguiente cita:

> Es un gran inconveniente para el gobierno civil [...] que los hombres no distingan con claridad la diferencia que existe entre un *pueblo* y una *multitud*. El *pueblo* es algo que es *uno*, que tiene *una voluntad* y al cual puede atribuírsele *una acción*; ninguna de estas cosas puede decirse propiamente de una multitud. El pueblo es el que manda, sea cual sea el tipo de gobierno.[60]

Virno anota que la distinción categórica entre pueblo y multitud estaba en el corazón de las discusiones prácticas y teóricas del siglo XVII, cuando el Estado centralizado logró consolidarse como el paradigma de las comunidades políticas.[61] En los debates teórico-políticos de la época, la multitud denotaba, *grosso modo*, la población que no había entrado en un contrato social con el soberano para resistir a convertirse en los esbirros de este. Spinoza, siguiendo las ideas expuestas primero por Maquiavelo, defendía a la multitud como la piedra angular de la ciudadanía. Para Spinoza, el poder de la multitud (*potentia*) funcionaba como el límite del

---

60. Thomas Hobbes, *De Cive*, trad. de Carlos Mellizo (Madrid: Alianza Editorial, 2000), 203.
61. Virno, *Gramática de la multitud*, 21.

poder de las autoridades constituidas (*potestas*). El enfrentamiento entre las dos categorías y maneras de pensar la política tiene un claro vencedor: el pueblo ganó; la multitud perdió. "Para describir las formas de la vida en sociedad y el espíritu público de los grandes Estados recién constituidos, ya no se habló más de *multitud* sino de *pueblo*".[62] Como se puede ver de inmediato en el uso que hace Hobbes de la distinción, la noción de *una multitud* tiene un significado puramente negativo: es aquello que no es (aún) un pueblo. La pluralidad está restringida al ámbito de la esfera privada de los individuos, en contraste con el ámbito público del pueblo, del cual son miembros los ciudadanos. En adelante, la comunalidad es el ámbito del pueblo; la fragmentación, el de la multitud. Como resultado, cualquier rol positivo que la multitud pudiera haber desempeñado, cualquiera de muchas interpretaciones suyas como un modo de comunalidad que pudiera haber sido rescatada, han quedado enterrados. La multitud solo se mantuvo como la categoría residual de una forma de poder que amenaza la unidad del pueblo. En contraste, para las lecturas contemporáneas que buscan rehabilitar el concepto, el poder de la multitud —*potentia* en oposición a *potestas*— tiene dos caras: una negativa, en cuanto resistencia a la unidad de la sociedad establecida por el soberano; una positiva, en cuanto creatividad inagotable para crear nuevas formas de sociabilidad.

Como Virno, Hardt y Negri vituperan contra el paso de Hobbes, a su parecer pernicioso, de equiparar democracia con el gobierno del pueblo en vez del gobierno de la multitud.

> En la tradición de la teoría política parece haber unanimidad en un principio básico: solo "uno" puede gobernar, sea ese uno el

---

62. Ibíd.

4. Alterglobalizaciones y el nomos de la tierra

monarca, el Estado, la nación, el pueblo o el partido [...]. Alguien tiene que gobernar, alguien tiene que decidir.[63]

El gobierno del pueblo equivale a la democracia representativa, y, viceversa, la democracia se vuelve la política de representar y decidir sobre la unidad, pero el precio de esta asimilación es ruinoso: en la medida que la representación rompe la identidad democrática entre los gobernantes y los gobernados, hace de la democracia un principio de heteronomía, de trascendencia, de monismo. Véanse aquí los vínculos remanentes del sorites anunciado en la sección precedente. En contra del capitalismo, en contra de la unidad y en contra de la representación, Hardt y Negri rompen el vínculo con el pueblo, arguyendo que la democracia entendida como el gobierno de la multitud es la condición de un mundo en el cual el pluralismo, la inmanencia, la *potentia* y la autonomía puedan regir. "Las fuerzas creativas de la multitud que sostienen al Imperio son también capaces de construir autónomamente un contra-Imperio, una organización política alternativa de los flujos e intercambios globales".[64]

El desafío al modelo Aciam del derecho es inequívoco y potencialmente devastador. Se reduce a lo siguiente: incluso si este modelo sostiene ser general porque ve al Estado como solo un elemento de la amplia gama de variaciones sobre el tema de la acción colectiva institucionalizada y autoritativamente mediada, el modelo en sí mismo se mantiene completamente atrapado en la asunción sobre la acción colectiva que se consolidó con el triunfo del pueblo sobre la multitud: el principio de unidad.

---

63. Hardt y Negri, *Multitud*, 374. Véase también Antonio Negri, *La anomalía salvaje: ensayo sobre poder y potencia en Baruch Spinoza*, trad. de Gerardo de Pablo (Barcelona: Anthropos, 1993).

64. Hardt y Negri, *Empire*, xv.

La autoridad y la globalización de la inclusión y la exclusión

En resumidas cuentas, y para poner el desafío al modelo Aciam del derecho en los términos del idiolecto de la teoría de la acción colectiva: la tarea consiste en entender a "nosotros muchos" como una forma intermedia de acción colectiva irreductible tanto a la forma unitaria de agencia colectiva predicada por el modelo Aciam, a saber, nosotros* juntos, como al uso meramente agregativo del pronombre *nosotros* en "cada uno de nosotros". *Tertium datur*. Así, considero bienvenida la invitación y la admonición de Paolo Virno:

> Resta preguntarse si hoy, al final de un largo ciclo, no se reabre aquella antigua disputa; si ahora, cuando la teoría política de la modernidad padece una crisis profunda, la noción que hasta hoy estaba derrotada no muestra una extraordinaria vitalidad, tomándose así una clamorosa revancha.[65]

Al lidiar con este desafío, no buscaré adentrarme en las obras de Hobbes y Spinoza ni evaluar la medida en la que las lecturas contemporáneas de la multitud, como las de Hardt y Negri, Vino, Montag y sus camaradas, son fieles a Spinoza (sea lo que fuere que eso signifique). Tampoco trataré de examinar los distintos matices que estos y otros autores introducen en sus respectivas lecturas de la multitud. Mi única preocupación es establecer si el concepto de la multitud apunta a una forma de acción colectiva que les permite a las globalizaciones jurídicas eludir el doble movimiento de inclusión y exclusión. Me enfocaré, para esto, en el trabajo de Hardt y Negri, quienes han vinculado más contundentemente la suerte de la alterglobalización a la resistencia y la transformación

---

65. Virno, *Gramática de la multitud*, 21. Véase también Warren Montag, "Who's Afraid of the Multitude? Between the Individual and the State", *The South Atlantic Quarterly* 104, n.º 4 (2005): 655-673.

por parte de la multitud. Significativamente, en vez de llamar a la abolición del derecho, urgen por su transformación: "¿Cómo va a ser posible que las singularidades implicadas en un proceso de colaboración expresen su control sobre lo común, y cómo puede representarse tal expresión en términos jurídicos?".[66]

4.3.1. *La multitud como una red*

La tesis clave defendida por Hardt y Negri a través de una amplia gama de textos es que la multitud puede *gobernar* sobre sí misma, que puede decidir sobre cómo debe ordenarse. "En vez de existir una autoridad externa que imponga el orden a la sociedad desde arriba, los diversos elementos presentes en la sociedad pueden organizar ellos mismos la sociedad en colaboración".[67] Llamaré a esta la *tesis de la autonomía colectiva*. A su vez, esta tesis presupone que la multitud puede ser un *sujeto* o *agente*, aunque no sea una unidad o, en cualquier caso, la unidad de un pueblo. Una parte significativa del esfuerzo de estos autores está, en consecuencia, orientada a establecer "cómo la multitud se puede volver un *sujeto político* en el contexto del Imperio", esto es, la perspectiva de la primera persona plural de "un sujeto con el potencial de controlar su propio destino" en un contexto globalizado.[68] Llamaré a esta la *tesis de la subjetividad*. Empezaré con la tesis de la subjetividad y, subsecuentemente, examinaré la tesis de la autonomía colectiva.

La dificultad a la que se enfrenta la tesis de la subjetividad es cómo reconciliar la irreductible pluralidad de la multitud con el reconocimiento de que, de una u otra manera, la unidad debe presuponerse si la agencia colectiva se ha de predicar de una multitud. ¿Cuál sería, entonces, una presentación positiva de su agencia, si la

---

66. Hardt y Negri, *Multitud*, 241.
67. Ibíd., 383.
68. Hardt y Negri, *Empire*, 394-395.

multitud no implica ni una forma fuerte y autoritativamente mediada de subjetividad ni el simple uso agregativo del pronombre *nosotros*, como en "cada uno de nosotros"?

La maduración de una respuesta a esta pregunta, la *question de confiance* de la totalidad del proyecto filosófico de Hardt y Negri, tomó veintitrés años: el largo periodo que va desde la publicación de la versión en italiano de *La anomalía salvaje*, en 1981, hasta la aparición de *Multitud*, en 2004. "El ciclo global de luchas adopta la forma de una red distribuida [...]. Esta forma de organización es el ejemplo político más plenamente realizado de que disponemos del concepto de *multitud*".[69] La caracterización de la multitud como una red distribuida tiene la gran ventaja de que esta es la manera como los movimientos alterglobalización habitualmente se interpretan a sí mismos. "La red somos los todos que resistimos", declararon los zapatistas. En su discusión sobre la red como la categoría clave para entender la forma específica de los movimientos alterglobalización, Notes from Nowhere asevera que,

> al trabajar localmente y compartir continuamente nuestras historias locales globalmente, al conectar todo y crear una plétora de círculos de retroalimentación, no necesitamos —de hecho, no podemos— "organizar" la red global: esta se regulará a sí misma, como un enjambre, vitalmente, si desarrollamos la estructuras y condiciones correctas.[70]

Como lo anota Notes from Nowhere, un estudio viejo de la Corporación RAND identificó a los zapatistas y a una gama de movimientos alterglobalización como estructuras en red, habitualmente en la forma de una "red descentralizada" [*"all-channel"*

---

69. Hardt y Negri, *Multitud*, 254.
70. Notes from Nowhere, *We Are Everywhere*, 65, 72.

4. Alterglobalizaciones y el nomos de la tierra

network] en la que todos los "nodos" están conectados entre sí.[71] En esta lectura, la multitud es una "red de redes". El atractivo de la red entendida como la forma organizacional propia de la multitud es entendible. En su presentación convencional, las redes se caracterizan por su horizontalidad. En contraste con la verticalidad de "nosotros, el pueblo" de la democracia representativa, "nosotros, la red" es la forma organizacional propia de la democracia directa. Mientras que la verticalidad se refiere a la *potestas*, la horizontalidad es el ámbito de la *potentia*. En un sentido no menos importante, el carácter difuso y la porosidad de los confines de las redes y sus nodos las vuelven acogedoras para la pluralidad. Mientras que "nosotros, el pueblo" y todas sus variantes se refieren a una unidad que excluye, "nosotros, la red" expresa la pluralidad y la inclusividad como un principio de gobierno original y distintivo. Estas dos características llevan a Hardt y Negri a sostener que la red,

> con la formación de nuestros crecientes hábitos, prácticas, conductas y deseos comunes, en suma, con la movilización y extensión global de lo común [...], proporciona [...] un modelo en el que nuestras expresiones de singularidad no quedan reducidas ni disminuidas en nuestra comunicación y colaboración con otros en la lucha.[72]

---

71. John Arquilla y David Ronfeldt (eds.), *Networks and Netwars: The Future of Terror, Crime, and Militancy* (Santa Mónica, CA: RAND Corporation, 2001), 8.

72. Hardt y Negri, *Multitud*, 255. Aunque Hardt y Negri (y muchos activistas de la alterglobalización) hacen un uso liberal de la noción de un movimiento, no la discuten directamente como una forma de acción colectiva. Esto se debe, presuntamente, a que esta noción ha estado en circulación por un largo tiempo y no tiene la frescura (relativa) de la "red". Además, las experiencias históricas con los movimientos políticos muestran que estos poseen usualmente,

La autoridad y la globalización de la inclusión y la exclusión

Hardt y Negri confían en que, al caracterizar la multitud como una red distribuida, pueden salvar la comunalidad y la singularidad, es decir, la pluralidad irreductible de la multitud, sin reintroducir la unidad.

> Cuando entramos en consideraciones políticas, mantenemos que se debe pensar en "la multitud", mejor que en "las multitudes", porque propugnamos que, para asumir la función políticamente constituyente y para formar sociedad, la multitud debe ser capaz de tomar decisiones y de actuar en común.[73]

¿Pero qué puede significar esto sino que la multitud, en cuanto red distribuida, debe decidir y actuar como un *todo* si ha de ser un sujeto colectivo que se organice como un *todo*? Si la pluralidad es la característica distintiva de la multitud, entonces seguramente habría multitudes, no la multitud. Y una vez se acepta esto, la creatividad inagotable de la multitud expresa la pluralidad inagotable de proyectos políticos potencialmente en conflicto entre sí sobre lo que es común y lo que debería ser común para todas las singularidades tomadas en conjunto. Hay, desde luego, un amplio margen para resolver diferencias y llegar a acuerdos dentro y entre los "nodos" de una red global de redes, pero, si "la multitud debe ser capaz de tomar decisiones y de actuar en común", ¿cómo podría hacerlo frente a proyectos políticos conflictivos —y en ocasiones incompatibles— si no es por medio de incluir y excluir

---

en mayor o menor medida, las estructuras de autoridad e institucionalización que Hardt y Negri ansiosamente quieren evitar. Por último, al conceptualizar la multitud como una red, ponen a esta categoría en oposición al Imperio, el cual, en su interpretación, tiene una forma de red. Se requiere una red para desmantelar una red.

73. Hardt y Negri, *Multitud*, 260.

4. Alterglobalizaciones y el nomos de la tierra

en el proceso de establecer lo que es común para nosotros? ¿Esa decisión no tendría acaso una estructura representacional por medio de la cual un proyecto político más o menos coherente es imputado o atribuido a "la" multitud como agente colectivo único?

"Lo que necesitamos entender, y este es verdaderamente el punto central, es cómo puede llegar la multitud a tomar una decisión".[74] Hardt y Negri enuncian varias analogías que podrían lidiar con este problema: la toma de decisiones neurológica sin un centro de mando; la innovación económica; la expresión lingüística; el desarrollo de *software* de código abierto. Sería tedioso, incluso quisquilloso, evaluar todas estas analogías y mostrar por qué ninguna de ellas se acerca siquiera a ofrecer un modelo viable de toma de decisiones por parte de la multitud. De cara a proyectos políticos en conflicto con relación a lo común, la decisión sobre qué constituye a la multitud como agente grupal que "controla su propio destino" terminará cayendo en una red que coordina (para usar el lenguaje del poder blando) los nodos de la red global de redes, esto es, que representa al todo.[75] Pero entonces Hardt y Negri han renunciado a lo que necesitan proteger si la multitud ha de ser un principio distintivo de gobierno. Esto es así porque esta red coordinadora de redes alterglobalización tendría la forma de una *red regulatoria*, tal y como fue descrita en la sección 2.4.2. Su tarea sería articular, monitorear e imponer forzosamente el punto de la acción conjunta, esto es, ejercer autoridad sobre los confines de la multitud. Hardt y Negri lo reconocen: "Nadie queda excluido necesariamente [de una red], aunque la inclusión no está garantizada:

---

74. Ibíd., 385.
75. Como lo dice Van Roermund, el militante es, así Negri lo rechace, un representante autoproclamado. Véase Van Roermund, "Constituerende macht, soevereiniteit en representatie".

La autoridad y la globalización de la inclusión y la exclusión

la expansión de lo común es un asunto práctico, político".⁷⁶ Sí, pero reconocer que lo común y su expansión son un "asunto práctico, político", es conceder que establecer los confines de la agencia colectiva va al corazón de lo práctico y lo político; que los que están adentro demandan para sí el derecho a decidir si los que están afuera pueden entrar; que el problema de la autoridad no va a desaparecer de la agencia grupal de la multitud simplemente a fuerza de oponer esta al pueblo; que la agencia colectiva empieza con una toma en la forma de tomar y tener un lugar. La tesis de Hardt y Negri de que la globalización de la multitud, al igual que la globalización del capitalismo, tiene la forma de una desterritorialización es simplemente equivocada: si la multitud va a revertir el capitalismo global, solo puede hacerlo por medio de tomar un lugar que incluya y excluya.⁷⁷

---

76. Hardt y Negri, *Multitud*, 263. Los autores también se refieren a las "expansiones del común" en Michael Hardt y Antonio Negri, *Commonwealth: el proyecto de una revolución del común*, trad. de Raúl Sánchez Cedillo (Madrid: Ediciones Akal, 2011), 11.

77. Castells arguye que el establecimiento de redes a través de internet de los movimientos alterglobalización marcó el comienzo de una nueva manera política de ser que "no necesita una estructura de mando centralizada, investida con autoridad y poder para tomar decisiones". Hasta ahí, esto podría ser correcto. Luego agrega, en un pasaje que podría haber sido copiado palabra por palabra de Hardt y Negri, que las redes de internet "son una nueva cultura política: *redes* significa que no hay centro, luego no hay autoridad central. Significa una relación instantánea entre lo global y lo local [...]. También significa que todos los nodos en la red pueden contribuir y quizás contribuyan a las metas de la red, fortaleciéndola así en su expansión implacable". La acción colectiva es una manera de ser política novedosa, la manera de ser de la democracia, parecería ser. Pero Castells incrusta luego una cláusula: las redes de internet "también significan que los nodos disfuncionales que bloquean la dinámica general de la red pueden ser fácilmente apagados o evitados, superando así los males tradicionales que padecían los movimientos sociales, tan habitualmente abocados a la autodestrucción por su división en facciones". Pero entonces, ¿quién tiene derecho a decidir qué nodos son "disfuncionales" y, con ello, cuáles son las "metas" de la red? ¿Y quién tiene derecho a incluir y excluir de la

4. Alterglobalizaciones y el nomos de la tierra

4.3.2. Poder transitivo e intransitivo
Las dicotomías simples —simplistas— entre verticalidad y horizontalidad, cerramiento y apertura, unidad y pluralidad, que subyacen tras y justifican la distinción supuestamente categórica que hacen Hardt y Negri entre "el pueblo" y "la multitud", son insostenibles. Basta esto sobre la tesis del sujeto colectivo, que apuntala la tesis de la autonomía colectiva defendida por Hardt y Negri. ¿Qué hay de la segunda tesis?

Permítaseme citar su pasaje clave una vez más: "En vez de existir una autoridad externa que imponga el orden a la sociedad desde arriba, los diversos elementos presentes en la sociedad pueden organizar ellos mismos la sociedad en colaboración". Esta interpretación de la autonomía colectiva resulta familiar y está en los dos sorites presentados en la sección precedente: opone trascendencia a inmanencia; verticalidad a horizontalidad; *potestas* a *potentia*; democracia representativa a democracia directa. Una vez que estas dicotomías se han sentado, los dos sorites progresan inexorablemente hacia una oposición última y omnicomprensiva: heteronomía versus autonomía. La vía del capitalismo global es la forma caprichosa de la autoalienación colectiva; el carácter indisciplinado de la multitud es el camino hacia el autogobierno colectivo.

---

red "apagando" o "evitando" esos nodos, de manera tal que la red siga siendo una unidad colectiva con un propósito y que no descienda a la parálisis de la autodestrucción colectiva? Establecer las metas de la red, garantizar que esas metas se logren y excluir nodos disfuncionales son modulaciones de la red de las tres dimensiones funcionales de la autoridad: la articulación, el monitoreo y la imposición forzosa de la acción colectiva. Como Hardt y Negri, Castells no puede hacer nada distinto a postular una autoridad que gobierne la red de redes, una red que no puede ser global a menos que incluya y excluya, esto es, que no puede ser global a menos que sea local. Manuel Castells, *The Power of Identity*, 2.ª ed. (Oxford: Wiley-Blackwell, 2010), 154, 156.

El meollo del asunto es la relación entre poder y la reflexividad implicada en el *sí* del autogobierno colectivo, del gobierno de sí colectivo [*the "self" of collective self-rule*] (y la autoalienación colectiva). Hardt y Negri, como Holloway y muchos otros, dan por sentado que la representación se da cuando alguien captura el poder de hablar en nombre de *otros*: "poder-sobre". Siguiendo esta idea, el "poder-sobre" es una forma *transitiva* de poder, poder ejercido por los gobernantes sobre los gobernados. Desde la perspectiva de estos, el poder representativo es la expresión de la heteronomía. Estrictamente hablando, la democracia representativa es un oxímoron. Por el contrario, el "poder hacer" de la multitud es *reflexivo*: la democracia directa como *auto*gobierno colectivo. La autonomía colectiva es el ejercicio de la reflexividad o del poder intransitivo.[78]

Pero esta ilustración de los poderes transitivo y reflexivo distorsiona fundamentalmente aquello en lo que consiste la representación: provocar la perspectiva de la primera persona plural de un nosotros*. Representar, de acuerdo con el modelo Aciam del derecho, es hablar y actuar en nombre de *nosotros*, un grupo al cual el representante dice pertenecer. Esto vale para la representación a través de la participación y también para la representación a través de autoridades, en el sentido funcional anotado más atrás. En los dos casos, la representación tiene una estructura *reflexiva*: es el vehículo por medio del cual nosotros* ejercemos poder sobre *nosotros mismos*: es el autogobierno colectivo. La estructura transitiva del poder que surge cuando se traza una escisión entre

---

78. Sobre el poder transitivo e intransitivo en el contexto de la teoría política de Arendt, véase Rudolf Speth y Hubertus Buchstein, "Hannah Arendts Theorie Intransitiver Macht", en *Institution – Macht – Repräsentation. Wofür Politische Institutionen Stehen und wie sie Wirken*, ed. de Gerhard Göhler et al. (eds.) (Baden-Baden: Nomos, 1997), 224-261.

4. Alterglobalizaciones y el nomos de la tierra

quienes gobiernan y quienes son gobernados presupone la intransitividad del "poder sobre" nosotros. Quien gobierna debe sostener que es uno de nosotros, los gobernados. Esta estructura reflexiva es intrínseca al ejercicio del poder (en nuestro nombre) y a su cuestionamiento por parte de sus destinatarios (no en nuestro nombre). La intransitividad del poder, la demanda de obediencia que implica, está incorporada en la tesis de que la representación es necesaria porque alguien debe decir "nosotros" en nombre de *nosotros** —no de ellos—.

¿No es este el significado del famoso principio político zapatista de *mandar obedeciendo*?[79] Lejos de criticar el concepto de *representación* como lo entienden muchos teóricos de la alterglobalización, *mandar obedeciendo* es una formulación magnífica de la lectura reflexiva de la representación. Estoy en la buena compañía del subcomandante Marcos cuando conjeturo que la representación es la clave de un concepto de *autoridad* que incluya y sustituya su interpretación puramente funcional como la articulación, el monitoreo y el sostenimiento de la acción colectiva. *Mandar obedeciendo* captura el entrelazamiento de las dimensiones transitiva e intransitiva del poder y la representación. Volveré sobre esto más adelante.

4.3.3. A-juridicidad y la multitud

¿Esta desestabilización de las oposiciones simples que rigen los dos sorites construidos por Hardt y Negri confirma la victoria de Hobbes sobre Spinoza, de la unidad sobre la pluralidad, del pueblo y sus cognados sobre la multitud, de la *potestas* sobre la *potentia*? En absoluto. Introducir los conceptos defendidos por

---

79. Subcomandante Marcos, "Discurso del subcomandante Marcos 'Mandar obedeciendo'", *Wikisource*, 26 de febrero de 1994, https://es.wikisource.org/wiki/Discurso_del_Subcomandante_Marcos_%22Mandar_obedeciendo%22

Hardt y Negri me permite ahora enfrentar ciertos aspectos del modelo Aciam del derecho que se han mantenido más o menos en la sombra de nuestras consideraciones precedentes. Mi tesis fuerte es que el concepto de *representación* que apuntala el modelo Aciam del derecho acomoda lo que resulta de crucial importancia y debe ser defendido en las nociones de *pluralidad*, *multitud* y *potentia*, sin necesidad de aceptar la insostenible explicación del poder con que están comprometidos Hardt y Negri, Holloway y otros. Pasemos ahora por estas categorías.

Empecemos con la pluralidad. El modelo Aciam del derecho da razón de la unidad y la pluralidad putativa, donde esta se refiere a los elementos diferenciados que están interconectados en la acción colectiva, pero también explica un sentido más fundamental de *pluralidad*: aquello que excede la distinción de la primera persona plural entre orden y desorden: lo inordenado. En efecto, el modelo Aciam sostiene que la representación no solo incluye, sino que también excluye. Como resultado, presentifica y despresentifica, capacita e incapacita, a la agencia grupal *e* individual. Las posibilidades prácticas que están excluidas del ámbito de la acción conjunta por un agente colectivo dado no desaparecen simplemente: se mantienen como formas de comportamiento que pueden desafiar a un colectivo dado, poniendo en cuestión su demanda de unidad, de manera más o menos radical. En esta lectura, el sentido fuerte de *pluralidad* es lo *extraño*, una forma de comportamiento, sea de agentes participantes o de otros, que se resiste a ser acomodada en la gama de posibilidades prácticas proporcionadas por un orden jurídico dado y que se manifiesta en la experiencia de un *límite* de la unidad colectiva.

Es el turno de la multitud y la *potentia*, que discutiré en conjunto. Spinoza y sus lectores contemporáneos contrastan la *potentia* de la multitud con la *potestas* del soberano. Esta se refiere al poder en la manera que se encauza en el contrato social del

4. Alterglobalizaciones y el nomos de la tierra

soberano y los ciudadanos, por un lado, y de los ciudadanos entre sí, por el otro. En los términos del modelo Aciam del derecho, una multiplicidad de individuos se unen/son unidos, volviéndose con ello participantes de una unidad putativa, aunque el modelo Aciam excluye que el surgimiento de la acción colectiva tenga la forma de un contrato social. Los participantes en el modelo Aciam son autorizados para involucrarse entre sí de ciertas maneras; tienen [1] obligaciones dirigidas frente a los otros con miras a realizar el punto de la acción conjunta. Este es el formato básico de *potestas* en lo que respecta a los miembros de un colectivo (el "pueblo", en sentido amplio), particularmente frente a sus autoridades en la forma de la jurisdicción.

En las lecturas contemporáneas de Spinoza, la multitud, entendida como los muchos que se esfuerzan por autogobernarse porque no han entrado al pacto social, mantiene un poder —*potentia*—, esto es, negativamente, el poder de resistirse a los designios del soberano y, positivamente, el poder inagotable de crear nuevas formas de sociabilidad, nuevas manifestaciones de actuar y estar juntos. Negri, concretamente, se refiere a la *potentia* en términos de poder constituyente, el cual contrasta con los poderes constituidos como *potestas*.[80]

El modelo Aciam del derecho también alberga a la multitud y la *potentia* así definidas. Esto, porque, como se enfatizó más atrás en este libro, la inclusión de una gama de posibilidades prácticas para la interacción en el curso de la acción conjunta y la exclusión de todas las posibilidades prácticas que son consideradas sin importancia para la acción conjunta son dos lados de la misma moneda. Como resultado, el surgimiento del (des)orden va de

---

80. Antonio Negri, *El poder constituyente: ensayo sobre las alternativas de la modernidad*, trad. de Simona Frabotta y Raúl Sánchez Cedillo (Madrid: Traficantes de Sueños, 2015).

la mano de la marginalización más o menos forzosa de lo que, con ello, se vuelve el ámbito de lo inordenado para la perspectiva autoritativamente mediada de la primera persona plural. Lo inordenado comprende un exceso de posibilidades prácticas que las autoridades han degradado al estado de lo carente de importancia, lo cual es el precio que hay que pagar si ha de haber cualquier tipo de habilitación jurídica, aun cuando estas posibilidades no desaparezcan simplemente, porque se mantienen instaladas dentro del colectivo como posibilidades capaces de cuestionar lo que es visto como sin importancia desde la perspectiva autoritativamente mediada de la primera persona plural.

En consecuencia, lo que vale como inordenado —sin forma por parte del derecho— para un colectivo dado lo acompaña continuamente como su sombra, siempre listo para irrumpir en el terreno de lo que las autoridades de un colectivo están listas para llamar *(des)orden jurídico*, resistiendo al orden existente y manifestándose en la forma de posibilidades prácticas novedosas de actuar y de estar juntos —*otros* órdenes posibles— que demandan realizarse, ya sea transformando el colectivo existente o derrocándolo. Lo que he llamado una xenotopía en este libro es la manifestación fenomenológica concreta de los *límites* espaciales de los colectivos, de lo que Walter Benjamin llamaría un "umbral" (*Schwelle*) más allá del cual yace una gama indeterminadamente grande de posibilidades prácticas de ser y actuar juntos que han sido excluidas y que pueden irrumpir súbitamente en el ámbito de lo que las autoridades de un colectivo dado llaman *(des)orden jurídico*, desafiando su existencia continuada.[81] En pocas palabras, el comportamiento *a-jurídico* —el comportamiento que cuestiona la manera como se ha trazado la distinción entre juridicidad y antijuridicidad por parte de un colectivo dado— es la forma

---

81. Walter Benjamin, *Passagen-Werk* (Fráncfort: Suhrkamp, 1983), 1:617.

4. Alterglobalizaciones y el nomos de la tierra

privilegiada de aparición de la *potentia* de la multitud.[82] Como una caldera hirviente de posibilidades prácticas sin usar para vivir en común, la multitud se manifiesta *indirectamente* al orden constituido en la forma de la a-juridicidad.[83]

Todo esto está condensado en tres tesis que se siguen del modelo Aciam del derecho:

[T1] la unidad de los colectivos es una unidad putativa;
[T2] la acción colectiva es un proceso continuo de unificación, no una unidad dada;
[T3] la unificación está ligada a la pluralización.

Para concluir esta sección, deseo volver a la pregunta sobre la relación entre globalización e imperialismo planteada al comienzo de este capítulo. El imperialismo, se dijo entonces, es un proyecto expansivo de dominación. Si bien el imperialismo recibió su combustible de la expansión económica y del colonialismo europeos, hoy en día estamos en la época del Imperio, dicen Hardt y Negri. El Imperio, operando de una manera descentralizada y desterritorializante, progresivamente abarca toda la vida social en

---

82. Lindahl, *Fallas de la globalización*, 319-376.

83. Esta tesis se acerca a lo que Enrique Dussel llama *trascendentalidad interior*, un concepto que, partiendo de la noción de *singularidad* de Lévinas, está en el corazón de su explicación de la resistencia "periférica" al "centro" capitalista. "Debería comprenderse la exterioridad como trascendentalidad interior a la totalidad. Ninguna persona, en cuanto tal, es absolutamente y solo parte del sistema. Todas, aun en el caso de las personas miembros de una clase opresora, tienen una trascendentalidad con respecto al sistema, en el interior del mismo". Como se ha vuelto cada vez más claro con la globalización del capital, la "periferia" también está instalada en el llamado *primer mundo*. La periferia, en este sentido, es una de las manifestaciones de los límites de los órdenes jurídicos. Véase Enrique Dussel, *Filosofía de la liberación* (México: Fondo de Cultura Económica, 2014), 88.

su redil. En contra del Imperio, Hardt y Negri invocan la *potentia* de la multitud. "Las fuerzas creativas de la multitud que sostienen al Imperio son también capaces de construir autónomamente un contra-Imperio, una organización política alternativa de los flujos e intercambios globales".[84] La multitud usa las armas del Imperio en su contra: el "poder en red" del Imperio es confrontado por "nosotros, la multitud en red". Ciertamente, la multitud en red tiene límites, de modo tal que "la expansión de lo común es un asunto práctico, político". Pero Hardt y Negri confían en que la noción de una red permite "la formación de nuestros crecientes hábitos, prácticas, conductas y deseos comunes". La alterglobalización es una *alter*globalización porque tiene a la multitud como su agente colectivo, no a los poderes en red del Imperio, y es una alter*globalización* porque la multitud se expande indefinidamente. El realce de la *potentia* de la multitud tiene su correlato en la extensión, siempre más allá y de manera más inclusiva, de los límites —espaciales, temporales, subjetivos y materiales— de lo que nos es común. Al final de este proceso expansivo, y siendo su compleción, un mundo sin un afuera nos llama, la plenitud de un mundo que es omniinclusivo y completamente inmanente, un mundo en el que la alienación ha sido vencida, dando paso al autogobierno global de la multitud: la autonomía.

En últimas, la globalización a través de la agencia de la multitud es, para Hardt y Negri, un proceso de unificación sin pluralización. No veo cómo puede evitarse la conclusión, con independencia de todas las justificaciones de la pluralidad. El proyecto de estos autores es totalmente monista; concibe a la multitud como capaz de crear un mundo jurídico en el que todos estarían en su lugar.

---

84. Hardt y Negri, *Empire*, xv.

4. Alterglobalizaciones y el nomos de la tierra

Esta imagen de la alterglobalización cae presa de la advertencia de Schmitt: puesto que no hay una retoma de un lugar que no sea una toma, explicar la resistencia al Imperio como un "contra-Imperio" (Hardt y Negri, como se les citó atrás) abocado a un proyecto expansivo que lleva a un mundo único y omnicomprensivo es plantear un Imperio en desarrollo. Su interpretación del poder constituyente de la multitud es ciega a la estructura representacional del surgimiento: alguien debe tomar la iniciativa de decir "nosotros" en nombre de nosotros*, incluyendo y excluyendo sin haber sido autorizado para hacerlo por quienes son incluidos y excluidos. Esta tesis no milita en contra de la lectura emancipadora de la praxis, pero sostengo, en contra de Hardt y Negri, que hay emancipaciones, en plural, y no un proceso emancipatorio, en singular. El poder constituyente, que constituye la interpretación favorita de Hardt y Negri de la *potentia* de la multitud, no puede habilitar, permitiendo un ámbito de libertad en la forma de un ámbito de posibilidades prácticas para actuar y estar juntos, sin al mismo tiempo inhabilitar, marginalizando con ello otras formas en las cuales la acción conjunta podría ser la expresión de la libertad. El poder constituyente y su ausencia son dos caras de la misma moneda representacional. Este punto crucial se pierde o se oculta cuando Hardt y Negri dan por sentado que la tarea del derecho puede ser ejercer *control* sobre lo común: "¿Cómo va a ser posible que las singularidades implicadas en un proceso de colaboración expresen su control sobre lo común, y cómo puede representarse tal expresión en términos jurídicos?". Plantear esa pregunta sobre el derecho en estos términos es, paradójicamente, colapsar la multitud en el pueblo, la *potentia* en la *potestas*.

A menos que la ambigüedad de los órdenes jurídicos sea reconocida, lo que significa reconocer que no puede haber un orden jurídico que surja sin una toma de lugar que incluya y excluya, la teoría y la práctica de la alterglobalización se vuelven las dos lanzas de un proyecto imperial: un proceso de dominación expansiva. Mucho más de lo que notan o quieren admitir, la imagen de Hardt y Negri de la *potentia* expansiva de la multitud se acerca a Hobbes cuando, en el *Leviatán*, sostiene lo siguiente: "Sitúo en primer lugar, como inclinación general de toda la humanidad, un deseo perpetuo e insaciable de poder tras poder, que solo cesa con la muerte".[85]

4.4. Los bienes comunes de la humanidad

Nos hemos aproximado a las alterglobalizaciones desde dos perspectivas: su génesis y su estructura. Estas dos perspectivas muestran que las alterglobalizaciones despliegan la lógica de la inclusión y la exclusión con la que nos encontramos al examinar una gama de órdenes jurídicos globales emergentes en el capítulo 3. Sin embargo, los enfoques genético y estructural no tienen por qué ser la última palabra. Quizás hay ámbitos específicos *sustantivos* de relaciones sociales que pueden eludir esta lógica, que ofrecen el prospecto de un orden jurídico, aunque circunscrito a su área particular, el cual podría incluir sin excluir. Esta sección explora el primero de dos candidatos potenciales para este estatus especial: los bienes comunes o el patrimonio común de la humanidad. La Antártida, la alta mar y los minerales de las profundidades marinas, la atmósfera y el espacio exterior son incluidos usualmente entre los bienes comunes, y también lo es el ciberespacio, de acuerdo con algunos. Aunque el concepto de *bienes comunes de la humanidad* ha tenido una carrera accidentada y controversial desde su introducción en el derecho internacional en la década de 1960, hay un acuerdo generalizado sobre una serie

---

85. Hobbes, *Leviatán*, 199.

4. Alterglobalizaciones y el nomos de la tierra

de principios medulares que hacen parte de él. En primer lugar, aunque los bienes comunes de la humanidad pueden usarse, no pueden ser objeto de propiedad por parte de individuos o grupos específicos o colectivos: hacen parte de la humanidad como un todo. En segundo lugar, el uso de los bienes comunes se da por medio de una administración cooperativa orientada a asegurar una distribución equitativa entre los Estados desarrollados y en vías de desarrollo y a través de las distintas generaciones. En tercer lugar, los bienes comunes serán usados con fines pacíficos. En cuarto lugar, los bienes comunes han de pasarse a las generaciones futuras en condiciones sustancialmente óptimas y sin defectos.[86]

En vez de desarrollar estos cuatro principios por separado, me interesa explorar la pregunta fundacional que elevan para nuestra propia investigación: ¿son los bienes comunes de la humanidad comunes de manera tal que su regulación por parte de un orden jurídico debe valer para todos en todas partes, sin excepción?

4.4.1. "Un derecho de y para la humanidad como un todo"

Esta, en cualquier caso, es la tesis defendida por Boaventura de Sousa Santos. Para Santos, los bienes comunes son el objeto de un *ius humanitatis* propiamente dicho. Estos bienes expresan

> la aspiración a una forma de gobernanza de los recursos naturales o culturales que, dada su importancia extrema para la sostenibilidad y la calidad de la vida en la Tierra, deben ser considerados

---

86. Para una útil visión general de los bienes comunes de la humanidad, con una bibliografía extensa y los tratados respectivos, véase Prue Taylor, "The Common Heritage of Mankind: A Bold Doctrine Kept within Strict Boundaries", en *The Wealth of the Commons: A World beyond Market & State*, ed. de David Bollier y Silke Helfrich, http://wealthofthecommons.org/essay/common-heritage-mankind-bold-doctrine-kept-within-strict-boundaries

La autoridad y la globalización de la inclusión y la exclusión

como propios y administrados en interés de la humanidad, presente y futura, como un todo.[87]

Un *ius humanitatis* es "una forma de globalización jurídica que trasciende los límites de la globalización capitalista".[88] Por lo tanto, los bienes comunes de la humanidad son el paradigma de la alterglobalización. Su regulación es una forma de *globalización* jurídica porque concierne a la gobernanza del globo tomado como un todo, y es una *alter*globalización porque va más allá de la geografía jurídica del capitalismo, que está estructurada como "localismos globalizados" y "globalismos localizados". Por un lado, "lo que llamamos *globalización* siempre es la globalización exitosa de un localismo dado"; por el otro, los globalismos localizados conciernen "al impacto específico que las prácticas e imperativos transnacionales tienen sobre las condiciones locales y que son con ello alteradas, reestructuradas con miras a responder a los imperativos transnacionales".[89] Este doble movimiento de la globalización capitalista de lo local y la concomitante localización de lo global es la lógica de la inclusión y la exclusión, trazado hasta aquí a través de una gama de órdenes jurídicos emergentes. Para Santos, no puede haber globalización en un sentido cosmopolita mientras el capitalismo predomine, porque la globalización capitalista es simplemente una forma de localización.

Por el contrario, los bienes comunes de la humanidad, en calidad de objeto de un *ius humanitatis*, anunciarían el surgimiento del cosmopolitismo en sentido fuerte y propio. En un sentido crucial para nuestros fines, el nuevo *ius humanitatis* marca una transformación fundamental en el concepto de *derecho*, o al menos

---

87. Santos, *Toward a New Legal Common Sense*, 302.
88. Ibíd.
89. Ibíd., 179.

4. Alterglobalizaciones y el nomos de la tierra

eso sostiene Santos. En primer lugar, rompe con los linderos del derecho estatal (e internacional), dando lugar a una nueva forma de espacialidad jurídica: "Más allá de lo local, nacional e internacional, el *ius humanitatis* crea la espacialidad jurídica global", una percepción de la espacialidad jurídica que "podría ser facilitada por el llamado 'efecto perspectiva' que produce la exploración espacial".[90] Lo que resulta específico de esta nueva forma de espacialidad jurídica es que se refiere a un orden jurídico que tiene un adentro pero no un afuera. En el sentido fuerte que se ha elaborado hasta acá, el *ius humanitatis* sería un orden jurídico que es *ilimitado* en el espacio, con independencia de la manera como se establezcan sus confines espaciales, porque sería un orden jurídico que pertenece a todos nosotros, conjuntamente: un "derecho de y para la humanidad como un todo".[91] El *ius humanitatis* inauguraría un orden jurídico plenamente desterritorializado, en el sentido fuerte presentado en la sección 1.5.3.

En segundo lugar, el nuevo *ius humanitatis* no tendría límites temporales; sería, propiamente hablando, transtemporal, en cuanto "estaría fundado sobre la idea de la responsabilidad intergeneracional".[92] De la misma manera que la espacialidad del derecho de la humanidad es facilitada por un efecto perspectiva producido por la exploración espacial, su transtemporalidad es facilitada por un "efecto perspectiva de la tradición" en el que una tradición que tiene un alcance propiamente humano logra tener simultaneidad a través de diferentes temporalidades, lo que salta a la vista cuando uno adopta una perspectiva transgeneracional. Además de su universalidad espaciotemporal, el *ius humanitatis* también sería universal en su subjetividad y sus contenidos

---

90. Ibíd., 309-310.
91. Ibíd., 309.
92. Ibíd., 310.

comportamentales, aun cuando Santos no se refiere a estas dimensiones de la unidad pragmática de los órdenes jurídicos. Sus sujetos serían los seres humanos en cuanto seres humanos; los actos que regula, actos que expresarían lo que significa ser humano al actuar en relación con los otros y con la naturaleza. En pocas palabras, un *ius humanitatis* sería un *nomos* de la Tierra, pero, en contra de la opinión de Schmitt, sería uno que distribuiría y produciría (en el sentido amplio de cultivar) *sin* una toma previa que incluya y excluya.

Hasta aquí la defensa de Santos de la universalidad de los bienes comunes de la humanidad. Ahora, la pregunta: ¿son posibles los bienes comunes, *a fortiori* globales, sin un cerramiento?

4.4.2. Encerrando los bienes comunes de la humanidad

A primera vista, la pregunta parece un oxímoron, a la luz del proceso histórico conocido como el "encierro de los comunes". En el transcurso de un par de siglos, la sociedad rural de Europa atravesó una transformación cataclísmica como resultado del cercamiento de los campos abiertos que habían estado disponibles para la agricultura y el pastoreo comunal y la subsecuente transferencia de esos cerramientos a uno o más propietarios. No puedo adentrarme en este proceso histórico ni en su rol en el proceso más amplio que llevó al surgimiento de una economía de mercado supuestamente autorregulada.[93] En vez de eso, nótese que el encierro de los comunes siguió el patrón de un *nomos*: tomar, distribuir y cultivar. He aquí la cadena: una toma inicial de tierras comunales que incluye y excluye; distribución, por medio de derechos de dominio asignados a quienes se convertían en propietarios privados gracias a ella; producción, en la forma de una explotación

---

93. Véase Karl Polanyi, *The Great Transformation: The Political and Economic Origins of Our Time* (Boston, MA: Beacon Press, 2001).

4. Alterglobalizaciones y el nomos de la tierra

orientada mercantilmente de la tierra encerrada. En respuesta a la toma de lugar que incluye y excluye, retomar los bienes comunes se convierte en la llamada de atención a la resistencia al capitalismo, regional y globalmente. Así las cosas, es un paso más bien pequeño decir que los bienes comunes son los que no están encerrados y que, como tales, están abiertos y son verdaderamente públicos. Es de aquí de donde surge el carácter aparentemente oximorónico de mi pregunta: si hay encierro, no puede haber bienes comunes; si hay bienes comunes, no hay encierro.

Esta oposición cruda se vuelve el punto de partida de una crítica de la justificación del encierro. Es famosa la afirmación de Hardin, en "La tragedia de los comunes", según la cual, dadas pasturas abiertas y el comportamiento racional de los pastores, cada uno trataría de incrementar el número de animales pastando en los bienes comunes más allá de lo que estos pueden resistir.

> La ruina es el destino hacia el cual corren todos los hombres, cada uno buscando su mejor provecho en un mundo que cree en la libertad de los recursos comunes. La libertad de los recursos comunes resulta la ruina para todos.[94]

Y sostiene, posteriormente, que el encierro por medio del socialismo o el privatismo de la empresa libre era necesario para mantener a raya la tragedia de los comunes.

La tesis de Hardin ha sido vituperada por un buen número de académicos. Ellos sostienen que, al abrazar un modelo antropológico basado en la maximización de los bienes, la tesis es en efecto una justificación de la racionalidad propia del capitalismo, una racionalidad que es cualquier cosa menos una constante

---

94. Garret Hardin, "La tragedia de los comunes", *Polis* 10 (2005), http://journals.openedition.org/polis/7603, 1-14, 5.

antropológica. En este contexto, Monbiot le da la vuelta al argumento, ilustrando lo que él llama "la tragedia del encierro". Este autor describe el caso del pueblo turkana, cuyos rebaños de cabras se alimentaban de las vainas de las acacias en las orillas del río Turkwel, en el noroccidente de Kenia. Un comité de ancianos regulaba cuidadosamente los patrones de alimentación, "decidiendo a quién debería permitírsele usar las matas de las acacias y por cuánto tiempo"; en caso de persistir en desobedecer las decisiones de los ancianos, los infractores podrían ser, en últimas, ejecutados.[95] En circunstancias normales, los bienes comunes de los turkana daban lugar a una economía estable, pero una combinación de sequía y asaltos por parte de tribus rivales casi lleva a los turkana a la inanición. Con miras a salvarlos, las autoridades intentaron volverlos granjeros, con resultados desastrosos: fue el encierro lo que provocó una tragedia, no la libertad de los bienes comunes. Vale la pena citar extensamente la refutación de Monbiot:

> El texto de Hardin tenía un defecto crucial. Él asumió que los individuos pueden ser tan egoístas como les parezca con los bienes comunes, porque nadie los detendría. En realidad, los bienes comunes tradicionales están regulados cuidadosamente por quienes viven allí. La propiedad común tiene dos elementos: es común y es propiedad. Un bien común es la propiedad de una comunidad particular que, como los turkana del río Turkwel, decide a quién se le permite usarla y en qué medida.[96]

Esto no significa que la tesis de Hardin carezca de capacidad descriptiva. Como lo confirman los océanos contaminados y

---

95. George Monbiot, "The Tragedy of Enclosure", *Scientific American*, enero (1994): 140.
96. Ibíd.

4. Alterglobalizaciones y el nomos de la tierra

sometidos a pesca excesiva, la tragedia ocurre cuando "no existe ninguna propiedad" y el costo de la explotación es cargado por el mundo entero.[97]

El análisis de Monbiot empata bien con la investigación innovadora sobre los bienes comunes de Elinor Ostrom, que la hizo acreedora en 2009 del Premio Nobel de Economía. Ostrom se enfoca en los recursos de uso común (RUC), que

> incluyen a los recursos naturales y construidos por los humanos en los cuales (i) la exclusión de los beneficiarios a través de medios físicos o institucionales es especialmente costosa y (ii) la explotación por parte de un usuario reduce la disponibilidad del recurso para los demás.[98]

Ostrom está de acuerdo con Hardin y con otros en que los RUC crean potenciales dilemas frente a los oportunistas "cuando los usuarios de los recursos interactúan sin contar con el beneficio de reglas efectivas que limiten el acceso y definan los derechos y deberes".[99] Pero se ha concebido una amplia gama de regímenes de gobernanza para lidiar con este problema, que requiere restringir el acceso a los recursos y crear incentivos para que los usuarios inviertan en el recurso en vez de sobreexplotarlo. En su libro pionero, *El gobierno de los bienes comunes*, Ostrom se enfocó en los regímenes locales de gobernanza, incluyendo la tenencia comunal de las praderas y los bosques en las tierras altas de Suiza y Japón, las instituciones de irrigación en la región de Huerta, España, y las comunidades de irrigación en Filipinas. Su

---

97. Ibíd.
98. Elinor Ostrom et al., "Revisiting the Commons: Local Lessons, Global Challenges", *Science* 284 (1999): 278-282, 278.
99. Ibíd., 279.

La autoridad y la globalización de la inclusión y la exclusión

trabajo de campo la llevó a destilar un conjunto de "principios de diseño" requeridos para tener RUC estables. Estos incluyen, entre otros, confines bien definidos, tanto en lo que respecta al contenido de los RUC como a aquellos con derecho a explotarlos; procedimientos para tomar decisiones que incluyan la participación efectiva de la mayoría de los apropiadores de recursos; una escala graduada de sanciones para quienes infrinjan las reglas de asignación y uso de recursos, y mecanismos de bajo costo y rápido acceso para la resolución de conflictos.[100]

Las contribuciones de Monbiot y Ostrom a una teoría de los bienes comunes establecen, más allá de toda duda, que los bienes comunes son un concepto de la primera persona plural que supone una noción reflexiva de *propiedad*: los bienes comunes son *nuestros*, *nos* pertenecen, como grupo. Obviamente, esta forma de reflexividad no implica propiedad privada. Demandar que son nuestros supone demandar tener derecho a articular, monitorear y sostener quién debe hacer qué, dónde y cuándo con miras a realizar el punto de la acción colectiva. Eso es perfectamente congruente con la propiedad pública de los dominios. Recuérdese que una de las implicaciones del modelo Aciam del derecho es que la distinción entre lo público y lo privado es en sí misma pública, de manera tal que el modelo puede acomodar formas de propiedad distintas a la propiedad privada (véase la sección 3.2.2). En consecuencia, las dos contribuciones muestran que, en cuanto concepto de la primera persona plural, los bienes comunes requieren confines que incluyen y excluyen. Estos confines le dan forma a lo que se considera común para los bienes comunes. En pocas palabras, los comunes están *encerrados*. No es mi pregunta al

---

100. Elinor Ostrom, *El gobierno de los bienes comunes: la evolución de las instituciones de acción colectiva*, trad. de Corina de Iturbide Calvo y Adriana Sandoval (México: Fondo de Cultura Económica, 2000), 145-163.

4. Alterglobalizaciones y el nomos de la tierra

comienzo del capítulo, sino el título del artículo de Monbiot el que es oximorónico. La tragedia ocurre en ausencia del cerramiento, esto es, cuando no hay perspectiva de la primera persona plural desde la que se pueda establecer quién debe hacer qué, dónde y cuándo. Lo que Monbiot y Ostrom cuestionan es la tragedia del cerramiento *capitalista*, no el encierro como tal.

Ciertamente, como lo anota Ostrom, hay diferencias significativas entre los bienes comunes locales y los globales. En comparación con la de aquellos, la gobernanza de los bienes comunes globales introduce varios retos nuevos: la escala global de participación; la diversidad cultural; las complicaciones que surgen de los RUC interrelacionados emergentes; los ritmos cada vez más rápidos de cambio; la aceptación voluntaria de los tratados negociados, o un menor margen para experimentar, pues "solo tenemos un globo".[101] Aun así, lo que la gobernanza de los bienes comunes globales requiere no es diferente de lo que requiere la de los locales: restringir el acceso a los RUC y asegurarse de que los usuarios se abstendrán de sobreexplotarlos. Lo que Ostrom hace es adjurar por el encierro, por la regulación de los bienes comunes globales, donde *regulación* supone la articulación, el monitoreo y el sostenimiento del punto de la acción conjunta de un colectivo global.

Sin embargo, de la misma manera que los confines de los bienes comunes de grupos pequeños pueden ser cuestionados por su supuesta comunalidad, también los confines de los bienes comunes globales son vulnerables a la contestación por parte de comportamientos que cuestionen qué cuenta como importante para el colectivo global como un todo. Por ejemplo, el ataque hacktivista DDOS contra PayPal, discutido en la sección 3.3.2, estaba orientado en contra del encierro capitalista del ciberespacio. El ataque DDOS puede ser leído como dirigido a mantener el ciberespacio como un

---

101. Ostrom et al., "Revisiting the Commons", 281-282.

bien común global en el que la libertad de expresión está arraigada y protegida robustamente. ¿Pero qué vale como libertad de expresión en el ciberespacio, asumiendo que este es o debe volverse parte de los bienes comunes de la humanidad? El famoso caso Yahoo! muestra en qué medida son posibles interpretaciones en conflicto e incluso incompatibles entre sí sobre este tema.[102] En el mismo sentido, la controversia sobre el reparto equitativo de los bienes comunes globales, que incluye el reparto de beneficios financieros, económicos y científicos de los bienes comunes globales, ha antagonizado a los países en vías de desarrollo en contra de los países desarrollados y las grandes corporaciones: mientras que aquellos consideran que el principio es clave para la justicia distributiva global, estos defienden la protección de los intereses comerciales que estimulan la innovación requerida para generar los beneficios mencionados.

A la luz de estas consideraciones, ciertamente carece de sentido imaginarse el espacio de los bienes comunes globales como un espacio desgajado en un espacio doméstico y un afuera foráneo. Pero la implicación de los análisis de Ostrom y Monbiot es que los bienes comunes globales están *limitados* en el espacio incluso si abarcaran cada kilómetro cuadrado de la superficie de la Tierra. La noción reflexiva de *propiedad* involucrada en las referencias a los bienes comunes globales como nuestros *propios* bienes tiene

---

102. El caso Yahoo! trataba de una demanda presentada en Francia en contra de esta empresa, en la que los demandantes pedían que Yahoo! removiera parafernalia nazi de su sitio de subastas, sostenido por un servidor en California, o que bloqueara el acceso a él. Más allá de las preguntas tecnológicas sobre el filtrado del sitio y los debates sobre la jurisdicción, el caso involucraba dos visiones muy diferentes y en ciertos aspectos incompatibles de la libertad de expresión y de su rol en internet. Para el texto de decisión, véase "Ligue contre le racisme et l'antisémitisme et Union des étudiants juifs de France c. Yahoo! Inc. et Société Yahoo! France", www.lapres.net/yahfr.html

4. Alterglobalizaciones y el nomos de la tierra

su contraparte en lo *extraño*, en formas de comportamiento que se resisten a la inclusión en los bienes comunes globales establecidos por quienes tomaron la iniciativa de representar a la humanidad como un todo. "La definición de los confines del RUC y la especificación de quiénes están autorizados a usarlo pueden considerarse como un primer paso de la organización para la acción colectiva".[103] ¡Sí! Pero nótese que el uso de la palabra *definición* no dice nada sobre quién traza los confines que incluyen y excluyen, y pasa por encima del hecho de que, en la medida que el surgimiento de la acción colectiva depende de un "primer paso" que por definición no es en sí mismo un acto colectivo, la gobernanza de los bienes comunes globales es puesta en marcha por actos representacionales no autorizados que toman la iniciativa de decir "nosotros" a nombre de nosotros*, sentando los confines que incluyen y excluyen por medio del establecimiento de quién debe hacer qué, dónde y cuándo. La gobernanza de los bienes comunes de la humanidad no puede sino desplegar un *nomos* de la Tierra: tomar un lugar, distribuir, producir.

Volviendo a Santos, mi interés no es, ciertamente, negar que un *ius humanitatis* centrado en la regulación de los bienes comunes globales es posible y, para muchos, si no para todos, extremadamente urgente, a la luz de las consecuencias catastróficas que bien podrían seguirse de no llevar a cabo semejante regulación. El punto es, más bien, que el "efecto perspectiva" que Santos evoca para justificar la "percepción" de espacialidad ilimitada de un *ius humanitatis* es un ejemplo de lo que Merleau-Ponty llama una *pensée de survol*, la vista a vuelo de pájaro que objetiva el espacio para hacerlo controlable por —y transparente para— el observador. Esta vista a vuelo de pájaro de los bienes comunes globales no tiene en cuenta la perspectiva de la primera persona de los

---

103. Ostrom, *El gobierno de los bienes comunes*, 149 (traducción alterada).

actores para quienes el espacio elude su supervisión y control definitivos (véase la sección 1.4.1). En efecto, los análisis de Ostrom y Monbiot vindican que los bienes comunes de la humanidad, en cuanto espacio de acción, abren y cierran —incluyen y excluyen— posibilidades prácticas. Consideraciones análogas aplican frente a la asunción según la cual algo así como una perspectiva "transtemporal" es posible, la cual garantizaría una tradición humana en la forma de una simultaneidad de las tradiciones, al igual que frente a las dimensiones subjetiva y material que vuelven a los bienes comunes de la humanidad una unidad pragmática putativa.

Obviamente, los confines de los bienes comunes de la humanidad son transformables y pueden ser presentados de manera más o menos inclusiva: la gobernanza de los bienes comunes de la humanidad no puede eludir el problema básico que conlleva la estructura representacional de la acción colectiva: ¿sobre qué trata/debe tratar nuestra acción conjunta? Lo que vale para la acción colectiva como género también vale para una de sus especies: los bienes comunes de la humanidad son un orden en forma de un proceso ordenante —un *ordo ordinans*— más que un orden realizado —un *ordo ordinatus*—. Pero esto deja intacto el punto esencial que me he preocupado por elucidar: los bienes comunes de la humanidad requieren un encerramiento que siente un límite a lo que valga jurídicamente como "la humanidad como un todo". *La humanidad está adentro y afuera de los bienes comunes de la humanidad*, concebidos como un *ius humanitatis*.

4.5. Adentro y afuera del derecho de los derechos humanos

Podemos pasar ahora al segundo ámbito sustantivo del derecho que podría justificar la idea de formas de globalización que tienen

4. Alterglobalizaciones y el nomos de la tierra

un carácter global, en sentido fuerte, por fuerza de tener un adentro pero no un afuera: los derechos humanos. Incluso si se acepta que los bienes comunes de la humanidad están necesariamente limitados, podría argüirse (y así se ha hecho) que los derechos humanos son el fundamento de cualquier pretensión de autoridad concebible que pueda tener un orden jurídico. En palabras del antiguo secretario general de las Naciones Unidas Butros Butros-Gali, los derechos humanos son "el lenguaje común de la humanidad".[104] "Los derechos humanos son la idea de nuestro tiempo, la única idea político-moral que ha recibido aceptación universal", se regocijaba diciendo Louis Henkin, uno de los académicos más influyentes del derecho internacional de los derechos humanos.[105] Para los defensores de la naturaleza universal de los derechos humanos, la posibilidad misma de criticar a cualquier orden jurídico global emergente que incluya y excluya presupone la posibilidad de un orden jurídico omniinclusivo y global de los derechos humanos, que tendría un adentro pero no un afuera. De tal manera, un orden global de los derechos humanos produce otra variante de la idea de la alterglobalización. Es *global* en virtud de demandar validez sobre todos y en todas partes, y sería una *alter*globalización, porque superaría la globalización de la inclusión y la exclusión que caracteriza a todos los órdenes jurídicos explorados hasta aquí, incluyendo a los bienes comunes de la humanidad. Una carta global de derechos humanos sería el verdadero *ius humanitatis*.

---

104. Butros Butros-Gali, "Discurso del secretario general de las Naciones Unidas en la apertura de la Conferencia Mundial de Derechos Humanos", Viena, 14 de junio de 1993, https://documents-dds-ny.un.org/doc/UNDOC/GEN/G93/142/42/pdf/G9314242.pdf?OpenElement, 4.

105. Louis Henkin, *The Age of Rights* (Nueva York, NY: Columbia University Press, 1990), ix.

4.5.1. Lo correcto y lo bueno

Nótese que esta interpretación universalista de los derechos humanos plantea un desafío directo al modelo Aciam del derecho tal y como se lo ha desarrollado en los capítulos precedentes. El lector recordará que la sección 2.1.2 introdujo una gama de características generales de la acción colectiva, la primera de las cuales fue:

[1] *Obligaciones dirigidas.* Las obligaciones y las sanciones jurídicas son una especie de obligaciones y reproches que surgen entre los agentes participantes en el curso de la acción colectiva.

Partiendo de la obra de Gilbert, expliqué en la sección 2.1.2 que la acción colectiva genera derechos y obligaciones que surgen *entre* los participantes en la agencia colectiva y a fuerza *de* su participación en ella. Lo mismo vale para la posición de refutar a los participantes por no cumplir con sus obligaciones bajo la acción colectiva. La objeción a [1] que surge de una lectura universalista de los derechos humanos sería que este tipo de obligaciones y sanciones no agotan los tipos de obligaciones que surgen entre los participantes de la acción conjunta: además de las obligaciones dirigidas, la acción colectiva supone obligaciones que son *no* dirigidas o, más precisamente, dirigidas a *todos*, obligaciones que se deben a *cada uno* en cuanto ser humano, más que solo a los participantes dentro de los márgenes de la acción colectiva. Además, estas obligaciones debidas a todos *triunfan* sobre las obligaciones dirigidas en caso de entrar en conflicto con ellas.

En el trasfondo de esta objeción yace la vetusta distinción filosófica entre lo "bueno" y lo "correcto". En su lectura tradicional, lo bueno y lo correcto categorizan fenómenos distintos y fundamentales de la vida humana: "Lo bueno, que los hombres son seres intencionales y orientados a fines, que tienen deseos y aspiraciones; y lo correcto, que los hombres llevan adelante sus vidas en grupos que requieren ciertos modos de organización y

4. Alterglobalizaciones y el nomos de la tierra

regulación que suponen prácticas, reglas e instituciones".[106] Como lo anota Edel, mientras que lo bueno se refiere a un "marco orientado a fines", basado en "una estructura de apetito o deseo en la vida humana", el "marco jurídico" ve a la ética "como un sistema de leyes o reglas impuestas sobre los seres humanos".[107] Mientras que aquel organiza el comportamiento en los términos de una jerarquía de medios y fines que culmina en un fin supremo al cual todos los demás están subordinados, este ordena el comportamiento en términos de reglas universales.

Al aplicarla y reformularla en los términos de la acción colectiva, la distinción entre lo bueno y lo correcto pule la objeción precedente al modelo Aciam del derecho como sigue: las obligaciones dirigidas bajo la acción colectiva tienen sentido en una explicación *teleológica* del orden jurídico, pero una interpretación intencional de los derechos y las obligaciones relativos a un orden jurídico debe ser contrarrestada, o por lo menos atemperada, por una explicación *deontológica*. Aunque el modelo Aciam del derecho explica los derechos y las obligaciones en términos de lo que es *bueno para nosotros*, colectivamente y en cuanto miembros de un colectivo, es incapaz de explicar lo que es *bueno para todos*, sin excepción, un asunto que es objeto de atención jurídica tanto como aquel. Los derechos humanos, o por lo menos cierto conjunto de los derechos humanos, son la médula de lo que es bueno para todos, sin distinción. Al enfocarse exclusivamente en los derechos y obligaciones *condicionales* que fluyen del punto de la acción conjunta, el modelo Aciam del derecho pierde de vista los derechos y obligaciones *incondicionales* que recaen sobre los seres humanos

---

106. Abraham Edel, "Right and Good", en *Dictionary of the History of Ideas*, ed. de Philip P. Wiener (Nueva York, NY: Charles Scribner's Sons, 1973), 4:173-187, 173.

107. Ibíd.

como seres humanos, sea cual fuere el punto de la acción conjunta. Pero precisamente porque aquellos son condicionales, su carácter vinculante descansa, en últimas, en su conformidad con estos.

En el fondo, o por lo menos eso se sigue de la objeción, el modelo Aciam del derecho supone la hipóstasis de los colectivos confinados en entidades independientes que están a la deriva y separadas de sus amarres con la asociación de todos los seres humanos: "Nosotros, los humanos". La implicación de esta objeción es que, aunque podría de hecho ser el caso de que los procesos de globalización supongan la globalización de la inclusión y la exclusión, un orden jurídico global omniinclusivo de los derechos humanos no solo es posible en principio, sino que es la presuposición inalienable de una explicación normativamente viable de la autoridad en un contexto global. Puesto que este itinerario global de los derechos humanos no hace nada más ni nada distinto que articular lo que es común en todos nosotros como seres humanos, la pregunta relativa a su autoridad y a su carácter vinculante es independiente de las condiciones que rigen su génesis. Semejante orden sería la manifestación de lo "correcto" purificado de toda contaminación originada en una versión confinada de lo "bueno". Descrito en estos términos, un orden jurídico global de derechos humanos sería terrestre, pero no territorial. Con Schmitt, sería un *nomos* de la Tierra; contra Schmitt, sería un *nomos* que distribuye y produce sin una toma previa (de lugar). Si hubiera una toma (de lugar) que echase a andar un orden global de los derechos humanos, sería entonces una toma que incluiría *sin* excluir. Sería el único y verdadero orden jurídico global al que puede aspirar la humanidad y al que se deben someter todos los demás órdenes jurídicos globales emergentes si han de demandar autoridad para sí mismos.

4. Alterglobalizaciones y el nomos de la tierra

4.5.2. El movimiento de los derechos humanos

En las páginas venideras escrudiñaré críticamente el argumento a favor de la omniinclusividad de un orden global de los derechos humanos, en dos pasos sucesivos: el primero, en esta sección, examina las condiciones que rigen el *surgimiento* de semejante orden; el segundo, en la siguiente sección, se ocupa de la pregunta relativa a su *estructura* en cuanto orden jurídico. Este enfoque contradice la asunción según la cual las preguntas relativas a la autoridad son independientes de las preguntas sobre el surgimiento y la estructura de los órdenes jurídicos. "Las circunstancias en torno a los orígenes de los principios de los derechos humanos son irrelevantes de cara a su valor intrínseco y no pueden restarles valor a sus características benéficas".[108] Pero no veo ninguna razón para dar por sentada está asunción; al contrario, está *sub judice*. En lo que concierne a la pregunta genética, me abstengo en adelante de ocuparme del aluvión de contribuciones doctrinales y filosóficas sobre el sistema internacional de derechos humanos. Tampoco discutiré los estudios históricos recientes que se enfocan en las condiciones que impulsaron el movimiento internacional de los derechos humanos al estatus de ser "la última utopía", en términos de Moyn.[109] Mi finalidad es mucho más limitada, a saber,

---

108. Fernando R. Tesón, "International Human Rights and Cultural Relativism", *Virginia Journal of International Law* 25, n.º 4 (1985): 869-898, 897.

109. Documentando meticulosamente la irrupción espectacular del movimiento de los derechos humanos en el ámbito público a mediados de los años 1970, Moyn sostiene que "los derechos humanos surgieron históricamente como la última utopía —una que se hizo poderosa y prominente porque otras visiones implosionaron—". En una atmósfera en la que otros sistemas de creencia habían colapsado, "surgió un internacionalismo que giraba en torno de los derechos individuales, y lo hizo porque fue definido como una alternativa pura en una era de traición ideológica y colapso político". Samuel Moyn, *La última utopía. Los derechos humanos en la historia*, trad. de Jorge González Jácome (Bogotá: Editorial Pontificia Universidad Javeriana, 2015), 18. Véase también Samuel

explorar el surgimiento de este sistema desde la perspectiva de las críticas subalternas a su pretensión de universalidad. En mi lectura, estas críticas muestran que el sistema internacional de los derechos humanos *toma* y *tiene lugar* de una manera que incluye y excluye. Pero no sería difícil mostrar que la naturaleza de los argumentos presentados por los estudios subalternos, así no sea necesariamente en la sustancia, es compartida por otras críticas, a saber, que el régimen internacional existente de los derechos humanos excluye en el proceso de incluir.[110]

Considérese, en primer lugar, la pregunta genética, a saber, el surgimiento del derecho internacional de los derechos humanos. El artículo con el que Thomas Buergenthal contribuyó a los Ensayos Centenarios de la *American Journal of Internacional Law* es un buen punto de partida, no porque haga parte de la literatura subalterna, sino porque, al contrario, es parte del movimiento de los derechos humanos con el que esa literatura tiene serios problemas. Defino al movimiento de los derechos humanos como el complejo de actividades institucionales, doctrinales y filosóficas

---

Moyn, *Human Rights and the Uses of History* (Londres: Verso, 2014), 69-82, especialmente 82. Aunque considero que este argumento es persuasivo, mi interés es diferente: la genealogía de la perspectiva de la primera persona plural de un orden internacional de los derechos humanos, para entender si este tiene (y de qué manera) un afuera que podría desafiar esa perspectiva.

110. Para una crítica feminista de los derechos humanos internacionales, véase, por ejemplo, Celina Romany, "Women as Aliens: A Feminist Critique of the Public-Private Distinction in International Human Rights Law", *Harvard Human Rights Journal* 6 (1993): 87-125, y Christine Chinkin, "A Critique of the Public/Private Distinction", *European Journal of International Law* 10, n.º 2 (1999): 387-395. Desde la perspectiva de los estudios críticos del derecho, véase David Kennedy, "The International Human Rights Movement: Part of the Problem?", *European Human Rights Law Review* 3 (2001), reimpreso en *Harvard Human Rights Journal* 15 (2002): 101-125.

4. Alterglobalizaciones y el nomos de la tierra

orientadas a promover los derechos humanos internacionales que surgieron después de la Segunda Guerra Mundial.

El artículo de Buergenthal empieza definiendo su tema por tratar: "El derecho internacional de los derechos humanos tal y como lo conocemos hoy día [...] busca proteger a los seres humanos individuales con independencia de su nacionalidad u otro estatus. Esa es su característica distintiva y su valor dominante".[111] Esta rama del derecho internacional, sostiene el autor, solo maduró después de la Segunda Guerra Mundial, con anterioridad a la cual el derecho internacional al respecto comprendía "principios jurídicos difusos o no relacionados y arreglos institucionales que estaban, de una u otra manera, diseñados para proteger ciertas categorías o grupos de seres humanos". Rápidamente, el autor pasa a la evolución de las normas jurídicas y de los arreglos institucionales relativos a los derechos civiles y políticos. "Limitaciones de espacio", lamenta Buergenthal, no le permiten discutir los derechos económicos, sociales y culturales, y mucho menos "los llamados derechos de los pueblos" y otras dimensiones sustantivas o institucionales de este ámbito jurídico. En cualquier caso, tras ubicar los orígenes del derecho internacional de los derechos humanos en el sistema de mandatos de la Sociedad de Naciones para la protección de las minorías que vivían en ciertos países, Buergenthal se ocupa de la Carta de las Naciones Unidas, con la que "el derecho internacional de los derechos humanos, tal y como lo conocemos hoy en día, comienza".[112] Lo que sigue, en su artículo, es un estudio de los instrumentos de derechos humanos —internacionales, regionales y nacionales— y de las instituciones a las que se ha confiado su monitoreo y

---

111. Thomas Buergenthal, "The Evolving International Human Rights System", *The American Journal of International Law* 100, n.º 4 (2006): 783-807, 784.

112. Ibíd., 783-785.

La autoridad y la globalización de la inclusión y la exclusión

sostenimiento. Pese a que el artículo tiene un tono alentador, concluye con la admonición de que el sistema "no ha prevenido las violaciones masivas que han sido y siguen siendo cometidas en muchas partes del mundo". No obstante,

> el sistema vigente hoy en día [...] ha salvado vidas, mejorado las condiciones de los derechos humanos en muchos países, y está teniendo éxito en forzar a un número creciente de gobiernos para que tomen sus obligaciones frente a los derechos humanos de manera más seria que antes.[113]

Quizás el lector esté decepcionado por el hecho de que el derecho y el análisis jurídico estén casi ausentes de mi resumen. El artículo de Buergenthal es más generoso en este sentido, aunque, al ser un estudio general, no ofrece un examen detallado del corpus de los derechos humanos, ni siquiera de los tres textos que constituyen la carta internacional de derechos: la Declaración Universal de los Derechos Humanos (DUDH, 1948), el Pacto Internacional de Derechos Civiles y Políticos (ICCPR, por sus siglas en inglés, 1966) y el Pacto Internacional de Derechos Económicos, Sociales y Culturales (ICESCR, por sus siglas en inglés, 1966). Pero mi interés aquí es diferente, a saber, llamar la atención del lector sobre la *narrativa* en la que está incrustada la discusión de Buergenthal sobre los agentes y el derecho de los derechos humanos. En efecto, esta narrativa es reveladora de las asunciones que rigen el movimiento de derechos humanos, en la manera que ha sido interpretado y en la que se han opuesto a él los académicos subalternos.

Nótese, para empezar, la forma como la narrativa presenta el surgimiento y la estructura del derecho internacional de los derechos humanos. En lo que concierne a su surgimiento, al rastrear

---

113. Ibíd., 807.

4. Alterglobalizaciones y el nomos de la tierra

el contenido del derecho de los derechos humanos hasta la protección de grupos minoritarios bajo el sistema de mandatos de la Sociedad de Naciones, y al considerar que la Carta Internacional de Derechos surge a través de instrumentos firmados por Estados soberanos e iguales, Buergenthal pinta la incepción del derecho de los derechos humanos como un nuevo comienzo para el derecho internacional, uno inmaculado por la toma que rigió el encuentro entre colonizador y colonizado. Respecto a la estructura, Buergenthal presenta al corpus de los derechos humanos como un orden organizado jerárquicamente, posicionando al sistema de la ONU en la cúspide, cuya validez es universal. Por debajo están tres órdenes regionales que él examina en la siguiente secuencia: el derecho de los derechos humanos europeo, el interamericano y el africano. El nivel más bajo está compuesto por los órdenes jurídicos nacionales. En pocas palabras, el sistema está organizado como una relación jerárquica que va desde lo universal hasta lo particular.

4.5.3. Críticas subalternas al movimiento de los derechos humanos

Las críticas subalternas al derecho internacional de los derechos humanos existente cuestionan esta narrativa en varios puntos. Para empezar, notan que muchas sociedades africanas y asiáticas estaban bajo el control colonial europeo cuando la DUDH fue proferida y que, por lo tanto, no hicieron parte en su creación. Además, sostienen, es cuestionable afirmar que los Estados africanos que ratificaron los tratados que comprenden la Carta Internacional de Derechos Humanos sean representativos de sus pueblos y culturas. En un sentido más fundamental, los estudiosos subalternos insisten en que esta narrativa es ideológica. Para Makau wa Mutua, uno de los exponentes más perspicaces e incisivos de las TWAIL, los derechos humanos y la democracia liberal occidental son virtualmente tautológicos. Aunque los dos conceptos parecen diferentes desde la distancia, uno es de hecho la versión universalizada del otro; los derechos humanos representan la difusión tentada y el desarrollo ulterior en el nivel internacional de la tradición política liberal.[114]

Mutua no censura específicamente el artículo de Buergenthal, pero, si lo hiciera, no dudaría en empezar por apuntar a la admonición conclusiva de su artículo, cuestionando si es una mera casualidad que las regiones del mundo otrora colonizadas coincidan con las "muchas partes del mundo", en términos de Buergenthal, en las que masivas violaciones a los derechos humanos han sido y siguen siendo perpetradas. ¿Es simplemente una forma de cinismo y una apología de las violaciones a los derechos humanos preguntar si hay una continuidad sistemática, o por lo menos un paralelo, entre el antiguo interés en civilizar a los colonizados y el interés contemporáneo en "forzar a un número creciente de gobiernos para que tomen sus obligaciones frente a los derechos humanos de manera más seria que antes"? Cito completo el punto de vista de Mutua al respecto:

> Los derechos humanos, y la campaña incansable por universalizarlos, presenta un contínuum histórico en una cadena ininterrumpida de dominio conceptual y cultural de Occidente en los últimos siglos. En el corazón de este contínuum está un virus aparentemente incurable: el impulso de universalizar normas y valores eurocéntricos por medio de repudiar, demonizar y "alterizar" aquello que es diferente y no europeo. Este argumento [...]

---

114. Makau wa Mutua, "The Ideology of Human Rights", *Virginia Journal of International Law* 36 (1996): 589-657, 592.

4. Alterglobalizaciones y el nomos de la tierra

no significa sugerir que los derechos humanos sean malos *per se* o que el corpus de los derechos humanos sea irrecuperable. Más bien, el argumento sugiere que la globalización de los derechos humanos encuadra en un patrón histórico en el que toda la alta moralidad viene de Occidente como un agente civilizador en contra de formas inferiores de civilización en el resto del mundo.[115]

La advertencia de Mutua es importante: él no descalifica por completo el movimiento de los derechos humanos sancionados por la ONU como un mero instrumento del imperialismo. "Las raíces del movimiento contemporáneo de los derechos humanos en la tradición liberal occidental niegan su completitud, mas no la universalidad de muchos de sus ideales y normas".[116] Esta perspectiva matizada le permite aproximarse al corpus de los derechos humanos de una manera que es tanto crítica como constructiva.

En lo que respecta al lado crítico, Mutua sostiene que el movimiento de los derechos humanos califica como universal lo que es, de hecho, una contribución particularista a los derechos humanos, una contribución que se convierte en una forma de imperialismo cultural, en la medida que el derecho de los derechos humanos se reduce a "un proyecto liberal cuya meta predominante, aunque no se la explicite, es la imposición de una democracia liberal de tipo occidental" en el tercer mundo.[117] Aunque Mutua reconocería sin duda que Buergenthal acepta la importancia de otros

---

115. Makau wa Mutua, "Savages, Victims, and Saviors: The Metaphor of Human Rights", *Harvard International Law Journal* 42, n.º 1 (2001): 201-245, 210.

116. Makau wa Mutua, "The Banjul Charter and the African Cultural Fingerprint: An Evaluation of the Language of Duties", *Virginia Journal of International Law* 35 (1995): 339-380, 344.

117. Mutua, "The Ideology of Human Rights", 656.

derechos en el corpus de los derechos humanos, la advertencia sobre las "limitaciones de espacio" que justifican enfocarse exclusivamente en los derechos civiles y políticos delata una agenda política específica. La advertencia distingue efectivamente entre derechos humanos básicos y no básicos, de una manera que da por sentada la democracia liberal. Pese a esto, la interpretación de la relación entre el individuo y el Estado que es efectiva en la democracia liberal tiene un valor explicativo y normativo limitado en el contexto colonial y poscolonial de África. La perturbación de comunidades etnopolíticas que fueron forzadas a vivir juntas en el Estado colonial, junto con la imposición continuada de la forma estatal en el proceso de descolonización, supone la "deslegitimación de valores, nociones y filosofías sobre el individuo, la sociedad, la política y la naturaleza desarrollados por siglos".[118] Concretamente, el movimiento de los derechos humanos ha deslegitimado el punto de vista sobre el individuo centrado en el grupo, prevalente en una amplia gama de sociedades africanas, que John Mbiti condensa como sigue: "Yo soy porque nosotros somos, y porque nosotros somos, entonces soy".[119] Volviendo al artículo de Buergenthal, la deslegitimación y marginalización del punto de vista africano, que resalta no solo los derechos sino también los deberes de los individuos de cara a sus grupos, salta a la palestra en su brusca referencia a los "llamados derechos del pueblo". Nótese que esta referencia deprecatoria a un punto de vista centrado en el grupo no es sino una de las implicaciones de la definición de Buergenthal del derecho de los derechos humanos como un derecho orientado a "proteger a los seres humanos individuales con independencia de su nacionalidad u otro estatus", una meta que

---

118. Mutua, "The Banjul Charter", 343.

119. John Mbiti, *African Religions and Philosophy* (Londres: Heinemann, 1970), 141, citado por Mutua, "The Banjul Charter", 360.

4. Alterglobalizaciones y el nomos de la tierra

él considera que es su "valor dominante". Desde la perspectiva de Mutua, restringir el derecho de los derechos humanos a la protección de los individuos, así incluyera los derechos sociales y económicos, equivale a una reducción inapropiada de su concepto.

Estas consideraciones tienen una implicación significativa para la presentación que Buergenthal hace de la estructura del corpus de los derechos humanos como un sistema en tres niveles, compuesto por el derecho universal, el regional y el nacional. Recuérdese que, en su presentación, los niveles más bajos son la especie de un género único. En consecuencia, la autoridad de los niveles más bajos se deriva de su disposición a reproducir el universal, aunque se permiten diferencias regionales, siempre y cuando abreven del contenido universal de los derechos humanos: *e pluribus unum*. De la misma manera, esta interpretación jerárquica permite y autoriza la intervención en esos órdenes jurídicos nacionales en los que ocurren violaciones masivas de ciertos derechos humanos.

Para Mutua, este enfoque enmascara que la Carta Internacional de Derechos es calcada del derecho constitucional y la jurisprudencia de las democracias liberales occidentales, de manera tal que el contenido del derecho internacional de los derechos humanos se deriva de ciertos órdenes jurídicos nacionales, y no al revés. Aquí opera un "localismo globalizado", en términos de Santos, que se convierte después en un "globalismo localizado". Como resultado de esto, el movimiento de los derechos humanos esconde que una interpretación históricamente anclada de la relación entre los seres humanos y las sociedades en las que viven subyace a la pretendida universalidad de la Carta Internacional de Derechos. Como lo anota Mutua, esto no condona de ninguna manera las violaciones masivas de los derechos humanos, ni en África ni en otras partes, pero, como lo deja muy claro, la carta africana no es simplemente una particularización de la Carta Internacional de Derechos: tiene una demanda de universalidad propia que es parcialmente diferente de la postulada por esta —y, en algunos aspectos, *incompatible* con ella—. Los paladines de la Carta Internacional de Derechos postulan como universal lo que de hecho es particular, para luego exigir obediencia a la carta porque, según dicen, su universalidad demanda la lealtad de toda la humanidad —o por lo menos de esas comunidades que merecen un lugar en la comunidad humana—.

El trabajo de Mutua y otros académicos de las TWAIL no está solo en la labor de revelar el conjunto de asunciones particulares y contingentes que hacen posible el surgimiento del régimen internacional de derechos humanos. Por ejemplo, Raimon Panikkar subraya las asunciones culturalmente específicas que animan a la DUDH. "La declaración fue articulada paralelamente a las tendencias históricas del mundo occidental durante los tres últimos siglos, y en armonía con cierta antropología filosófica o con el humanismo individualista que ayudaron a justificarlas".[120] Estas asunciones incluyen, en la lectura de Panikkar, una naturaleza humana universal que es común a todos los pueblos y que es esencialmente diferente del resto de la realidad; la dignidad inalienable del individuo como un fin en sí mismo y, como tal, un absoluto, y un orden social democrático. El autor anota que este conjunto entrelazado de asunciones simplemente no se da por sentado en otras culturas. Desde una perspectiva intercultural (en vez de transcultural), no solo la respuesta, sino también la pregunta misma sobre la universalidad de los derechos humanos, están localizadas. "Desde un punto de vista no occidental, el problema mismo no es visto como tal, de manera que no se trata simplemente de estar o no de acuerdo con la respuesta".[121]

---

120. Raimon Panikkar, "Is the Notion of Human Rights a Western Concept", *Diogenes* 120 (1982): 75-102.

121. Ibíd., 85.

4. Alterglobalizaciones y el nomos de la tierra

En un sentido crucial, no convenir con esas asunciones no tiene que implicar descender al caos o apoyar la violencia, como habitualmente lo proclama el movimiento de los derechos humanos. En la medida que los derechos humanos consistan fundamentalmente en proteger la dignidad humana, lo que se requiere es encontrarles un "equivalente homeomórfico" por medio de "investigar de qué manera otra cultura satisface la necesidad equivalente".[122] Refiriéndose a la cultura hindú, Panikkar sostiene que, si *dharma* "es aquello que mantiene, da cohesión y con ello fuerza a cualquier cosa dada, a la realidad, y en últimas a los tres mundos", entonces *svadharma* —el *dharma* inherente a todo ser— es el equivalente homeomórfico hindú de los derechos humanos.[123] Importantemente, agrega, esto "no significa que sea la contraparte correspondiente, como si todo lo que conllevan los derechos humanos también fuera transmitido por *svadharma* o viceversa. Las culturas son todos y no encajan en correspondencias unívocas".[124] En particular, *svadharma* implica, entre otras cosas, que los derechos humanos no son únicamente derechos *individuales*, que no son únicamente derechos *humanos*, que no son únicamente *derechos* y que no son *absolutos*. Al final, un diálogo intercultural es más urgente que nunca, porque "en el momento no hay ninguna teoría endógena capaz de unificar a las sociedades contemporáneas y no hay una ideología impuesta o importada que pudiera sustituirlas".[125]

---

122. Ibíd., 80.
123. Ibíd., 92.
124. Ibíd.
125. Ibíd., 95.

4.5.4. E pluribus unum

Resulta interesante, sin embargo, que en los artículos citados Mutua y Panikkar se rehúsen a descartar que los derechos humanos sean redimibles. Reconociendo que la protección de la dignidad humana es una aspiración medular del derecho de los derechos humanos, los dos estudiosos resaltan la necesidad de un diálogo intercultural genuino que pudiera dar un contrapeso al énfasis eurocéntrico. Además, soy consciente de que estas críticas al movimiento de los derechos humanos traen a cuento una plétora de preguntas críticas, muchas de las cuales quedan sin respuesta o son respondidas insuficientemente por los estudios subalternos. Particularmente, queda como pregunta abierta si la crítica del régimen internacional de los derechos humanos explota todo su potencial normativo, el cual, si es empleado, podría lograr que el régimen acomodase tales críticas. En este sentido, la glosa de Buergenthal al movimiento de los derechos humanos no es, de ninguna manera, la expresión definitiva de este. El lector también recordará mis propios comentarios, en la sección 3.1.4, sobre el uso de actos representacionales, que supone la oposición a la unidad colectiva y su transformación, un proceso sin duda operante en lo que Hans-Robert Jauss llamaría la "recepción" del movimiento de los derechos humanos por parte de las culturas y los estudiosos no occidentales —¡incluyendo a Mutua y Panikkar!—.

La explicación del pluralismo de los derechos humanos de David Kinley es buen ejemplo de la manera como el derecho internacional de los derechos humanos, en su configuración contemporánea, podría ser defendido de la denuncia subalterna de eurocentrismo y carácter dominante. El foco de su argumento son las cláusulas de limitación, por medio de las cuales los "derechos [humanos] pueden ser limitados legítimamente y las responsabilidades,

4. Alterglobalizaciones y el nomos de la tierra

reducidas o suspendidas".[126] Entre estas cláusulas se cuentan la emergencia pública, en situaciones excepcionales, y, en circunstancias de normalidad, la restricción de los derechos humanos en interés del orden público, la salud, la seguridad nacional y la protección de la moralidad pública. Como lo anota Kinley, estas cláusulas de limitación no deben ser leídas simplemente como una manifestación de pragmatismo político. En un sentido más fundamental, al volver los derechos humanos sensibles a los contextos, estos se vuelven vehículos para la protección de sensibilidades pluralistas. Las cláusulas de limitación son, desde esta perspectiva, cláusulas de habilitación, esto es, "medios de compromiso e inclusión por medio de los cuales los Estados pueden interpretar y aplicar derechos de formas que reflejen sus ineludiblemente variadas historias, *mores* culturales, circunstancias políticas y tradiciones jurídicas".[127] Kinley muestra entonces la forma como el principio de subsidiariedad, la necesidad de agotar primero los mecanismos nacionales antes de poder radicar peticiones ante los tribunales internacionales, el principio del "margen de apreciación" y la interacción dialógica política y diplomática entre los Estados y los organismos internacionales de derechos humanos dan todos fe del pluralismo inherente al derecho internacional de los derechos humanos. La "flexibilidad" del derecho de los derechos humanos es muestra del hecho de que "el derecho internacional de los derechos humanos no es absolutista ni intransigente —sin importar cuán ardientemente algunos quieran sostenerlo— ni podría serlo

---

126. David Kinley, "Bendable Rules: The Development Implications of Human Rights Pluralism", en *Legal Pluralism and Development: Scholars and Practitioners in Dialogue*, ed. de Brian Tamanaha et al. (Cambridge: Cambridge University Press, 2012), 50-65, 51.

127. Ibíd., 52.

La autoridad y la globalización de la inclusión y la exclusión

jamás".[128] Kinley agrega que este carácter inherentemente pluralista del derecho internacional de los derechos humanos exige, entre otras cosas, tomarse en serio y responder a las críticas del movimiento de los derechos humanos planteadas por Mutua y otros.

Pero hay una condición. Aunque reconoce que el derecho internacional de los derechos humanos ofrece un ámbito amplio para el pluralismo y la dependencia de los contextos dados, Kinley también anota que "hay límites. Hay límites que deben ser trazados en la arena. Nosotros como individuos, comunidades y Estados siempre debemos tomar partido por ciertas interpretaciones, estimándolas en últimas como aceptables o no".[129] Enfáticamente, ¡sí! ¿Pero quién, concretamente, habla en nombre de ese nosotros* en el momento de trazar la línea? ¿Y quién pertenece al nosotros* representado por quien traza la línea en nombre de una comunidad o Estado?[130] El pluralismo de los derechos humanos será, en efecto, un pluralismo *limitado*, en el sentido fuerte anotado en este libro: si alguien cuestionase cuáles son las variaciones "aceptables" y las modulaciones de lo humano, a esa persona se la consideraría como si se hubiese situado en el ámbito de lo inhumano o lo subhumano. Hay razones doctrinales y filosóficas excelentes para defender el pluralismo de los derechos humanos, como lo hace Kinley, pero se trata de un pluralismo dentro de

---

128. Ibíd., 56.

129. Ibíd., 58.

130. En el mismo sentido, Delmas-Marty señala que, "más que la unificación, [la DUDH] sugiere la armonización de sistemas jurídicos, en la medida que las diferencias son admitidas (de modo que hay cierto relativismo), pero bajo la condición de ser compatibles con los principios fundantes comunes (preservando con ello la armonía del todo, es decir, el universalismo)". ¿Pero a quién le corresponde decidir qué ha de valer como un principio fundante común y como su contenido universal? Véase Mireille Delmas-Marty, *Trois défis pour un droit mondial* (París: Seuil, 1998), 26.

4. Alterglobalizaciones y el nomos de la tierra

una unidad presupuesta del derecho internacional de los derechos humanos: *e pluribus unum*. Hay, sin embargo, una pluralidad política más allá del pluralismo de los derechos humanos, la cual es, a mi parecer, el desafío real que confronta a la teoría y la práctica de los derechos humanos: *la humanidad está adentro y afuera del régimen internacional de los derechos humanos*.

Insisto: las consideraciones precedentes no minimizan, de ninguna manera, los logros del derecho internacional de los derechos humanos ni descartan o restan importancia a los recursos que este puede dirigir en contra del *nomos* capitalista de la Tierra. Pero no veo fundamento alguno para asumir que este sistema ilustre un caso de alterglobalización en el sentido fuerte de un orden jurídico global que incluya sin excluir. Comparto el punto de vista de Baxi, según el cual la globalización del régimen existente de derechos humanos no equivale a su universalización.[131] Como cualquier otro derecho, toma y tiene lugar.

4.5.5. Lo bueno para todos nosotros

Pero, concediendo que el derecho internacional de los derechos humanos surge a través de una toma de lugar que incluye y excluye, ¿podría esto ser de otra forma, por lo menos en principio, así no lo sea aún de hecho? Después de todo, el derecho de los

---

131. Véase Upendra Baxi, *The Future of Human Rights*, 3.ª ed. (Nueva Delhi: Oxford University Press, 2008), 198-205. Daniel Augenstein señala que los derechos humanos se predican de la noción de un ser humano portador de derechos que surgió a la par con el Estado moderno (por ejemplo, la correspondencia de la distinción entre la esfera pública y la privada y la distinción entre el ciudadano público y el individuo privado). Como resultado, sigue, la "universalización" de los derechos humanos procede a través de una globalización de los Estados, no al revés. Augenstein también señala, sin embargo, que en ese proceso la noción occidental de *derechos humanos* ha sido reclamada y transformada por otras culturas. Véase Daniel Augenstein, *Global Business and the Law and Politics of Human Rights* (próximo a publicarse, en los archivos del autor).

La autoridad y la globalización de la inclusión y la exclusión

derechos humanos existente sigue estando mediado por los Estados y por la historia de colonialismo que bordea el contexto de la segunda posguerra mundial en el que surgió. Es, ciertamente, un régimen *internacional* de derechos humanos más que un régimen propiamente global, esto es, un régimen que demandaría validez global independientemente de los Estados.[132] Imagínese que se implementara ese orden global: ¿sería este orden, por razón de su *estructura*, capaz de superar la lógica de inclusión y exclusión que sigue operante en cada una de las alterglobalizaciones que hemos discutido hasta acá?

Esta pregunta revisita la objeción según la cual el modelo Aciam del derecho restringe excesivamente la naturaleza de los derechos y obligaciones jurídicas. De acuerdo con esta objeción, los derechos humanos son el paradigma de los derechos y obligaciones jurídicas que *no* son dirigidas o relacionales, para usar las terminologías de Gilbert y Hart. En cuanto derechos que corresponden a los humanos como tales, los derechos humanos exceden el ámbito limitado de las obligaciones dirigidas bajo la acción colectiva. En los términos de la distinción venerable entre lo bueno y lo correcto, mientras que las obligaciones dirigidas articulan lo bueno de un colectivo dado, los derechos humanos articulan lo que es correcto hacer para todo colectivo, con independencia de su concepción de lo bueno. La naturaleza ejemplar que tiene el derecho de los derechos humanos para el ámbito de lo correcto

---

132. Durante las etapas iniciales del proceso de redacción, el título de la declaración era Declaración Internacional de los Derechos Humanos; solo en la etapa final de la redacción se cambió el título a Declaración Universal de los Derechos Humanos. Véase Mary Ann Glendon, *The World Made New: Eleanor Roosevelt and the Universal Declaration of Human Rights* (Nueva York, NY: Random House, 2001), 161. Samuel Moyn refuta los orígenes supuestamente globales y multiculturales de la DUDH en *The Last Utopia: Human Rights in History* (Cambridge, MA: Belknap Press, 2010), 63-72.

4. Alterglobalizaciones y el nomos de la tierra

se ha de mantener oculta mientras el derecho de los derechos humanos sea nacional o internacional. Esto, porque estos tipos de orden jurídico siguen dependiendo de concepciones confinadas de lo bueno, o por lo menos en eso consiste la objeción. Si, desde este punto de vista, uno quisiera ver a los derechos humanos desplegar la totalidad de su potencial como la manifestación jurídica de lo que es incondicionalmente correcto, uno tendría que dar el salto a un orden jurídico verdaderamente global de los derechos humanos que cree directamente derechos y obligaciones entre individuos en cuanto seres humanos, no en cuanto miembros de un Estado. Un orden de derechos humanos verdaderamente global revelaría la estructura diáfana de los derechos humanos, a saber, la manifestación de lo *correcto* como tal y en general, purificado de toda contaminación de las concepciones más o menos contingentes y confinadas de lo *bueno* colectivo.

Es de esta manera que propongo reconstruir brevemente la contribución de Jürgen Habermas a una teoría del derecho *global* de los derechos humanos (que es solo una parte de su contribución a una teoría normativa de los derechos humanos). Su teoría discursiva del derecho es posiblemente el intento occidental más comprensivo e influyente de sopesar las implicaciones normativas del rol menguante de los confines estatales en la "constelación posnacional".

> Bajo la presión de la desnacionalización, las sociedades constituidas como Estados nación se están "abriendo" a un mundo orientado económicamente. Lo que me interesa es el carácter deseable y, en las circunstancias actuales, la posibilidad de un "cerramiento" político renovado de esta sociedad global.[133]

---

133. Jürgen Habermas, *The Postnational Constellation*, trad. de Max Pensky (Cambridge: Polity Press, 2001), 61. Los párrafos siguientes se basan

La autoridad y la globalización de la inclusión y la exclusión

La referencia entrecomillada a la clausura apunta al rol doble que Habermas espera que el derecho juegue en la realización del proyecto del cosmopolitismo. Por un lado, él ve el derecho como un instrumento para la clausura política sin el cual el control no puede ser recuperado sobre los procesos sociales. Por el otro, Habermas arguye que la clausura espacial es una característica contingente del orden jurídico. En efecto, aunque este autor anota que cualquier definición política de *fines políticos* requiere una clausura que es tan normativa como espacial, una comunidad política mundial organizada con miras al proferimiento y la imposición jurídica de un régimen global de derechos humanos —derecho cosmopolita, como él lo llama— sería omniinclusiva, normativa y espacialmente.

> El punto fundamental del derecho cosmopolita radica [...] en que, al pasar por encima de las cabezas de los sujetos colectivos del derecho internacional, alcanza la posición de los sujetos jurídicos individuales y fundamenta para estos la pertenencia no mediatizada a la asociación de ciudadanos del mundo libres e iguales.[134]

Esto requiere que los derechos humanos tengan un estatus jurídico en vez de uno simplemente moral: "Los derechos humanos poseen *originariamente* una naturaleza jurídica. Lo que le presta la apariencia de derechos morales [es] su sentido de validez que trasciende los ordenamientos jurídicos de los Estados nacionales".[135] El

---

en (y expanden) las ideas presentadas en Lindahl, *Fallas de la globalización*, 479-481.

134. Jürgen Habermas, *La inclusión del otro: estudios de teoría política*, trad. de Juan Carlos Velasco Arroyo y Gerard Vilar Roca (Barcelona: Paidós, 1999), 164.

135. Ibíd., 175.

4. Alterglobalizaciones y el nomos de la tierra

fundamento de una comunidad política mundial aseguraría el estatus de forzosamente imponibles a los derechos humanos, derechos subjetivos que recaen sobre todos los seres humanos en cuanto ciudadanos libres e iguales de una comunidad política mundial. A la inversa, solo en la medida que esta comunidad política asegure los derechos humanos y la paz mundial, podrá diferenciarse "de las comunidades organizadas estatalmente en que debe cumplir la condición de una inclusión completa: no puede excluir a nadie porque no admite los límites entre dentro y fuera". Habermas agrega: "Esta autocomprensión ético-política de los ciudadanos de una vida democrática particular está ausente de la comunidad inclusiva de ciudadanos del mundo".[136] Mientras que aquella se mantiene atada a las concepciones particulares de lo bueno, una comunidad política omniinclusiva es posibilitada por la capacidad del derecho de mediar entre la universalidad de la moralidad, en la manera en la que es articulada por un régimen de derechos humanos, y la particularidad de las comunidades ético-políticas.

Por fuerza de articular lo que es bueno para *todos*, un orden global de los derechos humanos es el referente universal con el cual se miden las demandas de validez de los órdenes jurídicos particulares, cada uno de los cuales está orientado a realizar lo que es bueno para *nosotros*. Aunque ciertamente hay espacio para la diversidad y la diferencia, lo que es bueno para nosotros, como colectivo, debe expresar y someterse a lo que es bueno para nosotros. En contra del modelo Aciam del derecho, una alterglobalización jurídica, en el sentido fuerte de *orden jurídico*, con un adentro pero sin un afuera, es posibilitada por los derechos humanos como la materialización de lo que es correcto para todos en todas partes. En contraste con lo que es bueno para un colectivo particular, lo correcto, en sentido fuerte, es un *ius*

---

136. Habermas, *The Postnational Constellation*, 107.

humanitatis en la forma que es articulado por un orden global de los derechos humanos.

Una vez más, como ocurre con la interpretación de Buergenthal del régimen de los derechos humanos existente, nos encontramos ante un conjunto estratificado de órdenes jurídicos: derechos universal, regional y nacional de los derechos humanos, donde los derechos humanos regionales y nacionales parten y particularizan los universales. Este orden global de los derechos humanos debe ser, necesariamente, "mínimo" [*thin*] en su contenido, permitiendo particularizaciones, tanto regionales como domésticas, que permiten diferencias significativas.

> Si la comunidad internacional se limita a cumplir las funciones de asegurar la paz y proteger los derechos humanos, la solidaridad de los ciudadanos cosmopolitas no necesita apoyarse, como lo hace la solidaridad de los ciudadanos del Estado, en las "fuertes" valoraciones y prácticas éticas de una cultura política y una forma de vida compartidas.[137]

Habermas asevera que se cuenta con "el clamor unánime de la indignación moral ante las masivas violaciones de los derechos humanos y las vulneraciones evidentes de la prohibición de las agresiones militares", que garantizan la universalidad de un orden global de los derechos humanos.[138]

¿Pero existe tal "clamor unánime"? Concretamente, ¿circunscribir el punto de una comunidad política mundial a asegurar la paz y proteger a los individuos en contra de las violaciones masivas de los derechos humanos podría evadir la objeción de que ello

---

137. Jürgen Habermas, *El Occidente escindido*, trad. de José Luis López de Lizaga (Madrid: Editorial Trotta, 2006), 139.

138. Ibíd.

4. Alterglobalizaciones y el nomos de la tierra

presupone una versión de lo que es bueno para *nosotros* en vez de lo que es bueno para todos?

Para empezar, establecer qué vale por *abusos masivos* a los derechos humanos presupone de antemano un conjunto local de valores compartidos. Por ejemplo, ¿las naciones industrializadas y las naciones emergentes, como Brasil, China e India, podrían estar seguras de que las consecuencias medioambientales de sus actividades económicas no valdrían, a los ojos de esos países pobres que están más amenazados por esas consecuencias, como abusos masivos a los derechos humanos que requieren una intervención inmediata y drástica por parte de la comunidad política mundial? Hay, además, un segundo problema. Las constituciones, cuando positivizan los derechos humanos, también establecen la posibilidad de *limitar* el alcance de esos derechos, para ponderar la libertad individual con el bien común. ¿Esta posibilidad de legislar limitaciones al alcance de los derechos humanos en una comunidad política no presupondría una interpretación más o menos determinada del bien común global? Adicionalmente, es bien sabido que los derechos humanos pueden entrar en conflicto entre sí, de manera tal que resolver un caso específico podría requerir ponderarlos. ¿Cómo podrían ponderarse tales derechos sin presuponer un estándar más o menos determinado que estaría en sí mismo abierto a la controversia? Más aún, y volviendo a la crítica subalterna al régimen internacional de los derechos humanos existente, ¿*cuáles* derechos humanos han de pertenecer al catálogo de los derechos que serán salvaguardados por la comunidad política? Por ejemplo, a la luz de las enormes disparidades de riqueza e ingresos entre los países ricos y pobres, ¿sería posible evitar incluir los derechos sociales y económicos, si la comunidad política ha de asegurar la "paz mundial", como lo pretende Habermas? ¿No requeriría esto una transferencia de la competencia de promulgar e implementar las políticas económicas y ambientales, que

Habermas había asignado a las comunidades políticas regionales como la Unión Europea, a la comunidad política mundial? ¿Pero existe acaso alguna esperanza de definir las políticas económicas y medioambientales a un nivel global si no es por medio de un conjunto de valores localizados que se consideran comunes a una comunidad política mundial? Por último, llevando la crítica subalterna un paso más allá, ¿debería el régimen global incluir solamente *derechos* humanos o incluso solamente derechos *humanos*?

La esencia de mi argumento es clara, o eso espero: un orden global de derechos humanos, como cualquier otro orden jurídico, sería un concepto de la primera persona plural. La hipotética decisión inaugural, por medio de la cual "nosotros, los miembros del colectivo global, nos asignamos conjuntamente a nosotros mismos un conjunto de derechos que cada uno de nosotros comparte con los demás por razón de nuestra humanidad común", presupone un acto representacional que toma la iniciativa de establecer qué vale, a efectos jurídicos, como humano. Positivizar los derechos humanos en un orden jurídico global requiere una toma de lugar que incluye y excluye con miras a limitar lo que ha de entenderse, desde la perspectiva de la primera persona plural de un colectivo global, como constituyente de *nuestra* "humanidad común". Lo bueno para todos inevitablemente se vuelve lo bueno para todos... *nosotros*, donde "nosotros" determina el alcance de "todos".

Es sobre este trasfondo que se debe leer, no sin algo de inquietud, la afirmación de Habermas de que "el primer mundo [...] define, por así decir, el meridiano de un presente en el que se fija la sincronización política de lo no sincronizado económica y culturalmente".[139] Tras haber sido ungido por Habermas como la medida política y el representante de toda la humanidad,

---

139. Jürgen Habermas, "La idea kantiana de paz perpetua. Desde la distancia histórica de doscientos años", *Isegoría* 16 (1997): 61-90, 76-77.

4. Alterglobalizaciones y el nomos de la tierra

el primer mundo está justificado, a su parecer, para ejercer "la coacción suave de una acción coordinada mundialmente que parta de la percepción de peligros globales".[140] Con esto, Habermas se vuelve vulnerable a la objeción subalterna de historicismo, como la ha formulado Chakrabarty, y que también puede elevarse en contra de Buergenthal y sus correligionarios, a saber, la asunción de que hay "una unidad estructural subyacente (si no una totalidad expresiva) a un proceso y tiempo históricos que posibilita identificar ciertos elementos en el presente como 'anacrónicos'".[141] Y esta organización del tiempo va de la mano con una toma de lugar que incluye y excluye.

Para ser justo con Habermas, sus reflexiones sobre un orden global de los derechos humanos no agotan, de ninguna manera, su contribución a una fundamentación normativa de los derechos humanos. Ha de buscarse en otras partes de su obra para acceder a una interpretación filosóficamente rica de los derechos humanos, una que también reconoce el carácter cuestionable de estos. Tendré algo más que decir sobre esto en el capítulo 5. En cualquier caso, me he enfocado en su interpretación de los derechos humanos en una "constelación posnacional", aunque esta sea contradictoria en algunos respectos con otros aspectos de sus

---

140. Ibíd., 78. Para una crítica mordaz de esos pasajes y del enfoque universalista de Habermas sobre el derecho y, más generalmente, la política, véase William Rasch, *Sovereignty and Its Discontents: On the Primacy of Conflict and the Structure of the Political* (Londres: Birkbeck Law Press, 2004), 49-63.

141. Chakrabarty también se refiere al historicismo de la "sincronía de lo no sincrónico" de Ernst Bloch. Véase Chakrabarty, *Provincializing Europe*, 12. Habermas mismo probablemente tiene en mente la caracterización de la experiencia moderna de la temporalidad de Reinhart Koselleck, que parafrasea como sigue: "la idea de la simultaneidad cronológica de evoluciones históricamente asimultáneas". Véase Jürgen Habermas, *El discurso filosófico de la modernidad. (Doce lecciones)*, trad. de Manuel Jiménez Redondo (Madrid: Taurus Ediciones, 1989), 16.

ideas, pues ilustra las implicaciones de institucionalizar los derechos humanos como un orden jurídico global. Porque sobre esto no albergo ninguna duda: el proyecto de Habermas de un orden jurídico global de los derechos humanos, de ser establecido, llevaría a término lo que Schmitt llama un *nomos* de la Tierra. La pregunta que elevé más atrás en este capítulo vuelve a perseguir a Habermas, quien es sin duda uno de los enemigos filosóficos más implacables de Schmitt: ¿podría el establecimiento de un orden global de los derechos humanos tener éxito si no es por medio de una toma de lugar, dando pie con ello, como lo dice Schmitt, a un imperialismo latente "que con un cambio sorpresivo siempre puede tornarse de nuevo virulento"?

Insisto en esto una vez más: esta conclusión no minimiza de ninguna manera la importancia de los derechos humanos, pero muestra que, como todas las demás formas de órdenes jurídicos globales emergentes, la incepción de un orden global de derecho de los derechos humanos instanciaría tres tesis presentadas más atrás: [T1] unidad putativa, [T2] unificación y [T3] pluralización.

En retrospectiva, la trayectoria de este capítulo se reduce a esto: sin importar lo que se quiera significar con el "alter" de las alterglobalizaciones, no hay ninguna de estas cuya incepción pueda evitar una toma de lugar que incluya y excluya. Como resultado, hay alterglobalizaciones, en plural, no una alterglobalización, en singular.

4.6. Lidiando con la contingencia

Concluyo este capítulo haciendo referencia a la perspicaz contribución de Ferdinando Menga a la globalización de los órdenes, jurídicos y de otras clases:

4. Alterglobalizaciones y el nomos de la tierra

Se asume que la característica específica de la globalización es que permite entender el mundo como un espacio de vida o como su creadora como un espacio en el que la universalidad y la unidad pueden ser establecidas. Aun así, lo que la mayoría de discursos sobre la globalización ignoran o pretenden ignorar es que una paradoja inescapable recae sobre el surgimiento de todo orden, a saber, que ningún orden puede realmente eludir su genealogía contingente. Esto significa que ningún orden puede neutralizar el hecho de su fundación; que, en su fundación y desde allí en adelante, todo orden toma su punto de partida en "algún lugar" y no desde el todo, luego está histórica y ontológicamente confinado, sin importar cualquier demanda "totalizante" que pueda elevar.[142]

En mi lectura de la idea de Menga, la globalización del derecho de los derechos humanos —incluso cumpliéndose las condiciones de lo que Kinley llama "pluralismo de los derechos humanos— es probablemente la manifestación más significativa de la contingencia que rige el surgimiento de los órdenes jurídicos (globales), así se trate de una contingencia que esos mismos órdenes ocultan cuando reclaman ser universales.

La idea de Menga es importante porque contribuye a articular la pregunta clave sobre los procesos de globalización resaltados por los análisis precedentes: ¿cómo *lidiar* con la contingencia del surgimiento de los órdenes jurídicos (globales)?

Nótese que la expresión *lidiar con* admite dos interpretaciones diferentes. He aquí una primera manera de interpretarla: incluso si es cierto, como he intentado mostrar, que un orden jurídico no

---

142. Ferdinando Menga, "Was sich der Globalisierung entzieht. Die unaufhebbare Kontingenz bei der Stiftung von Weltordnungen", en *Globalisierung – Eine Welt?*, ed. de Dietmar Koch et al. (Tubinga: Attempto-Verlag, 2015), 64-73, 65.

puede surgir sin una toma que excluya en el proceso de incluir, ¿esto precluye que, por lo menos en principio, así no sea aún una realidad, un orden jurídico no pueda ser *cada vez más inclusivo*? Nuevamente: puede concederse que no hay ningún orden jurídico *global* en el sentido fuerte indicado en la sección 1.5.3, esto es, un orden jurídico que *ab initio* pudiera cumplir a cabalidad el ser omniinclusivo, ¿pero esto cierra la posibilidad de la *globalización* en el sentido fuerte de un proceso universalizante? ¿No es la posibilidad de integrar progresivamente una pluralidad de globalizaciones jurídicas en *un mundo*, por medio de un proceso ascendente de abajo hacia arriba, el presupuesto necesario para un concepto rico de *autoridad*?

Lo que resulta llamativo de los distintos enfoques sobre la alterglobalización que se discutieron en este capítulo es que cada uno de ellos plantea la globalización como un proceso de universalización, aunque la etapa final de este proceso no haya sido alcanzada aún y quizás deba ser aplazada indefinidamente. Tal es el caso de la explicación de John Holloway de un mundo cambiante, cuando habla a favor de una forma de poder que podría superar el cerramiento y los límites de los colectivos capitalistas. También es el caso de la interpretación de Hardt y Negri de la praxis emancipatoria como creación progresiva de un mundo totalmente inmanente. También vale para la defensa de Boaventura de Sousa Santos de un *ius humanitatis* en lo que concierne a los bienes comunes de la humanidad. Es defendida explícitamente por las críticas subalternas a los derechos humanos, concretamente las de Mutua y Panikkar, cuando exigen un diálogo intercultural que pudiera dar lugar a una genuina universalidad de los derechos humanos. Y la defensa de los derechos humanos de Habermas, tras ser depurada de las asunciones cuestionables que conforman su explicación del "derecho cosmopolita", reconoce su cuestionabilidad a la vez que permite su universalización como el *telos*

4. Alterglobalizaciones y el nomos de la tierra

de un discurso práctico. De una u otra manera, cada una de estas posiciones insiste en interpretar la globalización como un proyecto normativo, como la *posibilidad* de la universalización —la universabilidad— del derecho.

Esta insistencia es, en últimas, el impulso de *superar* la contingencia de las fundaciones. Porque la experiencia de la contingencia de un orden jurídico es, antes que nada, la experiencia de un *límite*, de algo que desafía, en términos normativos, la manera como un orden dado organiza la realidad, mostrando que otra ordenación normativa de lo real es posible y exigiendo que esta se realice. En el proceso de responder a este desafío integrando lo que había sido marginalizado injustamente, un orden jurídico puede volverse cada vez más inclusivo, por lo menos en principio, incluso si la realización de un orden jurídico global que tenga un adentro pero no un afuera tenga que ser pospuesta para siempre en el tiempo histórico. Superar la contingencia es la presuposición inalienable de un concepto normativamente cargado de *globalización*, o por lo menos eso sostiene este enfoque. El corolario de este es que superar la contingencia exige superar el emplazamiento del derecho —su desterritorialización, en el sentido fuerte expuesto en el capítulo 1—.

Estas consideraciones sobre lo que significa lidiar con la contingencia apuntan a una primera lectura normativa del modelo Aciam del derecho. Aunque la acción colectiva institucionalizada y autoritativamente mediada siempre tenga un punto, y por esta razón no pueda sino incluir y excluir, parece posible reformular el punto de la acción colectiva —¿sobre qué trata/debe tratar nuestra acción conjunta?— de manera que sea cada vez más incluyente, en respuesta a los desafíos a la manera como un orden jurídico incluye y excluye. El *telos* de la globalización como universalización es, por lo tanto, una situación en la que lo que es bueno para (todos) nosotros se ha vuelto lo que es bueno para nosotros todos, donde "todos" determina el alcance de "nosotros". Así, en términos de las tres tesis que encontramos en nuestro escrutinio de las globalizaciones y las alterglobalizaciones, solo [T1] unidad putativa y [T2] unificación serían constitutivas del orden jurídico. En pocas palabras, en ausencia de una autorización *ex ante* para la toma que incluye y excluye, la autoridad es definida por la capacidad de una política de confinamiento de asegurar progresivamente la autorización *ex post* para la manera como un orden jurídico configura sus confines. Como se revelará, esta tesis está en el corazón de lo que llamaré *teorías del "reconocimiento recíproco"*. En esta lectura de "lidiar con" la contingencia, que se discutirá en el capítulo 5, [T3] pluralización vale como una situación de hecho, pero no como una necesidad conceptual; debe ser desechada de una teoría robusta de la autoridad en un contexto global. En últimas, las teorías del reconocimiento recíproco sostienen que no hay una conexión necesaria entre autoridad y lugar.

Pero el modelo Aciam del derecho también sugiere un segundo enfoque normativo al problema de "lidiar con" la contingencia, uno que plantea que la fundación de los órdenes jurídicos es *infranqueablemente* contingente, en términos de Menga. En esta lectura alternativa, [T1], [T2] y [T3] son características conceptualmente necesarias de los órdenes jurídicos. Tomadas en conjunto, explican lo que significa que la contingencia de los órdenes jurídicos no pueda ser superada. Si ese es el caso, si no es concebible ninguna globalización jurídica que no provoque sus propias xenotopías, ¿con qué sentido normativo cuenta la autoridad en un contexto global, un sentido que no sea ni una apología del imperialismo ni una invitación al relativismo? ¿Y qué relación implica entre autoridad y lugar? Después de haber examinado críticamente y desechado las teorías del reconocimiento recíproco en el capítulo 5, sugeriré, en los capítulos 6 y 7, que el *reconocimiento*

4. Alterglobalizaciones y el nomos de la tierra

asimétrico es la médula de una política autoritativa de los confines, a la vez que reconoce la irreductibilidad de la pluralidad política a la unidad de un orden jurídico global.

5.

AUTORIDAD Y RECONOCIMIENTO RECÍPROCO

El capítulo 1 de este libro propuso distinguir entre dos sentidos de la expresión *derecho global*. Su fuente común es una demanda de validez global que es por lo menos parcialmente autónoma con respecto al derecho estatal o internacional. Surge una encrucijada cuando nos preguntamos si una demanda de validez global equivale a superar la distinción entre adentro y afuera. Si esta distinción se construye como el contraste entre lo nacional y lo foráneo, entonces, ciertamente, somos testigos del surgimiento de una gama de órdenes jurídicos globales, como los capítulos 2 y 3 lo han tratado de mostrar. Este es el primer sentido del derecho global. Si, sin embargo, la distinción adentro/afuera se refiere al contraste entre lo propio y lo extraño, entonces el derecho global, en este segundo sentido —fuerte—, sería un derecho que se habría liberado de tener un afuera en la forma de lugares extraños: de xenotopías. Construido en estos términos, un derecho jurídico global proveería el escenario para una "política interna mundial" (*Weltinnenpolitik*), para tomar prestado el giro de Carl Friedrich von Weizsäcker. Ciertamente, estaríamos frente al orden jurídico que funcionaría como el árbitro último de los conflictos entre y sobre órdenes jurídicos particulares, globales o de otro tipo. Sería, en pocas palabras, la fundación de una política autoritativa de los confines en un contexto global.

Sin embargo, el capítulo 3 mostró que una variedad de órdenes jurídicos globales surge por medio de una toma de lugar que incluye y excluye a través de la adopción de una perspectiva de la primera persona plural, volviéndolos con ello vulnerables al cuestionamiento por parte de formas de comportamiento que se resisten a ser cualificadas como simplemente jurídicas o antijurídicas: la a-juridicidad como la manifestación jurídica de la extrañeidad. El capítulo 4 llevó esta tesis a un escaño ulterior, sosteniendo que una toma de lugar que incluye y excluye también opera en las alterglobalizaciones. Juntos, los capítulos 3 y 4 sugirieron que cualquier orden jurídico global que pudiéramos imaginar —incluso un orden global de los derechos humanos— germina por medio de una toma de lugar que abre una gama de posibilidades prácticas y cierra otras.

¿Es posible, si las consideraciones precedentes tienen sentido, bosquejar y defender una interpretación normativamente robusta de la autoridad en un contexto global? Concretamente, ¿qué sentido podríamos darle a una política autoritativa de los confines bajo estas condiciones? ¿El modelo Aciam del derecho puede ofrecer alguna orientación normativa positiva sobre cómo lidiar con las globalizaciones? Estas preguntas son urgentes, pues la explicación que he ofrecido del surgimiento de los órdenes jurídicos globales parece vulnerable al cargo de abogar por el relativismo en los asuntos globales, un relativismo que atrinchera procesos excluyentes a la vez que condena a los órdenes jurídicos globales emergentes como instrumentos de inclusión imperial.

Este capítulo bosqueja los contornos generales de un primer —y en últimas fallido— intento de lidiar con estas preguntas. Su núcleo es una reconstrucción del modelo Aciam del derecho en el sentido de las teorías del reconocimiento recíproco. Estas teorías

5. Autoridad y reconocimiento recíproco

postulan la posibilidad de realizar un orden jurídico omniinclusivo, aun cuando su realización deba posponerse indefinidamente en el tiempo histórico. A esta reconstrucción del modelo Aciam del derecho la llamo *universalismo jurídico*; mi meta es iluminar y cuestionar el concepto de una política autoritativa de los confines que se sigue del universalismo jurídico como lo he definido.

La sección 5.1 revisita capítulos anteriores para seleccionar las coyunturas clave de nuestra construcción incremental del modelo Aciam del derecho, en la que quedó claro que un concepto funcional de *autoridad* presupone una explicación normativa suya que no puede posponerse más y cuyo punto decisivo es una política autoritativa de los confines. Mi hipótesis es que el concepto de *reconocimiento* ofrece la manera más promisoria para dar el paso de un concepto funcional de *autoridad* a uno normativo. La sección 5.2 prepara el camino para este paso. Aquí se investigarán las explicaciones de Mireille Delmas-Marty y Paul Schiff Berman sobre la interacción conflictual entre órdenes jurídicos, para revelar un concepto más o menos difuso de *reconocimiento* que opera en las técnicas desplegadas para negociar diferencias entre órdenes jurídicos. Sin embargo, el contenido normativo de este concepto de *reconocimiento* y su relación con la autoridad se mantienen en gran parte inarticulados y ambiguos en estos autores. La sección 5.3, la más larga y abarcadora del capítulo, revela la interpretación de una política autoritativa de los confines basada en teorías del reconocimiento recíproco. Aunque esta no es la única forma de entender el reconocimiento —revelaré una segunda forma en el capítulo 6—, sí ofrece una manera de reconstruir el modelo Aciam del derecho que es consistente con el sentido fuerte de *derecho global* defendido por el universalismo jurídico. La sección 5.4 pasa a considerar las limitaciones de esta lectura de una política autoritativa de los confines. Esta elide, o eso sostengo, la asimetría doble que rige los procesos de reconocimiento, una asimetría que precluye la posibilidad de que la globalización equivalga a una posible universalización. La sección 5.4.3 resume el argumento, delineando la lógica compleja de los confines asociada con la asimetría doble que se acaba de mencionar: los confines hacen más que incluir y excluir, también incluyen lo que excluyen y excluyen lo que incluyen. A la luz de esta lógica de los confines, conceptualizar una política autoritativa de los confines en un contexto global requiere una lectura alternativa del reconocimiento, la cual es el meollo del capítulo 6: el reconocimiento asimétrico.

5.1. Introduciendo el problema del reconocimiento

Recuérdese una decisión importante que guía la totalidad de la exposición de este libro: una investigación sobre la globalización de la inclusión y la exclusión jurídicas hace bien por empezar a ofrecer un análisis estructural del derecho antes de pasar a una investigación normativa. En este sentido, mi preocupación principal ha sido desarrollar un modelo que pueda explicar por qué los confines son características esenciales del orden jurídico. La idea básica es simple: [4] los órdenes jurídicos, en cuanto especies de acción colectiva, despliegan un orden que diferencia e interconecta una gama de lugares, tiempos, subjetividades y contenidos comportamentales pertinentes al punto de la acción conjunta. Y esto implica que un orden jurídico nunca es solamente un sistema jurídico, esto es, la unidad putativa de una multiplicidad de normas jurídicas; también es siempre un orden pragmático, una unidad putativa tetradimensional que aparece como tal desde una perspectiva de la primera persona, plural e individual.

Este enfoque estructural podría arreglárselas con un concepto funcional de *autoridad*, de acuerdo con el cual la autoridad es lo que hace: articular, monitorear y sostener la acción conjunta.

5. Autoridad y reconocimiento recíproco

Mientras que los teóricos inclinados a abordar las preguntas normativas directamente considerarán que este enfoque es decepcionantemente —incluso inaceptablemente— "mínimo", la recompensa de este enfoque funcional fue revelar la conexión interna entre la autoridad y el confinamiento: articular, monitorear y sostener la acción conjunta supone establecer confines jurídicos y viceversa. Es, entonces, solo un pequeño paso para abordar el problema de la inclusión y la exclusión como un problema central de una explicación *normativa* de la autoridad. Esto parece sensato: en el habla cotidiana, decir que alguien ha sido incluido o excluido de un grupo tiene una carga inmediatamente normativa, independientemente de que sea positiva o negativa. Hay una segunda ventaja de este enfoque estructural. Al circunscribir mi investigación al problema de la inclusión y la exclusión, puedo prescindir de desarrollar una explicación completa de la autoridad o, es más, ocuparme con todas o algunas de las teorías sobre las autoridades jurídicas en circulación.[1]

La pregunta más limitada que me gustaría abordar es, por lo tanto, la siguiente: ¿cómo podemos entender una *política autoritativa de los confines* a la luz de la globalización de la inclusión y la exclusión?

Con miras a preparar el terreno para abordar esta pregunta, sería útil mostrar por qué, en los propios términos del modelo Aciam del derecho, el concepto de *autoridad* no podría ser contenido dentro de las restricciones de una lectura estrictamente funcional. En efecto, en el transcurso de desarrollar y poner a prueba

---

[1]. Para una explicación reciente e iluminadora de la autoridad en un contexto transnacional, véase Nicole Roughan, *Authorities: Conflicts, Cooperation and Transnational Legal Theory* (Oxford: Oxford University Press, 2013). Para una visión general del debate sobre la autoridad en la filosofía analítica del derecho, véase Scott J. Shapiro, "Autoridad", trad. de Gonzalo Villa Rosas, *Revista Derecho del Estado* 31 (2013): 5-77.

el modelo Aciam del derecho, quedó claro que una explicación normativa de la autoridad está presupuesta en lo que ostensiblemente no era más que un enfoque estructural del orden jurídico. El fin de esta sección es, por lo tanto, doble. Por un lado, revisita los capítulos anteriores para seleccionar las coyunturas en las que una explicación funcional de la autoridad resulta insostenible. Por el otro, apunta al paso conceptual decisivo que se requiere para asegurar el paso de una interpretación estructural de la globalización de la inclusión y la exclusión a una de carácter normativo.

La manera más directa de empezar es llamar la atención sobre el "deber ser" de la aserción según la cual los órdenes jurídicos establecen quién *debe* hacer qué, dónde y cuándo. Puesto que he tratado de establecer un modelo del derecho que pueda explicar por qué los órdenes jurídicos incluyen y excluyen, los capítulos precedentes se han enfocado en gran parte en las cuatro dimensiones que configuran a un orden jurídico como un orden pragmático. Como resultado, el "deber ser" del espacio, el tiempo, la subjetividad y los contenidos comportamentales se dio más o menos por sentado y no se tematizó, pero este aspecto normativo de los confines se vuelve temático cuando son desafiados, volviéndose una pregunta que requiere una respuesta por medio de un nuevo acto de confinamiento: ¿quién y qué *debe* ser incluido en un orden jurídico y quién y qué excluido? Esta pregunta nos lleva a otra: ¿qué es lo que nosotros* debemos entender que tenemos en común, de manera que nosotros* estemos preparados para vernos a nosotros mismos, en toda nuestra multiplicidad y nuestras diferencias, como *un* agente colectivo, esto es, como una pluralidad de participantes comprometidos en la acción *conjunta*?

Este problema general sale a la superficie en varios puntos decisivos en los capítulos 2, 3 y 4. Nos encontramos por primera vez con él al defender lo que Shapiro llama "agencia compartida masivamente" (véase la sección 2.1.4). Este autor anota que, en las

5. Autoridad y reconocimiento recíproco

condiciones modernas, un número variable de participantes están vinculados a la acción conjunta o alienados de ella por razón de no estar comprometidos con la realización de las metas del colectivo. En consecuencia, dos condiciones para la agencia compartida masivamente son que la *mayoría* de participantes actúen de acuerdo con el plan que ha sido establecido para que ellos realicen las metas de la acción conjunta, con independencia de que respalden activamente estas metas, y que resuelvan sus conflictos sobre la acción conjunta de una manera pacífica y abierta. Aunque estas condiciones son correctas hasta cierto punto, no hacen más que resaltar lo que tradicionalmente se denomina *la eficacia del derecho*. Pero lo que Kelsen tiene que decir sobre las normas jurídicas individuales también vale *mutatis mutandi* para el orden del cual hacen parte: "Una norma no es válida *porque* es eficaz; es válida si el orden al cual pertenece tiene, en general, eficacia".[2] La resistencia presentada por los movimientos alterglobalización a los órdenes jurídicos globales emergentes no es meramente un problema sobre su eficacia; también se refiere a la validez de las demandas de comunalidad elevadas a su nombre, las cuales cuestionan. Este problema apareció por segunda vez cuando consideramos brevemente la privatización del derecho prevalente en el TAD global, a saber, cuando la privatización es entendida como la captura del bien público por parte de agentes e intereses particulares (véase la sección 2.3.2). También salió a la luz cuando exploramos la referencia controversial a lo común o lo público que se oculta en el "sí" [*self*] de la autorregulación privada en los casos de *lex mercatoria* y eBay (véase las secciones 3.2.2 y 3.3.2). Y brotó una vez más al mostrar cómo el enfoque a la estandarización basado en las opiniones de los expertos tiende a degradar la pregunta sobre los fines de la

---

2. Kelsen, *Teoría general del derecho y del Estado*, 49. Véase también Radbruch, *Filosofía del derecho*, 161.

acción conjunta a una pregunta sobre los medios (véase la sección 3.2.1). Cada una de estas situaciones plantea la pregunta sobre la acción conjunta de manera tal que la asunción según la cual nosotros* actuamos conjuntamente y qué es lo que nosotros* estamos haciendo conjuntamente se vuelven problemáticos.

Entonces tenemos aquí un punto inicial —pero firme— de apoyo para nuestras investigaciones ulteriores, un primer indicio de que cualquier intento de defender un concepto funcional estricto de *autoridad* solo puede ser exitoso si se hace el de la vista gorda frente a las presuposiciones que le subyacen y sin las cuales no puede despegar.

Una coyuntura ulterior en la que una explicación funcional se mostró como insuficiente se materializó cuando discutimos la estructura representacional de la agencia colectiva (véase la sección 3.1.4). Como el lector lo recordará, [8] la unidad de un colectivo es una unidad representada. Esto implica que un colectivo actúa y habla a través de sus participantes, es decir que los actos deben imputarse o adscribirse a un colectivo, ya sea por parte de sus participantes, particularmente las autoridades jurídicas, o de otros. En consecuencia, la demanda de que nosotros* somos una unidad y lo que nos junta como una unidad siempre es una demanda representacional. Esto podría parecer inocuo, pero no lo es: los colectivos surgen por medio de actos de representación que incluyen y excluyen sin una autorización previa para hacerlo por parte de sus destinatarios. Los actos representacionales incluyen, por medio del establecimiento de los confines de la (anti)juridicidad, y excluyen desterrando todas las demás configuraciones posibles del orden jurídico al ámbito de lo que es denominado como carente de importancia para la acción colectiva. Nótese, además, que no son solo las posibilidades prácticas *excluidas* del ámbito del derecho las que carecen de autorización previa; las posibilidades prácticas concernientes a quién debe hacer qué, dónde y cuándo que están *incluidas*

5. Autoridad y reconocimiento recíproco

por los actos representacionales también carecen de autorización *ex ante*. Los movimientos y grupos alterglobalización, como se discutió en el capítulo 4, buscan abandonar el capitalismo: protestan en contra de su inclusión en los órdenes jurídicos convocados por la globalización del capitalismo. Los dos lados del cerramiento provocados por actos representacionales (representación *como*), al igual que la *atribución* del acto a un colectivo (representación *de*), cuya existencia previa es dada por sentada por el acto de *re*presentación, siempre son cuestionables y prematuros.

El *nomos* de Schmitt relieva agudamente el aspecto crítico de esta tesis sobre la representación. Puesto que alguien debe tomar la iniciativa de decir "nosotros" en nombre de un "nosotros*", los colectivos jurídicos, globales o de cualquier tipo, surgen a través de una *toma de lugar* que incluye y excluye. Esto vale para los órdenes jurídicos globales emergentes discutidos en el capítulo 3, cada uno de los cuales, a su manera, contribuye al *nomos* capitalista de la Tierra. También vale para la resistencia de los movimientos alterglobalización, como fue discutido en el capítulo 4, que sugiere lo que he llamado *a-nomoi* de la Tierra. El Foro Social Mundial fue una ilustración particularmente elocuente de la toma que incluye y excluye, la cual es por ello siempre, de una u otra manera, una toma de lugar.

Estas consideraciones sugieren que una política autoritativa de los confines se desarrolla en una dinámica de pregunta y respuesta. Por un lado, una *pregunta*: que la unidad de un colectivo sea una unidad putativa significa que los confines jurídicos son cuestionables en el sentido estricto del término: los términos de la inclusión y la exclusión pueden ser cuestionados o desafiados a cada instante. Por el otro, una *respuesta*: un desafío a la unidad putativa de un colectivo es respondido por medio de establecer, a la luz del desafío y de las circunstancias en las que se origina, lo que debe ser incluido y excluido de la acción conjunta.

La autoridad y la globalización de la inclusión y la exclusión

Lo que está en juego en una política de los confines, en últimas, es la identidad y la diferencia colectivas. Cuando un colectivo establece si incluirá o no lo que ha sido excluido de la acción conjunta, o si excluirá lo que había sido incluido, toma parte de un acto de identificación de su sí [*self-identification*]; se identifica como un colectivo los miembros del cual tienen esto o aquello en común. Esto, como lo recordará el lector, es el meollo de la pregunta práctica que confronta a los colectivos: ¿sobre qué trata/debe tratar *nuestra* acción conjunta? Más aún, un acto de identificación de sí también es, y lo es cooriginalmente, un acto de diferenciación. Al identificarse como esto o aquello, el colectivo se diferencia de lo que se vuelve su otro. La *identificación de sí* y la *diferenciación del otro* de un colectivo son las dos caras de la operación única por medio de la cual un colectivo se incluye y el resto se excluye a través de actos que sientan confines.

Esto es exactamente lo que ocurrió en los eventos que enfrentaron a la KRRS con la OMC e India. Al entrar y destruir los campos de OGM, la KRRS se identificó a sí misma como un colectivo, afirmando una forma de vida como suya y diferenciándose de la forma de vida posibilitada por la mercantilización de las semillas en la OMC. Su acción directa tuvo dos caras: inclusión de sí colectiva y diferenciación del otro. La OMC, por su parte, debió responder al desafío de la KRRS estableciendo las condiciones y los principios que deben regir el comercio global, el anverso de lo cual es que sus participantes determinen lo que no es importante frente a la acción conjunta. Nótese que ignorar a la KRRS también es una respuesta. Al establecer los confines que establecen quién debe hacer qué, dónde y cuándo, la OMC toma parte de un acto que es tanto una identificación de sí como una diferenciación del otro, esto es, un acto de inclusión de sí colectivo y de exclusión del otro. No sería difícil mostrar que una dinámica comparable se desarrolla en la gama de alterglobalizaciones discutidas en el

5. Autoridad y reconocimiento recíproco

capítulo 4. El grito, en términos de Holloway, es un llamado a la autoaserción por quienes han sido incluidos en el capitalismo, un grito por medio del cual buscan afirmar su identidad mediante un cerramiento colectivo que los diferenciaría —extrudiría— de una organización capitalista de la sociedad.

¿Cuál es, entonces, el peso normativo del grito de quienes se oponen a la globalización del capitalismo y a las inclusiones y exclusiones jurídicas provocadas por ella? Es, sostengo, un grito de *reconocimiento*. Es un grito que demanda el reconocimiento de una identidad/diferencia, tanto individual como colectiva, que ha sido violada por los procesos de inclusión y exclusión jurídicas.[3] Una política de los confines no puede sino responder, de una u otra manera, a una demanda de reconocimiento, así su respuesta sea ignorarla. Y su demanda de reconocimiento confronta al colectivo al cual se dirige con la pregunta sobre su propia identidad: ¿sobre qué trata/debe tratar nuestra acción conjunta? Lo que significa responder a esta demanda, lo que significa reconocer al otro, será, en este capítulo y el siguiente, el asunto propio de una investigación de la política *autoritativa* de los confines. En pocas palabras, el problema del reconocimiento, o por lo menos eso conjeturo, es la clave para asegurar el paso de una explicación funcional de la autoridad y de la globalización de la inclusión y la exclusión a una de carácter normativo.

---

3. Al vincular el reconocimiento y el reconocimiento fallido [*misrecognition*] a los procesos de inclusión y exclusión colectivas, uso estos términos de una forma que abarca (así no se limite a ello) los ámbitos cultural y económico que Fraser, en debate con Honneth, ha intentado distinguir en términos de reconocimiento y redistribución, respectivamente. Véase Nancy Fraser y Axel Honneth, *¿Redistribución o reconocimiento? Un debate político-filosófico*, trad. de Pablo Manzano (Madrid: Ediciones Morata, 2006).

5.2. La interacción conflictiva de los órdenes jurídicos en un contexto global

La hipótesis que se sigue de las consideraciones precedentes es doble: en primer lugar, que una política autoritativa de los confines está vinculada a la manera como un orden jurídico *responde* a los desafíos a su unidad putativa cuando establece los confines que incluyen y excluyen; en segundo lugar, que la médula normativa de la capacidad de respuesta es el *reconocimiento* del otro.

Pero es necesario hacer algunas advertencias preliminares antes de empezar un análisis filosófico del reconocimiento. Esta noción ha tenido muchos tintes, cualificaciones y ámbitos de aplicación en su rica carrera filosófica. Además, para complicar los asuntos, no hay una continuidad simple entre la manera como los litigantes y los académicos abordan el problema del reconocimiento y las discusiones filosóficas sobre este. En efecto, para empezar, las teorías filosóficas del reconocimiento usualmente se enfocan en las relaciones intersubjetivas entre *individuos*, construyendo una explicación normativa de los colectivos partiendo de esas relaciones. Este enfoque tiene la gran desventaja de elidir la forma como podría operar el reconocimiento en la interacción *entre colectivos*. Sin embargo, es esta última la que, en un contexto global marcado por la fragmentación del derecho, atrae la atención de los litigantes y de la doctrina jurídica. Más aún, el concepto de *reconocimiento* tiene una rica historia propia en el derecho internacional y en la doctrina jurídica. Ejemplos de ella son, desde luego, el reconocimiento de los Estados, el principio de reconocimiento recíproco transnacional y el reconocimiento de sentencias y laudos extranjeros. Aunque sería posible reconstruir estas doctrinas en términos de un enfoque filosófico sobre el reconocimiento, limitarnos a ellas sería perder toda la dimensión y la importancia sistemática del reconocimiento en el derecho.

5. Autoridad y reconocimiento recíproco

Así, se requiere una estrategia diferente, una que muestre cómo el reconocimiento, en el sentido que se introdujo al final de la sección anterior, está en el corazón de lo que primero viene a la mente de un abogado cuando reflexiona sobre una política autoritativa de los confines: la interacción —habitualmente conflictiva— entre órdenes jurídicos. En esta línea, el trabajo de Mireille Delmas-Marty y de Paul Schiff Berman es estudiado detenidamente en las siguientes subsecciones. Sus contribuciones a una teoría del pluralismo jurídico global están bien fundamentadas doctrinalmente y son teoréticamente sofisticadas.[4] Además, proveen ideas valiosas sobre las técnicas concretas desarrolladas por la doctrina jurídica para lidiar con los conflictos en la interacción entre los órdenes jurídicos. Este último punto es importante: una reconstrucción filosófica del concepto de *reconocimiento* operante en una política autoritativa de los confines debe ser capaz de mostrar cómo el reconocimiento está incorporado concretamente en las prácticas y técnicas que corresponden a estos conflictos, así estas no agoten su alcance o su importancia normativa.

5.2.1. Ordenando el pluralismo jurídico

Los cuatro volúmenes agrupados bajo el título *Les forces imaginantes du droit* componen los elementos esenciales de la contribución de Delmas-Marty a la teoría del derecho global. Entre estos volúmenes, el segundo, *Le pluralisme ordonné* (traducido como *Ordering Pluralism*), ofrece la explicación más clara y extensa de la interacción (conflictiva) entre los órdenes jurídicos. Su meta puede ser caracterizada como el intento de dirigir un camino entre el Caribdis de una utópica unidad jurídica global y

---

4. Para una revisión completa y perspicaz de los debates y la literatura sobre este tema, véase Ralf Michaels, "Global Legal Pluralism", *Annual Review of Law and Social Science* 5 (2009): 243-262.

la Escila de la separación pluralista que alimenta la ilusión de la autonomía estatal. En sus palabras, la tarea consiste en "ordenar la multiplicidad sin reducirla a lo idéntico, admitir el pluralismo sin renunciar a construir un derecho común con una medida común de lo justo y lo injusto".[5] En contraste con la falsa oposición entre unidad utópica y separación pluralista, la realidad de los procesos de globalización oscila, para Delmas-Marty, entre el desorden global anárquico y la uniformidad hegemónica del mercado global. En efecto, el intento de juntar conceptos derivados de distintas tradiciones con miras a construir la unidad jurídica del mundo termina volviéndose un proyecto de dominación hegemónica. Sin embargo, simplemente volver a la quimera de la autonomía estatal no genera más que un desorden global de órdenes. Una hipótesis más fructífera aborda los procesos de globalización en términos de "la posibilidad de procreación recíproca entre el uno y los muchos. Para expresar la idea de este movimiento, este proceso podría ser llamado 'pluralismo ordenado'".[6] Su intención es, en consecuencia, mediar entre el uno y los muchos, entre lo universal y lo relativo, de una manera que le haga justicia a la necesidad de un orden jurídico global y que a la vez respete la diferencia. Aún más secamente: "¿Cuáles son las maneras y los medios que no requerirían abandonar la búsqueda de un orden [jurídico global] ni predeterminarían o congelarían el cambio?".[7]

La primera parte de *Ordering Pluralism* se enfoca en la interacción entre los órdenes jurídicos, y hay buenas razones para ello: la tensión entre la unidad y la pluralidad se desarrolla en

---

5. Mireille Delmas-Marty, *Ordering Pluralism: A Conceptual Framework for Understanding the Transnational Legal World*, trad. de Naomi Norberg (Oxford: Hart Publishers, 2009), 1 (traducción alterada).

6. Ibíd., 2 (traducción alterada).

7. Ibíd., 1 (traducción alterada).

5. Autoridad y reconocimiento recíproco

esta interacción. Delmas-Marty distingue entre tres formas de interacción constructiva: coordinación, armonización y unificación. La coordinación concierne al intercambio normativo entre órdenes jurídicos como resultado de la imposibilidad que tienen de perdurar en aislamiento puro, un intercambio que Jean Carbonnier llama "internormatividad". Su vehículo privilegiado son las "referencias cruzadas interpretativas entre varios cuerpos judiciales o cuasijudiciales que tienen como tarea aplicar normas a casos concretos".[8] Aunque es empática con la recepción no jerárquica y recíproca de jurisprudencia entre órdenes jurídicos, Delmas-Marty arguye que la coordinación solo puede ser una fase transicional en el proceso de construir un orden jurídico verdaderamente global, en la medida que termina sacrificando la coherencia a la diferencia.

La unificación yace al otro extremo del espectro de la interacción entre los órdenes jurídicos. Descansa en el principio de identidad: no solo deben diferentes órdenes aplicar la misma regla, sino que también debe haber una autoridad jerárquicamente superior que pueda decidir si la regla es aplicada uniformemente por esos órdenes.[9] Así, mientras que la coordinación despliega una forma de interacción puramente horizontal, la unificación es estrictamente vertical. La autora discierne dos modos diferentes de unificación: el trasplante y la hibridación. Aquel es de naturaleza unilateral: "Constituye un modo de integración jurídica limitado a transportar un concepto, una institución, incluso un sistema 'llave en mano', de un país a otro".[10] Su carácter unilateral y no

---

8. Ibíd., 20.
9. Delmas-Marty, *Trois défis pour un droit mondial*, 121.
10. Delmas-Marty, *Ordering Pluralism*, 63. Para un estudio clásico de este tema, véase Alan Watson, *Legal Transplants: An Approach to Comparative Law*, 2.ª ed. (Athens, GA: University of Georgia Press, 1993).

recíproco tiende a facilitar la dominación hegemónica y la convierte en un modo no apto para una integración global pluralista que sea sensible a la diversidad. En cambio, la hibridación surge por medio de la reciprocidad; innova combinando elementos de diferentes órdenes jurídicos para formular principios jurídicos híbridos que reflejan la pluralidad global. Mientras que la hibridación puede lograr las aspiraciones del pluralismo ordenado, a saber, la coherencia y el respeto por la diferencia, las condiciones requeridas para generarla son difíciles de cumplir.

No sorprende, por lo tanto, que la armonización sea el enfoque favorecido por Delmas-Marty para el pluralismo ordenado. Esto, porque la armonización supone una *convergencia* de órdenes jurídicos, una que va más allá de las referencias cruzadas de jurisprudencia de los órdenes jurídicos en el modo de la coordinación, a la vez que evita el paso a un orden jurídico único en el modo de la unificación. Los procesos de armonización "permiten la aproximación de diferentes sistemas que, sin aspirar a la uniformidad, pueden caracterizarse precisamente por su jerarquía menos rígida, debida al reconocimiento de los márgenes nacionales de apreciación".[11] Ya tuvimos la ocasión de mencionar la referencia de Kinley a este desarrollo doctrinal en su animada defensa del pluralismo de los derechos humanos. Pero la generalización que hace Delmas-Marty de la importancia de esta doctrina para el pluralismo jurídico es, sin lugar a duda, su contribución más original a una teoría del derecho global. En resumidas cuentas, la doctrina, introducida por el Tribunal Europeo de Derechos Humanos para manejar las diferencias entre los Estados signatarios de la Convención Europea de Derechos Humanos, le entrega a estos Estados

---

11. Delmas-Marty, *Ordering Pluralism*, 37 (traducción alterada).

5. Autoridad y reconocimiento recíproco

un derecho *limitado* "de exceptuar las obligaciones establecidas en la convención".[12] Por un lado, el margen nacional de apreciación

> expresa la dinámica centrífuga de resistencia nacional a la integración. Por el otro, puesto que el margen no es ilimitado, sino que está confinado por principios compartidos, establece un límite, un umbral de compatibilidad que nos devuelve a la dinámica (centrípeta) del centro. Las oscilaciones, que a veces encarnan la resistencia nacional, en otras ocasiones progresan en el proceso de armonización, habilitan [a los jueces] para que determinen este umbral, ajustando la anchura del margen aceptable.[13]

Aunque discute este desarrollo doctrinal primordialmente en el marco de la Convención Europea de Derechos Humanos, Delmas-Marty anota correctamente que su formato también puede ser aplicado a otros órdenes jurídicos. La OMC, por ejemplo, aplica la "norma de examen" con respecto a las medidas nacionales cuestionadas, por medio de la cual distintos páneles y el órgano de apelación deben decidir cuán detalladamente revisarán esas medidas y, en consecuencia, cuánta deferencia debe otorgarse a quienes toman las decisiones en el nivel nacional.[14] Y, dice la autora, el principio de subsidiariedad bajo el derecho de la Unión Europea y el principio de complementariedad en el derecho penal internacional también muestran cierta analogía con el margen de

---

12. European Court of Human Rights, "Application 176/56 (*Greece v United Kingdom*, 'Cyprus')", en *Yearbook of the European Convention*, 2, 1958-1959.

13. Delmas-Marty, *Ordering Pluralism*, 44 (traducción alterada).

14. Véase, entre otros, Claus-Dieter Ehlermann y Nicolas L. Lokhart, "Standards of Review in WTO Law", *Journal of International Economic Law* 7, n.º 3 (2003): 491-525.

La autoridad y la globalización de la inclusión y la exclusión

apreciación. Un mecanismo ulterior que vale la pena mencionar es la "cooperación reforzada" que permite diferentes velocidades e intensidades de integración dentro del armazón institucional de la Unión Europea. Aunque esta lista no es exhaustiva, ilustra el surgimiento de técnicas jurídicas que innovan mediando entre la unidad putativa y la pluralidad de una manera que supera las disyunciones entre coordinación y subordinación, horizontalidad y verticalidad, a las cuales estaba atada la conceptualización del derecho y de los órdenes jurídicos durante el TAD nacional.

Los puntos de vista de Delmas-Marty sobre la importancia ejemplar del margen nacional de apreciación para la interacción entre los órdenes jurídicos son importantes para nuestra investigación sobre el reconocimiento, por lo menos de dos maneras.

En primer lugar, interpreto su análisis de este desarrollo doctrinal como una aseveración de que la tensión entre la unidad putativa y la pluralidad que opera en los procesos de globalización actuales ha provocado un cambio de paradigma en el concepto de *orden jurídico*. Este cambio de paradigma fue señalado más atrás, al discutir el fenómeno de la fragmentación en los capítulos 2 y 3. El lector recordará que, al dar cuerpo al modelo Aciam del derecho, distinguí entre la diferenciación y la fragmentación de las tres funciones regulatorias de la autoridad: articular, monitorear y sostener el punto de la acción conjunta. La estructura ideotípica del derecho estatal en lo que Sassen llama el TAD nacional demuestra la diferenciación funcional de la autoridad a través de diferentes sitios dentro de una *única* comunidad política, mientras que el surgimiento del TAD global introduce formas de fragmentación funcional a través de *diferentes* órdenes jurídicos. Así, por ejemplo, el Comité de Supervisión Bancaria de Basilea (BCBS, por sus siglas en inglés) articula estándares que son transformados por los Estados en legislación interna (articulación); la Clean Clothes Campaign (CCC) depende de una organización independiente para monitorear

5. Autoridad y reconocimiento recíproco

el cumplimiento de sus normas (monitoreo); la *lex mercatoria* echa mano de la imposición forzosa de los laudos arbitrales por parte de los Estados (sostenimiento). Caractericé esta fragmentación funcional de la autoridad como la institucionalización de una relación regulatoria con otro orden jurídico en la autorrelación regulatoria de un colectivo jurídico. La autorrelación es regulatoria en el sentido de que un colectivo institucionaliza mecanismos para tomar en consideración el punto de la acción conjunta por otro u otros colectivos al regular —articular, monitorear y sostener— su propia acción conjunta (véase la sección 2.3.1). La doctrina del margen nacional de apreciación también ilustra nítidamente esta innovación institucional que acompaña el surgimiento del TAD global. En pocas palabras, la fragmentación funcional da lugar al *entrelazamiento institucional* de los órdenes jurídicos.

Una segunda implicación se sigue directamente de la primera. Delmas-Marty arguye que el margen nacional de apreciación es ejemplar del desarrollo de una gama de técnicas jurídicas que, en vez de anticipar un "mundo sin soberanía", para tomar prestada la expresión de Badie, apunta en la dirección de una "soberanía compartida".[15] Estoy de acuerdo con que el diagnóstico de Badie —un punto de vista que comparte con muchos otros— malinterpreta nuestra situación actual: la soberanía ciertamente no ha desaparecido, ni va a desaparecer, de la faz de la Tierra, pero la alternativa de Delmas-Marty —la soberanía compartida— yerra sobre la naturaleza de la innovación institucional que tan cuidadosamente ha descrito. Si la soberanía, como lo dice Schmitt, es un "concepto límite" porque consiste en sentar, en última instancia, los confines que configuran la unidad putativa de un orden,

---

15. Delmas-Marty, *Ordering Pluralism*, 14-15. Su referencia es a Bernard Badie, *Un monde sans souveraineté. Les États entre ruse et responsabilité* (París: Fayard, 1999).

La autoridad y la globalización de la inclusión y la exclusión

entonces no deberíamos hablar de soberanía "compartida", como lo hace Delmas-Marty, sino más bien de soberanía "deferida".[16] El margen nacional de apreciación ilustra cómo se defieren actos de sentar los confines de la unidad provocados por el entrelazamiento institucional de los órdenes jurídicos. Por un lado, el Tribunal Europeo de Derechos Humanos clama ser soberano, esto es, habilitado para determinar, en última instancia, cuáles son los límites más allá de los cuales la pluralidad es incompatible con la unidad continuada del Consejo de Europa. Por el otro lado, el tribunal pospone su demanda de soberanía al examinar, caso por caso, en qué medida podría haber razones legítimas para que un Estado signatario exceptúe la convención, dando con ello libertad al Estado para que ejercite su juicio soberano sobre lo que vale como su propia unidad. Se dirá más sobre esto en el capítulo 7.

La pregunta general que surge de estas dos implicaciones es la siguiente: ¿las técnicas jurídicas como el margen nacional de apreciación ofrecen un modelo o por lo menos una indicación de cómo los órdenes jurídicos globalizantes podrían lidiar con los desafíos que revelarían su unidad contingente? ¿Se trata de una interpretación más o menos incipiente del reconocimiento instalada en el entrelazamiento institucional de órdenes jurídicos en un contexto global?

Todavía es demasiado pronto para responder esta pregunta, pero Delmas-Marty observa, como se citó más atrás, que los procesos de armonización "permiten la aproximación de diferentes sistemas que, sin aspirar a la uniformidad, pueden caracterizarse precisamente por su jerarquía menos rígida, debida al *reconocimiento* de los márgenes nacionales de apreciación" (el énfasis es

---

16. Tomo esta expresión de Bert van Roermund, "Sovereignty: Popular and Unpopular", en *Sovereignty in Transition*, ed. de Neil Walker (Oxford: Hart Publishers, 2003), 33-54.

5. Autoridad y reconocimiento recíproco

mío). Hasta donde sé, en ninguna parte de su obra Delmas-Marty ofrece un desarrollo sistemático del concepto de *reconocimiento*. Tampoco conecta el reconocimiento con la doctrina del margen nacional de apreciación para delinear una teoría de la política autoritativa de los confines en un contexto global. Así, hay buenas razones para tratar con cuidado esta referencia al reconocimiento. Pero esto sí se sigue de su análisis: una interpretación normativa de la interacción (conflictiva) entre los órdenes jurídicos —y por lo tanto (y más generalmente) de la tensión entre unidad y pluralidad en un contexto global— depende de cómo uno interprete la naturaleza de la relación con lo otro que se da en una autorrelación regulatoria de un colectivo jurídico.

5.2.2. Pluralismo cosmopolita

Berman, como Delmas-Marty, admite que el nuestro es un mundo de pluralismo jurídico. Igualmente, es receloso de todo intento de superar el pluralismo por medio de volver ya sea al monismo estatal y su jurisdicción territorialmente confinada o al monismo de un conjunto universal de reglas jurídicas sustantivas que, pretendiendo estar por encima de las polémicas, pudiera resolver los conflictos entre los órdenes jurídicos. Estas variaciones en el tema de la unidad son, en ocasiones, normativamente indeseables, asevera Berman: también son impracticables en una amplia variedad de situaciones. Así que no resulta sorprendente que, al igual que la teoría de Delmas-Marty del "pluralismo ordenado", Berman bosqueje los contornos amplios de una teoría y una práctica de lo que llama "pluralismo cosmopolita", el cual "crea o preserva espacios para la interacción productiva entre múltiples sistemas jurídicos superpuestos por medio del desarrollo de mecanismos procesales, instituciones y prácticas que buscan administrar, sin eliminar, el

La autoridad y la globalización de la inclusión y la exclusión

pluralismo jurídico que vemos a nuestro rededor".[17] En contraste con el monismo favorecido tanto por el soberanismo como por el universalismo, "la hibridez es una realidad de la que no podemos escapar".[18] Rehuyendo la movida de ya sea identificar los resultados sustantivos particulares de cara al conflicto o de sentar un método para establecer cuáles normas deben prevalecer en condiciones de pluralismo jurídico global, el pluralismo cosmopolita favorece un enfoque procesal para lidiar con la pluralidad:

> Aunque puede que la gente nunca llegue a un acuerdo sobre las normas, por lo menos podrá consentir sobre mecanismos procesales, instituciones o prácticas que se tomen el pluralismo en serio [...], con lo que crea más oportunidades para forjar un espacio social común que el territorialismo soberanista o el universalismo.[19]

Mucho más que Delmas-Marty, Berman está preparado para renunciar a un modelo de pluralismo jurídico global que tenga al derecho de los derechos humanos como la cúspide de algo así como una "comunidad de valores" globales.[20] Al mismo tiempo,

---

17. Berman, *Global Legal Pluralism*, 10 (se eliminan las itálicas). Berman se opone a fusionar el cosmopolitismo con el universalismo, donde aquel se refiere a la membresía en múltiples comunidades, locales y globales, territoriales y epistémicas. Como se sostuvo en el capítulo 1, la conceptualización de Berman de la territorialidad es reduccionista: lo global es una forma de lo local y no hay comunidad epistémica que no sea también una comunidad local, así no sea en la forma de la territorialidad estatal. Sin embargo, esto no le resta valor a su contribución perspicaz a la teorización de la "negociación jurídica de la diferencia". Ibíd., 19.

18. Ibíd., 14.

19. Ibíd., 10, 18.

20. Mireille Delmas-Marty, *Vers une communauté de valeurs?* (París: Seuil, 2011); véase también Delmas-Marty, *Trois défis pour un droit mondial*, 58-74.

5. Autoridad y reconocimiento recíproco

es consciente de que la visión procesal del pluralismo jurídico por la que aboga implica la defensa de cierta visión del liberalismo en el derecho y la política, de manera que el pluralismo cosmopolita establece límites a cuán lejos puede llegar una autoridad en el acto de deferir a una norma alternativa sin traicionar las bases mismas de su autoridad. Aun así, agrega que,

> incluso cuando un encargado de tomar decisiones no puede deferir a una norma alternativa (porque algunas aserciones de las normas son represivas, violentas o profundamente iliberales), los procedimientos para administrar el pluralismo pueden por lo menos requerir una explicación de por qué la deferencia es imposible.[21]

Tras haber sentado estas presuposiciones y restricciones, que funcionan como parámetros del pluralismo cosmopolita, Berman pasa a bosquejar los mecanismos, prácticas y técnicas que rigen la negociación jurídica de la diferencia.

Mi examen es extremadamente breve, en cuanto existen importantes superposiciones con el trabajo de Delmas-Marty. Como ella, Berman discute las referencias cruzadas de las decisiones judiciales, el margen de apreciación, el principio de subsidiariedad y el reconocimiento recíproco como formas de mediar entre la unidad y la pluralidad. Va un poco más allá al aumentar esta "caja de herramientas" con una tríada ulterior de técnicas jurídicas: los regímenes de autonomía limitada, los acuerdos de puertos seguros y la interacción entre regímenes internacionales. Los regímenes de autonomía limitada constan de tres modalidades de interacción entre el derecho estatal y el no estatal: otorgar autonomía limitada dentro de un Estado a grupos étnicos, religiosos o lingüísticos

---

21. Berman, *Global Legal Pluralism*, 10.

minoritarios territorialmente concentrados; acuerdos para compartir el poder directamente con grupos minoritarios cuando estos están dispersos territorialmente; regímenes personales atribuidos a ciertos individuos, un estatus que llevan por doquier consigo mismos, con independencia de su ubicación territorial. Los acuerdos de puertos seguros, a su vez, son un mecanismo para reconciliar la regulación de protección social (por ejemplo, diferentes niveles de protección de datos en la Unión Europea y en los Estados Unidos) con políticas de mercados libres. En vez de crear un conjunto uniforme y comprehensivo de reglas para ese mercado, las firmas del Estado con menos reglas de protección social acuerdan obedecer un conjunto de principios establecidos en el acuerdo de puertos seguros, a la vez que el orden jurídico "receptor" renuncia a cargarlas con otras condiciones regulatorias. Los principios "representan una forma de compromiso que reconoce diferentes enfoques institucionales y valores sociales, pero que sin embargo establece reglas de base en los casos en los que los valores nacionales están siendo afectados por el comercio".[22] En tercer lugar, y basándose en el trabajo de Jeffrey L. Dunoff, Berman sostiene que hay modos de interacción regulatoria, administrativa, operativa y conceptual entre regímenes que producen una variedad de mecanismos a través de los cuales los regímenes negocian diferencias de maneras que son respetuosas de la diferencia.[23] Por último, Berman complementa estas técnicas con tres doctrinas que, tradicionalmente, caen bajo la rúbrica de conflicto entre derechos: la jurisdicción, la escogencia

---

22. Gregory Schaffer, "Reconciling Trade and Regulatory Goals: The Prospects and Limits of New Approaches to Transatlantic Governance through Mutual Recognition and Safe Harbor Agreements", *Columbia Journal of European Law* 9 (2002): 29-77, 68.

23. Jeffrey L. Dunoff, "A New Approach to Regime Interaction", en *Regime Interaction in International Law*, ed. de Margaret A. Young (Cambridge: Cambridge University Press, 2012), 136-174.

5. Autoridad y reconocimiento recíproco

del derecho aplicable y el reconocimiento de sentencias. En pocas palabras, "las comunidades delinean su sí y lo otro" cuando recurren a esta variedad amplia de técnicas y prácticas, "y consideran a las comunidades normativas alternativas que hay a su alrededor".[24]

5.2.3. Tres contribuciones doctrinales a una teoría del reconocimiento jurídico

Las teorías de Delmas-Marty y Berman sobre el pluralismo jurídico global contribuyen a entender la manera como el reconocimiento podría tener una importancia capital para una política autoritativa de los confines en un contexto global. Permítaseme resaltar tres contribuciones de ese tipo a nuestra investigación.

Para empezar, los análisis de estos autores de las técnicas y prácticas jurídicas para lidiar con las diferencias nos ayudan a revelar la extensión plena del reconocimiento en el derecho. En su formulación más abstracta y general, el reconocimiento en el derecho encuentra su lugar en la relación entre el sí colectivo y el otro. Entiendo que Delmas-Marty y Berman sostienen que el reconocimiento del otro en el trascurso de la negociación y la resolución de diferencias entre colectivos jurídicos pone en juego una relación doble: una relación con el otro en la relación del sí regulatoria de los colectivos. Esto implica que la negociación de la diferencia también supone siempre aserciones de la identidad colectiva, como está implícito en la noción de *regulación "de sí"*. En el mismo sentido, como se anticipó en la sección 5.1, la identificación de sí está coligada con la diferenciación del otro.

Así demarcado, el campo del reconocimiento en el derecho es vasto. Incluye los tres casos en los que el reconocimiento figura como un término técnico de la doctrina jurídica: el reconocimiento (recíproco) de los Estados, el reconocimiento recíproco

---

24. Berman, *Global Legal Pluralism*, 191.

transnacional y el reconocimiento de decisiones y laudos extranjeros. Pero estos casos no agotan, de manera alguna, su alcance. Concretamente, Berman nota que necesitamos una noción más amplia de *jurisdicción*, una que incluya demandas novedosas de jurisdicción por parte de colectivos no estatales. En contraste con el derecho internacional público, que limita el reconocimiento recíproco a los *Estados*, Berman aboga por el reconocimiento recíproco —usa el término *acknowledgement*— entre Estados y colectivos no estatales.[25] Por un lado, los colectivos no estatales "capturan" la jurisdicción para afirmarse como una comunidad jurídica; por el otro, el colectivo no estatal está "forzado a *reconocer [acknowledge]* que su invención [de la jurisdicción] está limitada por la disposición de los otros a aceptar el juicio como normativamente legítimo", un reconocimiento por medio del cual un colectivo no estatal efectivamente reconoce a los Estados a quienes dirige su demanda de reconocimiento.[26] Aquí, nuevamente, el reconocimiento madura en relación con el otro desplegado en la regulación colectiva de sí.

Le otorgo gran importancia a esta lectura más amplia del reconocimiento, porque compensa el carácter reduccionista de posturas que se enfocan exclusivamente en las interacciones conflictivas

---

25. Tourme-Jouannet anota que, durante el periodo del derecho internacional clásico, el reconocimiento estatal era inicialmente una técnica euroamericana por medio de la cual "las naciones civilizadas sostenían que una entidad política era lo suficientemente civilizada, y por lo tanto suficientemente madura, para unirse a la 'comunidad de las naciones civilizadas'". Como tal, no tenía "nada que ver con el reconocimiento de la diferencia que hacía a los otros ser lo que eran, lo que constituía su identidad". El autor arguye que, con la descolonización, la interpretación del reconocimiento como el reconocimiento de la diferencia se ha abierto campo en varios ámbitos, fundamentalmente culturales, del derecho internacional. Véase Emmanuelle Tourme-Jouannet, "The International Law of Recognition", *European Journal of International Law* 24 (2013): 667-690.

26. Berman, *Global Legal Pluralism*, 214, 225 (el énfasis es mío).

5. Autoridad y reconocimiento recíproco

entre los órdenes jurídicos, como las expresiones culturales sujetas a reglas conflictivas bajo el régimen comercial de la OMC, la carta internacional de derechos y la Convención sobre la Protección y la Promoción de la Diversidad de las Expresiones Culturales.[27] Aunque este tipo de interacciones son importantes para una política autoritativa de los confines en un contexto global, un énfasis exclusivo en esas interacciones elide demandas de reconocimiento que tienen al *Estado* como su blanco directo, pero que también, y oblicuamente, cuestionan la globalización del capitalismo en la que los Estados están implicados profundamente. Tenemos que arrojar una red mucho más grande, una que pueda abarcar el amplio ámbito de situaciones en las que las demandas de reconocimiento son elevadas como reacción a la globalización de la inclusión y la exclusión. En esta lectura más espaciosa, los retos de los movimientos de la alterglobalización a los órdenes jurídicos globales emergentes, como la acción directa de la KRRS, caen dentro del ámbito del reconocimiento con la misma fuerza que los desafíos que surgen entre los órdenes jurídicos globales emergentes mismos. Una lectura más estrecha tiende a silenciar las demandas de reconocimiento que surgen de los movimientos de la alterglobalización y reduce el reconocimiento a un conjunto de "técnicas", "prácticas" y "métodos" disponibles para "administrar" la pluralidad de órdenes jurídicos en un escenario global.[28]

Una segunda idea que se sigue de la contribución de Delmas-Marty y Berman a la teoría del pluralismo jurídico global concierne a la conexión sistemática entre reconocimiento, autoridad y confines. Repitiendo la oportuna formulación de Berman, "las comunidades *delinean* su sí y lo otro" cuando negocian la

---

27. Tomo este ejemplo de Pulkowski, *The Law and Politics of International Regime Conflict*.
28. Véase Koskenniemi, "Hegemonic Regimes".

diferencia (el énfasis es mío). Si regular es articular, monitorear e imponer forzosamente los confines de la acción colectiva, entonces establecer confines jurídicos autoritativamente supone determinar quiénes somos/debemos ser nosotros* como colectivo jurídico, en el trascurso de "considerar a las comunidades normativas alternativas que hay a [nuestro] alrededor" (Berman). El problema del reconocimiento necesariamente entra en juego en una política autoritativa de los confines porque, cuando es confrontado con un desafío a su unidad putativa, lo único que un colectivo puede hacer es responder, de una u otra manera, las "preguntas concernientes a cuánto deferir a otra comunidad normativa y en qué medida se impondrán las normas de la propia comunidad".[29]

Esta última observación esconde una tercera idea que quisiera deducir y radicalizar como sigue: en el trascurso de negociar la diferencia, la relación con el otro desplegada en la regulación de sí colectiva supone —y conecta— dos sentidos del deferir: uno tiene lugar por medio de *posponer* la aserción de la unidad putativa y la identidad de un colectivo; el otro, en el sentido de *respetar* una demanda de identidad elevada por otro colectivo jurídico que se da por medio de deferir al otro orden jurídico, esto es, limitando el alcance sobre el cual el orden jurídico ejercerá jurisdicción. Volveremos sobre esta idea en su debido momento.

Todo esto, como lo entiendo, es lo que Delmas-Marty y Berman tienen para contribuir a una investigación del reconocimiento y de una política autoritativa de los confines en un contexto global. Pero hay una ambigüedad fundamental que sigue sin ser respondida, que resuena en la gama de términos que los dos autores usan para describir la dinámica compleja de la negociación de la diferencia. En efecto, se refieren en varios lugares a la "interacción" [*interaction*], "interrelación" [*interplay*] e "interdependencia"

---

29. Berman, *Global Legal Pluralism*, 10.

5. Autoridad y reconocimiento recíproco

[*interdependence*] de los órdenes jurídicos en un contexto global. La pregunta, tan sucintamente como es posible, es esta: ¿cómo entender el "inter" en cada uno de estos términos?

¿Significa, como los autores parecen sugerirlo en algunas ocasiones, que el reconocimiento muestra el surgimiento de una relación de *reciprocidad* entre el sí y el otro bajo una regla general, es decir, el surgimiento de un orden único que los abarca a los dos como iguales pero diferentes? ¿O significa, como parecen anunciarlo en otras ocasiones, una forma de reconocimiento en la que el encuentro *asimétrico* entre el sí y el otro se resiste a ser acomodado plenamente en relaciones de reciprocidad bajo una regla general? Esta es, ciertamente, una formulación filosófica; sin embargo, es una formulación que revela los asuntos filosóficos que surgen cuando uno se ocupa de las implicaciones de la manera como los estudiosos del derecho abordan la relación compleja entre pluralidad y unidad, a la cual debemos pasar ahora.

5.3. Reconocimiento recíproco: globalización como universalización

Un primer enfoque al problema del reconocimiento, que nos ocupará en lo que resta de este capítulo, toma como punto de partida la noción de *reciprocidad*. La idea central es simple, aunque el argumento filosófico que la apuntala es complejo. Aunque sea cierto que los órdenes jurídicos surgen a través de una toma de lugar que incluye y excluye, los órdenes jurídicos se pueden volver cada vez más incluyentes por medio de la transformación de situaciones de reconocimiento jurídico fallido [*legal misrecognition*], a las que la exclusión ha dado lugar, en situaciones de reconocimiento recíproco, de manera tal que el sí y el otro vienen a reconocerse como participantes iguales —pero diferentes— en un orden jurídico incrementalmente inclusivo. El "inter" de la interacción se refiere al surgimiento de una relación de reciprocidad bajo una regla compartida por medio de la cual quienes habían sido excluidos injustamente vienen a ser incluidos en el colectivo. Esta explicación interpreta la globalización, normativamente hablando, como un proceso de universalización guiado por el mandato de realizar un orden jurídico omniinclusivo. Este mandato, para los defensores de lo que al comienzo de este capítulo he llamado *universalismo jurídico*, es el criterio que determina el carácter autoritativo de una política autoritativa de los confines en un contexto global.

No trataré de desarrollar todo el alcance de este argumento filosófico ni trataré de ofrecer una visión de conjunto de la amplia gama de contribuciones que existen sobre este tema. Mi meta es mucho más limitada, a saber, hacer una defensa, tan fuerte como me sea posible, de una reconstrucción del modelo Aciam del derecho en los términos del universalismo jurídico, poniendo a un lado, por el momento, todos los recelos que esta reconstrucción pueda generar en el camino. Estas objeciones son el tema de la sección 5.4 y despejan el camino para bosquejar otra interpretación del reconocimiento en el capítulo 6, una que sea capaz de integrar las contribuciones de Delmas-Marty y Berman en una teoría más comprehensiva de una política autoritativa de los confines en un contexto global.

5.3.1. Lo uniforme, lo universal y lo común

Un primer paso para reconstruir y evaluar este primer enfoque sobre el reconocimiento requiere clarificar la manera como este interpreta el concepto de *universalidad*, que opone a la *relatividad*. Mientras que los capítulos precedentes han evocado la universalidad de manera vaga, nos corresponde ahora analizar detalladamente este concepto. Clarificar qué queremos decir con lo universal es de la mayor importancia, porque los estudios jurídicos

5. Autoridad y reconocimiento recíproco

usualmente le otorgan un significado a este concepto que es mucho menos riguroso que su significado filosófico, renunciando a o disminuyendo con ello su función crítica y regulativa con respecto a los órdenes de derecho positivo.

Considérese, en particular, la manera como Delmas-Marty y Berman usan estos conceptos. En el gesto conceptual inaugural de *Le relatif et l'universel*, Delmas-Marty anota que el contexto jurídico contemporáneo está regido por el conflicto entre

> lo relativo, que está inscrito en la noción misma de *derecho*, identificada con el Estado [...], y lo universal, que se ha vuelto jurídico por fragmentos [...]. Llámeseles derechos humanos, crímenes de lesa humanidad, patrimonio común de la humanidad, *lex mercatoria* o *lex electrónica*, estos fragmentos tienen la vocación de ser aplicados en la totalidad del territorio global.[30]

Nótese que la autora efectivamente alinea lo universal con lo global y lo relativo con lo local. En otra parte se refiere explícitamente a la manera como, en la alta Edad Media, "el relativismo se volvió territorial" con la desaparición paulatina del *ius commune*, compuesto por los derechos romano, canónico y mercantil.[31] Berman también alinea estas dos parejas de términos contrarios cuando defiende una "visión interactiva" del derecho con la que podemos "evitar reificar lo universal o lo local", donde el paradigma de lo local es la territorialidad estatal.[32]

Como se ha insistido en este libro en varias ocasiones, la asimilación simple de lo local con la territorialidad estatal no funciona: todos los órdenes jurídicos globales emergentes que

30. Delmas-Marty, *Le relatif et l'universel*, 26.
31. Ibíd., 30.
32. Berman, *Global Legal Pluralism*, 132.

hemos discutido son formas de derecho local. Si la distinción entre derecho global y local ha de valer, entonces será si y solo si existe una forma de derecho global que *carezca de límites*, es decir que haya superado su vínculo con el lugar y con la historia específica de un colectivo dado. Únicamente este sentido fuerte de *globalidad* justifica alinear lo universal y lo relativo con lo global y lo local, respectivamente.

Sea como fuere, la alineación de la universalidad con lo global no precisa lo que se quiere decir con aquel término. Delmas-Marty no se ocupa de esta cuestión directamente, más allá de algunos comentarios generales sobre la razón y la fe. Berman lo hace: "El universalismo está basado en la premisa de que las personas son fundamentalmente iguales a pesar de las diferencias culturales y circunstanciales".[33]

Esta formulación es desacertada: mezcla universalidad con uniformidad. Paso aquí a François Jullien, quien explica cuidadosamente una distinción triple que las discusiones doctrinales sobre la globalización confunden con facilidad: uniformidad, universalidad y comunalidad. De acuerdo con Jullien, lo uniforme no es sino "el retorno indefinido de lo idéntico",[34] y agrega que la uniformidad es un concepto que surge de los procesos de producción, como los estándares o los estereotipos. Su término opuesto es la diferencia, porque, "si lo uniforme, debido a sus regularidades, difumina y *adormece* […], la diferencia, en cambio, crea tensión, resalta, promueve, pone a trabajar".[35] Así, por un lado, Jullien comparte con Delmas-Marty y Berman sus críticas de la uniformidad y sus

---

33. Ibíd., 129.

34. François Jullien, *De lo universal, de lo uniforme, de lo común y del diálogo entre las culturas*, trad. de Tomás Fernández Aúz y Beatriz Eguibar (Madrid: Ediciones Siruela, 2010), 31.

35. Ibíd., 33.

5. Autoridad y reconocimiento recíproco

defensas de la diferencia, en la medida que la "globalización [lleva] la uniformización a su máxima amplitud, ya definitiva, la del planeta entero".[36] Al hacer esto, lo uniforme erradica todas las demás posibilidades, agotando las reservas de enfoques alternativos que podrían ser aplicados a los problemas compartidos. Por el otro lado, en contra de Berman y de algunos pasajes de los escritos de Delmas-Marty, Jullien sostiene que una defensa de la diferencia es plenamente compatible con la universalidad.

¿Qué es, pues, lo universal? En su sentido filosófico fuerte, la universalidad entra en juego cuando

> pretendemos, de entrada, antes de toda confirmación por medio de la experiencia, que tal cosa *debe* producirse así. Sin ninguna excepción posible: afirmamos no solo que hasta hoy la cosa *se ha mostrado* siempre así, sino que *no puede* ser de otro modo.[37]

Este concepto de lo universal es esencialmente diferente de una versión débil suya basada en la experiencia: hasta ahora y hasta donde podemos anticiparlo, las cosas se dan así y no de otra manera. Los estudios jurídicos usualmente apelan a esta versión ablandativa cuando defienden el universalismo.[38] En contra de esta languidez, Jullien defiende su forma estricta o rigurosa, como la universalidad propiamente dicha. Mientras que la versión débil se refiere a juicios generales pero contingentes, la universalidad en sentido fuerte se refiere a juicios necesarios *a priori*. La universalidad propiamente dicha es prescriptiva en un sentido fuerte: un

---

36. Ibíd., 34.
37. Ibíd., 19.
38. Un ejemplo particularmente pertinente se encuentra en Jack Donnelly, "The Relative Universality of Human Rights", *Human Rights Quarterly* 29, n.º 2 (2007): 281-316.

La autoridad y la globalización de la inclusión y la exclusión

deber ser que no admite excepciones y es, como tal, la expresión pura de la Razón, con R mayúscula.

La forma estricta de un deber ser universal está en la base de la ciencia, como razón teórica,

> para la que no es objetivo sino el conocimiento regido por conceptos del entendimiento [...], una evidencia que por consiguiente vale necesariamente siempre y para todos, no admite variación de un caso a otro, [que por tanto] se halla depurada de toda subjetividad y, como tal, es universalmente válida.[39]

Esta forma estricta también tiene peso en el ámbito práctico, especialmente en la moral. En la precisa formulación de Kant: "Yo nunca debo proceder de otro modo salvo que pueda querer también ver convertida en ley universal a mi máxima".[40] Al igual que en su jurisdicción teórica, el ámbito práctico de lo universal concierne a un deber ser que no admite excepciones, que es objetivo —o, de manera más adecuada, válido— por fuerza de articular una ley purificada de toda subjetividad y contingencia. Como tal, una ley práctica universal se aplica necesariamente, con independencia de sus condiciones, sean espaciales o temporales, en todas partes y en todo momento. Nótese cómo esto se adapta con el sentido fuerte del derecho global, sobre el que hemos indagado a lo largo de este libro: necesario en su carácter, un orden jurídico global que fuera universal prescribiría una forma de comportamiento en todas partes, en todo momento y para todos los sujetos; sería un derecho no relativo al tiempo y el espacio.

---

39. Jullien, *De lo universal*, 21.
40. Immanuel Kant, *Fundamentación para una metafísica de las costumbres*, trad. de Roberto R. Aramayo (Madrid: Alianza Editorial, 2012), 94.

5. Autoridad y reconocimiento recíproco

¿Qué ley práctica podría satisfacer esta rigurosa exigencia? Para la interpretación de la razón práctica que encuentra su formulación política inicial en el contrato social, el postulado del universalismo en los asuntos prácticos es que todos los seres humanos deben ser tratados como iguales y libres y no como idénticos, como lo diría Berman. Esto no significa que todos los seres humanos sean, de hecho, tratados como iguales y libres por los órdenes jurídicos existentes; en absoluto. Por el contrario, en los términos de Jullien, esta es una tesis *a priori*: prescribe, con anterioridad a toda experiencia y sin excepción, lo que *debe ser*. Debemos asumir, dice el universalista, que los órdenes jurídicos deben regir el comportamiento de tal manera que todos los humanos sean tratados como seres iguales y libres. Como tal, lo universal ya es "global", en vez de ser "globalizante": lo universal anticipa lo que debe pasar en todas partes y con respecto a todos. De hecho, es más que global. Permitiéndonos una pequeña hipérbole, si la humanidad estableciera estaciones o incluso colonias plenas en el espacio exterior, cuando lo hiciera, el imperativo de tratar a todos los humanos como seres libres e iguales ya habría tenido lugar y se habría arraigado con antelación al primer arribo que fuera a "tomar" el espacio exterior. Así conceptualizada, la universalidad ofrece el criterio con el cual se puede juzgar la validez de los órdenes jurídicos positivos.[41]

---

41. Una vez se sostiene este punto, se vuelve mucho más difícil para Berman descalificar el universalismo sin más preámbulos. En efecto, el universalista diría que el pluralismo cosmopolita de Berman se enfrenta a un dilema. O bien reintroduce el universalismo por la puerta de atrás, porque Berman no estaría dispuesto a renunciar al principio de igualdad y libertad de todos los seres humanos. Este principio, diría el universalista, es lo que en últimas justifica llamar *cosmopolita* al proyecto de Berman. O bien, si Berman insiste en abandonar dicho principio, que el pluralismo cosmopolita caiga en una defensa del relativismo normativo. Sus referencias aprobatorias a las posiciones filosóficas defendidas

Puesto que lo universal no es un concepto derivado de la experiencia, Jullien anota acertadamente que no es lo mismo que lo *común*. "Lo común es aquello en lo que se tiene parte o aquello en lo que se toma parte, aquello que se comparte y aquello en lo que se participa".[42] Es una categoría originalmente política en la medida que es lo que nos permite pertenecer a una comunidad. La comunalidad de la comunidad tiene una extensión variable, tanto en términos de lo que se tiene en común como en lo que respecta a quien tiene algo en común. Los bienes comunes de la humanidad, anotaría yo, son un buen ejemplo. Como resultado de esto, la comunalidad es un logro ambiguo: "Si lo común es lo que comparto con un cierto número de semejantes, también es, por ello mismo y ateniéndonos a esta línea divisoria, que no obstante vale también como demarcación, lo que excluye a todos los demás".[43] En pocas palabras, lo común "es a un tiempo incluyente y excluyente". Pero, en contraste con las comunidades abiertas, que son incluyentes, los comunitarismos activan la actitud defensiva de la exclusión, de la "excomunicación", literalmente. En contra de la que denomina una manifestación "antipolítica" del comunitarismo, Jullien defiende enfáticamente una lectura política —esto es, incluyente— de la comunalidad: "La vocación de la comunidad no estriba en cerrarse [*se clore*] sino en abrirse [*se déclore*]".[44]

Si la vocación política de la comunidad es abrirse, y hacerlo progresivamente, ¿no hay un punto en el que coinciden la comunalidad y la universalidad? No. Puesto que la universalidad

---

por Iris Marion Young, Seyla Benhabib y Jeremy Waldron *cum suis* sugieren que Berman respaldaría el universalismo caracterizado por la prescripción *a priori* de que todos los seres humanos deben ser tratados como iguales y libres.

42. Jullien, *De lo universal*, 39.
43. Ibíd., 46.
44. Ibíd., 47.

5. Autoridad y reconocimiento recíproco

señala lo *a priori*, es forzosamente abstracta; la comunalidad, al contrario, es un concepto experiencial, concreto. Mientras que lo universal es el resultado de un proceso abstractivo y es externo a las cosas y al comportamiento, lo común se realiza o instancia concretamente en lo particular. En consecuencia, hablar de leyes universales y de leyes comunes es hablar de cosas diferentes y no simplemente porque estas sean más "realistas" que aquellas. La distinción entre las dos es una distinción de categorías.[45]

Una implicación importante ulterior se sigue de esta distinción de categorías. Mientras que lo universal está, por definición, separado del espacio y el tiempo, lo común, que pertenece al orden de la experiencia, está en el espacio y el tiempo, razón por la cual incluye y excluye. La pregunta es, entonces, cómo podría haber cualquier tipo de relación entre lo universal y lo común. Habermas aventura una respuesta influyente a esta pregunta cuando discurre sobre la naturaleza dual —ideal y real— de las demandas y contrademandas de validez elevadas por los discutidores que están en desacuerdo sobre qué debe hacerse. En sus palabras,

> las pretensiones de validez tienen una doble haz; [por un lado,] el momento transcendente que es la validez *universal* rompe toda provincialidad; [por el otro,] el momento de vínculo que comportan pretensiones de validez aceptadas aquí y ahora las convierte en portadoras de una práctica cotidiana *ligada al contexto*.[46]

---

45. En palabras de Glenn, "las leyes comunes [*common laws*] existen en la historia. No importa cuán influyentes sean en el mundo, no son universales ni pretenden serlo. Están limitadas por las otras leyes comunes del mundo, con las que están en constante e inevitablemente continua interacción, y están atadas por sus propias *iura propria*, que les recuerda constantemente la necesidad de respetar las circunstancias locales y las identidades locales". H. Patrick Glenn, *On Common Laws* (Oxford: Oxford University Press, 2005), 143.

46. Habermas, *El discurso filosófico de la modernidad*, 382.

La autoridad y la globalización de la inclusión y la exclusión

Y agrega en un pasaje notable: "La validez que se pretende para las proposiciones y las normas transciende los espacios y los tiempos; *'elimina' espacio y tiempo*, pero tal pretensión se entabla en cada caso *aquí y ahora*, en contextos determinados".[47] Desde esta perspectiva, interpretar la globalización jurídica como un proceso de universalización es sostener que el carácter autoritativo de una política de los confines da pie a su capacidad para progresivamente liberar los órdenes jurídicos de sus contextos espaciotemporales. Volviendo a la pregunta planteada en el capítulo 1, aunque la autoridad nunca logra plenamente quedar "purificada" de su "impureza" por el lugar y el tiempo, tal es su *telos* en una lectura universalista de la autoridad.[48] Para el universalismo jurídico, la globalización, en su importancia y posibilidad normativa primordial, es la aspiración de abolir progresivamente la sujeción que el tiempo y el espacio ejercen sobre la interacción humana, convertir a los colectivos en utópicos y acrónicos [*uchronic*].

Una coda. Es tentador ver la distinción entre las comunidades humanas reales e ideales como una secularización de la distinción agustina entre la ciudad del hombre y la ciudad de Dios. Ciertamente hay una continuidad entre las dos distinciones, pero no una de secularización.[49] La distinción contemporánea "reocupa", como lo dice Blumenberg, el problema de la contingencia radical

---

47. Ibíd.

48. Ibíd, 383. Habermas usa los términos *gereinigt* y *veruntreinigt* al referirse a las dimensiones ideal y contextual del discurso. La versión inglesa del libro traduce este último, de manera incorrecta, como *unpurified*. N. del T.: la versión española usa el término *impura*, que no reporta la misma imprecisión referida por el autor en esta nota.

49. Karl Löwith, *El sentido de la historia: implicaciones teológicas de la filosofía de la historia*, trad. de Justo Fernández Buján (Madrid: Aguilar, 1956). Carl Schmitt, *Teología política*, trad. de Francisco Javier Conde y Jorge Navarro Pérez (Madrid: Editorial Trotta, 2009).

5. Autoridad y reconocimiento recíproco

que la modernidad occidental heredó de la Edad Media. De cara a la incertidumbre radical sobre un mundo que la teología cristiana le entregó a la arbitrariedad de un Dios voluntarista, y respecto al cual los seres humanos eran incrementalmente carentes de poder, el concepto de *razón* caracterizado inicialmente como un proceso de "autopreservación" excluye a Dios como el Ser de seres que mantiene la existencia del mundo, para pasar a ver a los seres humanos como responsables de la transformación de un mundo contingente en un mundo que está, teórica y prácticamente, bajo su control: un mundo plenamente humanizado.[50] Particularmente, la interpretación de la racionalidad práctica, que encuentra su formulación inicial en el contrato social de Hobbes y su explicación más reciente en las teorías del reconocimiento recíproco, interpreta el paso de la comunidad real a la ideal como la transformación humana del mundo existente en un mundo social totalmente humano. En efecto, el paso del reconocimiento fallido al reconocimiento recíproco cambia el mundo, volviéndolo más humano. Así, aunque no se trate de la secularización de la teología medieval, la distinción entre las comunidades real e ideal ciertamente es muestra de lo que Foucault llama, con un oxímoron maravilloso, un *a priori* histórico.[51] Agregaría un segundo oxímoron: es muestra de un *a priori* emplazado.

---

50. Blumenberg, *La legitimación de la Edad Moderna*.

51. Jullien arguye que "lo universal ha ido constando de diversos planos en la esfera de la cultura europea: el lógico, con la aparición del concepto; el jurídico, con la instauración de la ciudadanía romana; y el religioso, con la disolución paulina de toda divergencia en el amor divino y en la economía de la salvación". La incorporación de Kant del principio de no contradicción en el imperativo categórico explica por qué este es una manifestación tardía del universal lógico. Pero la explicación de Jullien necesita ser complementada con la genealogía de la racionalidad moderna esbozada por Blumenberg, si se han de entender las circunstancias históricas bajo las cuales el imperativo de que todos los humanos deben

5.3.2. Del reconocimiento fallido al reconocimiento recíproco

Tras clarificar la distinción triple entre lo universal, lo común y lo uniforme, podemos volver al modelo Aciam del derecho para reconstruirlo de una manera que pueda explicar por qué las interpretaciones universalistas de la globalización respaldan a [T1], unidad putativa, y [T2], unificación, pero rechazan la tesis según la cual [T1] y [T2] están ligadas necesariamente a [T3], pluralización (véase la sección 3.1.4). A la inversa, esta interpretación del modelo Aciam del derecho —que cuestionaré en su debido momento— arroja luz sobre la manera como un enfoque universalista de la globalización se aproxima al problema de la política autoritativa de los confines.

La ilustración más explícita de esta jugada conceptual es la que ofrece Habermas, que busca explotar una ambigüedad del término alemán *Inklusion*, que incluye a las voces *Einschließung*, que puede ser traducida de manera no problemática como *inclusión*, y *Einbeziehung*, término que, en ausencia de una voz inglesa equivalente, puede ser parafraseado como *puesta en relación* ["incorporación"].[52] Esta ambigüedad se empapela en la versión inglesa del título del libro *Die Einbeziehung des Anderen*, traducido como *The Inclusion of the Other* [*La inclusión del otro*]. Aunque Habermas opone la inclusión a la exclusión (*Ausschließung*), no introduce ningún término opuesto a *Einbeziehung*. La idea detrás de esta distinción conceptual es postular la posibilidad de una democracia que incluya sin excluir, como lo refleja la disyunción anunciada en el título que desarrolla la distinción: *Inklusion*

---

ser tratados como seres libres e iguales podría en absoluto surgir como una nueva formulación de lo universal. Véase Jullien, *De lo universal*, 16.

52. N. del T.: así aparece en *La inclusión del otro*, la ya citada traducción española de *Die Einbeziehung des Anderen*. En las líneas que siguen se incluyen las traducciones españolas respectivas entre corchetes.

5. Autoridad y reconocimiento recíproco

– *Einbeziehen oder Einschließen?* [*Inclusión – ¿incorporación o integración?*].[53] En el sentido más fundamental, esta distinción conceptual cercena la conexión entre la autoridad, entendida como concepto normativo, y el lugar.

Permítaseme considerar, para empezar, la forma como el universalismo jurídico se acercaría a [т1]. Recuérdese que la unidad de un colectivo es únicamente putativa por razón de [8] representación. Como se ha sostenido con extensión considerable, la unidad de la representación supone una toma no autorizada que incluye y excluye, abriéndose con ello a la contrademanda: "¡No en nuestro nombre!".[54]

La controversia de Habermas con Frank Michelman ofrece un ejemplo instructivo de la manera como una reconstrucción universalista del modelo Aciam del derecho lidia con este problema. En un artículo poderoso dedicado al problema de la autoría de las constituciones democráticas, es decir, de la autorización para actuar en nombre del pueblo, Michelman anota, en contra de Habermas, que el ejercicio del poder constituyente no puede, por definición, regirse por reglas procesales sobre cómo debe ejercerse el poder constituyente.[55] En palabras de Habermas,

---

53. Habermas, *La inclusión del otro*, 107. Me baso aquí en lo sostenido en Hans Lindahl, "Democracy, Political Reflexivity and Bounded Dialogues: Reconsidering the Monism-Pluralism Debate", en *Public Law and Politics: The Scope and Limits of Constitutionalism*, ed. de Emilios Christodoulidis y Stephen Tierney (Aldershot: Ashgate, 2008), 103-116, 110.

54. Los siguientes párrafos se basan en y expanden lo dicho en Hans Lindahl, "Recognition as Domination: Constitutionalism, Reciprocity and the Problem of Singularity", en *Europe's Constitutional Mosaic*, ed. de Neil Walker, Stephen Tierney y Jo Shaw (Oxford: Hart Publishers, 2011), 205-230.

55. Frank Michelman, "Constitutional Authorship", en *Constitutionalism: Philosophical Foundations*, ed. de Larry Alexander (Cambridge: Cambridge University Press, 1998), 64-98.

la Asamblea constituyente misma no puede, por ejemplo, garantizar la legitimidad de las reglas por las que ella misma ha sido constituida; la cadena no se cierra y el proceso democrático se enreda en un regreso al infinito en su trayecto circular de autoconstitución.[56]

Schmitt estaría completamente de acuerdo: el *nomos* como una toma de lugar es otra manera de sostener que ningún discurso práctico parte de un acto discursivo.

De manera que Habermas reconoce efectivamente que los colectivos democráticos son impulsados hacia la existencia por una toma de lugar que incluye y excluye sin una autorización *ex ante* en ese sentido. Crucialmente, esto explica por qué la posibilidad de un reconocimiento fallido —la violación de la identidad que los individuos o los grupos demandan para sí mismos— está incorporada en el surgimiento de un colectivo. En efecto, la toma no autorizada que da inicio a un colectivo marginaliza los valores que se consideran no importantes para la realización de la acción conjunta de un colectivo, pero que algunos individuos o grupos que están cobijados por las obligaciones generadas por la acción conjunta pueden ver como una dimensión integral de su identidad.

Esta tesis también es de importancia crucial para el problema de la reciprocidad en el modelo Aciam del derecho. Recuérdese [1]: las obligaciones jurídicas y las sanciones son una especie de obligaciones y reproches que surgen entre los agentes participantes en el curso de la acción colectiva. En la medida que la configuración por defecto de la acción conjunta establece lo que los participantes deben esperar los unos de los otros, la reciprocidad

---

56. Jürgen Habermas, "El Estado democrático de derecho. ¿Una unión paradójica de principios contradictorios?", *Anuario de Derechos Humanos. Nueva Época* 2 (2001): 435-458, 448.

5. Autoridad y reconocimiento recíproco

provocada por la acción conjunta principia con un acto que, en sí mismo, no es recíproco. En otras palabras, los órdenes jurídicos demandan ser vinculantes, es decir, autoritativos, por fuerza de haber instituido o ser capaces de instituir relaciones de reciprocidad entre los miembros del colectivo, pero esta demanda se retrotrae a un acto que, por tomar la iniciativa de decir "nosotros" en nombre de un nosotros*, no es recíproco sino unilateral.

Habermas reconoce la seriedad del problema al referirse a la fundación de una democracia constitucional como una "autoconstitución discursiva sin fundamento", pero confía en que es posible salir de esa circularidad si nos enfocamos en el "carácter abierto al futuro de las Constituciones del Estado".[57] La circularidad viciosa se convierte en circularidad hermenéutica, en la que la constitución debe ser reinterpretada de cara a las demandas de reconocimiento:

> Los que basan hoy en día su valoración sobre la admisión de todos y el reconocimiento mutuo, así como en la expectativa de la igualdad de oportunidades y la aplicación de los mismos derechos, deberán partir del hecho de que pueden tomar estas medidas de un desarrollo adecuado de la Constitución y de su historia interpretativa.[58]

Por un lado, entonces, la unilateralidad de las fundaciones da origen a los reconocimientos fallidos, de los cuales los participantes "alienados" de Shapiro son un recordatorio insípido (véase la sección 2.1.4). En efecto, la alienación a la que se refiere Shapiro en su explicación de la agencia compartida masivamente tiene su origen en la marginalización que va de la mano del *nomos* necesario

---

57. Ibíd., 449 (traducción alterada).
58. Ibíd., 450.

para el surgimiento de un colectivo. Por el otro lado, una demanda de reconocimiento es una demanda de reciprocidad entre el sí y el otro, esto es, una relación entre el sí y el otro que transforma la dominación del otro por el sí en una relación entre participantes iguales y libres en la acción conjunta. El reconocimiento recíproco es posible porque cada uno de los síes puede liberarse de su perspectiva confinada por medio de tomar la perspectiva del otro cuando se relaciona con sí mismo: "El *ego* se encuentra en una relación interpersonal que le permite referirse a sí mismo, desde la perspectiva de *alter*, como participante en una interacción".[59] Cada uno de los síes participantes en una lucha por el reconocimiento puede llegar a entenderse a sí mismo de una manera diferente —puede cambiar su autoentendimiento— y darle espacio a una nueva configuración por defecto colectiva, con la cual todos podrían comprometerse, porque les permite a todos verse como iguales, pero diferentes de los demás participantes de la acción conjunta.

Nótese cómo lo universal se integra en esta explicación del paso del reconocimiento fallido al reconocimiento recíproco: "Los que basan hoy en día su valoración sobre la admisión de todos y el reconocimiento mutuo, así como en la expectativa de la igualdad de oportunidades y la aplicación de los mismos derechos...". A pesar de la formulación hipotética que Habermas prefiere, él insiste en que este no es un postulado que un participante en el discurso podría escoger dejar de lado y seguir siendo tomado en serio como un interlocutor racional. Esto, por cuanto "la racionalidad encuentra su medida en la facultad que participantes en la interacción capaces de dar razón de sus actos tienen de orientarse por pretensiones de validez enderezadas a ser intersubjetivamente reconocidas".[60] En ausencia de un criterio externo o metafísico

---

59. Habermas, *El discurso filosófico de la modernidad*, 354.
60. Ibíd., 373.

5. Autoridad y reconocimiento recíproco

por medio del cual un colectivo pudiera establecer autoritativamente quién debe hacer qué, dónde y cuándo, lo que queda es un postulado *inmanente* a la interacción conflictiva misma, a saber, que todas las partes en una lucha por el reconocimiento deben haber aceptado, de antemano y sin excepción, que la única configuración por defecto de la acción colectiva incondicionalmente válida es aquella que les permite a las partes en conflicto reconocerse entre sí como seres iguales y libres.

Así, volviendo a [T1], el universalista puede conceder que una toma de lugar que incluye y excluye rige la génesis de un orden jurídico. En esta medida, Schmitt tendría razón. Pero incluso si este acto inaugural no es y no puede ser autorizado *ex ante*, los órdenes jurídicos pueden, por lo menos en principio, asegurar una autorización *ex post* a través de la transformación de una situación inicial de reconocimiento fallido en una condición, si bien provisional, de reconocimiento recíproco, que [T2] incluye a quienes habían sido excluidos injustamente del colectivo. Por un lado, una política autoritativa de los confines es *necesaria* por los orígenes contingentes de las comunidades políticas; por el otro, una política autoritativa de los confines es *posible* porque el "deber de inclusión completa"[61] es inherente al proceso de apropiarse razonablemente "de la Constitución y de su historia interpretativa" (Habermas).

5.3.3. Tres variaciones sobre la dialéctica del reconocimiento

El paso del reconocimiento fallido al reconocimiento recíproco lleva a una reconstrucción del modelo Aciam del derecho en la que una política autoritativa de los confines esté en armonía con el universalismo jurídico. Para ver por qué, debemos tener en cuenta las siguientes características de la acción colectiva, sobre las que una vez más llamo la atención del lector:

---

61. Habermas, *The Postnational Constellation*, 148.

La autoridad y la globalización de la inclusión y la exclusión

[5] *Inclusión y exclusión.* El punto de la acción conjunta determina qué es importante para esta y qué no lo es. Por lo tanto, el punto determina qué tipos de lugares, tiempos, subjetividades y tipos de acto están incluidos en la acción conjunta, de manera tal que toda otra combinación posible de estas cuatro dimensiones del comportamiento es marginada como carente de importancia.

[6] *Transformabilidad.* La acción colectiva es transformable: las reglas que establecen quién debe hacer qué, dónde y cuándo son una *configuración por defecto* del punto de la acción conjunta.

La reconstrucción universalista del modelo Aciam del derecho involucra una interpretación determinada de estas características de la acción colectiva y de su interconexión sistemática. Concretamente, el peso completo de esta reconstrucción es cargado por tres variaciones sobre la dialéctica del reconocimiento. En efecto, el paso del reconocimiento fallido al reconocimiento recíproco se despliega, como lo reconoce Habermas, en la forma de una dialéctica.[62] En esto se acerca a Axel Honneth, con independencia de todas las otras diferencias que los puedan separar:

> Todas las luchas por el reconocimiento progresan a través de una interpretación de la moral dialéctica de lo universal y lo particular: siempre se puede apelar a favor de una determinada diferencia relativa, aplicando un principio general de reconocimiento mutuo que obligue normativamente a una expansión de las relaciones vigentes de reconocimiento.[63]

Permítaseme ilustrar, de manera más o menos burda, la manera como las teorías del reconocimiento recíproco apelarían a

---

62. Habermas, *El discurso filosófico de la modernidad*, 383-384.
63. Honneth, "Redistribución como reconocimiento. Respuesta a Nancy Fraser", en Fraser y Honneth, *¿Redistribución o reconocimiento?*, 121.

5. Autoridad y reconocimiento recíproco

esta dialéctica al darle sentido a una política autoritativa de los confines. Para las teorías dialécticas del reconocimiento, cuando la KRRS destruye los campos de OGM de Monsanto, su demanda de reconocimiento solo puede registrar como un desafío normativo a la OMC si su acción directa enfrenta a esta con posibilidades normativas *propias* que la OMC ha excluido de la configuración por defecto de su punto. Sucintamente, no puede haber reconocimiento del *otro* que no sea también un *auto*rreconocimiento. En este sentido, el preámbulo del Acuerdo de la OMC estipula, entre otras cosas, que las partes aspiran a promover

> la utilización óptima de los recursos mundiales de conformidad con el objetivo de un desarrollo sostenible y procurando proteger y preservar el medio ambiente e incrementar los medios para hacerlo, de manera compatible con sus respectivas necesidades e intereses según los diferentes niveles de desarrollo económico.[64]

La demanda de reconocimiento de la KRRS, sostiene el teórico del reconocimiento recíproco, confronta a la OMC con la pregunta sobre qué ha de valer, entre otras cosas, como la protección y la preservación diferenciada del medio ambiente, es decir, con la pregunta práctica fundamental: ¿sobre qué debe tratar *nuestra* acción conjunta? La toma que incluye y excluye nunca es solo una autoinclusión y una alterexclusión; también es siempre, en mayor o menor medida, una auto*exclusión*: la configuración por defecto actual de la acción conjunta bajo la OMC excluye posibilidades que son las posibilidades propias del colectivo, en lo que respecta a la protección y preservación diferenciada del medio ambiente, que aquel debe realizar si todos los que caen bajo su

---

64. "Decisión sobre Comercio y Medio Ambiente", https://www.wto.org/spanish/docs_s/legal_s/56-dtenv.pdf

égida han de ser tratados como seres iguales y libres. Por esta razón, las reglas actuales sobre el comercio mundial proferidas por la OMC no son más que una *configuración por defecto* de su punto. En su lectura, la KRRS demanda su inclusión en la acción conjunta bajo la OMC por medio de una configuración por defecto transformada, que la reconoce como un participante igual pero diferente en la comunidad comercial mundial.

Así, transformar la condición inicial de reconocimiento fallido de la KRRS en una condición de reconocimiento recíproco es transformar la configuración por defecto de la acción conjunta bajo la OMC. A su vez, transformar la configuración por defecto de la acción conjunta bajo la OMC, redefiniendo lo que vale como importante para el colectivo, es desplegar una *dialéctica del límite*. Esta interpretación de la naturaleza de la transformación está en la raíz de todas las teorías del reconocimiento que se remontan a Hegel. Volviendo a la polémica de Hegel con Kant sobre la "cosa en sí", Gadamer nota que "lo específico de un límite es que implica siempre simultáneamente aquello respecto a lo cual se delimita lo que encierra dicho límite. La dialéctica del límite es que solo es en cuanto que se supera".[65] Aunque Gadamer toma la tesis de Hegel como una tesis sobre los límites del pensamiento, este pasaje capta hábilmente la asunción fundamental sobre el concepto de *límite* que anima a las teorías del reconocimiento recíproco. Esto, porque estas explican que, para ser capaces de entender el desafío de la KRRS como un desafío normativo, la OMC ya debe estar del otro lado del límite: debe ser capaz de reconocerse a sí misma en la demanda de la KRRS, de la misma manera que la KRRS debe ser capaz de reconocerse a sí misma en la OMC al demandarle que esté a la altura de su preámbulo. "Comprender es siempre en el fondo

---

65. Hans-Georg Gadamer, *Verdad y método I*, trad. de Ana Agud Aparicio y Rafael de Agapito (Salamanca: Ediciones Sígueme, 2003), 417.

5. Autoridad y reconocimiento recíproco

comprenderse a sí mismo", anota Gadamer.⁶⁶ De la misma manera, para las teorías del reconocimiento recíproco, todo reconocimiento es siempre un *auto*rreconocimiento. El reconocimiento recíproco se reduce a la reciprocidad del autorreconocimiento en el otro. Por consiguiente, la dialéctica del límite está conectada internamente con la *dialéctica del sí y del otro*.

El resultado de esta dialéctica doble es que esta complica la lógica de los confines que se ha bosquejado hasta aquí. La tesis fuerte que se sigue de la dialéctica del límite es que los confines no solo incluyen y excluyen, sino que también *incluyen lo que excluyen*. Retomando nuestro ejemplo, la OMC incluye a la KRRS en la medida que el preámbulo del acuerdo de la OMC abre posibilidades para la acción conjunta que podrían ocuparse de sus preocupaciones, pero que aún no han sido incorporadas en la configuración por defecto de quién debe hacer qué, dónde y cuándo en el comercio global. Esta tesis es correlativa a aquella que se sigue de la dialéctica del sí y del otro, a saber, que la autoinclusión también es siempre una autoexclusión. Un colectivo siempre es más que las posibilidades prácticas que ha realizado en su configuración por defecto actual de la acción conjunta, razón por la cual se puede reconocer a sí mismo en el otro. Al expandir sus límites, un lugar extraño deja de ser tal para la OMC, haciéndose parte de lo que ya pertenecía a su propio espacio, *in posse* aunque no *in esse*. En otras palabras, la dialéctica del límite transforma una xenotopía en una "idiotopía", una voz que es una variación sobre la noción de un *idiotopos*, que significa "sobre su propio distrito".⁶⁷

---

66. Hans-Georg Gadamer, *Verdad y método II*, trad. de Manuel Olasagasti (Salamanca: Ediciones Sígueme, 1998), 129.
67. Estoy en deuda con David Janssens por haberme puesto de presente esta expresión.

En esta reconstrucción dialéctica del modelo Aciam del derecho y, en particular, del significado de [5] inclusión y exclusión y [6] transformabilidad, el postulado de la universalidad implica que los confines jurídicos son provisionales y anulables, de tal manera que lo que un orden jurídico ha excluido injustificadamente puede ser incluido en él de manera progresiva, aun si un orden jurídico omniinclusivo deba ser pospuesto indefinidamente en el tiempo histórico. Es en este sentido que, para citar a Habermas, las constituciones están "orientadas al futuro" y son "abiertas". De manera enfática, este autor sostiene esta tesis cuando describe el que a su parecer es el norte normativo de la constelación posnacional: "Ese solidario hacerse responsable del otro *como uno de nosotros* se refiere al flexible 'nosotros' de una comunidad que se opone a todo lo sustancial y que amplía cada vez más sus porosos límites".[68] Y esto equivale a engrandecer el ámbito de lo que nos es *común* a nosotros, lo que nos junta, de modo tal que la acción pueda ser acción *conjunta*. En términos de Jullien, aunque la comunalidad incluya y excluya, la inclusión hace parte del ámbito de lo político, mientras que la exclusión es "antipolítica".

La dialéctica del límite y la dialéctica del sí y del otro cuentan aún con otra compañera, a saber, la *dialéctica hermenéutica*, a la cual Habermas alude en su respuesta a la objeción de Michelman, que vuelvo a citar:

> Los que basan hoy en día su valoración sobre la admisión de todos y el reconocimiento mutuo, así como en la expectativa de la igualdad de oportunidades y la aplicación de los mismos derechos, deberán partir del hecho de que pueden tomar estas medidas de un desarrollo adecuado de la Constitución y de su historia interpretativa.

---

68. Habermas, *La inclusión del otro*, 23.

5. Autoridad y reconocimiento recíproco

El empeño hermenéutico de apropiarse razonablemente del Acuerdo de la OMC y de su historia de interpretación, de manera tal que la OMC pueda acomodar el desafío normativo de la KRRS, resuena con el comentario que hace Gadamer sobre Schleiermacher, el gran teólogo y teórico de la hermenéutica alemán. Dado que "la experiencia de lo extraño y la posibilidad del malentendido son universales", la tarea de la hermenéutica es "superar la extrañeidad", "restablecer un acuerdo [*Verständigung*] alterado o inexistente".[69] El paso dialéctico desde el malentendido al entendimiento recíproco es rigurosamente homólogo a la progresión desde el reconocimiento fallido al reconocimiento recíproco. Puesto que la experiencia de lo extraño y la posibilidad del reconocimiento fallido son universales, la tarea de una política autoritativa de los confines es superar la extrañeidad —la a-juridicidad, en el ámbito del derecho— a través del reconocimiento recíproco, por medio del cual las partes de la acción conjunta llegan a un acuerdo sobre quién debe hacer qué, dónde y cuándo. El teórico del reconocimiento recíproco sostendría que esta dialéctica triple, como ocurre con la OMC y la KRRS, sería la médula normativa de una política autoritativa de los confines desplegada por absolutamente todos los órdenes jurídicos globales emergentes cuando fueran confrontados con demandas de reconocimiento por parte de los movimientos alterglobalización.

Ahora podemos conectar estas tres variaciones sobre la dialéctica del reconocimiento con el modelo Aciam del derecho bosquejado en la sección 2.1.5. La unidad putativa del orden jurídico, se dijo allí, puede ser diseccionada en tres dimensiones o facetas, las cuales están relacionadas entre sí de manera sistemática: colectividad, sistema jurídico y orden pragmático. La *colectividad* se refiere a la unidad putativa de un nosotros*; el *sistema jurídico*,

---

69. Gadamer, *Verdad y método I*, 231, 362 (traducción alterada).

a la unidad putativa de una multiplicidad de reglas, y el *orden pragmático*, a la unidad putativa de un campo de acción espacial, temporal, subjetivo y material. Las tres dialécticas corresponden, una a una, a este tríptico. La dinámica se desenrolla así: al comienzo, una demanda de reconocimiento, como la acción directa de la KRRS, desafía la unidad putativa de un orden jurídico, por ejemplo, la OMC. En caso de ser acatada, la demanda provoca una respuesta que tiene la forma de (1) una dialéctica del límite, que transforma al orden jurídico en un orden pragmático más abarcador; (2) una dialéctica hermenéutica, que transforma al orden jurídico en un sistema de reglas más coherente, y (3) una dialéctica del sí y del otro, que hace posible restaurar la autorreferencia del colectivo como un nosotros* único, por medio de la incorporación de quienes habían protestado: "¡No en nuestro nombre!". Tomadas juntas, estas tres dialécticas delinean la trayectoria de la *emancipación*, llevando progresivamente la comunidad real a la comunidad ideal. Provocan un estado de libertad, aunque provisional y frágil: la *auto*rregulación colectiva. Según el universalista jurídico, todo esto se pierde de vista si una política autoritativa de los confines es despojada de su contenido normativo y reducida a un concepto meramente funcional de *autoridad*: la articulación, el monitoreo y el sostenimiento de la acción conjunta.

Como resultado, las teorías del reconocimiento recíproco se adaptan fácilmente a la noción de *límite* introducida en la sección 1.3.2. A diferencia de los linderos, que distinguen entre lo nacional y lo foráneo, los límites espaciales se refieren a esos confines espaciales que, al ser cuestionados, demuestran un afuera en la forma de una xenotopía —un lugar extraño en el sentido de un lugar que se resiste a la inclusión en la distribución de lugares que son considerados el espacio propio de un colectivo—. Para las teorías del reconocimiento recíproco, tales lugares se encuentran afuera de la unidad espacial de un orden jurídico, normativamente hablando,

5. Autoridad y reconocimiento recíproco

solo *provisionalmente*. Por medio de la transformación de la configuración por defecto de la acción conjunta, un colectivo puede incluir lo que había excluido injustificadamente, dándole —literalmente— un lugar propio en una unidad espacial transformada.

En este sentido, Habermas queda satisfecho con postular a un "legislador histórico" que, habiendo sentado los confines cívicos y espaciales en los comienzos de una comunidad, crea las condiciones para una "sociedad concreta".[70] Como resultado, "considerados normativamente, los confines sociales de una agrupación de socios jurídicos libres e iguales son contingentes".[71] Habiendo relegado los confines cívicos y territoriales de una comunidad política al ámbito residual del "azar histórico y de la facticidad de los acontecimientos",[72] la teoría del discurso puede entonces mostrar que la médula racional de la política y el derecho consiste en superar progresivamente la contingencia a favor de la validez. En efecto, la noción de *autogobierno colectivo*, en el sentido discursivo preferido por Habermas, ofrece un modelo de racionalidad en el cual la creación de normas trasciende incesantemente la contingencia de los confines de las comunidades políticas cerradas, allanando con ello el camino para "el ensanchamiento de un mundo compartido intersubjetivamente".[73] Estas son, en muy pocas palabras, las razones y las maneras por medio de las cuales las teorías del reconocimiento recíproco postulan la posibilidad de la *Inklusion* en la forma de una *Einbeziehung* sin una *Ausschließung*.

Aunque hasta aquí me he concentrado en la dialéctica del reconocimiento en lo que respecta a los límites espaciales, aquella también incluiría los límites temporales, subjetivos y materiales

---

70. Habermas, *Facticidad y validez*, 190.
71. Habermas, *La inclusión del otro*, 92 (traducción alterada).
72. Ibíd.
73. Ibíd., 98.

La autoridad y la globalización de la inclusión y la exclusión

de cualquier orden jurídico dado. En lo que respecta a los límites temporales, la dialéctica del reconocimiento transforma la temporalidad de un colectivo, de manera que el pasado, el presente y el futuro se suturan en una historia común que todos los participantes pueden llegar a ver como *suya*. En este sentido, Delmas-Marty nota que ordenar el pluralismo global "no debería hacer que los tiempos jurídicos coincidan, pues la uniformidad reduciría el pluralismo. Por el contrario, los ritmos deberían ser 'sincronizados', en el sentido de compatibilizarlos o armonizarlos".[74] Una dialéctica semejante es también válida para los límites subjetivos y materiales de un colectivo. Para los teóricos del reconocimiento recíproco, la a-juridicidad, en cada una de estas cuatro dimensiones de un orden pragmático, es únicamente provisional y está en espera de ser superada por medio de una dialéctica, en la cual las demandas de reconocimiento son bienvenidas como un catalizador para el cambio jurídico. Incluso si los límites nunca pueden ser plenamente superados, una política autoritativa de los confines guiada por el imperativo del reconocimiento recíproco expande cada vez más los límites de los colectivos.

Entre los defensores de una política autoritativa del reconocimiento recíproco así entendida se cuentan muchos más que los incluidos en el pequeño círculo de filósofos sobre a quienes me he referido en este capítulo. Esta interpretación es ubicua en la teoría y la práctica de los movimientos alterglobalización discutidos en el capítulo 4. Para empezar, es la base de la tesis de Holloway de que el grito de rechazo del mundo tal y como es también es un grito de añoranza del mundo que debe ser, en el cual el "rechazo a aceptar el cerramiento" es el anverso de la añoranza de "un mundo basado en el mutuo reconocimiento de

---

74. Delmas-Marty, *Ordering Pluralism*, 117.

5. Autoridad y reconocimiento recíproco

la dignidad humana".[75] Y, tras haber mostrado en la sección 4.4.1 que el concepto de *comunalidad* que Hardt y Negri reservan para la multitud es, en últimas, una comunalidad limitada, puedo aseverar con cierta confianza que la dialéctica del reconocimiento está a la base de sus tesis sobre la expansividad de la multitud, a saber, que "la expansión de lo común es un asunto práctico, político".[76] Pasando todavía a un tercer ejemplo, la dialéctica del reconocimiento apoya la visión de la Asociación por la Tasación de las Transacciones Financieras y por la Acción Ciudadana (Attac) de una historia humana compartida, una visión y una demanda que formula como sigue: "Reapropiar juntos el futuro del mundo".[77] El eslogan de la Attac nos devuelve a la distinción maestra de Gilbert entre "nosotros juntos" y "cada uno de nosotros", introducida en la sección 2.1.1. "Juntos", en el uso que la Attac da al término, se refiere a un colectivo en el que todos los seres humanos podrían reconocerse recíprocamente entre sí como participantes libres e iguales en una empresa colectiva. Tal es la lectura del carácter de estar juntos [*togetherness*] que el universalismo está preparado para adjuntar a la idea de un orden jurídico como una especie de "nosotros juntos" y que, desde su perspectiva, determina el carácter autoritativo de una política autoritativa de los confines en un contexto global.

En pocas palabras, una reconstrucción universalista del modelo Aciam del derecho sostiene que, desde el punto de vista de una política autoritativa de los confines, [T1], unidad putativa, necesita a [T2], unificación. Por el contrario, [T3], pluralización, es una tesis residual que articula lo que perfectamente podría

---

75. Holloway, *Cambiar el mundo sin tomar el poder*, 20, 42 (traducción alterada).
76. Hardt y Negri, *Multitud*, 263; Hardt y Negri, *Commonwealth*, 11.
77. Citado por Pleyers, *Alter-Globalization*, 124.

estar ocurriendo sobre el terreno, pero que carece de necesidad conceptual. Otro mundo es posible, uno en el que los órdenes jurídicos incluyan sin excluir.

5.3.4. Escalas de reconocimiento recíproco

Las dos subsecciones precedentes han reconstruido un tanto laboriosamente la política autoritativa de los confines a disposición del modelo Aciam del derecho defendida por el universalismo jurídico, pero poco se ha dicho hasta aquí sobre una política autoritativa de los confines en un contexto *global*. Pues bien, la dialéctica del reconocimiento vale en sus tres variantes, según una lectura universalista, para *todos* los órdenes jurídicos, luego vale para los órdenes jurídicos subnacionales, nacionales, transnacionales y globales. De hecho, las teorías del reconocimiento recíproco han tomado al Estado como su ámbito principal de investigación normativa, particularmente porque los Estados han sido el parangón de la política democrática.[78] En cualquier caso, lo siguiente es indiscutible: la universalización de las globalizaciones no implica que todas las universalizaciones sean globalizaciones. Por esta razón, la subsección precedente terminó sosteniendo que, para el universalismo jurídico, los órdenes jurídicos —en plural— pueden incluir sin excluir. Lo que quiero hacer ahora es examinar cuán lejos pueden llevarnos las teorías del reconocimiento de inclinación universalista en la comprensión de una política autoritativa de los confines en el contexto del pluralismo jurídico global.

---

78. Esto vale para Honneth, Taylor y Habermas. También vale para las teorías del reconocimiento defendidas por James Tully en "Struggles over Recognition and Distribution", *Constellations* 7, n.º 4 (2000): 469-482, y Paul Ricœur, en su último libro, *Caminos del reconocimiento – Tres estudios*, trad. de Agustín Neira (México: Fondo de Cultura Económica, 2006).

5. Autoridad y reconocimiento recíproco

Me enfocaré en el estudio *Escalas de justicia*, de Nancy Fraser.[79] Es verdad que Fraser distingue, en una aguda polémica con Honneth, entre reconocimiento y redistribución, entre las demandas de justicia en los ámbitos cultural y económico. Parecería, por lo tanto, que sería reduccionista partir de su trabajo para reflexionar sobre los problemas del reconocimiento en una escala global, pero, como se anticipó más atrás en este capítulo, el concepto de *reconocimiento* del que estoy partiendo es más general que el planteado por Fraser en su controversia con Honneth. Así, no voy a laudar su posición ni renegar de ella en esa controversia. Por el contrario, lo que me interesa es la manera como Fraser reconstruye el principio de *identidad* que está en la base de las interpretaciones universalistas del autogobierno colectivo. Ello, porque, como se discutió más atrás, el problema de la identidad está en la médula de las teorías del reconocimiento recíproco. Al desacoplar el principio de la identidad democrática de los Estados y extrapolarlo al ámbito del pluralismo jurídico global, Fraser ofrece posiciones de gran valor sobre las posibilidades de una defensa universalista del reconocimiento recíproco en un contexto global —y, como lo veremos después, sobre los problemas que enfrenta—.

El siguiente diagnóstico desencadena la reconstrucción que Fraser hace del principio democrático de identidad en un contexto global:

> Las discusiones que solían centrarse exclusivamente en la cuestión de qué es debido como materia de justicia a los miembros de una comunidad giran ahora rápidamente hacia debates sobre quién debe contar como miembro y cuál es la comunidad pertinente.[80]

---

79. Nancy Fraser, *Escalas de justicia*, trad. de Antoni Martínez Riu, *ebook* (Barcelona: Herder Editorial, 2012).
80. Ibíd., 22.

La autoridad y la globalización de la inclusión y la exclusión

Si antes era posible dar por sentado que los ciudadanos de un Estado confinado territorialmente eran los protagonistas adecuados de las luchas políticas, de manera tal que las teorías de la justicia podían concentrarse en preguntas sustantivas sobre la justicia, los procesos de globalización y la fragmentación correspondiente de los órdenes jurídicos revelan que "no solo el 'qué', sino también el 'quién', es objeto ahora de libre discusión".[81] ¿Quién podría participar adecuadamente en una lucha política por la justicia si la interacción social ya no está constreñida por los linderos de los Estados?

Fraser se refiere a este problema en términos de "enmarque" [*framing*]: "De lo que se discute aquí es de la inclusión en o de la exclusión de la comunidad de aquellos que tienen derecho a dirigirse mutuamente reivindicaciones de justicia".[82] En un nivel, concierne a los miembros de un colectivo que están ostensiblemente incluidos en él, pero que se encuentran efectivamente excluidos de la participación política a través de los canales de representación disponibles para el colectivo. La forma más radical de exclusión tiene que ver con lo que Fraser llama "desenmarque" [*misframing*], en el que un colectivo traza sus confines de manera tal que algunas personas sean excluidas injustamente de la oportunidad de participar en absoluto en su gobernanza. Este fenómeno es típico de los procesos de globalización contemporáneos, en los que una gama de actores y órdenes jurídicos globales emergentes —Fraser hace referencia a los Estados depredadores; a los poderes privados transnacionales, como los inversionistas, prestamistas y especuladores, y a la estructura de gobernanza global de la economía global— están protegidos del cuestionamiento, la participación y la toma de decisiones de orden democrático. Estos son el tipo de asuntos tratados en el capítulo 3, al discutir la unidad putativa de los

81. Ibíd.
82. Ibíd., 25.

5. Autoridad y reconocimiento recíproco

colectivos globales en cuyo nombre redes regulatorias como el BCBS y la IASB claman regular. Los procesos de globalización muestran que la noción débil de *autogobierno colectivo* implícita en las posiciones de nosotros* vocero y nosotros* en juego es ampliamente insuficiente frente a la identidad democrática entre gobernantes y gobernados postulada por la posición de nosotros* autor (véase la sección 3.1). En pocas palabras, la pregunta sobre el "quién" o sobre el "enmarque" es una pregunta sobre la inclusión y la exclusión, y la pregunta inclusión/exclusión es una indagación sobre la representación: "Ninguna reivindicación de justicia puede evitar que se presuponga cierta noción de *representación*, implícita o explícita, ya que nadie puede evitar asumir un marco".[83]

Todo esto encaja bien con el modelo Aciam del derecho. Como lo hemos visto, este incorpora una gama de órdenes jurídicos no estatales de una manera que explica por qué sus confines incluyen y excluyen, aunque de manera diferente a como lo hacen los linderos de los Estados nación. Además, al postular [8] representación como una característica de toda acción colectiva, el modelo explica por qué una toma que incluye y excluye es una característica necesaria del surgimiento de todos los órdenes jurídicos, globales o de otro tipo. Ahora bien, el modelo también corrige el análisis de Fraser en una manera importante. En contra de las posiciones que buscarían soluciones estatales al problema de la inclusión/exclusión en un contexto global, Fraser defiende un enfoque "transformativo", porque los fenómenos transfronterizos "no pertenecen al 'espacio de los lugares', sino al 'espacio de los flujos'".[84] Sin embargo, esta distinción, introducida por Castells, es equivocada,

---

83. Ibíd., 27-28. El concepto de *representación* arrastra un gran peso en el análisis de Fraser, pero está notoriamente subdesarrollado en su explicación de una "política del enmarque".

84. Ibíd., 30.

como se discutió en la sección 2.3.4, al analizar la "compresión" del espacio y el tiempo. Puesto que todos los órdenes jurídicos globales emergentes literalmente deben tomar y tener lugar, el "espacio de los flujos", sea lo que fuere que esto signifique, es una especie del espacio de los lugares. No son los linderos, sino los límites —espaciales, temporales, subjetivos y materiales— de la acción conjunta los que son esenciales para el problema de la inclusión y la exclusión desplegado por lo que Fraser llama una "política del enmarque". Esto también significa que no es meramente la pregunta por el "quién" la que está en juego en la representación. Cuando los movimientos alterglobalización que están geográficamente distantes de la sede central del BCBS, en Basilea, gritan, pese a ello, "¡no en nuestro nombre!", su protesta no es solo una demanda para ser incluidos en un proceso de toma de decisiones; también es una protesta sobre la reclamación de validez global que se eleva en nombre de sus reglas: "¡No en nuestro lugar!".

Pero esto no debe distraernos del examen del eje central de la propuesta de Fraser para lidiar con el problema del desenmarque en un contexto global. Su núcleo es una reformulación del principio de identidad democrática. En su formulación tradicional, este es el principio de "todos los afectados", a saber, que todos los afectados por las reglas proferidas colectivamente deben ser capaces de verse a sí mismos como sus autores: los afectados por las reglas y sus autores deben ser idénticos entre sí.

La noción del principio de todos los afectados funciona en dos direcciones. En primer lugar, ofrece una operacionalización del principio de la universalidad que lo libra de un problema incómodo. Si solo un orden que abarcara a todos los seres humanos satisficiera el postulado de universalidad, entonces un orden jurídico que cumpliera con el requisito de la universabilidad solo sería factible en la forma del derecho *global*. El principio de todos los afectados parece ofrecer una solución a este dilema: si se lo

5. Autoridad y reconocimiento recíproco

formula de manera adecuada, el principio de la universalidad dice lo siguiente: todos los humanos *afectados* deben ser tratados como seres iguales y libres. Su alcance y "escala" se vuelven variables. En un sentido importante, la "posición moral" no implica de antemano ser miembro del colectivo que lleva a cabo actos de gobernanza: el alcance de aquellos afectados es potencialmente mucho más amplio que el de los miembros de un colectivo, abriendo con ello espacio para expandir los límites de la agencia colectiva, para incluir a quienes han sido excluidos injustificadamente. En segundo lugar, puesto que "ser afectado" no presupone la proximidad geográfica, se allana el camino para su aplicación a *todos* los órdenes jurídicos, incluyendo a los órdenes jurídicos globales emergentes que operan de manera más o menos independiente de los Estados y de la territorialidad estatal.

Fraser retrocede un poco, en cierto sentido, en su defensa del principio de "todos los afectados", reconociendo que el principio depende más de relaciones casuales que morales, y que es vulnerable al "efecto mariposa", de acuerdo con el cual todo el mundo está afectado por todo. En respuesta a estas dificultades, Fraser propone el "principio de todos los sujetos" [*all-subjected principle*]: "Todos aquellos que están sujetos a una estructura de gobernanza determinada están en posición moral de ser sujetos de justicia en relación con dicha estructura".[85] La sujeción, en su lectura, no está restringida al gobierno estatal; su alcance también comprendería a todas las formas de gobernanza no estatal y transnacional.

---

85. Ibíd., 66-67 (traducción alterada). A mi parecer, la formulación de este principio por parte de Fraser simplemente generaliza la caracterización de Habermas del principio de autolegislación democrática, sustituyendo a los habitantes por ciudadanos: "La idea de autolegislación *del ciudadano* exige que aquellos que están sometidos al derecho como destinatarios suyos puedan entenderse a la vez como autores del derecho". Habermas, *Facticidad y validez*, 186.

Sea como fuere, el principio de todos los sujetos tiene la ventaja importante de explicar la manera como una perspectiva universalista sobre una política autoritativa de los confines es compatible con una defensa de las globalizaciones, en plural, más que de la globalización, en singular. Cuando los individuos están sujetos simultáneamente a una variedad de órdenes jurídicos (lo que Santos llama "interlegalidad"), el principio de todos los sujetos es "capaz [...] de distinguir muchos 'quiénes' según fines distintos [y] nos indica cuándo y dónde aplicar un marco o bien otro y, por lo mismo, quién tiene derecho a participar paritariamente con quién en un caso determinado".[86] Ya sea que se trate del BCBS, la OMC, la CCC, la *lex mercatoria*, el Codex Alimentarius, la Icann, la ISO, eBay, la IASB o cualquier otro semejante, un orden jurídico global emergente crea las condiciones para una política autoritativa de los confines justo en la medida que establece procedimientos para que quienes habían sido excluidos injustificadamente de participar como autores en el colectivo puedan ser incluidos en él.

En consecuencia, el principio de todos los sujetos promete operacionalizar, en un escenario marcado por el pluralismo jurídico global, las tres dialécticas discutidas más atrás: la dialéctica del límite, la dialéctica hermenéutica y la dialéctica del sí y el otro. Cuando se le permite hacer su trabajo normativo, el principio de todos los sujetos restaura, parecería, la identidad del sí colectivo interrumpida de un orden jurídico global emergente, volviéndolo más inclusivo por medio de una dialéctica en la que reconocer al otro es reconocernos a nosotros mismos en el otro y al otro en nosotros mismos. Al librar al principio de la identidad democrática de las garras del Estado nación y generalizarlo a todos los colectivos en un contexto de pluralismo jurídico global, el principio de todos los sujetos parece confirmar una vez más que,

---

86. Fraser, *Escalas de justicia*, 68.

5. Autoridad y reconocimiento recíproco

dado que los órdenes jurídicos globales surgen por medio de una toma de lugar que incluye y excluye, [T1] la unidad putativa de los colectivos está *necesariamente* atada, normativamente hablando, a un proceso sin fin de [T2] unificación, pero solo unida *contingentemente* a [T3] un proceso de pluralización.

5.3.5. Derechos humanos y lo bueno
Podemos llevar ahora esta larga sección a su final revisitando la pregunta central del libro como un todo: ¿es posible un orden jurídico global, así no exista efectivamente, capaz de incluir sin excluir? ¿Es su orientación hacia la realización de tal orden lo que le otorga contenido normativo a una política autoritativa de los confines en un contexto global?

En la sección 4.5 me ocupé de explorar si el derecho internacional de los derechos humanos, como es en la actualidad, es un orden jurídico global en este sentido fuerte. Mi respuesta a esta pregunta fue un enfático "no". Me enfoqué para ello en las críticas subalternas al movimiento internacional de los derechos humanos, por un lado, y en el proyecto del derecho cosmopolita de Habermas, por el otro. En los dos casos, se hizo aparente que el régimen internacional de los derechos humanos existente eflorece a través de una toma de lugar que incluye y excluye. Las condiciones que rigen su génesis no son diferentes de las de todos esos otros órdenes jurídicos, a saber, actos representacionales que toman la iniciativa de determinar qué nos une (como seres humanos). No menos que cualquier otro orden jurídico, [T1] vale para el orden internacional de los derechos humanos. Su unidad es putativa y, como tal, vulnerable de ser cuestionada: hay una humanidad excluida de la humanidad que el derecho internacional de los derechos humanos asegura representar. Este régimen es un *nomos* de la Tierra.

¿Pero acaso este hallazgo sobrio y quizás sombrío implica que el universalista jurídico tendría que volverse un escéptico frente a los derechos humanos? En absoluto. Las razones para esto nos devuelven a la distinción entre lo universal y lo común que se introdujo más atrás en este capítulo. Lo universal concierne, normativamente hablando, a una demanda *a priori* que prescribe, antes de toda experiencia y sin excepción, qué *debe* tener lugar o, más precisamente, cómo deben ordenarse las relaciones intersubjetivas. El postulado universal subyacente a las teorías del reconocimiento recíproco es que las relaciones intersubjetivas, concretamente las jurídicas, deben ser ordenadas de manera tal que todos los humanos, sin excepción, sean tratados como seres libres e iguales. Lo común, al contrario, concierne a lo que es compartido por una gama de individuos de manera tal que ellos puedan verse a sí mismos como un grupo *confinado* involucrado en una acción conjunta. En consecuencia, la comunalidad presupone la inclusión y la exclusión: es el ámbito de la acción conjunta, el punto de la cual incluye y excluye por medio del establecimiento de lo que es importante para la acción conjunta y de lo que no lo es.

Si ha de ser un orden jurídico, el régimen internacional de los derechos humanos no puede sino tomar una perspectiva de la primera persona plural de un nosotros*. Esa perspectiva, se dirá, es la perspectiva de nosotros*, la humanidad como un todo. Semejante perspectiva solo es posible, sin embargo, si el régimen explica qué nos une como seres humanos (representación *de*), esto es, si representa a la humanidad como esto o aquello (representación *como*), por medio de una configuración por defecto que establezca los derechos y deberes concomitantes que corresponden a los seres humanos como tales. La Declaración Universal de los Derechos Humanos (DUDH) no yerra cuando sostiene, en su preámbulo, que los derechos y las libertades que compila son un "ideal *común* por el que todos los pueblos y naciones deben

5. Autoridad y reconocimiento recíproco

esforzarse".[87] Pero, como se anotó más atrás, no puede haber comunalidad sin inclusión y exclusión: los derechos incluidos en la DUDH determinan qué ha de valer como [1] las obligaciones *dirigidas* que nos debemos los unos a los otros como seres humanos, es decir, qué está incluido en la humanidad desde la perspectiva de la DUDH y qué no. La DUDH no puede incluir a la humanidad sin excluirla también, marginalizando dimensiones de lo que una gama de individuos o grupos podrían estimar como las dimensiones importantes de su humanidad.

El universalista jurídico reconocerá esto a regañadientes al ser empujado a ello, pero agregará de inmediato que esta es una historia truncada de los derechos humanos. En efecto, la Asamblea General proclama una Declaración *Universal* de los Derechos Humanos. ¿Cuál es la base de esa afirmación? El artículo 1: "Todos los seres humanos nacen libres e iguales en dignidad y derechos y, dotados como están de razón y conciencia, deben comportarse fraternalmente los unos con los otros". La formulación del artículo muestra que no se trata de una afirmación *a posteriori* que pueda ser demostrada o refutada por la experiencia. Tampoco es el resultado de un proceso inductivo destilado de lo que nos muestra la realidad social en toda su variedad y que estaría sujeto a reformulación si la realidad social cambiara. El artículo 1 de la DUDH está *proclamado*. En efecto: postula lo que debe ser con antelación a toda experiencia y sin excepción. Parafraseando a Jullien, "nosotros*, el colectivo que proclama la DUDH, no solo afirmamos que hasta el día de hoy todos los seres humanos han nacido libres e iguales en dignidad y derechos, sino que *no puede* ser de otro modo". El artículo 1 estipula cómo *deben* ordenarse

---

87. "Declaración Universal de Derechos Humanos", https://www.ohchr.org/EN/UDHR/Documents/UDHR_Translations/spn.pdf, itálicas fuera del texto.

La autoridad y la globalización de la inclusión y la exclusión

las relaciones sociales, sin excepción, incluso si su nacimiento inserta a los seres humanos en el espacio y el tiempo, es decir, en el ámbito de lo común, de manera tal que la inequidad y la dominación pueden establecerse.

Queda ahora más claro, con base en esta reconstrucción, cómo las teorías del reconocimiento recíproco pueden aceptar que [T1] el orden internacional de los derechos humanos no es más que una unidad putativa que surge por medio de una toma de lugar que incluye y excluye, a la vez que reconstruyen la evolución normativa del derecho internacional de los derechos humanos como [T2] un proceso de unificación en desarrollo. Porque todos "los derechos y libertades proclamados en esta Declaración" (artículo 2 de la DUDH) no son más que la *configuración por defecto* del punto de la acción conjunta bajo la DUDH, los cuales no alcanzan a articular lo que valdría como la ordenación de la acción conjunta bajo el derecho de manera que todos fueren tratados como seres iguales y libres. Lo mismo vale, desde luego, para el derecho regional y nacional de los derechos humanos. En cuanto "ideal *común* por el que todos los pueblos y naciones deben esforzarse", los derechos y libertades contenidos en la DUDH son vulnerables frente a los alegatos según los cuales estos dan lugar a reconocimientos fallidos, tales como los elevados en su contra por parte de las críticas subalternas de los derechos humanos. Sin embargo, como se anotó más atrás, es significativo que estas críticas no sean simplemente un rechazo de plano de la pretensión de universalidad de los derechos humanos:

> Hay una necesidad urgente de un movimiento de los derechos humanos que sea multicultural, inclusivo y profundamente político. Así, mientras que es esencial que un nuevo movimiento de los derechos humanos supere el eurocentrismo, es igualmente importante que también se ocupe profundamente de las relaciones

5. Autoridad y reconocimiento recíproco

de poder asimétricas entre y dentro de las culturas, las economías nacionales, los Estados, los sexos, las religiones, las razas y los grupos étnicos y otras divisiones sociales. Un movimiento tal no podría tratar al eurocentrismo como el punto de partida y a otras culturas como periféricas. El punto de partida para el movimiento debe ser una asunción básica sobre la equivalencia moral de todas las culturas.[88]

Estamos nuevamente frente a la dialéctica del reconocimiento, en esta ocasión con respecto a los derechos humanos. Para el universalista, la afirmación de que la lectura liberal de los derechos humanos no logra reconocer, entre otros, la identidad de los individuos y las comunidades africanas presupone el autorreconocimiento de estos individuos y comunidades en el postulado del artículo 1 de la DUDH, de acuerdo con el cual todos los humanos deben ser tratados como libres e iguales. Y al demandar el reconocimiento de formas fuertes de identidad grupal, estos individuos y comunidades confrontan al colectivo de los Estados que proclamaron la DUDH con posibilidades propias que no se realizan en su configuración por defecto, posibilidades que pueden realizarse ya sea por medio de la reinterpretación de los derechos existentes o por la inclusión de nuevos derechos en el compendio del derecho internacional de los derechos humanos. En esta lectura, la DUDH no es ajena a la dialéctica por medio de la cual, reconociéndonos en el otro y al otro en nosotros, puede operarse el paso del reconocimiento fallido al reconocimiento recíproco, es decir, de la exclusión a la inclusión en una unidad más abarcadora. Pero dado que, como lo anota Jullien, lo universal y lo común pertenecen a órdenes diferentes, a los órdenes de lo *a priori* y lo *a posteriori*, hay un cisma que no puede ser cerrado entre la *universalidad* del

---

88. Mutua, "Savages, Victims, and Saviors", 207.

La autoridad y la globalización de la inclusión y la exclusión

postulado de seres libres e iguales y la *comunalidad limitada* pretendida por los derechos y libertades articulados en un régimen internacional de los derechos humanos en evolución. Por un lado, la humanización plena del derecho de los derechos humanos debe posponerse indefinidamente en el tiempo histórico, en consonancia con la noción de una idea regulativa. Por el otro, la humanización progresiva del derecho de los derechos humanos es posible porque, como lo dice Waldron, "nada humano es foráneo".[89] La humanidad que yace más allá del límite del derecho internacional de los derechos humanos en cualquier momento dado en el tiempo puede ser en principio incluida en ese orden, si a la dialéctica del reconocimiento se le permite hacer su trabajo normativo. De allí viene la así llamada *cascada* de los derechos humanos.

Bajo esta perspectiva, no hay nada tautológico o vacío en definir a los derechos humanos como los derechos que los individuos deben otorgarse los unos a los otros si han de reconocerse como seres libres e iguales. Mientras que la agenda existente de derechos humanos que los individuos se otorgan los unos a los otros como derechos jurídicos pertenece al ámbito de lo común, la orden según la cual los individuos deben otorgarse los unos a los otros esos derechos que les permiten reconocerse entre sí como seres libres e iguales hace parte de lo universal. La definición se refiere a una *tensión* entre lo común y lo universal, no a la identidad entre un orden positivo de derechos humanos y la libertad y la igualdad que aquel hace posibles.

Estas consideraciones sugieren dos razones interconectadas por las que el régimen internacional de los derechos humanos es el eje de las lecturas contemporáneas universalistas de los procesos de globalización. De una parte, el régimen establece un *estándar*

---

89. Jeremy Waldron, "What is Cosmopolitan?", *Journal of Political Philosophy* 8 (2000): 227-243, 243.

5. Autoridad y reconocimiento recíproco

común al cual todos los órdenes jurídicos, globales o de otro tipo, deben adherirse. Ofrece un criterio normativo para la crítica de todos los órdenes jurídicos y, a través de su crítica, para la convergencia normativa alrededor de lo que vale como una política autoritativa de los confines en un contexto global. El régimen internacional de los derechos humanos mantiene, entre otras, la promesa de poner el capitalismo global bajo control normativo, aun cuando ello no sea suficiente para su control institucional. De la otra, puesto que no es más que un estándar *común*, en sí mismo abierto a cuestionamientos más o menos radicales, el régimen internacional de los derechos humanos es el terreno privilegiado en el que la *brecha* y la *conexión* entre lo universal y lo común se vuelve visible a los participantes de los procesos de globalización, abriendo la perspectiva de la humanización completa de los derechos humanos en un orden jurídico global que sería incondicionalmente válido, porque tendría un adentro sin un afuera: el universalismo jurídico, tal y como fue definido al comienzo de este capítulo. Así entendido, la autoritatividad de un orden global de los derechos humanos se deriva, en últimas, de su orientación interna hacia lo que es bueno para *todos*, y no meramente de lo que es bueno para *nosotros*, es decir, para un colectivo particular.

Es sobre este trasfondo, creo, que el universalismo sigue insistiendo en que la distinción entre lo correcto y lo bueno es la presuposición indispensable de una política autoritativa de los confines en un contexto global. Ello, porque esta distinción no es nada más que la distinción entre lo universal y lo común. Para las teorías afectas al universalismo, los procesos de globalización estarían desprovistos de cualquier dirección o sentido normativo, abandonados a la contingencia de la manera como los colectivos incluyen y excluyen, sin el postulado de una comunidad ideal de seres humanos libres e iguales que todos los que participan en las luchas por el reconocimiento tendrían que haber aceptado de antemano, si es que sus luchas han de ser entendidas como luchas por reconocimiento recíproco.

Al ser atado al régimen internacional de los derechos humanos, el principio normativo de reconocimiento recíproco postula que un orden jurídico global, en el sentido fuerte indicado al comienzo de este libro, podría surgir gradualmente. Es en este sentido que Delmas-Marty, entre otros, puede decir que los procesos de globalización encierran la promesa de una "comunidad humana global".[90] La globalización, en este sentido fuerte, equivale a la humanización progresiva del régimen internacional de los derechos humanos y del creciente número de órdenes jurídicos globales que tallan sobre su estándar común. El derecho de los derechos humanos que oyera el llamado normativo del reconocimiento recíproco marcaría el surgimiento gradual de un orden jurídico global con un adentro pero sin un afuera —aparte, desde luego, del afuera poblado por aquellos que niegan o cuestionarían, de palabra u obra, que los seres humanos nacen libres e iguales—. Sin embargo, para el universalista jurídico, estos no son extraños ni su lugar es una xenotopía propiamente dicha. Son criminales [*outlaws*]. La suya sería una forma privativa de humanidad que ciertamente infringiría, mas no transgrediría, los confines que establecerían, en nombre de todos los seres humanos y en aras de todos ellos, quién debe hacer qué, dónde y cuándo. Quien niegue la posibilidad de un orden jurídico global plenamente humanizado y que su realización es el *telos* que otorga dirección normativa a una política autoritativa de los confines en un contexto global se rinde al relativismo. Eso dice el universalista.

---

90. Delmas-Marty, *Vers une communauté de valeurs?*, 10ss.

5. Autoridad y reconocimiento recíproco

5.4. Yendo más allá del reconocimiento recíproco

La sección 5.3 no pretendió ofrecer nada que se asemeje, ni siquiera remotamente, a una exposición plena de las teorías del reconocimiento recíproco de proclividad universalista. Su énfasis y propósito fueron mucho más modestos. Su *énfasis* fue el modelo Aciam del derecho. Concretamente, mi interés yacía en probar si el modelo podía incorporar consideraciones normativas en su explicación de los órdenes jurídicos globales emergentes y de qué manera podría hacerlo. Su *propósito* fue establecer cómo las teorías del reconocimiento recíproco reconstruirían una política autoritativa de los confines. En particular, intenté mostrar que, para estas teorías, la presuposición normativa de hacer real un orden jurídico omniinclusivo está necesariamente incorporada en el concepto de *autoridad* que está disponible para el modelo Aciam del derecho. Normativamente hablando, la humanización progresiva del régimen internacional de los derechos humanos es el ejemplar privilegiado de un orden jurídico global emergente en el sentido fuerte que se ha postulado en este libro.

Ahora invertiré el orden de la indagación. Si la sección 5.3 juntó las teorías del reconocimiento recíproco para explicar las posibilidades normativas del modelo Aciam del derecho, surge ahora la pregunta invertida sobre si el modelo Aciam del derecho puede arrojar luz sobre las *dificultades* normativas que estas teorías enfrentan al dar razón de una política autoritativa de los confines en un escenario global. De acuerdo con la manera como se entiende a sí mismo, el universalismo jurídico puede dar respuesta a este cuestionamiento, por lo menos parcialmente. Esto, en cuanto el universalismo jurídico concedería tranquilamente, como lo anota Jullien, que un concepto de lo universal es extremadamente exigente. La respuesta preferida a este problema es trazar una distinción entre una teoría normativa ideal y una no ideal: aquella labra el concepto de *justicia (global)* que sirve de norte a la transformación social; esta se ocupa de la manera como las instituciones podrían contribuir a realizar la justicia (global) bajo condiciones subóptimas.[91] Esta estrategia deja intactas a la teoría ideal y a sus presuposiciones, trasladando la atención a las maneras como su rigor podría ser suficientemente mitigado para darle valor en la política y el derecho del día a día.

5.4.1. Tribulaciones del principio de todos los afectados

No sigo ese camino. Mi preocupación es con el universalismo jurídico en cuanto teoría *ideal*, no porque sea extremadamente exigente, sino porque, al analizarlo cuidadosamente, el modelo Aciam del derecho muestra que el universalismo jurídico entiende una política autoritativa de los confines equivocadamente en aspectos importantes.

Los principios de todos los afectados y de todos los sujetos, en todas sus variedades y permutaciones, revelan una primera dificultad del universalismo jurídico. Aunque estos principios pretenden ofrecer un criterio normativo para responder a la que Fraser llama *la pregunta por el "quién"* con respecto a cualquier orden jurídico dado, global o de otro tipo, no dan ninguna dirección frente al conflicto *entre órdenes jurídicos* en el marco del pluralismo jurídico global. Esto es particularmente notable, porque, como lo vimos al discutir los trabajos de Delmas-Marty y de Berman, las relaciones conflictuales entre órdenes jurídicos han atraído la atención permanente de los litigantes y académicos, al reflexionar sobre los problemas del reconocimiento. La gama de técnicas y prácticas jurídicas para lidiar con esos conflictos va mucho más allá del alcance de las teorías del reconocimiento

---

91. Véase, por ejemplo, John Rawls, *Teoría de la justicia*, trad. de María Dolores González (México: Fondo de Cultura Económica, 1995), 231.

5. Autoridad y reconocimiento recíproco

recíproco entre individuos. Particularmente, el sentido doble de deferencia en relación con el otro que opera en la autorregulación colectiva —deferencia como posposición y como suspensión— parece muy relevante para una reconstrucción filosófica del concepto de *reconocimiento* propio del conflicto entre órdenes jurídicos; sin embargo, aquel sigue estando fundamentalmente fuera del alcance de las teorías filosóficas del reconocimiento recíproco. Las razones para esta disparidad se relacionan con los enfoques notoriamente diferentes al problema de la autoridad en un entorno pluralista que tienen, por un lado, la doctrina jurídica y, por el otro, las teorías filosóficas del reconocimiento recíproco. Mientras que aquella se acerca a la autoridad desde el punto de vista de la interacción entre órdenes jurídicos, estas lo hacen desde el punto de vista de la interacción entre individuos.

La razón para esta discrepancia está vinculada al respaldo, por parte de las teorías universalistas del reconocimiento recíproco, del *individualismo normativo*. Peter Singer ofrece una formulación suya particularmente enérgica cuando se refiere a "todos los seres humanos, o incluso todos los seres sensibles, como la unidad básica de interés para nuestro pensamiento ético".[92] Una vez se hace esta presuposición, germina una tarea doble para el pensamiento normativo. Por un lado, se desarrolla un concepto normativo del Estado y la autoridad partiendo de las luchas por reconocimiento entre individuos. Ejemplo de esto es el último libro de Ricœur, *Caminos del reconocimiento*, aunque el autor indica explícitamente que no atravesará el umbral que lleva de una teoría del reconocimiento a una teoría del Estado.[93] Por el otro lado, como imagen invertida del paso normativo de lo individual a lo colectivo, podría decirse que el individualismo normativo tiende a perforar el velo

---

92. Singer, *One World*, xxii.
93. Ricœur, *Caminos del reconocimiento*, 274-275.

La autoridad y la globalización de la inclusión y la exclusión

de las identidades colectivas en conflicto, reconstruyéndolas como conflictos entre individuos. Las demandas por un orden global de derechos humanos en el que las autoridades estarían habilitadas para articular, monitorear e imponer el núcleo de los derechos humanos de los individuos, prescindiendo de la soberanía estatal de ser necesario, llevan este razonamiento a su conclusión lógica.

En pocas palabras, aunque el individualismo normativo está listo para aceptar la existencia de colectivos, tiene dificultades para conceptualizar el reconocimiento como una categoría normativa que guía la interacción conflictual entre órdenes jurídicos. La pregunta de fondo que surge, y que nos ocupará en su debido momento, es si esta presuposición sobre la reductibilidad del conflicto entre órdenes jurídicos a conflictos entre individuos le hace justicia a una política autoritativa de conflictos en un contexto de pluralismo jurídico global.[94]

Una segunda dificultad se relaciona con el principio de identidad democrática. Recuérdese el problema, tal y como lo describe Fraser: la asunción de que la territorialidad estatal es la condición previa de la identidad entre gobernantes y gobernados ha dejado de tener validez en un contexto "poswestfaliano", marcado por una diversidad de órdenes jurídicos transnacionales e incluso globales. Parecería que se necesita un criterio no territorial para establecer quién debe participar en la gobernanza. Los principios de todos los afectados y de todos los sujetos son los intentos más prominentes para lidiar con este problema. ¿Pero han de funcionar?

---

94. Un buen ejemplo es la dificultad que Honneth encuentra para reconstruir el reconocimiento de los Estados de una manera que evite colapsar las identidades colectivas en identidades individuales. Véase su ensayo "Recognition between States: On the Moral Substrate of International Relations", en íd., *The I in We: Studies on the Theory of Recognition* (Cambridge: Polity Press, 2012), 137-152.

5. Autoridad y reconocimiento recíproco

Véase, en primer lugar, esta caracterización influyente del principio de todos los afectados: "Aquellos afectados de manera significativa (esto es, no trivialmente) por las decisiones, asuntos o procesos públicos deberían, *ceteris paribus*, tener una oportunidad igual, directamente o indirectamente a través de delegados o representantes electos, para influenciarlos y moldearlos".[95] Lo que inmediatamente llama la atención son los dos condicionamientos: "de manera significativa" y "*ceteris paribus*". ¿Quién decide si estos condicionamientos se dan en un caso dado? ¿No tendrían que ser las autoridades *dentro* del orden jurídico? Esto no equivale a decir que las autoridades necesariamente rechazarían de plano las demandas de reconocimiento elevadas por los individuos o grupos que eran considerados previamente como no importantes con respecto a la autorregulación colectiva. Pero los condicionamientos muestran que el concepto de *autoridad* se predica de una relación *asimétrica* entre adentro y afuera. Los que están adentro demandan tener derecho a establecer, por medio de sus autoridades, quién puede ser incluido y quién no. Más generalmente, el cerramiento que da lugar a un colectivo no se limita a simplemente distinguir el adentro y el afuera como posiciones que son intercambiables por tener la misma valencia: los condicionamientos introducidos por Held muestran que toda la razón de ser del cerramiento colectivo es *preferir* el adentro sobre el afuera.[96] Permítaseme llamar a esta la Asimetría 2 (introduciré una Asimetría 1 posteriormente). Así, el problema del principio de

---

95. David Held, "Cosmopolitanism: Taming Globalization", aparte reimpreso en *The Global Transformations Reader*, 2.ª ed., ed. de David Held (Cambridge: Polity Press, 2002), 514-529, 518.

96. Recurro aquí a la noción de Waldenfels de una "preferencia en la diferencia". Véase Bernhard Waldenfels, *Antwortregister* (Fráncfort: Suhrkamp, 1994), 202-210, y Bernhard Waldenfels, *Vielstimmigkeit der Rede: Studien zur Phänomenologie des Fremden* (Fráncfort: Suhrkamp, 1999), 4:197.

todos los afectados no va a desaparecer por la mera remoción de las dos condiciones de la formulación del principio. En efecto, la tarea de las autoridades jurídicas es articular, monitorear y sostener la distinción preferencial entre adentro y afuera, al tiempo que modulan la manera como ha de ser trazada esa distinción. Esta es la razón por la cual el concepto de *autoridad* no puede ahorrarse una *política* de los confines.

El problema no es menos virulento frente al principio de todos los sujetos de Fraser. Como lo admite la misma Fraser, no es obvio quién vale o debe valer como sujeto ante una estructura de gobernanza. Pero, entonces, ¿quién debe decidir este asunto espinoso? La respuesta de Fraser es que debe ser ideado "un proceso dialógico que aplique el 'principio de todos los sujetos' a las disputas sobre el 'quién'".[97] Para ser legítimo, el diálogo debe ser irrestricto e inclusivo; su escenario sería, en primera instancia, la sociedad civil. Pero, como lo anota la autora, los desafíos al "quién" de la identidad democrática también exigen una vía institucional para estar justificados y llevar a decisiones vinculantes. Esta vía institucional requiere "procedimientos imparciales y una estructura representativa"; adicionalmente y de manera crucial, los "representantes [...] han de tener la capacidad de tomar decisiones vinculantes sobre el 'quién', que reflejen su juicio generado comunicativamente sobre quien de hecho está sujeto a una determinada estructura de gobernanza".[98]

A pesar del peán de Fraser al principio de todos los sujetos, este adolece del mismo problema que afecta al principio de todos los afectados. Esto, por cuanto se estima que los representantes representan a un nosotros* confinado: aunque ellos pueden ciertamente cambiar la configuración por defecto de la acción conjunta

---

97. Fraser, *Escalas de justicia*, 70.
98. Ibíd., 71 (traducción alterada).

5. Autoridad y reconocimiento recíproco

como respuesta a las demandas de reconocimiento elevadas en la esfera de la sociedad civil, lo hacen sobre la base de una relación asimétrica entre adentro y afuera *que se tiene que mantener como tal*. El consenso con quienes habrían de cuestionar la distinción adentro/afuera no es lo que busca una política autoritativa de los confines: ni de hecho ni idealmente. En términos de ontología social, el punto es el siguiente: los colectivos no existen independientemente de los agentes que los componen, pero su existencia es irreductible a ellos, lo que precluye simplemente colapsar las preguntas sobre una política autoritativa de los confines al modelo normativo de las luchas por reconocimiento entre individuos.

Un ejemplo particularmente agudo de esto es el llamado de Joseph Carens a "linderos relativamente abiertos" con respecto a los flujos migratorios.[99] A pesar de su carácter aparentemente radical, la tesis de Carens no va más allá del *statu quo* sobre la inmigración. En efecto, la defensa de linderos *relativamente* abiertos delata la asimetría fundamental que existe entre las posiciones de adentro y las de afuera de una comunidad política: establecer desde adentro si los linderos se abren y a quién hace parte del concepto mismo de *autoridad*.[100] Ciertamente, la defensa de Carens se refiere a los Estados, mientras que Held, Fraser y otros tienen en mente comunidades políticas no estatales, pero eso es irrelevante de cara a mi argumento sobre la asimetría con respecto a la pregunta sobre el "quién". El condicionamiento *relativamente* juega el mismo papel para la política migratoria estatal

---

99. Joseph Carens, "Aliens and Citizens: The Case for Open Borders", *The Review of Politics* 48 (1987): 251-273, 252.

100. Para una crítica y una alternativa al enfoque de Carens, véase Hans Lindahl, "To Each Their Own Place? Immigration, Justice, and Political Reflexivity", en *Spheres of Global Justice*, ed. de Jean-Christoph Merle (Dordrecht: Springer Science and Business Media, 2013), 1:317-328.

en concreto que los condicionamientos *de manera significativa* y *ceteris paribus* juegan frente a los principios de todos los afectados y todos los sujetos en general.

Esto impacta directamente las nociones de un "diálogo" y de "juicio generado comunicativamente", a las que apela Fraser. Ya hemos visto que un diálogo constitucional empieza con un acto autoritativo que no es en sí mismo dialógico, pero esa es solo la mitad de la historia. De la misma manera que los diálogos constitucionales (en un sentido amplio de la expresión que abarca todas las variedades del modelo Aciam) no empiezan dialógicamente, las autoridades pueden invocar la constitución para finalizar un diálogo que ellas consideran que está fuera de la constitución, ya sea por razones procesales, sustantivas o de los dos tipos. En pocas palabras, la (re)negociación de la configuración por defecto de la acción conjunta bajo el derecho, como respuesta a las demandas de reconocimiento, presupone que las autoridades reclaman el derecho a, en últimas, determinar en nombre del colectivo los límites dentro de los cuales la transformación de la acción conjunta es permisible, porque lo que está en juego es el mantenimiento de la unidad putativa de un colectivo, esto es, mantener la relación asimétrica entre adentro y afuera, que es esencial al *auto*gobierno. Esta característica también es parte de la Asimetría 2: la asunción de que el diálogo sobre quién debe poder tener voz y voto en las estructuras de gobernanza debe ser "irrestricto" no puede ser compaginada con aquello en lo que la *gobernanza* consiste. La relación con el otro desplegada por una política autoritativa de los confines, al lidiar con la pregunta sobre el "quién", es esencialmente asimétrica.

Nótese que este no es un argumento en contra de la introducción de procedimientos que le abran un espacio al cuestionamiento institucional de los cerramientos, pero ninguno de esos procedimientos deshace la asimetría que es constitutiva de una política

5. Autoridad y reconocimiento recíproco

autoritativa de los confines: las autoridades reclaman la prerrogativa de decidir en última instancia, sobre la base del punto de la acción conjunta, quién eleva una demanda *justificada* de reconocimiento y, como tal, tiene derecho a la igualdad participativa en el colectivo. El problema del reconocimiento justificado será discutido extensamente al explorar el derecho administrativo global en el capítulo 7.

5.4.2. Una asimetría doble

El problema de las demandas justificadas de reconocimiento apunta a un segundo asunto más profundo que confrontan las teorías universalistas del reconocimiento recíproco. Incluso si hay una relación asimétrica entre adentro y afuera, el universalista argüirá que esto no tiene por qué precluir que una situación inicial de reconocimiento fallido, aquejada por la asimetría, sea transformada en la simetría del reconocimiento recíproco. Las teorías del reconocimiento recíproco asumen, como se indicó más atrás, que todas las partes en una lucha por reconocimiento pueden tomar la perspectiva del otro, entendiéndose a sí mismas a través de los ojos del otro. Esta asunción está en la raíz de la noción de *reciprocidad* que rige la dialéctica del reconocimiento por medio del cual cada una de las partes se reconoce en el otro y el otro en ella. Recuérdese la formulación que hace Habermas de esta dialéctica: "El *ego* se encuentra en una relación interpersonal que le permite referirse a sí mismo, desde la perspectiva de *alter*, como participante en una interacción".[101] No es exagerado decir que la reciprocidad, así entendida, apalanca todo el alegato a favor de la globalización como universalización.[102]

---

101. Habermas, *El discurso filosófico de la modernidad*, 354.

102. Preocupada por las tendencias asimilativas de las lecturas simétricas del reconocimiento recíproco, Iris Marion Young arguye a favor de la "reciprocidad asimétrica". Aunque parece plausible a primera vista, una lectura más

La autoridad y la globalización de la inclusión y la exclusión

Sin embargo, esta asunción es disputable. Para ver por qué, lo primero que debemos hacer es volver al ejemplo que usé para introducir la dialéctica del reconocimiento: la demanda de reconocimiento elevada por la KRRS en contra de la OMC. ¿En qué condiciones puede la quema de campos de OGM registrar *en absoluto* frente a la OMC como una demanda de reconocimiento? Más generalmente, ¿qué se requiere para que un comportamiento pueda posar como un cuestionamiento *normativo* a un colectivo, confrontándolo con la pregunta práctica sobre qué trata/debería tratar nuestra acción conjunta? La respuesta implícita a esta pregunta, en el desarrollo ulterior de nuestro ejemplo, fue que la demanda de reconocimiento debe confrontar a un colectivo con posibilidades prácticas *propias* que este ha excluido injustificadamente de la configuración por defecto del punto de la acción conjunta. Para repetir mi previa paráfrasis de la formulación lapidaria de Gadamer, las teorías del reconocimiento recíproco asumen que, en últimas, todo reconocimiento es un *auto*rreconocimiento. El desarrollo del ejemplo se apoyó en esta idea, al notar que la acción directa de la KRRS podría confrontar a la OMC con la discrepancia —la no identidad— entre su aspiración de proteger y preservar el medio ambiente, como aparece expresada en el preámbulo del Acuerdo de la OMC, y su configuración por defecto de las reglas del comercio mundial. Transformar la configuración por defecto de la acción conjunta de manera que esta dé cuenta de la demanda de reconocimiento de la KRRS restauraría la autoidentidad de la OMC, dice el universalista jurídico, y, al restaurar esa autoidentidad,

---

detallada de su argumento muestra que Young reintroduce la simetría en su explicación de la reciprocidad. Véase Iris Marion Young, "Asymmetrical Reciprocity: On Moral Respect, Wonder and Enlarged Thought", en íd., *Intersecting Voices* (Princeton, NJ: Princeton University Press, 1997), 38-59. Véase Lindahl, *Fallas de la globalización*, 462-464.

5. Autoridad y reconocimiento recíproco

la transformación de la configuración por defecto del colectivo desplegaría la dialéctica del límite por medio de la cual la OMC vendría a reconocer al otro (la KRRS) como uno de los nuestros.

Esto es sin duda demasiado fácil. ¿Consiste acaso la demanda de reconocimiento de la KRRS únicamente, o incluso solo principalmente, en pedir que la OMC proteja y preserve el medio ambiente? Que su demanda registre así frente a la OMC solo nos dice qué y de qué manera el punto de la acción conjunta bajo la OMC filtra —*enmarca*— lo que vale como un cuestionamiento normativo al colectivo, es decir, lo que puede impactar a la OMC (en el doble sentido de la expresión) como una demanda *justificada* de reconocimiento. Es verdad que la demanda de reconocimiento de la KRRS no tiene que ser reducida a los términos de la protección y la preservación del medio ambiente; podría quizás recurrirse a otras consideraciones del preámbulo del Acuerdo o a otros aspectos de la configuración por defecto de la OMC del comercio mundial, pero la demanda de la KRRS solo registrará como justificada *si* puede ser relacionada con el punto de la acción colectiva bajo la OMC y aparecer como coherente con él. Entonces, surge de nuevo la pregunta: ¿la demanda de reconocimiento de la KRRS es únicamente, o incluso solo principalmente, una demanda consistente con la regulación del comercio mundial por parte de la OMC? Más enfáticamente: ¿la KRRS está simplemente pidiendo su *inclusión* en una OMC transformada, una OMC que reestablezca los confines determinando quién debe hacer qué, dónde y cuándo de manera que reconozca a la KRRS "como uno de los nuestros"?

Estas consideraciones revelan un tercer aspecto de la Asimetría 2, adicional a la distinción preferencial entre adentro y afuera y a la prerrogativa reclamada por las autoridades para terminar unilateralmente un diálogo sobre los confines en caso de que estimen que las demandas de reconocimiento están fuera de lugar. El tercer aspecto gira en torno al punto de la acción conjunta y las respuestas colectivas que habilita. Con esto no quiero decir que un colectivo pueda decidir *ignorar* una demanda de reconocimiento, algo que, desde luego, ocurre habitualmente. Ciertamente, ignorar una demanda presupone que esta registra como desafío normativo. Lo que quiero decir es que los colectivos enmarcarán su respuesta a las demandas de reconocimiento por parte del otro de tal manera que sus actos de reconocimiento puedan ser actos de *auto*rreconocimiento colectivo. En otras palabras, aunque los colectivos existan en el modo de la cuestionabilidad, su cuestionabilidad es finita. Aunque el ámbito de lo que es importante para la acción conjunta es, efectivamente, susceptible de reconsideración y ajuste, ninguna acción colectiva es posible sin un ámbito variable de *indiferencia normativa* a la que el colectivo no responde ni puede responder por medio del cambio de la configuración por defecto de la acción conjunta, porque dicha configuración es una respuesta a la pregunta "¿sobre qué trata/debe tratar *nuestra* acción conjunta?".[103] Volviendo a nuestro ejemplo, hay facetas de la demanda de reconocimiento de la forma de vida de los granjeros indios frente a las que la OMC se mantiene normativamente indiferente, aunque hubiera otros aspectos de su demanda que estuviera dispuesta a ver como justificados y estuviera preparada para cambiar la configuración por defecto del comercio mundial. Los colectivos no solo existen en el modo de cuestionabilidad finita, sino también en el modo de responsividad finita.[104] Con anterioridad a la interpretación de

---

103. Para una aguda ilustración de esta tesis, en lo que concierne al derecho penal, véase Emilios Christodoulidis, "The Objection that Cannot Be Heard: Communication and Legitimacy in the Court Room", en *The Trial on Trial. Vol. 1: Truth and Due Process*, ed. de Antony Duff et al. (Oxford: Hart Publishers, 2004), 179-202.

104. Jullien ofrece una confirmación interesante de lo que he denominado *indiferencia normativa* en el contexto de su discusión sobre los derechos humanos y la cultura. En contra de Panikkar, de quien hablamos brevemente en el

5. Autoridad y reconocimiento recíproco

Fraser del "enmarcamiento" como las escalas de justicia global, transnacional, nacional o subnacional, se da el enmarcamiento por medio del cual la acción conjunta separa lo que es o puede volverse importante para la acción conjunta, y que por lo tanto es susceptible de ser regulado en la configuración por defecto del punto de la acción conjunta, de una zona de indiferencia normativa que excede las posibilidades prácticas de un colectivo.

La cuestionabilidad finita y la capacidad de respuesta finita de los colectivos anuncian una segunda forma de asimetría, que denomino la Asimetría 1. En cuestión está la asimetría de una demanda de reconocimiento que es *previa* a la respuesta del colectivo a esa demanda. La prioridad aquí no se refiere sencillamente a lo que es anterior en términos secuenciales —primero una demanda y después una respuesta— y capaz de ser ordenado en el tiempo cronológico. La anterioridad de la demanda concierne a un desafío normativo que llega *demasiado temprano* en el sentido de una pregunta para la cual el colectivo fue cogido fuera de base y la cual no pudo haber estado preparado para responder. La configuración por defecto de la acción conjunta, según el modelo Aciam del derecho, establece qué expectativas normativas deben tener entre sí los participantes en la acción conjunta. Como lo indica la palabra, una expectativa se refiere a una creencia sobre lo que ocurrirá o debe ocurrir. Las expectativas recíprocas les ayudan a los participantes en un colectivo a captar el futuro, limitando a un número manejable la cantidad potencialmente

---

capítulo 4, Jullien apunta que identificar el *dharma* como un equivalente funcional de los derechos humanos oculta que el problema en cuestión es de *indiferencia* más que de diferencia: "Para el punto de vista del *dharma*, el concepto (europeo) de los derechos humanos no despierta en ningún momento otra cosa que 'indiferencia'; no es que el pensamiento indio se proponga criticar esa noción —ni siquiera se le ocurre recelar de ella—, es que esta le interesa francamente poco". Jullien, *De lo universal*, 131.

La autoridad y la globalización de la inclusión y la exclusión

infinita de posibilidades con las que podrían ser confrontados al interactuar. Las expectativas normativas conectan el futuro con el presente, de manera que nosotros* podemos confiar en el futuro ahora en el presente, transformando con ello a aquel, *desde ya*, en el presente. Es esto exactamente lo que la etimología de *anticipar* muestra, a saber, tomar algo antes de tiempo (*ante* + *capere*).[105] Las demandas de reconocimiento son anteriores a la acción conjunta porque toman al colectivo por sorpresa, demostrando posibilidades prácticas para actuar juntos que no había ni podía haber anticipado, es decir, como un futuro que viene *con antelación* al futuro para el cual nosotros* estábamos preparados y habíamos hecho presente por medio de nuestra acción conjunta.

De hecho, podría decirse que las demandas de reconocimiento nos anticipan, al colectivo, en el sentido etimológico del término: *toman* posesión (de nosotros) antes de (nuestro) tiempo. La prematuridad de la toma inaugural que echa a andar a un colectivo por medio de la inclusión y la exclusión tiene su correlato en la toma inesperada de una demanda de reconocimiento que disloca la acción conjunta por medio de la revelación de posibilidades prácticas para las cuales el colectivo no estaba preparado normativamente. Véase aquí la estructura temporal de la toma de lugar que, como lo vimos en el capítulo 4, anima a las alterglobalizaciones, tales como la acción directa de la KRRS, la apropiación de San Cristóbal de las Casas por los zapatistas y la toma del Zuccotti Park por el movimiento Occupy Wall Street. Las xenotopías son xenocrónicas, y viceversa.

Esta asimetría doble también opera en las respuestas a las demandas de reconocimiento que se elevan en contra de todos los órdenes jurídicos globales discutidos en los capítulos 2 y 3, como

---

105. Véase *Online Etymology Dictionary*, https://www.etymonline.com/searsch?q=anticipate

5. Autoridad y reconocimiento recíproco

la ISO, el BCBS, la *lex mercatoria,* la *lex digitalis* y demás. Quizás lo más importante por notar es que el derecho internacional de los derechos humanos no es una excepción a esta asimetría doble, como queda claro cuando se mira más cuidadosamente la demanda de Makau wa Mutua con respecto al movimiento internacional de los derechos humanos, a saber, que su punto de partida sea "una asunción básica sobre la equivalencia moral de todas las culturas". Su demanda de que todas las *culturas* sean reconocidas como iguales no es idéntica a la súplica de que todos los *individuos* sean tratados como seres iguales y libres. El llamado de Mbiti, "yo soy porque nosotros somos, y porque nosotros somos, entonces soy", encaja y no encaja, sin más preámbulo, en el llamado a asegurar la igualdad y la libertad de todos los individuos. Además, no hay un punto de Arquímedes desde el cual sea posible establecer si las culturas son tratadas igualitariamente por el derecho internacional de los derechos humanos: la demanda de reconocimiento de una cultura tiene lugar como una demanda de reconocimiento *entre* culturas, razón por la cual las demandas de reconocimiento dirigidas al derecho internacional de los derechos humanos están adentro *y* afuera de ese régimen. Hay una humanidad que se mantiene más allá del *a priori* histórico y emplazado según el cual los derechos humanos son derechos que los humanos deben reconocerse los unos a los otros si han de reconocerse como seres libres e iguales. El derecho de los derechos humanos no puede hacer más que encarnar lo que es bueno para todos *nosotros*. Aunque es más sistemática que histórica, mi interpretación del derecho de los derechos humanos comparte la implacable tesis de Moyn de que "las interpretaciones y aplicaciones [de la idea de derechos humanos] son inevitablemente partisanas".[106]

---

106. Véase Moyn, *Human Rights and the Uses of History*, 84.

La autoridad y la globalización de la inclusión y la exclusión

En pocas palabras, las demandas de reconocimiento más allá de las posibilidades prácticas de un colectivo revelan sus confines como *fallas*, no meramente como límites. Mientras que los límites pueden expandirse o contraerse, las fallas señalan un *non plus ultra* para la acción conjunta. La cuestionabilidad y la responsividad finitas de los colectivos evocan las fallas de una política de reconocimiento recíproco y dan fe de la irreductibilidad de la pluralidad política a la unidad de un orden jurídico, global o de otro tipo. El universalismo jurídico no cumple lo que promete. La contingencia de los órdenes jurídicos —el hecho de *que* nosotros* seamos un colectivo jurídico y la pregunta sobre *qué* somos nosotros* como colectivo jurídico— no puede ser superada: ni de hecho ni en principio.[107]

5.4.3. La lógica compleja de los confines

Tendremos que ponderar las implicaciones de esta asimetría doble para el concepto de *reconocimiento* en el capítulo 6, pero la asimetría desafía la asunción de que una política autoritativa de los confines puede ser conceptualizada como una dialéctica que supera una situación inicial de reconocimiento fallido, al darle lugar al reconocimiento recíproco. Concretamente, esta asimetría desacredita la asunción según la cual reconocer "al otro como uno de nosotros" da fe del "flexible 'nosotros' de una comunidad que se opone a todo lo sustancial y que amplía cada vez más sus porosos límites" (Habermas). Reconocer "al otro como uno de nosotros" siempre

---

107. Llevando estas ideas un paso más allá, quizás podría decirse que el llamado a tratar a todos los humanos como seres libres e iguales es en sí mismo una falla, un *non plus ultra* para el concepto de *normatividad* que tiene su origen en el principio de autoconservación y que obtuvo su formulación metafísica consumada en la tesis sobre el *conatus* presentada en la proposición VI de la parte III de la *Ética* de Spinoza: "Cada cosa se esfuerza, cuanto está a su alcance, por preservar en su ser".

5. Autoridad y reconocimiento recíproco

es, en mayor o menor medida, asimilar al otro. *El reconocimiento también es siempre reconocimiento fallido*, y puesto que el reconocimiento del otro es un autorreconocimiento, el reconocimiento también es siempre reconocimiento fallido del otro *y de sí*.

Esto nos devuelve a las tres tesis que están en el corazón del debate sobre qué determina la autoritatividad de una política autoritativa de los confines. Las teorías del reconocimiento recíproco proponen apoyar [T1] unidad putativa y [T2] unificación, separándose de [T3] pluralización: una puesta en relación (*Einbeziehung*) sin exclusión (*Ausschließung*), en términos de Habermas. Incluso si su llegada se pospone indefinidamente en el tiempo histórico, el universalista jurídico nos dice que la progresión hacia un orden jurídico que incluya sin excluir debe ser postulada como el *telos* de una política autoritativa de los confines, si las globalizaciones han de ser algo más que procesos arbitrarios y si el relativismo ha de ser mantenido a la raya. Esta imagen de la globalización descansa, en últimas, en la tesis de que los confines hacen más que simplemente incluir y excluir. El universalista sostiene que los confines *incluyen lo que excluyen*, dando lugar a una dialéctica del límite que hace a los órdenes jurídicos cada vez más inclusivos, en tanto las autoridades actúen de buena fe. De esta manera, las teorías del reconocimiento recíproco pueden reivindicar la posibilidad de un orden jurídico global emergente en el sentido fuerte anotado con anterioridad en este libro, incluso si la realidad de los procesos de globalización que nos rodean no nos lleva más allá de órdenes que incluyen y excluyen.

La asimetría doble entre pregunta y respuesta interrumpe esta reconstrucción universalista del modelo Aciam del derecho. Que los órdenes jurídicos no puedan incluir lo que habían excluido sin también asimilarlo, que los órdenes jurídicos no puedan sino también reconocer fallidamente al otro *porque* el otro es reconocido como uno de nosotros, significa que la lógica de los confines es

La autoridad y la globalización de la inclusión y la exclusión

más compleja que lo previsto por las teorías del reconocimiento recíproco. Sí, los confines *incluyen lo que excluyen*, de manera que el reconocimiento del otro da lugar a una mayor inclusividad. Esta es la verdad del universalismo, y debe ser acogida inequívocamente por una política autoritativa de los confines. Pero al incluir lo que excluyen, los confines también *excluyen lo que incluyen*. No hay una puesta en relación sin una expulsión de la relación. La Asimetría 1 y la Asimetría 2 tienen su correlato en la lógica compleja de los confines, que incluyen excluyendo y excluyen incluyendo. Esta lógica compleja está en la raíz del hallazgo que hicimos en la sección 1.3.2, de acuerdo con el cual, si lo foráneo no tiene que ser extraño, lo extraño no tiene que ser foráneo. Una "fusión de horizontes", la metáfora centelleante con la que Gadamer capta la dialéctica del sí y del otro, se despliega en conjunto con una *fisión de horizontes*.[108] La tarea de una explicación normativamente rica de una política autoritativa de los confines es lidiar con los *dos* aspectos de la relación asimétrica entre el sí colectivo y el otro.

Así, hemos llegado a una bifurcación en el camino. Por un lado, la política de los confines que se sigue del modelo Aciam del derecho comparte con el universalismo jurídico la tesis según la cual [T2] los órdenes jurídicos pueden volverse más inclusivos, aunque como se los entiende desde una perspectiva autoritativamente mediada de la primera persona plural (un condicionamiento que atempera el alcance del inclusivismo). Por el otro lado, en contra del universalismo jurídico, el modelo Aciam del derecho implica que, puesto que los confines también excluyen lo que incluyen, [T2] unificación está necesariamente emparejada con [T3] pluralización. La réplica del modelo Aciam del derecho al cargo de *relativismo* que le elevan los universalistas jurídicos es invertir la queja: el universalismo se expone al cargo de *imperialismo* a

---

108. Gadamer, *Verdad y método I*, 376-377.

5. Autoridad y reconocimiento recíproco

fuerza de sostener que puede haber un proceso cada vez más expansivo de inclusión sin exclusión. Evitando el monismo del universalismo, que es impulsado por la aspiración de crear una "política interna mundial" (*Weltinnenpolitik*), el modelo Aciam del derecho suscribe cuidadosamente una política autoritativa de los confines que tiene que lidiar con el pluralismo irreductible propio de una *política que sostiene el entremedio como una relación y una no relación entre el sí y el otro.*

Como se está volviendo cada vez más claro, este libro es una meditación extendida sobre el "entremedio" que surge en formulaciones como *intersubjetividad, interacción, interlegalidad* e *interculturalidad*. ¿Cómo entender una política autoritativa de los confines interpretada como una política del entremedio? ¿Se refiere al establecimiento de una relación de reconocimiento recíproco entre el sí y el otro bajo una regla común? La respuesta que este capítulo da es negativa. Pero, entonces, ¿cuál es el sentido normativo de este "entremedio" para una teoría del reconocimiento? Una respuesta a esta pregunta gira en torno, o así lo sostendré en el capítulo 6, a lo que se entienda por el concepto de *reconocimiento asimétrico*.

6.

RECONOCIMIENTO ASIMÉTRICO

El capítulo 5 ofreció una primera interpretación de una política autoritativa de los confines en un contexto global, una que reconstruye el modelo Aciam del derecho en términos semejantes a los del reconocimiento recíproco. En contra del universalismo jurídico, el cual parte del reconocimiento recíproco para postular la posibilidad de hacer realidad un orden jurídico global omniinclusivo, el capítulo concluyó sosteniendo que las demandas de reconocimiento siempre están, en mayor o menor medida, más allá de aquello con lo que un colectivo puede lidiar por medio de la transformación de la configuración por defecto de la acción colectiva. Un colectivo enmarca las demandas de manera tal que pueda responderlas. Sostengo que la pluralidad política es irreductible a la unidad de un orden jurídico —ni siquiera en el indeterminadamente largo plazo—.

La pregunta elevada al comienzo del capítulo 5 surge de nuevo con la misma imperiosidad. ¿No equivale esta tesis a abogar por el relativismo en los asuntos globales, un relativismo que atrinchera procesos excluyentes a la vez que condena a los órdenes jurídicos globales emergentes a ser meros instrumentos de la inclusión imperial? ¿Cómo evitar el relativismo a menos que se postule como fin de una política autoritativa de los confines globales a un mundo jurídico en el que todos puedan sentirse en casa? ¿Acaso la crítica al universalismo jurídico que he bosquejado al final del capítulo 5 no es más que una manera cómoda de resignarse y entregarse a la parálisis política, quizás incluso al cinismo?

El lector decidirá si, en últimas, la alternativa discutida en este capítulo es capaz de defenderse de esta reprimenda. En cualquier caso, mi intención es muy diferente. Mi crítica del universalismo jurídico concierne a sus tendencias asimilatorias y a las dificultades con las que se encuentra para reconocer y aceptar la ambigüedad inerradicable de la lógica de los confines concomitante a las luchas por el reconocimiento. Sean cuales fueren sus dificultades, esta no es razón suficiente para rechazar sin más el sentido normativo del universalismo jurídico; mi intención es redirigirlo. La raíz común compartida por el universalismo jurídico y el modelo Aciam del derecho es la tesis de que las luchas por el reconocimiento son el epicentro de una explicación normativa del confinamiento. Sin embargo, mientras que el universalismo jurídico interpreta las luchas por el reconocimiento, en cuanto proyecto normativo, como si estuviese superando progresivamente la contingencia de los confines, sugiero que el reconocimiento asimétrico ofrece una manera de lidiar con la contingencia, mas no de superarla.

He aquí, en pocas palabras, lo que tengo en mente: el reconocimiento asimétrico es el núcleo de una política del confinamiento que es autoritativa a fuerza de reconocer al otro (en nosotros) como uno de nosotros *y* como otro distinto de nosotros. Llamo a esto *autoaserción colectiva contenida* [*restrained collective self-assertion*]. Por un lado, la autoaserción colectiva aborda, sin agotarla, una demanda de reconocimiento. En vez de entender las luchas sobre los confines como si estuvieran orientadas a una inclusividad cada vez mayor basada en el reconocimiento recíproco entre las partes en conflicto, mi lectura de la autoaserción colectiva da lugar

6. Reconocimiento asimétrico

a generalizaciones situacionales (en plural) sin universalización o universalizabilidad (en singular). Por el otro lado, la autocontención colectiva, en el sentido fuerte que se expondrá en adelante, suspende la aplicación (plena) del derecho para proteger al otro (en nosotros) como otro distinto de nosotros.

En la elaboración de esta idea, el capítulo sigue una estrategia incremental. Exploraré la misma dinámica de cabo a rabo, pero lo haré desde perspectivas diferentes en cada ocasión, de manera que, con cada paso, las ideas previas y las formulaciones se volverán más complejas y superpuestas. He aquí las preguntas que orientan a cada uno de los pasos: (1) ¿cuál es la naturaleza del *confinamiento*? (2) ¿Cómo se ve una *política* de los confines? (3) ¿Qué la vuelve *autoritativa*? Las respuestas a estas preguntas allanan el camino para bosquejar una alternativa al relativismo y al universalismo que se resiste a la tentación de representar la tensión irreductible entre unidad y pluralidad como una oposición simple o como una oposición a ser superada por medio de una dialéctica de lo particular y lo general. Reservaré el capítulo 7 para la pregunta final y decisiva: (4) ¿cuál podría ser la característica específica de una política autoritativa de los confines en un *contexto global*?

Una advertencia antes de empezar. Aunque hago todo lo que está a mi alcance por presentar e ilustrar los argumentos filosóficos que se ocupan de estas preguntas de la manera más clara y asequible posible, necesito ocuparme con cierto detalle de una variedad de conceptos propios de lo que he llamado *reconocimiento asimétrico*. Esto requiere la paciencia y el análisis cuidadoso que son distintivos de las investigaciones filosóficas. A los lectores que consideran que esta forma de pensar es abstrusa o irritante, o que simplemente preferirían una versión resumida del argumento, se les recomienda pasar directamente a la sección 6.3.4, la cual resume las tesis principales de este proceso argumentativo antes de introducir formalmente el reconocimiento asimétrico.

6.1. Establecer confines

El primer paso de nuestra estrategia incremental consiste en desentrañar el confinamiento: ¿cuál es la naturaleza del proceso por medio del cual se establecen los confines jurídicos? Concedo que la pregunta sobre el confinamiento es muy general, al concernir a todos los órdenes jurídicos y no solo a los globales. Pero el modelo Aciam del derecho sostiene que los confines son elementos de todos los órdenes jurídicos, con independencia de su "escala". Por lo tanto, tiene sentido tratar el tema del confinamiento en este nivel de generalidad, antes de ocuparnos de sus implicaciones para los órdenes jurídicos globales emergentes. Esta investigación es todavía más importante, porque hasta aquí he ofrecido una explicación muy incompleta del confinamiento, limitada al primer acto de confinamiento, del cual, para empezar, solo había un análisis parcial disponible. Por lo tanto, empezaré por ofrecer una explicación más completa de esta toma inicial, para posteriormente extender el ámbito del análisis a todos los actos de confinamiento.

6.1.1. Retomar

Al introducir la manera como los confines son establecidos, los capítulos 4 y 5 le han dado valor pleno a la tesis inflexible de Schmitt de que ningún orden jurídico, global o de otro tipo, puede surgir sin una interrupción que separa un adentro de un afuera. Esta jugada parecía particularmente justificada por el hecho de que, al verse abocado a dar una respuesta al problema de la génesis del discurso práctico, incluso Habermas (quien difícilmente es un camarada filosófico de Schmitt) reconoce que los colectivos democráticos empiezan a existir por medio de una toma que incluye y excluye sin una autorización *ex ante* para hacerlo.

Pero, en contra de Schmitt y Habermas, ¿acaso hay algo así como un primer acto de establecimiento de confines?

6. Reconocimiento asimétrico

Esta pregunta nos lleva directamente al problema de la representación. El lector recordará que la unidad de un colectivo es siempre y necesariamente [8] una unidad representada, incluso cuando el colectivo está compuesto por dos individuos. Lejos de ser un momento de espontaneidad o actividad puras, en el cual una multiplicidad de individuos se constituye como un grupo, hay una pasividad fundamental en el corazón de la unidad putativa de un colectivo: en vez de iniciar, el colectivo es iniciado por un acto representacional que dice "nosotros" en nombre de un nosotros*. La toma inaugural marca la autoconstitución de la comunidad política en la forma objetiva del genitivo: la constitución *de* un sí colectivo.

Aun así, quien quiera que capture la iniciativa de actuar en nombre de un nosotros* *pre*supone que hay un nosotros* confinado que necesita ser representado. Quien ocupa la posición del nosotros* vocero asegura actuar en nombre de un grupo más amplio de participantes —el nosotros* en juego— que ya se considera que existe y en cuyo interés sus autoridades gobiernan articulando, monitoreando y sosteniendo el punto de la acción conjunta. Así, incluso el primer cerramiento que incluye y excluye sostiene que un cerramiento ya ha tenido y tomado lugar (literalmente) en el pasado, de manera que el primer cerramiento no es más que una restauración de un cerramiento previo cuyos confines pueden quizás ser nebulosos, pero no ser eliminados.

Este hallazgo tiene una importancia mayúscula para lo que sigue. El *nomos* de Schmitt y Habermas solo es una interpretación parcial de la manera como surgen los colectivos: la toma que funda a un colectivo debe asegurar que opera como una *re*toma, como la refundación jurídica de un colectivo.

Por ejemplo, como se discutió en la sección 3.1, el bcbs, la iasb y la ccc son redes regulatorias que capturan la posición del nosotros* vocero con miras a regular comportamientos en aras de una comunidad global —la posición del nosotros* en juego—.

La autoridad y la globalización de la inclusión y la exclusión

En cada caso, estas redes regulatorias presuponen una comunidad en aras de la cual aseguran regular por medio de la articulación, el monitoreo y el sostenimiento del punto de la acción conjunta. Lo mismo vale para la OMC, la cual asegura actuar en aras de la comunidad mercantil global existente que tiene un interés en que el "comercio fluya con la mayor libertad posible, sin que se produzcan efectos secundarios no deseables, porque eso es importante para el desarrollo económico y el bienestar".[1] O pondérese el caso de la nueva *lex mercatoria*. Aquí, nuevamente, se hace un llamado a la comunidad internacional, incluso a la global, de comerciantes, que tienen un interés común en la regulación de sus transacciones de una manera que le haga justicia a sus necesidades específicas, necesidades que no son satisfechas ni por la fragmentación que siguió a la nacionalización del derecho comercial por parte de los Estados ni por el derecho internacional privado, con sus inciertas y extraordinariamente complejas reglas de jurisdicción y competencia. El hecho de que ellos ya existen como una comunidad confinada y de que necesitan una regulación propia se da por sentado. Tal es la conclusión, por ejemplo, de la introducción a la versión de 1994 de los Principios Unidroit, en la cual el Consejo de Gobernadores asegura actuar en pro "de las comunidades empresariales y jurídicas internacionales", a quienes "ofrece" "reglas generales para los contratos comerciales internacionales".

En todos estos casos, la representación de una unidad colectiva, por medio de la cual la configuración por defecto de la acción conjunta es proferida por el bien de un nosotros* en juego, está incorporada en una narrativa más amplia sobre el surgimiento del colectivo. La representación jurídica y política está implantada en una representación narrativa de los orígenes. Como se discutió

---

1. Página web de la OMC, https://www.wto.org/spanish/thewto_s/whatis_s/who_we_are_s.htm

6. Reconocimiento asimétrico

en la sección 2.2.2, ningún orden jurídico se puede sostener solamente como un proceso de creación y aplicación de reglas: todo orden jurídico requiere una narrativa sobre su surgimiento y sobre su punto. Las narrativas tienen la función doble de identificar/ diferenciar a un colectivo y [7] evocar un mundo codado y predado como el horizonte en el cual está situado y que, en últimas, le da su significado a la acción conjunta del colectivo. Reconocer que la identidad es una identidad representada es reconocer, con Ricœur, que la identidad es una "identidad narrativa, esto es, el tipo de identidad a la que un ser humano tiene acceso gracias a la mediación de la función narrativa".[2]

Véase la narrativa de autorrepresentación de los orígenes del BCBS:

> El Comité de Supervisión Bancaria de Basilea tiene sus orígenes en la agitación del mercado financiero que siguió al quiebre del sistema de Bretton Woods de tipos de cambio gestionados en 1973 [...]. En respuesta a estas y otras perturbaciones en los mercados financieros internacionales, los directores de los bancos centrales de los países del G10 establecieron un Comité sobre Regulaciones Bancarias y Prácticas de Auditoría a finales de 1974. Posteriormente renombrado como el Comité de Supervisión Bancaria de Basilea, el comité fue diseñado como un foro para la cooperación regular entre sus países miembro sobre asuntos de supervisión bancaria.[3]

---

2. Paul Ricœur, "Narrative Identity", *Philosophy Today* 35, n.º 1 (1991): 73-81, 73.
3. "History of the Basel Committee", BIS, octubre de 2015, https://www.bis.org/bcbs/history.pdf

La autoridad y la globalización de la inclusión y la exclusión

Esta narrativa hace varias cosas: sostiene que una crisis financiera en el pasado expuso y amenazó a un nosotros* en juego de carácter global que no era meramente la agregación de gentes de países individuales, sino más bien su interconectividad sistemática, en respuesta a la cual una agencia regulatoria (un nosotros* vocero) tenía que ser emplazada, la cual, por medio de la regulación de las actividades bancarias internacionales, actúa en aras del nosotros* en juego global.

En un sentido no menos importante, las narrativas —contranarrativas— son características esenciales de la autorrepresentación de los movimientos alterglobalización. Así, por ejemplo, la KRRS retrata su surgimiento como movimiento así:

> La situación de la agricultura india (y de la totalidad de la sociedad) se está deteriorando muy rápidamente debido al proceso de globalización [...]. El Acuerdo sobre la Agricultura de la OMC está en la raíz de estos problemas [...]. El movimiento de los granjeros que habría de fundar la KRRS en 1980 fue iniciado por 5 personas en 1965. Ellos ven al movimiento como parte de un proceso muy largo de construcción de una sociedad nueva, que debe ser guiada por personas en el nivel local, pero que debe alcanzar el nivel global, y que no puede tener lugar sin la participación activa y directa de la sociedad como un todo [...]. El objetivo de su labor es la realización de la "República Aldea".[4]

Aquí, nuevamente, encontramos una narrativa sobre la fundación (en 1980) que en sí misma se refiere a una fundación previa (1965). Pero incluso esta fundación previa es una refundación, porque las cinco personas dieron por sentado que *ya* había un

---

4. KRRS, "General Context: Indian Agriculture and Trade Liberalisation", http://home.iae.nl/users/lightnet/world/indianfarmer.htm

6. Reconocimiento asimétrico

movimiento de granjeros en peligro por cuenta de la globalización cuando tomaron la iniciativa de fundarlo como un movimiento en 1965.

En pocas palabras, las narrativas son el vehículo privilegiado para la (re)toma representacional, por medio de la cual los individuos vienen a identificarse a sí mismos como miembros de un colectivo. Las narrativas de los orígenes sirven para justificar que el primer acto de establecimiento de confines jurídicos ocurre de segundo. *El confinamiento tiene una estructura representacional en este sentido doble.*

6.1.2. La paradoja de la representación

Parecería, entonces, que el *nomos* cae víctima de un dilema. Por un lado, un cerramiento puramente productivo es, literalmente, increíble e ininteligible: surgiría de un vacío que no tiene confines. Si, por el otro lado, un acto de representación es visto como tal por sus destinatarios, no hay una toma no autorizada sino, más bien, una identidad y una unidad que precede a la representación, a la cual las autoridades le dan forma jurídica por medio de la configuración por defecto de la acción conjunta. El confinamiento sería ora una toma que constituye confines *ex nihilo*, o una retoma que impone forzosamente los confines existentes. El primer cuerno del dilema vuelve al confinamiento ininteligible; el segundo, en cambio, le resta todo valor.

Sin embargo, este supuesto dilema elide la ambigüedad irreductible de la representación. Todo gira en torno a la partícula *re* de representación, que se refiere al hecho de que algo se vuelve presente *como* esto o *como* aquello. Por lo tanto, la unidad colectiva nunca se da inmediata o directamente; tiene que haber un acto representacional sin el cual no puede haber un colectivo. En este sentido, la representación no puede sino producir unidad y confines.

La autoridad y la globalización de la inclusión y la exclusión

El lector escéptico se molestará con esta tesis, respondiendo que representar algo como esto o como aquello es un acto reproductivo porque lo que la representación hace es escoger una de entre una gama de posibilidades dada con antelación: alguien puede representar a *y* como *a* (en vez de como *b*) porque *a* y *b* son tenidos en suspenso por todas las partes involucradas como interpretaciones posibles de lo que *y* es. Así, por ejemplo, los fines contenidos en el preámbulo del acuerdo de la OMC expondrían, desde el comienzo, la gama de configuraciones por defecto del comercio global que están a disposición del colectivo. La dimensión "productiva" de la representación se reduciría a escoger una de las posibles interpretaciones de este rango dado.

Pero la objeción malinterpreta la dimensión productiva de la representación. No hay una gama de representaciones posibles de *y* —*a, b, c, d*...— que esté dada de antemano a todas las partes involucradas de manera tal que ellas ya sepan *que* son un colectivo y solo estén a la espera de una determinación autoritativa sobre esta gama de alternativas, dada con antelación, respecto a *qué* es lo que las une como un colectivo. La productividad de la representación significa que los individuos vienen a identificarse a sí mismos como un colectivo retroactivamente —*après coup*— y siempre provisionalmente.[5] Por otro lado, como se indicó en la sección 3.2.1, el punto de la acción colectiva se mantiene más o menos opaco a los participantes y necesita ser articulado de maneras que puedan

---

5. Sobre el *après coup*, véase Jacques Derrida, *La escritura y la diferencia*, trad. de Patricio Peñalver (Barcelona: Editorial Anthropos, 1989), 291. Para una discusión de la precedencia (*Vorgängichkeit*) y la retroactividad (*Nachträglichkeit*), véase Waldenfels, *Antwortregister*, 262-263. Véase también Van Roermund, *Derecho, relato y realidad*. Siendo justos con Schmitt, su teoría de la representación tiene elementos que permitirían una reconstrucción del *nomos* como una toma en una manera que se aproxime a la paradoja de la representación. Véase Schmitt, *Teoría de la constitución*, 205-215.

6. Reconocimiento asimétrico

sorprenderlos por involucrar modalidades de actuar juntos de las que no son conscientes o no pueden serlo. Decir que algo es representado como esto o como aquello es decir que una unidad putativa se produce en la jugada misma por medio de la cual la representación asegura reproducir una unidad predada. La representación despliega una paradoja: un acto fundacional de inclusión y exclusión solo puede *originar* una unidad colectiva putativa en la medida que logre representar una unidad *original*.[6]

La paradoja desmiente la interpretación que ve la historia de un colectivo como un arco temporal lineal en el que el presente es precedido por el pasado y lleva al futuro. Ciertamente, asignarle actos regulatorios a un colectivo supone seguir una estrategia regresiva que nos lleva del presente al pasado, pero el "punto final" de atribución no es el acto inicial de un colectivo existente en el presente de un "ahora" original y de un lugar original que está "acá". Por el contrario, la atribución se devuelve a una fundación que ocurrió en "un pasado que jamás ha sido presente"[7] y, yo agregaría, en un lugar que nunca estuvo "aquí". Llevando estas ideas a un escaño ulterior, no hay una atribución narrativa de un cerramiento fundacional a un colectivo que da origen a su propios espacio e historia que sea distinta a la proyección hacia atrás de este cerramiento en el pasado, pero tampoco hay una atribución de este cerramiento al colectivo sin la proyección narrativa de la colectividad hacia el futuro, de modo que lo que se estima que ya ha tenido lugar es lo que está por ocurrir. También, en este sentido, la colectividad está *pre*supuesta. Y al igual que las

---

6. Para un análisis más detallado de la temporalidad colectiva y de la ontología del cambio, véase Hans Lindahl, "Possibility, Actuality, Rupture: Constituent Power and the Ontology of Change", *Constellations* 22, n.º 2 (2015): 163-174.

7. Merleau-Ponty, *Fenomenología de la percepción*, 257.

representaciones jurídica y política, las representaciones normativas en las que aquellas están incrustadas tienen la estructura de una proyección hacia atrás [*retrojective projection*]: para tomar prestada una expresión maravillosa acuñada por mi colega Bert van Roermund, "un pasado que podemos anhelar".

Nótese que la paradoja de la representación desestabiliza la explicación de Schmitt del *nomos* como la secuencia lineal de tomar-distribuir-producir. Schmitt reconoce que "cada uno de estos tres procesos [...] pertenece a la esencia completa de aquello que, en la historia humana, ha aparecido como un orden jurídico y social",[8] pero "la secuencia de estos procesos es el problema mayor".[9] El liberalismo y el socialismo se enfocan en el *nomos* como distribución y producción. En un diagnóstico presciente que anticipa buena parte del debate actual sobre la globalización, Schmitt sostiene que, así como el liberalismo "resuelve la pregunta social con referencia a incrementos en la producción y el consumo, los cuales deben en últimas seguirse de la libertad económica y del derecho económico", el socialismo da por sentado que la pregunta social "es fundamentalmente una pregunta sobre la división y distribución adecuadas, y el socialismo es, correspondientemente y encima de cualquier cosa, una doctrina de la redistribución".[10] En consecuencia, tanto el liberalismo como el socialismo le dan la espalda a la pregunta sobre los orígenes de un orden social: una toma. Una apropiación o toma es "la primera y fundamental precondición de los órdenes económicos y sociales", desde la cual se siguen la distribución y la producción, lógica y cronológicamente.[11]

---

8. Schmitt, "Appropriation/Distribution/Production", 55 (traducción alterada).
9. Ibíd., 56.
10. Ibíd., 59, 60.
11. Ibíd., 59.

6. Reconocimiento asimétrico

El *nomos* como una toma se refiere a la fundación de un orden social por medio de un cerramiento no autorizado que incluye y excluye. Aunque el capítulo 4 le ha dado crédito a esta tesis tozuda, la paradoja de la representación revela que es una visión reduccionista del *nomos*: en el comienzo y en calidad de comienzo se da una retoma, ¿pero qué unidad colectiva ha de ser *re*tomada —representada— si un orden jurídico y social ha de ser fundado? Esta pregunta no puede ser ni elevada ni respondida si, con Schmitt, se postula una secuencia lineal desde la toma hasta la distribución y luego hasta la producción. Una respuesta aparece a la vista si, por el contrario, se *invierte* la "secuencia de procesos" que Schmitt llama *nomos*. Antes de una toma se dan la producción y la distribución. Un acto de apropiación, si no ha de caer en el vacío, debe ser una ordenación novedosa de los procesos económicos y distributivos que aparecen retroactivamente, por medio de la apropiación, como si *ya* tuvieran cierto orden o unidad. Semejante apropiación parece no hacer más que *re*apropiar o *re*tomar el orden productivo y distributivo en un modo que hace posible la autoaserción de un colectivo. Inadvertidamente, Schmitt revela que el orden de la representación no es una secuencia simplemente lineal (y jerárquica) que culmina en procesos económicos. Una lectura del *nomos* de Schmitt que acepte la paradoja de la representación revela que una toma llega de segunda, porque los procesos económicos —interpretados ampliamente como el acto de cultivar (*weiden*)— llegan primero. El poder responde a estos procesos por medio de un cerramiento que, separando un adentro de un afuera, busca ponerlos bajo control a través de representarlos como si *ya* tuvieran un punto que puede ser articulado, monitoreado y sostenido desde la perspectiva de la primera persona plural de un nosotros*, esto es, una acción colectiva institucionalizada y autoritativamente mediada. Esto no equivale a decir que la secuencia tomar-distribuir-producir deba ser remplazada por la secuencia producir-distribuir-tomar: lo que significa es que la paradoja de la representación pone al *nomos* en las dos direcciones.

Esta es, a mi parecer, la forma como la globalización del capitalismo supone un *nomos de la Tierra*: el surgimiento de órdenes jurídicos globales se da por medio de una toma, un cerramiento no autorizado que incluye y excluye, en respuesta a los procesos de producción y distribución que ya no pueden ser contenidos dentro del cerramiento ofrecido por el Estado. En un sentido no menos importante, la "retoma" que impulsa a los movimientos alterglobalización responde a la misma dinámica de los procesos de producción y distribución, como cuando, "en 2001, los trabajadores argentinos se unieron para recuperar sus lugares de trabajo, usando el eslogan del Movimiento Sem Terra ("Ocupar, resistir, producir"), poniendo a funcionar de nuevo sus lugares de trabajo usando formas horizontales de organización".[12]

6.1.3. Cuestionabilidad y responsividad

Suficiente queda dicho sobre el "primer" acto de establecer confines que marca el surgimiento de un colectivo. ¿Cuál es la dinámica del confinamiento durante la carrera "ulterior" de un colectivo?[13]

Recordemos, para empezar, la caracterización más general del confinamiento, trátese del "primer" confín o de cualquier otro que lo suceda: establecer confines es incluir en la perspectiva de la primera persona plural de un nosotros* y excluir de ella. Los confines incluyen el (des)orden y la (anti)juridicidad en esta perspectiva. Al establecer los confines que determinan quién debe hacer qué, dónde y cuándo, un colectivo sienta la configuración

---

12. Sitrin y Azzellini, *They Can't Represent Us!*, 11.
13. Esta subsección y la siguiente se apoyan, liberalmente, en Lindahl, *Fallas de la globalización*, 405-409.

6. Reconocimiento asimétrico

por defecto del orden y el desorden: un comportamiento está en orden —es jurídico— si está de acuerdo con esos confines, y en desorden —es antijurídico— si los infringe. El desorden y la antijuridicidad son manifestaciones privativas del orden y de la juridicidad, luego son manifestaciones derivadas que presuponen el derecho y ya se encuentran anticipadas por él. Los órdenes jurídicos esperan que haya desorden en la forma de comportamientos antijurídicos y establecen un repertorio de mecanismos para lidiar con él, particularmente las sanciones. Así, por ejemplo, las autoridades de la OMC determinan la configuración por defecto de la seguridad alimentaria, estableciendo las condiciones bajo las cuales se pueden imponer restricciones al comercio global de OGM, por ejemplo, restricciones que se siguen de análisis científicos de riesgo. La configuración por defecto de la seguridad alimentaria, así entendida, sienta qué vale como comportamiento ordenado —jurídico— en el marco del comercio global. Las restricciones ulteriores sobre los OGM, como las que se siguen del principio de precaución, puede que no se adecuen a la configuración por defecto del libre comercio global, apareciendo, desde la perspectiva de la primera persona de la OMC, como comportamientos desordenados —antijurídicos—.[14]

---

14. Se ha dicho que la disputa sobre los OGM en la OMC gira en torno a dos enfoques en conflicto sobre la seguridad alimentaria: el enfoque permisivo, favorecido por los Estados Unidos, de acuerdo con el cual las restricciones sobre los productos alimenticios solo se justifican cuando estos generan riesgos científicamente probados; y el enfoque precavido, defendido por la Unión Europea, que justifica las restricciones en situaciones de incertidumbre y riesgos potencialmente serios. Véase Mark A. Pollack y Gregory C. Shaffer, *When Cooperation Fails: The International Law and Politics of Genetically Modified Foods* (Oxford: Oxford University Press, 2009). Desafortunadamente, al tipo de resistencia opuesto por la KRRS, en particular, y por La Vía Campesina, en general, prácticamente no se le presta atención en la obra citada.

La autoridad y la globalización de la inclusión y la exclusión

En contraste con el (des)orden y la (anti)juridicidad, lo que queda excluido de la acción conjunta se vuelve lo *inordenado* para un colectivo, a saber, lo que carece de importancia para la acción conjunta. Pero el exceso de formas posibles de actuar juntos que han sido marginalizadas puede irrumpir en el orden jurídico, desafiando su unidad putativa por medio de la transgresión de los confines de lo que vale como importante para el colectivo —como ha ocurrido con las barreras erigidas por la Unión Europea para bloquear las importaciones de OGM, invocando el principio de precaución para justificar su conducta, y, de manera más radical, como pasó cuando la KRRS incursionó en la propiedad privada de Monsanto para arrasar sus campos de OGM, en aras de preservar la forma de vida tradicional de las comunidades agrícolas indias—. El desafío de la KRRS es más radical porque, mientras que la Unión Europea quiere mantenerse en una OMC transformada, la KRRS busca salir de ella. En los dos casos, el comportamiento a-jurídico pone en cuestión los términos de la inclusión y la exclusión: cuestiona *tanto* la juridicidad *como* la antijuridicidad, *tanto* el orden *como* el desorden jurídicos, presagiando otra manera de trazar los confines jurídicos que establecen qué ha de valer como acción *conjunta*.

En pocas palabras, el confinamiento consiste, en últimas, en responder al cuestionamiento/desafío de la a-juridicidad por medio de establecer nuevamente los *límites* de un orden jurídico, esto es, establecer nuevamente qué está incluido y qué está excluido de lo que importa a la acción conjunta. ¿Cómo, entonces, se relacionan entre sí la pregunta y la respuesta en el transcurso del confinamiento?

En este sentido, debe trazarse una distinción entre dos tipos de preguntas y respuestas. En primer lugar, los actos de confinamiento son responsivos en cuanto deben establecer si el comportamiento es jurídico o antijurídico —*cuestionabilidad y*

6. Reconocimiento asimétrico

responsividad "derivadas", como propongo llamarlas—. La única manera como un orden jurídico puede responder a lo que cuestiona su unidad putativa es por medio de establecer nuevamente lo que ha de valer como comportamiento (anti)jurídico, esto es, como (des)orden jurídico. Pero, en segundo lugar, el confinamiento es responsivo en tanto debe establecer si y cómo es a-jurídico un comportamiento —*cuestionabilidad y responsividad "primarias"*—. El confinamiento responde a las dos preguntas al tiempo. No hay ciertas formas de comportamiento que confronten a un colectivo con la pregunta de si son jurídicas o no y otras que lo hagan con la pregunta sobre su a-juridicidad.

Puesto que los límites entre el (des)orden jurídico y lo inordenado siguen el trazado de los confines de un colectivo jurídico, este límite solo aparece oblicuamente, en forma de situaciones que cuestionan la manera como son sentados los confines jurídicos. En nuestro ejemplo paradigmático, la KRRS revela un límite de la OMC al tumbar las cercas que marcan el confín entre la propiedad privada y el espacio público. Por esta razón, la pregunta postulada por la a-juridicidad es una pregunta indirecta, una pregunta que concierne a la unidad putativa del colectivo. De la misma manera, el confinamiento solo puede responder oblicuamente a situaciones a-jurídicas reconfigurando la (anti)juridicidad, esto es, recalibrando los confines cuádruples de un orden pragmático. En el transcurso del establecimiento de los confines de la (anti) juridicidad, los colectivos establecen indirectamente el *límite* entre el (des)orden jurídico y lo inordenado. De manera análoga al discurso indirecto, que expresa el contenido de los enunciados sin citarlos explícitamente, el confinamiento es una acción indirecta con respecto a la a-juridicidad.

Esta interpretación del confinamiento es conectada estrechamente a la precedencia de las preguntas y la retroactividad de las respuestas, a las que se hizo referencia al final del capítulo 5.

La autoridad y la globalización de la inclusión y la exclusión

La a-juridicidad no precede a los órdenes jurídicos en el sentido trivial según el cual hay una secuencia cronológica por medio de la cual primero viene la pregunta y después la respuesta. La a-juridicidad precede a un orden jurídico por medio de situaciones que caen fuera del alcance de lo que los agentes participantes podrían anticipar como parte de la acción conjunta, así que es, literalmente, extemporánea. En este sentido, la precedencia significa que la a-juridicidad llega *demasiado temprano*; ya ha llegado ante los participantes en la acción conjunta antes de que puedan ajustarse a ella, tomándolos desprevenidos y por sorpresa, y dejándolos más o menos confundidos sobre cómo actuar.

En este sentido, ya he discutido con cierta extensión la acción directa de la krrs en contra de los ogm plantados en los campos propiedad de Monsanto. Otras iniciativas de ese tipo incluyen

> la ocupación por parte de 1000 activistas de la oficina de Cargill en Bangalore (arrojaron todos los equipos por las ventanas e hicieron una gran fogata), el desmantelamiento físico con barras de hierro de una unidad de semillas de Cargill que se estaba construyendo en Karnataka y la ocupación de una sucursal de Kentucky Fried Chicken.[15]

Estas acciones directas tomaron a Cargill, Monsanto y Kentucky Fried Chicken por sorpresa, en el sentido elemental de que no estaban listos para las acciones directas y, por lo tanto, no habían tomado medidas para repelerlas, como, por ejemplo, estacionar fuerzas de policía para proteger los campos o los edificios de las incursiones. Pero, en un nivel más profundo, la sorpresa se refiere a la precedencia de un desafío para el cual estas multinacionales, India y la omc no estaban ni podían estar preparadas:

---

15. krrs, "General Context".

6. Reconocimiento asimétrico

La KRRS es un movimiento gandhiano. Esto significa que el objetivo último de su tarea es la realización de la "República Aldea", una forma de organización social, política y económica basada en la democracia directa, en la autonomía y autosuficiencia económica y política, en la participación de todos los miembros de la comunidad en la toma de decisiones sobre los asuntos comunes que los afectan, y en la creación de mecanismos de representación que aseguren que los asuntos que afectan a varias comunidades sean decididos por medio de procesos de consulta que involucren a todas las comunidades afectadas por las decisiones.[16]

Existe, por lo tanto, la asimetría de un desafío que precede a la OMC, en el doble sentido de (a) llegar demasiado temprano a la luz de las expectativas normativas sobre quién debe hacer qué, dónde y cuándo proyectadas al futuro por el acuerdo de la OMC, y (b) exceder aquello a lo que la OMC puede responder en términos de la gama de posibilidades disponibles para un colectivo orientado a crear un orden pragmático en el cual el "libre comercio global" pueda florecer: *Asimetría 1*.

No obstante, la responsividad del confinamiento nunca se limita a "seguir" la cuestionabilidad en el sentido doble de llegar "después" y "obedecer". El confinamiento es retroactivo en tanto la pregunta a la que responde solo se vuelve manifiesta en la respuesta misma. Al postular los confines cuádruples de un orden pragmático (cuestionabilidad y responsividad derivadas), la OMC, indirectamente, toma una postura frente a la a-juridicidad del comportamiento que debe calificar como jurídico o antijurídico, esto es, establecer si y en qué medida lo que está en cuestión es un desafío que justifica una articulación novedosa de la configuración por defecto del libre comercio global (cuestionabilidad y responsividad

---

16. Ibíd.

primarias). Como tal, el confinamiento es asimétrico con respecto a la pregunta que responde: *Asimetría 2*.

6.1.4. *Lo ordenable y lo inordenable*

Si bien las consideraciones precedentes explican por qué el confinamiento está relacionado con la cuestionabilidad y la responsividad de los colectivos, no explican por sí mismas por qué el confinamiento podría ilustrar la cuestionabilidad *finita* y la responsividad *finita* de los colectivos. Como lo sostuve al finalizar el capítulo 5, los colectivos son finitos en cuanto sus autoridades enmarcan las preguntas a las que responden de tal manera que su respuesta sea consistente con la continuación de la acción conjunta. En mayor o menor medida, las preguntas a las que los colectivos responden exceden la gama de respuestas disponible para sus autoridades. Esta característica de la ontología colectiva debe ser ahora elucidada en términos de la dinámica del confinamiento.

Para ello, debe trazarse una distinción entre posibilidades prácticas que pueden ser realizadas en un orden jurídico, pues están dentro de la gama de posibilidades propias de un colectivo, y posibilidades prácticas que exceden a esta. Esta distinción encuentra su correlato en la distinción entre el comportamiento que está inordenado pero es *ordenable* por el colectivo correspondiente y el comportamiento que está inordenado y es *inordenable* por él, respectivamente. Me refiero a una dimensión débil y una fuerte de la a-juridicidad, porque lo que desafía a un colectivo manifiesta *ambas* dimensiones, aun cuando lo haga en una escala variable por medio de la cual la una o la otra pueden aparecer con mayor intensidad.

En cuanto a aquella, y volviendo a nuestros ejemplos, el desafío de la KRRS podría ser respondido, quizás, por una transformación de la configuración por defecto de la protección ambiental y el desarrollo sostenible de la OMC. Al decidir sobre el famoso

6. Reconocimiento asimétrico

caso de las *Hormonas de carne*, el Órgano de Apelación de la OMC hubiera podido intentar balancear los enfoques permisivo y de precaución frente a los OGM (aunque no lo hizo) postulando, por ejemplo, la primacía de aquel, dando un margen de discrecionalidad a las reglas nacionales sobre la salud pública.[17] En las dos situaciones, nuevas configuraciones por defecto del libre comercio global hubieran evidenciado un comportamiento que, pese a estar inicialmente inordenado, era en cierta medida ordenable para la OMC. El resultado de la nueva configuración por defecto de la acción conjunta hubiera sido que la OMC desplazara, quizás de maneras imprevistas por los protagonistas, los límites de lo que contaba como libre comercio global. Esto, en lo que respecta a la dimensión "débil" de la a-juridicidad: lo inordenado pero ordenable para un colectivo.

Sin embargo, los dos ejemplos sugieren que también hay una dimensión "fuerte" de la a-juridicidad, a saber, desafíos que son tales porque son inordenables para el colectivo respectivo. La meta de la KRRS de crear repúblicas aldea organizadas con base en el principio de la soberanía alimentaria es adversa al principio del libre comercio global, y cualquier balance que se pudiera lograr por el Órgano de Apelación de la OMC en la controversia entre los enfoques permisivo y de precaución que ha enfrentado a los Estados Unidos con la Unión Europea supone una pérdida normativa para cualquiera de los dos enfoques, con independencia de que esta pérdida sea "aceptable" o no para la parte correspondiente. El ámbito sordo de lo que es inordenable, ingobernable, para un colectivo también es el ámbito privilegiado del poder constituyente,

---

17. Órgano de Apelación de la OMC, *Comunidades europeas – Medidas que afectan a la carne y los productos cárnicos (hormonas)*, informe de 16 de enero de 1998, WT/DS26/AB/R y WT/DS48/AB/R, https://docs.wto.org/dol2fe/Pages/SS/directdoc.aspx?filename=s:/WT/DS/26ABR-00.pdf

La autoridad y la globalización de la inclusión y la exclusión

la fuente de la que puede surgir otro colectivo; es el ámbito de la innovación, en ocasiones de la innovación radical: no se trata del acceso a una gama de posibilidades existentes, sino el surgimiento de una nueva gama de posibilidades para la acción conjunta.

Estamos de regreso en lo que, en la sección 5.4.3, llamamos la lógica de los confines. Por un lado, los confines incluyen excluyendo porque para un colectivo hay más posibilidades de actuar juntos que las que existen en su configuración por defecto actual de la acción conjunta: lo ordenable. Por el otro, los confines excluyen incluyendo porque los colectivos enmarcan la pregunta a la que deben responder como una pregunta sobre sus propias posibilidades, de manera que indirectamente revelan lo que es inordenable para ellos. La primera cara de la lógica de los confines evidencia los *límites* de un colectivo; la segunda, sus *fallas*. Los confines de un orden jurídico marcan el límite variable entre el (des)orden jurídico y lo inordenado, al igual que una falla, en la medida que la a-juridicidad eleva una demanda normativa que exhorta a la realización de posibilidades prácticas que exceden las posibilidades a disposición de un colectivo cuando sus autoridades responden a esa demanda.[18]

---

18. El calificativo temporal al final de la oración —"cuando responden a esa demanda"— es importante. En *Fallas de la globalización* sostuve que la dimensión fuerte de la a-juridicidad suponía posibilidades prácticas que estaban *definitivamente* más allá del alcance de la gama de posibilidades propias de un colectivo. Como me lo ha puesto de presente con razón Ferdinando Menga, esta caracterización de la dimensión fuerte de la a-juridicidad es demasiado fuerte: lo que puede resultar normativamente inordenable para un colectivo, al responder a la a-juridicidad, puede volverse ordenable para él en otro contexto y en otra articulación de la configuración por defecto de la acción conjunta. Mi lectura anterior de la dimensión fuerte de la a-juridicidad corre el riesgo de hipostasiar la identidad colectiva. Le agradezco a Menga su aguda corrección. Debe agregarse, sin embargo, que lo inverso también es cierto: lo que pudo haber sido ordenable para un colectivo puede volverse inordenable para él en otras circunstancias. La

6. Reconocimiento asimétrico

6.1.5. Intersubjetividad

Concluyo estas reflexiones sobre la naturaleza del confinamiento con algunas anotaciones sobre la relación entre el sí colectivo y el otro. Estos comentarios son pertinentes por una objeción problemática que podría dirigirse en contra del modelo Aciam del derecho. El precio por pagar por enfocarse tan insistentemente —incluso obsesivamente— en la perspectiva de la primera persona plural de un nosotros* es que todo lo que se diga sobre el otro y sobre lo extraño debe derivarse de la identidad colectiva. Como resultado, el modelo Aciam del derecho sería íntegramente cartesiano, en su sentido y estilo. De manera más cándida: ¿acaso este enfoque cartesiano sobre los órdenes jurídicos globales emergentes efectivamente subyace al imperialismo jurídico (y es su cómplice) al que el modelo Aciam del derecho se opone ostensiblemente? ¿Puede este modelo del orden jurídico ser algo distinto a una celebración de la autoridad imperial?

Dejo al juicio del lector, al finalizar este capítulo, si la autoritatividad del concepto de *política autoritativa de los confines* del que me ocupo es imperial. Las anotaciones de esta subsección se enfocan en la premisa de la objeción, a saber, que el modelo Aciam del derecho deriva al otro desde la identidad colectiva.

Permítaseme empezar por notar que la decisión de otorgar un lugar prioritario a la perspectiva de la primera persona plural busca mostrar que todo orden jurídico imaginable, global o de otro tipo, tiene un afuera, luego hay un "otro", en el sentido fuerte de la extrañeidad —la dimensión fuerte de la a-juridicidad—, que elude la inclusión en él. En vez de degradar el otro/extraño a ser un apéndice de un colectivo dado, he tratado de desarrollar una

---

carrera de un colectivo está sujeta a los dos tipos de transformaciones simultáneamente, lo que precluye caer de nuevo en la lectura dialéctica de la unidad y la pluralidad que defiende el universalismo jurídico.

ontología social por medio de la cual el cerramiento de un grupo en un adentro lo confronte con un afuera que, en cuanto inordenable, desafía su control y dominio. Recuérdese que este afuera también está *adentro* del colectivo en forma de resistencia a lo que es considerado como el punto o la configuración por defecto de la acción conjunta. La experiencia de lo extraño a la que están expuestos los participantes en los órdenes jurídicos *no* se deriva ni depende de la perspectiva grupal predicada de una gama de agentes, porque interfiere y se resiste a ser asimilada en esa perspectiva.

Pero la censura es más profunda. El solipsismo cartesiano sigue enseñoreado, se dirá, porque incluso si lo otro/extraño no se deriva de la identidad colectiva, el modelo Aciam del derecho conceptualiza el surgimiento y la existencia de un colectivo con independencia del otro/extraño. La subjetividad, no la intersubjetividad, es el *leitmotiv* del modelo Aciam del derecho, incluso cuando (y precisamente cuando) invoca la noción de un sujeto plural (Gilbert). Cualquier significado que este modelo le otorgue a la intersubjetividad tendría que derivarse del principio de subjetividad que rige su explicación del confinamiento: la autoaserción colectiva.

Sin embargo, esta objeción pierde de vista la responsividad de la representación. Además, la importancia de la autoaserción colectiva debe ser leída en los términos de la responsividad de la representación.

Véase, para empezar, la narrativa de los orígenes del BCBS. Este surge "en respuesta a estas y otras perturbaciones en los mercados financieros internacionales" y como una manera de lidiar con esas perturbaciones.[19] La fundación de este organismo regulador es considerada como un acto de autoaserción colectiva en respuesta a una situación que desafía la acción conjunta del nosotros* en juego que, se sostiene, es representado por el BCBS.

---

19. "History of the Basel Committee".

6. Reconocimiento asimétrico

Pasemos ahora a la nueva *lex mercatoria*. La narrativa estándar de la doctrina jurídica sobre el tema evoca la necesidad de crear un orden jurídico distintivo para regular la comunidad de quienes participan regularmente en el comercio internacional. El nuevo derecho mercantil, dice la historia, germina como una respuesta a los obstáculos que el derecho estatal y el derecho internacional privado le ponen al comercio internacional. Aquí, nuevamente, la autoaserción colectiva de la *lex mercatoria* es una respuesta a un desafío a su existencia.[20] Considérese la ISO. El surgimiento de este organismo regulador se representa como una respuesta a la necesidad de estándares globales, motivada por el cúmulo de estándares dispares repartidos por toda la faz de la Tierra. En este sentido, una historia de los orígenes de la ISO apoyada por la organización misma describe a Charles Le Maistre, quien tuvo un papel crucial en la iniciativa de fundar la ISO, como un solucionador de problemas. "El problema que Le Maistre tenía que resolver al final de la guerra era cómo crear un nuevo organismo global internacional de estandarización".[21] Aunque es presentado como una respuesta a un problema, el establecimiento de la ISO equivale a un acto de autoaserción global de un nosotros* en juego de cara a los factores de ineficiencia que acechaban al comercio global como producto de la fragmentación de la estandarización.

Lo mismo acontece con los movimientos alterglobalización. Recuérdense las palabras inaugurales del subcomandante Marcos en el "Primer encuentro intercontinental por la humanidad y en contra del neoliberalismo", llevado a cabo en la selva Lacandona

---

20. Stone Sweet, "The New *Lex Mercatoria* and Transnational Governance", 632.

21. Jack Latimer (ed.), *Friendship among Equals: Recollections From ISO's First 50 Years* (Ginebra: ISO Central Secretariat, 1997), 17, https://www.iso.org/files/live/sites/isoorg/files/about%20ISO/docs/en/Friendship_among_equals.pdf

el 3 de agosto de 1996: "Bienvenidos a la Realidad Zapatista. Bienvenidos a este territorio en lucha por la humanidad. Bienvenidos a este territorio en rebeldía contra el neoliberalismo". Al ocupar San Cristóbal de las Casas en 1994, los zapatistas respondieron a la amenaza del neoliberalismo por medio de un acto de autoaserción colectiva que reclamó lo que les había sido quitado a ellos y a muchos otros por la globalización del capitalismo. O piénsese en la ocupación de la plaza principal de Cochabamba y de las autopistas que llevan a la ciudad, en respuesta a la privatización del servicio de agua de la ciudad a favor de Aguas del Tunari, una subsidiaria de Bechtel. El grito de guerra de la ocupación —"El agua es nuestra, ¡carajo!"— es un grito de autoaserción que busca retomar o reapropiar las condiciones materiales requeridas para la existencia del colectivo. Y, volviendo a la narrativa de los fundamentos de la KRRS, ellos entienden su resistencia a la OMC como un acto de autoaserción de cara al desafío mortal a su existencia como colectivo.

En cada uno de estos casos, la autoaserción tiene la forma de una respuesta a lo que aparece *retroactivamente* como una existencia colectiva amenazada. Entonces —y esto es otro aspecto de la paradoja de la representación—, los colectivos *surgen responsivamente*. La (re)toma al inicio de los colectivos tiene una naturaleza responsiva. En consecuencia, las respuestas no son simplemente respuestas *por* un colectivo existente. La idea misma de un nosotros* en juego evidencia un desafío que precede a un colectivo, de manera tal que, paradójicamente, la respuesta constituye al colectivo "en juego" y presupone que ya existe. La autoaserción colectiva debe ser leída en el sentido doble de los modos subjetivo y objetivo del genitivo: aserción *de y por* un sí colectivo.

Descartes cogita: "Sé con certeza que soy una cosa que piensa; pero ¿no sé también lo que se requiere para estar cierto de algo

6. Reconocimiento asimétrico

[más]?".[22] ¡Cuán diferente a este interrogante es la genealogía de la identidad colectiva del sí y del otro descrita por la representación responsiva! El origen de lo que es tenido como un grupo y como sus actos yace en un lugar distinto a sí mismo: para volverse un sujeto de acción, un colectivo primero debe ser el *objeto* de un llamado a la acción, en la forma de un reto planteado por el otro. Ahora bien, "nos" es, gramaticalmente hablando, el acusativo de nosotros. Mientras que el cartesianismo parte del sí y luego busca tender un puente hacia el otro, la responsividad de la representación anuncia que antes de un nosotros* (*we*) hay un "nos" (*us*). La pasión colectiva precede a la acción colectiva. Este no es un juego de palabras. La prioridad de "nos" sobre nosotros* explica por qué un sujeto colectivo siempre está de antemano orientado a su otro como condicionante de su existencia y acción.[23] Esto precluye que el otro sea reductible al nosotros* en su maleable prolongación. La respuesta que origina la agencia grupal, a la vez que la presupone, muestra, en contra de la objeción del cartesianismo, que la colectividad subjetiva solo es imaginable como *intersubjetividad*.

Sin embargo, esta respuesta sigue siendo insuficiente para responder a la reprobación porque, incluso si se reconoce que la subjetividad colectiva solo es posible como intersubjetividad, podría objetarse que los dos polos de la relación entre el sí colectivo y el otro son primitivos, de manera que su relación es derivada.

Aquí, nuevamente, esta objeción pierde de vista la implicación fundamental de la paradoja de la representación que opera

---

22. René Descartes, *Meditaciones metafísicas con objeciones y respuestas*, trad. de Vidal Peña (Madrid: Ediciones Alfaguara, 1977), 31.

23. Es en este sentido fuerte del término *nos*, uno no contemplado por el autor, que quisiera respaldar el título del libro de Raimo Tuomela, *The Importance of Us: A Philosophical Study of Basic Social Notions* (Palo Alto, CA: Stanford University Press, 1995).

en el confinamiento. En efecto, la responsividad paradójica del confinamiento asegura que no hay ni una prioridad del sí sobre el otro, de manera que el otro se derive del sí, ni del otro sobre el sí, mediante la cual el sí simplemente agradezca su existencia al desafío del otro. *Lo que domina —lo que va primero— es la representación por medio de la cual se establecen los confines y, por ser establecidos, estos dan fe y constituyen al sí y al otro.* Como resultado, los confines son intersubjetivos, entremedios, en un sentido fuerte: se resisten a la apropiación definitiva tanto por el sí colectivo como por su otro.

Según una última variante de la objeción, un cartesianismo residual sigue corroyendo al modelo Aciam del derecho: incluso si va primero, la representación incluye y excluye al otro, dando lugar a la autoaserción colectiva de tal manera que el sí colectivo podría volverse plenamente idéntico a sí mismo: automaestría. Esta es, desde luego, la interpretación de la autoaserción defendida por el universalismo jurídico, incluso si la automaestría colectiva debe ser pospuesta *sine die* en el tiempo histórico. Reservo la refutación de esta objeción final para la subsección 6.3.2, en la que exploraré con mayor detalle la manera como la representación lleva a cabo su tarea de incluir y excluir. Baste por ahora anticipar que la representación introduce la no identidad en la identidad, precluyendo que un colectivo pueda jamás llegar a ser idéntico a sí mismo.

6.2. La política del confinamiento

La sección 6.1 se dedicó a responder la primera de las preguntas anunciadas al comienzo de este capítulo: ¿cuál es la naturaleza del confinamiento? Tras haberme ocupado de este asunto, me gustaría ahora considerar la segunda pregunta: ¿qué se puede entender por

6. Reconocimiento asimétrico

la política que hace un confinamiento jurídico, o, si se quiere, cuál es la política en cuestión en una política de los confines jurídicos?

6.2.1. Comunalidad

Permítaseme decir de entrada, para aclarar la manera como procederé, que, al formular la pregunta sobre el confinamiento como una pregunta sobre la *política*, rechazo la tentativa de reducir la política a una forma de moralidad aplicada o, en cualquier caso, de ver la política como un área de la acción moral. El lector no se sorprenderá con que, siguiendo mis consideraciones anteriores sobre lo correcto y lo bueno, las reflexiones subsiguientes se rehúsen a enmarcar la política en términos de la distinción entre, respectivamente, la moral y la ética. Esto no equivale a decir que una política de los confines jurídicos carezca de una dimensión ética o que esta pueda ignorarse, pero, como intentaré mostrarlo más adelante, la ética en la política es una *ética responsiva*, la cual no es ni la ética ni la moral que subordina la ética de las comunidades confinadas a la universalidad del ámbito moral.

Empiezo por volver a las reflexiones de Jullien sobre la comunalidad. De acuerdo con el filósofo y sinólogo francés, lo común es un concepto esencialmente político. Invocando la autoridad de Aristóteles, Jullien nota que lo común es político en sus orígenes porque "lo que se comparte es lo que funda nuestra pertenencia a la misma ciudad, a la misma *polis*".[24] Ciertamente, lo común, en cuanto categoría política, no termina con la *polis*, como lo atestigua la extensión que Roma hizo de lo común a las inmediaciones de lo que llamaba *el mundo civilizado*. De hecho, no hay nada en el concepto de *común*, de acuerdo con Jullien, que precluya su extensión política a toda la humanidad.

---

24. Jullien, *De lo universal*, 39.

La autoridad y la globalización de la inclusión y la exclusión

¿Qué hace que la comunalidad sea una categoría política? La respuesta de Jullien es que lo común se manifiesta como concepto político cuando "yo decido asumir las relaciones de pertenencia que reconozco como mías o adoptar otras nuevas (pues lo político es claramente este ámbito de la decisión concertada)".[25] Así, la política tiene sus orígenes en la autoidentificación de los individuos como miembros de un grupo que decide y actúa de manera concertada: nosotros juntos. La política es el proceso de articular lo que nos es común, de manera tal que nosotros en cuanto individuos nos podemos identificar como miembros de un grupo y, en el mismo acto, diferenciarnos de los otros. En este sentido más básico de la expresión, puede decirse que ya hay una política incipiente en la decisión de juntarnos para participar en el equipo de cocina del dormitorio, particularmente porque, "si lo común es lo que comparto con un cierto número de semejantes, también es […] lo que excluye a todos los demás". La comunalidad es originalmente un concepto político, en un sentido sistemático y no meramente histórico, porque la política, en el sentido más amplio, consiste en establecer los confines que incluyen y excluyen. En los términos del modelo Aciam del derecho, lo que está en cuestión es lo que debe valer como lo conjunto de la acción conjunta.

Como tal, la comunalidad da lugar a dos formas de lidiar con los confines, como lo dice Jullien. Por un lado, la comunalidad puede fomentar la participación y la inclusividad mayor: "Garantiza la 'comunicación', por medio de las diferencias, y une incesantemente en una misma circulación. Tal es el caso de lo común *abierto*". Por el otro, puede tomar un carácter defensivo y excluyente, "al atrincherarse en sus fronteras, aguzar sus aristas y volverlas filos cortantes, [y] transformar sus lindes en murallas".[26]

---

25. Ibíd., 41.
26. Ibíd., 46.

6. Reconocimiento asimétrico

Este enmarcamiento de la inclusión y la exclusión le permite a Jullien retractarse de su caracterización inicial y amplia de lo político como "decisiones concertadas" sobre lo que nos es común como grupo, para proceder a contrastar lo político con lo antipolítico. Mientras que lo político se trata de una inclusividad mayor, lo antipolítico se trata de asegurar la exclusión. En una expresión que resuena con las referencias de Hardt y Negri a "la extensión de lo común" y con la expansión progresiva de los límites de los colectivos del universalismo jurídico, Jullien deplora la inclinación a excluir, que aparece con demasiada frecuencia en la "manifestación política —o más bien antipolítica (puesto que se opone a compartir)— en las sociedades contemporáneas".[27]

Esta es la juntura en la que Jullien, como muchos otros teóricos políticos, reduce la política a una moralidad aplicada. Sostengo que abrir *y* cerrar, incluir *y* excluir, son plenamente políticos. Más enfáticamente: lo que sostengo es que los dos no pueden separarse y que la política *no* consiste en preferir la inclusión sobre la exclusión como regla general del confinamiento. Lo que quisiera hacer ahora es elaborar de manera más profunda el concepto de *política* que opera en una política de los confines que reconozca que los confines incluyen lo que excluyen y excluyen lo que incluyen.

6.2.2. Poder

El punto de partida tiene que ser la noción de *poder*, la cual está en el corazón de un entendimiento político de la comunalidad. La pregunta clave sobre el poder —una pregunta que Jullien nunca plantea ni responde— es esta: ¿qué hace posible la autoidentificación de unos individuos con otros como miembros de un grupo que decide y actúa de una manera concertada? Una respuesta a esta pregunta gira en torno a la distinción entre trascendencia e

27. Ibíd.

inmanencia. En contra de Hardt y Negri *cum suis*, a quienes les bastó simplemente oponer estos dos términos (véase la sección 4.3), una explicación fenomenológicamente acertada revela, como lo expone Lefort, que, si la trascendencia apunta a un ámbito que está "afuera" de las relaciones sociales, el poder abre un ámbito inmanente para las relaciones sociales *por medio* de su trascendencia. La comunalidad surge por medio de un movimiento doble de trascender y volver inmanente. En sus palabras,

> el hecho de que [la sociedad] esté organizada como *una* a pesar (o como consecuencia) de sus múltiples divisiones y que esté organizada como *la misma* en todas sus múltiples dimensiones implica un lugar desde el cual puede ser vista, leída y denominada. Este polo simbólico resulta ser el poder; incluso antes de que lo examinemos en todas sus determinaciones empíricas [...], el poder hace un gesto hacia un *afuera* (*un dehors*) desde el que [la sociedad] se define a sí misma. Sea cual fuere su forma, [el poder político] siempre se refiere al mismo enigma: el de una articulación interna-externa, de una división que instituye un espacio común, de una ruptura que simultáneamente establece relaciones (*mise en rapport*), de un movimiento de la externalización de lo social que va de la mano de su internalización.[28]

Permítaseme explicar, de una manera (ojalá) más mundana, lo que Lefort quiere decir: el modelo Aciam del derecho.

Recuérdese el punto, la característica [2] de la acción colectiva, discutida en la sección 2.1.2. El punto de la acción conjunta habilita o capacita por medio de la creación y la asignación de subjetividades, tiempos, lugares y contenidos comportamentales que pueden ser efectuados por los agentes participantes. Esta, como lo

---

28. Lefort, *Democracy and Political Theory*, 225.

6. Reconocimiento asimétrico

recordará el lector, es la característica [4] de la acción colectiva (sección 2.1.2). En otras palabras, el punto de la acción colectiva es el foco de atención desde el cual las relaciones sociales se presentan como legibles para los participantes, en términos de cómo deben relacionarse entre sí si han de emprender la acción colectiva de manera exitosa. Esto, en concreto, es lo que Lefort quiere decir con un "gesto hacia un afuera (*un dehors*) desde el que [la sociedad] se define a sí misma": los agentes participantes pueden interactuar entre sí —o no lograrlo— desde la perspectiva del punto de la acción conjunta. En este sentido específico, el punto "trasciende" la acción colectiva; es la manera como las relaciones entre quienes participan en la acción colectiva se vuelven inteligibles para ellos. Y este rol orientador del punto de la acción colectiva es lo que les permite a los participantes entenderse como "uno", en y a través de las "divisiones" del colectivo, como lo dice Lefort.

Para resumir, el "enigma" del poder de Lefort, en línea con el modelo Aciam del derecho, es la capacidad de representar a un colectivo, significando con ello la capacidad de articular el punto de la acción colectiva (trascendencia) de una manera que pueda conseguir una adhesión amplia de aquellos a quienes se dirige la articulación y estructurar su interacción (inmanencia). Se trata de la raíz común de las dos manifestaciones del poder que la teoría política tradicionalmente llama *poder constituyente* y *poder constituido*.

6.2.3. La política de la a-juridicidad

Un paso ulterior para cernir lo que es específicamente político de una política de los confines jurídicos gira en torno a las dos dimensiones de la comunalidad a las que se refiere Jullien —inclusión y exclusión—. En resumidas cuentas, mi tesis es que la política de una política de los confines jurídicos concierne al conflicto sobre los *límites/fallas* de la inclusión y la exclusión. La acción directa de la KRRS es paradigmática de un comportamiento que es político por medio de *afirmarse* a sí misma de una manera que *interfiere* y se *resiste* a la integración en el orden jurídico que la incluiría: en contra del "Acuerdo sobre la Agricultura de la OMC [...], en la raíz de estos problemas [que enfrentan los granjeros indios], el objetivo de su labor [de la KRRS] es la realización de la 'República Aldea'". *La a-juridicidad es la manifestación central de lo político en los órdenes jurídicos.*

En un sentido importante, las respuestas a esos desafíos, en cuanto respuestas políticas, son altamente contextuales y comprenden, además de consideraciones normativas, una estimación del *carácter forzoso* del desafío, esto es, de su capacidad de minar la eficacia de los órdenes jurídicos. Recuérdense a Kelsen y a Radbruch: aunque no es válido por ser eficaz, el derecho solo es válido *si* es eficaz en líneas generales (véase la sección 5.1). Entre más esté la a-juridicidad en posición de minar la eficacia de un orden jurídico, menos podrá ser ignorada por las autoridades. Porque la autoridad nunca está orientada exclusivamente a articular, monitorear y sostener un orden válido; también apunta siempre a asegurar las condiciones del *orden*. En el mismo sentido, se requiere una estimación de la medida en la cual la respuesta en sí misma es capaz de ser eficaz y no meramente válida. Esto supone juzgar si los miembros del colectivo en aras de quienes se postulan los confines estarán listos o no para identificarse con la nueva configuración por defecto de la acción conjunta, no meramente en un sentido normativo, sino también en el sentido fáctico de actuar de conformidad con ella.

En pocas palabras, la política del confinamiento jurídico exige juicios *híbridos*, porque estos suponen estimaciones informadas tanto de la eficacia como de la validez. Una dimensión *prudencial* es, en consecuencia, un ingrediente necesario de la política. Por esta razón he formulado la pregunta práctica que enfrenta una política del confinamiento de una manera que entrelaza el "ser"

6. Reconocimiento asimétrico

y el "deber ser". Una política del confinamiento debe responder a la pregunta —¿sobre qué trata/debe tratar nuestra acción conjunta?— estableciendo nuevamente qué es lo que ha de ser incluido y excluido de un orden jurídico.

Pero, como se sigue de este análisis, esta pregunta lleva a cabo una reducción del ámbito de lo político que es abierto por la a-juridicidad. Esta jugada reduccionista no es arbitraria ni casual: quien media autoritativamente la acción colectiva se aproxima al comportamiento a-jurídico como si este hiciera una pregunta sobre la gama de posibilidades prácticas a disposición de la acción colectiva desde la perspectiva de la primera persona plural abierta por el punto y la configuración por defecto de la acción conjunta, desde la cual el nosotros* hablante deriva su autoridad. Como se anotó al evaluar críticamente los principios de todos los afectados y de todos los sujetos en la sección 5.3.4, el confinamiento puede ciertamente responder a los desafíos con una nueva configuración por defecto de la inclusión/exclusión, pero lo que se tiene en mente en el confinamiento autoritativo es responder con el *mantenimiento* —así sea de manera transformada— de la diferencia preferencial entre adentro y afuera.

Este es, en esencia, mi punto de discordia con la jugada de Jullien de hacer una oposición entre inclusión y exclusión como formas de acción "política" y "antipolítica", respectivamente. Excluir de la acción conjunta no es menos político, no es menos una dimensión del ejercicio de la autoridad, que incluir, porque la pregunta que concierne a sobre qué trata/debe tratar nuestra acción conjunta exige una respuesta en la forma de un acto que incluya y excluya, es decir que conserve la distinción entre adentro y afuera, así esté trazada ahora de una manera diferente. Como tal, una política del confinamiento da fe de la asimetría de la distinción preferencial entre adentro y afuera, por medio de la cual los desafíos a la unidad putativa son vistos como desafíos que exigen una transformación colectiva en la medida que puedan ser acomodados y justificados en los términos de lo que se considera que es el punto de la acción conjunta: *Asimetría 2*.

Pero no es necesariamente cierto que quienes llevan a cabo un comportamiento a-jurídico *también* se vean a sí mismos como participantes en el colectivo, efectiva o potencialmente, de modo tal que se hubiesen apropiado de la pregunta. Su desafío puede resistirse a ser acomodado en la pregunta relativa a sobre qué trata/debe tratar "nuestra" acción conjunta. El desafío de la KRRS a la OMC es pertinente a este respecto y vale la pena reiterarlo: en contra del "Acuerdo sobre la Agricultura de la OMC [...], en la raíz de estos problemas [que enfrentan los granjeros indios], el objetivo de su labor [de la KRRS] es la realización de la 'República Aldea'". La intención de fundar "repúblicas aldea" que puedan lograr la "soberanía alimentaria" hace estallar las ataduras de la pregunta a la que la OMC vuelve incesantemente cuando modula la configuración por defecto del libre comercio global: ¿sobre qué trata/debe tratar nuestra acción conjunta? Puesto que los desafíos a la unidad putativa de un colectivo no pueden reducirse a la gama de posibilidades prácticas abiertas por su perspectiva grupal, la pluralidad política es irreductible a la unidad jurídica, y el poder constituyente es irreductible al poder constituido. En efecto, el surgimiento de otro orden jurídico se sigue de la caldera de posibilidades para la acción conjunta que se resisten a la domesticación por parte del potencial responsivo de cualquier perspectiva grupal dada.[29] Los desafíos a la que se considera que es la unidad de un colectivo revelan a sus confines como límites transformables *y*

---

29. Nótese, sin embargo, que la paradoja de la representación opera en el poder constituyente, el cual solo puede fundar un colectivo por medio de haber mostrado, retroactivamente, que no hace nada distinto a refundarlo. Véase Lindahl, "Possibility, Actuality, Rupture".

6. Reconocimiento asimétrico

como fallas que adumbran un afuera que excede aquello a lo que las autoridades pueden responder redefiniendo los términos de la inclusión y la exclusión jurídica: *Asimetría 1*.

Esta asimetría doble tiene una implicación de amplio alcance para la manera como puede entenderse la política. El universalismo jurídico tiene como premisa la asunción de que llegar a un acuerdo —consenso— es el *telos* intrínseco a la acción y el razonamiento políticos. Esto se reduce a asumir que el fin de la política es finalizar la política, incluso si su terminación deba ser pospuesta *sine die*. Por el contrario, la asimetría doble entre pregunta y respuesta asegura que *la política no puede finalizar*, es decir que tiene, radicalmente, un final abierto, en una forma que no es captada por medio de postular la omniinclusividad como la "idea regulativa" (Kant) de una política de los confines. El hiato entre pregunta y respuesta se resiste tozudamente a la jugada universalista de conceptualizar las luchas políticas en términos de su orientación inmanente hacia el consenso, sin la cual tales luchas, nos dicen, renunciarían irrevocablemente a cualquier pretensión de ser racionales. El gambito político y filosófico de negarles el predicado cualitativo de racionalidad a los agentes cuyos desafíos a un colectivo no aspiran a llegar a un consenso (el cual, para las autoridades, significa invariablemente la integración en la unidad putativa —transformada— de un orden jurídico) justifica situaciones en las que alguien, asegurando representar la universalidad y la racionalidad, descalifica tales desafíos como de mala fe o como no merecedores de ser tomados en serio. Por ello, el imperativo que debe regir la política tiene que ser este: establece los confines colectivos de manera tal que la política no sea llevada a su fin, lo que significa mantener abierto el hiato que une y separa al sí colectivo y al otro.

6.3. Reconocimiento colectivo

La sección 6.2 ha abordado la segunda de las preguntas que deben abordarse en este capítulo: ¿qué es la política de una política de los confines? Ya podemos pasar al decisivo tercer nivel de nuestra investigación: ¿qué hace que una política de los confines sea *autoritativa*? Mi hipótesis es que el reconocimiento —reconocimiento asimétrico— es la puerta de entrada para entender la autoritatividad de una política autoritativa de los confines. En efecto, en este libro me he referido consistentemente a que los órdenes jurídicos están expuestos a "desafíos" a su unidad putativa, desafíos que revelan su contingencia. Aunque no todos los desafíos a un colectivo son demandas de reconocimiento, la constelación de significados que le corresponden a la forma transitiva del verbo *desafiar* [*challenge*] son indicativos de lo que está en juego en una demanda de reconocimiento:

1. demandar algo como debido o merecido; 2. ordenar que alguien se detenga e identifique; 3. disputar sobre algo, especialmente por ser injusto, inválido u obsoleto; 4. cuestionar formalmente la juridicidad o calificaciones jurídicas de algo; 5. *a*: confrontar o desafiar algo; *b*: retar a alguien a un duelo o combate; *c*: invitar a alguien a una competencia; 6. excitar o estimular a alguien, especialmente oponiéndole dificultades.[30]

---

30. Entrada del diccionario *Merriam-Webster* en línea, https://www.merriam-webster.com/dictionary/challenge. Omito el séptimo significado del verbo transitivo, "administrar un desafío fisiológico, especialmente uno inmunológico, a un organismo o célula", pero no sería difícil mostrar la medida en la que las metáforas inmunológicas operan en el discurso político sobre lo extraño y sobre la autoaserción colectiva en "reacción" a lo extraño.

6. Reconocimiento asimétrico

Permítaseme atar estas distintas connotaciones: lo que he llamado *comportamiento a-jurídico* tiene la forma de una demanda de lo que es debido o merecido, que pone en cuestión —disputa— la justicia y la validez de los límites de un orden jurídico, desatando con ello una lucha sobre los confines de la (anti)juridicidad en la que la identidad colectiva y la identidad de quien eleva la demanda son puestas a prueba.

Esta es la naturaleza del "grito" que Holloway les atribuye a los movimientos de la alterglobalización, como la KRRS. También es el significado de las luchas que tienen lugar dentro de los órdenes jurídicos globales emergentes, como cuando la Unión Europea se resiste a la exclusión del principio de precaución de lo que se considera importante para la seguridad alimentaria en la configuración por defecto de la OMC del libre comercio global. Las demandas de reconocimiento surgen cuando un individuo o un grupo es reconocido fallidamente (*misrecognized*) por los términos de inclusión y exclusión que rigen la acción conjunta del colectivo al cual la demanda es dirigida. La demanda de reconocimiento colectivo es una demanda para que su destinatario determine los confines jurídicos de la acción colectiva de una manera que respete la identidad/diferencia del individuo o grupo reconocido fallidamente. Sin perjuicio del concepto de *autoridad* que se desarrollará en la sección 6.4, la presente sección sienta las bases esenciales del reconocimiento asimétrico.

6.3.1. *Conocimiento de sí y reconocimiento de sí colectivos**

Los análisis que hace Paul Ricœur del reconocimiento ofrecen un buen punto de partida para nuestra investigación. Este autor distingue tres sentidos del término *reconocimiento*, de los cuales los primeros dos son relevantes en este nivel de nuestra investigación. El primero se enfoca en lo que él llama "la cuasidistinción inicial entre *reconocer* y *conocer*".³¹ La mera diferencia concierne a la partícula *re*, que se refiere a la repetición: saber o conocer algo de nuevo. El problema de la (re)identificación está en cuestión en este primer y fundamental significado de *reconocimiento*. Puesto que identificar algo es identificarlo como esto o aquello, la identificación va de la mano de la diferenciación. "Propongo tomar como primera acepción filosófica el binomio identificar/distinguir. Reconocer algo como lo mismo, como idéntico a sí mismo y no como otro distinto de sí mismo, implica distinguirlo de cualquier otro".³² Lo central aquí, como lo anota Ricœur, es que este uso primordial del término se refiere al reconocimiento de algo como idéntico a sí mismo, sin importar si ese algo es una cosa o una persona. En este sentido, no hay diferencia entre reconocer una manzana o una persona. Reconocer, en este primer sentido, significa seleccionar los rasgos distintivos de algo de modo que pueda ser reidentificado como el mismo en el tiempo. "Esta significación *princeps* no será abolida por las siguientes [...], se tratará todavía de identidad en cuanto reconocimiento de sí".³³

En efecto, el paso del reconocimiento como la (re)identificación de *algo* al reconocimiento como reconocimiento *de sí* supone un paso de la identidad como mismidad —identidad-*idem*, como Ricœur la llama en otro lugar— a una forma reflexiva de identidad —ipseidad o identidad-*ipse*— por medio de la cual alguien reconoce "lo que él es en verdad, un hombre 'capaz' de ciertas realizaciones".³⁴ Reconocerse a uno mismo es afirmarse

---

31. Ricœur, *Caminos del reconocimiento*, 35.
32. Ibíd.
33. Ibíd., 35-36.
34. Ibíd., 97. Sobre las identidades *idem* e *ipse*, véase Paul Ricœur, *Sí mismo como otro*, 3.ª ed., trad. de Agustín Neira (México: Siglo XXI, 2006), xii-xv, 109-120.

6. Reconocimiento asimétrico

a uno mismo como un *agente* al cual se le pueden atribuir e imputar creencias, intenciones, acciones y semejantes, y, en consecuencia, como alguien que puede ser responsable de ciertos actos como propios.

Aunque Ricœur discute estas dos formas de reconocimiento con respecto a las personas individuales, aquellas también son aplicables a los colectivos, con ciertas salvedades. Como se anotó más atrás, las narrativas de los orígenes en las que las representaciones jurídica y política están incrustadas sirven para identificar y diferenciar, escogiendo qué es lo que comparten los individuos que han de componer un grupo. Aquí, el reconocimiento está vinculado a la pregunta "*¿qué* somos?". El reconocimiento, en este sentido primordial, posibilita identificar a un grupo como el mismo, como idéntico a sí mismo, es decir, como diferente de todos los demás y como idéntico a sí mismo en el tiempo, de modo que puede ser reconocido por los miembros del colectivo y por los otros. El reconocimiento, entendido como ser conocido de nuevo, implica que, incluso si el colectivo puede cambiar en el tiempo, sigue siendo el mismo en la medida que conserve los rasgos comunes que lo identifican y distinguen de todos los demás: identidad-*idem*.

No obstante, la narrativa y las representaciones jurídicas de los orígenes van más allá de esto. Estas transforman el "qué" en un "quién", de modo que la comunalidad se vuelve comunalidad desde la perspectiva de la primera persona plural de un nosotros* en acción conjunta. Las representaciones de los orígenes no solo identifican a un colectivo y lo diferencian del resto, sino que también llaman a sus destinatarios para que se identifiquen como participantes en la acción conjunta y, por lo tanto, para que lo hagan en calidad de *habilitados* por la configuración por defecto de la acción conjunta para llevar a cabo en el tiempo ciertos tipos de acciones que se entrelazan. En la medida que tengan éxito, la narrativa y la representación jurídica de los orígenes les permite a los individuos reconocerse como *capaces* (Ricœur) de actuar juntos con otros, con miras a realizar el punto de su acción conjunta. Cuando los destinatarios de la representación se reconocen a sí mismos como miembros de un grupo, la configuración por defecto de la acción conjunta puede aparecer ante ellos como su *propio* sistema de reglas, y su configuración, como su *propio* acto conjunto, esto es, un acto de creación de derecho *por* un sí colectivo: identidad-*ipse*.

En este sentido, la afirmación elemental de poder individual que va adjunta al reconocimiento de sí personal —"yo puedo" (*je peux*), como lo dice Ricœur, siguiendo los pasos de Husserl y Merleau-Ponty— encuentra su contraparte en la afirmación del poder colectivo que corresponde al reconocimiento de sí colectivo: nosotros* podemos. El emocionante "Yes, we can" del discurso de victoria de Barack Obama, dado en Chicago el 4 de noviembre de 2008, es un ejemplo particularmente elocuente de una convocatoria a una gama de individuos para que se reconozcan como un grupo, esto es, para que se entiendan como capaces, como habilitados para actuar como una unidad que, "de muchos, somos uno; que mientras respiremos tenemos esperanza. Y donde nos encontramos con escepticismo y dudas y aquellos que nos dicen que no podemos, contestaremos con ese credo eterno que resume el espíritu de un pueblo: Sí podemos".[35] Sin importar las diferencias que los separan, el eslogan electoral de Donald Trump, "Make America great again", es un eco flatulento de la convocatoria a la autoaserción colectiva expresada por el "Yes, we can" de Obama. Esta también está en juego en el reconocimiento de sí de la OMC y de otros órdenes jurídicos globales emergentes. Sitrin y Azzellini apuntan indirectamente al reconocimiento de sí de los movimientos alterglobalización, los cuales comparten la siguiente convicción

---

35. Véase "El discurso de la victoria de Obama", *El País*, 20 de enero de 2009, https://elpais.com/internacional/2008/11/05/actualidad/1225839610_850215.html

6. Reconocimiento asimétrico

en su resistencia a la globalización del capitalismo: "Nosotros podemos gobernarnos a nosotros mismos".[36] De manera mucho más discreta, este nosotros* también puede resonar en el "sí, ¡cocinemos juntos!", por medio del cual algunos estudiantes se reconocen como los miembros de un equipo de cocina capaz de preparar una comida para el dormitorio. En cada caso, los participantes se *afirman* a sí mismos como un grupo, reconociéndose como miembros de agentes colectivos capaces de realizar sus objetivos. La autoaserción colectiva, en la forma de un nosotros* podemos, es el corazón del reconocimiento de sí colectivo. En el mismo sentido, la autoaserción colectiva está en la raíz de la *jurisdicción*, en el sentido anotado por Kelsen en un pasaje citado al comienzo de este libro: la *capacidad* jurídica de emprender ciertos actos. La jurisdicción es la manifestación jurídica de la autoaserción colectiva: nosotros* podemos regularnos a nosotros mismos (en el sentido amplio de *regulación* expuesto en la sección 2.1.3).

El análisis de Ricœur de estos dos niveles de reconocimiento tiene una importancia considerable para nuestra investigación. Su discusión de la dimensión cognitiva del reconocimiento subraya el componente fáctico de la comunalidad, entendiendo por tal que la representación de la unidad colectiva debe ser capaz de seleccionar rasgos que, retroactivamente, sean efectivamente compartidos por los individuos y que no sean solo importantes, sino también suficientemente estables para proveer la bases para la reidentificación en el tiempo. En este sentido, el reconocimiento de sí colectivo supone el reconocimiento en el modo cognitivo de una configuración por defecto de la acción conjunta que responda a la pregunta "*¿qué* somos nosotros?".

La ventaja de llamar la atención a esta forma "principal" de reconocimiento (Ricœur usa la expresión *príncipes*) es, entre otras,

---

36. Sitrin y Azzellini, *They Can't Represent Us!*, 10.

que las opiniones expertas sobre la interacción social son parte integral de los procesos representacionales requeridos para el reconocimiento de sí por parte de individuos en cuanto miembros de un colectivo: ¿sobre qué *trata* (debe tratar) nuestra acción conjunta? Uso la expresión *experta* en el sentido amplio de quien tiene o muestra destrezas o conocimientos especiales derivados del entrenamiento o la experiencia.[37] La referencia al entrenamiento o la experiencia es particularmente apropiada. Por un lado, la experticia desplegada en la representación de los colectivos supone un enfoque *objetivante* hacia un colectivo, revelándolo por medio de herramientas metodológicas y conceptuales que también son, en principio, aplicables a la cognición de las interacciones entre *cosas*. La experticia disciplinaria de campos como la sociología, la economía, la medicina y la biología ciertamente hace parte de este proceso representacional, como lo aseveran, entre otros, la ISO, el Codex Alimentarius, el BCBS y los muchos cuerpos que habitan el paisaje regulatorio global. La articulación de hechos es un proceso representacional de cabo a rabo y, por lo tanto, es inherentemente cuestionable, como ha quedado abundantemente claro con la producción de indicadores y la resistencia a ella, entre otros procesos.[38] Pero alardear de una política de "hechos alternativos" [*alternative facts*] es fanfarronear, no ejercer autoridad.

Por el otro lado, y aunque se ha vuelto obsoleta en el inglés contemporáneo, la noción de un *expert* como alguien experimentado en las maneras y peculiaridades de un colectivo no ha perdido

---

37. Entrada de *expert* en el diccionario *Merriam-Webster* en línea, www.merriam-webster.com/dictionary/expert

38. Los indicadores son un ejemplo excelente de cómo las autoridades teórica y práctica se funden entre sí. Razones de espacio impiden discutir las formas de reconocimiento y reconocimiento fallido que corresponden al proceso de conceptualizar, producir y usar indicadores (globales).

6. Reconocimiento asimétrico

nada de su relevancia para los procesos representacionales requeridos para responder la pregunta "¿qué somos nosotros?". Esta "experiencia" se remonta, como lo ha argüido Gadamer, a la forma de conocimiento práctico que los griegos llamaban *phronesis*, una noción que fue traducida al latín como *prudentia* y que comprende al conocimiento de las comunalidades que son importantes y, a la vez, suficientemente estables para permitir que la acción conjunta sobreviva la abrasión temporal.[39] En pocas palabras, la experticia, en sus sentidos disciplinario y experiencial, pertenece a la dimensión prudencial del juicio político sobre qué hace al derecho *eficaz*, y eso funciona como una característica esencial del reconocimiento. Este es un correctivo importante a los enfoques que separan la autoridad teorética de la práctica, como quedará claro en su debido momento. Y, en un sentido no menos importante, el correctivo sugiere que la autoridad institucionalizada no puede arreglárselas sin el ejercicio de la autoridad *personal*. De cualquier forma, es en este modo ampliamente verídico de responder a la pregunta sobre qué es lo que *realmente* nos une que quisiera glosar (parafrasear) la caracterización de Ricœur del reconocimiento de sí colectivo: la afirmación de "que [nosotros somos] *en verdad* un [grupo] 'capaz' de ciertas realizaciones" (el énfasis es mío).

Una segunda razón por la cual el análisis del reconocimiento de Ricœur es ilustrativo para nuestros fines tiene que ver con su insistencia en la importancia del reconocimiento de *sí* (colectivo), una dimensión del reconocimiento que tiende a ser encubierta por las discusiones que se enfocan en el reconocimiento del otro. Ricœur nota, de manera perceptiva, la insuficiencia de los análisis en el ámbito de la filosofía práctica que se ocupan directamente del concepto de *ipseidad*. Particularmente, Ricœur nota que Kant no elucida realmente el sí o *autos-* de la autonomía moral cuando

---

39. Gadamer, *Verdad y método I*, 388ss.

discute el imperativo categórico.[40] El filósofo francés insiste en que, antes de su desarrollo como concepto moral o jurídico, el reconocimiento es central para una teoría de la acción. De hecho, defiende la tesis fuerte según la cual no puede haber una teoría de la acción sin una teoría del reconocimiento. Todo lo que se ha dicho hasta ahora sobre el surgimiento de los colectivos apoya esta tesis fuerte, aunque en el marco de una teoría de la acción *colectiva*. La identificación de sí de los individuos como miembros de un grupo que es capaz de actuar de diversas maneras es la versión colectiva de lo que Ricœur denomina *reconocimiento de sí personal*.[41]

Pero estoy yendo demasiado rápido porque, como Ricœur se lo advierte a sus lectores, "la reflexión sobre las identidades colectivas no puede librarse de una sofisticación de grado más elevado que la identidad-ipseidad de los sujetos individuales de acción".[42] Lo que está en juego es la pregunta sobre la *conjunción* de la acción conjunta, un tema que ya encontramos en el capítulo 5.

---

40. Ricœur, *Caminos del reconocimiento*, 122.

41. Un beneficio ulterior de la teoría del reconocimiento de Ricœur es que nos permitiría reconstruir la manera como el concepto de *reconocimiento* desempeña un papel en la comprensión de la unidad putativa de los órdenes jurídicos, de la cual la famosa "regla de reconocimiento" de Hart tan solo es una de sus posibles ramificaciones. En un sentido igualmente importante, nos permitiría hacerlo de una manera que tienda un puente entre las caracterizaciones funcional y normativa de la autoridad. Esta reconstrucción, sin embargo, nos llevaría más allá del alcance de este libro. Sobre una reconstrucción de la regla de reconocimiento de Hart en un contexto transnacional, véase Keith Culver y Michael Giudice, *Legality's Borders: An Essay in General Jurisprudence* (Oxford: Oxford University Press, 2010), especialmente los capítulos 1 y 2. Sobre el papel central del reconocimiento en Kelsen, véase Bert van Roermund, "Kelsen and the Low Skies. Recognition Theory Revisited and Revised", en *Hans Kelsen anderswo. Hans Kelsen abroad*, ed. de Robert Walter, Clemens Jabloner y Klaus Zeleny (Viena: Manz Verlag, 2010), 259-278.

42. Ricœur, *Caminos del reconocimiento*, 179.

6. Reconocimiento asimétrico

Como lo desarrolla Ricœur, este orden superior de sofisticación exige introducir una tercera forma de reconocimiento. Ningún reconocimiento de sí es posible, dice, sin el reconocimiento *por* el otro. La actividad implícita en el reconocimiento de sí va de la mano de una pasividad fundamental en la que yo soy, desde el principio, dependiente del reconocimiento de mi identidad por parte del otro. "La que exige ser reconocida es, sin duda, nuestra identidad más auténtica, la que nos hace ser lo que somos".[43] La posibilidad de que el reconocimiento de nuestra identidad sea contradicho, o de que yo contradiga la identidad de quien me la demanda, le otorga al reconocimiento su carácter propiamente ético. El reconocimiento fallido por el otro o del otro desata las luchas por el reconocimiento.

Ricœur sitúa el surgimiento de las identidades colectivas en estas luchas interpersonales por el reconocimiento, concretamente en el caso de lo que Honneth denomina *reconocimiento jurídico*, esto es, el reconocimiento de *derechos*.[44] En efecto, las capacidades que son el objeto del reconocimiento de sí personal incluyen las capacidades socialmente mediadas, concretamente, los derechos.[45]

---

43. Ibíd., 36. En su defensa de una identidad auténtica, Ricœur aparece codo a codo con Taylor, para quien una demanda de reconocimiento es una demanda para permitirme "ser fiel a mí mismo [para realizar] una potencialidad que es mi propiedad". Véase Charles Taylor, "La política del reconocimiento", en íd., *Multiculturalismo y "La política del reconocimiento"*, trad. de Mónica Utrilla de Neira, Liliana Andrade Llanas y Gerard Vilar Roca (México: Fondo de Cultura Económica, 2009), 53-116, 61.

44. Axel Honneth, *La lucha por el reconocimiento – Por una gramática moral de los conflictos sociales*, trad. de Manuel Ballestero (Barcelona: Crítica, 1997), 132-148.

45. Este sería el momento para discutir críticamente la relación entre capacidades y derechos, un asunto que, sin embargo, excede el alcance de este libro. Véase, por ejemplo, Amartya Sen, *Desarrollo y libertad*, trad. de Esther Rabasco y Luis Toharia (Buenos Aires: Planeta, 2000), y Martha Nussbaum, *Las mujeres*

La autoridad y la globalización de la inclusión y la exclusión

No poder reconocerse a uno mismo como capaz o habilitado porque se está privado de ciertos derechos tiene su correlato en el reconocimiento fallido por parte del otro y da lugar a una demanda de reconocimiento para ser tenido como un miembro pleno del colectivo. Atender esa demanda, en el transcurso de las luchas por el reconocimiento, da lugar a relaciones de reconocimiento recíproco entre personas, esto es, relaciones por medio de las cuales las normas jurídicas válidas estipulan derechos y obligaciones que les permiten reconocerse entre sí como seres libres e iguales. En palabras de Ricœur,

> el objetivo del reconocimiento es doble: el otro y la norma; tratándose de la norma, el reconocimiento significa, en el sentido léxico del término, tener por válido, confesar la validez de; si se trata de la persona, reconocer es identificar a cada persona en cuanto libre e igual a cualquier otra.[46]

Las identidades colectivas, concretamente las de los Estados, surgen a través de la dialéctica de lo particular y lo general desplegada por las luchas interpersonales por el reconocimiento que, como lo dice Honneth, lideran "una ampliación, forzada desde abajo, de la significación que se liga con la idea de [los derechos relativos a la] 'plenitud' de pertenencia como socio dentro de la comunidad política".[47]

---

y el desarrollo humano: el enfoque de las capacidades, trad. de Roberto Bernet (Barcelona: Herder, 2012).

46. Ricœur, *Caminos del reconocimiento*, 250. Entiendo este pasaje como una refutación concluyente del intento de Fraser de oponer el reconocimiento a la distribución en su agrio debate con Honneth.

47. Honneth, *La lucha por el reconocimiento*, 143. Ricœur concuerda: "En lo esencial, me adhiero a este proyecto. En mi propia terminología, se trata de buscar en el desarrollo de las interacciones conflictuales la fuente de la ampliación

6. Reconocimiento asimétrico

En pocas palabras, sin temor a equivocarse, se puede leer la manera como Ricœur entiende el paso del reconocimiento fallido al reconocimiento recíproco como el paso de un desafío a la reciprocidad presupuesta en la conjunción de la acción conjunta a su restauración en un nivel más alto de generalidad e inclusividad. De cara a una interrupción de la acción conjunta desatada por una demanda de reconocimiento, ocuparse de la demanda requiere transformar el orden jurídico por medio de una dialéctica de lo particular y lo general, del sí y el otro, de manera tal que las partes en conflicto puedan respaldar, sin reservas, la unidad putativa triple de un orden jurídico: referirse a sí mismos como un nosotros juntos —colectividad; reconocer al sistema jurídico de reglas como válido; orientarse de acuerdo con los lugares, tiempos, subjetividades y contenidos comportamentales puestos a su disposición por un orden pragmático—.

6.3.2. Nosotros* podemos – y no podemos

La de Ricœur es una interpretación lúcida de la manera como el universalismo jurídico entiende la relación entre reconocimiento y autoridad. En pocas palabras, él y la corriente de pensamiento normativo que él defiende pueden entenderse como una defensa de que la autoritatividad de una política de confines gira en torno

---

paralela de las capacidades individuales evocadas en el segundo estudio bajo el signo del hombre capaz a la conquista de su ipseidad. En el reconocimiento mutuo termina el recorrido del reconocimiento de sí mismo". Ricœur, *Caminos del reconocimiento*, 238. Nótese la inequívoca connotación del dominio del sí en la referencia de Ricœur a la "conquista" de la ipseidad, una referencia que es extensible a la ipseidad colectiva en las teorías del reconocimiento recíproco. Markell se refiere a esto como la gesta por la *soberanía* personal propia de las teorías del reconocimiento recíproco. Desafortunadamente, razones de espacio precluyen rastrear las similitudes y diferencias entre el reconocimiento asimétrico y lo que él llama *politics of acknowledgment*. Véase Patchen Markell, *Bound by Recognition* (Princeton, NJ: Princeton University Press, 2003), 10-15.

La autoridad y la globalización de la inclusión y la exclusión

de asegurar la conjunción de la acción conjunta: la acción es acción conjunta si y solo si todos los que están sujetos a su configuración por defecto pueden verse como personas libres e iguales. La tarea de una política autoritativa de los confines es transformar la configuración por defecto de la acción conjunta, por medio de la cual una ausencia injustificada de reciprocidad da origen a una situación de reconocimiento recíproco entre individuos libres e iguales. He aquí, una vez más, el poder en su sentido básico: una política de confines *puede* ser autoritativa porque *puede* superar progresivamente [T1] la contingencia de los confines jurídicos en [T2] la dirección de un orden jurídico omniinclusivo. Aquí está, entonces, la explicación elemental —en el sentido de ser la más fundamental— de la relación entre reconocimiento de sí colectivo y reconocimiento del otro que guía la visión que el universalismo tiene de la autoridad: nosotros* somos capaces de reconocer al otro como uno de nosotros. Al reconocer —incluir— al otro como uno de nosotros, una política de los confines se revela como autoritativa; obedece al "deber de inclusión completa".[48]

No es mi intención, de ninguna manera, rechazar de plano la reciprocidad. Después de todo, como se anotó en la sección 2.1.2, [1] las obligaciones dirigidas o relacionales entre los participantes en la acción conjunta articulan qué ha de *considerarse* como relaciones recíprocas entre ellos. En vez de eso, mi intención es revelar la ambigüedad de las demandas de reciprocidad desplegadas por el modelo Aciam. Los órdenes jurídicos demandan ser autoritativos por fuerza de haber instituido o ser capaces de instituir relaciones de reciprocidad entre los miembros del colectivo, pero esta demanda tiene un *punto ciego* que no puede ser suspendido por la reciprocidad. Al contrario: este punto ciego es la condición de posibilidad de la reciprocidad. Como resultado, los actos de

---

48. Habermas, *The Postnational Constellation*, 148.

6. Reconocimiento asimétrico

reconocimiento que instituyen relaciones de reciprocidad siempre están expuestos a ser una forma de dominación *porque* dan lugar e imponen relaciones de reciprocidad.[49]

Ese fue el problema con el que se encontró la KRRS con respecto a la OMC. Lo que demanda —reconocimiento de su identidad/diferencia como un colectivo orientado a la realización de las repúblicas aldea que garanticen la soberanía alimentaria a sus miembros— es adverso a la OMC, un colectivo orientado a promover el "libre comercio global". La distinción entre lo ordenable y lo inordenable, lo gobernable y lo ingobernable, reaparece en el marco de una teoría del reconocimiento de sí colectivo, capacidad e incapacidad colectivas. El nosotros* podemos constitutivo que está en el núcleo de la autoaserción colectiva va de la mano de un no menos constitutivo nosotros* no podemos: nosotros* no podemos reconocer al otro como uno de nosotros. Nótese que el reconocimiento no se refiere aquí únicamente a la inclusión como declarar jurídico lo que solía ser antijurídico (o simplemente inordenado). Una de las maneras de reconocer al otro como uno de nosotros es declarar antijurídico lo que solía ser jurídico (o inordenado). Calificar comportamientos como antijurídicos es un acto de autoaserción colectiva por medio del cual un colectivo declara que tal comportamiento es una manifestación privativa de lo que considera como importante para la acción conjunta. En pocas palabras, declarar antijurídico un comportamiento, por ejemplo, encarcelando a alguien, es una forma de *inclusión* y de reconocimiento jurídico del otro como uno de nosotros. En contraste, "'nosotros' no podemos reconocer al otro como uno de nosotros" —luego nosotros* no podemos reconocernos en el otro— se refiere a demandas de reconocimiento en la medida que estas exceden lo que nosotros, el colectivo, podemos reconocer

---

49. Lindahl, "Recognition as Domination".

como nuestro. En este sentido, la demanda de la KRRS de ser reconocida como quien realmente es, a saber, como un colectivo orientado a realizar repúblicas aldea que aseguren la soberanía alimentaria de sus miembros, denota un nosotros* no podemos que acompaña, como su anverso, a la autoaserción colectiva de la OMC: nosotros* podemos promover el libre comercio global. Hay una tensión irreductible en la reciprocidad que está oculta o subestimada por las teorías del reconocimiento recíproco: el reconocimiento del *otro* como uno de nosotros es reconocimiento del otro *como uno de nosotros*.

En consecuencia, la exclusión que tiene lugar por medio de la inclusión del otro como uno de nosotros evidencia, indirectamente, el ámbito de lo que es inordenable para la perspectiva grupal abierta por el punto de la acción conjunta, el ámbito desde el cual el poder constituyente puede surgir para fundar otro colectivo. Nosotros* podemos y nosotros* no podemos: poder constituyente e impotencia constituyente son las dos caras de una única moneda representacional.

Volviendo al universalismo jurídico, si se han de preservar sus fortalezas, a la vez que también se trata de eludir sus dificultades, la conexión interna entre reconocimiento y autoridad debe ser conceptualizada de una manera distinta. Esa es la tarea de las páginas venideras. En vez de seguir andando los *parcours* de Ricœur, tomaré un camino diferente, uno que regresa críticamente para reconsiderar el reconocimiento de sí colectivo elevando una pregunta que Ricœur no formula ni responde: ¿qué cabe en el "re" de reconocimiento y cómo ello afecta el reconocimiento de sí colectivo y el reconocimiento de/por el otro?

6. Reconocimiento asimétrico

6.3.3. Reconocimiento (fallido) de sí colectivo y la paradoja de la representación

La pregunta se justifica porque Ricœur aborda la partícula *re* de reconocimiento como una identidad ininterrumpida, esto es, como permanencia en el tiempo. En lo que respecta a la identidad-*idem*, el reconocimiento, para Ricœur, significa que algo es conocido *de nuevo*, esto es, como lo mismo. En lo que concierne a la identidad-*ipse*, nosotros* damos fe *de nuevo* de nuestra existencia como seres capaces de estar a la altura de las promesas que nosotros* hemos hecho, haciéndonos responsables y siendo hechos responsables por otros por nuestros actos pasados. Para Ricœur, aunque puede haber dificultades para reidentificar a algo o a alguien como lo mismo, y aunque las promesas pueden romperse, la identidad temporal como permanencia en el tiempo no es problemática en sí misma. Consideraciones análogas valen para el reconocimiento de sí colectivo: nosotros* somos un grupo que se comprometió a φ en el pasado y que ahora está a la altura de ese compromiso por hacer φ. En términos del modelo Aciam del derecho: nosotros* nos esforzamos por realizar el punto de la acción conjunta y seguiremos haciéndolo, a pesar de las dificultades que nosotros* podamos encontrar en el camino. Esta es la estructura básica de la permanencia en el tiempo que, según Ricœur, caracteriza la identidad de sí.

Pero el "re" de reconocimiento significa más que simplemente "de nuevo". Para empezar, y como resultado de la dinámica de la representación, reconocer es reconocer algo *como* esto o *como* aquello. En palabras de Thomas Bedorf, el reconocimiento supone una estructura triádica: "La relación bipartita, x *reconoce a* y, describe la relación solo parcialmente. Al contrario, se trata de una relación triádica, en la que x *reconoce a* y *como* z".[50]

---

50. Thomas Bedorf, *Verkennende Anerkennung* (Fráncfort: Suhrkamp, 2010), 122. Aquí se apoya en Waldenfels: "El otro es reconocido como *alguien*:

El "re" de reconocimiento implica que una identidad colectiva nunca está dada inmediata o directamente al reconocimiento; estrictamente hablando, el reconocimiento es un proceso de identificación: quienquiera que reconozca *postula* una identidad entre qué es reconocido y cómo es reconocido. Como resultado, lo que es identificado en el reconocimiento siempre es *más y otra cosa* a como es identificado (por ejemplo, como z en vez de como w). El contraste simple de Ricœur entre identificación de sí y diferenciación del otro es, por lo tanto, reduccionista. Parafraseando a Bedorf, la identificación de sí colectiva no tiene la forma "nosotros* nos reconocemos"; aquella despliega una relación triádica: nosotros* nos reconocemos como z (en vez de como w). La identificación de sí —y por lo tanto la inclusión de sí— que tiene lugar en el reconocimiento de sí también es siempre una diferenciación de sí —y por lo tanto una exclusión de sí—. El reconocimiento diferencia a un colectivo con respecto de *sí* en la jugada misma por medio de la cual postula su identidad (en el tiempo). Como resultado, el reconocimiento de sí colectivo también es siempre un reconocimiento *fallido* de sí. Así, por ejemplo, la OMC se reconoce como un colectivo capaz de asegurar la seguridad alimentaria por medio de confiar análisis científicos de riesgo, pero este reconocimiento de sí introduce una diferencia en la identidad de la OMC —una no identidad en la identidad— porque los participantes en la OMC, por ejemplo, la Unión Europea, se quejarán de que la configuración por defecto de la seguridad alimentaria le dé un peso insuficiente al principio de precaución.

---

como mortal, como un ser racional, como una persona o sujeto, en el rol específico de un familiar, un ciudadano, el representante de una profesión, como un oficial o un desposeído, un apátrida, y todo esto en una tonalidad cultural variable". Véase Bernhard Waldenfels, *Schattenrisse der Moral* (Fráncfort: Suhrkamp, 2006), 76.

6. Reconocimiento asimétrico

"¡No en nuestro nombre! Nosotros* estamos siendo reconocidos fallidamente porque lo que nosotros* consideramos como importante ha sido excluido de la acción conjunta".

Esto, en lo que respecta al reduccionismo correspondiente a una lectura en la que el reconocimiento es interpretado únicamente como una identificación de sí. Problemas análogos conciernen al término de contraste de la identificación de sí colectiva, a saber, la diferenciación con respecto al otro. En efecto, el "re" de reconocimiento asegura que la diferenciación del otro vaya de la mano con la identificación del otro, en tanto el otro es reconocido como uno de nosotros. Por ejemplo, la acción directa de la KRRS desafía ser identificada como sujeta a la OMC —y con ello incluida en ella—. "¡No en nuestro nombre! Nosotros* estamos siendo reconocidos fallidamente porque, habiendo sido incluidos en la acción conjunta, nosotros* ya no podemos actuar de acuerdo con aquello que 'nosotros' estimamos importante para nosotros". La dinámica de la representación asegura que el reconocimiento de sí colectivo supone no solo el reconocimiento fallido de *sí*, sino también el reconocimiento fallido del *otro*, dando lugar a demandas de inclusión en el colectivo y de exclusión de él.

En resumen, la alienación de los agentes de la acción colectiva desencadena fuerzas centrípetas y centrífugas, aferentes y eferentes. La alienación como resultado de la exclusión de los colectivos globales emergentes provoca una demanda de reconocimiento orientada a lograr la inclusión; la alienación que se sigue de la inclusión en la acción conjunta convoca una demanda de reconocimiento que busca asegurar la exclusión. La inapropiada "alterización" [*othering*] causada por los procesos representacionales es solo la mitad del problema, pese a ser la mitad que ha recibido la mayor atención teórica, si no toda; la otra mitad es una inapropiada "identización" [*selving*].

La autoridad y la globalización de la inclusión y la exclusión

Véase en el logro ambiguo de la representación la raíz de las luchas por el reconocimiento colectivo. En contraste con Ricœur, Honneth, Taylor y otros, que ven el reconocimiento y el reconocimiento fallido jurídicos como operaciones diferentes, respectivamente como las operaciones de inclusión y exclusión, sostengo que el reconocimiento y el reconocimiento fallido son las dos caras de una operación única —la representación— que incluye excluyendo y excluye incluyendo. Las dos caras de esta operación única ya se manifiestan en la "primera" representación, el *nomos* que toma retomando. Un colectivo nunca es simplemente sí mismo y nunca es simplemente diferente del otro; el *entrelazamiento* es la condición primordial que rige el encuentro entre el sí colectivo y el otro. Y mientras que los autores referidos conceptualizan las luchas por reconocimiento como el paso del reconocimiento fallido al reconocimiento recíproco, incluso si este debe posponerse indefinidamente, interpretar la representación como una operación de doble faz implica que las luchas por el reconocimiento colectivo *no pueden finalizar*, y no simplemente porque el reconocimiento recíproco sea una idea regulativa cuya realización deba ser aplazada por siempre.[51] El lector habrá notado que esta es una reformulación de la tesis que ya sostuve según la cual la política no puede finalizar. Los actos de reconocimiento colectivo son irreductiblemente logros ambiguos.

Estas consideraciones tienen dos implicaciones importantes que ameritan más atención. La primera gira en torno a la naturaleza paradójica de la responsividad en el reconocimiento de sí colectivo. Como se discutió más atrás en este capítulo, un colectivo se reconoce cuando sus miembros aseveran que son un grupo capaz

---

51. Este es el sentido en el que Honneth reconoce que las luchas por el reconocimiento son "permanentes". Véase Honneth, *La lucha por el reconocimiento*, 155-156.

6. Reconocimiento asimétrico

de actuar de una variedad de maneras en respuesta a lo que ha percibido como un desafío a la unidad colectiva: nosotros* podemos. Aquí, una vez más, el manifiesto de la KRRS es un buen ejemplo de la paradójica responsividad del reconocimiento de sí colectivo:

> Para la KRRS [...], rechazar la agricultura química y la biotecnología necesariamente implica promover la agricultura tradicional [...]. El hecho de que el conocimiento y las tecnologías tradicionales jueguen un rol clave en las alternativas propuestas por la KRRS no significa que rechacen las nuevas tecnologías. Por ejemplo, la cerca eléctrica que cercará el centro de desarrollo sostenible (necesaria, dada la presencia de elefantes salvajes en el área) será alimentada con energía solar. Los criterios para la aceptación o el rechazo de las tecnologías en la KRRS no se relacionan con su edad, se relacionan con factores tales como si la tecnología puede ser operada directamente y administrada por la gente que la usa, si requiere mucha mano de obra o mucho capital, entre otros criterios políticos.[52]

Este pasaje indica que la KRRS ve la agricultura química y la biotecnología como una amenaza a la agricultura tradicional, la cual buscar reafirmar como parte de su identidad colectiva. Su autoaserción colectiva da por sentado que la agricultura tradicional ya es una dimensión integral de su identidad colectiva. Aun así, que la agricultura tradicional pertenezca a su identidad se manifiesta *ex post*, al pasar a través del crisol de las novedosas tecnologías alimentarias. Un colectivo que no está expuesto a tecnologías novedosas o al ascenso del capitalismo global no problematizaría sus prácticas agrícolas, de hacerlo en absoluto, en los términos de la

---

52. Página web de la KRRS, http://home.iae.nl/users/lightnet/world/indianfarmer.htm

agricultura *tradicional*. Además, y crucialmente, a la vez que repele la agricultura química y la biotecnología, su respuesta no renuncia a otras tecnologías nuevas, por medio de lo cual lo que vale como agricultura tradicional es interpretado de una nueva manera.

Así, la paradoja de la representación opera en el reconocimiento de sí colectivo. Por un lado, una identidad es postulada como dada cuando los miembros de un colectivo se reconocen como un grupo capaz de actuar de ciertas maneras en respuesta a un desafío a su existencia. Por el otro, el reconocimiento de sí colectivo es la creación de una identidad grupal en respuesta a un desafío. En palabras de García Düttman, "reconocer es [...] un crear lo dado".[53]

El corolario de esta paradoja es que la autoaserción colectiva por parte de los movimientos alter- y antiglobalización, en respuesta a las amenazas que representan los procesos de globalización, no puede ser ni el regreso a una identidad original ni la continuación ininterrumpida de una identidad de sí ininterrumpida. El estudio de Eslava de los barrios ilegales en Bogotá que se resisten a los procesos de globalización ilustra, de la misma manera, que un regreso al *statu quo ex ante* es inútil. "¡Aquí nos quedamos!". La consigna es un grito de autoaserción que busca reclamar el lugar del cual serían lanzados por estrategias decentralizadas de desarrollo. Sin embargo, como lo muestra Eslava, al resistirse al lanzamiento de su emplazamiento como un barrio de

---

53. Alexander García Düttmann, *Between Cultures: Tensions in the Struggle for Recognition*, trad. de Kenneth B. Woodgate (Londres: Verso, 2000), 4 (traducción alterada). Y agrega: "El que reconoce es a un tiempo un testigo y un productor. Pertenece a una comunidad o sociedad presupuesta que primero debe ser formada por el reconocimiento [...]. Si acto y declaración, fundación y confirmación hubieren de coincidir sin dejar restos, entonces la fundación sería la mera confirmación y no realmente una fundación, o la confirmación mostraría no ser en últimas nada distinto a una fundación". Ibíd., 4-5 (traducción alterada).

6. Reconocimiento asimétrico

la ciudad, las comunidades ilegales participan en una globalización alternativa, reclamando un lugar novedoso para ellos en configuraciones transfronterizas de lugares. Volver adonde habían estado los lleva a otro lugar; "aquí" es otro lugar (véase la sección 4.1.1).

No sucede de otra manera con el Frente Nacional de Marine Le Pen. En el primero y quizás más comprehensivo de sus 144 compromisos electorales durante la campaña a la presidencia francesa de 2017, Le Pen prometió "remettre la France en ordre" ("volver a poner a Francia en orden").[54] El "re" de *remettre* asegura que, de llegar el Frente Nacional al poder, este originaría una Francia volviendo a la Francia original. Igualmente opera el "re" de la representación en el *back* del eslogan brexitista "Taking back control" ["Retomando el control"]. La dinámica de la representación precluye ser capaces de controlar nuestra identidad como un colectivo.

Esto nos lleva a una segunda implicación que sigue del estatus ambiguo del "re" del reconocimiento. Esta concierne a la identidad colectiva como permanencia en el tiempo. Al afirmar sus formas tradicionales de agricultura en contra de las amenazas planteadas por el tándem globalización del capitalismo y surgimiento de la agricultura química y la biotecnología, la KRRS se esfuerza por continuar identificándose como una comunidad agrícola tradicional. Desde la perspectiva de la teoría de la identidad de Ricœur, la demanda de reconocimiento de la KRRS como un colectivo diferente a la OMC afirma su compromiso continuado con la realización de las repúblicas aldea que aseguren, entre otras cosas, la soberanía alimentaria de sus miembros.

Considero que esta interpretación de la identidad como permanencia en el tiempo es correcta hasta cierto punto. Pero el

---

54. Página del Frente Nacional (hoy la Agrupación Nacional), https://rassemblementnational.fr/le-projet-de-marine-le-pen/

problema es que la interpretación no va lo suficientemente lejos, pues elide la ruptura temporal, no importa cuán discreta, que ha tenido lugar en la respuesta de la KRRS al desafío de las tecnologías novedosas. Para repetir el punto crucial, lo que vale como agricultura tradicional es creado retroactivamente en la respuesta de la KRRS al arribo de las nuevas tecnologías. En lo que sus prácticas agrícolas "realmente" consisten es el resultado de un *décalage* por medio el cual lo que está aún por venir es proyectado al pasado como lo que, habiendo ocurrido ya, solo debe continuar. Lo que parece, con el beneficio de la retrospectiva, como la permanencia en el tiempo de la identidad de sí colectiva está mancillado con rupturas temporales que tienen la forma de proyecciones retroactivas. "Parece" permanencia temporal, y nada más que eso, porque ¿puede la KRRS estar segura de que sus prácticas seguirán siendo reconocibles para todos sus miembros como agricultura tradicional una vez que las nuevas tecnologías que han aceptado sean integradas en su vida diaria? Así, en contra de la lectura que ve en el "re" de reconocimiento solo una prueba de la permanencia de la identidad en el tiempo, podemos sostener ahora que ningún "re" puede ser tenido como una simple repetición de la identidad, porque la identidad es alterada por la pregunta a la cual su reproferimiento respondería.

Volviendo al comienzo de esta subsección, la promesa es, para Ricœur, el paradigma de la identidad de sí en el tiempo: prometo que haré φ pase lo que pase: *je maintiendrai*.[55] El sí persevera —se mantiene idéntico a sí mismo— en el intervalo temporal que va desde hacer una promesa hasta mantenerla. No ocurre de otra manera con la ipseidad colectiva. La permanencia en el tiempo de

---

55. Ricœur se refiere a la *maintien de soi* en *Sí mismo como otro*, 118. Esta es su interpretación del principio de la preservación de sí que está en el corazón de la racionalidad moderna.

6. Reconocimiento asimétrico

un sí colectivo se manifiesta en el compromiso continuado de los miembros del grupo de realizar el punto de la acción conjunta, con independencia de los traspiés y tribulaciones que puedan encontrar en el camino. Al perseverar en nuestro compromiso de sacar adelante el punto de la acción conjunta, nosotros* nos mantenemos fieles a nosotros mismos, esto es, a lo que nosotros* realmente tenemos en común y por lo que nosotros* nos mantenemos juntos: *nous maintiendrons*.

La paradoja de la representación no disputa directamente esta interpretación de la identidad de sí colectiva. En vez, muestra que, durante la carrera de un orden jurídico, romper promesas es necesario para mantenerlas, sin que exista ningún criterio concluyente para establecer si una promesa se mantiene cuando se rompe o si es simplemente eso: una promesa rota. Honrar y traicionar la identidad de sí colectiva están conyugadas: si, en un contexto novedoso, romper promesas para mantenerlas es, para algunos participantes, la condición para ser capaces de reconocer al colectivo como propio, para otros las promesas simplemente están siendo rotas, de manera tal que, alienándose del colectivo, se sienten compelidos a renegar de él: ya no puedo reconocer este colectivo como mío. Así, nunca está completamente claro si la demanda de que un colectivo sea reconocido como esto o aquello expresa el compromiso de un grupo de continuar emprendiendo la acción conjunta, o si es la inauguración retroactiva de otro colectivo. El "re" de reconocimiento es el "re" de *nuevamente [anew]*, que se cierne de manera incierta entre "de nuevo" [*again*] y "nuevo" [*new*], entre el poder constituido y el constituyente.

6.3.4. Autoaserción colectiva contenida

En resumen, aunque el modelo Aciam del derecho une fuerzas con el universalismo jurídico para reconocer que el problema del reconocimiento colectivo está en el núcleo de una política autoritativa de los confines, el modelo defiende una lectura diferente del reconocimiento y de su concepto asociado de *autoaserción colectiva*. Para el universalismo jurídico, y dada una situación inicial de [T1] reconocimiento fallido perpetrado por la exclusión injustificada del colectivo, la normatividad de una política autoritativa de los confines gira en torno a [T2] una transformación inclusiva de la acción conjunta, cuyo resultado es el reconocimiento recíproco entre las partes en lucha como participantes iguales y libres en la acción conjunta.

El modelo Aciam del derecho revela tres dificultades principales de este enfoque. La primera es que el universalismo jurídico se enfoca únicamente en la exclusión injustificada, perdiendo con ello de vista los casos en los que la *inclusión* es el problema, más que su solución. La segunda gira en torno a la condición según la cual el reconocimiento requiere una exclusión (y una inclusión) *injustificada*. Esta condición apunta a lo que he llamado *el punto ciego de la reciprocidad*. Al hacer depender todas sus apuestas normativas de la institución de relaciones de reconocimiento recíproco entre las partes en lucha por reconocimiento, el universalismo jurídico pasa por alto en silencio la dimensión de dominación siempre presente en el reconocimiento colectivo, a saber, la asimilación del otro a uno de nosotros. Este punto ciego se relaciona con la tercera dificultad, que gira en torno a la dinámica de la representación: *a* representa al colectivo *b* como *x*. Al identificar a un colectivo como *x*, el acto de representación de *a* introduce una no identidad (en vez de *y*) en la identidad. Como resultado, la inclusión de sí, causada por la representación (el agrupamiento de una gama de individuos bajo el nombre de *x*), está aparejada a una *exclusión de sí* (alienar a quienes se catalogarían bajo el pendón de *y*). "¡No en nuestro nombre, porque lo que 'nosotros' consideramos esencial a nuestra identidad está amenazado por fuerza de haber sido excluidos de la acción

6. Reconocimiento asimétrico

conjunta!". Empero, la ambigüedad de la representación no termina aquí: una gama de individuos que podrían no querer ser parte del colectivo en absoluto es incluida en un colectivo, en vez de simplemente desafiar lo que constituye la conjunción de la acción conjunta. La exclusión del otro que resulta de la representación (nosotros*, como x, somos diferentes de los otros) va de la mano de la *inclusión del otro* (nosotros*, como x, somos algo distinto a nosotros mismos). "¡No en nuestro nombre! ¡Lo que 'nosotros' estimamos como esencial a nuestra identidad está amenazado por nuestra inclusión en la acción conjunta!".

Así, y en contra del universalismo jurídico, el modelo Aciam del derecho sostiene que el reconocimiento es un logro irreductiblemente ambiguo: el reconocimiento colectivo siempre es, en mayor o menor medida, un reconocimiento colectivo fallido. Esta conclusión destila las tres tesis que han sido nuestras acompañantes constantes desde su introducción en la sección 3.1.4: de cara a los desafíos a [T1] la unidad putativa de un colectivo, las repuestas a aquellos despliegan un proceso de [T2] unificación y [T3] pluralización. Esto no significa, sin embargo, que uno ya no pueda confiar en que el reconocimiento dará razón de la autoritatividad de una política autoritativa de los confines. Al contrario, sugiere que el reconocimiento colectivo, si ha de ser autoritativo, debe ser un reconocimiento asimétrico.

En sus contornos básicos, el concepto de *reconocimiento asimétrico* se sigue directamente de todo lo que se ha escrito hasta acá. Consiste en una radicalización de la tensión entre el reconocimiento de sí colectivo y el reconocimiento del otro. Como se ha insistido hasta acá, la demanda de reconocimiento del otro es asimétrica, porque no es meramente una demanda de inclusión en relaciones de reciprocidad jurídica como una manera de enmendar la violación de su identidad/diferencia. En mayor o menor medida, las demandas de reconocimiento exceden las posibilidades a disposición de la perspectiva grupal abierta por el punto de la acción conjunta. A su vez, la respuesta regida por esa perspectiva grupal es asimétrica, porque enmarca la demanda del otro de manera tal que esta sea susceptible de ser respondida en los términos de las relaciones (transformadas) de reciprocidad disponibles para la acción conjunta. Bajo estas circunstancias, y en el sentido más general, una política autoritativa de los confines toma forma a través de respuestas que reconocen al otro (en nosotros) como uno de nosotros *y* como alguien distinto a nosotros. Aquel aspecto del reconocimiento asimétrico es muestra de la *autoaserción colectiva*; este, de la *autocontención colectiva*. Una teoría del reconocimiento asimétrico interpreta una política autoritativa del confinamiento como una *autoaserción colectiva contenida*. Pasemos ahora a darle más sustancia a esta idea.

6.4. Autoridad

El capítulo 2 ofreció una interpretación funcional de la autoridad: la autoridad es lo que la autoridad hace. Concretamente, la autoridad consiste en articular, monitorear y sostener la acción conjunta. Esta caracterización preliminar bastó en esa etapa del argumento, la cual buscaba mostrar cómo los aspectos esenciales del modelo Aciam del derecho revelaron continuidades y discontinuidades importantes frente a una gama amplia de órdenes jurídicos, globales y de otro tipo. Pero, como se indicó en la sección 5.1, una explicación funcional de la autoridad solo puede sostenerse en tanto la conjunción de la acción conjunta se dé por sentada, esto es, en tanto la demanda de reciprocidad implícita en la articulación, el monitoreo y el sostenimiento de la acción conjunta no sea desafiada por los participantes o por otros. Es aquí donde un concepto más rico de *autoridad* debe tener su punto de partida, enfocándose en las demandas de

6. Reconocimiento asimétrico

reconocimiento y en las respuestas a ellas por parte de un colectivo. Dos preguntas demandan ahora nuestra atención: ¿qué lectura de la autoaserción colectiva se sigue de la noción de *reconocimiento asimétrico*? ¿Cómo influiría la noción de *autocontención colectiva* su enfoque sobre la autoridad?

6.4.1. Mandar obedeciendo

Hacemos bien en revisitar el concepto de *poder*, el punto de partida para pensar la autoridad. En efecto, la autoridad práctica usualmente es caracterizada en términos de poder normativo. Cualesquiera que sean sus méritos y beneficios, esta caracterización tiende a descuidar las estructuras profundas de poder, sin las cuales la capacidad de cambiar el estatus normativo de los agentes no sería inteligible.

El lector recordará, como un primer paso en esta dirección, que John Holloway, al criticar la representación, introdujo la distinción entre "poder-sobre" y "poder-hacer" (véase la sección 4.2.1). El poder representacional es, en su lectura, el poder de los gobernantes sobre los gobernados: heteronomía. "Poder-hacer" se refiere al poder ejercido directamente por la multitud: autonomía o autogobierno. Su crítica a la representación puede ser entendida en términos de mostrar que la representación supone una toma no autorizada por medio de la cual ciertos individuos vienen a regir sobre otros: poder transitivo, como lo he llamado. Aunque es correcta hasta cierto punto, su crítica pierde de vista lo esencial: la representación es el vehículo con el que nosotros* ejercemos poder sobre *nosotros*: autogobierno colectivo. La estructura transitiva del poder que surge cuando alguien captura la iniciativa de representar a un colectivo, es decir, la escisión entre quienes gobiernan y quienes son gobernados, presupone esta estructura intransitiva o reflexiva de "poder-sobre" nosotros mismos. Como lo he argüido, la reflexividad del poder está incorporada en la tesis de que la representación es necesaria porque alguien debe decir "nosotros" en nombre de nosotros* —no de ellos—. La representación, en la medida que tenga éxito, tiene la forma de una autorrepresentación colectiva.

En el proceso, el "poder-sobre" se vuelve "poder-hacer" en el sentido indicado por Ricœur en su explicación del reconocimiento de sí personal, el cual he extendido al reconocimiento de sí colectivo: los individuos que llegan a verse como *capaces* de actuar (conjuntamente) en respuesta a lo que cuestiona su existencia y modo de existencia. He aquí, entonces, un primer intento de formular la relación entre autoridad, en cuanto autoaserción colectiva, y reconocimiento: *la autoridad es la capacidad de articular una representación —una visión— de quienes nosotros* realmente somos/debemos ser que, en retrospectiva y por el momento, recibe amplia adhesión entre sus destinatarios y los motiva a actuar como un grupo que puede lidiar con desafíos a su existencia contingente.* Esta concepción de la autoridad de la primera persona plural está vinculada internamente al reconocimiento de un sistema jurídico y de un orden pragmático como propio, habilitando a quienes con ello *se vuelven* cierto tipo de agentes para que actúen de ciertas maneras, en ciertos momentos y en ciertos lugares: el llamado a un nosotros* podemos también es un llamado a un yo puedo. El poder sobre otros está lejos de ser simplemente un poder transitivo, como Holloway y Negri y Hardt lo entenderían, pues la autoridad se manifiesta como tal cuando aquellos sobre quienes se ejerce el poder se reconocen como ejerciendo un poder *sobre sí mismos* —a través de sus representantes— por medio de establecer los límites de la inclusión y la exclusión de la acción conjunta. Esta es la estructura profunda del poder que anima la relación entre autoridad y reconocimiento desplegada en la autoaserción colectiva, la cual precede y es presupuesta por la definición ubicua de *autoridad práctica* como un poder para cambiar el estatus

6. Reconocimiento asimétrico

normativo de los agentes. Como tal, es la raíz común de los poderes constituyente y constituido.

Volviendo a la sección 4.3.2, el paso del poder transitivo al intransitivo que opera en la autoaserción colectiva queda hermosamente plasmado por el concepto de *autoridad* en el modo articulado en el lema de los zapatistas: *mandar obedeciendo*. Hay, en primer lugar, una ambigüedad en el verbo *mandar*. Este significa, como se anotó más atrás, tanto liderar como comandar, recordándonos que la autoridad se manifiesta de la manera más visible en actos que *toman* por medio de la captura de la iniciativa de incluir y excluir. De hecho, *mandar* captura de manera maravillosa lo que está en juego en el *nomos* como una captura de la iniciativa. Por un lado, la autoridad lidera por medio de la captura de la *iniciativa*, esto es, por medio de comenzar, innovar, abriendo un ámbito novedoso de posibilidades para actuar juntos; por el otro, la autoridad comanda por medio de la *captura* de la iniciativa. En efecto, *mandar* denota un liderazgo forzoso en el que la fuerza nunca es obliterada a favor del liderazgo.

Y está, en segundo lugar, la obediencia. La autoridad nunca se limita a liderar/comandar; el lema indica que la autoridad solo puede liderar obedeciendo, es decir, acatando lo que la precede por medio de llamados a la acción, de manera que liderar/comandar es responder. La autoridad tiene una estructura responsiva. Empero, la riqueza del lema no termina aquí. Su formulación en gerundio —*obedeciendo*— sugiere que la precedencia del llamado a la respuesta no finaliza; liderar/comandar se mantiene siempre de manera incompleta y en necesidad eterna de renovación y modulación. Estirando un poco el significado del lema, quizás la llamada a la cual responde la autoridad nunca termina, porque liderar también es siempre un comandar que se impone sobre aquello que debe obedecer. Y este parece ser el caso, porque ningún liderazgo sería necesario si se supiera de antemano que la obediencia es requerida y qué es lo que debe ser obedecido; liderar/comandar siempre supone una determinación de lo que debe ser obedecido, es decir, una selección que incluye y excluye. Liderar/comandar nunca es totalmente absorbido por la obediencia, ni el poder transitivo por el intransitivo.[56]

Véase aquí la asimetría doble de la pregunta y la respuesta: incluso si la obediencia autoritativa presupone una llamada que precede a una respuesta que incluye y excluye (Asimetría 1), la llamada a la cual la autoridad responde se manifiesta retroactivamente en la manera como la respuesta enmarca esta llamada al establecer los límites de la (anti)juridicidad (Asimetría 2). De la misma manera que hay una paradoja en la representación, también hay una *paradoja de la autoridad*: una autoridad solo puede liderar si logra aparecer frente a sus destinatarios como si obedeciera a aquello

---

56. *Wir schaffen das* ("lo conseguiremos"), dijo Angela Merkel, en respuesta a la crisis de refugiadas que enfrentó Europa en 2015. Pero ¿qué es el "lo" (*das*) que se conseguirá? Como lo mostraron los eventos, no había un asunto unívoco y preenvasado que se anunciara a sí mismo de modo que el único problema fuera encontrar el medio adecuado para lidiar con él. Otro ejemplo: "El pueblo se ha pronunciado", se dice solemnemente. Sí, pero ¿qué dijo? La pregunta no tiene una respuesta unívoca porque lo que ha sido dicho son muchas cosas diferentes, quizás irreconciliables. ¿Qué es lo que se debe obedecer, por ejemplo, al responder al resultado de un referendo como el del Brexit? Los sorprendentes resultados de las precipitadas elecciones pos-Brexit que fueron convocadas por Theresa May revelan, retroactivamente, la ambigüedad de ese resultado —al igual que de los resultados electorales en sí mismos—. "No, [el pueblo británico] no quiere ser una Gran Bretaña-Brexit nacionalista con un sistema de partido único. Quiere ser algo más. ¿Pero qué?". Véase Khûe Pham, "Ein Schock und eine gute Nachricht", *Zeit Online*, 9 de junio de 2017, https://www.zeit.de/politik/ausland/2017-06/parlamentswahlen-grossbritannien-brexit-theresa-may-jeremy-corbyn (el énfasis es mío). La obediencia nunca es meramente una toma pasiva por parte de las autoridades de lo que ya ha sido convenido como un mensaje unitario por un pueblo unitario, el cual justificaría de antemano el ejercicio de la autoridad, sino más bien un proceso selectivo que produce lo que retroactivamente aparece como el desafío a ser respondido.

que realmente son. Este éxito es irreductiblemente ambiguo: la autoridad, para ser tal, debe prestar atención a una llamada, pero una positividad inerradicable anima su respuesta, en la que comandar y liderar están entretejidas inextricablemente. La congruencia *y* la incongruencia de la pregunta y la respuesta, del otro y el sí, están en el corazón de aquello en lo que la autoridad consiste y se manifiestan, textualmente, en el espacio vacío que une y separa a las dos palabras de la orden zapatista: *mandar obedeciendo*. Este entremedio es el "inter" de la intersubjetividad.

6.4.2. *Obedecer*

Permítaseme examinar con mayor detalle la obediencia a la autoridad.[57] Como se anotó, la obediencia tiene que ver con una sintonización que acata la llamada de la autoaserción colectiva, una llamada que exige una respuesta que tenga la forma de un acto de confinamiento. Esta llamada es situacional y multidimensional.

Es situacional no solo en virtud de surgir en un contexto concreto que exige una respuesta, sino también porque surge sobre un [7] trasfondo que está pre- y codado con la acción conjunta y que contribuye a determinar qué es importante para el colectivo. En este respecto, la filosofía fenomenológica distingue dos dimensiones correlativas de la experiencia, a saber, el primer plano o tema y el trasfondo. El tema es lo que aparece como *esto* o *aquello*, y solo puede hacerlo sobre el trasfondo de una red de significados, prácticas, presuposiciones y semejantes: un mundo. En tanto la

---

57. Razones de espacio impiden contrastar la noción de *obediencia* que defiendo con la de *servicio* que Raz tiene en mente cuando postula "la *concepción como servicio* de la función de las autoridades, esto es, el punto de vista según el cual su rol y función normal primario es servir a los gobernados". Joseph Raz, *The Morality of Freedom* (Oxford: Clarendon Press, 1986), 55-56. Véase también Joseph Raz, *La autoridad del derecho: ensayos sobre derecho y moral*, trad. de Rolando Tamayo y Salmorán (México: UNAM, 1985), 17-44.

experiencia siga su curso ordinario, el trasfondo se mantiene desapercibido y dado por sentado. Uno actúa de manera más o menos ciega. Heidegger se refiere a esta orientación en un mundo circundante (*Umwelt*), organizado en términos de la distinción entre primer plano y trasfondo, como "circunspección" (*Umsicht*): un "mirar alrededor" al revelar algo o alguien como esto o aquello.[58] En el curso ordinario de la experiencia, la circunspección y la acción son continuas; cuando su curso ordinario es interrumpido, la acción cesa, dando lugar a la circunspección como un cuidadoso "mirar alrededor" orientado a establecer lo que uno debe hacer ahora en la situación en la que la diafanidad de la acción se ha nublado. Esta estructura básica de circunspección cuidadosa opera en la autoridad, entendida como un liderar/comandar por medio de obedecer. Por un lado, obedecer como una sintonización que acata supone un "mirar alrededor" que, de cara a la desorientación sobre lo que trata/debe tratar nuestra acción conjunta, busca evaluar el todo en el que está situada la acción colectiva, con anterioridad a cualquier intento de distinguir lo fáctico de lo normativo. Por el otro lado, la circunspección de la autoridad también es un liderar/comandar en la forma de una reorientación del nexo entre el primer plano y el trasfondo, estableciendo nuevamente qué es y qué no es importante para la acción conjunta.[59]

58. Heidegger, *Ser y tiempo*, 79.
59. La circunspección desplegada por la autoridad que reorienta exitosamente la acción colectiva se asemeja a los ingredientes de lo que Geuss llama "innovación conceptual en la política", a saber, "un proceso complicado en el que los elementos descriptivos, analíticos, normativos y aspiracionales están entrelazados intrincadamente". De hecho, la capacidad de entrelazar estos elementos en forma de un juicio circunspecto que lidera/comanda por medio de obedecer es lo que le posibilita al poder constituyente presentarse *exitosamente* como nada distinto al poder constituido. Véase Raymond Geuss, *Philosophy and Real Politics* (Princeton, NJ: Princeton University Press, 2008), 46-47.

6. Reconocimiento asimétrico

El llamado a la acción que una autoridad ha de obedecer es multidimensional en dos sentidos diferentes. El primero tiene que ver con las múltiples maneras como la unidad putativa de un colectivo puede ser *desafiada* por el otro. Como se anotó, algunos de estos desafíos son vistos predominantemente como amenazas a la identidad/diferencia de un *sí* colectivo. Leído así, el llamado a la acción es un llamado a responder al otro de una manera que pueda sortear o, de otra forma, lidiar con el reconocimiento fallido del otro de la identidad/diferencia colectiva o, en últimas, con su existencia. La teoría constitucional estatal aborda estas formas de reconocimiento existencial fallido, típicamente, en términos del "estado de excepción". Permítaseme ser enfático: el estado de excepción es parte integral de una teoría general de la autoridad, pero el estado de excepción no agota, en absoluto, el ámbito o los sujetos del reconocimiento existencial fallido. Esta también es la naturaleza de las llamadas a la autoaserción colectiva de un buen número de movimientos alterglobalización. Esto nos lleva al otro extremo del espectro, que es, de hecho, el reflejo invertido de aquella: el llamado a la acción concierne a una demanda del otro según la cual la acción conjunta del colectivo reconoce fallidamente la identidad/diferencia *del otro* o, en últimas, su existencia, como se alude que ocurre con la configuración por defecto del libre comercio global de la OMC con respecto a la KRRS. Si aquello es el caso, el llamado a la acción atañe a la vulnerabilidad del sí colectivo; si esto lo es, atañe a la vulnerabilidad del otro. Obviamente, hay muchas situaciones intermedias, en las cuales el encuentro entre el sí colectivo y el otro revela una vulnerabilidad mutua. En consecuencia, la autoaserción colectiva, vista en su rol de lidiar con los desafíos a la unidad putativa del colectivo, comprende la totalidad del especto de las llamadas a la acción: consiste tanto en ser capaz de resistir el reconocimiento fallido de nuestra identidad/diferencia, como en reconfigurar lo que nosotros* llamamos *acción conjunta* de cara a las demandas de que la identidad/diferencia del otro sea reconocida. En cada caso, la obediencia autoritativa es una sintonización atenta a un llamado a la acción.

Hay un segundo sentido en el que el llamado a la autoaserción colectiva es multidimensional, a saber, que "el otro" abarca todos los otros *seres*. En este sentido expansivo, el otro no solo incluye a los seres humanos individuales y a los grupos de seres humanos, como lo dan por sentado las teorías antropocéntricas del reconocimiento, sino también a otros seres, los cuales pueden amenazar la existencia de un colectivo o ser amenazados por el colectivo. Frente a esta posibilidad, sostengo que las demandas de reconocimiento pueden surgir de *todos* los seres, no solo de individuos o colectivos de seres humanos. Así, por ejemplo, la promulgación de "derechos de los animales" es una señal de que los animales no humanos pueden llamarnos a proteger su existencia vulnerable: su demanda de reconocimiento de una identidad/diferencia amenazada por la acción conjunta, incluso si se manifiesta en una fugaz mirada de dolor, miedo o hambre, y a la cual no podemos sino responder de una u otra manera.[60] Nótese cómo los términos mismos revelan que nosotros podemos reconocernos en su vulnerabilidad: también nosotros sentimos dolor, miedo y hambre. Más generalmente, la noción de *degradación ambiental* indica que el medio ambiente nos puede llamar a la acción, no solo porque es una "condición" para la continuación de la vida humana, sino porque nos alcanza en forma de una apelación sin palabras, más o menos inconclusa, para

---

60. Como lo dice Buber en su ensayo "Dialogue" (*Zwiesprache*), "la responsabilidad genuina solo existe donde hay un responder real. ¿Responder a qué? A lo que le pasa a uno, a lo que ha de ser visto y oído y sentido [...]. Un perro te ha mirado, tú respondes por su mirada". Martin Buber, *Between Man and Man*, trad. de Roger Gregor Smith (Nueva York, NY: Collier Books, 1965), 16-17. Le agradezco a Ferdinando Menga haber llamado mi atención sobre este pasaje.

6. Reconocimiento asimétrico

que nos ocupemos de una identidad/diferencia que está siendo amenazada por nuestra acción conjunta, como cuando se asevera que nosotros* ponemos en peligro la integridad de cierto hábitat. El derecho ambiental no puede ser explicado solamente en términos de asegurar las condiciones de la supervivencia humana; también es, y lo es constitutivamente, una respuesta a una demanda de reconocimiento del ámbito de lo no humano o, más exactamente, del ámbito no humano que somos nosotros.

En breve, me opongo decididamente a los intentos de dividir la noción de un llamado a la autoaserción colectiva, por un lado, en la normatividad propia de las demandas de reconocimiento elevadas por seres humanos individuales o por grupos de seres humanos y, por el otro, en el ámbito de los seres no humanos como las restricciones meramente "de hecho" que no tienen que ser tenidas en cuenta a la hora de lidiar con demandas de reconocimiento. El llamado que proviene de la vulnerabilidad del ámbito de lo no humano no es menos normativo —*ni menos una demanda de reconocimiento*— que el llamado que surge de una demanda de reconocimiento elevada por un individuo o un grupo. El comportamiento humano no tiene el monopolio de la a-juridicidad.

La autoritatividad de la obediencia desplegada por un liderar/comandar no es solo una sintonización que acata el llamado a la acción del otro; también es una sintonización que se acata *a sí*. En efecto, el llamado a la acción nos confronta (nótese, una vez más, el acusativo), a un colectivo putativo, con la pregunta sobre quiénes somos nosotros* *realmente*. Las autoridades han de ser obedientes a la identidad colectiva, buscando articular, retroactivamente, lo que es *verdaderamente* importante para nosotros, fáctica y normativamente, de manera tal que nosotros* podamos reconocernos como miembros de un grupo capaz de lidiar con un desafío a su existencia continuada de una manera que sea válida y eficaz: la toma de *mandar* tiene su contraparte en una retoma de *obedecer*. Esta caracterización sugiere, una vez más, que la obediencia situacional y multidimensional mostrada por la autoridad es *híbrida* o prudencial, como la llamé más atrás, porque la obediencia a lo que nos llama a la autoaserción colectiva corta a través de la distinción entre las autoridades teórica y práctica, en la que a aquella le concierne saber de manera confiable cómo son las cosas, y a esta, determinar válidamente cómo se debe actuar. Es quizás más que una feliz coincidencia que la circunspección cuidadosa o *Umsicht* también signifique prudencia. De esta manera, las reflexiones de la sección 3.2.1 sobre la racionalidad híbrida de la acción colectiva, entendida como simultáneamente orientada a los medios y a los fines, entran en una teoría de la autoridad. Como lo muestra el llamado a la acción que confronta a la ISO, si, por un lado, un enfoque puramente normativo sobre la autoridad pierde de vista la contribución de la pericia en el aseguramiento de la autoritatividad de la gobernanza global, un enfoque estrictamente cognitivo sobre ella no puede lidiar con el problema normativo de la comunalidad de los fines de la acción propio del proceso de articular, monitorear y sostener la acción conjunta.

6.4.3. Liderar/comandar

Esto, en cuanto a la obediencia de una política autoritativa de los confines; pasemos ahora a examinar el liderar/comandar que responde al llamado a la autoaserción colectiva por medio de establecer los límites de la unidad putativa de un colectivo. La pregunta clave que confronta a las autoridades es esta: ¿cómo *deben* postular los límites de la unidad colectiva en respuesta a una demanda de reconocimiento? Es tentador buscar la autoritatividad de una respuesta en un criterio que sea independiente y anterior a todo conflicto sobre la unidad putativa, de modo que proveyera una respuesta sin ambigüedades a esta pregunta. Este criterio sería,

6. Reconocimiento asimétrico

literalmente, lo que "lideraría". Y porque sería independiente y anterior a la respuesta, "lideraría" sin "comandar".

Los dos candidatos manidos de la tradición filosófica para cumplir el rol de ese criterio son lo bueno y lo correcto, sobre los que se discurrió con cierta extensión en los capítulos 4 y 5. En efecto, y con independencia de sus diferencias, lo bueno y lo correcto son tenidos como criterios normativos dados con antelación e independientes para juzgar la conjunción de la acción conjunta, es decir, del contenido normativo de la autoridad. Si, a la hora de hacer comprensible la autoridad, el particularismo apela a lo bueno, el universalismo lo hace apelando a lo correcto. Lo bueno es la clave para el particularismo porque el criterio previo e independiente con el cual debe valorarse el ejercicio de la autoridad es su fidelidad a una identidad colectiva auténtica. Lo correcto es la clave para el universalismo en forma de sumisión a la "idea regulativa" de un colectivo que es idéntico a sí mismo, porque todos los individuos afectados por su sistema jurídico o sujetos a él pueden reconocerse como sus autores, luego pueden hacerlo como seres libres e iguales. El particularismo restauraría la identidad colectiva de cara a un conflicto; el universalismo, la construiría. Así, sea uno comunitarista o cosmopolitista, particularista o universalista, el contenido normativo de la autoridad es el mismo, a saber, realizar la identidad colectiva, cuyo significado es tenido como dado de antemano, como independiente de la autoridad y como algo que esta está llamada a obedecer.

En últimas, entonces, lo bueno y lo correcto, el particularismo y el universalismo, asumen que la autoridad debe incluir y excluir de una manera que sea fiel a la identidad colectiva. En los dos casos, la identidad colectiva es lo que "lidera", y en los dos casos todas las partes han de obedecer el llamado diamantino de la identidad colectiva si la resolución de conflictos ha de ser un proceso racional, esto es, un proceso que lleva a la unidad colectiva.

La autoridad y la globalización de la inclusión y la exclusión

"Puesto que el todo y lo supremo son el punto de fuga de la ordenación, la ordenación significa realmente, de manera primordial, insertar y subordinar, con la consecuencia de que el orden tenderá a una *forma cerrada*".[61] Cada una de estas dos interpretaciones de la autoaserción colectiva privilegia una forma de cerramiento: el particularismo, la exclusión del otro como otro distinto a nosotros; el universalismo, la inclusión del otro como uno de nosotros. Los dos enfoques a la autoritatividad de una política de confines giran en torno al cerramiento de la pluralidad en una unidad en la que todos y todo tengan su lugar adecuado: trátese de una pluralidad de monismos, como ocurre en el particularismo, o de un monismo único y omniabarcador de una *Weltinnenpolitik*, como en el caso del universalismo, para repetir la formula de Weizsäcker. En este sentido, tanto el particularismo como el universalismo son formas de *totalización* política y jurídica. Lo que yace más allá —afuera— de esta totalidad es el ámbito de lo extraño como irracional, poblado por quienes carecen de importancia normativa para las autoridades salvo en lo que respecta a la imposición forzosa de los confines: la antijuridicidad.

La discusión sobre lo bueno y lo correcto, empezada en la sección 4.5.1 y adelantada en la sección 5.3.5, muestra que ninguna de las dos categorías ofrece un criterio independiente y previo para determinar la autoritatividad de una política autoritativa de los confines. Lo que es *bueno para nosotros* no sirve, porque la estructura de la representación asegura que no hay acceso directo a una unidad original ni a la identidad de un colectivo. Hay una opacidad residual en la acción conjunta que no puede erradicarse, como resultado de la cual lo que nosotros* hacemos/debemos hacer juntos y el hecho de que nosotros* seamos o no un colectivo es

---

61. Bernhard Waldenfels, *Order in the Twilight*, trad. de David J. Parent (Athens, OH: Ohio University Press, 1996), 15.

6. Reconocimiento asimétrico

irreductiblemente cuestionable y contingente. Tampoco puede lo *correcto para todos* ofrecer un criterio independiente y previo, porque, como se mostró en la crítica bosquejada en la sección 5.3.4 al principio de todos los afectados y todos los sujetos, una respuesta autoritativa a un llamado a la autoaserción colectiva tiene que tomar la perspectiva de la primera persona plural de un nosotros* de un modo que mantenga la distinción entre adentro y afuera, incluso al transformar la configuración por defecto de lo que trata/ debe tratar nuestra acción conjunta.

Si la identidad colectiva no opera como un criterio independiente y previo de lo que vale como una política autoritativa de los confines, uno podría inclinarse de manera decidida en la dirección opuesta, colapsando la autoridad en una decisión política. Si se entendiera que lo bueno y lo correcto proveen estándares objetivos de autoridad en disputa, pero aún así estándares objetivos, su crisis sería la crisis de la racionalidad y la autoridad como tal. Lo que queda, parece ser, es la irracionalidad de una decisión política en la que el contraste entre contingencia y arbitrariedad ha perdido todo peso. *Mandar*, en una lectura decisionista, renuncia a su ambigüedad, volviéndose un comando irracional contenido solo —si es que se lo contiene en absoluto— por la obediencia a las reglas democráticas del juego. Sin importar cuán amargamente se opongan entre sí, el modelo de racionalidad orientado por el consenso y el decisionismo político están fundamentalmente de acuerdo sobre lo esencial. Los dos alinean la distinción entre racionalidad e irracionalidad con la distinción entre consenso y decisión. Su desacuerdo gira en torno a sobre qué lado de la división desean situar su interpretación de una política (democrática) de los confines.[62]

---

62. Considero que la controversia entre Habermas y Mouffe ejemplifica este impasse. Véase Mouffe, *En torno a lo político*, 76-79, 89-96, y Chantal Mouffe, *Agonística: pensar el mundo políticamente*, trad. de Soledad Laclau (Buenos

La autoridad y la globalización de la inclusión y la exclusión

Al igual que las posiciones que he criticado, le asigno un rol central a la autoaserción colectiva, y por lo tanto a la identidad colectiva, en el esfuerzo por hacer comprensible la autoritatividad de una política autoritativa de los confines. Establecer los límites de la unidad putativa de los órdenes jurídicos en respuesta a los desafíos a ella está en el corazón de la autoridad. Esto vale para situaciones en las que la identidad/diferencia del colectivo es vista como reconocida fallidamente por el otro y para situaciones en las que la acción conjunta reconoce fallidamente la identidad/diferencia del otro. Limitarse a deshacerse de los conceptos aparejados de la identidad colectiva y de la autoaserción colectiva no tiene sentido, no menos porque, como nos lo han mostrado los movimientos alterglobalización, las demandas de reconocimiento dirigidas a los órdenes jurídicos globales emergentes tales como la OMC son demandas para que la identidad/diferencia de un grupo no sea violada. Insistir, con el modelo Aciam del derecho, en la contingencia irreductible de la identidad colectiva presupuesta por la perspectiva de la primera persona plural de un nosotros* no significa negar que una aspiración a la identidad colectiva es una característica esencial de los órdenes jurídicos sin la cual no sería comprensiva su unidad putativa ni los desafíos y respuestas a ella. En este sentido, la *auto*aserción colectiva es la presuposición ineluctable —*unhintergehbare*, como se expresa tan bien en alemán— de la autoridad.

Sin embargo, en contra de las posiciones que he criticado, propongo leer la autoaserción colectiva de una manera que insiste tercamente en la contingencia irreducible de los colectivos, porque

---

Aires: Fondo de Cultura Económica, 2014), 136-137. Para una crítica perspicaz de la lectura de Mouffe del agonismo político, véase Ferdinando Menga, "How Much and What Kind of Radical Democracy Can a Community Withstand?", en *Grenzgänge der Gemeinschaft*, ed. de Elisabeth Gräb-Schmidt y Ferdinando Menga (Tubinga: Mohr-Siebeck, 2016), 79-94.

6. Reconocimiento asimétrico

no puede haber [T2] inclusión, unificación e identificación sin [T3] exclusión, pluralización y diferenciación. No hay, por un lado, un criterio independiente y dado con antelación de identidad colectiva al cual las autoridades puedan apelar y que permita establecer definitivamente si los actos de confinamiento son autoritativos. Defender la contingencia irreductible de los colectivos, por el otro, no equivale a colapsar la autoridad en la arbitrariedad. Los dos términos de esta disyunción especiosa en la que el universalismo y el decisionismo buscan acorralar una teoría de la autoridad deben ser rechazados decididamente: o el imperativo categórico (incluyendo sus reformulaciones intersubjetivas) o la arbitrariedad.[63]

He aquí, entonces, el meollo de lo que he llamado *reconocimiento asimétrico*. Navegando entre el Caribdis del universalismo y el Escila del particularismo, defiendo una interpretación *situacional* de la autoridad, una que reconozca su ambigüedad irreductible a la vez que evite la asunción según la cual la autoridad no tendría un significado normativo propio. Esto, porque la ausencia de un criterio de autoridad dado de antemano e independiente no implica que una demanda de reconocimiento deba ser ignorada. Tampoco implica que los actos de reconocimiento estén condenados al fracaso y puedan más bien ser obviados. No es lo mismo para la OMC ignorar a la KRRS por completo que recalibrar la configuración por defecto del libre comercio global de un modo que lidie, por decir cualquier cosa, con las preocupaciones relativas a la protección ambiental y al desarrollo sostenible. ¿Podría, por ejemplo, algo como una radicalización del concepto de *desarrollo sostenible* prestarse para una lectura inesperada del punto de la acción conjunta de la OMC que ofreciera una respuesta adecuada

---

63. Comparto este punto de vista con Geuss, aunque desde una perspectiva filosófica diferente. Véase Raymond Geuss, *History and Illusion in Politics* (Cambridge: Cambridge University Press, 2001), 68.

a las preocupaciones de la KRRS? Igualmente, no es lo mismo que el Órgano de Apelación de la OMC ignore la demanda de reconocimiento de su identidad de la Unión Europea por medio de arraigar el principio de permisividad en la configuración por defecto de la seguridad alimentara, a postular una configuración por defecto que le dé cierto peso al principio de precaución de cara a aquel. Llámese este criterio situacional de la autoridad como su *adecuación*. El confinamiento es autoritativo cuando produce una respuesta que, más que exactamente correspondiente, es adecuada a un llamado de autoaserción colectiva.

Tenemos aquí un segundo intento de caracterización, en lo que respecta a la autoaserción colectiva, de la autoritatividad de una política autoritativa de los confines: esta consiste en *la capacidad de sentar, en una situación concreta, una configuración por defecto de la acción conjunta que, en retrospectiva y por el momento, habilite a una amplia gama de miembros de un colectivo para reconocerse como quienes son realmente de un modo que responda —sin agotarlo— un desafío a la unidad colectiva*. La autoaserción colectiva —el núcleo del reconocimiento de sí colectivo— supone la inclusión del otro (en nosotros) como uno de nosotros: en una medida variable, un grupo puede ser reideintificado de una manera que permita la inclusión de demandas de reconocimiento de una identidad/diferencia que es violada por esa perspectiva grupal. Por lo tanto, la autoaserción colectiva despliega una forma asimétrica de reconocimiento cuando sienta las que se considera que son las relaciones de reciprocidad entre los participantes en la acción conjunta. Crucialmente, esta forma de entender la autoaserción colectiva permite hacer generalizaciones situacionales, pero no la universalización. Esto, porque, como se notó más atrás, la representación asegura que la inclusión también sea siempre, en mayor o menor medida, la exclusión del otro *porque* el otro (en nosotros) está incluido como uno de nosotros.

6. Reconocimiento asimétrico

Las reflexiones de Waldenfels sobre lo que él llama una racionalidad responsiva quizás nos sirvan para clarificar lo que tengo en mente en mi defensa de una lectura de la autoaserción colectiva que evite la disyunción entre universalismo y relativismo. Waldenfels distingue entre un modelo *sintético* de racionalidad, orientado a crear unidad putativa de la pluralidad (*Verknüpfung*), y un modelo en el que la respuesta a una pregunta tiene la estructura de un *vínculo abierto* (*Anknüpfung*), haciéndoles el juego —sin ser capaz de agotarlas— a las posibilidades situacionales que la pregunta ha puesto a disposición.[64] El vínculo es abierto en un sentido doble: la pregunta se mantiene abierta porque la respuesta no la agota; la respuesta se mantiene abierta porque otra respuesta era posible. Aquí, una vez más, nos encontramos con el hiato entre pregunta y respuesta, el entremedio que es la condición de la intersubjetividad en forma de un diálogo que no colapsa en un monólogo. Por esta razón, apoyándose en Merleau-Ponty, Waldenfels habla de una forma "lateral", más que "vertical", de generalidad, que surge en la respuesta a una pregunta. "Esta forma de generalidad se da porque los vínculos multiplican, ramifican y se entrelazan".[65]

Sostengo que lo mismo ocurre con la autoridad como la representación de la unidad putativa triple de los órdenes jurídicos en respuesta a una demanda de reconocimiento. Recuérdese: están (a) la unidad putativa de una multiplicidad de participantes en la acción colectiva —nosotros, el grupo—; (b) la unidad putativa de una multiplicidad de reglas —la coherencia de un sistema jurídico—, y (c) la unidad putativa de un orden pragmático que establece quién debe hacer qué, dónde y cuándo. Ahora bien, dado que no hay un acceso directo a la unidad original de un colectivo, el punto de la acción conjunta se mantiene más o menos

---

64. Waldenfels, *Order in the Twilight*, 18 (traducción alterada).
65. Ibíd. (traducción alterada).

opaco a los participantes y necesitado de articulación por vía de actos representacionales que puedan sorprenderlos al representar al colectivo de una forma que inaugura modalidades novedosas de acción conjunta sobre las que los participantes pueden no haber estado informados.

Cuando esto ocurre, la representación tiene la estructura de una *transgresión innovadora*, por medio de la cual, en vez de simplemente proyectar hacia el futuro la manera como la acción conjunta ha tenido lugar, las autoridades proyectan la acción conjunta futura hacia el pasado. (a) La respuesta autoritativa a una demanda de reconocimiento proyecta al futuro otra configuración de la conjunción de la acción conjunta, a la vez que nos la imputa como quienes nosotros* ya somos/debemos ser "realmente" y exigiendo su realización. (b) La relación entre el punto y la configuración por defecto de la acción conjunta se articula de manera distinta a la anterior, por medio de una proyección hacia atrás que asegura establecer qué hace "realmente" coherente a esa relación. El jurista neerlandés Paul S. Scholten ofrece la mejor caracterización con la que me he topado de la articulación del significado "real" de las reglas, la cual antecede, en más de sesenta años, la conocida formulación de García Düttman de la paradoja del reconocimiento como "un crear lo dado": "El derecho [ya] está allí, pero debe ser encontrado, y la novedad radica en el encontrar (*vondst*). Solo quienes identifican al derecho con las reglas enfrentan la escogencia: o creación o aplicación".[66] (c) Por último, las autoridades desorganizan y reorganizan la distribución de lugares, tiempos, subjetividades y contenidos comportamentales de la acción colectiva, asegurando no estar haciendo nada distinto a articular los que

---

66. Paul S. Scholten, *Algemeen Deel van Mr. C. Asser's Handleiding tot de beoefening van het Nederlandsch Burgerlijk Recht* (Zwolle: Tjeenk Willink, 1934), 12.

"realmente" son el quién, el qué, el dónde y el cuándo de la acción colectiva si los participantes en esta han de realizar su punto. La inclusión del otro (en nosotros) como uno de nosotros tiene lugar a través de esta transgresión innovadora triple que es posibilitada por la paradoja de la representación.

Pero, aunque la transgresión innovadora permite trazar los confines de una manera *distinta*, los actos de autoaserción colectiva encarnados en esas transgresiones innovadoras pueden ocuparse de un desafío a la unidad colectiva, mas nunca agotarlo. La autoaserción colectiva no despliega una dialéctica de lo general y lo particular como lo mandan las teorías del reconocimiento recíproco. La lectura de la autoaserción colectiva que defiendo es receptiva a las *emancipaciones*, en plural, no a la emancipación, en singular. El lema del Foro Social Mundial —"Otro mundo es posible"— solo vale pluralizado: otros mundos son posibles, ninguno de los cuales es o podría ser omniabarcante.

6.4.4. *Autocontención colectiva*

Las tres subsecciones precedentes buscan iluminar la autoritatividad de una política autoritativa de los confines por medio de una lectura de la autoaserción colectiva que privilegie el reconocimiento asimétrico del otro. Es asimétrico a la luz de la cuestionabilidad y la responsividad finitas de un colectivo: la respuesta autoritativa de un colectivo a una demanda de reconocimiento es una respuesta a la pregunta "¿sobre qué trata/debe tratar *nuestra* acción conjunta?". El reconocimiento de *sí* colectivo es tanto la condición como el precio por pagarse por el reconocimiento jurídico del otro: en mayor o menor medida, el otro (en nosotros) es reconocido fallidamente por virtud de ser reconocido como uno de nosotros. A menos que uno se aferre a esta tesis, a menos que la autoritatividad de una política del confinamiento *no* sea interpretada como "conquistar la ipseidad" (Ricœur),[67] la autoaserción colectiva termina conquistando la alteridad, presa del imperialismo jurídico, entendido como un proyecto de dominación expansiva.

En este sentido, el reconocimiento colectivo del otro (en nosotros) como uno de nosotros no puede ser la última palabra sobre la autoritatividad de una política autoritativa de los confines. Esto, porque la pregunta sobre el reconocimiento tiene una segunda forma que tiende a ser borrada por las teorías universalistas de la autoaserción colectiva: ¿hay alguna forma de reconocer al otro (en nosotros) como *otro distinto a nosotros*? En otras palabras, ¿puede un colectivo responder a una demanda de reconocimiento de alguna forma que reconozca que hay algo en esa demanda que se mantiene jurídicamente *inordenable* desde la perspectiva grupal autoritativamente mediada que aquella desafía, incluso cuando (y por ello) la unidad colectiva se transforma para incluir a quien eleva la demanda? En pocas palabras, ¿cómo *debe* un colectivo responder a lo que he llamado la dimensión fuerte de la a-juridicidad, esto es, una demanda de reconocimiento que excede las posibilidades variables, pero finitas, de la autoaserción colectiva disponible para una cierta perspectiva grupal?

Mi propuesta es entender la autocontención colectiva como el contenido de este deber. Con esto quiero significar cierto refrenamiento en el proceso de establecer los confines de la (anti)juridicidad, es decir, de los límites de lo que se considera como la unidad colectiva, de manera que la perspectiva de la primera persona plural del colectivo que ha sido confrontado con una demanda de reconocimiento no se presenta como absoluta. Me acerco aquí a la interpretación de Van Roermund del derecho como la institucionalización de un orden político en una sociedad limitada

---

67. Véase la cita de la nota 47 de este capítulo.

6. Reconocimiento asimétrico

que "permite, por iniciativa propia, que algo valga en contra de la identidad de esta sociedad, incluso si ninguna otra pudiera imponer ese desafío".[68] Si la autoaserción colectiva es muestra de que "nosotros* podemos incluir al otro (en nosotros) como uno de nosotros", la autocontención colectiva es la manera como un colectivo, oblicuamente, reconoce su impotencia para reconocer plenamente al otro (en nosotros) en sus propios términos, de modo que tiene un punto ciego normativo tal que "nosotros* no podemos incluir al otro (en nosotros) como uno de nosotros" sin violar su demanda de identidad/diferencia y, en el caso extremo, amenazar su existencia misma. La autocontención colectiva no necesita tener lugar en el mismo acto o actos por los cuales lo que se considera que es la unidad (transformada) de un colectivo es acertado: normalmente, un colectivo responde a un desafío a su unidad a través de medidas diferentes, pero coordinadas.

La autocontención colectiva tiene la forma de lo que he denominado *reconocimiento indirecto*. El reconocimiento colectivo a través de la autoaserción colectiva tiene lugar en la medida que un desafío a la unidad colectiva es abordado por medio de reconocer *jurídicamente* al otro (en nosotros) como uno de nosotros, esto es, recalibrando la configuración por defecto de la antijuridicidad de una forma que incluya lo que ha sido excluido, calificando el comportamiento ya sea como jurídico o antijurídico. Por el contrario, solo de manera oblicua puede un colectivo reconocer al otro (en nosotros) como otro distinto a nosotros, es decir, como lo que no puede ser integrado en un orden jurídico como (des)orden o (anti)juridicidad, sin violar su demanda de identidad/diferencia y, en el caso extremo, poner en peligro su subsistencia.

---

68. Bert van Roermund, *Legal Thought and Legal Philosophy: What Legal Scholarship Is About* (Cheltenham: Edward Elgar, 2013), 112.

La autoridad y la globalización de la inclusión y la exclusión

Entendido así, hay por lo menos tres maneras como un colectivo puede ejercer la autocontención, aun cuando el colectivo no necesita agotar el alcance de la autocontención. La primera consiste en el *aplazamiento* de la autoaserción colectiva. Con esto me refiero a la posposición de actos que sientan los límites de lo que ha de valer como la unidad de un colectivo. Posponer la autoaserción colectiva no consiste solamente en permitir intervenciones que apuntan a asegurar una articulación más inclusiva de la acción conjunta: "¡No en nuestro nombre! Lo que nosotros* consideramos importante para la acción conjunta ha sido excluido de ella". También es, y con la misma importancia, permitir las intervenciones que buscan mostrar que una demanda de reconocimiento es una demanda de un individuo o grupo para ser tratado como alguien distinto a nosotros: "¡No en nuestro nombre! Lo que nosotros* vemos como importante para nuestra identidad está amenazado o violado por nuestra inclusión en la acción conjunta". En los dos casos, la lucha por el reconocimiento es una *lucha por la representación* que pone en juego el "qué" del nosotros* y también el nosotros que sería representado. Suspender la autoaserción colectiva equivale a permitirles a las dos dimensiones de las luchas por reconocimiento y representación salir a flote, antes de sentar los límites de la unidad colectiva, creando un espacio para el surgimiento de *otro* colectivo. Vinculando la explicación de la natalidad de Arendt con los poderes generativos de la representación, Ferdinando Menga arguye que

> la posible degeneración de la representación en una sobreconcentración de poder es absolutamente secundaria frente a su rasgo genealógico, según el cual la constitución de cualquier orden

6. Reconocimiento asimétrico

histórico y contingente siempre es un resultado de una promulgación o irrupción representativa singular.[69]

Esto resuena con mis consideraciones anteriores sobre romper y mantener promesas y sobre los poderes constituyente y constituido. Ese es, a mi parecer, el núcleo defendible del principio de todos los afectados o de todos los sujetos, aunque no suspenda la distinción preferencial entre adentro y afuera ni provea un criterio independiente y dado de antemano para la identidad colectiva que la autoridad deba obedecer.

Las luchas por la representación también son, en consecuencia, *luchas por la autoridad*: luchas por quién ha de hablar en nombre de un colectivo y, en un sentido no menos crucial, cuál es el colectivo que debe ser representado. Si los colectivos surgen a través de actos representacionales, los actos representacionales marcan el surgimiento de la autoridad en el sentido indicado más atrás: la capacidad de articular una representación —una visión— de quienes nosotros* realmente somos/debemos ser que, en retrospectiva y por el momento, obtiene suficiente adhesión entre sus destinatarios y los motiva a actuar como un grupo que puede lidiar con desafíos a su existencia contingente. Mientras que el surgimiento de la autoridad, así descrito, puede tener lugar dentro de las estructuras institucionales puestas a disposición por el modelo Aciam, también puede fluir hacia formas no institucionalizadas de autoridad que pueden estar en un conflicto más o menos radical con sus formas institucionalizadas.

La segunda forma de autocontención colectiva supone excluir lo que ha sido incluido en el ámbito de la (anti)juridicidad, esto es,

---

69. Ferdinando Menga, "The Seduction of Radical Democracy. Deconstructing Hannah Arendt's Political Discourse", *Constellations* 21, n.º 3 (2014): 313-326, 320.

declarar una gama de comportamientos como jurídicamente *fuera del alcance* [*off bounds*], como el ámbito que, en retrospectiva, debe mantenerse inordenado desde la perspectiva de la primera persona plural de un colectivo jurídico. La autoaserción colectiva renuncia a un comportamiento que había caído o podía caer dentro del alcance de la acción conjunta, a favor de lo que es, desde su perspectiva, un ámbito libre de derecho. Lo que con anterioridad pertenecía a la jurisdicción del (des)orden jurídico bajo la acción conjunta se entrega al dominio de lo *inordenado* por un colectivo dado. Así, por ejemplo, la OMC podría establecer que ciertos tipos de actividades, en adelante, estarán más allá del alcance de lo que vale como "libre comercio global", buscando liberar a la KRRS y a otros colectivos campesinos alrededor del mundo de las obligaciones dirigidas propias del comercio global de semillas. En vez de incluir al otro (en nosotros) como uno de los nuestros, calificando como importante para la acción conjunta lo que con anterioridad había sido estimado como no importante, un colectivo ejerce autocontención al excluir al otro (en nosotros) como otro distinto a nosotros, declarando como irrelevante lo que hasta aquí había sido propio de la conjunción de la acción conjunta. En vez de incorporar una demanda de reconocimiento en las relaciones de reciprocidad, la autocontención colectiva libera ciertas formas de acción de las ataduras de la reciprocidad.

La tercera forma de autocontención colectiva supone la *suspensión* de la configuración por defecto de la acción conjunta, esto es, la no aplicación de reglas que no solo son aplicables, sino que deben, en principio, ser aplicadas a la situación en cuestión. La suspensión también es, por lo tanto, la *violación* de una regla jurídica y, en ese sentido, un acto de no aplicación que está en contravía del derecho, a la luz de la naturaleza excepcional de una demanda de reconocimiento. Lo que tengo en mente es una inversión de la importancia de lo que Carl Schmitt llama una excepción

6. Reconocimiento asimétrico

(*Ausnahme*) y, en respuesta a ella, una medida excepcional (*Maßnahme*). Schmitt se refiere a una excepción como "lo que no se puede subsumir; [lo que] escapa a toda determinación general".[70] Aun así, la expresión "que no se puede subsumir" es una traducción pobre y reduccionista de la expresión alemana *sich entzieht*, que denota lo que desafía, lo que elude y lo que excede una regla, todo al tiempo. Una excepción, en este sentido fuerte, es precisamente lo que *no* confirma una regla, en contra del trillado adagio. La excepción cuestiona una regla radicalmente, al elevar una demanda normativa que es registrada como jurídica o antijurídica dentro del orden, pero que se resiste a ser incluida como jurídica o antijurídica. En una palabra, la excepción es lo que se manifiesta como *extraño* para un orden jurídico: la dimensión fuerte de la a-juridicidad.[71] Como es bien sabido, lo excepcional, para Schmitt, es el enemigo que demanda una medida excepcional que, suspendiendo el derecho, busca neutralizar una amenaza existencial a un colectivo. En pocas palabras, Schmitt iguala lo extraño al enemigo, de modo que la suspensión del derecho no es un acto de autocontención colectiva, sino más bien su antípoda: un acto de autoaserción colectiva orientado a negar al otro en un sentido existencial.

Aunque lo extraño puede aparecer con el aspecto del enemigo, como aquello que nos aniquilaría, aquel no es reducible a este ni el "estado de excepción" es reductible a la excepción. Lo extraño, en su dimensión fuerte, es evidencia de una falla de la acción co-

---

70. Schmitt, *Teología política*, 18. Para un tratamiento más extendido de esta interpretación de la autocontención colectiva, véase Lindahl, *Fallas de la globalización*, 498-504.

71. Aunque no puedo expandir este punto aquí, la interpretación de Schmitt de la excepción es, de hecho, el modo jurídico de lo que Husserl denomina "extrañeidad": "La asequibilidad en su inasequibilidad genuina, en modo de incomprensibilidad". Edmund Husserl, *Zur Phänomenologie der Intersubjektivität*, ed. de Iso Kern (La Haya: Martinus Nijhoff, 1973), 631.

La autoridad y la globalización de la inclusión y la exclusión

lectiva, no de un límite variable de ella: frente a algo que se resiste a la inclusión como uno de nosotros porque es otro (en nosotros) distinto de nosotros. En una palabra, la excepción es muestra de la *singularidad*, de aquello que elude una dialéctica entre lo general y lo particular. Cuando es confrontado con situaciones de ese tipo, un colectivo ejercita autocontención colectiva suspendiendo la aplicación no solo de lo que es derecho aplicable, sino del derecho que en principio debe ser aplicado a la situación en cuestión. En vez de ser un acto de reconocimiento directo —*nosotros podemos* incluir al otro (en nosotros) como uno de nosotros—, es una forma indirecta de reconocimiento, una que se refrena para resistirse en la medida que nosotros* *no podemos* incluir al otro (en nosotros) como uno de nosotros sin destruir su identidad/diferencia.

Pero esta forma de autocontención tiene sus propias limitaciones: no puede ir tan lejos como para poner en peligro la autoaserción colectiva, esto es, poner en peligro aquello sobre lo que nosotros* realmente tratamos como un colectivo, incluso si no se cuenta con un criterio rígido previo sobre la identidad colectiva. Porque, en tal caso, preservar al otro (en nosotros) como otro distinto de nosotros equivale a una autotraición colectiva o incluso a la autodestrucción. En esas situaciones, la irreductibilidad de la tensión entre la pluralidad política y la unidad jurídica sale plenamente a flote: para quienes, en tales circunstancias, demandan el reconocimiento de una identidad/diferencia que está siendo violada o corre el riesgo de serlo, demanda que podría no ser atendida por la autoridades del colectivo, los actos de autoaserción colectiva en respuesta a su demanda no son nada más que actos de autoridad transitiva: de gobierno sobre otros en forma de dominación. La irreductibilidad de la tensión entre la pluralidad política y la unidad jurídica tiene su lugar en el "y" del reconocimiento asimétrico: reconocer al otro (en nosotros) como uno de nosotros *y* como otro distinto a nosotros.

6. Reconocimiento asimétrico

Veo en la autocontención colectiva y suspensiva una manera de contrarrestar —pero nunca de vetar— el peligro del imperialismo latente en las lecturas universalistas de la autoaserción colectiva. En efecto, la autocontención suspensiva es lo opuesto a la universalización. En contra del cargo de relativismo dirigido en su contra por el universalismo jurídico, el modelo Aciam del derecho defiende un concepto de *autoridad* en el que la *auto*aserción colectiva es atemperada por el deber de preservar lo extraño como extraño, es decir, de preservar el "inter" de la intersubjetividad como algo *más allá de nuestro control*. Es la manera como un colectivo reconoce que tiene un afuera —un ámbito de lo extraño— que elude la autoaserción colectiva y que *debe* ser preservado como su afuera, incluyendo al afuera en nosotros, si es que el reconocimiento colectivo del otro (en nosotros) no ha de colapsar en un proceso de totalización y, con ello, de dominación.

En esta lectura, el reconocimiento asimétrico no solo se dirige afuera para traer adentro, sino que también se contiene para mantener afuera, una formulación que introduje en otro lugar. Más enfáticamente y quizás paradójicamente, la ausencia de derecho, la *suspensión de la jurisdicción*, cuando toma la forma de autocontención colectiva de cara a la a-juridicidad, es parte integral de la *autoridad* del derecho, no su negación. Los colectivos reconocen, de esta manera indirecta, que no pueden superar su contingencia, ni siquiera en el largo plazo indefinido, porque su existencia se da en el modo de una cuestionabilidad y una responsividad finitas. La ética responsiva que opera en el reconocimiento asimétrico sugiere que la autoritatividad de una política autoritativa de los confines gira en torno a afirmarnos como un colectivo, por medio de incluir al otro (en nosotros) como uno de nosotros, de modo que también haya espacio para preservar al otro (en nosotros) como otro distinto a nosotros.

La autoridad y la globalización de la inclusión y la exclusión

Propongo, sin ser capaz de desarrollar extensamente la idea en este lugar, que una ética responsiva debería ser el punto de partida de un entendimiento alternativo de la importancia política y jurídica de los derechos humanos, un entendimiento que los vincule con la autoaserción colectiva y con la autocontención colectiva. En cuanto a aquella, los derechos humanos no son derechos morales universales comunes a todos los seres humanos en cuanto seres humanos, de modo que el proceso de autoaserción colectiva supone una forma cada vez más inclusiva de comunalidad, que gradualmente reduce la distancia entre ser miembro de un colectivo y ser un ser humano. En otras palabras, los derechos humanos no son la expresión del reconocimiento recíproco de lo que nosotros* nos debemos los unos a los otros como seres humanos, y a lo cual apelo cuando elevo una demanda de reconocimiento colectivo. En mi lectura, los derechos humanos son un concepto *bisagra*, no un concepto contenedor. Lo que quiero decir con esto es que las demandas de derechos humanos, cuando son reconocidas, no son un paso más en un proceso histórico eterno de universalización, sino que más bien marcan un punto de inflexión, un cambio en la dirección colectiva, una habilitación que permite responder de manera distinta la pregunta práctica "¿sobre qué trata/debe tratar nuestra acción conjunta?".

En lo que respecta a la autocontención colectiva, una demanda de reconocimiento de un derecho humano nunca es únicamente una demanda para ser incluido como uno de nosotros; también es, en mayor o menor medida, una demanda de reconocimiento de una forma de ser humano que no es ni puede ser agotada por lo que un colectivo llama *humano*. Diría que los derechos humanos son un antídoto privilegiado en contra de la dialéctica perniciosa desatada por la afirmación segura de sí misma que aparece en la obra *Heautontimorumenos*, de Terencio, que Jeremy Waldron respalda en su respuesta a la pregunta sobre qué es *cosmopolita*:

6. Reconocimiento asimétrico

"Hombre soy, nada humano me es ajeno".[72] Dado que mucho de lo que es humano me es extraño, lo que me es extraño se vuelve lo inhumano. Una demanda por un derecho humano es, en este sentido, una demanda de reconocimiento de lo humano como *extraño*, como lo que elude la comprensión y el control normativo de un orden jurídico y que debe ser preservado en su extrañeidad más que ser reducido a una modulación de lo que nosotros* llamamos *humanidad*. Son, si se quiere, derechos inhumanos. En esta lectura, las luchas por el reconocimiento como luchas por los derechos humanos no son la última manifestación de la pluralidad en la unidad, o de la diferencia dentro de la identidad, como lo sostiene el universalismo. Los derechos humanos son solo una de las estrategias disponibles para lo que he llamado el *imperativo de la política*, a saber, el compromiso de una ética responsiva de mantener abierto el entremedio que rige el encuentro entre el sí colectivo y el otro.[73]

Quisiera creer que la ética responsiva que opera en la autoaserción colectiva contenida es el *ethos democrático* que nutre a una política autoritativa de los confines, un *ethos* que anima las instituciones democráticas pero que nunca se agota en ellas. En contra del universalismo y del relativismo, la autoaserción colectiva contenida muestra por qué la tensión irreductible entre unidad jurídica y pluralidad política no es una simple oposición ni una oposición a ser superada por medio de una dialéctica de lo particular y lo general. La autoaserción colectiva restringida es un *ethos* de la responsividad por medio del cual un colectivo toma responsabilidad por su irreductible contingencia.

---

72. Waldron, "What is Cosmopolitan?", 243.
73. Lindahl, *Fallas de la globalización*, 490-492.

7.

LUCHAS POR EL RECONOCIMIENTO EN UN CONTEXTO GLOBAL

La mayor parte de dos largos capítulos se ha dedicado a una explicación filosófica de la autoridad y el reconocimiento. Allí se reveló que en el corazón de una teoría de la autoridad yace la pregunta sobre cómo lidiar con la tensión entre la pluralidad política y la unidad jurídica, una tensión que se manifiesta en demandas de reconocimiento, sea de individuos o de colectivos. Las teorías del reconocimiento recíproco de inclinación universalista postulan la posibilidad de reducir la pluralidad política a la unidad jurídica, incluso si la realización de un orden jurídico omniabarcante deba ser pospuesta indefinidamente en el tiempo histórico. Para el universalista jurídico, la autoridad, en cuanto concepto normativo, consiste en la obediencia a la idea regulativa de realizar un orden jurídico omniinclusivo. He discrepado de este modelo de la autoridad sosteniendo la irreductibilidad de la pluralidad política a la unidad jurídica. Las asimetrías de la pregunta y la respuesta que caracterizan a las luchas por el reconocimiento me llevaron a defender el punto de vista según el cual un concepto normativo de *autoridad* capaz de resistirse al universalismo y al relativismo gira en torno a la autoaserción colectiva contenida (*restrained collective self-assertion*). Una política de los confines es autoritativa en la medida que un colectivo responda a las demandas de reconocimiento de maneras que reconozcan al otro (en nosotros) como uno de nosotros y como otro distinto a nosotros.

La pregunta ulterior y final que debe ser respondida es esta: ¿qué luz puede arrojar la autoaserción colectiva contenida sobre el contexto global de una política autoritativa de los confines? ¿Cómo, en concreto, podría la autoaserción colectiva contenida ofrecer una orientación conceptual y normativa con respecto a la tensión irreductible entre pluralidad política y unidad jurídica en un contexto global?

Ninguna respuesta a esta pregunta será plausible a menos que dé razón de la dimensión institucional de una política autoritativa de los confines en un contexto global. Una cosa es decir que una política autoritativa de los confines responde a demandas de reconocimiento de formas que reconocen al otro (en nosotros) como uno de nosotros y como otro distinto a nosotros, pero otra bien diferente es mostrar cómo esta concepción de la autoridad podría ayudarnos a entender las luchas por el reconocimiento como luchas adentro y afuera de las instituciones de los órdenes jurídicos globalizadores. En efecto, la explicación filosófica del reconocimiento desarrollada en los capítulos 5 y 6 descuidó en gran medida a la "I" del modelo Aciam del derecho: acción colectiva *institucionalizada* y autoritativamente mediada. Había razones excelentes para posponer este asunto: las instituciones que buscan estabilizar y canalizar el ejercicio de la autoridad presuponen y son continuamente socavadas por la tensión entre la pluralidad política y la unidad jurídica, una tensión que se desarrolla en el encuentro entre el sí colectivo y el otro. Pero el modelo Aciam del derecho no puede darse por satisfecho con adquirir un billete de ida desde una explicación doctrinal hasta una filosófica de la autoridad. Tiene que ser capaz —y esa fue mi promesa al lector—

7. Luchas por el reconocimiento en un contexto global

de volver para examinar las formas institucionales del encuentro entre el sí colectivo y el otro, incluso si tales no pueden agotar el tema sobre el que trata ese encuentro.

Propongo, por lo tanto, abordar las posibilidades y limitaciones de esta dimensión institucional de la autoridad en un contexto global en tres pasos. El primero examinará una gama de técnicas y prácticas jurídicas específicas a través de las cuales los órdenes jurídicos negocian y buscan resolver sus diferencias, como la doctrina del margen nacional de apreciación. Las secciones restantes de este capítulo explorarán iniciativas más comprensivas para institucionalizar las luchas por el reconocimiento, a saber, lo que ha sido denominado *derecho administrativo global* (DAG), por un lado, y el constitucionalismo transnacional o incluso global, por el otro.

7.1. Negociar el conflicto entre órdenes jurídicos

El lector recordará que Delmas-Marty y Berman identificaron una buena cantidad de técnicas y prácticas jurídicas que buscan lidiar con el conflicto entre órdenes jurídicos en el contexto del pluralismo jurídico global (véase la sección 5.2). Análogamente, Krisch habla de "reglas de interfaz", esto es, "reglas que guían la recepción de normas externas en un orden jurídico dado".[1] Estas técnicas y prácticas jurídicas incluyen, entre otras, el margen nacional de apreciación desplegado por el Tribunal Europeo de Derechos Humanos (TEDH) y el estándar de revisión ejercitado por los paneles del órgano de apelación de la OMC; el principio de subsidiariedad y su aplicación como complementariedad en el derecho penal internacional; el reconocimiento recíproco; los

---

1. Nico Krisch, *Beyond Constitutionalism: The Pluralist Structure of Postnational Law* (Oxford: Oxford University Press, 2010), 295.

regímenes de autonomía limitada; los acuerdos de puertos seguros, y el *exequatur* de fallos y laudos extranjeros. Este conjunto de técnicas no es, de ninguna manera, exhaustivo, pero sus elementos comparten un denominador común: son arreglos institucionales diseñados para enmarcar encuentros entre el sí colectivo y el otro de maneras que intentan preservar tanto la identidad colectiva como la diferencia. De cara al conflicto entre órdenes jurídicos, son vehículos que sirven a una política autoritativa de los confines que surgen de él. Esta característica diferencia estas técnicas de las reglas tradicionales sobre conflictos de derechos, que generalmente están orientadas a ayudar a los tribunales a establecer cuál de dos o más órdenes jurídicos en pugna debe determinar una disputa, con respecto a qué derecho y qué jurisdicción son aplicables al caso en cuestión. Aunque no hay nada "mecánico" en la aplicación de las reglas tradicionales para resolver conflictos de derechos, y aunque ciertamente juegan un papel importante en un contexto globalizador, esas reglas contribuyen poco a una investigación sobre el "toma y dame" desplegado por una política autoritativa de los confines en un contexto global.[2]

Así, ignorando en gran medida los conflictos de derechos (el derecho internacional privado, como también se denomina este campo), me enfocaré en adelante en cuatro de estas técnicas y prácticas jurídicas, reconstruyéndolas como modulaciones institucionales de autoaserción colectiva contenida que pueden hacer una contribución importante para lidiar con los conflictos entre órdenes jurídicos. Como quedará claro, ninguna de ellas logra domesticar el "inter" de la interacción entre órdenes jurídicos: la relación entre el sí colectivo y el otro sigue siendo doblemente

---

2. Con la excepción importante del *exequatur*. Para un estudio comparativo reciente, véase Gilles Cuniberti, *Conflict of Laws: A Comparative Approach. Text and Cases* (Cheltenham: Edward Elgar, 2017).

7. Luchas por el reconocimiento en un contexto global

asimétrica, lo que explica por qué la autoritatividad de una política de los confines en un contexto global no puede agotarse en los arreglos institucionales que buscan regular las luchas por la representación y el reconocimiento que desatan las relaciones conflictuales entre los órdenes jurídicos.

7.1.1. *El margen nacional de apreciación*

La doctrina del margen nacional de apreciación, tal y como ha sido desarrollada por el TEDH, fue tratada brevemente en este libro al discutir la postura de Delmas-Marty sobre el pluralismo jurídico global, en la sección 5.2.1. Ella entiende que esta doctrina es paradigmática de una manera de ordenar el pluralismo global que podría reconciliar al uno y a los muchos. Aquí no me interesa su lectura de esta doctrina, sino más bien la importancia general de esta a la luz de la noción de *autoridad* al alcance de la autoaserción colectiva contenida.

No es difícil, por lo menos a primera vista, reconstruir el margen nacional de apreciación en términos de la autoaserción colectiva contenida. Empezaré por la autoaserción colectiva. Como se indicó en la sección 6.4.2, la autoaserción colectiva abarca la totalidad del espectro de respuestas a un llamado a la acción, pasando desde un desafío que pone en peligro la identidad/diferencia del sí colectivo (por ejemplo, el Consejo de Europa) hasta uno que amenaza la identidad/diferencia del otro (por ejemplo, un Estado miembro o individuos dentro de la jurisdicción de un Estado miembro). Además, como se anotó, un nosotros* podemos está en el corazón de la autoaserción colectiva. Así, una decisión del TEDH que sostenga que un Estado miembro infringe sus obligaciones emanadas de la Convención Europea de Derechos Humanos (CEDH) es un acto de autoaserción colectiva: nosotros* *podemos* resistir el reconocimiento fallido de nuestra identidad/diferencia por parte de un Estado miembro y del individuo que lo ha demandado, exigiendo que el Estado miembro satisfaga sus obligaciones sobre derechos humanos. Alternativamente, nosotros* *podemos* replantear la configuración por defecto de nuestra acción conjunta, cambiando el alcance de las disposiciones de derechos humanos de la CEDH en respuesta a las afirmaciones de los individuos de que su identidad/diferencia está siendo violada por la manera como el TEDH (y un Estado miembro) ha interpretado las disposiciones de derechos humanos de la CEDH. Por último, nosotros* *podemos* replantear la configuración por defecto de nuestra acción conjunta en respuesta a la afirmación de un Estado miembro de que nuestra lectura de una disposición sobre derechos humanos de la CEDH viola su identidad/diferencia.

En cuanto actos de autoaserción colectiva, cada una de estas respuestas supone un reconocimiento de sí autoritativamente mediado que reconoce al otro (en nosotros) como uno de nosotros. En el primero de los tres escenarios, esto se da al declarar que un Estado miembro tiene [1] una obligación dirigida según la CEDH; en el segundo y el tercero, al reconfigurar las obligaciones dirigidas que, según la CEDH, los Estados miembro tienen frente a otros Estados miembro y frente a los individuos bajo su jurisdicción. Nótese que el reconocimiento del Estado miembro también vale para los casos en los que el TEDH se rehúsa a otorgar el margen nacional de apreciación. En efecto, cuando el TEDH determina que un Estado miembro está infringiendo sus obligaciones emanadas de la CEDH, sus sentencias reconocen al Estado miembro respectivo como uno de nosotros. Esto, porque, como se mostró en la sección 6.3.2, declarar que un comportamiento infringe el derecho es una forma de *inclusión* en un orden jurídico. Es una de las maneras como un colectivo reconoce al otro como perteneciente al nosotros*, es decir, como un sujeto de las obligaciones dirigidas sujetas a la acción conjunta.

7. Luchas por el reconocimiento en un contexto global

El margen nacional de apreciación también es muestra de una autoaserción colectiva *contenida*. Se tiene, por un lado, el aplazamiento de la unidad como un aplazamiento *de* un acto autoritativo que siente los confines que establezcan quién debe hacer qué, dónde y cuándo. El confinamiento es institucionalizado en la posposición procedimental de una decisión, de manera tal que las partes de un conflicto sobre derechos humanos participan en una lucha por la representación. En otras palabras, el procedimiento es el escenario de una lucha por el reconocimiento como una lucha por la representación de la unidad colectiva. Las interpretaciones discordantes sobre las normas aplicables por parte de las partes de los procesos adelantados ante el TEDH son representaciones discordantes de lo que vale como el punto de la acción conjunta bajo la CEDH y sus límites. Y está, por el otro lado, el aplazamiento de la unidad como un deferimiento *al* Estado miembro en los casos en los que el TEDH invoca el margen nacional de apreciación para permitirles a las autoridades nacionales separarse de la aplicación de la CEDH. Las dos formas de aplazamiento son formas indirectas de reconocimiento, esto es, de reconocimiento de que el otro (en nosotros) no es simplemente uno de nosotros, sino también el otro (en nosotros) que es *otro distinto a nosotros*.[3]

Ciertamente, esta es una reconstrucción *institucional* del margen nacional de apreciación en términos de la autoaserción colectiva contenida. Una pregunta ulterior, en sí misma abierta a respuestas en conflicto, es si esta técnica jurídica también es

---

3. Estas ideas resuenan con lo que Roughan denomina el aplazamiento o tolerancia característicos de las "autoridades compatibles", mediante los cuales "una autoridad decide no ejercer su autoridad con miras a evitar conflictos con otra". En todos estos casos, "la tolerancia de otra autoridad [...] supone cierto reconocimiento o por lo menos conciencia de que hay otra autoridad allí afuera con un ámbito superpuesto o intersecante, y tolerar esa situación". Véase Roughan, *Authorities*, 49.

desplegada de una manera autoritativa en un contexto dado, esto es, de una manera que es *adecuada* a la situación en cuestión. En efecto, las luchas por la representación no empiezan ni terminan con decisiones de las autoridades, las cuales usualmente son o se vuelven objeto de controversia doctrinal o pública. Ahora bien, no nos debería sorprender una controversia semejante, en cuanto esta se sigue de la ambigüedad del reconocimiento, la cual también siempre supone un reconocimiento fallido.

El caso *Lautsi*, decidido por el TEDH, es, a este respecto, particularmente apropiado.[4] En el fallo, la Gran Sala invocó el margen nacional de apreciación para determinar que la exhibición obligatoria de crucifijos en las escuelas públicas italianas no violaba el derecho de los demandantes a la educación y a la libertad de pensamiento, consciencia y religión, con arreglo a la CEDH. Daniel Augenstein opina, en un artículo firmemente sustentado, que, en conjunción con las decisiones de los tribunales nacionales, *Lautsi* perpetúa "las tradiciones nacionales mayoritarias a expensas de proteger a las minorías religiosas, socavando la función contramayoritaria de la protección de los derechos humanos".[5] Su crítica de la invocación de un margen nacional de apreciación por parte del TEDH deja al descubierto, efectivamente, lo que él estima que es un reconocimiento fallido triple en el fallo: de la identidad del Consejo de Europa, de los Estados miembro y de los individuos que elevaron cargos en contra de Italia. La crítica que hace Augenstein del fallo equivale a decir "¡no en nuestro nombre!". Y responde con una lectura alternativa de la libertad de cultos que

---

4. TEDH (Gran Sala), *Lautsi y otros vs. Italia*, 18 de marzo de 2011.

5. Daniel Augenstein, "Normative Fault-Lines of Transnational Human Rights Jurisprudence: National Pride and Religious Prejudice in the European Legal Space", *Global Constitutionalism* 2, n.º 3 (2013): 469-497, 470-471.

7. Luchas por el reconocimiento en un contexto global

consistiría en desafiar el vínculo reputado entre la cohesión social y la supresión de la diversidad religiosa, heredado del periodo formativo del Estado nación europeo. Tal enfoque parte de la premisa de que los Estados nación europeos admiten la diversidad religiosa, en vez de que las minorías religiosas sean asimiladas a los modelos nacionales mayoritarios de cohesión social. Echa mano de un imaginario diferente —discutiblemente más genuino— de la "civilización occidental" común a las tradiciones nacionales de Europa, que representa la interrelación entre cristianismo y secularización que allanó el camino para la evolución del Estado nación europeo occidental como un proceso inherentemente conflictivo.[6]

La glosa que Augenstein hace de la libertad de cultos es de interés para nuestra investigación, entre otras cosas, porque, en cuanto acto de *reconocimiento*, esta ilustra la paradoja de la representación que opera en el reconocimiento de sí colectivo: lo que él considera que ha ocurrido está aún por ocurrir. La suya es una proyección hacia atrás que invita a los participantes en el Consejo de Europa y a sus Estados miembro a reconocerse *como x* (como quienes "admiten la diversidad religiosa") en vez de *como y* (como quienes "vinculan la cohesión social a la supresión de la diversidad religiosa"), proyectando con ello una identidad europea en el acto mismo de afirmar que *x* es aquello sobre lo que nosotros, los europeos, *realmente* ("un imaginario más genuino") y *ya* ("común a las tradiciones nacionales europeas") tratamos como un colectivo. La lectura de Augenstein, es, a mi parecer, una de las intervenciones variopintas en las luchas por el reconocimiento y la representación que forman la autoaserción colectiva contenida con relación a un régimen de derechos humanos transnacional.

6. Ibíd., 494.

La autoridad y la globalización de la inclusión y la exclusión

Aunque me he aproximado al caso *Lautsi* en los términos de la perspectiva de la primera persona plural del Consejo de Europa, en la manera que lo representa el TEDH, no es menos interesante acercarse a él desde la perspectiva de la primera persona plural de Italia, en la manera que es representada por sus autoridades. En efecto, la decisión de la Gran Sala revirtió el fallo previo dado por la Sección Segunda del tribunal, que había sido criticado por amplios sectores de la opinión pública italiana. De manera significativa, como lo anota Nico Krisch, dos semanas después de la decisión de la Sección Segunda, la Corte Constitucional italiana observó, en lo que a primera vista es un *obiter dictum* sibilino e irrelevante frente al caso en cuestión, que las cortes nacionales no tenían que hacer caso al TEDH cuando hacerlo diera lugar a un conflicto con las normas constitucionales nacionales.[7] De la misma manera que el TEDH tiene que decidir en qué medida aceptar una demanda de reconocimiento de la identidad/diferencia de un Estado miembro es compatible con la salvaguarda de la identidad del Consejo de Europa, las "cortes nacionales afirman un poder para decidir sobre los límites de la autoridad del TEDH".[8] La autoaserción colectiva contenida es un arma de doble filo porque, "desde la perspectiva de las cortes nacionales, las normas constitucionales nacionales aparecen como en últimas superiores a las normas europeas de derechos humanos, y las cortes nacionales, como las autoridades finales para determinar sus relaciones".[9] Por un lado, las cortes nacionales ejercen la autoaserción colectiva por medio de determinar si las decisiones del TEDH son compatibles con la identidad del Estado miembro que representan. Por el otro, ejercen la autoaserción colectiva al estar preparadas, en principio,

7. Krisch, *Beyond Constitutionalism*, 110-111.
8. Ibíd., 126.
9. Ibíd., 127.

7. Luchas por el reconocimiento en un contexto global

para someterse a la autoridad del TEDH en lo que concierne a la protección de los derechos humanos dentro de su orden jurídico.

Aunque no extrae más conclusiones de *Lautsi*, Krisch explora la relación que existe entre el TEDH y las cortes españolas, francesas, comunitarias europeas y británicas, y muestra cómo, en cada caso, las cortes llevan a cabo una política de acomodamiento mutuo. Tanto el TEDH como las cortes nacionales han hecho, ocasionalmente, concesiones pragmáticas al otro sin haber renunciado jamás a sus respectivas pretensiones de autonomía. El TEDH ha utilizado habitualmente el margen nacional de apreciación como una herramienta estratégica, esperando que se den condiciones más propicias para sentar un enfoque común europeo sobre la protección de los derechos humanos; en otros casos, la técnica ha llevado a una retirada por parte del enfoque europeo, como respuesta a preocupaciones nacionales persistentes. Una vez más, la convergencia está ligada a la divergencia, y la unificación, a la pluralización.

Esta tesis tiene una importancia considerable en cuanto ilumina de manera novedosa una característica específica de la mediación autoritativa de la tensión entre la unidad y la pluralidad en un contexto global. Al bosquejar, en la sección 3.2.1, el modelo Aciam del derecho desde el punto de vista de la coherencia de un sistema jurídico, contrasté la *diferenciación* funcional de las autoridades dentro de un orden jurídico con la *fragmentación* funcional a través de órdenes jurídicos diferentes, por medio de la cual las autoridades de diferentes órdenes jurídicos contribuyen a la articulación, el monitoreo y el sostenimiento de la acción conjunta de un colectivo. Me referí a esta innovación como una relación institucionalizada con el otro en la relación regulatoria que un colectivo tiene consigo mismo. Esto empata bien con la tesis de Krisch de que el régimen europeo de los derechos humanos es un orden [pluralista] en el que las relaciones de las partes constitutivas no están regidas por un marco jurídico abarcante, sino principalmente por la política, habitualmente por la política judicial; en el que nos encontramos con una heteroarquía, no con una jerarquía.[10]

Mientras que la lectura que Delmas-Marty hace del margen nacional de apreciación aspira a realizar la pluralidad *dentro* de la unidad, Kirsch interpreta el régimen europeo de derechos humanos como un ejemplo de lo que él denomina "pluralismo radical", en el que "no hay un punto de referencia jurídico común al cual apelar para resolver los desacuerdos; los conflictos se resuelven por medio de la convergencia, la admisión mutua —o no se resuelven en absoluto—".[11]

Su análisis ilumina la que yo considero que es la importancia normativa de esta innovación institucional. Si aquí hay reciprocidad, se trata de la reciprocidad *negativa* de autoaserciones colectivas mutuamente contenidas, por medio de las cuales el TEDH y las cortes nacionales reconocen que el "inter" de la intersubjetividad yace más allá del control de cualquiera de ellos, porque ninguno de los colectivos puede incluir al otro como parte de su orden jurídico sin excluirlo también. Entiendo el margen nacional de apreciación

---

10. Ibíd., 111. Me pregunto si la jugada de Krisch de incorporar su defensa de reglas de interfaz en el marco de un modelo normativo en el que el reconocimiento del otro orden jurídico sea contingente en "la medida en la que una comunidad política es una expresión válida de la autonomía pública de los individuos" no termina abrazando el constitucionalismo del cual buscaba distanciarse para domesticar las complejidades normativas del encuentro entre el sí colectivo y el otro que están en juego en el "inter" de la regla de interfaz. Pero este es un asunto que no puedo abordar acá. Véase Krisch, *Beyond Constitutionalism*, 295.

11. Ibíd., 69.

7. Luchas por el reconocimiento en un contexto global

como una forma de lidiar con el hecho de que el reconocimiento colectivo también es siempre un reconocimiento fallido.

La importancia de la pesquisa que Kirsch hace del régimen europeo de derechos humanos para nuestra pregunta sobre una política autoritativa de los confines en un contexto global puede ser llevada a un nivel ulterior. Kirsch muestra que la política de admisión mutua desplegada por el TEDH y por las cortes nacionales supone evaluar el *contexto* en el que profieren sus decisiones, teniendo en cuenta un número de factores sociales, políticos e institucionales que afectan la *efectividad* de sus decisiones. Los órganos de Estrasburgo, concretamente, dependían del acatamiento voluntario por parte de las autoridades nacionales, en tanto no tenían herramientas de imposición forzosa a su disposición. Como resultado, "si el Tribunal y la Comisión querían tener influencia, tenían que establecer, por un lado, su autoridad como intérpretes imparciales y confiables de la Convención; por el otro, debían tener cuidado de no molestar tanto a las autoridades nacionales como para provocar una reacción negativa", consternando frecuentemente a los estudiosos de los derechos humanos.[12] La crítica a *Lautsi* que hace Augenstein es un buen ejemplo de esta decepción. La política de admisión mutua a la que da lugar el margen nacional de apreciación ilustra la dimensión *prudencial* de la autoridad a la que se hizo referencia en la sección 6.2.3. Al delinear los contornos del régimen europeo de derechos humanos, el TEDH y las cortes nacionales ejercen una circunspección (*Umsicht*) que evalúa el caso en cuestión a la luz del mundo circundante en el que las decisiones intervendrán; se trata de un "cuidadoso mirar alrededor" que busca asegurar la validez y la eficacia de sus decisiones.

---

12. Ibíd., 139. Véase también Delmas-Marty, *Trois défis pour un droit mondial*, 85-92.

La autoridad y la globalización de la inclusión y la exclusión

Estas consideraciones sugieren que es necesario enmendar la explicación que he ofrecido de la autoaserción colectiva. En efecto, el nosotros* podemos del poder colectivo nunca consiste únicamente en el ejercicio válido de poder normativo. Para quienes ejercen autoridad en nombre de un colectivo, las preguntas sobre la validez nunca pueden ser completamente separadas de las preguntas sobre la eficacia. El nosotros* podemos del poder colectivo (o el nosotros* no podemos de la impotencia colectiva) también es siempre un nosotros* podemos (o no podemos) ejercer poder normativo *efectivamente*. La prudencia —la circunspección— demuestra la necesidad que tienen las autoridades de evaluar si sus intervenciones normativas serán efectivas, lo que depende de un contexto que está, en mayor o menor medida, más allá de su control y con el que deben contar. Esto, porque, retomando la tesis de Kelsen y Radbruch, un orden jurídico solo es válido *si* es generalmente eficaz, aunque no *porque* sea eficaz. Bajo ciertas circunstancias, la contención en el ejercicio de la autoaserción colectiva puede ser, para las autoridades jurídicas, una manera de preservar el sí colectivo y no (solamente) de preservar al otro (en nosotros) como otro distinto de nosotros. Pero el precio por pagar por la autocontención en semejantes situaciones es el reconocimiento fallido de la identidad del colectivo —y de los individuos—, que las autoridades están llamadas a reconocer y afirmar. Esa es, en mi lectura, la objeción de Augenstein al fallo *Lautsi* de la Gran Sala. Al ejercer una autoaserción colectiva contenida, las autoridades —especialmente las judiciales, que operan en el contexto de la fragmentación funcional típica de los procesos de globalización— deben navegar por un paso estrecho en su intento, nunca completamente exitoso, de mantener juntas la validez y la efectividad.[13]

---

13. Helfer y Slaughter notan que los "tribunales internacionales carecen de mecanismos de coerción directa para forzar la comparecencia o el cumplimiento.

7.1.2. Los regímenes de autonomía limitada

Examinemos ahora los regímenes de autonomía limitada, que "consisten en sistemas o subsistemas de gobierno administrados o proveídos de personal por una minoría o por sus miembros".[14] Los regímenes de autonomía vienen en tres tipos, como lo observa Steiner. El primero es el de los regímenes de poder compartido, en los que a uno o más grupos minoritarios se les ha asegurado la participación en la gobernanza o en oportunidades económicas; el segundo le otorga a una minoría política el control de cierto territorio, y el tercero le ofrece autonomía a una minoría en la forma de un régimen jurídico personal que es aplicable a todos sus miembros, con independencia de su ubicación.[15] Por supuesto, la primera y la tercera formas no son menos territoriales que la segunda; la diferencia yace en que, mientras que la segunda solo se aplica a una parte específica de un territorio, la primera y la tercera valen en la totalidad del territorio. Como se sigue de la estructura del derecho como un orden pragmático, no hay jurisdicción personal que no esté conectada a las otras dimensiones de la jurisdicción: espacial, temporal y material.

Ellos dependen, por el contrario, de factores tales como los intereses inmediatos percibidos que los Estados involucrados en disputas particulares puedan tener en asegurar soluciones judiciales, en su propia legitimidad y la legitimidad de cualquier decisión particular a la que se llegue, en la fuerza y la importancia de las reglas jurídicas internacionales que rigen una disputa específica y en la fuerza general de la obligación normativa. Véase Laurence R. Helfer y Anne-Marie Slaughter, "Toward a Theory of Effective Supranational Adjudication", *Yale Law Journal* 107, n.º 2 (1997): 273-391, 285.

14. Henry J. Steiner, "Ideals and Counter-Ideals in the Struggle over Autonomy Regimes for Minorities", *Notre Dame Law Review* 55, n.º 5 (1991): 1539-1560, 1539.

15. Ibíd., 1541-1542.

La autoridad y la globalización de la inclusión y la exclusión

En seguida haré un análisis más detallado de las ambigüedades y tensiones a las que dan lugar los regímenes de autonomía limitada, pero antes es necesario reconstruir esos regímenes en términos de la autoaserción colectiva contenida. La idea básica es clara. Nótese, para empezar, que los grupos que esos regímenes tienen en cuenta son calificados como minorías, esto es, como partes de un todo más grande, con independencia de que se trate de minorías étnicas, religiosas o lingüísticas. Como resultado, tales regímenes suponen una forma de autoaserción colectiva porque, en cuanto *minoría*, un grupo es reconocido como uno de nosotros. También por esta razón se trata de regímenes de autonomía *limitada*. Las restricciones bajo las cuales se otorgan los regímenes de autonomía delinean el alcance dentro del cual el colectivo está preparado para reconocer a una minoría como un otro distinto de nosotros, a la vez que la incluye como uno de nosotros: pluralidad dentro de la unidad. Declarar como antijurídicas a ciertas formas de comportamiento porque infringen los límites dentro de los cuales se ha otorgado la autonomía es una forma de inclusión: las obligaciones directas que nosotros* tenemos frente a cada uno de los participantes en el colectivo más amplio son la configuración por defecto de aquello sobre lo que trata/debe tratar nuestra acción conjunta. Ciertamente, los límites de los regímenes de autonomía limitada pueden ser movidos: una minoría puede, por ejemplo, exigir mayor autonomía, alegando que las restricciones a las que está sujeta bajo un régimen amenazan o violan su identidad/diferencia. Su demanda es parte de una lucha por el reconocimiento que se desarrolla como una lucha por la representación de la unidad colectiva, a saber, por los que han de valer como los límites de la acción conjunta del colectivo del que se considera que la minoría hace parte. El colectivo más amplio puede responder o no a esta demanda, modificando la configuración por defecto de la acción conjunta de una forma que le otorgue mayor autonomía a la minoría. En

7. Luchas por el reconocimiento en un contexto global

cualquier caso, la respuesta es un acto de autoaserción colectiva que reconoce al otro (en nosotros) como uno de nosotros.

Los regímenes de autonomía limitada también son actos de autocontención colectiva. Aunque limitados, los regímenes crean un espacio de *autonomía* para una minoría. Un colectivo declara que un ámbito del comportamiento está fuera de su alcance; reconoce que este ámbito debe permanecer inordenado desde la perspectiva de la primera persona plural del colectivo más amplio. Si, al desplegar un régimen de autonomía *limitada* a favor de una minoría, un colectivo se dirige afuera para traer adentro, de la misma manera, al desplegarle un régimen de *autonomía* limitada, el colectivo se refrena para mantener por fuera al otro en cuanto otro (*holds back to hold out*). El colectivo se contiene en el sentido doble de un aplazamiento *de* la autoaserción, de manera que una lucha por el reconocimiento y la representación pueda tener lugar, y en el deferimiento *a* un grupo que demanda reconocimiento, cediéndole la representación de lo que vale como su unidad en cuanto minoría. De esta manera, un colectivo reconoce, indirectamente, al otro (en nosotros) como otro distinto de nosotros, donde "nosotros" se refiere a la perspectiva de la primera persona plural autoritativamente mediada del colectivo más amplio. En pocas palabras, los regímenes de autonomía limitada son instancias institucionalizadas de autoaserción colectiva contenida: nosotros* *podemos* incluir al otro (en nosotros) como uno de nosotros y excluir al otro (en nosotros) como otro distinto de nosotros.

Quedando sentado que son una instancia de autoaserción colectiva contenida, los regímenes de autonomía limitada, al igual que el margen nacional de apreciación, son instancias *institucionales* de esa aserción. Como tales, dejan en suspenso la pregunta sobre el reconocimiento fallido que está al acecho en el reconocimiento de un grupo como una minoría.

La autoridad y la globalización de la inclusión y la exclusión

Está, por un lado, el problema del reconocimiento fallido del grupo al cual un colectivo le otorga un régimen de autonomía limitada. ¿Es necesario que una parte o la totalidad de los miembros del grupo se identifiquen como una minoría de ese colectivo más grande? En efecto, nada garantiza que a quienes se les otorga ese régimen entiendan su pretensión de autonomía como limitada, esto es, que se reconozcan como parte de ese todo más grande, incluso cuando actúan de conformidad con el régimen: "¡No en nuestro nombre!". Un grupo puede seguir el juego de un régimen de autonomía limitada por razones *estratégicas*, hasta que llegue el momento en el que puede tomar la iniciativa —*nomos*— y salir al público con una pretensión de autonomía en contra del orden que lo limitaría, o puede que el grupo siga el juego simplemente porque el *balance de fuerzas* precluye la posibilidad de que su pretensión de autoaserción colectiva sea efectiva en contra del orden jurídico frente al cual es considerado como una minoría. Nos encontramos, nuevamente, con el fenómeno de la alienación —en algunos casos, acción conjunta alienada masivamente—. El reconocimiento irónico del otro (en nosotros) como uno de nosotros es un acto belicoso de reconocimiento fallido y dominación desde la perspectiva de los miembros de la minoría que se rehúsan a identificarse como parte de ese colectivo más grande.

Por el otro lado, otorgarle a un grupo un régimen de autonomía limitada siempre tiene un precio para la perspectiva del colectivo desde el cual se otorga el régimen. Steiner examina algunas de las formas de reconocimiento fallido de sí colectivo que corresponden a esos colectivos que abrazan a los derechos humanos como parte del núcleo de su identidad. Un ejemplo particularmente complejo es la norma de igualdad y protección igualitaria de todos los ciudadanos. Los regímenes de autonomía limitada pueden violar el respeto igualitario debido a todos los miembros de una sociedad democrática. En palabras de Steiner,

7. Luchas por el reconocimiento en un contexto global

al ejercer el poder gubernamental [...], las minorías pueden violar normas de derechos humanos de muchas maneras, por ejemplo, discriminando entre sus miembros con bases que se encuentran prohibidas por esas normas, exceptuándolas en la medida que se pueda entender que los miembros no favorecidos "aceptan" el tratamiento discriminatorio como parte de su tradición cultural.[16]

El argumento así expuesto es irreprochable, pero nótese su circularidad: la discriminación entre los miembros está prohibida, a menos que sea aceptada por los miembros no favorecidos, porque el consentimiento por parte de quienes son estimados como no favorecidos es parte integral del concepto de *subjetividad autónoma* que está en la base del concepto de *validez jurídica* que apuntala la prohibición de la discriminación.

Thomas vs. Norris, una decisión de la Corte Suprema de Columbia Británica, ofrece un ejemplo excelente de este punto muerto. El demandante, David Thomas, objetó haber sido iniciado en contra de su voluntad en una tradición de los pueblos salish de la costa, llamada *danza del espíritu*. La iniciación en esta tradición puede ocurrir voluntaria o no voluntariamente. Los demandados sostuvieron que tenían un derecho colectivo a obligar al demandante, como miembro de su nación, a participar en la danza del espíritu. La corte concluyó que la danza del espíritu, concretamente su faceta no voluntaria, no era parte de la forma de vida de los salish.[17]

---

16. Ibíd., 1553.

17. *Thomas v. Norris* [1992] 2, *Canadian Native Law Reporter* (Corte Suprema de Columbia Británica), 139-163. En otro lugar he sostenido que el apoyo que James Tully y Avigail Eisenberg le dan a esta decisión ilustra la neutralización de los desafíos a-jurídicos que acompaña a las defensas de las teorías del reconocimiento recíproco. Véase Hans Lindahl, "The Opening: Alegality

La autoridad y la globalización de la inclusión y la exclusión

Desde la perspectiva de la primera persona plural del colectivo canadiense que asegura representar, la decisión de la corte es un ejercicio de autoaserción colectiva. Al declarar que una gama de individuos está violando las obligaciones que les impone la constitución de Canadá, la corte reconoce que esos miembros del pueblo salish de la costa son parte del colectivo canadiense; la decisión *incluye al otro (en nosotros) como uno de nosotros*. Podría decirse que la corte no tenía ninguna opción distinta a condenar su acto como una violación de los derechos humanos si ha de ser fiel a la constitución canadiense. Sin embargo, desde la perspectiva de la primera persona plural del pueblo aborigen que los demandados sostenían representar, la decisión de la corte es presa de un argumento circular: da por sentado que ellos son canadienses sujetos a los derechos humanos en lo que respecta a las libertades de culto y expresión. Desde su perspectiva, al ver al pueblo salish de la costa como una minoría canadiense que goza de un régimen de autonomía limitada, la decisión de la corte pasa por encima y afianza el *nomos* colonial que viola su identidad/diferencia por el hecho mismo de incluirlo. La decisión de la corte, que le da forma concreta a la práctica de los regímenes de autonomía limitada, ilustra el reconocimiento fallido que está incorporado en el reconocimiento. Su resistencia muestra que el llamado de Arendt al "derecho a tener derechos", que ha atraído tanta atención y apoyo entre los teóricos jurídicos y políticos, tiene su contraparte en el derecho a *no* tener derechos, recurriendo a la incisiva formulación de Nanda Oudejans.[18]

---

and Political Agonism", en *Law and Agonistic Politics*, ed. de Andrew Schaap (Aldershot: Ashgate, 2009), 57-70, 66-67.

18. Nanda Oudejans, "The Right to Not Have Rights: Illegal Migration and the Potentiality of the Law" (manuscrito inédito, presentado en la Conference of Philosophy and the Social Sciences, en Praga, 20-24), en los archivos del

7. *Luchas por el reconocimiento en un contexto global*

Más generalmente, la decisión ejemplifica el punto ciego normativo que acompaña la reciprocidad en la acción conjunta. O, para usar la metáfora visual ubicua en los derechos administrativo y constitucional, no puede haber "transparencia" que no esté condicionada por un núcleo de irreductible opacidad. La naturaleza limitada de los regímenes de autonomía muestra que el orden no recíproco de la reciprocidad jurídica vuelve desde adelante en la forma de demandas normativas que se rehúsan a la integración en el círculo de reciprocidad que está a disposición de un colectivo jurídico, demandas que este no puede descartar como no razonables sin caer presa de una *petitio principii*. Esta circularidad fue detectada en el argumento sobre la discriminación de Steiner y en la decisión de la corte que exigía el consentimiento de los no desfavorecidos. En situaciones como estas, los confines de los regímenes de autonomía limitada desafiados por la a-juridicidad también se manifiestan como una falla y no meramente como un límite transformable. Los confines de estos regímenes dan fe de una falla más allá de la cual yace un afuera que no está abierto a la autoaserción.

Carl Schmitt asevera que la soberanía es un "concepto confín" (*Grenzbegriff*).[19] Refinando la formulación de Schmitt, la decisión de la corte muestra que la soberanía es un concepto falla: marca el ejercicio del poder como la capacidad de determinar qué ha de valer como una diferencia —un afuera— que un colectivo puede admitir como parte de quienes nosotros* somos/debemos ser. A pesar de la ampliamente apoyada y celebrada asunción de que el liberalismo político ofrece la promesa de ir más allá de la soberanía,

---

autor. Agregaría que el título de su texto puede y debe ser leído de dos maneras: el derecho a no tener derechos en un colectivo dado y, más radicalmente, el derecho a no tener derechos en absoluto, a la luz de las muy específicas asunciones antropológicas de las interpretaciones de la sociabilidad basadas en derechos.

19. Schmitt, *Teología política*, 13 (traducción alterada).

la decisión de la corte es un ejercicio de soberanía *porque* defiende el liberalismo político. Al mismo tiempo, la decisión de la corte es una instancia de la pérdida de soberanía, de la impotencia de una perspectiva de la primera persona plural dada para regular —luego para tomar el control y dominar— lo que desafía radicalmente a una demanda autoritativamente mediada de unidad. Los regímenes de autonomía limitada, con los cuales los órdenes jurídicos buscan lidiar con sus diferencias y resolverlas, ilustran que el "nosotros* podemos" del poder colectivo y el "nosotros* no podemos" de la impotencia colectiva son dos caras de la misma moneda.

Ciertamente, los regímenes de autonomía limitada, tal y como los describe Steiner, involucran típicamente, por un lado, a Estados y, por el otro, a grupos intraestatales, pero las posibilidades y limitaciones de esta técnica jurídica, al lidiar con la tensión entre pluralidad política y unidad jurídica, tienen un valor heurístico para los órdenes jurídicos globales emergentes. Al igual que les ocurre a los Estados cuando lidian con "sus" minorías, los órdenes jurídicos globales emergentes son confrontados con esta tensión cuando lidian y tratan de resolver sus diferencias con colectivos que ellos ven como una "minoría" del colectivo global, por ejemplo, un Estado o incluso un colectivo dentro del Estado, como la KRRS o los pueblos indígenas. A pesar de lo que la noción de un régimen de autonomía limitada sugiere, la pluralidad nunca es simplemente pluralidad *dentro* de la unidad de un orden jurídico, ni siquiera cuando un orden jurídico reclama validez global para sí.

7.1.3. *El principio de reconocimiento mutuo transnacional*

Nicolaidis y Shaffer sintetizan su defensa de lo que llaman "reconocimiento mutuo transnacional administrado" como sigue:

> Guste o no, hay formas de reconocimiento *de facto* unilateral, en ocasiones inconscientes, que necesariamente tienen lugar

7. Luchas por el reconocimiento en un contexto global

continuamente, dado que el reconocimiento es un principio implícito del funcionamiento de cualquier economía integrada u orden político. Los arreglos de reconocimiento mutuo constituyen, así, una institucionalización y legalización del reconocimiento, ofreciendo mecanismos transnacionales de rendición de cuentas que, de otra forma, no existirían. El reconocimiento mutuo consiste en expandir el reconocimiento cuando no lo hay y en condicionar el reconocimiento prevalente al respeto de normas fundamentales, todo dentro de un marco transnacional.[20]

Como lo muestra este pasaje, los autores ven este arreglo institucional como una técnica privilegiada para mediar entre la unidad y la pluralidad, un asunto que va directo al núcleo de la autoaserción colectiva contenida. En un sentido no menos importante, abordan el reconocimiento como una categoría para entender la política de la interacción *económica* entre agentes de diferentes órdenes jurídicos, agrandando con ello de manera drástica el alcance del reconocimiento, más allá de las glosas predominantemente culturales preferidas por un buen número de teorías filosóficas del reconocimiento.

Los acuerdos de reconocimiento mutuo (ARM) han crecido en un contexto transnacional, particularmente dentro de la Unión Europea y entre la Unión Europea y los Estados Unidos. Pero, como lo anotan los autores, los ARM siguen aún en un estado de infancia en el nivel global, fundamentalmente como resultado de la ausencia de fundamentos institucionales que puedan generar confianza entre las autoridades regulatorias de las partes del ARM. A pesar de esta salvedad, el principio tiene valor heurístico para

---

20. Kalypso Nicolaidis y Gregory Shaffer, "Transnational Mutual Recognition Regimes: Governance without Global Government", *Law and Contemporary Problems* 68, n.º 3-4 (2005): 263-317, 313.

nuestra investigación sobre las técnicas y prácticas jurídicas mediante las cuales los órdenes jurídicos lidian con sus diferencias en un contexto global.

En consecuencia, quiero partir del artículo de Nicolaidis y Shaffer para examinar detalladamente tres asuntos: (a) ¿en qué medida el reconocimiento está en juego en las relaciones comerciales globales, trátese de bienes o servicios? (b) ¿Cuál es la importancia normativa de los ARM en términos de la autoaserción colectiva contenida? (c) ¿De qué manera los ARM ilustran los dilemas que enfrenta una política autoritativa de los confines en un contexto global?

(a) El reconocimiento mutuo, sostienen Nicolaidis y Shaffer, es una característica generalizada de las relaciones económicas entre Estados. Es una característica habitualmente implícita, más que el resultado de un ARM. En efecto, "el comercio siempre ha sido sinónimo del movimiento de bienes y servicios producidos bajo reglas autónomas de producción que han sido reconocidas implícitamente".[21] Cuando un Estado anfitrión permite la entrada de bienes y servicios en su territorio provenientes de un Estado de origen, con el propósito de realizar transacciones económicas, incluso cuando esos bienes fueron producidos y esos servicios fueron puestos a disposición bajo condiciones regulatorias diferentes a las del Estado anfitrión, este reconoce los bienes importados y los servicios en el sentido elemental anotado en los capítulos precedentes: un colectivo *incluye* esos bienes y servicios —y sus reglas correspondientes— como parte integral de lo que nosotros, el colectivo, estamos preparados para llamar elementos de nuestra propia acción conjunta. Más generalmente, estas relaciones comerciales suponen el movimiento doble del reconocimiento que se discutió más atrás: *un colectivo se reconoce en el otro y al otro en*

---

21. Ibíd., 269.

7. *Luchas por el reconocimiento en un contexto global*

sí mismo. Los autores tienen toda la razón cuando sostienen que el "reconocimiento unilateral [por parte de un Estado anfitrión] está en el corazón del comercio".[22] En la medida que las relaciones comerciales son de doble vía, de manera tal que esos Estados son tanto Estados de origen como anfitriones de los bienes y servicios del otro, una forma implícita de reconocimiento mutuo de los órdenes jurídicos es el eje del comercio global.

Pero esta forma implícita de reconocimiento mutuo le da paso a una forma explícita, ya sea cuando se la extiende a sectores del comercio global de los cuales había estado ausente porque la importación de bienes y servicios estaba regida de manera exclusiva por las reglas del Estado anfitrión, o cuando es impugnada, usualmente por el Estado anfitrión. Bajo estas circunstancias, las partes entran a un ARM por medio del cual

> se comprometen al principio de que, si un producto o servicio puede ser vendido legalmente en una jurisdicción, podrá ser vendido legalmente en cualquier otra jurisdicción participante. Con miras a hacer efectivo este principio general, los gobiernos adoptan el reconocimiento mutuo como una norma contractual por medio de la cual acuerdan la transferencia de autoridad regulatoria —o jurisdicción— del país anfitrión, en el que la autoridad tiene lugar, al país de origen, desde el cual un producto, una persona, un servicio o una firma se origina, de conformidad con las condiciones acordadas (y administradas).[23]

La clave aquí es la condicionalidad del reconocimiento: cada parte autoriza la importación de los bienes y servicios de la otra si las reglas del país de origen que rigen su producción o

---

22. Ibíd.
23. Ibíd., 264.

disponibilidad son *compatibles* con las del Estado anfitrión. Aquí, exactamente, es donde tiene lugar el reconocimiento de *sí* a través del reconocimiento del *otro*. El Estado anfitrión reconoce las reglas aplicables a los productos, personas, firmas y servicios del Estado de origen, omitiendo la aplicación de sus propias reglas, porque puede reconocerse en las reglas del otro Estado; el Estado de origen, a su vez, reconoce al Estado anfitrión al asegurarse de que sus reglas satisfagan las condiciones dispuestas por este último, reconociendo con ello al otro en sí mismo. Este es un proceso eminentemente político: cada una de las partes debe establecer qué ha de valer como una diferencia aceptable en el transcurso de responder autoritativamente a la pregunta "¿sobre qué trata/debe tratar nuestra acción conjunta?". En cualquier caso, "la globalización de la administración económica siempre resulta en la confrontación directa de diferencias de todos los tipos —jurídico, social, político, fiscal— en áreas en las que, previamente, estas diferencias se habían confrontado a distancia".[24]

24. Ibíd., 265. Los acuerdos de puerto seguro, a los que me referí brevemente en la sección 5.2.2, son confrontados con el mismo asunto, como da fe de ello la cuestión prejudicial del Tribunal de Justicia de la Unión Europea que declaró la invalidez de la decisión de la Comisión de puerto seguro de los Estados Unidos sobre la protección de datos personales. Véase Tribunal de Justicia de la Unión Europea, Caso c-/14, *Maximilian Schrems vs. Data Protection Commisioner*, 6 de octubre de 2015. El reconocimiento de laudos y fallos extranjeros también supone un examen de compatibilidad, es decir, una institucionalización de la autoaserción colectiva que establece límites a la autocontención. Por ejemplo, el artículo 5 del Convenio de La Haya sobre Reconocimiento y Ejecución de Sentencias Extranjeras en Materia Civil y Comercial estipula que el reconocimiento o la ejecución puede ser denegada cuando la sentencia es "manifiestamente incompatible con el orden público del Estado requerido o si la decisión resultara de un proceso incompatible con las exigencias de un juicio justo [o si, en las circunstancias del caso, las partes no tuvieran oportunidad de defenderse]". N. del T.: el apartado entre corchetes es traducción de la versión

7. Luchas por el reconocimiento en un contexto global

Tenemos aquí, nuevamente, un ejemplo de la *fragmentación funcional* de la regulación a través de órdenes jurídicos que es típica del TAD global, por medio de la cual las autoridades de otro orden jurídico participan en la articulación, el monitoreo y el sostenimiento de la acción conjunta de un colectivo dado. Los ARM ejemplifican el paso de una relación implícita a una explícita —*institucionalizada*— con el otro en una autorrelación colectiva. En efecto, la pregunta práctica —¿sobre qué trata/debe tratar nuestra acción conjunta?— está ahora estructurada institucionalmente, de tal manera que no puede ser elevada ni respondida de manera totalmente independiente de aquello sobre lo que trate/deba tratar la acción conjunta del otro colectivo. Los ARM son, como lo dicen Nicolaidis y Shaffer, "alterconsiderantes" [*other-regarding*], o "alterreconocedores", como lo diría yo.

Esta característica de los ARM supone una innovación institucional importante con respecto a la representación, a saber, "la extensión horizontal de la comunidad política a través de la creación de normas jurídicas cooperativa y descentralizada, que debe responderle a un público que va más allá de la comunidad política".[25] En vez de buscar extender la responsabilidad más allá de la comunidad política por medio de la creación de cuerpos legislativos globales electos, los autores defienden el aseguramiento de la responsabilidad de los reguladores extranjeros entre sí, de manera tal que, desde la perspectiva de un agente principal, "los principales últimos siguen siendo los miembros del público dentro de una comunidad nacional, y sus respectivos agentes, los reguladores nacionales, quienes, a su vez, interactúan con sus

---

inglesa del convenio, dado que el apartado equivalente no aparece en el numeral 1 del artículo 5 de la versión en español.

25. Ibíd., 307.

contrapartes regulatorias extranjeras".²⁶ Pero, como se sigue de la caracterización de la representación que se hizo en la sección 3.1.4, los reguladores, nacionales o de otro tipo, no están menos involucrados en la representación de la unidad colectiva que los cuerpos legislativos electos.

(b) No resulta sorprendente que Nicolaidis y Shaffer se esfuercen por mostrar que los ARM constituyen una innovación tanto normativa como institucional. Una parte demasiado grande de la literatura sobre la gobernanza global se enfoca, según ellos, en establecer marcos institucionales que pudieran garantizar relaciones "verticales" de autoridad entre los órdenes internacionales o globales, por un lado, y los nacionales, por el otro. La OMC ejemplifica este punto. Este enfoque "descendente" postula a la unidad jurídica como la precondición de una política autoritativa de los confines. En contraste, los ARM instancian una interpretación ascendente, "horizontal", de la autoridad, en la que los órdenes jurídicos están entrelazados, más que unificados como elementos de un orden único, en la medida que cada uno de los órdenes jurídicos sigue reclamando autonomía regulativa para sí, a la vez que busca preservar la diferencia del otro orden jurídico. En términos del modelo Aciam del derecho, en vez de ocupar lugares dentro de un único orden pragmático (global), los ARM dan pie a "un número de espacios pluralistas, internacionales o transnacionales, superpuestos, intersecantes".²⁷ En consecuencia, "el lindero para la aplicación de un régimen de reconocimiento mutuo está [...] permanentemente cuestionado, está sujeto a la negociación, la deliberación y los controles *ex ante* y *ex post*".²⁸ Nuevamente, en los términos del modelo Aciam del derecho: el proceso mediante el

---

26. Ibíd., 309.
27. Ibíd., 315.
28. Ibíd., 316.

7. Luchas por el reconocimiento en un contexto global

cual un colectivo se reconoce a sí estableciendo autoritativamente los límites de lo que considera como importante para su acción conjunta se vuelve mediado por un reconocimiento institucionalizado de lo que es considerado importante para la acción conjunta por las otras partes de un ARM. Este proceso es más o menos conflictual, pero, "en vez de requerir a los otros para que asimilen las normas nacionales dominantes, los acuerdos de reconocimiento mutuo promueven la aceptación de la diferencia".[29]

Al ser leído de esta manera, un ARM es una de las modulaciones institucionales de la autoaserción colectiva contenida. Por un lado, cada una de las partes del ARM sigue reclamando para sí autonomía regulatoria: al establecer las condiciones de compatibilidad que tienen que ser satisfechas por las reglas de los Estados de origen sobre los bienes y servicios, los Estados anfitriones someten el reconocimiento del otro (en nosotros) *como uno de nosotros* a los continuados autoaserción y reconocimiento de sí colectivos. Por el otro lado, el Estado anfitrión se contiene al suspender la aplicación de sus propias reglas a los bienes y servicios importados, reconociendo con ello al otro (en nosotros) como *otro distinto de nosotros*. Los ARM se dirigen hacia afuera para traer adentro y se refrenan para mantener afuera al otro en cuanto otro [*reach out to bring in and hold back to hold out*]. En pocas palabras, los ARM son una instancia de lo que antes denominé *entrelazamiento institucional* de los órdenes jurídicos. Los ARM son pluralistas en el sentido de que se oponen a dos formas de monismo: el tratamiento nacional y la armonización.

(c) Pero dejar las cosas así sería reduccionista y equivaldría a echar una cortina de humo sobre el hiato que existe entre la dimensión abstracta institucional y la concreta ético-política de la autoaserción colectiva contenida. Prediciblemente, la pregunta

---

29. Ibíd., 317.

clave gira en torno a las reglas de *compatibiliad* de los Estados anfitriones y de origen: una decisión sobre qué reglas son compatibles supone actos de exclusión y de exclusión por medio de los cuales las autoridades regulatorias de los participantes de un ARM determinan qué ha de valer como relevante e importante para los colectivos que representan. El carácter conflictual intrínseco a la negociación del reconocimiento mutuamente condicionado es un arma de doble filo. Por un lado, los ARM dan lugar a conflictos *entre* las partes; por el otro, a conflictos *dentro* de cada una de las partes. En lo que concierne a estos, algunos agentes de un colectivo dado, como las empresas y las asociaciones de protección del consumidor, estarán a favor de un ARM, mientras que otros estarán en contra.[30] Y, con respecto a aquellos, las autoridades reguladoras buscarán negociar condiciones comerciales bajo un ARM que sean tan ventajosas como fuese posible para su colectivo. Puede que defiendan la causa de su colectivo hasta el punto de que la otra parte se retire de las negociaciones, porque el ARM concebido sería incompatible con sus propias reglas, esto es, con aquello en lo que, según sus autoridades reguladoras, consiste su identidad colectiva. Los desequilibrios de poder entre los participantes desempeñan un papel importante aquí, evocando la tensión entre validez y eficacia que se ha discutido en varias ocasiones. En lo que respecta a la discordancia entre las parte de un ARM y a la discordancia dentro de una de las partes de él, al igual que en relación con la compatibilidad de las reglas, el reconocimiento de sí colectivo va de la mano del reconocimiento fallido de sí colectivo, así como el reconocimiento colectivo del otro va de la mano del reconocimiento fallido colectivo del otro.

30. Ibíd., 283.

7. Luchas por el reconocimiento en un contexto global

7.1.4. *El principio de complementariedad en el derecho penal internacional*

He dejado para el final este examen de la que es, seguramente, la más políticamente cargada de las técnicas jurídicas para lidiar con el conflicto entre órdenes jurídicos, a saber, el conflicto jurisdiccional relativo a la investigación y juzgamiento del genocidio, los crímenes de lesa humanidad, los crímenes de guerra y el crimen de agresión. Los tribunales internacionales *ad hoc* para la antigua Yugoslavia y Ruanda, el Tribunal Especial para Sierra Leona y el Tribunal Especial para Líbano tuvieron todos primacía jurisdiccional con respecto a los poderes judiciales nacionales. Por el contrario, el penúltimo párrafo del preámbulo del Estatuto de Roma estipula que "la Corte Penal Internacional [CPI] establecida en virtud del presente Estatuto será complementaria de las jurisdicciones penales nacionales". La CPI solo puede investigar o juzgar cuando un Estado "no esté dispuesto a llevar a cabo la investigación o el enjuiciamiento", o cuando la decisión de un Estado que tenga jurisdicción de no enjuiciar a la persona respectiva sea el resultado de que "no esté dispuesto a llevar a cabo el enjuiciamiento o no pueda realmente hacerlo".[31]

Aproximémonos al principio de complementariedad desde la perspectiva de la autoaserción colectiva contenida. Nótese, para empezar, que aunque algunos Estados, entre ellos los Estados Unidos, la República Popular China e Israel, se han opuesto al proferimiento del Estatuto de Roma, su preámbulo sostiene que las partes signatarias actúan en nombre de la "comunidad internacional *en su conjunto*" al sentar el punto de su acción conjunta, a saber, castigar los crímenes más serios que conciernen a esa

---

31. "Estatuto de Roma de la Corte Penal Internacional" (1998), https://www.un.org/spanish/law/icc/statute/spanish/rome_statute(s).pdf, preámbulo y artículo 17.

comunidad. En términos de autoaserción colectiva, el preámbulo da expresión a un loable *nosotros* podemos*: nosotros*, la comunidad internacional, somos capaces de castigar a esas personas que cometen genocidio, crímenes de guerra, crímenes de lesa humanidad y el crimen de agresión. La comunidad internacional se afirma en respuesta al grave desafío a su unidad que plantean los crímenes enumerados en el artículo 5 del estatuto. Así, por un lado, el estatuto reconoce la vulnerabilidad de la unidad colectiva, la contingencia existencial de la comunidad internacional. El primer párrafo del preámbulo lo pone en estos términos: "Conscientes de que todos los pueblos están unidos por estrechos lazos y sus culturas configuran un patrimonio común y observando con preocupación que este delicado mosaico puede romperse en cualquier momento". Por otro lado, el estatuto afirma enfáticamente la capacidad de la comunidad internacional de lidiar con lo que amenaza este delicado mosaico: "Afirmando que los crímenes más graves de trascendencia para la comunidad internacional en su conjunto no deben quedar sin castigo".

En cuanto acto de autoaserción colectiva, el proferimiento del Estatuto de Roma también es un acto de reconocimiento de sí colectivo. Al articular, monitorear y sostener la acción conjunta bajo el Estatuto de Roma, nosotros*, la comunidad internacional, nos reconocemos como unidos en nuestro compromiso de castigar a quienes perpetran los crímenes que plantean la amenaza más seria a "la paz, la seguridad y el bienestar de la humanidad". Más aún, el enjuiciamiento o el castigo por la comisión de los crímenes identificados en el artículo 5 es una forma de reconocimiento otorgado a quienes son procesados bajo el Estatuto de Roma —y a sus víctimas—.[32]

---

32. Ricœur nota que el reconocimiento es la idea regulativa que rige el castigo del comportamiento criminal: "Reconocimiento del querellante como

7. Luchas por el reconocimiento en un contexto global

El principio de complementariedad también supone un acto de reconocimiento con respecto a los Estados que tienen jurisdicción primaria para investigar y enjuiciar un caso, con independencia de si la CPI considera que el caso sea admisible o inadmisible de conformidad con el artículo 17 del estatuto. Para empezar, hay reconocimiento de la alteridad en la medida que el estatuto permite cierta amplitud para que los Estados transpongan el derecho penal internacional en su derecho nacional de una manera que se acomode a su particularidad cultural y en la medida que la jurisdicción de la CPI es subsidiaria a la de los tribunales nacionales. Pero el reconocimiento de la alteridad de los Estados va de la mano de su doble reconocimiento como parte de la comunidad internacional. Por un lado, una declaración de inadmisibilidad por parte de la CPI reconoce al Estado que investiga o enjuicia como uno de nosotros. En efecto, las actuaciones del Estado, incluso si la transposición de los crímenes internacionales a su derecho nacional supone una medida de diferenciación, son *nuestras* actuaciones: nosotros*, la comunidad internacional como un todo, nos reconocemos en el compromiso del Estado de asegurar que los crímenes graves no queden sin castigo. Por el otro, y en el mismo sentido, una declaración de admisibilidad por la CPI, cuando un Estado no está dispuesto o no puede investigar o enjuiciar, reconoce a ese Estado como uno de nosotros porque no satisface lo que nosotros, las partes del Estatuto de Roma, esperamos de los otros si nosotros* hemos de realizar el punto de nuestra acción conjunta. Aún más enfáticamente: la autoaserción colectiva por parte de la comunidad internacional tiene lugar en ausencia de la autoaserción colectiva por parte del Estado "no dispuesto" o "incapaz".

---

víctima, reconocimiento del acusado como culpable". Paul Ricœur, *Lo justo*, trad. de Carlos Gardini (Santiago: Editorial Jurídica de Chile, 1997), 198.

Así, a primera vista, el principio de complementariedad institucionaliza lo que Delmas-Marty denomina un "universal pluralista".[33]

En cuanto *pluralista*, la complementariedad les concede a los Estados un margen limitado de diferenciación política al transponer el derecho penal internacional al derecho nacional. En efecto, el principio de complementariedad no va más allá de apoyar el equivalente de un régimen de autonomía limitada para los Estados al abrazar una lectura pluralista de la complementariedad. Personifica una defensa de la autoridad de la CPI que somete la autoafirmación colectiva de la comunidad internacional a una forma débil de autocontención como deferencia *de* la unidad colectiva. Concretamente, parece no dejar espacio para la autocontención colectiva en el sentido fuerte que se introdujo en la sección 6.4.4, a saber, la *suspensión* de una norma aplicable al caso en cuestión. El lector recordará que defendí una ética responsiva en la que, dependiendo del contexto, la autoaserción colectiva suspenda una norma aplicable para preservar y proteger al otro (en nosotros) *como otro distinto de nosotros*. En lo que respecta al principio de complementariedad, la autocontención colectiva en este sentido fuerte significa que la CPI suspenda la aplicación del artículo 17 del Estatuto de Roma en un caso que a primera vista *debería* estar sujeto a su jurisdicción. Pero el universalista jurídico no aceptaría esta inactividad: no investigar ni enjuiciar crímenes internacionales cuando un Estado no tiene disposición ni capacidad para hacerlo excluye a ese Estado del ámbito de la comunidad global, como está planteado en el Estatuto de Roma. Si suspender la aplicación del artículo 17 indirectamente reconoce al otro (en nosotros) como otro distinto de nosotros, entonces este sentido fuerte de autocontención colectiva tiene como efecto exculpar el genocidio, los

---

33. Delmas-Marty, *Vers une communauté de valeurs?*, 183.

7. Luchas por el reconocimiento en un contexto global

crímenes de lesa humanidad, los crímenes de guerra y el crimen de agresión. Así, seguramente, sería la mordaz objeción del universalista jurídico a este ejercicio de autocontención colectiva.

Esta objeción demuestra la segunda faceta de la interpretación de Delmas-Marty de la complementariedad, a saber, entenderla como un *universal*. Parecería que, en lo que concierne al genocidio, los crímenes de guerra, los crímenes de lesa humanidad y el crimen de agresión, la pregunta sobre la autoridad escapa a las ambigüedades que me he esforzado por exponer al discutir el margen nacional de apreciación, los regímenes de autonomía limitada y el principio de reciprocidad mutua. Es un ámbito en el que la universalidad de la autoridad parece indisputable, en cuanto lo que está en juego, en palabras del párrafo final del preámbulo del Estatuto de Roma, es garantizar "que la justicia internacional sea respetada y puesta en práctica en forma duradera". El pujante movimiento del derecho penal internacional, por su parte, apoya fervientemente a la CPI como central para lograr "una justicia global para enfrentar los crímenes de guerra, los crímenes de lesa humanidad y el genocidio".[34] Parecería, por lo tanto, que el principio de complementariedad institucionaliza una forma de autoridad en la que la CPI (y los tribunales del Estado respectivo) representa a la humanidad como una unidad. En efecto, el cuarto párrafo del preámbulo del estatuto declara resueltamente que "los crímenes más graves de trascendencia para *la comunidad internacional en su conjunto* no deben quedar sin castigo" (énfasis fuera del texto). Así, mientras que puede ser que la complementariedad se acomode con cierta diferenciación del derecho penal nacional, es tentador asumir, junto con el movimiento del derecho penal internacional, que el Estatuto de Roma es autoritativo a fuerza

---

34. Así se proclama en la página web de la coalición por la CPI, http://coalitionfortheicc.org/es

de subordinar la pluralidad política a la unidad jurídica de la comunidad de seres humanos: pluralidad *dentro de* la unidad. Aquí, seguramente, lo global coincide con lo universal; aquí, sin duda, la autoridad toma la forma de reconocimiento recíproco sin trabas en el espacio y el tiempo; aquí, irrefragablemente, hay un orden jurídico global con un adentro pero sin un afuera.

¿O es prematura esta conclusión? ¿Podría ser, acaso, que una irreductible tensión entre unidad jurídica y pluralidad política siga agobiando la investigación y el enjuiciamiento de crímenes bajo el Estatuto de Roma, de manera tal que la autoritatividad de las intervenciones de la CPI requiera reconocer que la humanidad está adentro y afuera de su jurisdicción?

La investigación valiente y pionera de Sara M. H. Nouwen sobre la complementariedad muestra que así es. Combinando un extenso trabajo de campo con un cuidadoso análisis doctrinal, la autora explica si la complementariedad ha tenido un efecto catalizador en Uganda y Sudán, esto es, si la implementación de la CPI ha incentivado efectivamente que estos Estados investiguen y enjuicien activamente los crímenes internacionales y, en línea con ello, reformen su derecho penal nacional, tanto sustancial como procesal. Aunque se enfocan en un par de países, sus hallazgos tienen un alcance más general y subrayan dos ambigüedades que confrontan a la CPI. La primera es lo que ella llama "la paradoja normativa de la complementariedad": "El Estatuto de Roma y la CPI han [...] fomentado una norma de conformidad con la cual los crímenes no pueden quedar impunes", pero al "establecer una corte sobre la asunción de que los Estados fallan al investigar y enjuiciar", el estatuto y la corte han efectivamente "debilitado la idea de que los Estados tienen una responsabilidad interna en este

7. Luchas por el reconocimiento en un contexto global

sentido".[35] La segunda ambigüedad se refiere a una paradoja del efecto catalizador: "La CPI tiene gran interés en ejercer su jurisdicción en aquellos casos en los que la complementariedad tiene mayores opciones de catalizar actuaciones nacionales genuinas".[36] No puedo hacer justicia a la riqueza de la investigación de Nouwen en este libro; me limitaré a sus implicaciones para mi indagación por la autocontención colectiva.

Nouwen demuestra que la autocontención colectiva tiene dos caras. La primera gira en torno a la evaluación de la fiscalía sobre la eficacia de las intervenciones de la CPI. Las situaciones ugandesa y sudanesa muestran que la fiscalía apoya los procedimientos nacionales cuando la cooperación por parte del Estado con jurisdicción primaria probablemente no se dará o cuando la intervención de la CPI irritaría a alguna potencia internacional —el caso de Sudán—. De otro lado, la fiscalía ejercerá jurisdicción en aquellos casos en los que el Estado correspondiente esté preparado para cooperar y la CPI pueda contar con el visto bueno de las grandes potencias mundiales —el caso de Uganda—. Este hallazgo ilustra la dimensión prudencial de la autoridad, discutida con anterioridad en este capítulo y en el capítulo 6. Como ocurre con otros órdenes jurídicos globales emergentes, la CPI carece de poderes coercitivos; la fragmentación funcional de la autoridad a través de diferentes órdenes jurídicos implica que la CPI cuenta con los Estados con jurisdicción primaria y con la comunidad internacional para investigar, enjuiciar y castigar efectivamente los crímenes internacionales. Al igual que los Estados con jurisdicción primaria, la CPI puede "no estar dispuesta" o "no ser capaz" de llevar

---

35. Sarah M. H. Nouwen, *Complementarity in the Line of Fire: The Catalysing Effect of the International Criminal Court in Uganda and Sudan* (Cambridge: Cambridge University Press, 2013), 13.

36. Ibíd., 14.

La autoridad y la globalización de la inclusión y la exclusión

adelante las actuaciones. Su afirmación de estar ejerciendo poder normativo efectivo —autoaserción colectiva— va de la mano de la autocontención colectiva de cara a su impotencia. Incluso cuando el genocidio, los crímenes de lesa humanidad, los crímenes de guerra y el crimen de agresión están en juego, la autoridad supone mirar cautelosamente alrededor —un ejercicio de circunspección— a la hora de decidir si se investiga y enjuicia.

Pero así como esta *Umsicht* hace parte de la autoridad de la CPI, también la mina, en la medida que la validez es entendida como sacrificada a favor de la efectividad, un asunto que es particularmente delicado en lo que concierne al énfasis que la corte ha hecho sobre los países africanos. El movimiento por la justicia penal internacional se quejará y dirá que las ataduras institucionales bajo las cuales opera la CPI simplemente subrayan los desequilibrios de poder existentes: esas ataduras reflejan lo que la comunidad internacional *es*, en vez de lo que *debería* ser. Dada la gravedad de los crímenes, agrega el movimiento del derecho penal internacional, la CPI debería ser investida con jurisdicción y poderes suficientes de coerción con respecto a *todos* los Estados, incluyendo a los Estados Unidos, la República Popular China, Israel y otros semejantes, no solo a Estados débiles, africanos o de otro lugar. En circunstancias ideales, asevera el movimiento, la jurisdicción de la CPI ejercería una autoridad auténtica en nombre de la "comunidad internacional en su conjunto", superando los desequilibrios de poder para instanciar relaciones de reconocimiento recíproco entre todos los Estados y todos los seres humanos. El movimiento insiste en que la validez universal del Estatuto de Roma, no su efectividad, triunfa a la hora de definir la naturaleza de la autoridad de la CPI.

No cabe duda de que la falta de jurisdicción y de poder coercitivo de la CPI frente a las grandes potencias mina significativamente la eficacia y la demanda de validez del Estatuto de Roma,

7. Luchas por el reconocimiento en un contexto global

pero el problema es más profundo que esto, como lo han mostrado Nouwen y Werner en un artículo que desafía la demanda de autoridad universal elevada en nombre del estatuto y de la CPI. Los autores anotan que la justicia penal internacional del Estatuto de Roma se suele equiparar, cada vez más, con la búsqueda de justicia global, una ecuación que es tentadora a la luz del párrafo final del preámbulo del estatuto, que ve el castigo de los crímenes internacionales como un medio para garantizar "que la justicia internacional sea respetada y puesta en práctica en forma duradera". Aunque los autores reconocen que el derecho penal internacional es una de las maneras de realizar la justicia global, también hacen énfasis en que "la institucionalización de la justicia global a través de los tribunales penales internacionales tiene la potencialidad de marginar concepciones alternativas de justicia".[37]

Una de estas concepciones alternativas de justicia tiene que ver con el pueblo acholi, el cual se opuso tenazmente a la jurisdicción de la CPI frente a las atrocidades cometidas por el Ejército de Resistencia del Señor en el norte de Uganda. Su oposición es particularmente notable porque los acholi fueron las *víctimas* de esas atrocidades. En sus deposiciones ante la CPI, los ancianos acholi sostuvieron que "el sistema de la corte es justicia a través del castigo. El victimario y la víctima son dejados de lado. Esto lleva a la polarización, la cual lleva a la muerte".[38] En contra de esta interpretación de la justicia, los ancianos abogaron por una concepción de esta orientada a la restauración de las relaciones.

---

37. Sarah M. H. Nouwen y Wouter G. Werner, "Monopolizing Global Justice: International Law as Challenge to Human Diversity", *Journal of International Criminal Justice* 13 (2015): 157-176, 163. Véase también Mark Drumbl, *Atrocity, Punishment, and International Law* (Cambridge: Cambridge University Press, 2007), 123-148.

38. Citado en Nouwen y Werner, "Monopolizing Global Justice", 166.

La autoridad y la globalización de la inclusión y la exclusión

Mientras que uno de los fines oficiales de la justicia penal internacional es inocuizar y excluir, las ceremonias de justicia acholi están diseñadas para incluir, en tanto están enfocadas en restaurar las relaciones dentro de la comunidad. Para esa restauración resultan esenciales los rituales de la comunidad y la compensación.[39]

En un sentido interesante, los acholi no se limitaron a oponer estas dos formas de justicia, sino que también vituperaron a la CPI por no investigar y enjuiciar a los agentes estatales ugandeses, frente a quienes la justicia como castigo sí era considerada como apropiada por los ancianos. En consecuencia, el tipo de justicia apropiada depende, desde la perspectiva acholi, de la relación que tengan los perpetradores con su comunidad. La suya no es solo una lucha por el reconocimiento, sino también por la representación concerniente a quién ha de representar a la humanidad y qué vale por *humanidad*.

El clamor de los acholi por un enfoque alternativo a la justicia y la reconciliación fue desechado por la CPI y, más generalmente, por el movimiento del derecho penal internacional, sobre la base de que la restauración era una forma "tradicional" y "local" de justicia que no cumplía con los estándares internacionales requeridos para impugnar la admisión del caso por parte de la CPI. Estos estándares internacionales son más individuales que comunitarios; más punitivos que resarcitorios; orientados más hacia los perpetradores que hacia las víctimas; guiados por la responsabilidad más que por las ceremonias de purificación:

> Contrastadas con la "justicia global" de la CPI, otras concepciones de justicia aparecen de repente como particulares, locales y

---

39. Ibíd., 165. Estrictamente hablando, la inocuización propia de la pena es una forma de inclusión.

7. Luchas por el reconocimiento en un contexto global

tradicionales. Tales tradiciones son aceptadas como formas de justicia *adicionales* al derecho penal internacional. Pero como *alternativas* a la justicia penal internacional solo son aceptadas si satisfacen los estándares aparentemente "deslocalizados", "modernos" y, principalmente, "superiores" de la "justicia global" aplicada por la CPI.[40]

Nouwen y Werner, cuidadosamente, agregan varias salvedades a esta tesis. Su motivo de discordia no es con el Estatuto de Roma y la CPI como tal, sino que el centro de su oposición es la presentación del derecho penal internacional como el medio primario e indispensable para lograr la justicia global. El Estatuto de Roma, agregan, ni extingue ni promueve formas alternativas de justicia; por el contrario, hay importantes puntos de intersección entre ambas, de modo que en muchas circunstancias la justicia a través del castigo y la justicia a través de otros mecanismos pueden ser logradas de manera paralela. Así, estos autores no están haciendo un clamor por el relativismo cultural, ni se trata de un intento de cortar los lazos entre la aserción de sí colectiva y la autocontención colectiva. Pero no hesitan en reconocer las limitaciones del principio de complementariedad: en un sentido jurídico, este "le da espacio a un foro de justicia penal alternativo al de la CPI, pero no a una concepción alternativa de justicia: para los propósitos de la complementariedad, la justicia nacional tiene que ser justicia penal".[41] En cuanto marco institucional para mediar entre la identidad y la diferencia colectiva, la complementariedad abre y cierra las luchas por el reconocimiento y la representación que surgen de los encuentros entre el sí colectivo y el otro.

---

40. Ibíd., 167.
41. Ibíd., 174.

La autoridad y la globalización de la inclusión y la exclusión

Este punto me resulta de la mayor importancia en cuanto demuestra la dinámica del reconocimiento y el reconocimiento fallido que se discutió en la sección 6.3.3. La justicia global —esto es, lo que nosotros, la humanidad, entendemos como justicia— se representa *como* castigo en vez de *como* restauración, de manera tal que el reconocimiento de los acholi como víctimas con derecho al castigo de los criminales también es un reconocimiento fallido. En consecuencia, el proferimiento del Estatuto de Roma y el establecimiento de la CPI no pueden incluir a la humanidad sin excluirla también. Cuando se dice que el Estatuto de Roma hace parte del "derecho de la humanidad" y de un "concepto de *justicia* basado en la humanidad", por fuerza de lo cual el estatuto tiene autoridad universal, lo que se hace es llevar a cabo un acto de representación en el sentido doble del término: se imputa un orden jurídico a la humanidad (representación *de*) y se representa a la humanidad *como esto*, en vez de *como aquello*, excluyendo a la humanidad en el proceso mismo de incluirla.[42] De la misma manera, el surgimiento del derecho penal internacional es un *nomos* —un *nomos* de la Tierra— en el sentido original indicado por Schmitt: una toma de lugar, de modo tal que, volviendo a nuestras tesis, [T2] la unificación (global) va de la mano de [T3] la pluralización (global). Este emplazamiento también debe ser entendido espacialmente: el lugar desde el cual partieron los ancianos acholi cuando viajaron a La Haya para rendir sus deposiciones ante la CPI no es simplemente un lugar dentro de la concinidad de lugares en los que la CPI está emplazada y desde los cuales el fiscal partió

---

42. Ruti Teitel, *Humanity's Law* (Nueva York, NY: Oxford University Press, 2011). Si el Estatuto de Roma ilustra las ambigüedades a las que da lugar la invocación de la humanidad con respecto al derecho penal internacional, lo mismo ocurre con la propuesta de subordinar la soberanía a la humanidad. Véase Anne Peters, "Humanity as the A and the Ω of Sovereignty", *European Journal of International Law* 20, n.º 3 (2009): 513-544.

7. *Luchas por el reconocimiento en un contexto global*

hacia la región norteña de Uganda, a pesar de que la distancia geográfica sea "la misma" en las dos direcciones. Llanamente, el derecho penal internacional no es menos local que las formas "locales" de justicia que este subordina a su glosa de la justicia como castigo; quien demanda validez global para el estatuto habla desde alguna parte, no desde cualquier parte ni desde todas partes. El Estatuto de Roma es un orden jurídico global floreciente en el primero de los sentidos indicados en el capítulo 1, pero no logra ser un derecho global en el segundo sentido: un orden jurídico que, por ser universal, está en todas partes y no en alguna parte. En consecuencia, el principio de complementariedad, que en la lectura de Delmas-Marty reconciliaría al uno y a los muchos, muestra, por el contrario, que hay una tensión irreductible entre la pluralidad política y la unidad jurídica. La humanidad está adentro y afuera de la invocación que el Estatuto de Roma hace a "la comunidad internacional en su conjunto".

Este hallazgo no desdice del derecho penal internacional, pero muestra que, como todos los órdenes jurídicos, el Estatuto de Roma tiene un punto ciego normativo, de modo que la manera como traza la distinción entre la juridicidad y la antijuridicidad no puede ser equiparada llanamente con la justicia y la injusticia. Lo que se necesita, por lo tanto,

> no son más instituciones que llenen el "vacío" o una institución central desde la cual administrar el pluralismo, sino proteger, precisamente, ese vacío o crear un espacio sin un administrador central de justicia. Un espacio debe estar protegido, en el que el significado de la justicia pueda ser continuamente disputado.[43]

---

43. Nouwen y Werner, "Monopolizing Global Justice", 175.

Este espacio o vacío es lo que he llamado el *entremedio* —el "inter" de la intersubjetividad, la interacción y la interdependencia— que une y separa a un sí colectivo y a sus otros, y que elude el dominio de cualquiera de los dos. Lidiar con el punto ciego normativo correspondiente al Estatuto de Roma requiere reconocer indirectamente una *falla* de la jurisdicción de la CPI, un afuera que yace más allá de su control normativo. Dependiendo del contexto, no afirmar su jurisdicción de acuerdo con la complementariedad puede ser un acto de autocontención por parte de la CPI que demuestra su autoridad *normativa* de cara a lo que califica como genocidio, crímenes de lesa humanidad, crímenes de guerra y crimen de agresión. Al igual que ocurre con otros órdenes jurídicos globales emergentes, la autoritatividad de la política de confines de la CPI en un contexto global gira en torno a su disposición para reconocer al otro (en nosotros) como uno de nosotros y como otro distinto de nosotros, aun cuando la autoridad de la corte nunca pueda cumplir plenamente la promesa contenida en la cópula *y*.

7.1.5. Evaluación intermedia

Ha llegado el momento de finalizar esta larga sección, resumiendo sus hallazgos principales. Las cuatro técnicas y prácticas jurídicas examinadas hasta aquí son algunos de los muchos marcos institucionales concebidos para regular la interacción conflictual entre los órdenes jurídicos en un contexto global. Cada una de estas técnicas y prácticas puede ser reconstruida, o así lo sostengo, como la materialización institucional de la autoaserción colectiva contenida. El primer punto por notar es que, de cara a una demanda de reconocimiento, en cada caso las autoridades representan al colectivo como una *unidad*. Esto es integral a la noción misma de *autoaserción* colectiva. En segundo lugar, puesto que tiene lugar

7. Luchas por el reconocimiento en un contexto global

a través de actos representacionales, la autoaserción colectiva da lugar a la transformación de la configuración por defecto de la acción conjunta, es decir, admite la transformación de la unidad por medio de desplazar el límite entre el sí colectivo y el otro. En tercer lugar, y en relación con este punto, cada una de las técnicas y prácticas discutidas hasta aquí puede ser reconstruida como la institucionalización de las representaciones de una unidad que es diferida y deferida. Aquellas *posponen* la unidad para darle voz al otro orden jurídico sobre lo que ha de valer como el "qué" y el "quién" de la unidad colectiva, reconociendo al otro como uno de nosotros, y también *ceden*, hasta cierto punto, la representación de la unidad al otro (en nosotros), quien es reconocido como otro distinto de nosotros. De la misma manera que la representación da cuenta de la posibilidad de la autoaserción colectiva, también da cuenta de la posibilidad de la contención. En cuanto tales, cada una de estas técnicas y prácticas jurídicas puede contribuir, de manera más o menos significativa, a la autoritatividad de una política de los confines en un contexto global.

Sin embargo, como también ha quedado claro, ninguna de estas técnicas y prácticas logra domesticar o neutralizar la asimetría doble entre el sí colectivo y el otro. El "inter" de una "interacción" conflictual entre órdenes jurídicos se resiste a la pacificación y al control por medios jurídicos, porque, de distintas maneras, cada una de estas técnicas y prácticas jurídicas muestra que la pluralidad política es irreductible a la unidad jurídica. Y esta es otra forma de decir que la autoritatividad de una política de los confines en un contexto global no puede agotarse por medio de armazones institucionales que buscan regular los conflictos por el reconocimiento y la representación.

7.2. Globalizando el derecho administrativo

La sección precedente se enfocó en una serie de técnicas y prácticas jurídicas concebidas para lidiar con las relaciones conflictuales que surgen entre los órdenes jurídicos en un contexto global. Sin embargo, se necesita una explicación más completa de la forma como la autoaserción colectiva contenida podría ganar peso institucional en un contexto global. Dados su carácter fragmentario y su especificidad, esas técnicas y prácticas no ofrecen escenarios compendiosos para lidiar con los conflictos entre órdenes jurídicos ni bastan para dar respuesta a una variedad de demandas de reconocimiento elevadas por individuos y grupos en contra de los órdenes jurídicos globales emergentes, como lo demuestra, entre otros, lo que Holloway llama el grito de los movimientos de la alterglobalización: "¡Ya basta!", "Kifaya!", "We are the 99 %!". En el mismo sentido, ninguna de estas técnicas es capaz de responder a la amplia gama de desafíos al carácter conjunto de la acción conjunta —su comunalidad—, desafíos que se siguen de y se resisten al *nomos* que da arranque al surgimiento de los órdenes jurídicos globales emergentes.

Lo que se denomina habitualmente *derecho administrativo global* (DAG) puede ser leído como una iniciativa que responde, o busca responder, a las dos limitaciones de las referidas técnicas y prácticas. En cuanto a la primera, el DAG promueve un marco institucional comprensivo para responder autoritativamente a los desafíos a la unidad de los órdenes jurídicos globales emergentes. Se esfuerza por poder establecer procedimientos administrativos para la toma de decisiones de los organismos de gobernanza global que puedan admitir las demandas de reconocimiento elevadas por una amplia variedad de actores: otros organismos semejantes; los Estados y sus agencias, o individuos y grupos, incluyendo a aquellos que defienden las banderas de la alterglobalización para

7. Luchas por el reconocimiento en un contexto global

resistirse al capitalismo global. En cuanto a la segunda, considero al DAG como una iniciativa orientada a compensar, por lo menos parcialmente, la exclusión masiva concomitante al surgimiento de órdenes jurídicos globales. Incluso si entra en juego después del surgimiento de los órdenes jurídicos globales, el DAG busca compensar su desautorizado cerramiento inicial, estructurando la toma de decisiones por parte de los organismos de gobernanza como luchas por el reconocimiento que podrían respaldar la generalidad de la regulación. Así, aunque siento simpatía por la modestia y el pragmatismo recomendados por sus paladines, entiendo el DAG como una contribución a la cuestión urgente de entender cómo una política autoritativa de los confines es posible en absoluto en un contexto global. Tomando prestada la espléndida formulación de Dyzenhaus, "la búsqueda de un principio, de una explicación de la autoridad del derecho basada en principios, no puede abandonarse, ni siquiera temporalmente".[44]

Una advertencia. Cada uno de los elementos que hacen parte de la locución compuesta *derecho administrativo global* ha sido objeto de un vivo debate: sus caracteres jurídico, administrativo y global. Solo me ocuparé de los aspectos inmediatamente relevantes de ese debate para mi propia tarea, ignorando los demás.

7.2.1. Poniendo en escena las luchas administrativas por el reconocimiento

El DAG no es, de manera alguna, *terra incognita* para este libro. El capítulo 3 hizo referencia a la toma de decisiones por parte del BSBC, la IASB, la ISO, la CCC, el Codex Alimentarius (de paso) y, por supuesto, la OMC. En mayor o menor medida, cada uno de estos organismos ha instituido procedimientos que materializan

---

44. David Dyzenhaus, "Accountability and the Concept of (Global) Administrative Law", *Acta Juridica* (2009): 3-31, 27.

principios administrativos orientados a reforzar la autoritatividad de su toma de decisiones. Los procedimientos que rigen la toma de decisiones por el grupo de organismos que pululan en el denso panorama de los especializados organismos administrativos globales comprenden lo que el manifiesto fundacional del proyecto del DAG llama "el derecho administrativo de la gobernanza global", a saber,

> las reglas y procedimientos que ayudan a asegurar la *accountability* de la administración global, [que] se concentra en particular en las estructuras administrativas, en la transparencia, en los elementos participativos, en el procedimiento administrativo, en los principios de una toma de decisiones razonadas y en los mecanismos de revisión.[45]

La toma de decisiones por parte de estos organismos ilustra los desafíos abrumadores que la gobernanza global le presenta a una política autoritativa de los confines. En su artículo, Kingsbury, Krisch y Stewart sostienen que la gobernanza global, buena parte de la cual tiene lugar en forma de acción administrativa, da lugar a preguntas sobre la regulación que no pueden ser respondidas en términos de una disyunción nítida entre tratados internacionales y derecho administrativo nacional. Al igual que en el derecho nacional, la acción administrativa del nivel global tiene elementos legislativos y judiciales, a saber, el proferimiento de estándares y reglas de aplicación general y de decisiones sobre la supervisión y la implementación de esos estándares y reglas. Pero la autonomía con la que los organismos del derecho administrativo global llevan a cabo la regulación precluye verlos como meros agentes estatales.

---

45. Kingsbury, Krisch y Stewart, "El surgimiento del derecho administrativo global", 4, 16.

7. Luchas por el reconocimiento en un contexto global

En consecuencia, los dos enfoques tradicionales sobre la legitimación de la gobernanza global pierden plausibilidad.

[Por un lado,] los abogados internacionalistas ya no pueden fidedignamente argumentar que no existen déficit genuinos de democracia y legitimidad en la gobernanza administrativa global sosteniendo que los órganos regulatorios globales rinden cuentas a los Estados, y que los gobiernos de esos Estados rinden cuentas a sus electores y a las cortes. [Por el otro,] los abogados administrativistas nacionales ya no pueden insistir en que una adecuada *accountability* para la gobernanza regulatoria global siempre puede ser lograda a través de la aplicación de los requisitos del derecho administrativo doméstico para las decisiones regulatorias domésticas.[46]

En términos del modelo Aciam del derecho, los dos cuernos de este dilema, que Kingsbury, Krisch y Stewart caracterizan como un "déficit de la *accountability*", nos devuelven al problema de la unidad colectiva putativa en cuanto unidad *del autor*. Los dos cuernos precluyen que los pueblos de los Estados, separada o colectivamente, puedan ser vistos como los autores de las reglas proferidas por las autoridades globales. Recuérdese, en este sentido, la distinción triple entre las posiciones nosotros* vocero, nosotros* en juego y nosotros* autor con respecto a la unidad colectiva, introducida en la sección 3.1. Rememórese también que solo las primeras dos posiciones son constitutivas del sentido mínimo de autonomía colectiva que requieren los órdenes jurídicos, asumiendo que, en términos generales, los destinatarios de la configuración por defecto de la acción conjunta sigan esa regulación, esto es, asumiendo que el orden jurídico es más o menos eficaz.

---

46. Ibíd., 14.

Pero esto deja sin resolver el problema de la propiedad [*ownership*], esto es, de las condiciones bajo las cuales los destinatarios del nosotros* en juego putativo están preparados para identificarse con el orden jurídico, llamándolo suyo y otorgándole su lealtad. Esto es particularmente menesteroso en el caso de la gobernanza global, en la que la alienación masiva es extendida.

En lugar de una democracia global, que Kingsbury, Krisch y Stewart consideran ilusoria, una alternativa es establecer arreglos institucionales de tal tipo que los individuos que componen los colectivos globales "en juego" en la regulación puedan verse a sí mismos como contribuyendo a la autoría de esa regulación, incluso si no es a través de los canales electorales que los Estados confinados y los *demoi* estatales ponen a su disposición. En vez de la integración de los órdenes jurídicos globales emergentes en el autogobierno colectivo de una comunidad política global única, es la multiplicación de los lugares de autogobierno colectivo globales lo que anima al DAG como un proyecto institucional y normativo. Ciertamente, Kingsbury, Krisch y Stewart resaltan las dificultades con las que se enfrenta el intento de democratizar la gobernanza global. Sin los modelos electorales facilitados por la ciudadanía confinada de los Estados territoriales, solo las democracias participativa y deliberativa se presentan como alternativas, aunque estas "apenas han resuelto los problemas de definir 'al público' que se supone debe gobernar o ser representado globalmente, o de diseñar los mecanismos por los cuales la participación o la deliberación global pueden ocurrir de hecho".[47]

Volveré en un momento al problema de determinar los confines de un público global. Por el momento, es significativo que Kingsbury, en un escrito posterior, ofrece una reconstrucción

---

47. Ibíd., 35.

7. Luchas por el reconocimiento en un contexto global

normativa del concepto de *derecho* presupuesto por el DAG que enlaza la publicidad con la autoridad democrática. En sus palabras,

> por *publicidad* se quiere hacer referencia a la afirmación según la cual el derecho ha sido creado por la sociedad como un todo, por el público [la posición de nosotros*autor], y a la afirmación conexa de que el derecho se ocupa de asuntos que conciernen a toda la sociedad como tal [la posición de nosotros* en juego].[48]

Mientras que Kingsbury inicialmente dio cuerpo a la noción de *publicidad* con referencia a los principios tradicionales del derecho administrativo, una publicación reciente sugiere que introducir foros deliberativos en los procedimientos administrativos aumenta la publicidad de la gobernanza global.[49] En últimas, entonces, el DAG se enfoca en los procedimientos y principios administrativos que, a falta de un electorado global, contribuyen a fortificar la perspectiva de la primera persona plural de un nosotros* global en acción conjunta regulatoria, por medio de la cual el sentido de propiedad compartida de la regulación al que esos procedimientos y principios podrían dar lugar reduce el escenario de la agencia masivamente alienada que acecha hoy a la gobernanza global.

En un artículo reciente, Stewart ofrece un fundamento normativo diferente, aunque relacionado, para el DAG. Al sostener que la

---

48. Benedict K. Kingsbury, "The Concept of 'Law' in Global Administrative Law", *European Journal of International Law* 20, n.º 1 (2009): 23-57, 31; Benedict Kingsbury, "International Law as Inter-Public Law", en *Moral Universalism and Pluralism: Nomos XLIX*, ed. de Henry S. Richardson y Melissa S. Williams (Nueva York, NY: New York University Press, 2009), 167-204, 175-176.

49. Benedict Kingsbury, Megan Donaldson y Rodrigo Vallejo, "Global Administrative Law and Deliberative Democracy", en *The Oxford Handbook of the Theory of International Law*, ed. de Anne Orford y Florian Hoffman (Oxford: Oxford University Press, 2016), 526-542.

gobernanza global desconsidera sistemáticamente a los grupos e individuos más débiles en beneficio de los intereses y las preocupaciones de los Estados poderosos y los actores económicos, Stewart busca identificar los mecanismos que podrían remediar o rectificar esa desconsideración, con el propósito de promover un sistema más justo de gobernanza global. El autor sostiene persuasivamente que el DAG no daría en el blanco si se limitara a jugar la carta de la rendición de cuentas [*accountability*]. Como Grant y Keohane lo hicieron antes que él, Stewart nota que el problema no es hacer responsables a los organismos de gobernanza global; estos tienen que rendir cuentas, pero habitualmente solo ante los Estados poderosos, los actores económicos y otros agentes que los establecen y sostienen y que ocupan la posición del nosotros* autor de los órdenes jurídicos globales emergentes. "La raíz del problema no es la ausencia de mecanismos de rendición de cuentas como tal, sino la desconsideración".[50] Lo que debe hacerse es reforzar la responsividad de los organismos de gobernanza global hacia los intereses y las preocupaciones que han sido desconsiderados. Y agrega que "usar [...] otros mecanismos —reglas de decisión y otras medidas que promuevan la responsividad— puede ser habitualmente más productivo. Enfocarse simplemente en la rendición de cuentas amenaza con diagnosticar equivocadamente el problema fundamental y prescribir los remedios equivocados".[51] Analizando los remedios a la desconsideración en la toma de decisiones, la rendición de cuentas y otras medidas promotoras de la responsividad (con especial énfasis en la transparencia, la

---

50. Stewart, "Remedying Disregard in Global Regulatory Governance", 235. Ruth W. Grant y Robert O. Keohane, "Accountability and Abuses of Power in World Politics", *American Political Science Review* 99, n.º 1 (2005): 29-43, 29.

51. Stewart, "Remedying Disregard in Global Regulatory Governance", 235.

7. Luchas por el reconocimiento en un contexto global

participación no decisoria y el ofrecimiento de explicaciones), y examinando diligentemente sus posibilidades y limitaciones, Stewart muestra que el DAG les da espacio a las intervenciones de los que han sido desconsiderados —los fallidamente reconocidos—, tanto *ex ante* como *ex post* en cuanto al proferimiento de la regulación global, aunque los mecanismos de rendición de cuentas sean siempre y únicamente *ex post*.

En un sentido importante, Stewart nota que, desde la perspectiva institucional del derecho administrativo, la desconsideración es procesal antes de poder ser sustantiva: "La desconsideración sustantiva se relaciona con la adopción de decisiones que injustificadamente dañan o ponen en desventaja a aquellos cuyos intereses y preocupaciones han sido desconsiderados procesalmente, mientras que las decisiones han sido adoptadas como consecuencia de esa desconsideración".[52] Por su parte, la desconsideración procesal tiene lugar cuando los reguladores no logran o se rehúsan a acumular información sobre los individuos y grupos afectados por su decisión; cuando no logran o se rehúsan a darles a los individuos y grupos afectados acceso a la información relevante o permitirles jugar un rol en el proceso de toma de decisiones, como el de entregar evidencias y argumentos sobre las decisiones propuestas, o cuando no se ocupan de los intereses y las preocupaciones de los agentes afectados en el transcurso de explicar o dar razones para sus decisiones.[53] Desde este punto de vista, los procedimientos administrativos que conforman el DAG como proyecto institucional son guiados por la "consideración equitativa [como] ideal regulativo".[54] Aunque la realidad de la gobernanza global no es, inevitablemente, ideal, la justicia requiere una situación en la que

---

52. Ibíd., 224.
53. Ibíd.
54. Ibíd., 215.

los intereses y las preocupaciones relevantes de quienes son afectados por la gobernanza global sean tratados equitativamente en el transcurso de proferir e implementar reglas globales. He aquí, una vez más, una explicación sustentada democráticamente de los fundamentos normativos del DAG, mediante los cuales los procedimientos administrativos que estructuran la toma de decisiones abren un camino institucional para que las partes afectadas participen como coautoras de una gobernanza global (la posición del nosotros* autor) en la que sus intereses y preocupaciones estén en cuestión (la posición del nosotros* en juego).

De sus fundadores, Krisch ha desarrollado el enfoque normativo al DAG más deliberadamente modesto, evitando la pretensión de una teoría comprensiva de la legitimación y la justificación de la gobernanza global, respaldando un enfoque a las alternativas institucionales fraccionado, parcial y dependiente del contexto. Al concentrarse en el problema de reforzar la rendición de cuentas a través de los procedimientos administrativos, el DAG

> busca poner entre paréntesis algunos de los asuntos más intrincados, como la pregunta sobre cómo asegurar la democracia en una escala global y cómo trabajar, en cambio, dentro de un ambiente institucional y social dado, aceptando (por el momento) las restricciones que este ambiente impone.[55]

Aunque concede que los asuntos administrativos y constitucionales nunca pueden separarse completamente los unos de los otros, Krisch se opone a un concepto demasiado elástico de la rendición de cuentas. De lo contrario, el DAG, en cuanto proyecto

---

55. Nico Krisch, "Global Administrative Law and the Constitutional Ambition", en *The Twilight of Constitutionalism?*, ed. de Petra Dobner y Martin Loughlin (Oxford: Oxford University Press, 2010), 245-266, 257.

7. Luchas por el reconocimiento en un contexto global

que busca su inspiración en el derecho administrativo, corre el riesgo de volverse parte integrante de un proyecto de constitucionalismo global, una jugada a la que se resiste decididamente como adversa a la naturaleza "conscientemente modesta" de las aspiraciones normativas del DAG.[56]

El modelo Aciam del derecho provee un respaldo conceptual y normativo al DAG, incluyendo sus interpretaciones normativas más modestas. Con independencia de la manera como se trace la distinción entre asuntos administrativos y constitucionales, el DAG es un proyecto orientado a ser el escenario de luchas más robustas por el reconocimiento en el transcurso de la toma de decisiones por parte de los órdenes jurídicos globales emergentes, e independientemente de que, en el análisis de Stewart, los procedimientos administrativos sean sobre la toma de decisiones, la rendición de cuentas u otras herramientas que puedan reforzar la responsividad a los que han sido desconsiderados. Además, el modelo Aciam del derecho sugiere que la estrategia común que apuntala estos procedimientos es institucionalizar las luchas por el reconocimiento como luchas por la representación. Sin importar cuán expansiva o circunscrita sea la interpretación que se haga de la rendición de cuentas, los procedimientos administrativos concebidos por el DAG buscan todos reforzar las prácticas representacionales en el sentido fundamental de la representación que se indicó más atrás: representación *de* y representación *como*. El DAG busca abrir un espacio institucional para las luchas por representar el "quién" y el "qué" de la acción conjunta, explotando el hecho de que los procesos electorales y los órganos representacionales a los que dan lugar solo son una de las diferentes maneras de poner en escena esas luchas. Como tal, el DAG es parte integral del proyecto normativo más amplio de aumentar la reflexividad política en el sentido de

---

56. Ibíd., 262.

La autoridad y la globalización de la inclusión y la exclusión

autogobierno colectivo. Mejorar la rendición de cuentas a través de procedimientos administrativos abre un foro institucional para establecer quién y qué están en juego (la posición de nosotros* en juego) al poner en escena una lucha mejorada por el reconocimiento y la representación (la posición de nosotros* vocero), que podría llevar a un sentido más amplio de propiedad de la regulación de la gobernanza global (la posición de nosotros* autor).

Leído de esta manera, el DAG es una cierta forma de institucionalización de la autoaserción colectiva contenida. Los procedimientos para considerar al otro, defendidos por Kingsbury, Stewart, Krisch y sus colegas, mejoran, por lo menos potencialmente, la capacidad de los órdenes jurídicos globales emergentes de ser responsivos a los desafíos a su unidad, reconociendo al otro (en nosotros) como uno de nosotros. Los procedimientos administrativos concebidos por los estudiosos del DAG le abren campo a una lucha más robusta con relación a la pregunta "¿sobre qué trata/debe tratar nuestra acción conjunta?". Esto puede fomentar una inclusividad mayor, mediante la cual el reconocimiento del otro supone una transformación de lo que se entiende como común entre nosotros, esto es, una transformación de la configuración por defecto de la acción conjunta. Esta capacidad mejorada para la autoaserción colectiva está vinculada internamente con la contención introducida por esos procedimientos administrativos. Al ampliar los procedimientos administrativos de modo que las luchas por el reconocimiento puedan ser puestas en escena con anterioridad a las decisiones, y no solo *ex post*, como ocurre con la rendición de cuentas, entiendo que el DAG clama por el diferimiento *de* la unidad, donde *diferimiento* significa posponer una configuración por defecto de la acción conjunta de modo tal que los intereses y las preocupaciones relevantes puedan ser oídos.

También hay algunos indicios de que el DAG puede admitir un sentido más fuerte de autocontención colectiva, esto es, puede

7. Luchas por el reconocimiento en un contexto global

deferir la regulación *al* otro, un refrenarse para abrirse que reconoce al otro (en nosotros) como otro distinto de nosotros. Al buscar las maneras y medios para desarrollar la democracia más allá del Estado, De Búrca discute el programa antipobreza —los Documentos de Estrategia de Lucha contra la Pobreza (DELP)— desarrollado por el Fondo Monetario Internacional (FMI) y el Banco Mundial (BM) como respuesta a la crítica masiva a las condiciones que imponían a las ayudas y los préstamos otorgados como parte del "ajuste estructural".[57] Estas condiciones incluían la privatización de servicios públicos, la reducción del gasto público y la receptividad a la inversión extranjera. La clave del viraje en la política de ayuda y préstamos introducida por los DELP fue el principio de lo que "los países consideren como propio", según el cual, a través de un proceso en líneas generales participativo, el país afectado identificaría sus prioridades propias y los medios óptimos para lidiar con la pobreza, en vez de que aquellas y estos fueran impuestos directamente por el FMI o el BM. Esta iniciativa ilustra, creo, una de las maneras concretas como el DAG puede admitir la autocontención colectiva como la forma de deferencia que se explicó en la sección 6.4.4, a saber, deferencia *al* otro y, con ello, reconocimiento del otro (en nosotros) como otro distinto de nosotros.

Como lo anota De Búrca, los DELP han sido apreciados ambivalentemente, siendo algunas de estas estimaciones (muy) críticas. La crítica sobre la manera como el FMI y el BM conciben lo que los países consideran como propio es particularmente interesante para nuestro análisis. Esta crítica sugiere que el principio de lo que los países consideran como propio, bajo los DELP, sigue desplegando una forma de condicionalidad, de modo tal que la propiedad de los programas para aliviar la pobreza se mantiene, en

---

57. Gráinne de Búrca, "Developing Democracy beyond the State", *Columbia Journal of Transnational Law* 46 (2008): 221-266, especialmente 262-266.

últimas, en manos del FMI y el BM, y no en los países receptores. Está por verse si y cómo el principio de lo que los países consideran como propio —es decir, la autocontención colectiva del FMI y del BM— puede hacerse más robusto. Pero, como se explicó en el capítulo 6, desde la perspectiva de las autoridades llamadas a establecer lo que ha de valer como acción conjunta de los colectivos que representan, la autocontención no puede ir tan lejos como para poner en peligro la autoaserción colectiva, esto es, para poner en peligro aquello de lo que realmente tratan los colectivos —en este caso, el FMI y el BM—. Incluso si no se cuenta con un criterio previo duro y expedito para determinar su identidad colectiva, tiene que haber límites, aunque variables, a cuán lejos pueden ir el FMI, el BM u otros organismos de gobernanza global en la admisión de demandas de reconocimiento del otro (en nosotros) como *otro* distinto de nosotros. Aun así, para quienes elevan demandas de reconocimiento que caen más allá de ese límite —más acertadamente, más allá de esa *falla*—, el diferimiento y el deferimiento de la unidad colectiva que ofrece el DAG no son nada distinto a la posposición de la autoridad transitiva: una manera de regir sobre otros que tiene forma de dominación.[58]

7.2.2. El regreso (de las tribulaciones) del principio de todos los afectados

Todo lo que precede milita a favor de entender y apoyar el DAG como una manera de institucionalizar la autoaserción colectiva contenida. Pero sigue habiendo problemas alrededor de la

---

58. Mi evaluación del DAG se enfoca en su contribución a la institucionalización de la autoaserción colectiva contenida. También sería posible explorar la forma como este contribuye a reforzar lo que denominé en el capítulo 3 como las coherencias medios-fines y funcional de los órdenes jurídicos globales emergentes, una contribución que, empero, pospongo para otra ocasión. Agradezco a Rodrigo Vallejo por esta sugerencia.

7. Luchas por el reconocimiento en un contexto global

manera como el DAG podría contribuirle a una política autoritativa de los confines en un contexto global, problemas que se resisten obstinadamente a ser resueltos, incluso con los procedimientos administrativos más cuidadosamente elaborados.

Uno debe preguntarse, para empezar, cuál es el precio por pagar por el carácter *administrativo* de los procedimientos invocados por el DAG. Carol Harlow eleva la pregunta decisiva: "¿Podría el derecho administrativo global ayudar a abrirle un espacio a la política global?".[59] Esta pregunta no es nueva para nuestro análisis; surgió con anterioridad, aunque en un contexto de alguna manera diferente, al discutir el establecimiento de estándares por parte de la ISO (véase la sección 3.2.1). Allí anoté que el bien delineado punto de la acción conjunta de los órdenes jurídicos globales emergentes implicaba que su regulación tendiera a enfocarse en los medios adecuados para lograr un fin que en sí mismo se estimaba como más o menos fijo y fuera de discusión, de modo que la autoridad experta tendiera a resultar triunfante en el proceso de determinar la configuración por defecto de la acción conjunta.

Este asunto se ha vuelto particularmente urgente, entre otras situaciones, a la luz del rol cada vez más importante de los indicadores en la gobernanza global. No es exagerado decir que la producción de indicadores empieza con un *nomos* —una toma— que dice reproducir (numéricamente) una realidad dada en el proceso mismo de crearla:

---

59. Carol Harlow, "Global Administrative Law: The Quest for Principles and Values", *European Journal of International Law* 17, n.º 1 (2006): 187-214, 213. En un sentido semejante, véase Alexander Somek, "Administration without Sovereignty", en *The Twilight of Constitutionalism?*, ed. de Petra Dobner y Martin Loughlin (Oxford: Oxford University Press, 2010), 267-287, y Susan Marks, "Naming Global Administrative Law", *New York University Journal of International Law and Politics* 37 (2005): 995-1001.

La autoridad y la globalización de la inclusión y la exclusión

La esencia de los sistemas de cuantificación es la medición y la comparación [...]. En el primer paso lógico a dar, un objeto de análisis y cierta equivalencia tienen que ser creados a través de todas las instancias individuales que este objeto puede adoptar. Esto requiere encontrar una comunalidad entre las instancias individuales, un rasgo compartido, e ignorar la diferencia.[60]

Como se sigue claramente de la cita, este "primer paso" lógico (y epistemológico) también es un primer paso *político*, un *nomos* que toma la forma de una captura no autorizada de la iniciativa de incluir y excluir. Pero el carácter intensamente político de los indicadores se oculta cuando estos son presentados como una representación estrictamente numérica, es decir, "objetiva", de patrones de comportamiento. La equivalencia que los indicadores crean a través de instancias individuales nunca tiene un carácter exclusivamente descriptivo: aquella supone una articulación de lo que se considera importante para la acción conjunta y, como tal, digno de ser monitoreado e impuesto. Este no es, en cualquier caso, un argumento en contra del uso de indicadores en la gobernanza global ni en contra de su posible autoritatividad, sino la aseveración de que producir un indicador de gobernanza global supone tomar una perspectiva de la primera persona plural, representar la unidad colectiva en el sentido doble de la representación *de* (un colectivo putativo) y su representación *como* (esta o aquella unidad); y es un argumento a favor de someter los indicadores de gobernanza global al escrutinio crítico por los tipos de procedimientos administrativos propuestos por el DAG.[61]

---

60. Rottenburg y Merry, "A World of Indicators", 12.
61. Davis, Kingsbury y Merry, "Introduction: Global Governance by Indicators", 20.

7. Luchas por el reconocimiento en un contexto global

Pero, yendo más allá de los detalles de los indicadores globales, el problema general que los órdenes jurídicos globales emergentes le plantean a una *política* autoritativa de los confines no va a desaparecer. El DAG desencadena luchas por el reconocimiento y, con ello, una forma de política global, pero el carácter especializado de los órdenes jurídicos globales emergentes asegura que esas luchas se circunscribirán a la gama de demandas de reconocimiento que pueden ser elevadas, procesal y sustantivamente, y a la paleta de respuestas que están a disposición de esos órdenes. Puesto que las respuestas autoritativas a las demandas de reconocimiento deben permitir la autoaserción colectiva, es decir, una forma de reconocimiento de *sí* colectivo por parte de los órdenes jurídicos globales emergentes, el punto especializado de su acción conjunta restringe significativamente la medida en la que las respuestas regulatorias a los desafíos a-jurídicos permiten la transformación de lo que vale como la conjunción de la acción conjunta —su demanda de comunalidad—.

Este problema está vinculado muy de cerca a la pregunta apremiante sobre ante *quién* deben rendir cuentas los organismos administrativos globales, es decir, en palabras de Stewart, sobre a quién le deben responder. En efecto, al discutir el déficit de rendición de cuentas de la gobernanza global, Kingsbury, Krisch y Stewart formularon la pregunta sobre cómo demarcar el público que ha de tener voz y voto en la toma de decisiones de los organismos administrativos. Esto no es nada distinto que el problema del principio de todos los afectados, examinado en detalle en la sección 5.4.1. El sobrio análisis de Stewart del principio confirma e incluso exacerba los dilemas que expuse al estudiar la contribución de Nancy Fraser a una teoría de la democracia en un contexto global.

Todo empieza, para Stewart, con la pregunta preliminar "¿quién tiene derecho a considerar? ¿Qué grupos, intereses colectivos o individuos tienen derecho a ser considerados en las decisiones regulatorias globales y, potencialmente, los derechos de participar e iniciar procesos decisorios que promuevan tal consideración?".[62] Como lo anota rápidamente, la respuesta estándar a esta pregunta —el principio de derecho romano, *quod omnes tangit ab omnibus tractari et approbari debet*, todos los afectados deben ser oídos y estar de acuerdo— no solo es "generalmente irrealizable" por los organismos de gobernanza global, sino también habitualmente "indeseable", a la luz de sus tareas administrativas especializadas.

En lo que respecta a la irrealizabilidad del principio *quod omnes*, el problema es establecer cuáles son los intereses y las preocupaciones *relevantes* que deben ser considerados en los procesos decisorios. La aplicación del principio no resuelve este problema; al contrario, presupone criterios de lo que es relevante e importante para la acción conjunta. "En últimas, necesitamos bases tanto normativas como fácticas para distinguir esos intereses y personas a los que debe darse consideración por parte de quienes toman decisiones regulatorias".[63] ¡Sí!, pero el problema es más profundo: esas bases no pueden ser establecidas con fundamento en el principio *quod omnes* sin ser presas de una regresión al infinito. Esto no es más, desde luego, que una variación de la dificultad que enfrentan las teorías del contrato social de todos los tipos, incluyendo sus recientes reconstrucciones discursivas, lo que explica por qué el principio de todos los afectados o todos los sujetos fracasa, irremediablemente, en su intento de ofrecer un criterio objetivo para determinar qué ha de valer como la identidad democrática entre gobernantes y gobernados.

---

62. Stewart, "Remedying Disregard in Global Regulatory Governance", 225.
63. Ibíd., 226.

7. Luchas por el reconocimiento en un contexto global

No bastándole exponer el problema, Stewart logra agravarlo al sostener que el principio de todos los afectados puede ser *indeseable*:

> Muchos regímenes administrativos globales están establecidos para promover el bienestar social en varios campos específicos de políticas y en sectores en los que las acciones nacionales descentralizadas no pueden hacerlo. Estos organismos deben poder llevar a cabo sus misiones efectivamente sin obligaciones de consideración, potencialmente onerosas, extendidas a todos los grupos e individuos afectados de alguna manera por sus decisiones.[64]

En cierto sentido, tiene razón: como se anotó más atrás, aunque ciertamente hay espacio para redefinir el punto de la acción conjunta y su configuración por defecto, el carácter especializado de los órdenes jurídicos globales emergentes limita fuertemente el alcance variable de lo que vale como la conjunción —la comunalidad— de la acción conjunta, es decir, de lo que vale como la autoaserción autoritativa de un colectivo en respuesta a los desafíos a su unidad. El DAG subraya lo que se ha aprendido sobre la ontología de los colectivos en el transcurso de la construcción del modelo Aciam del derecho, que se acentúa intensamente en el caso de los órdenes jurídicos globales emergentes: su cuestionabilidad y su responsividad finitas. Desde la perspectiva de un procedimiento administrativo, la (des)consideración procesal precede a la (des)consideración sustantiva. Sin embargo, la manera como Stewart entiende el principio de todos los afectados muestra, oblicuamente, que una decisión sustantiva sobre el punto de la acción conjunta precede la posibilidad de la (des)consideración

---

64. Ibíd.

La autoridad y la globalización de la inclusión y la exclusión

procesal y sustantiva. Como lo explica un estudioso destacado del movimiento TWAIL,

> la separación estricta entre derecho sustantivo y derecho administrativo es difícil de sostener [...]. Desde una perspectiva del tercer mundo, [el DAG] limita el alcance de reformas posibles [...]. Sin duda, las normas relativas a la rendición de cuentas, a la participación, etc., no pueden ser vistas en aislamiento estricto de las reglas sustantivas. Las agencias/mecanismos que han de ser el tema del DAG son una parte interna del derecho sustantivo. Si el derecho sustantivo tiene un carácter imperial, el potencial que el DAG tiene para democratizar las leyes internacionales es más bien circunscripto.[65]

A su favor, debe decirse que los estudiosos del DAG son profundamente conscientes de este problema. El enfoque del DAG "en aspectos puramente procesales de la administración en vez de preguntas de orden superior sobre qué institución lidia con qué problemas puede servir para legitimar un aparato altamente desequilibrado, sesgado a favor de los intereses de los más poderosos".[66] Aunque los procedimientos administrativos

---

65. Bhupinder S. Chimni, "Global Administrative Law: Winners and Losers", https://www.researchgate.net/publication/265196956_GLOBAL_ADMINISTRATIVE_LAW_WINNERS_AND_LOSERS. Chimni publicó una versión revisada —y menos polémica— de este texto bajo el título "Cooption and Resistance: Two Faces of Global Administrative Law", *New York University Journal of International Law and Politics* 37 (2005): 799-828.

66. Kingsbury, Donaldson y Vallejo, "Global Administrative Law and Deliberative Democracy", 532. El estudio de Vallejo de la génesis y los intereses favorecidos por los estándares de contabilidad confirma esta preocupación ampliamente. Véase Rodrigo Vallejo, "Private Regulators, Public Interests and the Idea of a Global Administrative Law: The Case of Accounting Standards" (manuscrito inédito en los archivos del autor).

7. Luchas por el reconocimiento en un contexto global

provocan la autocontención en la forma de un diferimiento y un deferimiento de la unidad colectiva, la posposición que propician tiende a consolidar la arquitectura de la gobernanza global que las demandas de reconocimiento buscan desafiar.

Como resultado, la ambigüedad está integrada en la autoritatividad de la gobernanza global. Por un lado, la especialización permite a las autoridades de la gobernanza global ser promotoras efectivas del bienestar social en una escala global, de maneras que simplemente no están al alcance de los Estados con sus circunscripciones nacionales. Por el otro, la especialización socava continuamente el bienestar social, generando una "visión institucional estrecha y anteojeras profesionales a los intereses de quienes no son miembros o piezas clave para el logro de la misión como adeptos o clientes".[67] Esta ambigüedad es mucho más tirante con respecto a los movimientos de la alterglobalización, muchos de los cuales elevan sus voces desde el Sur global. Como lo nota Urueña, no solo se desdeñan los intereses y las preocupaciones del Sur global que yacen más allá del propósito especializado de la gobernanza global, sino que, "si el Sur global de alguna manera logra proponerlos o incluirlos en el debate, puede que se los etiquete como demasiado 'políticos', porque fracasan en obtener instrumentalmente la meta del organismo regulatorio".[68]

7.2.3. Igualar y desigualar la consideración

Los dos dilemas —el principio de todos los afectados y la promoción/recorte del bienestar social— enturbian la distinción prístina que Stewart hace entre desconsideración "justificada"

---

67. Ibíd., 228-229.
68. René Urueña, "Global Administrative Law and the Global South", en *Research Handbook on Global Administrative Law*, ed. de Sabino Cassese (Cheltenham: Edward Elgar, 2016), 392-414, 397.

y desconsideración "injustificada" y su decisión de enfocarse en remediar a esta. A su parecer, la desconsideración por parte de las autoridades administrativas globales se justifica si es consistente con el principio normativo de consideración igualitaria. A su vez, este es un principio de justicia que guía a los órdenes jurídicos globalizadores: tratar igualmente a los iguales y desigualmente a los desiguales. Empero, la distinción misma entre los iguales y los desiguales tiene un origen: surge a través de un cerramiento que incluye y excluye sin haber sido autorizado para ello —un *nomos*—. Aquí estamos en tierra conocida: de la misma manera que no hay, estrictamente hablando, unidad ni pluralidad, sino más bien un proceso continuo de unificación y pluralización, tampoco hay igualdad o desigualdad, sino más bien un proceso continuo de igualación y desigualación que no ha sido ni puede ser justificado con anterioridad al corte que separa el adentro del afuera.

De esto se siguen tres implicaciones. En primer lugar, asumir que hay formas justificadas e injustificadas de (des)consideración solo tiene sentido si uno da por sentados los órdenes jurídicos existentes, de manera tal que la decisión previa sobre qué órdenes jurídicos globalizadores deben lidiar con qué problemas está más allá de una política de los confines en un contexto global. En segundo lugar, aunque considero que el DAG busca compensar el *nomos* de la Tierra desatado por la globalización del capitalismo, aquel sigue enredado en dicho *nomos* y lo afianza. En tercer lugar, el principio de consideración igualitario, al igual que el principio de identidad democrática, no ofrece un criterio independiente de justicia, uno que esté libre de controversia y que dé una orientación objetiva sobre cómo resolver las luchas concretas por el reconocimiento que se dan en el transcurso de la gobernanza global.[69]

---

69. Este problema también lo enfrenta el "enfoque prodemocrático" de De Búrca, que propone "traducir el principio de igualdad política en un requerimiento

7. Luchas por el reconocimiento en un contexto global

Al dirigir la atención a la cuestionabilidad finita y la responsividad finita de los organismos de gobernanza global, el análisis de Stewart del principio de todos los afectados da fe, aunque oblicuamente, de la asimetría doble de pregunta y respuesta que sigue teniendo peso en la política autoritativa de los confines en un contexto global auspiciado por el DAG. Por un lado, hay demandas de reconocimiento, elevadas en el transcurso de los procedimientos administrativos puestos en marcha por los órdenes jurídicos globales emergentes. Los individuos o los colectivos dicen (a) que han sido tratados inequitativamente porque han sido excluidos, demandando ser tratados de manera equitativa, lo que requiere que se los incluya en la acción conjunta, o dicen (b) que han sido tratados equitativamente porque han sido incluidos, exigiendo que se los trate inequitativamente, lo que requiere su exclusión de la acción conjunta: *la precedencia de la Asimetría 1*. Por el otro lado, las respuestas regulatorias por parte de las autoridades administrativas globales establecen si las demandas de reconocimiento son relevantes e importantes para la acción conjunta, esto es, si los individuos y los colectivos tienen legitimación en la causa y si y de qué manera la acción conjunta del colectivo debe tener en cuenta los intereses y las preocupaciones cuyo reconocimiento es demandado: *la retroactividad de la Asimetría 2*.

La asimetría doble de pregunta y respuesta que opera en el DAG muestra, una vez más, que la dimensión institucional de una política autoritativa de los confines está enraizada, aunque no los agota, en los encuentros entre el sí colectivo y el otro, como lo muestra el "inter" que aparece una y otra vez en las referencias académicas a la "interacción", la "interfaz" y la "interdependencia"

---

de la mayor participación posible en los procesos efectivos de toma de decisiones por parte de los interesados". Véase De Búrca, "Developing Democracy beyond the State", 253.

de los órdenes jurídicos en un contexto global. En esto, el DAG no difiere de otras institucionalizaciones de la autoaserción colectiva contenida, pero el estrecho punto de la acción conjunta de los órdenes jurídicos globales implica que las respuestas *adecuadas* —esto es, autoritativas— de los órdenes jurídicos globales emergentes a las demandas de reconocimiento están significativamente restringidas. Las demandas de reconocimiento gritadas como "¡Ya basta!", "Kifaya!" o "We are the 99%!" no pueden ser plenamente captadas y contenidas dentro de los canales institucionales de representación a disposición del DAG. Tampoco basta el DAG para ser el escenario de luchas por el reconocimiento de maneras que puedan contribuir importantemente a la superación de la alienación masiva a la que da lugar una política autoritativa de los confines, en el sentido fuerte de *autoridad* explicado en la sección 6.4.1: la capacidad de articular una representación —una visión— de quienes nosotros[*] realmente somos/debemos ser que, en retrospectiva y por el momento, recibe amplia adhesión entre sus destinatarios y los motiva a actuar como un grupo que puede lidiar con desafíos a su existencia contingente.

El dilema que enfrenta el DAG llama la atención de manera renovada hacia lo que Heidegger llama *Umsicht*, circunspección, un elemento esencial de la autoridad interpretada como un liderar/comandar obedeciendo. Sostuve que la circunspección de la autoridad como una sintonización que acata supone un cuidadoso mirar alrededor que busca evaluar el mundo circundante en el que está situada la acción colectiva —un *Umwelt*— de cara a la desorientación sobre lo que trata/debe tratar nuestra acción conjunta: obediencia. Y supone una decisión sobre lo que es y lo que no es importante para la acción conjunta, reorientando, según sea el caso, la manera como esta encaja y cambia el mundo del cual obtiene su significado: liderar/comandar. La "visión estrecha" y las "anteojeras profesionales" (Stewart) requeridas por el punto

7. Luchas por el reconocimiento en un contexto global

estrictamente circunscrito de los órdenes jurídicos globales emergentes restringen, drásticamente, el alcance de un cuidadoso mirar alrededor a disposición de las autoridades regulatorias globales a la hora de sentar los confines de quién debe hacer qué, dónde y cuándo como respuesta a las demandas de reconocimiento. En últimas, entonces, el DAG indica que la pregunta sobre la respuesta autoritativa a aquello sobre lo que nuestra acción conjunta trata/debe tratar está subyugada a la pregunta sobre [7] el trasfondo de los órdenes jurídicos globales emergentes, esto es, a la pregunta sobre la capacidad de las autoridades de representar la unidad colectiva de una manera que evoque el mundo copresentado con sus representaciones como un mundo en el que nosotros podemos y quisiéramos vivir. La inclusión y la exclusión, las dos caras de la globalización, son correlativas a un proceso de enmundización y desmundización [*enworlding and de-worlding*], como la KRRS y otros grupos alterglobalización lo saben perfectamente.

7.3. Constitución, poder constituyente y constitucionalismo

La discusión del DAG en la sección 7.2 se enfocó en la toma de decisiones administrativas por parte de los órdenes jurídicos globales emergentes, sugiriendo que hay una conexión interna entre las dimensiones institucionales y normativas de los procedimientos administrativos. Empero, la modestia del proyecto del DAG revela que su alcance es demasiado estrecho para comprender el conjunto más amplio de asuntos traídos a colación por la globalización de la inclusión y la exclusión. Estos asuntos, puede decirse, conducen el debate sobre llevar el constitucionalismo más allá del Estado. Es el momento de dirigir nuestra atención a este debate.

Un buen punto de partida en este sentido es la noción de *constitucionalismo* defendida por Neil Walker:

> Si el razonamiento práctico en general trata de decidir cómo actuar en el contexto de una elección práctica, el tipo especial de razón práctica asociado con el constitucionalismo concierne a las preguntas más profundas y de mayor implicación práctica sobre "cómo decidir cómo decidir" cómo actuar [colectivamente].

Sucintamente, el constitucionalismo trata de "los términos apropiados para la gobernanza de la acción colectiva".[70] Walker tiene como meta explorar si y de qué manera el constitucionalismo puede ser llevado más allá del Estado. Esta meta, que comparte con otros constitucionalistas, es desencadenada por la creciente disparidad entre lo político y el Estado que ha sido provocada por los procesos de globalización.

No puedo explorar ese vasto y floreciente debate aquí, y una exploración de semejante entidad no tendría utilidad alguna frente a mi análisis.[71] En cambio, mis reflexiones van directo al que considero que es uno de los asuntos medulares del constitucionalismo, en los términos que lo define Walker. Pues, si el constitucionalismo es la rama del razonamiento práctico que se enfoca en cómo decidir cómo decidir cómo actuar colectivamente,

---

70. Neil Walker, "Taking Constitutionalism beyond the State", *Political Studies* 56 (2008): 519-543, 524. Véase también Neil Walker, "The Antinomies of Constitutional Authority", en *Authority in Transnational Legal Theory: Theorising across Disciplines*, ed. de Roger Cotterrell y Maksymilian del Mar (Cheltenham: Edward Elgar Publishing, 2016), 125-150.

71. En lo que concierne al constitucionalismo global, véase el estudio general y la bibliografía de Anne Peters, "Global Constitutionalism", en *The Encyclopedia of Political Thought*, ed. de Michael T. Gibbons (Oxford: John Wiley and Sons, 2015), 1484-1487.

7. Luchas por el reconocimiento en un contexto global

entonces una pregunta central —aunque no la única— del constitucionalismo es cómo representar autoritativamente la unidad colectiva, en el sentido fundamental de ese concepto que aquí se ha introducido: la representación *de* un colectivo y su representación *como* esta o aquella unidad. Sostengo que la pregunta sobre el constitucionalismo más allá del Estado es, preeminentemente, la pregunta sobre la representación autoritativa más allá del Estado. Es un debate en desarrollo sobre cómo lidiar, normativa e institucionalmente, con la globalización de la inclusión y la exclusión. En el mismo sentido, los desafíos a los que se enfrenta la jugada de llevar el constitucionalismo más allá del Estado son, en el fondo, desafíos que atañen al aseguramiento de las condiciones para la representación autoritativa en un contexto global.

7.3.1. Constitución

Para más de un constitucionalista, es menos que obvio que la pregunta sobre la representación es de importancia capital para el concepto de *constitución*. Esto es quizás particularmente cierto en el caso de los constitucionalistas que se resisten a circunscribir el alcance de la política democrática a la política electoral y legislativa. Esto nos aboca a empezar por ocuparnos de este asunto.

No debe resultar sorprendente que sostenga que existe una correlación tan fuerte entre constitución y representación. Es una implicación clave del modelo Aciam del derecho. Ciertamente, esta vinculación va en contra de la doctrina constitucional convencional, que parte de equiparar la representación con la política electoral, para posteriormente operar una disyunción entre representación y participación y entre democracia indirecta y directa. De acuerdo con este truismo, los representantes representan al electorado. Salvo en el caso de comunidades muy pequeñas, el pueblo solo está presente políticamente durante las elecciones (o en los referendos, plebiscitos y demás); a partir de ahí, el pueblo es representado.

La autoridad y la globalización de la inclusión y la exclusión

Una vez que se considera que la representación y la política electoral son términos correferenciales, la suerte de la representación más allá del Estado es ciertamente desalentadora, o al menos eso nos dicen. No es sorprendente, entonces, que los paladines del DAG hayan tratado de inyectar procedimientos participativos y deliberativos en la toma de decisiones administrativas como una manera alternativa de democracia representativa así entendida.

Pero el representado no es el electorado, ni siquiera en la democracia estatal; lo representado es la unidad colectiva. En efecto, hay dos sentidos de *el pueblo* que deben distinguirse en una democracia estatal: el pueblo como una unidad y el pueblo como una multiplicidad de ciudadanos. Mientras que los ciudadanos pueden estar presentes en los procesos electorales y semejantes, el pueblo como unidad está necesaria e irrevocablemente ausente. La participación y la deliberación son parte integral del proceso de representación de la unidad colectiva. En consecuencia, *todas* las formas de toma colectiva de decisiones en las que se articula, monitorea y sostiene el punto de la acción conjunta son actos representacionales: imputan la regulación a un colectivo y lo representan como esta o aquella unidad. En el mismo sentido, *todas* las autoridades a las que se les ha confiado la articulación, el monitoreo y el sostenimiento del punto de la acción conjunta son representantes. Bajo esta óptica, las elecciones son una de las formas mediante las cuales se autoriza la participación en los procesos representacionales, pero de ninguna forma la única. Votar en una elección también es participar en un proceso representacional autorizado, como lo son las diferentes formas como los individuos o grupos pueden participar en la distinción tripartita entre toma de decisiones, rendición de cuentas y otros mecanismos considerantes de la responsividad estudiados por Stewart y sus colegas. Y aunque depende de un juez representar autoritativamente la unidad colectiva por medio de la resolución de conflictos entre partes, estas partes también

7. Luchas por el reconocimiento en un contexto global

adelantan una lucha por la representación: sus intervenciones en el procedimiento son parte integral de una lucha para obtener el reconocimiento de derechos y obligaciones que podrían haber sido violados, luego es una lucha por representar la unidad colectiva. En un sentido crucial, los procesos representacionales no se limitan a la representación institucionalizada. *Toda* acción política, incluyendo la acción (revolucionaria) que se resiste a las formas institucionalizadas de toma de decisiones, es representacional: de palabra y obra, la acción (revolucionaria) representa la unidad colectiva al imputarle la acción *a* un colectivo y adumbrando a este *como* esta o aquella unidad. Los movimientos de la alterglobalización son particularmente ricos en su experimentación con formas novedosas de representar la unidad colectiva paralela y en ocasiones dirigida en contra de las prácticas representacionales institucionalizadas, apelando a las nociones de *horizontalidad, poder popular, asambleas* y *autogestión democrática*.[72]

Estas consideraciones preliminares nos ayudan a captar por qué caracterizar una constitución, en la afortunada formulación de Walker, como lo que establece "'cómo decidir' cómo actuar [colectivamente]" equivale a definirla como la regla maestra para la representación autoritativa de la unidad colectiva en un sentido institucional y funcional del término *autoritativa*. En efecto, decidir cómo actuar colectivamente es, en su sentido más abstracto, responder a la pregunta "¿sobre qué trata/debe tratar nuestra acción conjunta?", y esto significa establecer qué ha de valer como comportamiento jurídico o antijurídico, esto es, articular, monitorear y sostener, desde una perspectiva de la primera persona plural, quién debe hacer qué, dónde y cuándo. Así caracterizada la constitución, decidir sobre la acción conjunta no es nada distinto que representar la unidad colectiva, trayendo a cuento las

---

72. Sitrin y Azzellini, *They Can't Represent Us!*, 14-39.

tres dimensiones del orden jurídico discutidas en el capítulo 3: la unidad putativa de una perspectiva de la primera persona plural, la unidad putativa de un sistema jurídico y la unidad putativa de un orden pragmático. Así, una constitución establece cómo decidir cómo actuar colectivamente al sentar (provisionalmente) las preguntas clave concernientes a (1) *quién* debe representar a un colectivo, (2) las condiciones, positivas y negativas, bajo las cuales el proceso en curso de representar a la unidad colectiva puede ser *imputado* a un colectivo y (3) cuál es, por lo menos mínimamente, el *punto* que ha de ser representado en las configuraciones por defecto de la acción colectiva.[73]

Llevando estas ideas un paso adelante, decir que una constitución es la regla maestra para la representación autoritativa de la unidad colectiva también es decir que una constitución es la regla maestra que rige los procesos de inclusión y exclusión de un orden jurídico. Esto se sigue de lo que se ha dicho de lo que significa decidir cómo actuar colectivamente. Las constituciones estructuran decisiones de la primera persona plural sobre quién debe hacer qué, dónde y cuándo, de manera tal que, en el último análisis, estos actos pueden valer como *nuestra* acción conjunta, y el orden pragmático que despliegan, como *nuestro* orden. Ciertamente, una constitución no está desligada de la perspectiva de la primera persona plural que contribuye a estructurar. Un conjunto de reglas para tomar decisiones solo establece qué ha de valer

---

[73]. No sería difícil mostrar cómo las características que el constitucionalismo liberal asocia con las constituciones, como la división de poderes y una carta de derechos fundamentales, pueden encuadrar en (2) en esta explicación de las constituciones centrada en la representación, incluso si estas no agotan, de ninguna manera, el alcance de sus institucionalizaciones posibles. Véase Hans Lindahl, "Constituent Power and the Constitution", en *Philosophical Foundations of Constitutional Law*, ed. de David Dyzenhaus y Malcolm Thorburn (Oxford: Ofxord University Press, 2016), 141-160.

7. Luchas por el reconocimiento en un contexto global

como nuestra acción conjunta si, en general, esas reglas son entendidas por sus destinatarios como *nuestra* constitución, un asunto sobre el que volveré en breve. Una constitución estructura el proceso en curso de establecimiento de confines institucionalizada y autoritativamente mediado, por medio del cual el *límite* entre un sí colectivo y su(s) otro(s) es sentado en respuesta a los desafíos a la unidad colectiva.[74] En este sentido, una constitución es la regla maestra que sirve de escenario a las luchas institucionales por la representación en cuanto luchas por el reconocimiento colectivo.

Permítaseme esta interpretación sumamente abreviada del concepto de *constitución* propio del modelo Aciam del derecho con dos observaciones. La primera es que aquel es extremadamente amplio. En vez de dar por sentado que solo los Estados tienen constituciones, deliberadamente he tendido una red amplia, de conformidad con el enfoque general del modelo Aciam del derecho; será necesario considerar, en su debido momento, si se deben introducir o no restricciones adicionales para estrechar su ámbito. La segunda observación se sigue de lo que la sección 2.1.2 denominó [7] *el trasfondo* de la acción colectiva. De la misma manera que no hay algo así como una acción colectiva independiente, tampoco puede haber una constitución que no esté incrustada en una gama de prácticas, destrezas y asunciones que se dan más o menos por sentadas y con referencia a las cuales una constitución determina quién ha de representar un colectivo, bajo qué condiciones las configuraciones por defecto de la acción conjunta pueden ser imputadas al colectivo y cuál es el punto de la acción colectiva. En últimas, una constitución se refiere a y obtiene su significado de un *Umwelt*, un mundo circundante. En este sentido específico, respaldo la idea defendida vigorosamente por Marco Goldoni y Michael A. Wilkinson de que una constitución siempre

---

74. Véase Lindahl, *Fallas de la globalización*, 217.

es una "constitución material", a saber, de que hay una "relación interna entre orden constitucional y sociedad", aunque una constitución nunca se limite a ser el reflejo de una sociedad.[75]

7.3.2. Constitución y poder constituyente en el constitucionalismo estatal

En la tradición del constitucionalismo estatal, la cuestión de la constitución está conectada internamente con la cuestión del poder constituyente: un pueblo se rige a sí mismo mediante el establecimiento de una constitución que sienta las reglas fundamentales para el ejercicio de los poderes constitucionales o constituidos.

Téngase por ejemplo el artículo 20(2) de la constitución alemana: "Todo poder del Estado emana del pueblo. Este poder es ejercido por el pueblo mediante elecciones y votaciones (*Abstimmungen*) y por intermedio de órganos especiales de los poderes legislativo, ejecutivo y judicial".[76] La primera oración se refiere al pueblo como el poder constituyente, mientras que la segunda involucra al pueblo en la gama de funciones ejercidas por los poderes constituidos. Usualmente se da por sentado que el concepto de *pueblo* es unívoco en las dos oraciones, de conformidad con la asunción equivocada de que el electorado es el objeto de la representación. Un examen más detallado muestra, sin embargo, que en el artículo 20(2) hay una distinción categórica. En la primera oración, el pueblo aparece como una *unidad*; en la segunda, como una *multiplicidad* de ciudadanos. Mientras que el conjunto numérico de ciudadanos alemanes cambia con el tiempo, por aumento y

---

75. Véase Marco Goldoni y Michael A. Wilkinson, "The Material Constitution", *Modern Law Review* 81, n.º 4 (2018): 567-597, 4.

76. "Ley Fundamental de la República Federal de Alemania" (2019), trad. de Ricardo García Macho y Karl-Peter Sommermann, https://www.btg-bestell-service.de/pdf/80206000.pdf

7. Luchas por el reconocimiento en un contexto global

disminución, se considera que el pueblo alemán como una unidad es idéntico en el tiempo: como un sí colectivo (identidad-*ipse*) y como el mismo colectivo (identidad-*ídem*), aun cuando lo que los miembros del pueblo alemán tengan en común pueda cambiar y efectivamente cambie en el tiempo.

En un sentido crucial, la primera oración se refiere a "el pueblo", no simplemente a "un pueblo"; de ser así, el artículo dejaría de tener sentido como estructurador de relaciones de autoridad. En consecuencia, la primera oración del artículo 20(2) da por sentado que la *individuación* colectiva ya ha tenido lugar, sin la cual no sería posible distinguir entre ciudadanos alemanes y extranjeros, ni referirse a una multiplicidad de ciudadanos como partícipes de la representación de la unidad colectiva. A su vez, la individuación del pueblo (alemán) presupone que este está situado en un territorio común y que tiene una historia común. La individuación de una multiplicidad de individuos en el pueblo (alemán) presupone la unificación de espacio y tiempo en una unidad espaciotemporal supuestamente propia de sus ciudadanos, y esto diferencia a este colectivo de otros Estados.

Volveré a considerar el proceso de individuación al discutir la paradoja del poder constituyente. Por el momento, nótese que el artículo definido en "el pueblo" es necesario, pero de ninguna manera inocente. Es necesario porque, sin la unificación espaciotemporal requerida para el surgimiento de una perspectiva de la primera persona plural, no sería posible individuar a "el pueblo (alemán)" como el poder constituyente ni sería posible identificar a esos individuos que tienen derecho, en cuanto ciudadanos, a participar en el proceso reflexivo de representar la unidad colectiva, ya sea en elecciones o de otra forma. Empero, el artículo definido no es de ninguna manera inocente porque el surgimiento de lo que se considera como un territorio y una historia comunes va de la mano con la marginalización o subordinación más o menos forzosas de todos los demás colectivos que pudieran haber habitado lo que hoy se denomina Alemania. En consecuencia, la representación de *este* pueblo siempre es la depresentación de *ese* pueblo, resultado de lo cual quienes son incluidos nunca son simplemente parte de "el" pueblo. Ellos pueden elevar demandas de reconocimiento de una identidad/diferencia que son, en mayor o menor medida, inordenables para el colectivo: el otro *en nosotros* que es otro distinto de nosotros. En esto, Alemania no difiere de ningún otro Estado.

Sea como fuere, la conceptualización de los poderes constituyente y constituido expuesta en el artículo 20(2) de la *Grundgesetz* alemana es un buen ejemplo del formato básico de la reflexividad política desplegada por las democracias estatales. La individuación territorial e histórica de los Estados permite establecer de manera más o menos inequívoca quién, como ciudadano, está en principio habilitado para participar en la representación de la unidad colectiva, electoralmente o de otra forma, asegurando con ello la conexión (mas no la identidad) institucional entre el nosotros* que se considera que está en juego y el nosotros* que se considera que es el autor de la configuración por defecto de la acción conjunta.

Además, el artículo 20(2) claramente demuestra por qué las constituciones no pueden habilitar la representación de la unidad colectiva sin también deshabilitarla. El artículo habilita al exponer los distintos foros institucionales en los que la representación puede tener lugar: las ramas legislativa, ejecutiva y judicial del poder, junto con la participación ciudadana mediante elecciones, referendos, etc. Aunque el artículo se refiere a los mecanismos tradicionales de participación ciudadana, uno puede imaginarse otros tipos de foros que podrían agregarse a las elecciones y a los referendos y que habilitarían a los ciudadanos para participar en la representación de la unidad colectiva.⁷⁷ Sin embargo, el artículo 20(2) también inhabilita, porque solo *esos* foros institucionales —esto es, los foros aducidos en su segunda oración— son vistos como formas autorizadas de representación de la unidad colectiva. Aunque los poderes constitucionales discuten entre ellos sobre sus competencias respectivas, usualmente cierran filas cuando su autoridad es disputada, declarando al unísono que, puesto que el pueblo ha establecido la constitución, solo esas formas de representación estipuladas en la constitución están autorizadas, incluyendo allí los procesos representacionales requeridos para modificar la constitución. Todas las demás formas de representación no están autorizadas y son inconstitucionales, es decir, violan el autogobierno democrático —o por lo menos eso dicen consistentemente los poderes constituidos cuando son confrontados con desafíos a la unidad colectiva que se rehúsan a seguir el juego institucional de la representación—. La respuesta del Gobierno español al movimiento separatista de Cataluña es un buen ejemplo. Una constitución es una metarrepresentación, a saber, una representación de la unidad colectiva que incluye y excluye mediante el establecimiento de qué representaciones de la unidad colectiva están autorizadas para incluir y para excluir de la acción conjunta.

7.3.3. ¿Constitución sin poder constituyente?

¿Pero es necesario que la autoridad de una constitución esté vinculada al ejercicio del poder constituyente? Una estrategia alternativa podría ser constitucionalizar los órdenes jurídicos globales

---

77. Véase, por ejemplo, Michael C. Dorf y Charles F. Sabel, "A Constitution of Democratic Experimentalism", *Columbia Law Journal* 98, n.º 2 (1998): 267-473. En contraste con el experimentalismo que exhiben los movimientos alterglobalización, el experimentalismo democrático defendido por Dorf y Sabel opera dentro de las estructuras institucionales de autoridad de las democracias estatales.

La autoridad y la globalización de la inclusión y la exclusión

emergentes de tal manera que la autoridad de sus constituciones esté basada en sus *contenidos normativos*. Este enfoque rechaza la asunción de que las constituciones requieren el ejercicio del poder constituyente, allanando el camino a las constituciones transnacionales y globales. Una constitución es autoritativa si y solo si encarna ciertas aspiraciones o principios.

Mattias Kumm, entre otros, despliega esta estrategia sosteniendo que, desde una perspectiva normativa, una constitución vigorosa encarna el principio formal de legalidad, el principio jurisdiccional de subsidiariedad, el principio procesal de participación adecuada y de responsabilidad y, finalmente, el principio sustantivo de lograr resultados que no violen derechos fundamentales y sean razonables.[78] La autoritatividad de una constitución debe ser apreciada por estos principios, no por la manera como surgió: "No hay ningún procedimiento que en sí y por sí mismo sea necesario o suficiente para establecer la autoridad legítima de una constitución".[79] Dado que la cuestión del poder constituyente es "oscura e implausible", como Kumm lo informa casualmente a sus lectores, lo único que se requiere para llevar el constitucionalismo más allá del Estado es aceptar la asunción de que las reglas que rigen la toma de decisiones merecen el predicado de cualidad normativa de una constitución si son animadas por los principios referidos con anterioridad. Kumm está listo para responder a la objeción de que derivar la autoridad de una constitución de estos cuatro principios equivale a respaldar cierta forma de derecho

---

78. Mattias Kumm, "The Legitimacy of International Law: A Constitutionalist Framework of Analysis", *European Journal of International Law* 15, n.º 5 (2004): 907-931.

79. Mattias Kumm, "The Best of Times and the Worst of Times: Between Constitutional Triumphalism and Nostalgia", en *The Twilight of Constitutionalism?*, ed. de Petra Dobner y Martin Loughlin (Oxford: Oxford University Press, 2010), 201-219, 208.

natural: aquellos, dice, simplemente le dan forma constitucional al deber universalista de que "los individuos son libres e iguales en cuanto destinatarios y autores constructivos del derecho".[80] Así entendida, una constitución puede estructurar la reflexividad política en el sentido de una identidad democrática entre gobernantes y gobernados. Una vez que el constitucionalismo ha sido liberado se su infatuación con el poder constituyente, se vuelve claro que "una constitución habla directamente en nombre de aquellos sobre quienes demanda autoridad".[81]

Volviendo al artículo 20(2) de la *Grundgesetz* alemana, Kumm seguramente introduciría un distingo. Solo el concepto de *pueblo* implicado en la segunda oración —una multiplicidad de individuos libres e iguales que se rigen a sí mismos— es requerido para darle sentido a la autoridad de una constitución, sea nacional, transnacional o global. El pueblo de la primera oración del artículo —el pueblo como una unidad— es una característica estrictamente contingente propia del constitucionalismo estatal, una panacea de la que pueden y deben prescindir el constitucionalismo y las constituciones transnacionales y globales. La astucia de la razón constitucional, podría decirse: puesto que vuelven manifiestos los efectos excluyentes de una noción democéntrica de la reflexividad política, los procesos de globalización requieren un concepto normativo de *constitución* que pueda purificar el vocabulario del constitucionalismo transnacional de los conceptos de *pueblo* y de *poder constituyente*.

¿Funcionará la estrategia de separar el concepto normativo de *constitución* de su génesis? ¿La autoridad de una constitución (global) puede ser desconectada, sin más, del poder constituyente?

---

80. Ibíd., 213.
81. Ibíd., 215.

No. Una constitución es considerada la constitución *de* un colectivo, grande o pequeño, pero, como se explicó más atrás, no puede haber un colectivo sin un acto representacional que tome la iniciativa de afirmar que hay un colectivo y qué es lo que junta a sus miembros como una unidad. No hay constitución sin la individuación de una multiplicidad de individuos en un colectivo específico. La cuestión genética de las constituciones, en el corazón de una teoría del poder constituyente, sigue siendo virulenta en la afirmación del propio Kumm de que "una constitución habla directamente *en nombre* de aquellos sobre quienes demanda autoridad" (el énfasis es mío). Esta formulación, un tanto incómoda, de acuerdo con la cual las constituciones "hablan", solo sirve para subrayar que es un *agente*, sea individual o grupal, quien habla (y actúa) en el nombre de un colectivo al establecer una constitución. Y quien establece una constitución lo hace en el nombre no meramente de un conjunto numérico de individuos, sino de estos individuos como un *todo*, sentando quién debe representar un colectivo; las condiciones, negativas y positivas, bajo las cuales el proceso en curso de representar la unidad colectiva puede ser imputado a un colectivo, y cuál es, por lo menos mínimamente, el punto que ha de ser articulado, monitoreado y sostenido mediante las configuraciones por defecto de la acción colectiva.

En consecuencia, una multiplicidad de individuos *se vuelven* miembros de un colectivo mediante un cerramiento constitucional que los establece como una *unidad* que iguala y desiguala, incluye y excluye, hasta en el caso hipotético de una comunidad política mundial que clamara agrupar a todos los seres humanos. Sin embargo, con el debido respeto a Kumm, puesto que las constituciones surgen a través de actos representacionales que no pueden haber sido autorizados de antemano por aquellos en cuyo nombre son establecidos, las constituciones *nunca* hablan "directamente" en nombre de aquellos sobre quienes demandan

7. Luchas por el reconocimiento en un contexto global

autoridad. Esta es la razón por la que el surgimiento de una constitución —incluso una que "consagre", como les gusta decirlo a los abogados, un conjunto de principios normativos— introduce la no identidad en la identidad colectiva, provocando una resistencia más o menos radical a la afirmación según la cual la constitución es "nuestra" y revelando la ausencia de sustento de la afirmación de que la constitución es un acto de *auto*gobierno colectivo por parte de todos sus destinatarios. Este problema ya surgió en la sección 5.3.2, al discutir la objeción de Michelman a Habermas sobre la incepción no discursiva de un discurso constitucional y, más recientemente, al resaltar el punto ciego normativo de los regímenes de autonomía limitada, los cuales, al ser evaluados a la luz de los cuatro principios de Kumm, parecen contar con credenciales constitucionales impecables.

Dado que el surgimiento de una constitución supone un cerramiento que incluye y excluye, el ámbito de posibilidades prácticas para actuar y vivir juntos que una constitución inhabilita es el ámbito del poder constituyente. Lo que ha sido excluido como no importante e irrelevante por un colectivo puede irrumpir en un orden constitucional exigiendo la realización de la acción conjunta que es más o menos *inordenable* para ese orden. El poder constituyente viene del ámbito de lo oceánico; se manifiesta como lo a-jurídico para un orden dado: una demanda de reconocimiento que excede la capacidad responsiva de ese orden, que aparece en la forma de una representación de la unidad colectiva que tiene otro colectivo como su sujeto putativo (representación *de*) y otra unidad como lo que junta a sus participantes (representación *como*). Son ecos de la distinción entre *potestas* y *potentia*, discutida en la sección 4.3.3. Reconocer que los órdenes constitucionales tienen fallas es reconocer que ninguna constitución, liberal o de otro tipo, puede detener normativamente o neutralizar la posibilidad del poder constituyente. Una vez más, al concluir este libro, nos encontramos con la distinción entre los dos sentidos del derecho global introducidos al empezar: aunque es ciertamente imaginable que una constitución sea proferida para una comunidad política global, el orden constitucional que surgiría tendría un afuera en el sentido fuerte, xenotópico, defendido a lo largo de este libro. No sería ni universal ni universalizable.

Sigue siendo una pregunta abierta si una comunidad política global surgirá, sea mediante la transformación de la ONU o de otra manera. Igualmente, puede seguir abierta la pregunta sobre si será proferida una constitución global que estructure la toma de decisiones en tal comunidad política. ¿Se puede estar seguro, por ejemplo, de que la degradación ambiental masiva no demandará que cierto tipo de comunidad política global sea constitucionalizada para lidiar con lo que se percibe por muchos, quizás por la mayoría, como un desafío potencialmente catastrófico para la existencia continuada de la humanidad?

Esto está claro: el modelo Aciam del derecho sostiene, en contra de Kumm y de los críticos similares del poder constituyente, que una teoría del poder constituyente, con independencia de otras cosas que sea, es una teoría que reconoce que la pregunta sobre la autoridad de una constitución (global) nunca puede ser plenamente desasociada de la pregunta sobre sus condiciones genéticas y los puntos ciegos normativos atañederos al movimiento doble de habilitación y deshabilitación a los que su surgimiento da lugar. La *Umsicht* requerida para proferir una constitución global copresentaría un *Umwelt*, un mundo circundante, no el mundo en sí mismo.[82]

---

82. Menga muestra cómo la dimensión política en el pensamiento temprano de Heidegger está vinculada, entre otras cosas, a la experiencia de un *Umwelt*, mientras que sus tendencias antipolíticas se establecen cuando Heidegger postula, tiempo después, la posibilidad de una experiencia directa y no mediada del mundo

7. *Luchas por el reconocimiento en un contexto global*

7.3.4. *La paradoja del poder constituyente*

Pero el análisis del artículo 20(2) y el rechazo del intento de deshacerse del concepto de *poder constituyente* no dice nada sobre el ejercicio del poder constituyente como tal. Ya hemos tenido la oportunidad de discutir la propuesta de Hardt y Negri de ver la multitud como el poder constituyente en la era del Imperio. Pero la sección 4.3 mostró que su intento de poner a la multitud en lugar del pueblo como sujeto del poder constituyente en un contexto global es internamente inconsistente. Particularmente, no lograron conceptualizar la multitud de una forma que pudiera evitar el problema de la representación de la unidad colectiva. Ahora debemos examinar este problema. En efecto, la representación regresa en términos de la relación entre los poderes constituyente y constituido. De la manera más simple y enigmática, los poderes constituidos claman representar al poder constituyente —el pueblo—. Esto, en pocas palabras, es lo que el artículo 20(2) de la constitución alemana tiene que decir (en el sentido doble de "tiene que decir"). Mi tesis es que la paradoja de la representación da forma a esta relación, que llamo *la paradoja del poder constituyente*. Además, la paradoja del poder constituyente no puede ser "resuelta" o "superada" —no puede ser pacificada— conceptualizándola como una "dialéctica".[83]

"El pueblo alemán, en virtud de su poder constituyente, se ha otorgado la presente Ley Fundamental". Aunque está formulado en tercera persona, se trata de un acto en la perspectiva de la primera persona plural. En esto no difiere de la otra formulación

---

(*Welt*) como tal. Véase Ferdinando Menga, *Ausdruck, Mitwelt, Ordnung. Zur Ursprünglichkeit einer Dimension des Politischen im Anschluss an die Philosophie des frühen Heidegger* (Múnich: Wilhelm Fink Verlag, 2018).

83. Martin Loughlin, *Foundations of Public Law* (Oxford: Oxford University Press, 2010), 232, 226, 227.

canónica, "nosotros, el pueblo, decretamos y establecemos esta constitución". Con independencia de qué formulación se use, todas ilustran la dinámica de la representación que opera en el proferimiento de una constitución: nosotros* nos representamos como x. Por un lado, quienquiera que tome la iniciativa de proferir la constitución sostiene representarnos a *nosotros*: representación *de*; por el otro, la constitución nos representa *como x*: representación *como*. El surgimiento de una constitución supone un momento creativo porque el que nosotros* seamos y lo que nosotros* seamos como grupo no es algo dado en sí mismo; si tal fuera el caso, no habría necesidad de proferir una constitución. Permitir reconocernos como este o aquel grupo es su virtud unificadora. Por lo demás, el proferimiento de una constitución también supone la representación de una unidad que lo precede, pero que, al ser representada, nunca coincide simplemente con su representación. Cito y adapto la incisiva formulación de Menga:

> Que "algo" [por ejemplo, un pueblo] solo se constituya en la repetición de "como algo" [por ejemplo, como en esta constitución] significa, al mismo tiempo, que esta iteración, que nunca dispone del original (de lo contrario, la repetición no sería necesaria para pintarla [*bilden*]), pierde un ejemplo (*Vorbild*) en relación con el cual la correspondencia o la completitud podrían ser medidas.[84]

He aquí, entonces, la paradoja del poder constituyente: quienquiera que tome la iniciativa de hablar en nombre de un nosotros* putativo, proyectando una representación de la unidad colectiva —una constitución— que permita a una multiplicidad de individuos identificarse como un grupo que participaría en una acción conjunta, es el poder constituyente de un orden jurídico. Empero,

---

84. Menga, *Ausdruck, Mitwelt, Ordnung*, 50.

7. Luchas por el reconocimiento en un contexto global

este acto inicial de identificación y habilitación solo funciona como un acto constituyente si sus destinatarios, retroactivamente, se identifican y reconocen como el grupo que autorizó la constitución al ejercer las posibilidades prácticas puestas a su disposición, esto es, si el *grupo* es el poder constituyente. Por lo tanto, un acto solo es exitoso —nunca plena sino siempre provisionalmente— como ejercicio de poder constituyente si, en retrospectiva, aparece como si hubiera sido el acto de un poder constituido: una representación de quienes nosotros* ya somos. En estricto sentido, ni el pueblo ni la constitución son primordiales; lo primordial es la constitución de un colectivo, en el sentido *verbal* de la expresión, captado por el "como" que separa y une a los representados y a la representación: la representación en curso de un colectivo *como* esta o aquella unidad. Por el contrario, toda representación de un colectivo *como* esta o aquella unidad es la constitución del colectivo. Siempre *ordo ordinans*, nunca *ordo ordinatus*.

Varias implicaciones que son de nuestro interés se siguen de esta paradoja. En primer lugar, la paradoja muestra que el surgimiento de una constitución nunca es un evento único; cada acto específico que uno quisiera resaltar e identificar como *el* momento constituyente, parafraseando a Ackerman, invoca y ha sido preparado por lo que, mirando atrás, aparece como un momento constituyente aun previo, sin importar cuán discreto o inadvertido.[85] Pese a todas las protestas de los iuspublicistas del *common law*, no hay una diferencia esencial entre los surgimientos consuetudinario y revolucionario de una constitución. Los dos son manifestaciones

---

85. Bruce Ackerman, *We The People: Foundations* (Cambridge, MA: The Belknap Press, 1991), 3. La concepción "dualista" de Ackerman de la constitución, de conformidad con la cual unas cuantas decisiones —las esenciales— son tomadas por un pueblo y la mayoría —las cotidianas—, por su gobierno, es un buen ejemplo de una forma de originalismo político que ocluye la paradoja de la representación operante en el ejercicio del poder constituyente.

La autoridad y la globalización de la inclusión y la exclusión

de la obra de la representación, que asegura que no haya ni repetición pura ni innovación pura. Así como el polo de la repetición en los procesos representacionales es más prominente en la costumbre, el polo creativo o innovador lo es en la revolución. En los dos casos, sin embargo, el surgimiento de una constitución siempre tiene lugar como un proceso de constitucionalización en el que nunca se puede desembrollar plenamente en qué medida la constitucionalización es guiada por lo que uno podría llamar una "forma política de ser" o, por el contrario, es una "forma política de ser" la que surge mediante la constitucionalización.

Resulta instructivo, en este punto, leer la manera como Hardt y Negri describen la ardua labor del militante —el representante revolucionario *par excellence*— en la época del Imperio.[86] Las páginas finales de su libro que lleva ese nombre muestran, sin quererlo, exactamente cuánto trabajo representacional tienen que hacer los militantes para preparar a la multitud para el derrocamiento revolucionario del orden social existente, fórmula en la que *preparar* significa volver *costumbre* —*normal*, como lo denomino en lo que sigue— que los individuos que constituyen la multitud se vean a sí mismos como individuos que comparten el modo político de existencia propio del "nuevo proletariado" (representación *como*), un proletariado que, en cuanto sujeto colectivo, debe tomar el poder (representación *de*) para ejercer su "derecho de reapropiación".[87] Al representar paciente e insistentemente la unidad colectiva de una manera distinta a la retratada en el orden constitucional que derrocaría, la militancia ilustra la paradoja del poder constituyente, que proyecta en el pasado una forma de vida común que aún está por venir y que nosotros*

---

86. Sobre los militantes como representantes autoproclamados, véase Van Roermund, "Constituerende macht, soevereiniteit en representatie".

87. Véase Hardt y Negri, *Empire*, 402, 403, 411-413.

7. *Luchas por el reconocimiento en un contexto global*

debemos afirmar de cara al que es considerado como un desafío a nuestra existencia colectiva.

En un sentido importante, la obra representacional de la militancia muestra que el ejercicio del poder constituyente nunca es solamente la articulación *jurídica* de lo que se estima que un grupo tiene en común y aquello a lo que sus miembros deben adhesión. Volviendo a algunas ideas expresadas anteriormente sobre este asunto, el ejercicio del poder constituyente también es, y esencialmente, un logro *narrativo* que incorpora la constitución en una historia más amplia sobre el surgimiento del colectivo en el mundo, explicando por qué la existencia de *este* colectivo es importante y por qué debe afirmar lo que significa de cara a la adversidad. La representación narrativa es esencial para la individuación de un colectivo, donde *individuación* significa tanto identificación/diferenciación como afirmación/vindicación. Más allá de otras cosas que sea, la militante es una narradora —y, cuando las cosas se ponen feas, una narradora contundente—, como todos los que preparan el advenimiento de un nuevo orden volviendo a contar lo que cuenta, de modo tal que el significado de nuestra historia es volvernos quienes nosotros* realmente somos. No hay poder constituyente sin el poder de la representación narrativa.

Una segunda implicación concierne a la noción de un pueblo como una "forma de ser" o modo de existencia. Es útil recordar la crítica de Carl Schmitt al normativismo, según la cual antes de una ley constitucional (*Verfassungsgesetz*) hay una constitución política (*Verfassung*) o un Estado. En efecto, un Estado no "tiene" una constitución a secas; *es* una constitución, "una forma especial y concreta de la existencia estatal".[88] El Estado, para Schmitt,

---

88. Schmitt, *Teoría de la constitución*, 30, 29.

existe como un "orden concreto" o *nomos*.[89] Esto le permite a Schmitt oponerse a que se reduzca la forma política de ser a la normatividad, sosteniendo lo siguiente:

> Sabemos que la norma supone una situación normal y tipos normales [...]. La normalidad de la situación concreta regulada por la norma, y del tipo concreto por ella supuesto, no es un presupuesto formal de la norma del que la ciencia jurídica puede prescindir, sino un dato jurídico intrínseco para la vigencia de la norma y una determinación normativa de la norma misma.[90]

Al defender la prioridad de la normalidad sobre la normatividad, Schmitt da más cuerpo a la tesis fuerte de que un Estado es una constitución, en la medida que la normatividad de las leyes constitucionales solo es comprensible si tales leyes son la representación jurídica de una constitución en cuanto forma normal o típica de ser. Empero, la paradoja del poder constituyente cuestiona la asunción de que hay un ámbito no adulterado de normalidad, un ámbito no mediado por el derecho, que la norma jurídica simplemente sigue. La normalidad siempre es el resultado de un proceso de normalización. En línea con el concepto de *reflexividad política*, el ámbito del comportamiento normal asociado con una forma política de ser nunca es únicamente *pre*rreflectivo; también

---

89. Carl Schmitt, *Sobre los tres modos de pensar la ciencia jurídica*, trad. de Montserrat Herrero (Madrid: Tecnos, 1996), 14. Para un estudio reciente y comprehensivo de los diferentes usos del término *nomos* en la obra de Schmitt, véase Martin Loughlin, "Nomos", en *Law, Liberty and State: Oakeshott, Hayek and Schmitt on the Rule of Law*, ed. de David Dyzenhaus y Thomas Poole (Cambridge: Cambridge University Press, 2015), 65-95. Véase también Hans Lindahl, "Law as Concrete Order: Schmitt and the Problem of Collective Freedom", en el mismo volumen, 38-64.

90. Ibíd., 24-25.

7. Luchas por el reconocimiento en un contexto global

es siempre *pos*reflectivo, en el sentido de una normalidad que se ha consolidado como resultado de la cualificación reiterada y la imposición forzosa del comportamiento considerado como jurídico.

Partiendo de la fenomenología de la percepción de Husserl, Maren Wehrle bosqueja los contornos de lo que es literalmente la incorporación o encarnación de normas intersubjetivas en la "normatividad sensorial, esto es, la manera típica de experimentar".[91] Ella muestra que "la normalidad no genera normas; más bien, la normalidad o, mejor, lo que experimentamos como normalidad se genera de la influencia implícita de normas dominantes en nuestra experiencia cotidiana".[92] No menos consecuentemente, la normatividad sensorial revela el logro ambiguo de la inclusión/exclusión operante en la representación de la unidad colectiva:

> Las normas están inscritas de manera tan profunda como hábitos en nuestra experiencia corporal, que algo nuevo, inesperado o no familiar es sentido por nosotros como efectivamente extraño y anormal. Por un lado, esas anteojeras culturales que operan automáticamente nos llevan a excluir todo lo que no es familiar; por el otro, ese sello cultural permite el entendimiento inmediato de los sujetos que comparten un mundo de la vida en común.[93]

Me llevaría muy lejos de mi estudio figurar sistemáticamente la relación entre normalidad y normatividad en lo que concierne a la representación de la unidad colectiva, pero dos comentarios bastarán. El primero es que el liberalismo político que está en la

---

91. Maren Wehrle, "Normality and Normativity in Experience", en *Normativity in Experience*, ed. de Maxime Doyon y Thiemo Breyer (Basingstoke: Palgrave MacMillan, 2015), 128-138, 136.
92. Ibíd.
93. Ibíd., 137.

base de buena parte del constitucionalismo occidental contemporáneo es, en sí mismo, el resultado de una normalización por la que se ha luchado arduamente, que ahora se resiste a los intentos de normalizar doctrinas y comportamientos antiliberales. El segundo es que la normalidad no solo resulta interesante para la pregunta sobre un modo político de existencia, sea liberal o de otro tipo. En cuanto forma de comportamiento modelada y más o menos habitual, la normalidad es crucial para los análisis *económicos* y para la regulación de procesos económicos. La normalidad es la bisagra entre los procesos económicos y su conocimiento y regulación desde una perspectiva de la primera persona plural: la economía política. Los indicadores, entre otras cosas, se alimentan de e influencian esta estructura de dos caras de la normalidad como el resultado de una normalización.

En cualquier caso, la normalidad de un "pueblo" no es meramente la condición, sino también el resultado, de la constitucionalización en cuanto normalización que incluye y excluye incluso hasta llegar a nuestra percepción como seres corpóreos. La constitución (en el sentido verbal) de un colectivo supone la constitución de los agentes particulares que la componen y viceversa. Este es un sentido ulterior en el que uno tendría que hablar de las constituciones como "materiales". He aquí la contribución del modelo Aciam del derecho a una teoría del "cuerpo político".[94]

Una tercera implicación es que la individuación constitucional de una multiplicidad de individuos en este (en vez de en aquel) colectivo también supone una forma de dominación de algunos por otros: poder transitivo. Volviendo a nuestro análisis previo del artículo definido *el*, tal como es invocado en "nosotros, el pueblo", el surgimiento de los Estados muestra con toda claridad que

---

94. Véase Bert van Roermund, "What is Bodily about the Body Politic? II: On How 'We' Gather" (manuscrito en los archivos del autor).

7. Luchas por el reconocimiento en un contexto global

un pueblo *siempre* es el producto de un proceso más o menos forzado físicamente de unificación que, en últimas, se inscribe corporalmente en sus ciudadanos como la condición de la normalidad que constituye una "forma política de ser". Puede que Martin Loughlin tenga razón cuando apunta que "el constitucionalismo liberal-jurídico [elide] esos aspectos de [las constituciones y el constitucionalismo] que han descansado en las particularidades de la historia y la cultura".[95] Pero estas particularidades son el producto de un proceso más o menos forzado de *particularización*, de una normalización en la que la inclusión de sí (colectiva) va de la mano de una exclusión de sí y una inclusión del otro, como resultado de lo cual las constituciones deshabilitan a sus destinatarios y a otros en el proceso mismo de habilitación de un modo político de existencia. Nosotros* podemos/nosotros* no podemos va de la mano de yo puedo/yo no puedo. Un pueblo nunca es solamente la condición previa del ejercicio de la fuerza legítima; también es siempre el producto precario, siempre incompleto, de hacer forzosamente coherente, si se le puede decir así, a una población.[96]

Esta tesis requiere enmendar, una vez más, el modelo Aciam del derecho. La sección 2.1.3 dividió la caracterización funcional de la autoridad en tres actividades constitutivas: la articulación, el monitoreo y el sostenimiento de la acción colectiva. Esta nítida división de labores parecía sugerir una secuencia lógica y cronológica, pues ¿cómo podría la unidad colectiva ser sostenida si no ha sido articulada con anterioridad? Sin embargo, esta imagen

---

95. Martin Loughlin, "What is Constitutionalisation?", en *The Twilight of Constitutionalism?*, ed. de Petra Dobner y Martin Loughlin (Oxford: Oxford University Press, 2010), 47-69, 68.

96. Aquí, una teoría del poder constituyente y de la autoridad une sus fuerzas con la explicación que Foucault hace de los procesos de normalización. Véase Michel Foucault, *Vigilar y castigar – Nacimiento de la prisión*, trad. de Aurelio Garzón del Camino (Buenos Aires: Siglo XXI, 2002).

es equivocada. El poder constituyente solo puede fundar refundando, clamando sostener el modo de existencia de un colectivo mediante la articulación de una unidad original que es desafiada. Paradójicamente, el poder constituyente inicia por el sostenimiento. Esta paradoja no es una mera prestidigitación [*legerdemain*] de ideas: el poder constituyente sostiene la unidad putativa de un colectivo, mediante la marginalización de otros modos de existencia colectiva, de modos que no son usualmente de mano suave [*leger de main*]. Este logro ambiguo del poder constituyente no admite excepciones, en cuanto es común a los surgimientos consuetudinario y revolucionario de las constituciones.

Además, y crucialmente, la unificación requerida para la individuación de un colectivo en "el" pueblo va a la par de la fragmentación o pluralización, mediante la cual quienes son incluidos nunca son solamente parte de "el" pueblo. Ellos pueden elevar demandas de reconocimiento de una identidad/diferencia que es en mayor o menor medida inordenable para el colectivo: el otro *en nosotros* que es otro distinto de nosotros. *Estos* son los tipos de demandas mediante las cuales el poder constituyente hace su aparición, de una manera que no es aún otra modulación dialéctica de nuestras posibilidades existentes como "el pueblo". En estricto sentido, el poder constituyente es ejercido por el *otro* del pueblo, no por "el" pueblo en la manera que está individuado en la constitución vigente. Solo retroactivamente, si la representación de un colectivo novedoso asegura el reconocimiento de sus destinatarios, puede el acto constituyente aparecer como el acto de lo que se convierte, siempre de manera incompleta, en "el" pueblo. La resistencia de los movimientos de la alterglobalización en contra de los Estados y los órdenes jurídicos globales emergentes ilustra perfectamente esta característica del poder constituyente. Estos movimientos no claman actuar solamente ni incluso primordialmente en nombre de "el pueblo" de un Estado dado; sus luchas por el reconocimiento

7. Luchas por el reconocimiento en un contexto global

son *transversales*, si así puede llamárselas, clamando representar un colectivo que no es reducible ni igual a la sumatoria de, por ejemplo, los pueblos indio, francés, boliviano y nigeriano.

Una cuarta implicación gira en torno a la normalización como un proceso de responsividad constituyente. Alfred Schütz ilumina esta característica del poder constituyente en su discusión de los tipos, que Schmitt asocia con la normalidad. De manera análoga a la fenomenología de Wehrle de la normatividad sensorial, un tipo, para Schütz, es el producto de un proceso de tipificación que responde a lo atípico: "Si se hace de la experiencia atípica el tema de los actos de explicitación, puede 'establecerse' un tipo que haga justicia al tema concreto y que baste para el dominio de la situación actual".[97] Aunque Schütz no empareja explícitamente sus análisis de lo típico a la política, aquellos pueden ser extrapolados así: un modo político de existencia surge retroactivamente, como respuesta a lo anormal o atípico, a un desafío a-jurídico. Una manera política de ser nunca es simplemente "nuestra" manera de ser, en el sentido de lo que nosotros* somos en nosotros mismos y de nosotros mismos. Esa manera de ser empieza *en otro lugar*, en el otro (en nosotros) que *nos* desafía y que, al hacerlo, codetermina qué somos nosotros como un colectivo. Con investir, simple y llanamente, al pueblo con el poder constituyente se cae presa de un cartesianismo político.

7.3.5. Llevando el poder constituyente y la constitución más allá del Estado

Quizás la tesis según la cual hay una conexión necesaria entre constitución y poder constituyente resulte ser demasiado fuerte.

---

97. Alfred Schütz y Thomas Luckmann, *Las estructuras del mundo de la vida*, trad. de Néstor Míguez (Buenos Aires: Amorrortu Editores, 2001), 230 (traducción alterada).

Quizás termine por mostrar que el tipo de representación autoritativa que una constitución puede activar está indisolublemente vinculado al ejercicio del poder constituyente por un *pueblo*. Después de todo, la idea de un poder constituyente profiriendo una constitución es un fenómeno histórico reciente, vinculado estrechamente al concepto de una nación o un pueblo como el sujeto del poder constituyente, que a su vez es un fenómeno histórico reciente. Incluso si se da por sentado, como creo que debe hacerse, que los órdenes jurídicos globales no pueden surgir sin la representación de la unidad colectiva, quizás únicamente la representación de un pueblo puede dar pie a una representación autoritativa en el sentido fuerte de autoridad *política*. En ausencia de ella, todo lo que se dice sobre la constitucionalización de los órdenes jurídicos globales emergentes y, a la par, de la reflexividad política en un contexto global es una ilusión. Con independencia de lo que pueda decirse sobre la autoridad en general, la autoridad política en particular sigue investida en "nosotros, el pueblo". Una investigación sobre el poder constituyente que se abstraiga del pueblo como la fuente de la autoridad de una constitución termina por despolitizar la autoridad.

Si esta objeción es valedera, entonces la constitución y el poder constituyente siguen siendo categorías centradas en el Estado que no proveen un marco de inteligibilidad apropiado, institucional o normativo, para evaluar las condiciones que deben cumplirse si una política de los confines en un contexto global ha de ser autoritativa.

Hacemos bien en considerar en mayor detalle esa noción notoriamente controversial de *pueblo* o *nación*, de la que David Miller ha ofrecido una caracterización del mayor nivel ofrecido por la literatura. De acuerdo con Miller, hay cinco elementos, al ser tomados en conjunto, que sirven para distinguir un pueblo de otros colectivos:

7. Luchas por el reconocimiento en un contexto global

una comunidad (1) constituida por creencias comunes y un compromiso mutuo, (2) extendida en la historia, (3) de carácter activo, (4) conectada a un territorio particular y (5) demarcada de otras comunidades por su cultura política distintiva [o carácter nacional].[98]

Miller es cuidadoso en anotar que el suyo no es un concepto de *nación* determinado étnicamente, de manera que en este caben naciones o pueblos multiétnicos. Una comunidad que tenga estas cinco características se vuelve una comunidad política o un Estado cuando, ejerciendo el poder constituyente, profiere un orden constitucional que le permite gobernarse independientemente de otros colectivos, con los atributos de soberanía interna y externa. Yo agregaría que la independencia política se materializa en la capacidad de un colectivo y en su tenencia de los medios para usar la fuerza física para sostener sus confines. Parecería que solo una comunidad que muestre estos cinco elementos puede ser portadora de un poder constituyente así entendido; no así los otros colectivos, globales o de otro tipo.

Miller ofrece, a primera vista, una explicación de la autoridad política de carácter lineal. Su primera preocupación es explicar qué determina a un pueblo como tal, esto es, como un tipo particular de unidad colectiva. Solo en un nivel ulterior de su investigación eleva la pregunta sobre su surgimiento como un colectivo político, al discutir la autodeterminación nacional. Así, primero tiene que haber un pueblo ante el cual se puede constituir como un colectivo político: "Una comunidad nacional debe ser (en su

---

98. David Miller, *On Nationality* (Oxford: Oxford University Press, 1995), 27.

aspiración, así todavía no lo sea de hecho) una comunidad política".⁹⁹ De manera aún más rica:

> Si vamos a decir que todo el poder brota, en últimas, del pueblo, necesitamos tener una concepción de quién es "el pueblo", qué lo junta en un solo cuerpo. Con la adición del elemento activista [esto es, que las naciones son actores colectivos], la nación hace esto por nosotros: "la nación" expresa la idea de un cuerpo circunscrito de personas unidas por costumbres comunes y capaz de ser representado por un príncipe o un parlamento.¹⁰⁰

Véase aquí la caracterización convencional de la relación entre poder constituyente y poder constituido, a la que se presta una lectura ingenua del artículo 20(2) de la constitución alemana: hay un poder constituyente que está dado con anterioridad a la representación, el pueblo, y que "es capaz de ser representado" por los poderes constitucionales o constituidos. En esta lectura, la unidad del pueblo, con cada una de las cinco características identificadas por Miller, está dada con anterioridad a sus representaciones y es independiente de ellas. Empero, Miller luego cualifica esta interpretación lineal de la autoridad política reconociendo, en un pasaje notoriamente cándido, que

> las contingencias de la política del poder siempre han jugado un papel grande en la formación de las unidades nacionales. Los Estados han sido creados por la fuerza, y, en el transcurso del tiempo, las personas que están sujetas a ellos han venido a verse a sí mismas como compatriotas.¹⁰¹

99. Ibíd., 24.
100. Ibíd., 30.
101. Ibíd., 34.

7. Luchas por el reconocimiento en un contexto global

Caemos otra vez directamente en la paradoja del poder constituyente: un pueblo nunca es solamente una unidad previa, sino siempre también el producto precario, nunca plenamente exitoso, de un proceso de individuación en el que la unificación y la normalización están vinculadas a la marginalización de otras configuraciones de la acción conjunta. Esto es lo que el artículo 20(2) de la constitución alemana nos muestra cuando es leído con la profundidad histórica proveída por la paradoja del poder constituyente. "Todo poder del Estado emana del pueblo" de la primera oración del artículo, se refiere a un grupo, "el pueblo (alemán)", cuya individualidad es una condición para su capacidad de ejercer el poder constituyente; sin embargo, su individualidad también es el producto de un proceso constituyente, más o menos forzado, de unificación/pluralización. Los cinco elementos que identifican y unifican a un colectivo como un pueblo solo aparecen como tales *retroactivamente*, cuando el ejercicio del poder constituyente ya ha hecho su trabajo y es imposible separar qué pertenece a un liderazgo obediente y qué a un comando por la fuerza. Pero, entonces, el poder constituyente solo se manifiesta indirectamente, en sus *efectos*, a saber, en el éxito, nunca completo, siempre provisional, de un proceso de unificación/marginalización que produce las cinco características indicadas por Miller, de modo que uno pueda decir, retroactivamente: he aquí un pueblo (con estas cinco características) que ha proferido una constitución para sí.

¿Acaso esta genealogía del significado de ser un pueblo, resumida drásticamente, justifica el argumento según el cual el poder constituyente y la constitución son categorías cuyo alcance está restringido al constitucionalismo estatal?

No lo creo. Dos argumentos, por lo menos, militan a favor de llevar el poder constituyente y la constitución más allá del Estado. El primero concierne a las cinco características identificadas por Miller, las cuales son típicamente vistas por los iuspublicistas como precondiciones para el ejercicio del poder constituyente. Quiero sostener que los órdenes jurídicos globalizadores ilustran esas mismas características y su conexión intersistémica, así lo hagan en configuraciones que difieren considerablemente de su realización en los órdenes estatales. Considérese (2). La sección 2.2.2 aseveró que las autoridades que aseguran representar a un nosotros* en juego global narran su historia en los términos de una unidad original que necesita afirmarse a sí misma en el futuro, de cara a un desafío presente. Adicionalmente, en lo que concierne a (4), el capítulo 3 ha mostrado que la regulación global de las relaciones sociales forja un espacio de acción global más o menos unificado que busca controlar, aun cuando no esté estructurado como un territorio alinderado. Además, el punto de los órdenes jurídicos globales emergentes especializados supone algo como (5), un "carácter", esto es, un entendimiento específico de lo que trata la acción conjunta que genera derechos y obligaciones dirigidos, una cierta manera de "hacer las cosas" que demarca a un grupo de otros colectivos. Al tomar la iniciativa para regular las relaciones sociales globalizadas, las autoridades que toman la posición del nosotros* vocero en los órdenes jurídicos globales emergentes también claman articular lo que es común al nosotros* en juego de la regulación. Como tal, esas autoridades sostienen que sus reglas son (1) la expresión de las creencias compartidas y los compromisos mutuos que constituyen la acción como nuestra acción *conjunta*. Finalmente, cuando pasan a actuar en nombre del nosotros* en juego al responder a los desafíos a su unidad, las autoridades de los órdenes jurídicos globales emergentes afirman que actúan en nombre de un colectivo global, de modo que es ese colectivo global el que (3) actúa mediante la regulación de las relaciones sociales globales, con miras a realizar el punto de la acción conjunta, aun cuando esas autoridades no hayan sido elegidas por el colectivo global para actuar en su nombre.

7. Luchas por el reconocimiento en un contexto global

Una vez más: hay diferencias significativas entre cómo las autoridades de los órdenes jurídicos globales emergentes individualizan un colectivo sobre esos cinco vectores y cómo se da la individuación de los pueblos o naciones,[102] pero en los dos casos hay un ejercicio de poder constituyente, entendido como un proceso de unificación/pluralización que individualiza a un colectivo con base en una serie de características compartidas. En un sentido no menos importante, en los dos casos, un proceso más o menos forzado de individuación colectiva es el objeto de la resistencia extendida, a veces desesperada, que toma la forma de luchas por la representación y el reconocimiento de identidades/diferencias que están amenazadas o han sido violadas.

Esto me lleva al segundo argumento de por qué debe extenderse el concepto de *poder constituyente* más allá del Estado y a cómo debe hacerse. En la tradición del derecho público estatal, el ejercicio del poder constituyente es esencial a la *independencia política* y, por ello, al autogobierno soberano. A su vez, la independencia política se manifiesta en la capacidad de un colectivo de imponer forzosamente los términos de inclusión y exclusión de la acción conjunta, tanto interna como externamente. Para el iuspublicista, esto es evidencia suficiente de la correlación necesaria entre poder constituyente y pueblo predicada por el constitucionalismo estatal.

---

102. Particularmente, me gustaría mirar más en detalle si y de qué manera tendría sentido distinguir entre "orden pragmático", una característica genérica de los órdenes jurídicos, y "orden concreto", como característica específica de los órdenes jurídicos estatales. Mi interés aquí no sería tanto confirmar la interpretación schmittiana de los Estados como órdenes concretos, sino más bien establecer si el concepto fenomenológico de *experiencia* justificaría darles cierta prioridad a los Estados en términos del carácter concreto de la experiencia jurídica que permiten de cara a la forma de experiencia derivada y más abstracta que tienen a su disposición los órdenes jurídicos globales emergentes. Esto, sin embargo, es un tema para investigaciones ulteriores.

¿Pero esta capacidad para imponer forzosa y físicamente la acción conjunta podría ponerse *en contra* del intento de confinar el poder constituyente a los Estados?

Comparativamente, poco se ha dicho hasta acá sobre la autoridad en lo que concierne a sostener la inclusión y la exclusión, habiéndose ofrecido tan solo algunos comentarios someros sobre la necesidad de ampliar la gama de medidas que caen bajo esta rúbrica. La fuerza física, dije en la sección 2.1.3, era una de esas medidas, pero en absoluto la única. Un ejemplo de otro tipo de sanción es un reporte de una organización privada de estandarización que haga público el incumplimiento, por parte de una compañía multinacional, de estándares globales aplicables a sus actividades. La situación de "denuncia y descrédito" [*naming and shaming*] generada por un reporte bien publicitado puede tener consecuencias potencialmente mucho más adversas para los resultados financieros de la firma que una multa ejecutable, y puede empujar a la firma a seguir a pie juntillas la acción colectiva. Pero hay una autoridad *política* cuando un colectivo dispone de la fuerza física para sostener la inclusión y la exclusión de la acción conjunta. En el mismo sentido, un orden jurídico es un colectivo político, en el sentido fuerte de la expresión, si cuenta con los medios para y puede ejecutar formas físicamente forzosas de inclusión y exclusión, cuya manifestación más notoria es la guerra, mas no la única.

Los Estados son colectivos políticos en este sentido de la expresión, aunque no necesariamente los únicos. Su pretensión del monopolio del ejercicio de la fuerza física explica por qué la fragmentación funcional (a diferencia de la diferenciación funcional) de la autoridad en los órdenes jurídicos globales emergentes usualmente tiene al Estado como la autoridad de última instancia para la imposición forzosa de la inclusión y la exclusión de la acción conjunta. En este sentido, entonces, los órdenes jurídicos globales emergentes dependen de los Estados para imponer sus

7. Luchas por el reconocimiento en un contexto global

confines. Esto, porque la inclusión y la exclusión de un colectivo *siempre* supone la inclusión y la exclusión de un espacio de acción (así no sea, necesariamente, un territorio estatal alinderado), y esto se logra —en últimas, pero no únicamente— mediante el uso de la fuerza física. En última instancia, la autoridad política se ejerce mediante la autoaserción colectiva coactiva, incluso cuando el uso de la fuerza física tiene lugar como una forma de autoaserción colectiva contenida.

Esto no significa que el uso de la fuerza física o del poder sea necesariamente la manera más efectiva de sostener quién debe hacer qué, dónde y cuándo; otras formas de poder pueden ser igual de efectivas para hacerlo y en muchos casos pueden ser incluso más efectivas que el poder físico. Caso en cuestión es, desde luego, el extraordinario poder económico que las corporaciones multinacionales ejercen sobre los Estados. Pero mi argumento es más funcional que sustantivo: la autoridad política se despliega por aquellos colectivos que disponen de un medio específico de inclusión y exclusión, con independencia de si es más o menos efectivo que otros medios, por ejemplo, las sanciones económicas.

Quiero sostener, en este sentido, que el ámbito del poder constituyente opera en el surgimiento de todos los órdenes jurídicos cuyas autoridades puedan contar, en últimas, con el uso de la fuerza física para sostener los términos de inclusión y exclusión de la acción colectiva. Esta definición incluye los órdenes constitucionales estatales a los que da lugar el ejercicio del poder constituyente. También incluye esos órdenes jurídicos globales emergentes que, como resultado de la fragmentación funcional de la autoridad a través de los órdenes jurídicos, pueden apelar a la imposición forzosa de sus confines por parte del Estado. Ciertamente, este es un sentido *dependiente* del poder constituyente, en lo que concierne a los órdenes jurídicos globalizadores; no hay una declaración formal de independencia comparable con la que acompaña al proferimiento de una constitución que da lugar a la creación de un Estado, ni estos órdenes disponen de medios propios de fuerza física para sostener la conjunción de la acción conjunta. Pero propongo que, en cualquier caso, sea vista como una forma de poder constituyente, porque tiene el *efecto* clave asociado con el poder constituyente relacionado con la identidad popular: la capacidad de adelantar un proceso de unificación y normalización (forzosas) del comportamiento, sobre cada uno de los cinco vectores indicados por Miller, de cara a los conflictos sobre la representación de la unidad colectiva.

Los defensores del constitucionalismo estatal desde luego se opondrán, insistiendo en que agrandar el alcance del poder constituyente para incluir una gama de órdenes jurídicos globales emergentes equivale a despolitizar el concepto de *autoridad*. En contra de esta objeción, el modelo Aciam del derecho sostiene que expandir el ámbito de aplicación del poder constituyente tiene el efecto contrario, a saber, politizar la autoridad que da lugar a los órdenes jurídicos globales, con independencia de su pretensión de ser una forma de autoridad meramente "técnica". Esto, porque estos órdenes despliegan el espectro total de funciones típicamente asociadas con la representación de la unidad política correspondiente a los Estados, a saber, la articulación, el monitoreo y el sostenimiento —de ser necesario, mediante la fuerza física— de quién y qué debe ser incluido y excluido de la acción conjunta.

El argumento a favor de esta lectura expansiva del poder constituyente milita a favor de una lectura no menos expansiva de la constitución. Sostuve, en la sección 7.3.1, que, funcionalmente hablando, una constitución sienta, así sea solo provisionalmente, tres aspectos clave de la acción colectiva: (1) quién debe representar a un colectivo; (2) las condiciones, positivas y negativas, bajo las cuales el proceso en curso de representar la unidad colectiva puede ser imputado a un colectivo, y (3) cuál es, por lo menos

7. Luchas por el reconocimiento en un contexto global

mínimamente, el punto a ser representado en las configuraciones por defecto de la acción colectiva. Ahora, el proceso en curso de representar la unidad colectiva, según (2), supone articular, monitorear y sostener las configuraciones por defecto de la acción conjunta; en consecuencia, el alcance de este concepto funcional de la constitución incluye los Estados, pero no se limita a ellos: los órdenes jurídicos globales emergentes tienen una constitución, úsese o no el término, si en últimas pueden apelar a la fuerza física para estructurar la representación de la unidad colectiva de una manera que (provisionalmente) siente de (1) a (3).

Aquí, nuevamente, el defensor del constitucionalismo estatal disentirá, objetando que esta lectura tan amplia de la constitución despolitiza el concepto. Y aquí, nuevamente, respondería que, al contrario, este es un concepto completamente político de *constitución*, incluso si, como ocurre con el poder constituyente, las constituciones de los órdenes globales emergentes siguen siendo *dependientes* de las constituciones estatales. Ciertamente, el surgimiento de una gama de órdenes jurídicos globales no tiene lugar mediante un acto de independencia del que da fe el proferimiento de lo que se promociona como una constitución, pero estos órdenes se forjan un espacio de autonomía para sí de cara a los Estados mediante el proferimiento de un conjunto integrado de reglas que estructuran un proceso conflictual de representación de un colectivo global. En este sentido, sostengo que los órdenes jurídicos globales pueden tener constituciones, lo que desde luego no equivale a decir que sus constituciones tengan toda la gama de características que se asocian con la constitución, por ejemplo, de un Estado liberal, ni que aquellas puedan contar con la adhesión de una parte amplia de los destinatarios de los procesos de toma de decisiones que regulan.

Los movimientos alterglobalización ilustran de manera diáfana la importancia *constituyente y constitucional* de la pregunta sobre la representación autoritativa en un contexto global, precisamente cuando tratan de erradicar la raíz representacional y separarse del autogobierno colectivo:

> No es coincidencia que "Ellos no nos representan" haya surgido como un eslogan poderoso en las movilizaciones alrededor de todo el mundo. Lo oímos en los Estados Unidos, Italia, España, Grecia, Brasil, Turquía, Eslovenia e incluso en Rusia, donde no solo significa "ustedes no nos representan", sino también "ustedes ni siquiera nos pueden imaginar". Los eslóganes no son dichos como rechazos de representantes políticos específicos, sino como expresiones de un rechazo general de la lógica de la representación. La "representación de intereses" no funciona. Se la percibe como antidemocrática; el pueblo movilizado no se siente "representado" y ya no cree que sea posible la "representación" por parte de quienes están en el poder.[103]

El desplazamiento conceptual en este pasaje es discreto pero decisivo: el rechazo aparentemente total de "la lógica de la representación" significa, de hecho, el repudio de la "representación de intereses". Mirado con mayor cuidado, no es la lógica de la representación como tal la que es abjurada, sino su institucionalización por parte de los órdenes jurídicos globales emergentes en formas que habilitan sistemáticamente ciertas representaciones de la unidad colectiva, a la vez que deshabilitan otras.

Esa es, creo, la ambición real de los movimientos alterglobalización, tal como aparece expresada en el eslogan "Ellos no nos representan". La suya es una lucha por representar la unidad colectiva *de otra forma*, distinta a las representaciones que triunfan sistemáticamente en los órdenes jurídicos globales emergentes a

---

103. Sitrin y Azzellini, *They Can't Represent Us!*, 41.

7. *Luchas por el reconocimiento en un contexto global*

los que se resisten. La suya es, además, una lucha sobre las *constituciones* de los colectivos en un contexto global, porque cuestionan la manera como los órdenes jurídicos globales emergentes (mediante la fuerza) sientan cada uno de los tres aspectos clave de la acción colectiva mencionados con anterioridad. El suyo es, adicionalmente, un empeño por ejercer *poder constituyente*, elevando demandas de reconocimiento que exceden el potencial responsivo de los órdenes jurídicos globales emergentes a los que se resisten, recurriendo en mayor o menor medida a la fuerza.

Esta extensión del poder constituyente y de la constitución sigue, sin embargo, presuponiendo la primacía política de los Estados. En esa medida, se mantiene dentro de la órbita de las teorías del constitucionalismo centradas en el Estado. Pero esta presuposición debe ser cuestionada o, por lo menos, cualificada. Esto, porque los movimientos alterglobalización revelan que la primacía política de los Estados se ha agotado considerablemente. En efecto, estos movimientos no adelantan luchas por la representación y el reconocimiento en nombre de "el pueblo" de un Estado específico o, en cualquier caso, *no solo* en nombre de tales pueblos; también claman representar el nosotros* en juego de los órdenes jurídicos globales emergentes. Su resistencia se dirige contra los Estados, por ser cómplices y sostenes de los órdenes jurídicos globales emergentes, y contra esos mismos órdenes jurídicos globales emergentes. Esto, como se anotó al final del capítulo 3, porque la fragmentación funcional de la autoridad a través de los órdenes jurídicos tiene doble filo. Si, por un lado, los órdenes jurídicos globales emergentes siguen dependiendo de los Estados para *sostener* sus confines, por el otro lado, los Estados dependen, cada vez más, de los órdenes jurídicos globales emergentes para *articular* los confines estatales —en formas que, para muchos ciudadanos, ya no son reconocibles como los confines de *su* Estado—.

La autoridad y la globalización de la inclusión y la exclusión

Es cierto que los órdenes jurídicos globales emergentes han logrado ganar cierta medida de autonomía para sí mismos frente a los Estados; sin embargo, los Estados, por su parte, han renunciado, a favor de los órdenes jurídicos globales emergentes, a la autonomía regulatoria de un buen número de relaciones sociales que previamente caían bajo su jurisdicción soberana. Esta es una transformación estructural distinta del bien conocido problema de que, *de facto*, así no *de iure*, la mayoría de los Estados no son completamente soberanos —ciertamente no los Estados de la llamada *periferia*—. En la realidad, los Estados poderosos y los actores económicos ejercen una influencia considerable sobre los Estados más débiles, como lo ha mostrado diáfanamente el proceso de descolonización. La pompa y circunstancia de una declaración de independencia política mediante el proferimiento de una constitución no es garantía de autogobierno colectivo en un sentido significativo de la expresión.[104] Aunque correcta hasta cierto punto, esta preocupación sigue presuponiendo la

---

104. Esto es algo que han anotado Niklas Luhmann y Marcelo Neves, quienes sostienen que la *autopoiesis* funciona en los órdenes jurídicos metropolitanos, no en los periféricos. Esta diferencia hace que las teorías jurídicas enfocadas en aquellos sean, en el sentido estricto del término, provincianas o, con menos decoro, eurocéntricas. Aunque no cabe duda de que las relaciones entre los órdenes jurídicos nunca están completamente libres de dominación, la pregunta es si tendría sentido en absoluto referirse a los órdenes jurídicos como subordinados a otro orden jurídico o a actores económicos poderosos sin una demanda por parte de un colectivo subalterno a una identidad que es violada y demanda reconocimiento, es decir, sin una demanda *de jure* al autogobierno colectivo por parte del colectivo dominado. Un desarrollo ulterior de este punto requeriría una investigación sobre las importantes diferencias entre el "auto" de *autopoiesis* y la identidad-ipse/ídem que se ha desarrollado en este libro. Véase Niklas Luhmann, *Law as a Social System*, y Marcelo Neves, *Verfassung und Positivität des Rechts in der peripheren Moderne: Eine theoretische Betrachtung und eine Interpretation des Falls Brasilien* (Berlín: Duncker & Humblot, 1992).

7. Luchas por el reconocimiento en un contexto global

diferenciación funcional de la autoridad dentro de un colectivo; no captura la complejidad de las relaciones de autoridad fragmentada de un contexto global.

El desafío que enfrenta hoy el constitucionalismo es conceptualizar la representación autoritativa de la unidad colectiva a la luz de la transformación estructural de la reflexividad política correspondiente a la *fragmentación* de la autoridad a través de diferentes órdenes jurídicos. Crucialmente, como lo han mostrado los estudiosos del DAG, la toma de decisiones por parte de la gobernanza regulatoria global no puede seguir siendo simplemente entendida en los términos de poderes delegados recibidos de las autoridades estatales que, a su vez, son poderes constituidos que representan a "los" pueblos constituyentes de la comunidad internacional de naciones. En cada caso, la articulación de las configuraciones por defecto de la acción conjunta por parte de un orden jurídico global emergente clama representar un colectivo *global* en formas que son habitualmente adversas a la imputación de reglas globales a "los" pueblos constituyentes de los Estados. Esta es una transformación estructural que ya no afecta solo a los Estados "periféricos"; afecta a *todos* los Estados, en mayor o menor medida. Como resultado, ya no tiene sentido simplemente oponer los colectivos políticos independientes a los dependientes órdenes jurídicos globales emergentes. Lo que tenemos ahora es la interdependencia de los órdenes jurídicos. Por esto es que me refiero a las luchas por la representación y el reconocimiento en *un contexto global*, en vez de solo hablar de las luchas relativas a los órdenes jurídicos globales emergentes.

Creo que es una de las virtudes del modelo Aciam del derecho ser suficientemente flexible para dar razón tanto de la diferenciación funcional como de la fragmentación funcional de la autoridad, en maneras que justifican cómo y por qué las nociones de *poder constituyente* y *constitución* siguen siendo relevantes en un contexto global marcado por el entrelazamiento y la dependencia mutua de los órdenes jurídicos.

7.3.6. Constitucionalismo

Tras haber delineado los conceptos de *constitución* y *poder constituyente* propios del modelo Aciam del derecho, este capítulo y este libro pueden concluir con un examen de cómo este modelo podría arrojar luz sobre el constitucionalismo y sus perspectivas en un contexto global. Aunque he tomado prestada la caracterización de Walker de ella, la expresión *constitucionalismo* es el escenario de un debate mordaz sobre la naturaleza de la relación entre la política y el derecho, de modo que puede ser útil aclarar rápidamente mi uso del término en ese debate.

El frente de batalla principal enfrenta al constitucionalismo jurídico con el constitucionalismo político. Sucintamente, mientras que aquel pone el acento en el rol del control judicial en la defensa de los derechos individuales, este busca recuperar la dimensión política del constitucionalismo mediante la reafirmación de la importancia central que la democracia tiene en un orden constitucional. El constitucionalismo político gira alrededor de cuatro tesis: la primacía relativa que tienen la política y el disenso sobre el derecho; la igualdad política como el derecho equitativo a que la voz de cada uno sea oída, especialmente el derecho a votar; el legislativo como el camino institucional adecuado para que tengan lugar los disensos y para llegar a decisiones autoritativas, y el rechazo de la noción de la constitución como un "derecho superior" que está más allá del alcance de la política ordinaria.[105] A pesar de su compromiso con la democracia y con la primacía relativa

---

105. Me baso aquí en Marco Goldoni, "Two Internal Critiques of Political Constitutionalism", *International Journal of Constitutional Law* 10, n.º 4 (2012): 926-949, especialmente 928-937.

7. Luchas por el reconocimiento en un contexto global

de la política sobre el derecho, el constitucionalismo político ha sido criticado por amordazar el poder constituyente al asumir que una constitución puede contener la política democrática. Esta jugada corre el riesgo de reducir el constitucionalismo "a la administración del desacuerdo político [dentro de las limitaciones normativas de la democracia liberal] más que proveer los foros mediante los cuales el disenso es habilitado y puesto en práctica como acción política".[106] En contra de esta jugada reduccionista, Minkkinen defiende una "teoría política constitucional", como él la denomina, "en la que la política es entendida como una posibilidad normativamente irrestricta de desacuerdo y disenso".[107] Para este enfoque, "el compromiso con la democracia y la autodeterminación política" requiere liberar al poder constituyente de las ataduras normativas sobre la política que la teoría democrática y constitucional de corte liberal le impondría.[108]

Dos características de este debate son de particular interés para mi análisis, a la luz de mis consideraciones precedentes sobre la constitución y el poder constituyente. La primera es que, sin importar sus diferencias, todas las versiones de la teoría constitucional que otorgan el primer lugar a la primacía de la política sobre el derecho defienden el papel central de la democracia como *auto*gobierno colectivo, esto es, la reflexividad política. La segunda es que el debate constitucionalista sobre la reflexividad política se ha enfocado primordialmente en las democracias

---

106. Panu Minkkinen, "Political Constitutionalism versus Political Constitutional Theory: Law, Power, and Politics", *International Journal of Constitutional Law* 11, n.º 3 (2013): 585-610, 586. Véase también Joel Colón-Ruiz, *Weak Constitutionalism: Democratic Legitimacy and the Question of Constituent Power* (Milton Park: Routledge, 2013).

107. Minkkinen, "Political Constitutionalism versus Political Constitutional Theory", 586.

108. Ibíd., 601.

estatales, desatendiendo mayoritariamente si y de qué manera la reflexividad política podría ser posible más allá del Estado.

Compensar esa segunda omisión es, como lo entiendo, lo que motiva principalmente la contribución de Walker al debate sobre el constitucionalismo. Recuérdese su definición de *constitucionalismo* como "el tipo especial de razón práctica [que] concierne a las preguntas más profundas y de mayor implicación práctica sobre 'cómo decidir cómo decidir' cómo actuar [colectivamente]", una definición que incluye a los Estados, pero no se limita a ellos. Me gustaría especificar aún más su caracterización, entendiendo que una lectura política del constitucionalismo es una reflexión sostenida sobre las condiciones bajo las cuales las posiciones de nosotros* vocero, nosotros* en juego y nosotros* autor pueden y deben ser estructuradas en un colectivo de manera tal que una multiplicidad de individuos puedan verse a sí mismos no solo como quienes están en juego en la regulación, sino también como participantes en un colectivo que se rigen mediante la autoría de la articulación, el monitoreo y el sostenimiento del punto de la acción conjunta.

Viendo este asunto de esta manera, queda claro por qué el DAG debe ser entendido como parte integrante de la iniciativa de llevar el constitucionalismo más allá del Estado, a pesar de que constriñe drásticamente el alcance político de la reflexividad. Recuérdese la apremiante pregunta de Stewart: "¿Quién tiene derecho a considerar? ¿Qué grupos, intereses colectivos o individuos tienen derecho a ser considerados en las decisiones regulatorias globales y, potencialmente, los derechos de participar e iniciar procesos decisorios que promuevan tal consideración?".[109] Permítaseme parafrasear esta pregunta como una pregunta sobre la reflexividad política desde la perspectiva de la primera persona plural: ¿quién

---

109. Stewart, "Remedying Disregard in Global Regulatory Governance", 225.

7. Luchas por el reconocimiento en un contexto global

tiene derecho a *nuestro* reconocimiento? ¿Qué grupos, intereses colectivos o individuos tienen derecho al reconocimiento en *nuestras* decisiones regulatorias globales y, potencialmente, los derechos de participar e iniciar procesos decisorios que promuevan tal reconocimiento? Esta es una pregunta constitucional. Quizás es *la* pregunta constitucional en un contexto global, por cuanto se trata de la pregunta que guía al constitucionalismo en cuanto debate en curso sobre las condiciones, institucionales o de otro tipo, sobre cómo decidir cómo decidir cómo actuar colectivamente.

La resistencia continuada por parte de los movimientos alterglobalización a los procesos contemporáneos de globalización hace que esta pregunta constitucional sea más difícil y urgente. Sus demandas de reconocimiento hacen explotar la distinción de Stewart entre consideración justificada y no justificada, y son una de las insinuaciones del poder constituyente que la gobernanza global debe asimilar: "Hay un movimiento global creciente de rechazo y simultáneamente, en ese rechazo, un movimiento de creación".[110] El desplazamiento hacia la antiglobalización en el reciente surgimiento del populismo en poderosos "países del primer mundo" es una manifestación ulterior e indicativa de la erosión de las estructuras de autogobierno colectivo que resultan familiares al constitucionalismo estatal, sin que quede completamente claro que las estructuras de la reflexividad política que este exige puedan ser revivificadas en sus formas pretéritas.

A la luz de estos desarrollos, propongo una lectura política del constitucionalismo, como un proyecto normativo e institucional para el cual la democracia es una cierta forma de estructurar la representación de la unidad colectiva.[111] En efecto, la democracia

---

110. Sitrin y Azzellini, *They Can't Represent Us!*, 5.

111. Me resisto radicalmente a una lectura del constitucionalismo político que minimice la importancia del papel representativo de una judicatura

no es meramente la aspiración de un autogobierno colectivo; es esa forma de organización política que reconoce que no puede haber *auto*gobierno colectivo, luego no puede haber reconocimiento de sí colectivo, sin un proceso en curso de representar a quienes nosotros* somos: poder intransitivo o poder sobre nosotros, tomando prestada la formulación de la sección 6.4.1. Pero la democracia agrega a esto el reconocimiento de que la representación de quienes nosotros* somos no puede sino introducir la no identidad en la identidad, de modo que la articulación, el monitoreo y el sostenimiento de la unidad colectiva siempre es también, en mayor o menor medida, el gobierno de algunos sobre otros, esto es, una forma de poder transitivo que, aunque creativo, desata la dominación y el reconocimiento fallido, luego desata conflictos irreductibles y más o menos radicales. Una pregunta notoria y pendiente es si, en ausencia de la política electoral y la democracia estatal, hay caminos institucionales disponibles para los órdenes jurídicos globales emergentes que puedan intensificar las luchas por la representación y el reconocimiento más allá de lo que los procedimientos administrativos del DAG o el control judicial actual de la gobernanza global puedan abarcar. Esto, porque la política electoral es uno de los vehículos, mas de ninguna manera el único, para institucionalizar la reflexividad política. En cualquier caso, sin importar qué innovación institucional haya de venir, esta innovará en la representación, no irá más allá de ella. Aquí, como siempre, la práctica política será más radical que la teoría jurídica.

En pocas palabras, la lectura política del constitucionalismo que defiendo supone la aspiración a y la admisión de la imposibilidad del autogobierno colectivo, emparejando la autoaserción colectiva con su deferimiento y diferimiento de cara a las

---

independiente en una democracia, un papel que depende precisamente del hecho de *no* ser (usualmente) una rama elegida del poder.

demandas de reconocimiento que exceden, en mayor o menor medida, las repuestas que un colectivo tiene a su disposición. Si, siguiendo a Walker, el constitucionalismo trata de "los términos apropiados para la gobernanza de la acción colectiva", entonces el modelo Aciam del derecho asevera que la autoaserción colectiva contenida es su núcleo normativo e institucional. La importancia de este énfasis difícilmente puede ser exagerada, dadas las formas masivas de alienación concomitantes a la globalización de la inclusión y la exclusión. Al mismo tiempo, este énfasis deja claro que llevar una lectura política del constitucionalismo más allá del Estado no supera la irreductibilidad de la pluralidad política a la unidad de un orden jurídico: todos los órdenes constitucionales, además de límites, tienen fallas. Las constituciones no pueden habilitar sin también deshabilitar la representación de la unidad colectiva, razón por la cual considero que la autoaserción colectiva contenida es el núcleo del constitucionalismo, sea nacional, transnacional o global: un proyecto institucional y normativo orientado a reconocer al otro (en nosotros) como uno de nosotros y como otro distinto de nosotros.

Me apresuro a agregar que no estoy defendiendo la tesis más fuerte según la cual esto es *todo* lo que hay en la lista de asuntos institucionales y normativos del constitucionalismo; basta para mis propósitos decir que articular las condiciones requeridas para la representación autoritativa de la unidad colectiva —interpretada como autoaserción colectiva contenida— es *central* para el constitucionalismo. Si esas condiciones se satisfacen o pueden ser satisfechas en un contexto marcado por la fragmentación funcional de la autoridad a través de los órdenes jurídicos, es, a mi parecer, un desafío cardinal que enfrenta una política autoritativa de los confines en un contexto global.

OBRAS CITADAS

Ackerman, Bruce. *We the people: Foundations*. Cambridge, MA: The Belknap Press, 1991.

Addis, Adeno. "Community and jurisdictional authority". En *Beyond territoriality: Transnational legal authority in an age of globalization*, edición de Günther Handl, Joachim Zekoll y Peer Zumbansen, 13-33. Leiden: Martinus Nijhoff Publishers, 2012.

Anderson, Benedict. *Comunidades imaginadas*. Traducción de Eduardo L. Suárez. México: Fondo de Cultura Económica, 1993.

Anghie, Anthony. *Imperialism, sovereignty and the making of international law*. Cambridge: Cambridge University Press, 2007.

Arendt, Hannah. *Los orígenes del totalitarismo*. Traducción de Guillermo Solana. México: Taurus, 2004.

— *Sobre la revolución*. Traducción de Pedro Bravo. Madrid: Alianza Editorial, 2006.

— *Was ist Politik? Fragmente aus dem Nachlaß*. Edición de Ursula Ludz. Múnich: Piper, 2003.

Arquilla, John y David Ronfeldt, eds. *Networks and netwars: The future of terror, crime, and militancy*. Santa Mónica, CA: RAND Corporation, 2001.

Augenstein, Daniel. *Global business and the law and politics of human rights*. Documento inédito, en los archivos del autor.

— "Normative fault-lines of transnational human rights jurisprudence: National pride and religious prejudice in the European legal space". *Global Constitutionalism* 2, n.º 3 (2013): 469-497.

Badie, Bernard. *Un monde sans souveraineté. Les États entre ruse et responsabilité.* París: Fayard, 1999.

Barber, Benjamin. *Strong democracy: Participatory politics for a new age.* Berkeley, CA: University of California Press, 1984.

Barlow, John Perry. "A declaration of the independence of cyberspace". https://projects.eff.org/~barlow/Declaration-Final.html

Basel Committee on Banking Supervision (BCBS). *Carta estatutaria.* Bank for International Settlements (BIS), 2013. https://www.bis.org/bcbs/charter_es.pdf

— "History of the Basel Committe". *Bank for International Settlements (BIS),* octubre de 2015. https://www.bis.org/bcbs/history.pdf

Bauman, Zygmunt. *La globalización – Consecuencias humanas.* Traducción de Daniel Zadunaisky. México: Fondo de Cultura Económica, 2010.

— "On glocalization: Or globalization for some, localization for some others". *Thesis Eleven* 54 (1998): 37-49.

— *Modernidad líquida.* Traducción de Mirta Rosenberg y Jaime Arrambide Squirru. México: Fondo de Cultura Económica, 2003.

Baxi, Upendra. *The future of human rights.* 3.ª ed. Nueva Delhi: Oxford University Press, 2008.

Bedorf, Thomas. *Verkennende Anerkennung.* Fráncfort: Suhrkamp, 2010.

Benasayag, Miguel y Diego Sztulwark. *Du contre-pouvoir.* París: La Decouverte, 2003.

Benjamin, Walter. *Passagen-Werk.* Vol. 1. Fráncfort: Suhrkamp, 1983.

Berger, Klaus Peter. *The creeping codification of the new lex mercatoria.* 2.ª ed. Alphen aan den Rijn: Kluwer Law International, 2010.

Berman, Harold J. "World law". *Fordham International Law Journal* 18 (1995): 1617-1622.

Berman, Paul Schiff. "Global legal pluralism". *Southern California Law Review* 80 (2007): 1155-1237.

Obras citadas

— *Global legal pluralism: A jurisprudence of law beyond borders.* Cambridge: Cambridge University Press, 2012.

Bethlehem, Daniel. "The end of geography: The changing nature of the international system and the challenge to international law". *European Journal of International Law* 25, n.º 1 (2014): 9-24.

Bhuta, Nehal. "State theory, state order, state system – *Jus gentium* and the constitution of public power". En *System, order, and international law: The early history of international legal thought from Machiavelli to Hegel*, edición de Stefan Kadelbach, Thomas Kleinlein y David Roth-Isigkeit, 398-417. Oxford: Oxford University Press, 2017.

Black, Julia. "Decentring regulation: Understanding the role of regulation and self-regulation in a 'post-regulatory' world". *Current Legal Problems* 54 (2001): 103-146.

Blumenberg, Hans. *La legitimación de la Edad Moderna.* Traducción de Pedro Madrigal. Valencia: Pre-Textos, 2008.

— "Ordnungschwund und Selbsterhaltung: Über Weltverstehen und Weltverhalten im Werden der technische Epoche". En *Das Problem der Ordnung. Verhandlungen des VI Deutschen Kongresses für Philosophie*, edición de H. Kuhn y F. Wiedmann, 37-57. Meisenheim: Anton Hain Verlag, 1962.

Borges, Jorge Luis. "Pierre Menard, autor del Quijote". En *Ficciones*. Bogotá: Editorial Oveja Negra, 1984.

Boykoff, Jules. "Occupy Wall Street: Reclaiming public space, reclaiming dignity". *Common Dreams*, 12 de octubre de 2011. www.commondreams.org/views/2011/10/12/occupy-wall-street-reclaiming-public-space-reclaiming-dignity

Bratman, Michael. *Intention, plans, and practical reason.* Cambridge, MA: Harvard University Press, 1987.

— *Shared agency: A planning theory of acting together.* Oxford: Oxford University Press, 2014.

Buber, Martin. *Between man and man.* Traducción de Roger Gregor Smith. Nueva York, NY: Collier Books, 1965.

Buergenthal, Thomas. "The evolving international human rights system". *The American Journal of International Law* 100, n.º 4 (2006): 783-807.

Büthe, Tim y Walter Mattli. *The new global rulers: The privatization of regulation in the world economy*. Princeton, NJ: Princeton University Press, 2011.

Butros-Gali, Butros. "Discurso del secretario general de las Naciones Unidas en la apertura de la Conferencia Mundial de Derechos Humanos". Viena, 14 de junio de 1993. https://documents-dds-ny.un.org/doc/UNDOC/GEN/G93/142/42/pdf/G9314242.pdf?OpenElement

Callies, Gralf-Peter y Peer Zumbansen. *Rough consensus and running code*. Oxford: Hart, 2012.

Carens, Joseph. "Aliens and citizens: The case for open borders". *The Review of Politics* 48 (1987): 251-273.

Casey, Edward. *Getting back into place: For a renewed understanding of the place world*. Indianápolis, IN: Indiana University Press, 1993.

Castells, Manuel. *La era de la información. Vol. 1: La sociedad red*. 6.ª ed. en español. México: Siglo XXI, 2005.

— *The power of identity*. 2.ª ed. Oxford: Wiley-Blackwell, 2010.

Chakrabarty, Dipesh. *Provincializing Europe: Postcolonial thought and historical difference*. Princeton, NJ: Princeton University Press, 2000.

Chevallier, Jacques. "Mondialisation du droit ou droit de la mondialisation". En *Le droit saisi par la mondialisation*, edición de Charles-Albert Morand, 37-61. Bruselas: Editions Bruylant, 2001.

Chimni, Bhupinder S. "Cooption and resistance: Two faces of global administrative law". *New York University Journal of International Law and Politics* 37 (2005): 799-828.

— "Global administrative law: Winners and losers". https://www.researchgate.net/publication/265196956_GLOBAL_ADMINISTRATIVE_LAW_WINNERS_AND_LOSERS

— "International institutions today: An imperial global state in the making". *European Journal of International Law* 15, n.º 1 (2004): 1-37.

Chinkin, Christine. "A critique of the public/private distinction". *European Journal of International Law* 10, n.º 2 (1999): 387-395.

Choudhry, Sujit, ed. *The migration of constitutional ideas*. Cambridge: Cambridge University Press, 2006.

Christodoulidis, Emilios. "The objection that cannot be heard: Communication and legitimacy in the court room". En *The trial on trial. Vol. 1: Truth and due process*, edición de Antony Duff, Lindsay Farmer, Sandra Marshall y Victor Tadros, 179-202. Oxford: Hart Publishers, 2004.

Clean Clothes Campaign (CCC). *Annual Report 2012*. Ámsterdam: CCC, 2013. http://www.cleanclothes.org/about/annual-reports/2012-annual-report/

— *Code of Labour Practices for the Apparel Industry Including Sportswear* (1998). https://cleanclothes.org/resources/publications/clean-clothes-campaign-model-code-of-conduct

Colectivo Situaciones, Asociación Madres de Plaza de Mayo, Colectivo Amauta y Malgré Tout. "Manifiesto de la Red de Resistencia Alternativa". *Difusamente's Blog*, 4 de noviembre de 2010. https://difusamente.wordpress.com/2010/11/04/manifiesto-de-la-red-de-resistencia-alternativa/

Collins, Hugh. "Flipping wreck: *Lex mercatoria* on the shoals of ius cogens". En *Contract governance: Dimensions in law and interdisciplinary research*, edición de Stefan Grundmann, Florian Möslein y Karl Riesenhuber, 383-406. Oxford: Oxford University Press, 2015.

Colón-Ruiz, Joel. *Weak constitutionalism: Democratic legitimacy and the question of constituent power*. Milton Park: Routledge, 2013.

Comisión de Derecho Internacional (Grupo de Estudio). "Fragmentación del derecho internacional: dificultades derivadas de la diversificación y expansión del derecho internacional". Elaboración de Martti Koskenniemi. A/CN.4/L.682. 13 de abril de 2006. http://daccess-ods.un.org/access.nsf/Get?Open&DS=A/CN.4/L.682&Lang=S

— "Fragmentación del derecho internacional: dificultades derivadas de la diversificación y expansión del derecho internacional". A/CN.4/L.702.

18 de julio de 2006. http://www.un.org/ga/search/view_doc.asp?symbol=A/CN.4/L.702&Lang=S

Comité de Supervisión Bancaria de Basilea (BCBS). "Carta estatutaria". BCBS: 2013. https://www.bis.org/bcbs/charter_es.pdf

— *Basilea III: Marco regulador global para reforzar los bancos y sistemas bancarios*. Basilea: BCBS, 2010. https://www.bis.org/publ/bcbs189_es.pdf

Commaille, Jacques y Bruno Jobert. *Les métamorphoses de la régulation politique*. París: LGDJ, 1998.

Cotterrell, Roger. "Transnational communities and the concept of law". *Ratio Juris* 21, n.º 1 (2008): 1-18.

— "Transnational legal authority: A socio-legal perspective". En *Authority in transnational legal theory: Theorising across disciplines*, edición de Roger Cotterrell y Maksymilian del Mar, 253-279. Cheltenham: Edward Elgar Publishing, 2016.

Cover, Robert. "Nomos and narrative". *Harvard Law Review* 97, n.º 4 (1983): 4-68.

Crawford, James y Penelope Nevill. "Relations between international courts and tribunals: The 'regime problem'". En *Regime interaction in international law*, edición de Margaret A. Young, 235-260. Cambridge: Cambridge University Press, 2012.

Culver, Keith y Michael Giudice. "Claims to authority, legal systems, and dynamic social phenomena". En *Authority in transnational legal theory: Theorising across disciplines*, edición de Roger Cotterrell y Maksymilian del Mar, 49-74. Cheltenham: Edward Elgar Publishing, 2016.

— *Legality's borders: An essay in general jurisprudence*. Oxford: Oxford University Press, 2010.

Cuniberti, Gilles. *Conflict of laws: A comparative approach. Text and cases*. Cheltenham: Edward Elgar, 2017.

Cutler, A. Claire. *Private power and global authority: Transnational merchant law in the global political economy*. Cambridge: Cambridge University Press, 2003.

Obras citadas

Davis, Kevin E., Benedict Kingsbury y Sally Engle Merry. "Introduction: Global governance by indicators". En *Governance by indicators: Global power through quantification and rankings*, edición de Kevin E. Davis, Angelina Fisher, Benedict Kingsbury y Sally Engle Merry, 5-28. Oxford: Oxford University Press, 2012.

De Búrca, Gráinne. "Developing democracy beyond the State". *Columbia Journal of Transnational Law* 46 (2008): 221-266.

De Certeau, Michel. *La invención de lo cotidiano. 1 Artes de hacer*. Traducción de Alejandro Pescador. México: Universidad Iberoamericana, 1996.

Debord, Guy. *La sociedad del espectáculo*. Traducción de José Luis Pardo. Valencia: Pre-Textos, 2008.

Delimatsis, Panagiotis. "Global standard-setting 2.0: How the WTO spotlights ISO and impacts the transnational standard-setting process". *Duke Journal of Comparative and International Law* 28, n.º 2 (2018): 101-154.

— "Global trade law and the World Trade Organization". Tilec Discussion Paper n.º 2015-010, Tilburg Law School Research Paper n.º 11/2015. https://papers.ssrn.com/sol3/papers.cfm?abstract_id=2605734

— "The fragmentation of international trade law". *Journal of World Trade* 45, n.º 1 (2011): 87-116.

Delmas-Marty, Mireille. *Le relatif et l'universel*. París: Seuil, 2004.

— *Ordering pluralism: A conceptual framework for understanding the transnational legal world*. Traducción de Naomi Norberg. Oxford: Hart Publishers, 2009.

— *Trois défis pour un droit mondial*. París: Seuil, 1998.

— *Vers une communauté de valeurs?* París: Seuil, 2011.

Derrida, Jacques. *La escritura y la diferencia*. Traducción de Patricio Peñalver. Barcelona: Editorial Anthropos, 1989.

Descartes, René. *Los principios de la filosofía*. Traducción de Guillermo Quintas. Barcelona: Alianza Editorial.

— *Meditaciones metafísicas con objeciones y respuestas*. Traducción de Vidal Peña. Madrid: Ediciones Alfaguara, 1977.

Dingwerth, Klaus y Philipp Pattberg. "Global governance as a perspective on world politics". *Global Governance* 12 (2006): 185-203.

Donnelly, Jack. "The relative universality of human rights". *Human Rights Quarterly* 29, n.º 2 (2007): 281-316.

Donovan, Donald Francis. "International commercial arbitration and public policy". *New York University Journal of International Law and Politics* 27 (1995): 645-657.

Dorf, Michael C. y Charles F. Sabel. "A constitution of democratic experimentalism". *Columbia Law Journal* 98, n.º 2 (1998): 267-473.

Dreyfus, Hubert L. *Being-in-the-world: A commentary on Heidegger's Being and Time, Division 1*. Cambridge, MA: MIT Press, 1991.

Drumbl, Mark. *Atrocity, punishment, and international law*. Cambridge: Cambridge University Press, 2007.

Dunoff, Jeffrey L. "A new approach to regime interaction". En *Regime interaction in international law*, edición de Margaret A. Young, 136-174. Cambridge: Cambridge University Press, 2012.

Dussel, Enrique. *Filosofía de la liberación*. México: Fondo de Cultura Económica, 2014.

Dworkin, Ronald. *Los derechos en serio*. Traducción de Marta Guastavino. Barcelona: Ariel, 1984.

Dyzenhaus, David. "Accountability and the concept of (global) administrative law". *Acta Juridica* (2009): 3-31.

Edel, Abraham. "Right and good". En *Dictionary of the history of ideas*, vol. 4, edición de Philip P. Wiener, 173-187. Nueva York, NY: Charles Scribner's Sons, 1973.

Ehlermann, Claus-Dieter y Nicolas L. Lokhart. "Standards of review in WTO law". *Journal of International Economic Law* 7, n.º 3 (2003): 491-525.

Ejército Zapatista de Liberación Nacional (EZLN). "Cuarta Declaración de la Selva Lacandona". *Enlace Zapatista*, 1.º de enero de 1996. http://enlacezapatista.ezln.org.mx/1996/01/01/cuarta-declaracion-de-la-selva-lacandona/

Obras citadas

— "Segunda Declaración de La Realidad por la Humanidad y contra el Neoliberalismo". *Enlace Zapatista*, 3 de agosto de 1996. http:// enlace-zapatista.ezln.org.mx/1996/08/03/segunda-declaracion-de-la-realidad-por-la-humanidad-y-contra-el-neoliberalismo/

El País. "El discurso de la victoria de Obama". 20 de enero de 2009. https://elpais.com/internacional/2008/11/05/actualidad/1225839610_850215.html

Elden, Stuart. *The birth of territory*. Chicago, IL: Chicago University Press, 2013.

Eslava, Luis. *Espacio local, vida global – La operación cotidiana del derecho internacional y el desarrollo*. Traducción de Carlos Francisco Morales de Setién Ravina. Bogotá: Universidad Externado de Colombia, 2018.

"Estatuto de Roma de la Corte Penal Internacional" (1998). https://www.un.org/spanish/law/icc/statute/spanish/rome_statute(s).pdf

European Court of Human Rights. "Application 176/56 (*Greece v United Kingdom*, 'Cyprus')". En *Yearbook of the European Convention*, 2, 1958-1959.

Evans, Peter. "Fighting marginalization with transnational networks: Counter-hegemonic globalization". *Contemporary Sociology* 29, n.º 1 (2000): 230-241.

Federación Internacional de Ingenieros Consultores (Fidic). *Conditions of contract for construction for building and engineering works designed by the employer* (2010).

Fischer-Lescano, Andreas y Gunther Teubner. "Regime collisions: The vain search for legal unity in the fragmentation of global law". *Michigan Journal of International Law* 25 (2004): 999-1046.

Fischer-Lescano, Andreas y Lars Viellechner. "Globaler Rechtspluralismus". *Aus Politik und Zeitgeschichte* (2010): 34.

Ford, Richard T. "Law's territory (A history of jurisdiction)". *Michigan Law Review* 97 (1999): 843-930.

Foucault, Michel. *El pensamiento del afuera*. Traducción de Manuel Arranz Lázaro. Valencia: Pre-Textos, 1997.

— "Espacios otros". *Versión, Estudios de Comunicación y Política* 9 (1999): 15-26.

— *Vigilar y castigar – Nacimiento de la prisión*. Traducción de Aurelio Garzón del Camino. Buenos Aires: Siglo XXI, 2002.

Frankenberg, Günter. "Constitutional transfer: The Ikea theory revisited". *International Journal of Constitutional Law* 8, n.º 3 (2010): 563-579.

Fraser, Nancy. *Escalas de justicia*. Traducción de Antoni Martínez Riu. Barcelona: Herder Editorial, 2012.

Fraser, Nancy y Axel Honneth. *¿Redistribución o reconocimiento? Un debate político-filosófico*. Traducción de Pablo Manzano. Madrid: Ediciones Morata, 2006.

Friedman-Rudovsky, Jean. "Return to Cochabamba: Eight years later, the Bolivian water war continues". *Earth Island Journal* (2008).

Fundación de Estándares Internacionales de Reportes Financieros (IFRSF). "Constitution" (2018). https://www.ifrs.org/-/media/feature/about-us/legal-and-governance/constitution-docs/ifrs-foundation-constitution-2018.pdf?la=en

Gadamer, Hans-Georg. *Verdad y método I*. Traducción de Ana Agud Aparicio y Rafael de Agapito. Salamanca: Ediciones Sígueme, 2003.

— *Verdad y Método II*. Traducción de Manuel Olasagasti. Salamanca: Ediciones Sígueme, 1998.

Galgano, Francesco. "The new *lex mercatoria*". *Annual Survey of International & Comparative Law* 2, n.º 1 (1995): 99-110.

García Düttmann, Alexander. *Between cultures: Tensions in the struggle for recognition*. Traducción de Kenneth B. Woodgate. Londres: Verso, 2000.

Geuss, Raymond. *History and illusion in politics*. Cambridge: Cambridge University Press, 2001.

— *Philosophy and real politics*. Princeton, NJ: Princeton University Press, 2008.

Gilbert, Margaret. *A theory of political obligation*. Oxford: Oxford University Press, 2006.

— *Joint commitment: How we make the social world*. Oxford: Oxford University Press, 2014.

Obras citadas

— *On social facts*. 2.ª ed. Princeton, NJ: Princeton University Press, 1992.
Glendon, Mary Ann. *The world made new: Eleanor Roosevelt and the Universal Declaration of Human Rights*. Nueva York, NY: Random House, 2001.
Glenn, H. Patrick. *On common laws*. Oxford: Oxford University Press, 2005.
Goldman, Berthold. "Frontières du droit et *lex mercatoria*". *Archives de Philosophie du Droit* 13 (1964): 177-192.
Goldoni, Marco. "Two internal critiques of political constitutionalism". *International Journal of Constitutional Law* 10, n.º 4 (2012): 926-949.
Goldoni, Marco y Michael A. Wilkinson. "The material constitution". *Modern Law Review* 81, n.º 4 (2018): 567-597.
Grant, Ruth W. y Robert O. Keohane. "Accountability and abuses of power in world politics". *American Political Science Review* 99, n.º 1 (2005): 29-43.
Guinier, Lani. "Beyond electocracy: Rethinking the political representative as powerful stranger". *Modern Law Review* 71 (2008): 1-35.
Habermas, Jürgen. "Ciencia y técnica como 'ideología'". En *Ciencia y técnica como "ideología"*. Traducción de Manuel Jiménez Redondo. Madrid: Tecnos, 1984.
— *El discurso filosófico de la modernidad. (Doce lecciones)*. Traducción de Manuel Jiménez Redondo. Madrid: Taurus Ediciones, 1989.
— "El Estado democrático de derecho. ¿Una unión paradójica de principios contradictorios?". *Anuario de Derechos Humanos. Nueva Época* 2 (2001): 435-458.
— *El Occidente escindido*. Traducción de José Luis López de Lizaga. Madrid: Editorial Trotta, 2006.
— *Facticidad y validez*. Traducción de Manuel Jiménez Redondo. Madrid: Editorial Trotta, 2005.
— "La idea kantiana de paz perpetua. Desde la distancia histórica de doscientos años". *Isegoría* 16 (1997): 61-90.
— *La inclusión del otro: estudios de teoría política*. Traducción de Juan Carlos Velasco Arroyo y Gerard Vilar Roca. Barcelona: Paidós, 1999.

— *The postnational constellation*. Traducción de Max Pensky. Cambridge: Polity Press, 2001.

Hardin, Garret. "La tragedia de los comunes". *Polis* 10 (2005). http://journals.openedition.org/polis/7603

Hardt, Michael y Antonio Negri. *Commonwealth: el proyecto de una revolución del común*. Traducción de Raúl Sánchez Cedillo. Madrid: Ediciones Akal, 2011.

— *Empire*. Cambridge, MA: Harvard University Press, 2000.

— *Multitud: guerra y democracia en la era del Imperio*. Traducción de Juan Antonio Bravo. Barcelona: Debate, 2004.

Harlow, Carol. "Global administrative law: The quest for principles and values". *European Journal of International Law* 17, n.º 1 (2006): 187-214.

Hart, H. L. A. "Are there any natural rights?". *Philosophical Review* 64, n.º 2 (1955): 175-191.

Harvey, David. *El nuevo imperialismo*. Traducción de Juan Mari Madariaga. Madrid: Ediciones Akal, 2004.

— *La condición de la posmodernidad*. Traducción de Martha Eguía. Buenos Aires: Amorrortu Editores, 1998.

— *Spaces of global capitalism: Towards a theory of uneven geographical development*. Londres: Verso, 2006.

Hearse, Phil, ed. *Take the power to change the world: Globalisation and the debate on power*. Londres: Socialist Revolution, 2007.

Heidegger, Martin. *Ser y tiempo*. Traducción de Jorge Eduardo Rivera C. Santiago de Chile: Editorial Universitaria, 1997.

Held, David. "Cosmopolitanism: Taming globalization". Aparte reimpreso en David Held, ed., *The global transformations reader*, 2.ª ed., 514-529. Cambridge: Polity Press, 2002.

Helfer, Laurence R. y Anne-Marie Slaughter. "Toward a theory of effective supranational adjudication". *Yale Law Journal* 107, n.º 2 (1997): 273-391.

Obras citadas

Helfer, Laurence R. y Graeme B. Donwoodie. "Designing non-national systems: The case of the Uniform Domain Name Dispute Resolution Policy". *William and Mary Law Review* 43 (2001): 141-274.

Henkin, Louis. *The age of rights*. Nueva York, NY: Columbia University Press, 1990.

Hildebrandt, Mireille. *Smart technologies and the end(s) of law*. Cheltenham: Edward Elgar, 2015.

Hobbes, Thomas. *De Cive*. Traducción de Carlos Mellizo. Madrid: Alianza Editorial, 2000.

— *Leviatán*. Traducción de Antonio Escohotado. Madrid: Editora Nacional, 1980.

Holloway, John. *Cambiar el mundo sin tomar el poder – El significado de la revolución hoy*. Valencia: Vadell Hermanos Editores, 2005.

Honneth, Axel. *La lucha por el reconocimiento – Por una gramática moral de los conflictos sociales*. Traducción de Manuel Ballestero. Barcelona: Crítica, 1997.

— *The I in we: Studies on the theory of recognition*. Cambridge: Polity Press, 2012).

Hunter, Dan. "Cyberspace as place and the tragedy of the digital anticommons". *California Law Review* 91, n.º 2 (2003): 439-519.

Husserl, Edmund. *La crisis de las ciencias europeas y la fenomenología trascendental*. Traducción de Julia V. Iribarne. Buenos Aires: Prometeo Libros, 2008.

— *Zur Phänomenologie der Intersubjektivität*. Edición de Iso Kern. La Haya: Martinus Nijhoff, 1973.

Ihde, Don. *Technology and the lifeworld: From garden to earth*. Bloomington, IN: Indiana University Press, 1990.

Indian Coordination Committee of Farmers Movement. *Handbook on some political issues surrounding food and agriculture in India* (2013). http://lvcsouthasia.blogspot.nl/p/blog-page.html

Ingves, Stefa. "Remarks by Mr Stefan Ingves, Chairman of the Basel Committee on Banking Supervision and Governor of the Sveriges Riksbank".

La autoridad y la globalización de la inclusión y la exclusión

VIII Reunión del Grupo Consultatuvo Regional de Europa, Berlín, mayo, 2015. Bank for International Settlements. https://www.bis.org/speeches/sp150518.htm

Instituto Internacional para la Unificación del Derecho Privado (Unidroit). "Unidroit Principles" (2016). https://www.unidroit.org/english/principles/contracts/principles2016/principles2016-e.pdf

International Organization for Standardization (ISO). "ISO Statutes" (2018). www.iso.org/iso/statutes.pdf

International Organization for Standardization (ISO) e International Electrotechnical Commission (IEC). "ISO/IEC Statement on Consumer Participation in Standardization Work" (2001). www.iso.org/iso/copolcoparticipation_2001.pdf

Janczuk-Gorywoda, Agnieszka. "Online platforms as providers of transnational payment law". *European Review of Private Law* 2 (2016): 223-252.

Jauss, Hans-Robert. *Toward an aesthetic of reception*. Traducción de Timothy Bahti. Minneapolis, MN: University of Minnesota Press, 1982.

Johns, Fleur. "Data, detection and the redistribution of the sensible in international law". *American Journal of International Law* 111, n.º 1 (2017): 57-103.

Johnson, David R. y David Post. "Law and borders: The rise of law in cyberspace". *Stanford Law Review* 48 (1995): 1367-1402.

Jullien, François. *De lo universal, de lo uniforme, de lo común y del diálogo entre las culturas*. Traducción de Tomás Fernández Aúz y Beatriz Eguibar. Madrid: Ediciones Siruela, 2010.

Kant, Immanuel. *Fundamentación para una metafísica de las costumbres*. Traducción de Roberto R. Aramayo. Madrid: Alianza Editorial, 2012.

Karnataka State Farmers Association (KRRS). "General context: Indian agriculture and trade liberalisation". http://home.iae.nl/users/lightnet/world/indianfarmer.htm

Kelsen, Hans. *Allgemeine Staatslehre*. Reimpreso. Viena: Österreichische Staatsdruckerei, 1993.

— *Teoría general del derecho y del Estado*. Traducción de Eduardo García Máynez. México: UNAM, 1995.

— *Teoría pura del derecho. Introducción a los problemas de la ciencia jurídica*. 1.ª ed. Traducción de Gregorio Robles y Félix Sánchez. Madrid: Editorial Trotta, 2011.

Kennedy, David. "The international human rights movement: Part of the problem?". *European Human Rights Law Review* 3 (2001). Reimpreso en *Harvard Human Rights Journal* 15 (2002): 101-125.

Kennedy, Duncan. "The political stakes in 'merely technical' issues of contract law". *European Review of Private Law* 19, n.º 1 (2001): 7-28.

Keohane, Robert O. y Joseph S. Nye. "Transgovernmental relations and international organizations". *World Politics* 27, n.º 1 (1974): 39-62.

Khadse, Ashlesha y Niloshree Bhattacharya. "India: A conversation with farmers of the KRRS". En *La Via Campesina's open book: Celebrating 20 years of struggle and hope* (2013). https://viacampesina.org/en/wp-content/uploads/sites/2/2013/05/EN-05.pdf

Kingsbury, Benedict. "International law as inter-public law". En *Moral universalism and pluralism: Nomos XLIX*, edición de Henry S. Richardson y Melissa S. Williams, 167-204. Nueva York, NY: New York University Press, 2009.

Kingsbury, Benedict, Megan Donaldson y Rodrigo Vallejo. "Global administrative law and deliberative democracy". En *The Oxford handbook of the theory of international law*, edición de Anne Orford y Florian Hoffman, 526-542. Oxford: Oxford University Press, 2016.

Kingsbury, Benedict, Nico Krisch y Richard B. Stewart. "El surgimiento del derecho administrativo global". *Revista de Derecho Público* 24 (marzo de 2010), 1-46.

Kingsbury, Benedict K. "The concept of 'law' in global administrative law". *European Journal of International Law* 20, n.º 1 (2009): 23-57.

Kinley, David. "Bendable rules: The development implications of human rights pluralism". En *Legal pluralism and development: Scholars and practitioners in dialogue*, edición de Brian Z. Tamanaha, Caroline

Sage y Michael Woolcock, 50-65. Cambridge: Cambridge University Press, 2012.

Koops, Bert-Jaap y Morag Goodwin. "Cyberspace, the cloud, and cross-border criminal investigation: The limits and possibilities of international law". *Tilburg Law School Research Paper* 5 (2016). http://papers.ssrn.com/sol3/papers.cfm?abstract_id=2698263

Koskenniemi, Martti. "Hegemonic regimes". En *Regime interaction in international law*, edición de Margaret A. Young, 305-324. Cambridge: Cambridge University Press, 2012.

— "Miserable comforters: International relations as new natural law". *European Journal of International Relations* 15, n.º 3 (2003): 395-422.

Krasner, Stephen D. "Structural causes and regime consequences: Regimes as intervening variables". *International Organization* 36, n.º 2 (1982): 185-205.

Kratochwil, Friedrich. "Global governance and the emergence of a world society". En *Varieties of world-making: Beyond globalization*, edición de Nathalie Karagiannis y Peter Wagner, 266-283. Liverpool: Liverpool University Press, 2007.

Krisch, Nico. "Authority, solid and liquid, in postnational governance". En *Authority in transnational legal theory: Theorising across disciplines*, edición de Roger Cotterrell y Maksymilian del Mar, 25-48. Cheltenham: Edward Elgar Publishing, 2016.

— *Beyond constitutionalism: The pluralist structure of postnational law*. Oxford: Oxford University Press, 2010.

— "Global administrative law and the constitutional ambition". En *The twilight of constitutionalism?*, edición de Petra Dobner y Martin Loughlin, 245-266. Oxford: Oxford University Press, 2010.

Kumm, Mattias. "The best of times and the worst of times: Between constitutional triumphalism and nostalgia". En *The twilight of constitutionalism?*, edición de Petra Dobner y Martin Loughlin, 201-219. Oxford: Oxford University Press, 2010.

Obras citadas

— "The legitimacy of international law: A constitutionalist framework of analysis". *European Journal of International Law* 15, n.º 5 (2004): 907-931.

Latimer, Jack, ed. *Friendship among equals: Recollections from ISO's first 50 years*. Ginebra: ISO Central Secretariat, 1997. https://www.iso.org/files/live/sites/isoorg/files/about%20ISO/docs/en/Friendship_among_equals.pdf

Leader, Sheldon. "Trade and human rights II". En *The World Trade Organization: Legal, economic and political analysis*, vol. 2, edición de Patrick Macrory, Arthur Edmond Appleton y Michael C. Plummer, 663-696. Dordrecht: Springer, 2005.

Lefort, Claude. *Democracy and political theory*. Traducción de David Macey. Oxford: Polity Press, 1988.

Lemley, Mark A. "Place and cyberspace". *California Law Review* 91, n.º 2 (2003): 521-542.

Lessig, Lawrence. *Code: Version 2.0*. Nueva York, NY: Basic Books, 2006.

— "The zones of cyberspace". *Stanford Law Review* 48 (1996): 1403-1411.

Levi-Faur, David. "Regulation and regulatory governance". En *Handbook on the politics of regulation*, edición de David Levi-Faur, 3-21. Cheltenham: Edward Elgar, 2011.

"Ley Fundamental de la República Federal de Alemania" (2019). Traducción de Ricardo García Macho y Karl-Peter Sommermann. https://www.btg-bestellservice.de/pdf/80206000.pdf

Lindahl, Hans. "A-legality: Postnationalism and the question of legal boundaries". *Modern Law Review* 73, n.º 1 (2010): 30-56.

— "Constituent power and the constitution". En *Philosophical foundations of constitutional law*, edición de David Dyzenhaus y Malcolm Thorburn, 141-160. Oxford: Ofxord University Press, 2016.

— "Democracy, political reflexivity and bounded dialogues: Reconsidering the monism-pluralism debate". En *Public law and politics: The scope and limits of constitutionalism*, edición de Emilios Christodoulidis y Stephen Tierney, 103-116. Aldershot: Ashgate, 2008.

— *Fallas de la globalización – Orden jurídico y política de la a-juridicidad*. Traducción de Jorge Restrepo Ramos. Bogotá: Siglo del Hombre, 2018.
— "Give and take: Arendt and the *nomos* of political community". *Philosophy & Social Criticism* 32, n.º 7 (2006): 881-901.
— "Inside and outside the EU's 'area of freedom, security and justice': Reflexive identity and the unity of legal space". *Archiv für Rechts- und Sozialphilosophie* 90, n.º 4 (2004): 478-497.
— "ISO standards and authoritative collective action: Conceptual and normative issues". En *The law, economics and politics of international standardization*, edición de Panagiotis Delimatsis, 42-57. Cambridge: Cambridge University Press, 2015.
— "Law as concrete order: Schmitt and the problem of collective freedom". En *Law, liberty and State: Oakeshott, Hayek and Schmitt on the rule of law*, edición de David Dyzenhaus y Thomas Poole, 38-64. Cambridge: Cambridge University Press, 2015.
— "One pillar: Legal authority and a social license to operate in a global context". En Symposium on Global Human Rights and the Boundaries of Statehood, edición de Daniel Augenstein y Hans Lindahl. *Indiana Journal of Global Legal Studies* 23, n.º 1 (2016): 201-224.
— "Possibility, actuality, rupture: Constituent power and the ontology of change". *Constellations* 22, n.º 2 (2015): 163-174.
— "Recognition as domination: Constitutionalism, reciprocity and the problem of singularity". En *Europe's constitutional mosaic*, edición de Neil Walker, Stephen Tierney y Jo Shaw, 205-230. Oxford: Hart Publishers, 2011.
— "Reply to critics". *Ethics & Politics* 16, n.º 2 (2014): 1001-1025. http://www2.units.it/etica/2014_2/LINDAHL.pdf
— "Review of Stuart Elden, *The birth of territory*". *Political Theory* 44, n.º 1 (2016): 144-146.
— "The opening: Alegality and political agonism". En *Law and agonistic politics*, edición de Andrew Schaap, 57-70. Aldershot: Ashgate, 2009.

Obras citadas

— "To each their own place? Immigration, justice, and political reflexivity". En *Spheres of global justice*, vol. 1, edición de Jean-Christoph Merle, 317-328. Dordrecht: Springer Science and Business Media, 2013.

Livermore, Michael A. "Authority and legitimacy in global governance: Deliberation, institutional differentiation, and the Codex Alimentarius". *New York University Law Review* 81 (2006): 766-801.

Loughlin, Martin. *Foundations of public law*. Oxford: Oxford University Press, 2010.

— "Nomos". En *Law, liberty and State: Oakeshott, Hayek and Schmitt on the rule of law*, edición de David Dyzenhaus y Thomas Poole, 65-95. Cambridge: Cambridge University Press, 2015.

— "What is constitutionalisation?". En *The twilight of constitutionalism?*, edición de Petra Dobner y Martin Loughlin, 47-69. Oxford: Oxford University Press, 2010.

Lovink, Geert. *Dark fiber: Tracking critical internet culture*. Cambridge, MA: MIT Press, 2002.

Löwith, Karl. *El sentido de la historia: implicaciones teológicas de la filosofía de la historia*. Traducción de Justo Fernández Buján. Madrid: Aguilar, 1956.

Ludlow, Peter. "What is a hacktivist?". *New York Times*, 13 de enero de 2013. http://opinionator.blogs.nytimes.com/2013/01/13/what-is-a-hacktivist/

Luhmann Niklas. *Law as a social system*. Traducción de Klaus A. Ziegert. Oxford: Oxford University Press, 2004.

Markell, Patchen. *Bound by recognition*. Princeton, NJ: Princeton University Press, 2003.

Marks, Susan. "Naming global administrative law". *New York University Journal of International Law and Politics* 37 (2005): 995-1001.

Mbiti, John. *African religions and philosophy*. Londres: Heinemann, 1970.

Melgram, Pel. "Claims to globalization: Thailand's Assembly of the Poor and multilevel resistance to capitalist development". *Resistance Studies Magazine* n.º 2 (2008): 5-22.

Menga, Ferdinando. *Ausdruck, Mitwelt, Ordnung. Zur Ursprünglichkeit einer Dimension des Politischen im Anschluss an die Philosophie des frühen Heidegger*. Múnich: Wilhelm Fink Verlag, 2018.

— "How much and what kind of radical democracy can a community withstand?". En *Grenzgänge der Gemeinschaft*, edición de Elisabeth Gräb-Schmidt y Ferdinando Menga, 79-94. Tubinga: Mohr-Siebeck, 2016.

— "The seduction of radical democracy. Deconstructing Hannah Arendt's political discourse". *Constellations* 21, n.º 3 (2014): 313-326.

— "Was sich der Globalisierung entzieht. Die unaufhebbare Kontingenz bei der Stiftung von Weltordnungen". En *Globalisierung – Eine Welt?*, edición de Dietmar Koch, Michael Ruppert y Niels Weidtmann, 64-73. Tubinga: Attempto-Verlag, 2015.

Merleau-Ponty, Maurice. *El ojo y el espíritu*. Traducción de Jorge Romero Brest. Barcelona: Editorial Paidós, 1986.

— *Fenomenología de la percepción*. Traducción de Jem Canaes. Barcelona: Planeta-Agostini, 1993.

Michaels, Ralf. "Global legal pluralism". *Annual Review of Law and Social Science* 5 (2009): 243-262.

— "The true *lex mercatoria*: Law beyond the State". *Indiana Journal of Global Legal Studies* 14, n.º 2 (2007): 447-468.

Michelman, Frank. "Constitutional authorship". En *Constitutionalism: Philosophical foundations*, edición de Larry Alexander, 64-98. Cambridge: Cambridge University Press, 1998.

Miller, David. *On nationality*. Oxford: Oxford University Press, 1995.

Minkkinen, Panu. "Political constitutionalism versus political constitutional theory: Law, power, and politics". *International Journal of Constitutional Law* 11, n.º 3 (2013): 585-610.

Molineaux, Charles. "Moving towards a construction *lex mercatoria* – A *lex constructionis*". *Journal of International Arbitration* 14, n.º 1 (1997): 55-66.

Monbiot, George. "The tragedy of enclosure". *Scientific American*, enero (1994): 140.

Obras citadas

Montag, Warren. "Who's afraid of the multitude? Between the individual and the State". *The South Atlantic Quarterly* 104, n.º 4 (2005): 655-673.

Mouffe, Chantal. *Agonística: pensar el mundo políticamente*. Traducción de Soledad Laclau. Buenos Aires: Fondo de Cultura Económica, 2014.

— *En torno a lo político*. Traducción de Soledad Laclau. México: Fondo de Cultura Económica, 2007.

Moyn, Samuel. *Human rights and the uses of history*. Londres: Verso, 2014.

— *La última utopía. Los derechos humanos en la historia*. Traducción de Jorge González Jácome. Bogotá: Editorial Pontificia Universidad Javeriana, 2015.

— *The Last Utopia: Human Rights in History*. Cambridge, MA: Belknap Press, 2010.

Murphy, Craig N. "Global governance: Poorly done and poorly understood". *International Affairs* 76, n.º 4 (2000): 789-803.

Mutua, Makau wa. "Savages, victims, and saviors: The metaphor of human rights". *Harvard International Law Journal* 42, n.º 1 (2001): 201-245.

— "The Banjul charter and the African cultural fingerprint: An evaluation of the language of duties". *Virginia Journal of International Law* 35 (1995): 339-380.

— "The ideology of human rights". *Virginia Journal of International Law* 36 (1996): 589-657.

— "What is TWAIL?". *Proceedings of the American Society of International Law* (2000): 31-38.

Negri, Antonio. *El poder constituyente: Ensayo sobre las alternativas de la modernidad*. Traducción de Simona Frabotta y Raúl Sánchez Cedillo. Madrid: Traficantes de Sueños, 2015.

— *La anomalía salvaje: ensayo sobre poder y potencia en Baruch Spinoza*. Traducción de Gerardo de Pablo. Barcelona: Anthropos, 1993.

Neves, Marcelo. *Verfassung und Positivität des Rechts in der peripheren Moderne: Eine theoretische Betrachtung und eine Interpretation des Falls Brasilien*. Berlín: Duncker & Humblot, 1992.

Nicolaidis, Kalypso y Gregory Shaffer. "Transnational mutual recognition regimes: Governance without global government". *Law and Contemporary Problems* 68, n.º 3-4 (2005): 263-317.

Notes from Nowhere, ed. *We are everywhere: The irresistible rise of global anticapitalism*. Londres: Verso, 2003.

Nouwen, Sarah M. H. *Complementarity in the line of fire: The catalysing effect of the International Criminal Court in Uganda and Sudan*. Cambridge: Cambridge University Press, 2013.

Nouwen, Sarah M. H. y Wouter G. Werner. "Monopolizing global justice: International law as challenge to human diversity". *Journal of International Criminal Justice* 13 (2015): 157-176.

Nussbaum, Martha. *Las mujeres y el desarrollo humano: el enfoque de las capacidades*. Traducción de Roberto Bernet. Barcelona: Herder, 2012.

Organización de las Naciones Unidas. *Tratado sobre los principios que deben regir las actividades de los Estados en la exploración y utilización del espacio ultraterrestre, incluso la Luna y otros cuerpos celestes*. 1967.

Organización Mundial del Comercio (OMC). "Acuerdo sobre la aplicación de medidas sanitarias y fitosanitarias". https://www.wto.org/spanish/tratop_s/sps_s/spsagr_s.htm

Órgano de Apelación de la OMC. *Comunidades europeas — Denominación comercial de sardinas*. WT/DS231/AB/R, 26 de septiembre de 2002. https://www.wto.org/spanish/tratop_s/dispu_s/cases_s/ds231_s.htm

— *Comunidades europeas – Medidas que afectan a la carne y los productos cárnicos (hormonas)*. WT/DS26/AB/R y WT/DS48/AB/R, 16 de enero de 1998. https://docs.wto.org/dol2fe/Pages/SS/directdoc.aspx?filename=s:/WT/DS/26ABR-00.pdf

— *Estados Unidos – Medidas relativas a la importación, comercialización y venta de atún y productos de atún*. WT/DS381/AB/R, 16 de mayo de 2012. https://www.wto.org/spanish/tratop_s/dispu_s/cases_s/ds381_s.htm

Ost, François y Michel van de Kerchove. *De la pyramide au réseau? Pour une théorie dialectique du droit*. Bruselas: Publications des Facultés de Saint Louis, 2002.

Ostrom, Elinor. *El gobierno de los bienes comunes: la evolución de las instituciones de acción colectiva*. Traducción de Corina de Iturbide Calvo y Adriana Sandoval. México: Fondo de Cultura Económica, 2000.

Ostrom, Elinor, Joanna Burger, Christopher B. Field, Richard B. Norgaard y David Policansky. "Revisiting the commons: Local lessons, global challenges". *Science* 284 (1999): 278-282.

Oudejans, Nanda. "The right to not have rights: Illegal migration and the potentiality of the law". Manuscrito inédito, presentado en la Conference of Philosophy and the Social Sciences, en Praga, 20-24. En los archivos del autor.

Paiement, Phillip. *Transnational sustainability laws*. Cambridge: Cambridge University Press, 2017.

Palmer, Richard. "Dad's Army board game banned 'for being racist'". *Express*, 29 de enero de 2010. https://www.express.co.uk/news/uk/154777/Dad-s-Army-board-game-banned-for-being-racist

Panikkar, Raimon. "Is the notion of human rights a western concept". *Diogenes* 120 (1982): 75-102.

Pašukanis, Evgeny. *Teoría general del derecho y marxismo*. Traducción de Virgilio Zapatero. Barcelona: Editorial Labor, 1976.

Perry, John. "El problema del indicial esencial". En *La deixis. Lecturas sobre los demostrativos y los indiciales*, edición de Helena López Palma, 195-212. Lugo: Editorial Axac, 2004.

Peters, Anne. "Global constitutionalism". En *The encyclopedia of political thought*, edición de Michael T. Gibbons, 1484-1487. Oxford: John Wiley and Sons, 2015.

— "Humanity as the A and the Ω of sovereignty". *European Journal of International Law* 20, n.º 3 (2009): 513-544.

Pettit, Philip. *A theory of freedom: From the psychology to the politics of agency*. Cambridge: Polity Press, 2001.

Pham, Khûe. "Ein Schock und eine gute Nachricht". *Zeit Online*, 9 de junio de 2017. http://www.zeit.de/politik/ausland/2017-06/parlamentswahlen-grossbritannien-brexit-theresa-may-jeremy-corbyn/komplettansicht

Pleyers, Geoffrey. *Alter-globalization: Becoming actors in the global age.* Cambridge: Polity Press, 2010.

Polanyi, Karl. *The great transformation: The political and economic origins of our time.* Boston, MA: Beacon Press, 2001.

Pollack, Mark A. y Gregory C. Shaffer. *When cooperation fails: The international law and politics of genetically modified foods.* Oxford: Oxford University Press, 2009.

Post, David G. "Governing cyberspace". *Wayne Law Review* 43 (1996): 155-171.

Powell, Walter W. "Neither market nor hierarchy: Network forms of organization". *Research in Organizational Behavior* 12 (1990): 295-336.

Pulkowski, Dirk. *The law and politics of international regime conflict.* Oxford: Oxford University Press, 2014.

Radbruch, Gustav. *Filosofía del derecho.* Traducción de José Medina Echavarría. Madrid: Editorial Reus, 2007.

Rasch, William. *Sovereignty and its discontents: On the primacy of conflict and the structure of the political.* Londres: Birkbeck Law Press, 2004.

Rawls, John. *Teoría de la justicia.* Traducción de María Dolores González. México: Fondo de Cultura Económica, 1995.

Raz, Joseph. *La autoridad del derecho: ensayos sobre derecho y moral.* Traducción de Rolando Tamayo y Salmorán. México: UNAM, 1985.

— *The morality of freedom.* Oxford: Clarendon Press, 1986.

Reidenberg, Joel R. "Lex informatica: The formulation of information policy rules through technology". *Texas Law Review* 76, n.º 3 (1998): 553-593.

Reitan, Ruth. *Global activism.* Milton Park: Routledge, 2007.

Rhodes, R. A. W. *Understanding governance: Policy networks, governance, reflexivity and accountability.* Buckingham: Open University Press, 1997.

Ricœur, Paul. *Autour du politique.* París: Seuil, 1999.

— *Caminos del reconocimiento – Tres estudios.* Traducción de Agustín Neira. México: Fondo de Cultura Económica, 2006.

— *La memoria, la historia, el olvido.* Traducción de Agustín Neira. Buenos Aires: Fondo de Cultura Económica, 2004.

Obras citadas

— *Lo justo*. Traducción de Carlos Gardini. Santiago: Editorial Jurídica de Chile, 1997.

— "Narrative identity". *Philosophy Today* 35, n.º 1 (1991): 73-81.

— *Sí mismo como otro*. 3.ª ed. Traducción de Agustín Neira. México: Siglo XXI, 2006.

— *Tiempo y narración*. Vol. 3. Traducción de Agustín Neira. México: Siglo XXI, 2009.

Rittlich, Kerry. "Who's afraid of the *Critique of adjudication?* Tracing the discourse of law in development". *Cardozo Law Review* 22 (2001): 929-945.

Romany, Celina. "Women as aliens: A feminist critique of the public-private distinction in international human rights law". *Harvard Human Rights Journal* 6 (1993): 87-125.

Rosenau, James N. "Governance in a new global order". En *Approaches to global governance theory*, edición de Martin Hewson y Timothy Sinclair, 70-86. Albany, NY: State University of New York Press, 1999.

Rottenburg, Richard y Sally Engle Merry. "A world of indicators: The making of governmental knowledge through quantification". En *The world of indicators: The making of governmental knowledge through quantification*, edición de Richard Rottenburg, Sally Engle Merry, Sung-Joon Park y Johanna Mugler, 1-33. Cambridge: Cambridge University Press, 2015.

Roughan, Nicole. *Authorities: Conflicts, cooperation and transnational legal theory*. Oxford: Oxford University Press, 2013.

Ryngaert, Cedric. *Jurisdiction in international law*. Oxford: Oxford University Press, 2008.

Said, Edward W. *Cultura e imperialismo*. Traducción de Nora Catelli. Barcelona: Editorial Anagrama, 2004.

Santos, Boaventura de Sousa. *Toward a new legal common sense*. 2.ª ed. Londres: Butterworths, 2002.

Sassen, Saskia. "Bordering capabilities versus borders: Implications for national borders". *Michigan Journal of International Law* 30 (2009): 568-597.

— *Expulsiones: brutalidad y complejidad en la economía global*. Traducción de Stella Mastrangelo. Buenos Aires: Katz Editores, 2015.

La autoridad y la globalización de la inclusión y la exclusión

— *La ciudad global: Nueva York, Londres, Tokio*. Buenos Aires: Eudeba, 1999.
— *Losing control? Sovereignty in an age of globalization*. 2.ª ed. Nueva York, NY: Columbia University Press, 2015.
— "Places and spaces of the global: An expanded analytic terrain". En *Globalization theory: Approaches and controversies*, edición de David Held y Anthony McGrew, 79-105. Cambridge: Polity Press, 2007.
— "Spatialities and temporalities of the global: Elements for a theorization". *Public Culture* 12, n.º 1 (2000): 215-232.
— *Territorio, autoridad y derechos: de los ensamblajes medievales a los ensamblajes globales*. Traducción de María Victoria Rodil. Buenos Aires: Katz Editores, 2010.
— "The global city: Introducing a concept". *Brown Journal of World Affairs* 11, n.º 2 (2005): 25-43.
— "The global inside the national: A research agenda for sociology. *Sociopedia.isa*, 2010. http://saskiasassen.com/PDFs/publications/the-global-inside-the-national.pdf
— *Una sociología de la globalización*. Traducción de María Victoria Rodil. Buenos Aires: Katz Editores, 2007.
Schaffer, Gregory. "Reconciling trade and regulatory goals: The prospects and limits of new approaches to transatlantic governance through mutual recognition and safe harbor agreements". *Columbia Journal of European Law* 9 (2002): 29-77.
Schill, Stephan W. "International arbitrators as system-builders". *Proceedings of the American Society of International Law* 106 (2012): 295-297.
Schmitt, Carl. "Appropriation/distribution/production: Toward a proper formulation of basic questions of any social and economic order (1953)". *Telos* 95 (1993): 52-64.
— *El concepto de lo político*. Traducción de Rafael Agapito. Madrid: Alianza Editorial, 2009.
— *El nomos de la Tierra en el derecho de gentes del "ius publicum europaeum"*. Traducción de Dora Schilling Thon. Buenos Aires: Editorial Struhart & Cía., 1967.

Obras citadas

— "Nehmen/Teilen/Weiden". En *Verfassungsrechtliche Aufsätze aus den Jahren 1924-1954*, 489-504. Berlín: Duncker & Humblot, 1958.
— "Nomos – Nahme – Name (1959)". En *Staat, Großraum, Nomos: Arbeiten aus den Jahren 1916-1969*, 573-591. Berlín: Duncker & Humblot, 1995.
— *Sobre los tres modos de pensar la ciencia jurídica*. Traducción de Montserrat Herrero. Madrid: Tecnos, 1996.
— *Teología política*. Traducción de Francisco Javier Conde y Jorge Navarro Pérez. Madrid: Editorial Trotta, 2009.
— *Teoría de la constitución*. Traducción de Francisco Ayala. Madrid: Alianza Editorial, 1996.
Schmitthoff, Clive M. "International business law: A new law merchant". *Current Law and Social Problems* 2 (1961): 129-153.
Scholten, Paul S. *Algemeen Deel van Mr. C. Asser's Handleiding tot de beoefening van het Nederlandsch Burgerlijk Recht*. Zwolle: Tjeenk Willink, 1934.
Schultz, Thomas. "Carving up the internet: Jurisdiction, legal orders, and the private/public international law interface". *European Journal of International Law* 19, n.º 4 (2008): 799-839.
— "Private legal systems: What cyberspace might teach legal theorists". *Yale Journal of Law & Technology* 10 (2007): 151-193.
Schütz, Alfred y Thomas Luckmann. *Las estructuras del mundo de la vida*. Traducción de Néstor Míguez. Buenos Aires: Amorrortu Editores, 2001.
Scott, Colin. "Analyzing regulatory space: Fragmented resources and institutional design". *Public Law* 1 (2001): 283-305.
— "Regulating global regimes". En *Handbook on the politics of regulation*, edición de David Levi-Faur, 563-575. Cheltenham: Edward Elgar, 2011.
Searle, John. *Intencionalidad*. Traducción de Enrique Ujaldón Benítez. Madrid: Altaya, 1999.
Sempasa, Samson L. "Obstacles to international commercial arbitration in African countries". *International and Comparative Law Quarterly* 41 (1992): 387-413.
Sen, Amartya. *Desarrollo y libertad*. Traducción de Esther Rabasco y Luis Toharia. Buenos Aires: Planeta, 2000.

Sending, Ole Jacob e Iver Neumann. "Governance to governmentality: NGOs, States and power". *International Studies Quarterly* 50 (2006): 651-672.

Shapiro, Martin. "The globalization of law". *Indiana Journal of Global Legal Studies* 1 (1993): 37-64.

Shapiro, Scott. *Legalidad*. Traducción de Diego M. Papayannis y Lorena Ramírez Ludeña. Madrid: Marcial Pons, 2014.

— "Massively shared agency". En *Rational and social agency: The philosophy of Michael Bratman*, edición de Manuel Vargas y Gideon Yaffe, 257-292. Oxford: Oxford University Press, 2014.

Shapiro, Scott J. "Autoridad". Traducción de Gonzalo Villa Rosas. *Revista Derecho del Estado* 31 (2013): 5-77.

Simma, Bruno y Dirk Pulkowski. "Of planets and the universe: Self-contained regimes in international law". *European Journal of International Law* 17, n.º 3 (2006): 483-529.

Simmel, Georg. "El extranjero". En *El extranjero: sociología del extraño*, edición de Georg Simmel, Alfred Schütz, Norbert Elias, Massimo Cacciari y Olga Sabido Ramos. Traducción de Javier Eraso Ceballos, 21-26. Madrid: Ediciones Sequitur, 2012.

Singer, Peter S. *One world: The ethics of globalization*. New Haven, CT: Yale University Press, 2004.

Sitrin, Marina y Dario Azzellini. *They can't represent us! Reinventing democracy from Greece to occupy*. Londres: Verso, 2014.

Skinner, Quentin. "Una genealogía del Estado moderno". *Estudios Públicos* 118 (2010): 5-56.

Slaughter, Anne-Marie. *A new world order*. Princeton, NY: Princeton University Press, 2004.

Somek, Alexander. "Administration without sovereignty". En *The twilight of constitutionalism?*, edición de Petra Dobner y Martin Loughlin, 267-287. Oxford: Oxford University Press, 2010.

Sørensen, Eva y Jacob Torfing. "The democratic anchorage of governance networks". *Scandinavian Political Studies* 28, n.º 3 (2005): 195-218.

Speth, Rudolf y Hubertus Buchstein. "Hannah Arendts Theorie intransitiver Macht". En *Institution – Macht – Repräsentation. Wofür politische Institutionen stehen und wie sie wirken*, edición de Gerhard Göhler, 224-261. Baden-Baden: Nomos, 1997.

Stein, Ursula. *Lex Mercatoria: Realität und Theorie*. Fráncfort: Vittorio Klostermann, 1995.

Steiner, Henry J. "Ideals and counter-ideals in the struggle over autonomy regimes for minorities". *Notre Dame Law Review* 55, n.º 5 (1991): 1539-1560.

Stewart, Richard B. "Remedying disregard in global regulatory governance: Accountability, participation and responsiveness". *The American Journal of International Law* 108, n.º 2 (2014): 211-270.

Stone Sweet, Alec. "The new *lex mercatoria* and transnational governance". *Journal of European Public Policy* 13, n.º 5 (2006): 627-646.

Subcomandante Marcos. "Discurso del subcomandante Marcos 'Mandar obedeciendo'". *Wikisource*, 26 de febrero de 1994. https://es.wikisource.org/wiki/Discurso_del_Subcomandante_Marcos_%22Mandar_obedeciendo%22

Tamanaha, Brian. *A general jurisprudence of law and society*. Oxford: Oxford University Press, 2001.

Taylor, Charles. "La política del reconocimiento". En *Multiculturalismo y "La política del reconocimiento"*. Traducción de Mónica Utrilla de Neira, Liliana Andrade Llanas y Gerard Vilar Roca, 53-116. México: Fondo de Cultura Económica, 2009.

— "Social theory as practice". En *Philosophical papers*, vol. 2, 91-115. Cambridge: Cambridge University Press, 1985.

Taylor, Prue. "The common heritage of mankind: A bold doctrine kept within strict boundaries". En *The wealth of the commons: A world beyond market & State*, edición de David Bollier y Silke Helfrich. http://wealthofthecommons.org/essay/common-heritage-mankind-bold-doctrine-kept-within-strict-boundaries

Teitel, Ruti. *Humanity's law*. Nueva York, NY: Oxford University Press, 2011.

Tencer, Daniel. "Hackers take down website of bank that froze Wikileaks funds". *Raw Story*, 6 de diciembre de 2010. www.rawstory.com/2010/12/hackers-website-bank-froze-wikileaks-funds/

Tesón, Fernando R. "International human rights and cultural relativism". *Virginia Journal of International Law* 25, n.º 4 (1985): 869-898.

Teubner, Gunther. *Constitutional fragments: Societal constitutionalism and globalization*. Oxford: Oxford University Press, 2012.

— "Global Bukowina: Legal pluralism in the world society". En *Global law without a State*, edición de Gunther Teubner, 3-28. Dartmouth: Aldershot, 1997.

— *Netzwerk als Vertragsverbund: Virtuelle Unternehmen, Franchising, Just-in-Time in Sozialwissenschaftlicher und Juristischer Sicht*. Baden-Baden: Nomos, 2004.

Thomas v. Norris [1992] 2. *Canadian Native Law Reporter* (Corte Suprema de Columbia Británica).

Thürer, Daniel y Thomas Burri. "Self-determination". En *Max Planck encyclopedia of international law*, edición de Rüdiger Wolfrum. http://opil.ouplaw.com/view/10.1093/law:epil/9780199231690/law-9780199231690-e873?rskey=G318wS&result=1403&prd=EPIL

Tourme-Jouannet, Emmanuelle. "The international law of recognition". *European Journal of International Law* 24 (2013): 667-690.

Tribunal de Justicia de la Unión Europea. Caso c-/14, *Maximilian Schrems vs. Data Protection Commisioner*. 6 de octubre de 2015.

Tribunal Europeo de Derechos Humanos (Gran Sala). *Lautsi y otros vs. Italia*. 18 de marzo de 2011.

Tully, James. *Strange multiplicities: Constitutionalism in an age of diversity*. Cambridge: Cambridge University Press, 1995.

— "Struggles over recognition and distribution". *Constellations* 7, n.º 4 (2000): 469-482.

Tuomela, Raimo. *The importance of us: A philosophical study of basic social notions*. Palo Alto, CA: Stanford University Press, 1995.

Tuori, Kaarlo. "Crossing the limits but stuck behind the fault lines?". *Transnational Legal Theory* 7, n.º 1 (2016): 133-153.

— "Transnational law: On legal hybrids and legal perspectivism". En *Transnational law: Rethinking European law and legal thinking*, edición de Miguel Maduro, Kaarlo Tuori y Suvi Sankari, 11-57. Cambridge: Cambridge University Press, 2014.

Twining, William. *General jurisprudence: Understanding law from a global perspective*. Cambridge: Cambridge University Press, 2009.

Urueña, René. "Global administrative law and the global south". En *Research handbook on global administrative law*, edición de Sabino Cassese, 392-414. Cheltenham: Edward Elgar, 2016.

Vallejo, Rodrigo. "Private regulators, public interests and the idea of a global administrative law: The case of accounting standards". Manuscrito inédito. En los archivos del autor.

Valverde, Mariana. *Chronotopes of law: Jurisdiction, scale and governance*. Milton Park: Routledge, 2015.

Van Fraassen, Bas C. *Scientific representation: Paradoxes of perspective*. Oxford: Clarendon Press, 2008.

Van Roermund, Bert. "Constituerende macht, soevereiniteit en representatie". *Tijdschrift voor Filosofie* 64, n.º 3 (2002): 509-532.

— *Derecho, relato y realidad*. Traducción de Hans Lindahl. Madrid: Tecnos, 1997.

— "First-person plural legislature: Political reflexivity and representation". *Philosophical Explorations* 6, n.º 3 (2003): 235-252.

— "Kelsen and the low skies. Recognition theory revisited and revised". En *Hans Kelsen anderswo. Hans Kelsen abroad*, edición de Robert Walter, Clemens Jabloner y Klaus Zeleny, 259-278. Viena: Manz Verlag, 2010.

— *Legal thought and legal philosophy: What legal scholarship is about*. Cheltenham: Edward Elgar, 2013.

— "Sovereignty: Popular and unpopular". En *Sovereignty in transition*, edición de Neil Walker, 33-54. Oxford: Hart Publishers, 2003.

— "What is bodily about the body politic? II: On how 'we' gather". Manuscrito. En los archivos del autor.
Vatter, Miguel. *The republic of the living: Biopolitics and the critique of civil society*. Nueva York, NY: Fordham University Press, 2014.
Vesting, Thomas. *Die Medien des Rechts: Computernetzwerke*. Gotinga: Velbrück, 2015.
— *Legal theory and the media of law*. Cheltenham: Edward Elgar, 2018.
Virilio, Paul. *Velocidad y política*. Buenos Aires: La Marca Editora, 2006.
Virno, Paolo. *Gramática de la multitud: para un análisis de las formas de vida contemporáneas*. Traducción de Adriana Gómez, Juan Domingo Estop y Miguel Santucho. Madrid: Traficantes de Sueños, 2003.
Waldenfels, Bernhard. *Antwortregister*. Fráncfort: Suhrkamp, 1994.
— *Order in the twilight*. Traducción de David J. Parent. Athens, OH: Ohio University Press, 1996.
— *Schattenrisse der Moral*. Fráncfort: Suhrkamp, 2006.
— *Verfremdung der Moderne: Phänomenologische Grenzgänge*. Essen: Wallstein Verlag, 2001.
— *Vielstimmigkeit der Rede: Studien zur Phänomenologie des Fremden*. Vol. 4. Fráncfort: Suhrkamp, 1999.
Waldron, Jeremy. "What is cosmopolitan?". *Journal of Political Philosophy* 8 (2000): 227-243.
Walker, Neil. "Beyond boundary disputes and basic grids: Mapping the global disorder of normative orders". *International Journal of Constitutional Law* 6 (2008): 373-396.
— *Intimations of global law*. Cambridge: Cambridge University Press, 2014.
— "Taking constitutionalism beyond the State". *Political Studies* 56 (2008): 519-543.
— "The antinomies of constitutional authority". En *Authority in transnational legal theory: Theorising across disciplines*, edición de Roger Cotterrell y Maksymilian del Mar, 125-150. Cheltenham: Edward Elgar Publishing, 2016.

Obras citadas

Watson, Alan. *Legal transplants: An approach to comparative law*. 2.ª ed. Athens, GA: University of Georgia Press, 1993.

Weber, Max. "La política como vocación". En *El político y el científico*. Traducción de Francisco Rubio Llorente. Madrid: Alianza Editorial, 1979.

Wehrle, Maren. "Normality and normativity in experience". En *Normativity in experience*, edición de Maxime Doyon y Thiemo Breyer, 128-138. Basingstoke: Palgrave MacMillan, 2015.

Werbach, Kevin D. "The song remains the same: What cyberlaw might teach the next internet economy". *Florida Law Review* 69 (2017): 887-957.

Wikipedia. "Criticism of eBay". https://en.wikipedia.org/wiki/Criticism_of_eBay#cite_note-58

World People's Resistance Movement. "A report from Mumbai Resistance 2004 and the World Social Forum". 14 de marzo de 2004. https://revcom.us/a/1232/awtwns-mumbai.htm

Young, Iris Marion. "Asymmetrical reciprocity: On moral respect, wonder and enlarged thought". En *Intersecting voices*, 38-59. Princeton, NJ: Princeton University Press, 1997.

Young, Margaret A. "Introduction: The productive friction between regimes". En *Regime interaction in international law*, edición de Margaret A. Young, 1-19. Cambridge: Cambridge University Press, 2012.

Zaring, David. "International law by other means: The twilight existence of international financial regulatory organizations". *Texas International Law Journal* 33 (1998): 281-330.

Zekoll, Joachim. "Jurisdiction in cyberspace". En *Beyond territoriality: Transnational legal authority in an age of globalization*, edición de Günther Handl, Joachim Zekoll y Peer Zumbansen, 341-369. Leiden: Martinus Nijhoff Publishers, 2012.